Éthique du développement humain durable en Afrique

Mathieu SAMA

Éthique du développement humain durable en Afrique

L'Harmattan

5-7, rue de l'École-Polytechnique ; 75005 Paris

http://www.librairieharmattan.com
diffusion.harmattan@wanadoo.fr
harmattan1@wanadoo.fr

ISBN : 978-2-343-10403-4
EAN : 9782343104034

À tous les Burkĩmba de tous les temps
dont la quête de la « liberté de qualité »
a fécondé l'existence humaine.

Avant-propos

Y kabre ! T'ed tõog n gome.
Excusez ! Que nous puissions parler.
Car nous ne savons pas parler.

* Burkĩmba !

Mgr Basile TAPSOABA, Évêque émérite du diocèse de Koudougou (Burkina Faso)
Mgr Joachim OUEDRAOGO, Évêque du diocèse de Koudougou
Qui, chacun pour sa part, nous ont dit : « va, je prie pour toi ! »

* Burkĩmba !

Mgr Joseph RODUIT, de vénérée Mémoire…
Mgr Jean SCARCELLA, Abbé de la Royale Abbaye de Saint-Maurice d'Agaune (Suisse)
Et tous les chanoines de la Royale Abbaye de Saint-Maurice d'Agaune (Suisse)
Qui ont été pour nous des Témoins de la Providence chrétienne.

* Burkĩmba !

Monseigneur Claude Schockert, Évêque du diocèse de Belfort Montbéliard (France)
Et tout son presbyterium, et en particulier les Pères Pierre Marie Coussens et Louis Gros Lambert,
Qui nous ont généreusement accueilli afin que nous raffermissions nos pas chancelants !

* Burkĩmba !

Tous les confrères dans le sacerdoce,
La Faculté de Théologie Catholique de l'Université de Strasbourg

Tant d'hommes et de femmes,
Qui ont osé nous nourrir de leur sagesse, et nous confier leur science !

* Burkĩmba !

Tous les parents et amis qui ont accepté notre exil du moment
Et nous ont accompagné dans notre quête d'un être-au-monde !

* Burkĩmba !

Les Révérends Pères Roger Mawuto AFAN, o.p. et Nathanaël Yaovi SOEDE, qui nous ont éveillé à la recherche critique et nous ont ouvert à la maturité académique et scientifique…

* Burkĩna !

Monsieur René HEYER
Qui nous a « tenu la main » et appris à cheminer vers les Sources vivifiantes…

À tous et à chacun, in *Christo* !

Sommaire

praticiens[15] de développement ont apporté une contribution propre, chacun selon son domaine.

Dans une perspective spécifiquement chrétienne, le concept moderne de « développement humain durable » est étranger à l'Écriture sainte. Le mot *progressio*, que le texte latin officiel de l'Encyclique *Populorum progressio*[16] emploie dès la première ligne n'est pas utilisé par la Vulgate. Le mot le plus proche serait, d'après René Laurentin, « *progressior dans une forme qui ne signifie pas le progrès, mais plutôt la déchéance : "J'ai vieilli et je suis avancé en âge" (progressioris aetatis), déclare Josué en Jo 23, 2. La progression est ici l'avancée vers la déchéance et la mort* »[17]. Dans le Nouveau Testament, ce qui est envisagé, c'est essentiellement la croissance et le développement du Royaume. Le désir du Christ, c'est que les hommes « *aient la vie en abondance* » (Jn 10, 10). Certes, ce royaume est une communauté humaine. Dans cette mesure, ce qui fonde la perspective chrétienne du développement humain durable, c'est essentiellement, à partir de l'anthropologie, la valeur fondamentale du corps et la mission de l'homme dans le monde :

La doctrine chrétienne enseigne que le salut apporté par le Christ n'est pas purement spirituel, réduit à l'âme. Le corps y est intrinsèquement et inséparablement engagé. Il s'agit du salut de tout l'homme, conçu comme unité matérielle et spirituelle, physique existentielle. Le Nouveau Testament, à ce sujet, explicite deux données importantes : d'une part, l'Incarnation du Verbe de Dieu qui s'est fait chair et a voulu assumer son humanité (Jn 1, 1-14) ; d'autre part, l'espérance en la résurrection des corps fondée sur la Résurrection du Christ (cf. Ac 17, 32). L'Apôtre Paul y insiste extrêmement : « *Celui qui a ressuscité le Christ Jésus d'entre les morts donnera aussi vie à vos corps mortels par son Esprit qui habite en vous* » (Rm 8, 11). À l'évidence, cette théologie paulinienne implique une affirmation très forte de l'incorporation au Christ (Rm 1, 16), et c'est pourquoi l'Apôtre ne se désintéresse pas des besoins des saints (Rm 12, 13 ; 15, 26) de Jérusalem. Il y pourvoit à grand-peine, même si c'est encore comme une simple

---

Facultés Catholiques de Kinshasa, Kinshasa, 2002, p. 235-242. Voir aussi NJOH-MOUELLE, E., *De la médiocrité à l'excellence*, Clé, Yaoundé, 1970.

[14] cf. KA MANA, *Christ d'Afrique, Enjeux éthiques de la foi africaine en Jésus-Christ*, Karthala / Ceta / Clé / Haho, Paris / Nairobi / Yaoundé / Lomé, 1994 ; KA MANA, *Théologie africaine pour temps de crise : Christianisme et reconstruction de l'Afrique*, Karthala, Paris, 1993 ; PENOUKOU, E.-J., *Églises d'Afrique, Propositions pour l'avenir*, Karthala, Paris, 1984.

[15] cf. KABOU, A., *Et si l'Afrique refusait le développement ?* L'Harmattan, Paris, 1991, 208 p.

[16] PAUL VI, Lettre Encyclique *Populorum progressio*, Libreria Editrice Vaticana, Vatican, 1976.

[17] LAURENTIN, R., *Développement et Salut*, Seuil, Paris, 1969, p. 83.

assistance, et non pas réellement dans une perspective de développement. En fait, dans la perspective de la foi chrétienne, le corps est partie intégrante de l'homme qui le constitue. Aussi, le salut de l'homme implique-t-il celui du corps. La révélation biblique atteste cette réalité intégrale de l'homme qui se réalise dans un corps appelé à la vie éternelle. C'est dire que les réalités corporelles sont partie intégrante du salut.

Par ailleurs, la mission de l'homme dans le monde telle que manifestée dans la révélation biblique touche de plus près l'exigence du développement (cf. Gn 1, 26-28). À la base de cette perspective, il y a la mission de dominer la création visible confiée à l'homme par le Créateur. L'important ici, c'est que cette mission situe l'homme dans le prolongement de l'œuvre du Créateur qui a travaillé à créer le monde, par amour. Finalement, le thème fondamental concernant le développement, c'est le précepte de l'amour tel qu'il est formulé dans l'évangile du Jugement selon Mt 25, 31-46. À la suite du divin Créateur, les talents de charité doivent s'engager aujourd'hui au service du développement. Le Christ, dans l'Évangile, propose le service du prochain de la manière à la fois la plus concrète et la plus fondamentale : « *Je vous donne un commandement nouveau : vous aimer les uns les autres ; comme je vous ai aimés, aimez-vous les uns les autres* » (Jn 13, 34).

Dans la logique et la dynamique de la création de l'homme à l'« image de Dieu » (Gn 1, 26-27), de la valeur fondamentale de son corps et de sa mission dans le monde, le développement humain durable apparaît aujourd'hui comme la réponse à la vocation capitale pour tous les humains en général et en particulier pour les chrétiens, disciples du Christ. Le rapport entre mission et développement, ou, plus précisément, entre la tâche missionnaire d'évangélisation et la tâche séculière du développement économique et culturel, nous semble connexe. Sans une promotion humaine, sans le respect des valeurs humaines, il n'existe pas de mission selon l'esprit de l'Évangile d'amour. Aussi à la base de l'action missionnaire, y a-t-il une volonté de promouvoir l'homme dans le respect de sa liberté et de sa dignité. Dès lors, celui qui choisit de devenir chrétien doit le faire en toute connaissance de cause. Une considération de la situation de l'humain en terre africaine révèle un contexte social humainement problématique et donc constitue une interpellation urgente pour tout homme en général, et singulièrement pour tout disciple du Christ. Dans le mouvement même où l'Église évangélise en Afrique, elle doit développer pour libérer des servitudes de tout genre, pour promouvoir l'homme renouvelé par son adhésion au Christ vivant et pour rester ainsi conséquente par rapport à son enseignement.

I. Problématique

D'après les propos de Efoe Julien Penoukou que rapporte Kä Mana :

> « *la question du salut de l'homme africain est dramatique. Question de fond et de foi : au regard de la situation actuelle qui caractérise le continent noir, après des siècles d'esclavage, de colonisation, et trois décennies d'indépendance dans la dépendance internationale, la faillite et à présent la détresse, quel type d'homme, quelle valeur d'être humain est au juste l'Africain ? L'Évangile du salut en Christ le concerne-t-il réellement ? En quoi et comment Jésus-Christ, qui se proclame Rédempteur de tout homme, en tout temps, peut-il l'aider à sortir par lui-même de l'échec et du désespoir, afin d'assurer son histoire propre ?* »[18].

Pour de nombreux observateurs, l'Afrique vit une situation critique : le classement selon l'Indicateur de Développement Humain (IDH) du *Rapport mondial sur le développement humain 2011*[19] inscrit la totalité des pays africains en deçà du développement humain élevé (inférieur à 0, 800) et les ¾ de ces pays ont un faible indice de développement humain (inférieur à 0, 500). L'Indice de Développement Humain (IDH) est calculé par le PNUD sur la base de la longévité (l'espérance de vie), du savoir (le niveau d'instruction mesuré par la durée moyenne de scolarisation et le taux d'alphabétisation) et des conditions de vie (le Revenu National Brut (RNB) réel par habitant qui donne une indication sur le niveau de vie moyen du pays). Dans le cas particulier des Moose du Burkina Faso, leur pays occupe la 181e place sur 187 pays classés. Avec 0,331 d'Indice de Développement Humain en 2011, le Burkina Faso a le 7e indicateur de développement humain le plus faible du monde, après le Libéria (0,329), le Tchad (0,328), le Mozambique (0,322), le Burundi (0,316) le Niger (0,295), le Congo (RDC : 0,286). Face à cette situation, on peut légitimement s'interroger sur les conditions du développement humain en Afrique.

Pour certains[20], l'aide au développement en Afrique est surtout une affaire « *d'investissements dans les structures tangibles, mesurables qui*

---

[18] Efœ Julien PENOUKOU cité par KA MANA, *Christ d'Afrique, Enjeux éthiques de la foi africaine en Jésus-Christ*, p. 5.

[19] PNUD (Publié pour le), *Rapport sur le développement humain 2011*, p. 145-147.

[20] cf. POGNON, G. S. A., *Navigation dans l'espace de l'économie, Économie, combat contre la rareté et la pauvreté, Économie, combat pour le service de la vie,* Les Éditions catholiques du Bénin, Cotonou, 2003 ; MOUANDJO, P. et LEWIS, B., *op. cit.* ; selon MADJRI, J. D. R., « *Sans doute les planificateurs, les praticiens et les organismes de développement rural n'insistent-ils pas suffisamment sur la dimension humaine authentique de cette œuvre de promotion* » : cf. SANON, A. (Mgr) et MADJRI, J. D. R., « Promotion des hommes : une démarche éthique », in *Autopromotion et solidarité,* CESAO, La savane, Bobo-Dioulasso, 1990, p. 115-117. Voir aussi l'ouvrage de MATHIEU, F. R., *Les fondements de la crise économique en Afrique : entre pression communautaire et marché international,* L'Harmattan, Paris, 1990.

permettent un suivi administratif»[21]. Cette conception tend à faire du développement un processus entièrement composé de facteurs économiques et techniques. De nos jours, on peut dire qu'elle a eu des répercussions très importantes pour l'action de la communauté internationale en faveur des pays pauvres. Elle semble toutefois se limiter à des réalisations concrètes : l'augmentation de la production, l'injection massive d'argent frais dans les villages, la construction d'infrastructures diverses (écoles, dispensaires, maternités, puits, pompes, etc.). Dans cette perspective, le « développement humain durable » apparaît comme dépendant des seuls facteurs économiques et techniques.

Pour d'autres[22], le concept et la pratique de « développement humain durable » ont montré leurs limites et leurs imperfections ; les résultats médiocres des projets de développement présupposent d'autres facteurs que ceux liés à l'économie et à la technique. Ainsi, la prise de conscience des imperfections des modèles actuels de « développement humain durable » qui mettent l'accent uniquement sur la croissance économique et technique, pousse à accorder une importance croissante à la dimension culturelle du développement[23]. Dans cette nouvelle approche du développement humain, les facteurs matériels cèdent le pas aux facteurs humains. Cette perspective a conduit à un nouveau concept, celui du « développement endogène »[24] considéré essentiellement comme un « *développement engendré de l'intérieur, se voulant être un développement au service de l'homme, c'est-à-dire visant en premier lieu à satisfaire les besoins et les aspirations réels des populations en vue d'assurer leur plein épanouissement* »[25]. L'intérêt de ce processus d'« auto-développement », c'est qu'il est pensé, élaboré, mis en œuvre, dirigé, contrôlé et maîtrisé principalement par les forces intérieures.

---

[21] Pour Anders Arfwedson, directeur principal au secteur de la culture à l'UNESCO, dans l'aide au développement des pays du Tiers-Monde « *la comptabilité qui prime est encore la comptabilité en dollars et francs dépensés, et beaucoup moins une comptabilité sous forme d'évaluation de résultats réels* » : cf. ARFWEDSON, A., *art. cit.*, p. 77.

[22] cf. ARFWEDSON, A., *art. cit.*, p. 75-89 ; SANCHEZ-ARNAU, J.-C. et DESJEUX, D. (sous la direction de), *op. cit.* ; AA. VV., *Stratégies du développement endogène*, UNESCO, Paris, 1984 ; RAHNEMA, M., *Quand la misère chasse la pauvreté*, Fayard / Actes Sud, Barcelone, 2003.

[23] cf. TEZO LUBAKI, M., « Renaissance culturelle et développement endogène » in KI-ZERBO, J. (sous la direction de), *La natte des autres, Pour un développement endogène en Afrique*, p. 73-107 ; HUỲNH CAO TRI, « Identité culturelle et développement : portée et signification », in AA. VV., *Stratégies du développement endogène*, *op. cit.*, p. 7-28.

[24] Le professeur Joseph Ki-Zerbo en fait une excellente analyse conceptuelle : cf. KI-ZERBO, J., « Le Développement clés en tête », in KI-ZERBO, J. (sous la direction de), *La natte des autres, Pour un développement endogène en Afrique*, p. 1-67.

[25] HUỲNH CAO TRÍ, *art. cit.*, p. 11.

Introduction générale

En 2000, par la Déclaration du Millénaire adoptée aux Nations Unies, les pays, riches et pauvres, se sont engagés à faire de leur mieux pour éradiquer la pauvreté, défendre la dignité humaine et l'égalité, afin de parvenir à la paix, à la démocratie et à assurer la durabilité des ressources environnementales[1]. Depuis, les peuples sont invités à opter pour ce qu'il est convenu d'appeler aujourd'hui le « développement humain durable », considéré comme un défi du 21e siècle. À partir des travaux, en 1994, de Sudhir Anand et d'Amartya Sen[2], le concept de « Développement humain durable » a été défini et adopté par le Programme des Nations Unies pour le Développement (PNUD) comme « *l'élargissement des libertés essentielles des personnes vivant aujourd'hui, accompagné d'efforts raisonnables pour éviter le risque de compromettre sérieusement celles des générations futures* »[3]. Déjà en 1994, le *Rapport sur le développement humain durable* considérait la notion comme :

> « *une forme de développement qui ne se contente pas d'engendrer la croissance économique, mais qui en répartit équitablement les fruits. Il régénère l'environnement au lieu de le détruire. Il place le pouvoir entre les mains des gens au lieu de les marginaliser. C'est une forme de développement qui donne la priorité aux pauvres, qui élargit leur liberté de choix et leur champ de possibilités, qui leur permet de participer aux décisions influant sur leur vie. Cette forme de développement est axée sur les gens, sur l'emploi, sur la nature et sur les femmes* »[4].

Ce modèle de développement humain durable accorde à la vie une valeur intrinsèque qui ne tient pas au seul fait que les hommes peuvent produire des biens matériels, aussi important que soit cet aspect. Le développement humain et la durabilité y sont des éléments-clés du principe éthique consacrant l'universalité du droit à la vie[5]. La définition du concept souligne

---

[1] Cf. PNUD, *Rapport sur le développement humain 2003*, Economica, Paris, 2003, p. 1.

[2] Cf. ANAND, S., et SEN, A., *Sustainable Human Development: Concepts and Priorities*, UNDP- Inédito, 1994, 33 p.

[3] PNUD, *Rapport sur le développement humain 2011, Durabilité et équité : Un meilleur avenir pour tous*, Traduction et maquette : Strategic Agenda LLP, Édition Communications Development, Washington DC, 2011, p. 20.

[4] PNUD, *Rapport mondial sur le développement humain 1994*, Economica, Paris, 1994, p. iii.

[5] Selon ce Rapport, les deux concepts sont compatibles, ils s'intègrent au même dessein global. Au sein de ce cadre conceptuel, la notion de durabilité correspond, à peu près, à l'idée

que l'objectif du développement est de maintenir les libertés et les capacités permettant aux personnes de mener une vie qui a un sens. C'est toutefois une définition normative : elle ne recherche pas « *la durabilité de toute circonstance, mais des conditions qui contribuent à accroître les libertés essentielles. Par conséquent, le développement non équitable est inconcevable dans le cadre du développement humain durable* »[6]. Aujourd'hui, en matière de développement en Afrique, les résultats obtenus restent très en deçà des aspirations[7]. Il s'impose alors une réflexion sur les facteurs qui conditionnent le succès d'un effort pour le « développement humain durable » en terre africaine. Certains anthropologues[8], sociologues[9], historiens[10], économistes[11], politologues[12], philosophes[13], théologiens[14] et

---

de répartition équitable: il s'agit de partager les possibilités du développement entre la génération actuelle et les générations futures. cf. PNUD, *Rapport mondial sur le développement humain 1994*, p. 13.

[6] PNUD, *Rapport sur le développement humain 2011,* p. 21. Il est essentiel de comprendre les liens entre durabilité environnementale et équité si l'on veut accroître les libertés humaines pour les générations actuelles et futures. Les remarquables progrès effectués au cours des dernières décennies en matière de développement humain, dont rendent compte les *Rapports sur le développement humain*, ne peuvent se poursuivre si des mesures audacieuses ne sont pas prises à l'échelle mondiale afin de réduire à la fois l'inégalité et les risques environnementaux. cf. PNUD, *Rapport sur le développement humain 2011,* p. IV.

[7] cf. ARFWEDSON, A., « Peut-il y avoir développement sans culture ? » in GUICHAOUA, A. (sous la direction de), *Questions de développement, Nouvelles approches et enjeux,* L'Harmattan, Paris / Montréal, 1996, p. 77.

[8] cf. MONDJANAGNI, A.-C. (Études réunies et présentées par), *La participation populaire au développement en Afrique noire*, Karthala, Paris, 1984 ; MOUANDJO, P. et LEWIS, B., *Facteurs de développement en Afrique, L'économie politique de l'Afrique au XXIe siècle*, Tome II, L'Harmattan, Paris, 2002 ; OUEDRAOGO, D., *Améliorer la connaissance des relations entre l'homme et le développement économique et social*, Pop Sahel, Ouagadougou, 1988, n° 7, p. 21-22.

[9] cf. GUICHAOUA, A. ET GOUSSAULT, Y., *Sciences sociales et développement,* collection Cursus Sociologie, Éditions Armand Colin, Paris, 1993 ; OUEDRAOGO, M., *Culture et développement en Afrique : le temps du repositionnement*, L'Harmattan, Paris / Montréal, 2000 ; SANCHEZ-ARNAU, J - C. et DEJEUX, D., *La culture, clé du développement*, L'Harmattan, Paris, 1994.

[10] cf. KI-ZERBO, J. (sous la direction de), *La natte des autres, Pour un développement endogène en Afrique*, Karthala, Paris, 1992 ; KI-ZERBO, J., *A quand l'Afrique ? Entretien avec René HOLENSTEIN*, Éditions de l'Aube / Éditions d'en bas, Quetigny, 2003.

[11] cf. ADJI, B., *L'Afrique à la croisée des chemins, Problématique du développement*, Éditions Eburnie, Abidjan, 2003 ; ZAGRE, P., *Les politiques économiques du Burkina Faso, Une tradition d'ajustement structurel*, Karthala, Paris, 1994.

[12] cf. AMIN, S., *La faillite du développement en Afrique et dans le Tiers-monde, une analyse politique*, L'Harmattan, Paris, 1989 ; BAYART, J.- F., *L'État en Afrique, la politique du ventre*, Fayard, Paris, 1989.

[13] cf. MVUMBI, N. T., « De l'éthique comme facteur de développement dans les semaines philosophiques de Kinshasa et son impact au Zaïre » in AA. VV., *Philosophie africaine, Bilan et perspectives*, Actes de la XVe Semaine philosophique de Kinshasa, du 21 au 27 avril 1996,

Il se réalise grâce au dynamisme propre aux populations concernées et en conformité avec leur projet de société[26].

Au regard de ces différentes positions, le désaccord reste presque total et la notion de développement humain durable apparaît comme « *le fruit d'une constellation de facteurs, ou de conditions* »[27] dont la réalisation demeure un processus fort complexe. L'enjeu pour la foi chrétienne en Afrique sera de faire fleurir, par une nouvelle conscience de la présence de Dieu au cœur du monde, l'espérance en la vie[28]. Elle ne consiste pas seulement en une parole adressée aux pauvres, mais en une parole agissante, une œuvre décisive de libération totale pour une nouvelle vie : avec des principes nouveaux, des valeurs de liberté, de solidarité, de dignité et la capacité de faire toutes choses nouvelles, selon le projet même de Dieu. La théologie africaine aurait alors pour axe principal une orientation : « *la visée de l'humain, tel que le Christ le dévoile dans l'universalité de son message et dans la globalité d'une destinée où les forces du mal n'ont pas laissé de répit à son projet d'humanisation de l'homme* » [29].

II. Motivations de la recherche

La situation critique que vit l'Afrique en général et le peuple *moaaga*[30] du Burkina Faso en particulier, nous a fait comprendre que : d'une part, le problème prioritaire de l'Afrique contemporaine est la lutte pour le développement humain durable[31] ; d'autre part, le faible développement humain que connaît le continent est d'abord un problème éthique. De fait, nous constatons que dans la société burkinabè par exemple, « *les hommes autrefois intègres sont aujourd'hui interpellés sur leur dignité et leur intégrité lâchement bafouées* ».[32] Dès octobre 1995, le gouvernement burkinabè avait manifesté, par écrit, sa volonté d'engager une politique de

---

26 cf. TEZO LUBAKI, M., *art. cit.*, p. 74.

27 Préface de : KI- ZERBO, J. (sous la direction de), *La natte des autres, Pour un développement endogène en Afrique*, p. VI.

28 JEAN-PAUL II, Exhortation apostolique post-synodale *Ecclesia in Africa*, Libreria Editrice Vaticana, Vatican, 1995, n° 12.

29 KA MANA, *Christ d'Afrique, Enjeux éthiques de la foi africaine en Jésus-Christ*, p. 5.

30 Moaaga : Adjectif et nom singulier (pluriel : Moose) ; du Moogo, de ses habitants.

* Moogo (adjectif et nom, masculin singulier) : Territoire situé au centre du Burkina Faso, en Afrique de l'Ouest.

* Superficie : environ 63 500 km²

* Habitants : les Moose (singulier : le Moaaga).

* Langue : le Moore

31 cf. S.C.E.A.M., Actes de la Première Assemblée Plénière du S.C.E.A.M, Kampala, 1969, p. 54.

32 *Actualité du Yatenga* 38 (2003), p. 7.

développement humain durable[33] ; la dégradation de la qualité de vie de la population l'a obligé à créer en 2001 le Comité National d'Éthique (CNE)[34]. Le premier Rapport de ce Comité souligne que le Burkina Faso « *traverse une période de grave crise par rapport à ses propres valeurs et aux valeurs morales* »[35]. Les observateurs s'accordaient pour reconnaître que le processus d'appauvrissement actuel de la société burkinabè a dépassé la cote d'alerte et s'enracinait dans une perte des valeurs éthiques.

Ce contexte de « paupérisation humaine »[36] généralisée motive notre réflexion pour une lutte contre toutes les formes et méthodes d'appauvrissement de l'humain. C'est ainsi que nous voulons chercher à comprendre et à analyser, à l'aide des valeurs chrétiennes, les conditions du « développement humain durable » chez les Moose. D'où le thème de notre thèse : « Paupérisation anthropologique » et « développement humain durable ».

III. Objectifs de la recherche

Dans le prolongement de la réflexion sur les facteurs qui conditionnent le « développement humain durable », nous voulons nous laisser guider par les exigences de notre vie de foi et de l'annonce de l'Évangile qui supposent une promotion humaine authentique. En effet, la Tradition de l'Église et le premier Synode africain nous enseignent qu'il existe des liens d'ordre anthropologique, théologique et évangélique entre vie de foi, évangélisation et développement humain durable[37].

Nous voulons rechercher ce qui fonde et justifie chrétiennement tout développement humain durable, et proposer, à partir d'une herméneutique de la notion de « burkĩndlem » chez les Moose, une éthique chrétienne inculturée du développement humain qui engage à la réappropriation des valeurs humaines au profit du développement intégral.

---

[33] cf. La Lettre d'Intention de Politique de Développement Humain Durable au Burkina Faso : « La démarche nationale en faveur du développement humain durable : concept et principaux instruments », GRÉGOIRE, L.-J., PNUD / Burkina Faso, Working paper n° 1, Série « Stratégies de développement », août 1998.

[34] cf. *Décret présidentiel* n° 2001-278/PRES/PM du 8 juin 2001.

[35] *Comité National d'Éthique, Rapport 2002*, mars 2003, p. 17.

[36] La paupérisation (du latin pauper, pauvre) est l'appauvrissement continu d'un individu ou d'un groupe d'individus.

[37] JEAN-PAUL II, *Ecclesia in Africa*, n° 68 ; cf. PAUL VI, *Evangelii nuntiandi*, Vatican Polyglot press, Rome, 1975, n° 31.

IV. Hypothèse de base

La pertinence d'axer le processus et la finalité du développement humain durable sur l'homme étant reconnue, il faut encore comprendre ce que sont l'homme, sa nature et ses buts, ses besoins et ses ressources. Mais si « *l'homme abstrait et universel peut être perçu conceptuellement à travers quelques valeurs philosophiques générales, l'homme concret et réel ne peut être appréhendé qu'à travers sa propre culture, qui est la résultante globale à la fois normative et technique du processus cumulatif de l'interaction dynamique et permanente entre l'homme et l'environnement dans lequel il vit et évolue* »[38].

Par conséquent, la recherche de facteurs conditionnant un authentique développement humain durable en Afrique nous conduit à examiner, selon la culture *moaaga*, les perspectives de l'accomplissement et de l'épanouissement de l'être humain. Or selon les Moose, l'exercice du « burkĩndlem » (développement ou édification de l'homme) est la voie de l'accomplissement authentique de l'être humain et de son réel plein épanouissement. D'où le sous-titre de notre thèse : Herméneutique du *burkĩndlem* pour une éthique chrétienne inculturée de la promotion humaine intégrale en Afrique.

Le concept « burkĩndlem » serait emprunté à la langue Songhay-Zarma du Niger et dériverait de la composition des vocables « bòró » ou « bùrú »[39] (homme, personne) et « ciná » (construire, édifier). Le « burkĩndlem » désigne chez les Moose « la manière ou le fait d'édifier dignement, noblement et librement l'homme », et se découvre chez eux comme un projet d'humanisation authentique selon les normes sociales ; il s'agit d'un objectif à réaliser chez chaque personne en fonction de son statut, de son sexe et de son rôle social. Le « burkĩna » est l'état de l'homme accompli dont l'idéal de vie est la pratique du « burkĩndlem » qui, selon les normes sociales des Moose, consiste à promouvoir les valeurs impliquées dans la maîtrise de la bouche, le contrôle du cœur, la gestion du ventre, la discipline par rapport au sexe et la conduite du pied. Ces références anatomiques, symboliques du « burkĩndlem », constituent en milieu *moaaga* les hauts lieux de l'éthique

[38] Préface de : AA. VV., *Stratégies du développement endogène*, *op. cit.*, p. 2.

[39] Le flottement dialectal rend parfois difficile la recherche d'un mot. Ainsi au sujet des voyelles, nous avons observé le passage facile du « a » au « u », du « o » au « u ». Par exemple on peut entendre « fattu » ou « fottu » (être amer, fort), « bogu » ou « bagu » (briser, casser) comme d'ailleurs dans « bòró » ou « bùrú ». cf. OLIVIER DE SARDAN, J.-P., *Concepts et conceptions songhay-zarma*, Nubia, 1982, art. « bòró » ; BERNARD, Y. ET WHITE-KABA, M., *Dictionnaire Zarma-Français* (République du Niger), Imprimerie Tareya du Niger, Niamey, 1994, art. «bòró ».

individuelle et sociale. Le concept réunit au Moogo[40] toutes les valeurs humaines essentielles ; il commande les normes sociales de l'action, détermine les choix, les critères d'appréciation et les motivations à partir desquelles sont fixés les objectifs sociaux. Il signifie, sociologiquement, l'état idéal ou le comportement vertueux par excellence.

La pratique du « burkĩndlem » comporte des exigences que la tradition *moaaga* distingue en obstacles à surmonter et moyens à promouvoir. Au nombre des obstacles, on retient comme majeurs la faim qui déshumanise et la honte qui humilie. Pour devenir « burkĩna », c'est-à-dire un homme libre, noble, digne et intègre, il faudra, primordialement, s'affranchir de la faim et de la honte, expressions concrètes de l'indigence et de la misère humaines. Au titre des moyens, la culture *moaaga* préconise l'édification de l'homme au sens plein du terme, dans la politesse, le respect du droit humain, la culture de la volonté et de l'effort et dans l'amour du travail. Depuis août 1984, le « Burkĩndlem » est devenu pour le Burkina Faso un projet d'identification et de promotion nationales[41].

Notre hypothèse est alors que le « burkĩndlem » *moaaga*, informé des exigences de l'éthique chrétienne de l'« *imago Dei* », peut devenir le lieu d'une herméneutique pour un développement humain efficient. Il peut aider à construire l'être humain qui est à la fois *archè* et *télos* de toute promesse de développement humain. Nous pensons que le concept de « burkĩndlem », dans la rencontre transformatrice avec l'Évangile, est susceptible de promouvoir le « développement humain durable » dans une perspective chrétienne.

V. Etat de la question

Notre problématique s'articule autour des concepts de « paupérisation anthropologique », de « développement humain durable » et de « burkĩndlem *moaaga* ». Ces trois concepts ont déjà été l'objet de diverses études. Nous situant dans le prolongement de la pensée de nos nombreux prédécesseurs, il importe d'en faire, quoique succinctement, une relative mise au point.

---

[40] Substantif (masculin, invariable) : désigne la région d'habitation ou l'univers des Moose. La langue est dénommée : le Moore.

[41] *Ordonnance* n° 84-43 CNR.PRES du 2 août 1984 portant changement d'appellation et symboles de la Nation. En août 1984, les autorités de la Haute-Volta (l'actuel Burkina Faso), alors révolutionnaires, ont décidé, par Ordonnance du « Président du Conseil National de la Révolution », le Capitaine Thomas Sankara, du changement d'appellation du nom du pays et de ses symboles. De son ancien nom « Haute-Volta », le pays s'appellera désormais « Burkina Faso », c'est-à-dire « Patrie de l'intègre ». L'objectif était de créer une conscience nationale et faire recouvrir aux Voltaïques leur dignité d'homme et leur identité culturelle. Le « burkĩndlem » devint ainsi un attribut national, un concept culturel pour la promotion humaine de l'ensemble des habitants du pays.

Au sujet de la notion de « paupérisation anthropologique » qui est à distinguer de celle de « paupérisation humaine »[42], il importe d'observer que le concept a souvent été traité en étroit rapport avec la question de l'« identité » et des « valeurs humaines » qui a largement préoccupé la pensée africaine contemporaine et la conscience collective des peuples d'Afrique. Déjà en 1982, le sociologue Jean-Marc Ela dépeignait l'histoire d'Afrique en termes de « *défaite des peuples noirs par les puissances coloniales* »[43], de « *désorganisation des rythmes vivriers générateurs* »[44], de « *processus de paupérisation inhérent à l'impérialisme* »[45], et de « dépersonnalisation, désintégration, assimilation de l'âme du colonisé »[46].

L'analyse critique de l'histoire africaine a conduit l'historien Engelbert Mveng à penser le concept de « pauvreté anthropologique » comme le résultat d'un processus historique, celui de la paupérisation anthropologique de l'être africain amorcée depuis l'esclavage (de 1460 à 1860), poursuivie à la colonisation (de 1860 à 1960) et qui se perpétue de nos jours par la néo-colonisation. Il écrit, en effet, que *« la dépersonnalisation de l'homme africain sous le régime colonial a été un dépouillement de tout ce qu'il était, de tout ce qu'il avait, de tout ce qu'il faisait, et la réduction en un état d'indigence et de misère que nous appelons l'état de paupérisation anthropologique »*[47]. Par la suite, Bruno Chenu pouvait dire : « *l'agression a été d'ordre ontologique. Elle demeure structurelle* »[48]. La prise de

---

[42] Le concept de « pauvreté humaine » qui est un concept du Programme des Nations Unies pour le Développement, « *s'inscrit dans la perspective d'une approche qualitative de la pauvreté, se base essentiellement sur le manque ou la privation de capacités allant du domaine matériel aux domaines sociaux les plus complexes* ». Voir : BURKINA FASO, *Cadre Stratégique de Lutte contre la Pauvreté* (CSLP), édité par le Ministère de l'économie et du développement, Ouagadougou, 2004, p. 14.

[43] ELA, J.-M., *L'Afrique des villages*, Karthala, Paris, 1982, p. 191.

[44] *Ibidem*, p. 32.

[45] *Ibidem*, p. 34.

[46] cf. *ibidem*, p. 41.

[47] MVENG, E. et LIPAWING, B. L., *Théologie, libération et cultures africaines, Dialogue sur l'anthropologie négro-africaine,* Clé / Présence Africaine, Yaoundé / Paris, 1996, p. 32. Plusieurs auteurs semblent attribuer à MVENG la paternité du concept de « pauvreté anthropologique ». Il est dans tous les cas l'auteur auquel ils se réfèrent souvent : cf. AFAN, M. R., o.p., *La participation démocratique en Afrique, Éthique politique et engagement chrétien*, Éditions Universitaires / Éditions du Cerf, Fribourg / Paris, 2001, p. 204-205 ; KA MANA, « Le discours protestant et le problème du salut en Afrique », Facultés catholiques de Kinshasa, Semaine Théologique de Kinshasa, www.cenco.cd/facultescath/kamanatexte.htm ; PERENNES, J. J., « Violence et réconciliation ; un défi majeur pour cette fin de XXe siècle », ww.sedos.org/french/perennes.htm ; BELINGA EBOUTOU, M., « Conférence Mondiale contre le Racisme, la Discrimination Raciale, la Xénophobie et l'Intolérance qui y est associée », Durban-Afrique du Sud, 2001, www.un.org/WCAR/statements/ecosocf.htm.

[48] CHENU, B., Conférence sur « Culture et Christianisme, Nouvelle donne pour le Christianisme », Altkirch, 8 février 2002, ww.pacariane.com/CCCSundgau/Conferences/020208Cf.htm.

conscience de cette paupérisation multiséculaire a donné naissance au concept de « reconstruction » dont Kä Mana se découvre comme un témoin significatif. Pour lui, « *la problématique de la reconstruction correspond à une bataille pour organiser et réussir la sortie du colonialisme vers une nouvelle société ; c'est l'articulation de l'être et de l'agir dans la conscience de production permanente de soi et d'invention de l'avenir par le pouvoir créateur de l'imagination éthique et l'esprit rationnel* »[49].

En ce qui concerne le concept de « développement humain durable », il résulte de l'articulation des deux concepts de « développement humain » et « de développement durable ».

L'idée de « développement durable » est apparue, au sein de l'Union Internationale pour la Conservation de la Nature, dans les années 1980. Elle repose sur un double constat : d'une part, le stock de ressources naturelles disponibles était limité ; d'autre part, les processus de développement induisaient des externalités négatives (déchets, pollution, bruit, etc.). Le concept de « développement durable » sera formulé par la Commission Mondiale sur l'Environnement et le Développement (CMED)[50] à partir de 1987. Elle présente le « développement durable » comme « *un développement qui répond aux besoins du présent sans compromettre la capacité des générations futures à répondre aux leurs* » [51]. En 1992, pour la première fois, le concept sera au centre des débats de la Conférence des Nations Unies sur l'Environnement et le Développement (CNUED), à Rio de Janeiro. Les réflexions favoriseront ensuite une prise de conscience des grands problèmes écologiques et des disparités de par le monde.

Quant au « développement humain », c'est au début des années 1990 que le PNUD lance le concept. Pendant une décennie, il va s'affiner à travers différents *Rapports* annuels au niveau mondial. Le « développement humain » est défini aujourd'hui comme étant « le développement des hommes, pour les hommes et par les hommes »[52].

Le concept de « développement humain durable » remplacera, depuis 1994, celui plus étroit de « développement durable » dans la plupart des discussions. Ce nouveau terme exprime la conviction selon laquelle la pauvreté, l'inégalité et la croissance démographique galopante sont à la base de la crise écologique mondiale. Un développement durable qui se veut aussi

---

[49] KA MANA, *Foi chrétienne, Crise africaine et reconstruction de l'Afrique, Sens et enjeux des théologies africaines contemporaines*, Ceta / Haho / Clé, Nairobi / Lomé / Yaoundé, 1992, p. 36. Ces mêmes considérations sont reprises textuellement une année plus tard dans : KA MANA, *Théologie africaine pour temps de crise : Christianisme et reconstruction de l'Afrique*, *op. cit.*, p. 32.

[50] cf. COMMISSION MONDIALE SUR L'ENVIRONNEMENT ET LE DÉVELOPPEMENT (CMED), Rapport Brundtland et intitulé « *Notre avenir à tous* » (1989).

[51] cf. *ibidem*, p. 10.

[52] *Idem.*

humain doit viser à accroître le bien-être de tous, à prendre en compte les multiples dimensions de ce bien-être et leurs interactions. Par ailleurs, un développement humain devient durable lorsqu'il vise à améliorer le bien-être des personnes présentes, comme des générations futures.

Aujourd'hui, le concept de « développement humain durable » occupe une place de plus en plus importante dans l'élaboration des stratégies de développement. Deux exemples peuvent illustrer cette tendance : d'une part, la reconnaissance internationale d'un certain nombre d'indicateurs synthétiques comme l'Indicateur du Développement Humain (IDH), l'Indicateur de Pauvreté Humaine (IPH), l'Indicateur de Pénurie de Capacités (IPC) ; d'autre part, la production régulière de rapports nationaux sur les stratégies alternatives de développement, en complément au rapport annuel élaboré au niveau mondial.

Pour notre part, nous voulons fonder et développer une éthique chrétienne du « développement humain durable » à partir d'une lecture chrétienne de la conception *moaaga* du « burkĩndlem ». Dans l'état actuel de nos recherches, nous n'avons répertorié que trois œuvres qui s'intéressent à la notion de « burkĩndlem » et deux autres[53] qui mentionnent simplement le concept :

Damiba François-Xavier dans sa thèse de doctorat, *Essayer la folie pour voir, risque et prudence des Moose*[54], décrit en trois pages le « Burkĩna » comme une figure de l'homme idéal selon l'indigène du Moogo.

Badini Amadé dans son œuvre tirée de sa thèse d'État *Naître et grandir chez les Moosé traditionnels*[55], montre en deux pages que le terme burkĩndlem renvoie à des valeurs essentielles et qu'il se découvre comme un objectif à réaliser chez chaque personne en fonction de son statut, de son sexe et de son rôle social.[56]

Sawadogo Raogo Antoine, dans son ouvrage *L'État africain face à la décentralisation*, sans employer le concept, décrit sur deux pages les repères éthiques qui font du chef « *un homme accompli, vertueux et rassembleur* »[57] et qui ne sont rien d'autre que les références anatomiques symboliques du « burkĩndlem » appliquées à la légitimation du pouvoir chez les Moose.

À notre connaissance, aucune recherche n'a encore tenté une compréhension chrétienne des valeurs et exigences du « burkĩndlem » et de

---

[53] cf. OLIVIER DE SARDAN, J.-P., *op. cit.*, art. « bùrcĩn » ; voir aussi BERNARD, Y. et WHITE-KABA, M., *op. cit.*, art. « bùrcĩn ».

[54] DAMIBA, F.-X., *Essayer la folie pour voir, risque et prudence des Moose, Le Moaaga plutôt prudent ou plutôt audacieux ?* (Tome 1), Thèse présentée en vue de l'obtention du doctorat, Université Paris V, Sorbonne, 1992, p. 233 – 235.

[55] BADINI, A., *Naître et grandir chez les Moosé traditionnels*, SEPIA / A.Ɔ.D.B, Paris / Ouagadougou, 1994, p. 78-79.

[56] *Ibidem*, p. 78.

[57] SAWADOGO, R. A., *L'Etat africain face à la décentralisation*, Karthala, Paris, 2001, p. 170-171.

ses nécessaires implications dans le « développement humain durable » de l'Afrique marquée par la « paupérisation anthropologique ». En faisant pratiquement œuvre de pionnier dans ce champ de réflexion, nous voulons apporter des éléments pour combler un vide théologique, et surtout interpeller les chrétiens africains, tous les Africains et tout homme de bonne volonté, sur une question vitale et existentielle : édifier l'être humain dans la liberté, la noblesse et la dignité, préalable et fondement à tout développement humain durable.

VI. Démarche, méthode, sources et limites

VI.1. Démarche

Il s'agit ici d'une recherche qui articule notamment l'anthropologie et la théologie morale, disciplines qui fournissent « *une juste compréhension du mystère de l'homme dans son lien fondamental avec le mystère du Christ* »[58]. On sait, par ailleurs, qu'avant de dire « le devoir être », il faut bien connaître « l'être ». Dans cette mesure, nous voulons cerner d'abord les caractéristiques et les déterminants du « développement humain durable » et de l'homme dans le contexte de la paupérisation anthropologique africaine. Nous tenterons ensuite une approche anthropologique nouvelle de la problématique du « développement humain durable », respectivement dans la tradition du burkĩndlem et dans la perspective chrétienne. Enfin, nous rechercherons des éléments pour une éthique chrétienne inculturée du « développement humain durable » en terre africaine.

Pour mener cette démarche, notre méthode principale sera *analytico-herméneutique* qui consistera : d'une part, à saisir par l'analyse le sens immédiat des deux symboles sur lesquels se fonde notre hypothèse de base, à savoir le « *burkĩndlem* » et l'« *imago Dei* » ; et d'autre part, à en faire surtout l'herméneutique (interprétation) dans la mesure où, ayant affaire à des symboles, un sens dissimulé est supposé n'être pas immédiatement accessible. Nous comprenons le terme « herméneutique », selon la définition de Werner G. Jeanrond, dans le sens de « *théorie de l'interprétation* »[59] du texte, de l'art,

---

[58] DESCLOS, J., *Libérer la morale*, Éditions Paulines & Médiaspaul, Montréal / Paris, 1991, p. 14.

[59] JEANROND, W. G., *Introduction à l'herméneutique théologique, Développement et signification (*Traduit de l'anglais par Pierre-Loup Lesaffre), Cerf, Paris, 1995, p. 7. Le terme « « herméneutique », d'après Jeanrond, fait référence à Hermès, le messager des dieux de la mythologie grecque, qui avait pour tâche d'annoncer aux hommes les décisions et les desseins de leurs dieux. Il comblait ainsi le fossé séparant l'humain du divin. De même l'herméneutique a-t-elle pour objet la relation entre deux univers, l'univers du texte ou de

du symbole, etc. Dans notre démarche, la visée herméneutique consistera à déchiffrer les sens cachés des symboles du « *burkĩndlem* » et de l'« *imago Dei* » dans leurs sens apparents, à déployer les niveaux de signification impliqués dans les significations littérales. Concrètement, nous passerons de l'épistémologie à l'ontologie.

Pour nos sources, nous avons eu naturellement recours à des enquêtes orales et écrites. Aussi un questionnaire destiné aux principales aires culturelles des Moose du Burkina Faso nous a-t-il permis de découvrir la signification et les exigences du « burkĩndlem » *moaaga*. La plupart des personnes ont été interrogées en Moore, notre langue maternelle, et les entretiens ont été transcrits séance tenante ou enregistrés sur bande magnétique. Nous avons interrogé quelquefois en français, notamment dans les milieux intellectuels et lorsque nous avons eu affaire à des personnes ne comprenant pas la langue *moore*. Par ailleurs, pour une question de langue, mais surtout d'efficacité, nous avons confié des enquêtes à d'autres personnes connaissant le milieu et la langue. Ce fut le cas des enquêtes menées en milieu Songhay-Zarma de Niamey (Niger) et de Fada N'gourma (Burkina Faso) où vit une partie de notre population cible.

Ces différentes enquêtes que nous avons menées personnellement ou par personnes interposées constituent, avec une importante bibliographie, les sources de base à partir desquelles nous avons élaboré un plan et rédigé notre thèse.

On devine la joie qui fut la nôtre de rencontrer des personnes de tous horizons qui nous ont permis de connaître davantage la culture *moaaga* en ses hommes, sa tradition orale, ses valeurs, mais aussi les difficultés liées à une telle entreprise. Toute œuvre humaine, quelle que soit sa richesse, porte toujours la marque de la contingence humaine, expression de la finitude de l'homme :

VI.2. Les difficultés externes au sujet

Le manque de bourse de recherche ; le handicap de langue dans les ethnies qui n'étaient pas la nôtre ; le temps mis à trouver des enquêteurs sûrs et disponibles ; la méfiance de certains hommes politiques ou de responsables de

---

l'œuvre d'art d'une part, et l'univers de ceux qui cherchent à comprendre d'autre part (cf. *idem*). Pour Paul Ricœur, spécialiste de la science herméneutique et auteur de nombreuses définitions du concept, c'est entre autres « *la théorie des opérations de la compréhension dans leur rapport avec l'interprétation...* » (RICŒUR, P., *Du texte à l'action, Essai d'herméneutique II*, Seuil, Paris, 1986, p. 75). Pour lui, « *la plus fondamentale présupposition phénoménologique d'une philosophie de l'interprétation est que toute question portant sur un étant quelconque est une question sur le sens de cet "étant"* » (*ibidem*, p. 55 ; voir aussi : RICOEUR, P., *Le conflit des interprétations*, Seuil, Paris, 1969, p. 16).

publication de quotidiens qui nous demandaient un mandat officiel de recherche, sur le changement d'appellation et des symboles du Burkina Faso, avant de nous ouvrir les portes des archives. À tout cela, il faut ajouter le morcellement du temps qui a quelquefois nui au mûrissement de la réflexion, sans oublier le temps consacré à la saisie et à la mise en forme du travail qui ont été réalisées par nous-même.

VI.3. Les limites du traitement du sujet

La complexité du sujet, qui touche la quasi-totalité des domaines de la vie humaine et donc nécessite des connaissances pluridisciplinaires (anthropologie et sociologie, histoire et géographie, littérature et économie, droit et politique, philosophie et théologie, etc.). Le second Concile du Vatican affirme la position unique et centrale de chaque personne et souligne que « *tout sur la terre doit être ordonné à l'homme comme à son centre et à son sommet* ».[60] Cela est d'autant vrai que la réalité humaine n'est jamais donnée comme accomplie et l'effort porté pour atteindre un « développement humain durable » efficient est une quête perpétuelle. C'est dire que la tâche à accomplir n'est pas du tout repos ; elle conserve sans doute son utilité dans l'explication des phénomènes de changements et la volonté ferme et durable de promotion de la dignité humaine.

Notre problématique est l'inculturation de l'éthique chrétienne du développement humain durable en Afrique. À notre connaissance, c'est la première tentative, dans le domaine du développement humain durable, qui articule conception et promotion culturelles concrètes de l'homme, défis du développement humain durable et perspective chrétienne du développement humain intégral. Ainsi articulée, notre thèse repose sur le concept et la notion de « développement humain durable » qui est non seulement récent, mais surtout est d'une actualité médiatisée. Toutefois, aussi vrai que le sujet est d'actualité, il est d'autant difficile de le traiter scientifiquement alors qu'on est sous la pression du moment. En effet, dans quelle mesure peut-on s'assurer que l'emprise de l'actualité sur le chercheur et l'influence de l'immédiat ne handicapent pas la réflexion sereine ? De plus, le sujet recouvre bon nombre de réalités humaines de l'être africain. Ce qui nous a conduit, sous peine d'être dispersé, à faire des choix. Ce faisant, des aspects ont été à peine ébauchés : des thèmes importants comme l'endettement, la politique étrangère, la promotion du genre, ont été traités, certains en paragraphe seulement tandis que d'autres sont à peine mentionnés, d'autres encore sont parfois simplement ignorés.

---

[60] CONCILE VATICAN II, *Gaudium et Spes*, 12, 1.

Par ailleurs, le concept central de notre hypothèse de recherche, qui est le burkĩndlem, a une racine (burkĩn ou burkĩna) qui est commune à trois langues : le Songhay-Zarma, le Peulh et le Moore. Si nous avons pu réaliser sur le concept « burkĩna » une analyse sémantique commune à ces trois langues, notre recherche s'est toutefois limitée à une étude socio-anthropologique dans la culture *moaaga*, alors qu'elle aurait pu s'enrichir des apports socio-anthropologiques des cultures *peuhl* et *songhay-zarma*. Le burkĩndlem se révèle bien comme un symbole. À ce titre, selon l'objection de Paul Ricœur, « *il n'est peut-être pas de création symbolique qui ne s'enracine en dernier ressort dans le fond symbolique commun de l'humanité* » [61]. Si ce point de vue est vrai, il aurait été sans doute digne d'intérêt de découvrir la place et le rôle social de la symbolique du « burkĩna » dans d'autres cultures.

Enfin, la perspective chrétienne de notre recherche est l'élaboration d'une éthique inculturée du développement à partir du burkĩndlem chrétien, projet d'édification *moaaga* et chrétienne de l'humain dans la noblesse, la liberté et la dignité. Dans notre démarche théologique, nous avons découvert dans la personne du Christ, parfaitement Burkĩna et image parfaite de Dieu, l'archétype et le prototype de l'homme accompli et libre de toute servitude. Si donc la finalité essentielle du développement humain durable est de faire croître les libertés humaines par le renforcement des capacités et des potentialités, le Jésus de l'histoire, par sa vie, s'est révélé dans la foi chrétienne comme Celui qui, non seulement a vécu librement, mais encore a créé une voie nouvelle de liberté, et après avoir libéré, appelle à rester libre (cf. Ga 5, 1). Dans la dynamique de la Rédemption chrétienne, le Christ se révèle comme le modèle vers lequel on devra tendre. Nous conférons ainsi à la théologie du développement humain durable une dimension essentiellement christocentrique. Dans cette optique, ne court-on pas le risque d'enfermement dans un modèle ? Nous estimons qu'au-delà de toute légitime appréhension, d'une part l'identification du Christ à un modèle n'est pas nouvelle en théologie africaine[62], et d'autre part, dans la perspective d'une pédagogie d'éducation au développement, il est reconnu que le « modèle », en tant qu'exemple concret, est éminemment une valeur significative[63]. C'est dire que nous souscrivons simplement à la valeur éducative du bon exemple.

Toutes ces difficultés et limites rencontrées expliquent en partie les insuffisances de notre recherche, tant du point de vue de son contenu que de sa forme. Le lecteur s'étonnera aussi de la répartition de nos chapitres et de nos parties qui accusent une certaine disproportion. La validité de l'analyse

---

[61] RICŒUR, P., *Du texte à l'action, Essai d'herméneutique II*, p. 30.

[62] Etienne Kaobo Sumaïdi fait une excellente synthèse des titres christologiques africains : cf. SUMAIDI, E. K., *Christologie africaine (1956-2000)*, L'Harmattan, Paris, 2008, p. 77-169.

[63] BILLON, J., « Essai de théorisation des modèles explicatifs de l'éducation appliquée à la santé » in *Spirale - Revue de Recherches en Éducation*, 25 (2000) 17-30.

imposait parfois un minimum de données quantitatives qui finissaient par occuper de l'espace. Pour cette raison, il y avait profit à accepter qu'une coupe en chapitres isométriques cédât le pas à une division en portions inégales par la longueur, mais justiciable des données dont nous voulions rendre compte. Malgré tout, compte tenu de l'importance du sujet qui touche au fondement de l'existence chrétienne, il a fallu se résoudre à choisir, à écourter et à écarter bon nombre d'aspects et de questions dont l'étendue dépasserait le cadre de cette recherche. C'est dire que nous confessons d'avance les lacunes et les imperfections d'un travail qui s'efforce, en dernière analyse, de réaliser une synthèse malaisée d'un sujet qui englobe tout l'agir existentiel de l'« être » *moaaga* et chrétien.

Après ce constat quelque peu désabusé, qu'il nous soit permis, de nourrir l'espoir que le lecteur, par-delà ces limites, trouvera des éléments pour une inculturation de la réflexion théologique morale sur le développement humain durable à partir du concept *moaaga* du « burkĩndlem ».

Première partie

Problématique de la « paupérisation anthropologique » et du « développement humain durable » en Afrique de l'Ouest

« *Ventre plein et*
Ventre vide
Ne sont pas
Des compagnons ».

Mais

« *L'homme*
Qui se connaît
Préserve
La vie »[64].

[64] PACERE, T. F., *Pensées africaines, Proverbes, dictons et sagesse des Anciens*, L'Harmattan, Paris, 2004, p. 198 et 348, n° 559 et 1099.

Introduction à la première partie

L'histoire de la formation de l'homme moderne, affirme Jean-Marie Aubert, « *pourrait se définir comme l'histoire de la conquête progressive des diverses formes de libertés...* »[65] La finalité de cette lutte pour la promotion humaine, centrée sur la liberté, a été, selon Aubert, « *la formation d'un nouvel humanisme, qui prend de nos jours sa pleine dimension* »[66]. Aujourd'hui, on peut soutenir que l'homme a découvert l'étendue de ses capacités et, désormais, la liberté ne peut être considérée comme une simple propriété de l'homme, mais ce qui le constitue fondamentalement[67]. Plus que jamais, les peuples se sont engagés, par la poursuite du développement humain durable, à accroître leurs capacités et potentialités considérées nécessaires pour devenir meilleurs, c'est-à-dire croître en noblesse et en dignité humaines. C'est le « *développement des peuples* »[68]. Tel est le titre, que le pape Paul VI donnait à son Encyclique sur le développement humain et la notion chrétienne de progrès, tous deux devenus, en 1967, des questions mondiales. Il exprimait ainsi une aspiration profonde du genre humain. Devenu un thème fondamental de notre temps, le développement conditionne aujourd'hui l'avenir de l'homme et de l'humanité. Toutes les nations sont entrées dans ce mouvement.

Toutefois, le continent africain est encore incontestablement à la traîne, et peine à amorcer le processus d'un réel développement humain porteur des espérances des Africains. Les raisons de cette situation sont multiples et diverses. Pour notre part, nous voulons examiner en situation contextuelle et prolonger la réflexion de nos devanciers sur les conditions d'un développement humain efficient en terre africaine en général, et singulièrement en Afrique de l'Ouest[69]. Nous pensons que la cause principale de la précarité de vie humaine en Afrique en général, et

---

[65] AUBERT, J.-M., *Vivre en chrétien au XXe siècle, Tome 1 : Le Sel de la terre*, Salvator, Mulhouse, 1976, p. 17.
[66] *Idem.*
[67] Sartre soutenait en effet, « (ma liberté) *n'est pas une qualité surajoutée ou une propriété de ma nature ; elle est très exactement l'étoffe de mon être* ». SARTRE, J.-P., *L'Être et le Néant, Essai d'ontologie phénoménologique*, Gallimard, Paris, 1943, p. 514.
[68] cf. PAUL VI, Lettre Encyclique *Populorum progressio* (1967).
[69] Les pays qui composent l'Afrique de l'Ouest sont les suivants : le Bénin, le Burkina Faso, le Cap-Vert, la Côte d'Ivoire, la Gambie, le Ghana, la Guinée, la Guinée-Bissau, le Liberia, le Mali, le Niger, le Nigeria, le Sénégal, la Sierra Leone et le Togo.

particulièrement en Afrique Occidentale[70] est primordialement le fait de la « paupérisation anthropologique » que connaît le continent. Mais la réflexion sur la problématique du « développement humain durable » en contexte de « paupérisation anthropologique » nécessite non seulement une compréhension de l'acception générale de ces deux concepts, mais surtout une analyse de leur signification contextuelle.

[70] Nous optons de faire notre étude dans le contexte de l'Afrique de l'Ouest pour de multiples raisons : C'est la région du continent qui possède les sources les plus anciennes sur l'esclavage : non seulement il a été démontré que dès le deuxième siècle de notre ère, existaient en Afrique de l'Ouest des expéditions trans-sahariennes de captifs vers l'Afrique du Nord (cf. LAW, R. C. C., « The Garamantes and trans-saharan enterprise in classical times » in *Journal of African History*, VIII, n° 2 (1967) 196 ; FAGE, J. D., « Traite et esclavage dans le contexte historique de l'Afrique occidentale » in MINTZ, S. (sous la direction de), *esclave = facteur de production, L'économie politique de l'esclavage*, traduction de J. Rouah, Dunod, Paris, 1981, p. 7), mais encore l'Afrique Occidentale est la région où il y a eu un lien très étroit entre le développement de l'esclavage et le développement économique (cf. FAGE, J. D., « Traite et esclavage dans le contexte historique de l'Afrique occidentale » in MINTZ, S. (sous la direction de), *op. cit.*, p. 10), et où la connaissance des chiffres du XVIIIe siècle atteint une relative certitude : on peut alors évaluer globalement (par méthode régressive) la population de l'Ouest africain à une vingtaine de millions d'habitants (28 millions vers 1850). cf. FAGE, J. D., « The Effect of the Export Slave Trade on African Populations » in MOSS, R. P. et RATHBONE, R. J. A., *The Populations Factor in African Studies*, Londres, 1975, p. 15-23. Une dernière raison, non moins importante, la culture, en l'occurrence le burkĩndlem chez les Moose, que nous étudions particulièrement est située en plus plein cœur de cette région du continent.

Chapitre I

Le « développement humain durable » en contexte ouest-africain

Les sociétés humaines contemporaines, plus que jamais marquées par l'explosion de la pauvreté et des inégalités, les questions relatives à l'espérance de vie, au chômage ou à la malnutrition, ont suscité des programmes de développement pour répondre aux problèmes et grands enjeux humains qui leur sont posés. D'aucuns considèrent même les exigences de développement comme un défi sans précédent pour l'humanité contemporaine dont la survie apparaît de plus en plus menacée. Dès lors, la notion de « développement humain durable » sera conçue comme ayant « *pour objectif de créer un environnement dans lequel les individus puissent développer pleinement leur potentiel et mener une vie productive et créative, en accord avec leurs besoins et leurs intérêts* »[71]. C'est ainsi qu'il est communément admis aujourd'hui que le développement, pour répondre aux attentes sociétales, devra prendre en compte trois objectifs majeurs : l'équilibre (social, économique, culturel, etc.), la bonne gestion de l'environnement et la participation de tous. S'inscrivant dans cette perspective de développement, les États africains se sont engagés à garantir une sécurité humaine à chaque homme : accroître les choix, vivre longtemps et en bonne santé, acquérir un savoir, accéder aux ressources permettant des conditions de vie décente tout en les préservant pour les générations à venir, vivre à l'abri de l'insécurité, et parvenir à l'égalité entre hommes et femmes[72]. Examinant les défis et les exigences en matière de développement humain durable, il sera nécessaire ici de recourir d'abord à l'histoire du concept, pour en saisir l'émergence à travers une analyse historico-critique de son champ sémantique. Cela devra permettre ensuite d'évaluer la pratique et les résultats du développement humain dans le contexte actuel de l'Afrique Occidentale. Ce faisant, face à la situation de pauvreté humaine que connaissent les sociétés africaines en général et ouest-africaines en

---

[71] PNUD (publié par le), *Rapport mondial sur le développement humain 2001*, Economica, Paris, 2001, p. 1.
[72] cf. PNUD (publié par le), *Rapport mondial sur le développement humain 2005*, Economica, Paris, 2005, p. 221-222.

particulier, il importera, en dernière analyse, de rechercher les éléments socio-culturels qui influencent la pratique du développement et en constitueraient, par suite, des facteurs déterminants et essentiels dans l'initiation, la conduite et la réalisation des efforts en matière de développement.

I. Émergence du concept « développement humain durable »

Le souci de cerner l'émergence du concept de « développement humain durable » nous impose de recourir à une démarche historique, tant il est vrai qu'« *un concept est une histoire* »[73] qui révèle sa pleine signification dans ses transformations successives. Ainsi, nous tenterons de replacer la notion de « développement humain durable » dans sa longue tradition de conceptualisation en explorant sa genèse et son évolution. Ce faisant, nous n'avons pas la prétention d'effectuer une exploration, ni faire un inventaire conceptuel de toutes les connotations et dénotations du terme, des contextes dans lesquels il se manifeste, de ses significations ou de ses usages à travers les différents champs disciplinaires qu'il implique. Une analyse valable du contenu de ce concept médiatisé, popularisé dans une vaste et abondante littérature, et livré à l'usage de toutes les sciences humaines, imposerait la coopération de toutes : économie, sociologie, démographie, anthropologie, géographie, psychologie, philosophie, morale, etc. Aucune de ces sciences ne peut prétendre apporter, à l'intérieur de son seul champ, une explication exhaustive au concept de « développement humain durable ». Dans la perspective qui est la nôtre, nous voudrions découvrir brièvement, dans une perspective historique, l'émergence du concept avec ses principales composantes et implications : d'abord le concept de « développement », ensuite celui du « développement durable », puis du « développement humain », et enfin du « développement humain durable ».

I. A. Le concept de « développement »

Dans sa *Dynamique concrète du développement*[74], le Père Louis-Joseph Lebret note que « *le concept de développement date de 1945* ». C'est là un

[73] GRANGER, G. G., *Méthodologie économique*, PUF, Paris, 1955, p. 23.
[74] LEBRET, L.-J., *Dynamique concrète du développement*, Éditions ouvrières, Paris, 1967, p. 38.

témoignage autorisé, mais quelque peu laconique[75]. Le *Nouveau dictionnaire étymologique et historique* fait remonter le concept au XVe siècle et en fait un dérivé du verbe « développer » (fin XIIe siècle), lui-même construit sur la même racine que le verbe « envelopper » (vers 980) qui serait d'origine obscure[76]. Étymologiquement, relève pour sa part René Laurentin, « *le développement, c'est l'inverse de l'enveloppement : on développe une carte de géographie, pliée ou roulée. À ce niveau, le mot est synonyme de déploiement, déroulement. Mais il est surtout employé dans le domaine vital. Il signifie la croissance d'un végétal dont les bourgeons se développent, d'un animal qui grandit en s'organisant, ou encore d'une pensée qui manifeste ses virtualités en quelque sorte repliées* »[77]. Manifestement, le vocable s'est chargé d'une valeur dynamique. Il désigne, dans son acception sémantique, un élan normal et spontané, un potentiel, une croissance, mais aussi une différenciation organique : un progrès. Sans nul doute le concept de « développement » relève du champ sémantique relatif à la biologie. Il

[75] Sans doute Lebret se référait-il à la Conférence de San Francisco qui s'est tenue du 25 avril au 26 juin 1945 dans la ville du même nom et qui a abouti à la signature de la charte marquant la naissance de l'Organisation des Nations Unies (ONU). C'est au cours de cette Conférence que le terme fut lancé à l'échelle des nations occidentales (cf. LAURENTIN, R., *op. cit.*, p. 54). En réalité, selon l'opinion de René Laurentin que nous partageons pleinement, « *il est bien difficile de dater l'acception nouvelle d'un mot. Si, en ce qui concerne les pays occidentaux, le concept opérationnel de "développement" a pris son essor au lendemain de la Seconde Guerre mondiale, avec la prise de conscience du sous-développement et des possibilités nouvelles pour y remédier dans l'ordre de l'économie ou de la culture, il semblerait bien étonnant qu'on n'y trouve pas des antécédents, au moins sporadiques* » (cf. LAURENTIN, R., *op. cit.*, p. 54).

[76] AA. VV., *Nouveau dictionnaire étymologique et historique*, Larousse, Paris, 1964, art. « Développer » et « Envelopper ». Deux tendances émergent dans la façon d'appréhender la genèse du développement. La première, qui fait référence à l'idée de progrès, à l'évolutionnisme historique, considère le développement comme un phénomène aussi vieux que l'histoire des sociétés, argumentant qu'il y a toujours eu des pays avancés et des pays arriérés. Les auteurs qui adoptent cette approche font remonter la genèse du développement jusqu'à la révolution néolithique (cf. RIST, G., *Le Développement : Histoire d'une croyance occidentale*, Presses de la Fondation Nationale des Sciences Politiques, Paris, 1996, p. 52-80 ; BAIROCH, P., *Le Tiers-Monde dans l'impasse. Le démarrage économique du XVIIIe au XXe siècle*, 3e éd., Gallimard, Paris, 1992, 659 p). Ils soutiennent que le développement a toujours existé sauf qu'il manquait le mot pour le dire. La deuxième tendance, qui vient surtout des analystes ou des théoriciens du sous-développement, se veut une interprétation rigoureuse de l'historique du phénomène à partir de l'émergence du concept de développement. Elle considère le développement comme une nécessité thérapeutique dont la pertinence s'est imposée à partir de la prise de conscience du phénomène de sous-développement (FREYSSINET, J., *Le concept du sous-développement*, Mouton, Paris, 1966, p. 8 ; LACOSTE, Y., *Les pays sous-développés*, Collection « Que sais-je ? », PUF, Paris, 1984). S'il est plausible d'admettre que le phénomène, vu à travers le prisme du changement social, a toujours existé, on doit reconnaître cependant que le concept de développement considéré *stricto sensu* demeure une construction très récente.

[77] LAURENTIN, R., *op. cit.*, p. 53-54.

fait penser, note Alberto Wagner de Reyna, « *à un être vivant, comme l'est la société humaine, un peuple, une région* » [78] ; il implique une certaine conformité avec ce que l'on est déjà, une permanence dans l'évolution qu'on appelle identité ; il est par nature endogène bien qu'il s'enrichisse d'apports étrangers ; il est conservateur, en ce qu'il garde sa substance primitive ; il est enfin global et harmonieux comme l'est toute croissance biologique[79]. En ce sens, parler de « développement » présuppose ou implique comme un état embryonnaire, génético-historique ou socio-humain. L'expression, comme d'autres termes du même champ lexical (essor, croissance, éveil, émergence…) relèvent d'une vaste métaphore de l'enfance biologique et psychologique, par opposition à la grande maturité technico-socio-culturelle qui est celle des pays les plus « avancés ». Autant d'analogies qui sèment la confusion dans l'acception courante de la notion de « développement » et qui conduisent à l'identifier aux concepts de « progrès » et de « croissance ».

À bien observer, « croissance » et « progrès » sont des concepts souvent usités dans les discours sur le développement et tendent quelquefois à devenir, dans le langage courant, comme des synonymes du terme « développement ». Des distinctions devraient cependant être faites. Pour de nombreux auteurs, la notion de développement ne se réduit pas à la notion de croissance[80]. Plusieurs chercheurs mettent en garde ceux qui croient que les termes « développement » et « croissance » sont synonymes[81]. On sait que l'adéquation entre le développement et la croissance s'est révélée, à travers l'histoire de l'humanité, source d'iniquité et d'appauvrissement au point qu'il a été convenu de réorienter la croissance économique à la faveur d'un développement qui soit durable. Selon Reynolds, par convention, on définit la croissance économique comme une augmentation continue de la

---

[78] WAGNER DE REYNA, A., « Progrès et pauvreté et leurs relations avec les valeurs culturelles et spirituelles » in AA. VV., *Pauvreté, Progrès et développement*, L'Harmattan/UNESCO, Paris, 1990, p. 73.

[79] cf. *idem*.

[80] Le vocable « croissance » dérive du participe présent du verbe « croître ». Son étymologie provient de l'expression latine « *crescentia* » du verbe « *crescere* » (*cresco*, *crevi*, *cretum*) qui signifie : naître, croître, grandir, s'élever, s'augmenter.

[81] La littérature concernant l'opposition entre « croissance » et « développement » est très féconde. Plusieurs auteurs se sont évertués à établir la différence entre ces deux concepts en proposant un élargissement du cadre sémantique du concept de développement qui recouvre aussi des dimensions sociales, politiques et culturelles. Parmi eux, on peut citer : ZARCA, C., « De la distinction entre la « croissance » et le « développement » dans la littérature scientifique consacrée aux pays sous-développés » in *Cahiers de l'I.S.E.A.*, série F, 12 (1959) 57-110 ; BYE, M., « Le rôle du capital dans le développement économique » in *Économie appliquée*, 3 (1958) 429-447 ; PERROUX, F., *L'économie du XXe siècle*, PUG, Grenoble, 1991, 812 p ; AA. VV., *Pauvreté, Progrès et développement*, 330 p ; MONDOLFO, P., *Travail social et développement*, Dunod, Paris, 2001, 224 p.

production par tête d'habitant[82]. Or, l'augmentation de la production par habitant ne signifie pas seulement la possibilité d'une élévation des niveaux de vie ; elle est également le signe et la garantie de nombreux phénomènes liés au changement économique. Quant au concept de « développement », on peut lui conférer un sens particulier en cela qu'au-delà de la croissance quantitative et des changements structurels qui l'accompagnent, il comprend l'idée d'un changement systématique des institutions économiques et politiques dans un sens favorable à la croissance[83]. Dans son ouvrage *Travail social et développement*[84], Philip Mondolfo fait, pour sa part, une distinction entre les deux concepts. La croissance serait un mécanisme physiologique ou économique qui ne fait pas directement intervenir une maîtrise humaine, une volonté de projet ; alors que « *le développement représente un mode de transformation finalisé dans un certain nombre de domaines...* »[85]. En ce sens, le terme « croissance » serait souvent employé pour référer uniquement à l'échelle quantitative des dimensions physiques de l'économie tandis que le terme « développement » ferait référence à des améliorations qualitatives intégrant la participation endogène. Dans cette perspective, un essor de la croissance n'implique pas nécessairement un essor du développement. À ce titre, si on recourt parfois, alternativement, à « croissance économique » et à « développement économique », une distinction fondamentale les sépare[86].

---

[82] cf. REYNOLDS, L. G., *Image and reality in economic development*, Yale University Press, New Haven, 1977, p. 4-5.
[83] Cf., *idem*.
[84] MONDOLFO, P., *op. cit.*, 224 p.
[85] MONDOLFO, P., *op. cit.*, p. 18.
[86] La « croissance économique » signifie l'élévation du revenu par tête qui est égal au Produit national brut (PNB). Or, l'élévation de la production de bien et de services dans un pays, par quelque moyen que ce soit, peut être appelée croissance économique. Quant au « développement économique », il a davantage d'implications. Outre une augmentation des revenus par habitant, le « développement économique » implique des changements fondamentaux dans la structure de l'économie. De plus, un des éléments clés du développement économique est que les habitants du pays doivent être parmi les principaux participants au processus qui a amené les modifications structurelles de l'économie. L'intervention étrangère est possible, voire inévitable en occurrence, mais elle ne saurait constituer l'essentiel. C'est ainsi que la Corée du Sud et la Lybie ont enregistre depuis 1960 une forte hausse des revenus individuels, mais l'expérience libyenne n'est pas décrite comme un processus de développement économique. Les deux pays ont vécu un processus totalement différent. Alors qu'en Coré du Sud le processus qui a généré les revenus était engendré de l'intérieur, c'est-à-dire par les habitants du pays, en Libye, l'augmentation de revenus était plutôt le fait de firmes pétrolières étrangères, au personnel constitué en majorité de techniciens expatriés et qui généraient un produit unique, consommé principalement aux États-Unis et en Europe occidentale. La croissance pétrolière a eu, dans une large mesure, un effet équivalent à celui qu'aurait provoqué la décision d'un pays riche d'accorder à la Libye, sous forme de dons, une aide importante. (Cf. AA. VV., *Économie du développement*, 2e édition, Traduction de la 4è édition américaine par Bruno Baron-Renault, De Boeck Université, Bruxelles, 1998, p. 9-19).

Dans son rapport avec le développement, la croissance se présente non pas comme un but en soi, mais comme un objectif intermédiaire à atteindre pour viser un objectif final, sociétal, qui est le développement ; elle apparaît donc comme une condition simple et non suffisante du développement. « Croissance » désigne l'augmentation quantitative de la production alors que « développement » inclut la croissance, mais la dépassant par des aspects qualitatifs pouvant signifier un mieux-être des populations[87].

Outre le concept de croissance, fait pendant à la notion de développement le concept de « progrès »[88]. De son étymologie, le « progrès » serait une marche (*gradior*) en avant (*pro*), c'est-à-dire un mouvement vif et actif qui, d'après Alberto Wagner de Reyna, inspire une marche vers quelque chose de neuf[89]. Le progrès est donc nécessairement innovateur ; il engendre des nouveautés présumées meilleures ; il implique une valorisation, la poursuite de quelque chose de meilleur. Le « progrès » suggère donc visuellement une ligne qui avance, à la différence du développement qui fait penser à un volume qui augmente et se raffermit. Dans la mesure où il signifie un déplacement vers une direction déterminée, le terme « progrès » est lié à l'espace et apparaît par suite comme un concept initialement propre à la physique. Dès les premières conceptualisations du XVIe et XVIIe siècles, l'idée de progrès a impliqué l'abolition des limites jusque-là imposées au savoir et au pouvoir de l'homme : l'humanité est indéfiniment perfectible, l'avenir est ouvert et constellé de promesses. Ainsi, l'idée de progrès, qui enveloppe nécessairement une présupposition axiologique[90], a présupposé une foi en l'homme et en son avenir. Le monde fut perçu comme monde qu'en tant que lieu temporel de l'action humaine. Il n'est pas un monde « accepté », mais un monde « travaillé », auquel l'homme « participe » et qu'il « célèbre » [91]. Mouvement vers le mieux ou marche vers la perfection,

---

[87] cf. François Perroux cité dans BERR, E. et HARRIBEY, J. -M., « Le concept de développement en débat » [en ligne], Disponible sur : *http://harribey.u-bordeaux4.fr/travaux/soutenabilite/developpement-debat.pdf*, p. 3 (page consultée le 20 mars 2008).

[88] Le concept français « progrès » provient du terme latin « *progressus* », participe du verbe « *progredi* » (- *gredior*, - *gresssus sum*) et qui signifie : l'action d'avancer, de marcher en avant. *Progredi* se décompose en *pro* : devant, en avant, pour, en faveur de ; et *gradi* (*gradior*, *gressus sum*) : marcher, s'avancer.

[89] cf. WAGNER DE REYNA, A., *art. cit.*, p. 73.

[90] Pour le philosophe et logicien Georg Henrik von Wright, « le progrès est clairement un mot chargé de valeur. Il se distingue en cela de concepts parents comme « changement » et « croissance » - ou encore « évolution » -, qui sont ou peuvent être traités comme purement fondés sur des faits » : WRIGHT (von), G. H., *Le Mythe du progrès*, Traduction française de QUESNE, P., *L'Arche*, Paris, 2000, p. 42.

[91] BARTOLI, H., « Progrès et pauvreté : les concepts et leur dialectique selon les civilisations et les cultures » in AA. VV., *Pauvreté, progrès et développement*, p. 27.

ces deux interprétations classiques de la notion de progrès ont perdu aujourd'hui leur valeur d'évidences.

Au cœur de l'idée moderne de progrès, écrit Pierre-André Taguieff, « *il y a la conviction que tout ordre de succession, dès lors qu'il concerne le monde humain (en particulier dans la période dite moderne), est un processus ou un mouvement d'amélioration* »[92]. Il s'agit là d'un sophisme ordinaire constitutif de la mentalité proprement moderne, dont Louis Weber a donné la formule : « *post hoc, ergo melius hoc* »[93] et qui peut être ainsi explicité dans les principales présuppositions de la formule : tout changement est un progrès, une transformation orientée vers le mieux. Une telle proposition se révèle fausse, car, en règle générale, on ne peut soutenir que tout changement est nécessairement un perfectionnement ou une amélioration. Au cours du XXe siècle, les croyances progressistes vont être ébranlées par la découverte d'une barbarie scientifique et technicisée. La crise environnementale, le constat des « dégâts » du progrès, de l'économie industrielle en particulier, renforceront à leur tour la vision catastrophique d'un progrès destructeur. La mise en cause radicale de la notion de progrès deviendra dès lors un lieu commun du discours des élites intellectuelles et des mouvements contestataires. Cependant, dans le contexte social actuel, force est de constater que l'idée d'une humanité qui ne progresserait pas apparaît proprement inintelligible[94]. Elle serait absurde en un temps où des milliards d'hommes s'efforcent d'accéder à une vie humaine qualitative et luttent pour l'épanouissement de l'homme et de tous les hommes. Dans cette perspective, le besoin de « progrès », perçu comme une tâche et non une fatalité[95] dans le champ des représentations sociales, a souvent été confondu avec le besoin de « développement »[96] et apparaît comme inscrit dans les terribles réalités économiques et sociales de ce temps où la promesse d'une amélioration de la condition humaine demeure, comme toujours, un horizon de sens pour l'humanité. C'est sans doute la raison pour laquelle le concept de « progrès social » a été introduit dans les programmes des Nations-Unies, même s'il devait être jugé insuffisant[97] par la suite, avant d'en arriver au concept de « développement » qui se réfère d'une façon différente, peut-être plus riche, à la même idée de progrès[98].

---

[92] TAGUIEFF, P.-A., *Le sens du progrès, Une approche historique et philosophique*, Flammarion, Paris, 2004, p. 21.
[93] Ce qui peut se traduire par : « Après cela, donc mieux (ou meilleur) que cela ». cf. WEBER, L., *Le rythme du progrès, Étude sociologique*, Félix Alcan, Paris, 1913, p. 22-24.
[94] BARTOLI, H., *art. cit.*, p. 27.
[95] PERROUX, F., *Industrie et création collective*, Tome II, PUF, Paris, 1970, p. 31.
[96] cf. TAGUIEFF, P.-A., *op. cit.*, p. 34.
[97] WAGNER DE REYNA, A., *art. cit.*, p. 74.
[98] *Ibidem*, p. 73.

De nos jours, se demander ce qu'est le développement peut être une question irritante, que l'on consente à y répondre ou que l'on s'y refuse ; tant « *la réalité encore indéfinie du développement, visée confusément par ce concept, est à la fois un postulat non contesté et un problème central* »[99]. C'est pourquoi on peut observer, selon Jean-Marc Ela, « *le refus de rompre avec les tabous concernant le terme développement ; terme qu'on se plaît à utiliser en renonçant à le définir et à en situer l'origine* »[100]. Il existe donc une difficulté à aborder de front le concept de développement, en témoignent les nombreux adjectifs qui lui sont souvent adjoints aujourd'hui aux fins de le déterminer pour le caractériser, en préciser la valeur ou la signification circonstanciée. Ainsi, on parle de développement durable, intégré et local, économique et social, humain et humanitaire, participatif et communautaire, agricole et rural, etc. Le concept en soi s'emploie en effet dans divers registres : psychologique, culturel, social, économique, etc. Défini par le *Dictionnaire d'économie et de sciences sociales* comme étant « *l'ensemble des transformations techniques, sociales et culturelles qui permettent l'apparition et la prolongation de la croissance économique ainsi que l'élévation de niveau de vie* »[101], le concept de développement reste fort complexe, car son champ se découvre indéfinissable en extension socioculturelle et en qualité de vie humaine.

Les questions de définition mises à part, on peut observer que la notion de développement est centrale dans le mode de fonctionnement des sociétés humaines. En fonction des usages habituels, la notion désigne un processus naturel, généralement irréversible et est posée comme un projet à réaliser, des étapes à franchir et un but à atteindre[102]. Les problèmes du développement ont, depuis les années 1990, retenu l'attention plus qu'aucun autre type de problème. Cela est dû, d'une part, au fait que le développement, de quelque façon qu'on le conçoive, est un problème d'actualité dans les pays développés comme dans les pays en développement, et d'autre part, au fait qu'il n'a pas réussi à procurer les bienfaits escomptés[103]. Des abondantes et diverses études sur la notion de

---

[99] BIROU, A., HENRY, P. M., *Pour un autre développement*, Une enquête du Centre de Développement de l'Organisation de Coopération et de Développement économiques, PUF, Paris, 1976, p. 324.

[100] ELA, J.-M., « Culture, pouvoir et développement en Afrique » in BEAUCHAMP, C. (sous la direction de), *Démocratie, culture et développement en Afrique noire*, Harmattan Inc. /L'Harmattan, Montréal/Paris, 1997, p. 8. Pour le sociologue, l'absence habituelle de définition du terme ou le flou sémantique dont on l'entoure n'est-il pas dû au fait que chacun croit savoir de quoi on parle ?

[101] CAPUL, J.-Y., GARNIER, O., *Dictionnaire d'Économie et de sciences sociales*, Édition Hatier, Paris, 1999, p.124.

[102] cf. DIOP, C. T., *L'Afrique en attente ?*, L'Harmattan, Paris, 2006, p. 87.

[103] cf. MISRA, R. P., « La culture et la planification du développement » in SANCHEZ-ARNAU, J.-C. et DESJEUX, D. (sous la direction de), *op. cit.*, p. 144.

développement, Rameshwar P. Misra dégage cinq conclusions importantes[104] :

L'idée de développement repose sur des concepts qui ont évolué ; ce qui suggère qu'on a cherché à cerner de plus près sa nature et sa signification, et peut-être aussi que seule la pratique a permis d'en comprendre le véritable sens.

Le développement, en théorie et en pratique, a été longtemps limité à la sphère de l'économie. Or le développement économique seul est incapable de rendre compte des vastes domaines relatifs à la technologie, à la psychologie, à la sociologie ou à l'écologie qui tendent à avoir aujourd'hui une influence combinée sur tout ce qui contribue au développement des ressources naturelles et humaines. L'économie est encore moins qualifiée pour se prononcer de façon souveraine sur la destinée humaine, qui est précisément ce dont tout développement doit se préoccuper en premier lieu.

Le développement est souvent assimilé au choix d'une quelconque idéologie du changement, indépendamment des conséquences qui peuvent en résulter sur le plan humain, et il est utilisé comme un moyen politique pour renforcer l'État-nation. Tout ce qui rend l'État fort est pris pour du développement.

Le développement signifie en général un abandon du passé ; il est considéré comme une alternative à la société traditionnelle. Dans les pays en développement, il signifie dans la pratique, un processus de modernisation qui, au fond, consiste à copier tout ce qui existe dans les sociétés occidentales.

Enfin, le développement est considéré comme un ensemble de moyens reliés à des fins, plutôt que comme une entreprise humaine.

On le voit, finalités, nature et significations du développement s'entremêlent et se confondent largement dans la construction de ce champ conceptuel[105]. Ainsi, le développement peut être à la fois un processus

---

[104] cf. MISRA, R. P., *art. cit.*, p. 144-145.

[105] En suivant la clarification entre développement et sous-développement que propose Guillaumont, un critère de différenciation simple qui se rapporte à la nature du sous-développement et à celle du développement est que le premier terme se réfère à un état, tandis que le deuxième désigne un processus, dont la finalité est de créer les conditions permettant de s'éloigner de cet état statique. Le développement induit par ailleurs l'idée d'une finalité positive, dont le sens, s'il existe, devrait être univoque, quelles que soient ses différentes modalités et formes. Si l'on admet que le processus n'a en principe pas de limite, on admet également qu'aucun pays n'est parfaitement développé. De plus, si l'on se réfère à des critères d'ordre éthique ou moral relatifs à un idéal de satisfaction de toutes les aspirations humaines, le développement ne pourrait probablement jamais être réalisé par quelque société que ce soit. Une clarification notable des notions qui gravitent dans l'univers conceptuel du développement a été proposée par François Perroux. Critiquant les approches classiques en élargissant l'analyse aux facteurs extra-économiques, il permet de distinguer nettement la

d'évolution économique et une finalité, comme l'accès à un certain niveau de richesses et de bien-être matériel. Au regard de ces différentes conclusions de Misra, la notion de développement apparaît essentiellement comme multidimensionnelle, intégrant le social, l'économique et le politique. Cette acception est partagée par Philip Mondolfo, sociologue et spécialiste du développement social, dont la pensée mérite d'être relevée :

> « *D'abord conçue dans un sens étroit, c'est-à-dire essentiellement économique, la notion de développement a évolué vers une dimension multidimensionnelle et croisée des facteurs, s'attachant à valoriser efficacement les richesses internes et externes afin de répondre aux besoins humains et essentiels dans les domaines de la santé, de l'éducation, des droits politiques, de la sécurité. La définition intègre depuis peu la question des coûts écologiques, faisant du développement un processus qui ne doit pas porter atteinte aux capacités de reconstructions (résilience) de l'environnement après exploitation de ses ressources. Enfin, la gouvernance constitue le dernier élément venant prendre place dans sa construction du concept pour signifier la présence, dans le développement, d'un processus de délibération collective ouverte aux membres de la société civile. Progressivement enrichie, la notion de développement ne met plus uniquement l'accent sur la dimension économique, mais incorpore la légitimité et le pouvoir que peuvent prendre les personnes sur les décisions qui gouvernent leur vie. Ensuite, une ligne de partage apparaît entre deux conceptions du développement. La première, diachronique peut se résumer dans la formule « l'économie d'abord, le social ensuite », la croissance étant là comme condition d'existence d'un espace social performant. La seconde approche plus synchronique ne différencie pas les registres d'action ni les phases, mais tente de les associer dans une même dynamique* »[106].

---

croissance du développement, même si ce dernier ne peut exister sans la première. cf. BEND, P., « Repenser le concept de développement, des impasses d'un processus de standardisation des sociétés à la nécessaire émergence d'un sens historique » [en ligne], disponible sur : *http://www.codesria.org/Links/conferences/general_assembly11/papers/bend.pdf*, p. 4-5 (pages consultées le 28 mars 2010).

[106] MONDOLFO, P., *op. cit.*, p. 26. Selon une analyse de Mondolfo rapportée dans *Le développement social local et la question des territoires*, il importe de distinguer quatre manières de faire du développement :

- « Faire pour », issu par exemple de la volonté des USA d'après-guerre de développer les pays colonisés par l'Europe et d'admonester l'Europe pour prendre part à ce développement. C'est le modèle de développement exogène du Nord qui investit sur le Sud.
- « Faire par », la conscientisation par une action intermédiaire, telle que pratiquée par les courants d'intervention sociale sur le tiers-monde.
- « Faire avec », qui est la composante communautaire de la coopération. Le co-développement endogène pour revaloriser les ressources locales.
- « Faire durable ». C'est l'approche écologique et la prise en compte des ressources de l'environnement qui la fondent. Ce développement se projette dans la durée (cf. DENIEUIL, P.-N., LAROUSSI, H., *Le développement social local et la question des territoires*, L'Harmattan, Paris, 2005, p. 32-33).

Toutes ces différentes approches visent à répondre aux aspirations de l'être humain, en l'occurrence apporter une amélioration continue du bien-être de l'individu et être bénéfiques pour tous. Tel est l'objectif fondamental du développement que nous découvre l'histoire de sa définition et de sa mise en pratique. Au premier plan de sa conceptualisation contemporaine, face à l'essor de la productivité industrielle et de ses promesses de bien-être humain, la préoccupation qui a d'abord retenu l'attention des théories développementalistes a été le champ de la durabilité.

I. B. Le « développement durable »

Le terme « développement durable » se compose de deux concepts qui apparaissent comme incompatibles en français[107]. De fait, nous venons de l'appréhender, le développement se traduit par des changements structurels qui surviennent au sein d'une réalité socio-économique complexe. Vouloir introduire, dans ce contexte, la durabilité demande d'examiner plus précisément les dimensions à travers lesquelles elle s'exprime. La notion de « développement durable » est issue d'une longue tradition de gestion des ressources naturelles et de la prise de conscience des menaces qui pèsent sur le monde vivant. Quant au concept, il trouve ses origines théoriques dans le milieu du XIXe siècle. Une vaste littérature a permis de raffiner la définition conceptuelle de cette notion que l'on associe souvent aux négociations internationales portant sur l'environnement et le développement. Déjà, on sait que pendant la révolution industrielle du XIXe siècle, l'économie de la production reposait d'abord sur la gestion minière et l'approvisionnement en matières premières ; et que cela a stimulé la réflexion sur la manière d'exploiter au mieux les ressources dans un cycle de production. Les

[107] La définition ordinaire du concept « développement » désigne tout justement ce qui change qualitativement ; et cela est contraire à la notion de durabilité qui renvoie à ce qui se conserve, à ce qui est stable. L'expression a été critiquée comme se prêtant à des interprétations parfois antinomiques. La confusion a été favorisée par le fait qu'on employait indifféremment « développement durable », « croissance durable » et « utilisation durable », comme si ces expressions revêtaient une signification identique. La notion de « croissance durable » comporte en effet une contradiction dans les termes, puisque rien de physique n'est susceptible de croître indéfiniment. Quant à la formule « utilisation durable », elle s'applique par définition exclusivement aux ressources renouvelables : elle implique une utilisation respectant la capacité de renouvellement. D'aucuns considèrent le choix du concept « développement durable » comme étant trop peu significatif. Certains y préfèrent le qualificatif « viable » qui véhicule davantage une idée de qualité et de développement qualitatif qu'on ne retrouve pas dans le terme « durable » ou « durabilité » où il est plus question de vaincre le temps. D'autres s'en remettent au néologisme français d'« écodéveloppement », considéré comme l'ancêtre du « développement durable ».

économistes classiques libéraux[108] ont parlé, les premiers, du caractère durable des produits. Jean-Baptiste Say insiste notamment sur la durée d'usage des biens, afin d'en tirer le meilleur rendement, et sur la valeur qu'en retire le corps social : « *la consommation des objets qui s'usent lentement procure des jouissances moins vives, mais plus durables, et l'espèce de bien-être qu'on en retire, contribue davantage au bonheur. N'y a-t-il pas un choix à faire dans les produits durables ? Ceux qu'il convient de préférer sont ceux dont l'usage est fréquent, usuel* »[109]. Dans la deuxième moitié du XXe siècle, les deux guerres mondiales ont accéléré l'industrialisation du monde occidental et les inégalités entre zones géographiques. Les effets destructeurs de la puissance industrielle s'y sont révélés avec une intensité croissante. Les résidus et les déchets fatals apparus dans les processus de production, et les effets à long terme de certains produits ont été bien trop longtemps négligés. L'alarme a été donnée dès avant la fin de la 2e guerre mondiale (1943) par un botaniste suisse, Robert Hainard, qui a décrit les atteintes à la faune et à la flore que les activités industrielles occasionnent, et a publié en 1946, *Nature et mécanisme*[110]. Dès lors, les dénonciations se feront plus précises et plus véhémentes. Après la Seconde Guerre mondiale, les naturalistes, regroupés au sein de l'Union Internationale pour la Protection de la Nature (UIPN, créée en 1948, qui deviendra l'Union Internationale pour la Conservation de la Nature (UICN) en 1956), attirent l'attention sur les menaces qui pèsent sur les espèces tant animales que végétales[111]. Les années 1960 ayant été marquées par le constat que les activités économiques génèrent des atteintes à l'environnement (déchets, fumées d'usine, pollutions des cours d'eau, etc.), les réflexions du Club de Rome (créé en 1968) aboutiront, en 1972, à la publication du Rapport *The limits of growth*, traduit en français par *Halte à la croissance !*[112] Ce Rapport actualise les thèses malthusiennes sur le décalage

---

[108] On peut noter entre autres, certaines œuvres devenues des classiques d'économie politique et libérale : SMITH, A. *Recherches sur la nature et les causes de la richesse des nations*, Tome I, traduit de l'anglais par Germain Garnier, Flammarion, Paris, 1991, 531 p ; SAY, J.-B., *Traité d'économie politique*, Calmann-Lévy, Paris, 1972, 572 p ; MALTHUS, T. R., *Principes d'économie politique considérés sous le rapport de leur application pratique*, présentés par J. F. Faure-Soulet, Calmann-Lévy, Paris, 1969, 367 p ; MALTHUS, T. R., *Essai sur le principe de population*, traduit de l'anglais par Pierre et Guillaume Prévost, Flammarion, Paris, 1992, 2 volumes (1er volume : 480 p et 2e volume : 436 p).

[109] SAY, J.-B., *Catéchisme d'économie politique*, Flammarion, Paris, 1995, p. 405.

[110] cf. HAINARD, R., *Le Miracle d'être. Science et nature* (réédition de *Nature et mécanisme*, Sang de la terre, Paris, 1997, 196 p ; HAINARD, R., *Et la nature ? Réflexions d'un peintre*, Jacques Hesse, Blois, 1994, 236 p.

[111] U.I.C.N., *Derniers refuges*, Atlas commenté des réserves naturelles dans le monde, Elsevier, Amsterdam, 1956, 214 p.

[112] DELAUNAY, J., *Halte à la croissance ? Enquête sur le Club de Rome*, suivi de : AA. VV., *Rapport sur les limites de la croissance*, Fayard, Paris, 1972, 314 p.

entre croissance démographique et ressources disponibles[113], et introduit le facteur pollution de l'écosystème[114] comme appauvrissement des ressources et renchérissement des prix. À la veille de la Conférence des Nations Unies sur l'Environnement humain de Stockholm (en Suède en 1972), le réexamen des liens entre environnement et développement a permis d'introduire un modèle de développement économique compatible avec l'équité sociale et la prudence écologique. Naît alors le concept d'« écodéveloppement », repris par Ignacy Sachs[115] qui y voyait le moyen de réconcilier le développement humain et l'environnement, indissociables l'un de l'autre, et qui affirmait la nécessité de remettre en cause les modes de développement, générateurs de pauvreté et de dégradations environnementales. La Conférence de Stockholm sur l'environnement humain aboutit à la création du Programme des Nations Unies pour l'Environnement (PNUE), complément du Programme des Nations Unies pour le Développement (PNUD). Si la notion d'écodéveloppement est rapidement écartée du vocabulaire international, l'idée d'un développement qui ne soit pas uniquement guidé par des considérations économiques, mais également par des exigences sociales et écologiques va poursuivre son chemin, notamment grâce à l'action des associations de protection de l'environnement.

Les années 1980 permettront au grand public de découvrir l'existence de pollutions dépassant les frontières, et de dérèglements globaux tels que la destruction de la couche d'ozone, les pluies acides, la désertification, l'effet de serre et la déforestation. L'exigence d'une solidarité planétaire en matière d'environnement se met ainsi en route. En 1987, la publication du rapport *Notre Avenir à tous*[116] de la Commission Mondiale sur l'Environnement et le

---

[113] cf. MALTHUS, T. R., *Essai sur le principe de population*, 436 p). Dans cet ouvrage, l'auteur examine la tendance constante qui se manifeste dans tous les êtres vivants à accroître leur espèce, plus que ne le comporte la quantité de nourriture qui est à leur portée. Dans le contexte de la société industrielle de la seconde moitié du XXe siècle, cette thèse malthusienne était bien d'actualité : au moment où l'homme met en péril les conditions de sa propre survie, Malthus rappelle la nécessité d'une pensée des limites, d'une interrogation de la finitude face à l'extension du royaume de la marchandise et à l'excès technoscientifique.

[114] cf. CLUB DE ROME, *Quelles limites ? Réponses de D. H. Meadows, le Club de Rome et Georg Picht*, Seuil, Paris, 1974, 188 p.

[115] cf. SACHS, I., *Stratégies de l'écodéveloppement*, Économie et humanisme, Paris, 1980, 140 pp. Le concept d' « écodéveloppement » est contemporain de la Conférence des Nations Unies sur l'Environnement qui s'est réunie à Stockholm en 1972. L'enjeu était de « *trouver des modalités et des usages de la croissance qui rendent compatibles le progrès social, et la gestion saine des ressources et du milieu* » : SACHS, I., *op. cit.*, p. 12. Puis en 1974, suite à la conférence de Cocoyoc, le terme s'enrichit d'une dimension humaine en faisant écho aux théories du développement communautaire fondé sur le droit et le besoin des populations à s'éduquer et à s'organiser : cf. DENIEUIL, P.-N., LAROUSSI, H., *op. cit.*, p. 34

[116] BRUNDTLAND, G. H. (sous la direction de), *Notre avenir à tous (Our Common Future)*, Rapport de la Commission Mondiale sur l'Environnement et le Développement (CMED), Les

Développement (CMED) consacre le terme anglais « Sustainable Development », proposé par l'UICN en 1980 dans son rapport sur *La Stratégie Mondiale de la Conservation*[117]. Le concept « Sustainable Development » est successivement traduit en français[118] par « développement soutenable » puis « développement durable » ou « développement viable »[119]. Il est défini comme : « *un développement qui répond aux besoins des générations du présent sans compromettre la capacité des générations futures à répondre aux leurs* »[120]. Le concept

---

Éditions du Fleuve, Montréal, 1987, 432 pp. *Notre avenir à tous* est dit *Rapport Brundtland*, du nom de Mme Gro Harlem Brundtland qui a présidé la Commission.

[117] En 1980, l'Union Internationale pour la Conservation de la Nature (IUCN), en collaboration avec le Fonds Mondial pour la Nature et le Programme des Nations unies pour l'Environnement (PNUE) et le World Wildlife Fund (WWF), avec l'appui de l'UNESCO et de la FAO, a publié à Gland (en Suisse) un document devenu célèbre intitulé : *La stratégie mondiale de la conservation : la conservation des ressources au service du développement durable* (59 pp), qui insiste sur l'idée qu'un développement durable réussi doit tenir compte des facteurs sociaux et environnementaux, et pas seulement des réalités économiques.

[118] Il existe trois éditions francophones du rapport Brundtland :

- La première a été éditée par l'Oxford University Press en 1987 et ressemble à un manuscrit dactylographié.
- La deuxième édition, préparée par la maison d'édition québécoise Les Éditions du Fleuve en 1988, apporte de nombreuses améliorations au manuscrit et remplace développement durable par développement soutenable.
- En 1989, Les Éditions du Fleuve impriment une édition révisée qui comprend une introduction écrite par Gro Harlem Brundtland (il s'agit de la traduction de la préface de l'édition anglaise publiée par l'Oxford University Press en 1987). L'éditeur québécois a pris la peine d'expliquer son choix du mot « soutenable » dans l'édition de 1989 : à la demande de la Commission, l'éditeur a traduit « sustainable development » par développement soutenable et non par développement durable. Cependant, développement durable semble être mieux accepté que développement soutenable, du moins en Amérique. Nonobstant ces explications, le simple bon usage impose désormais l'expression « développement durable », tirée de l'édition originale de 1987.

[119] Pour parler de développement durable les Anglais utilisent les mots « sustainable development ». « Sustenir » correspond au concept français « sustenable », un terme vieilli et donc inusité. En revanche, on emploie couramment le mot « soutenir » qui veut dire « porter par en dessous ». « Sustenable development » a d'abord été traduit par « développement soutenable », ce qui désigne un développement qui peut durer dans le temps, s'entretenir lui-même, endurable et supportable. Ce n'est que plus tard qu'on a parlé de « développement durable ». Dès lors, on s'écarta de l'idée de « soutien » qui porte en elle-même l'idée de reproduction permanente. En revanche, le terme durable suppose bien que ce développement doit être continûment viable afin de pouvoir durer dans le temps. Le « développement durable » désigne donc un développement qui continue à garantir une vie satisfaisante et qui éloigne les dangers.

[120] BRUNDTLAND, G. H. (sous la direction de), *Notre avenir à tous (Our Common Future), op. cit.*, p 51. C'est la définition la plus communément admise. Il existe de nombreuses définitions du « développement durable » parmi lesquelles on peut noter : « *...c'est un ensemble coordonné de processus participatifs permettant de progresser de façon continue dans les domaines de l'analyse, du débat, du renforcement des capacités, de la planification et de la mobilisation des ressources et permettant de concilier les objectifs économiques,*

« développement durable » sera consacré à son tour par la Conférence des Nations Unies sur l'Environnement et le Développement (CNUED, ou sommet de la planète Terre) en 1992 à Rio de Janeiro. La définition de *Notre Avenir à tous*, axée prioritairement sur la préservation de l'environnement et la consommation prudente des ressources naturelles non renouvelables, sera modifiée par la définition des « trois piliers » qui doivent être conciliés dans une perspective de développement durable : le progrès économique, la justice sociale, et la préservation de l'environnement. Dorénavant, les institutions s'appuieront sur ce concept pour élaborer de nouveaux instruments de mesure et d'analyse ou pour préconiser des interventions visant à faire émerger une économie plus solidaire.[121]

Si dans sa définition originelle le développement durable est demeuré assez flou, depuis le Rapport Brutland en 1987, ce concept évoluera, se transformera au cours de rencontres internationales, sera interprété de multiples manières par les instances internationales, les États, les entreprises, les collectivités et certaines écoles. Dans son acception actuelle, ce concept devenu, très médiatique, se veut un processus de développement qui concilie l'écologique, l'économique et le social et établit un cercle vertueux entre ces trois pôles : c'est un développement, économiquement efficace, socialement équitable et écologiquement soutenable. Il est respectueux de l'intégrité des ressources naturelles et des écosystèmes, support de vie sur terre, qui garantit l'efficacité économique, sans perdre de vue les finalités sociales du développement que sont la lutte contre la pauvreté, les inégalités, l'exclusion et la recherche de l'équité entre les nations, les individus et les générations. La mise en œuvre de ces objectifs s'appuie sur un certain nombre de mesures dont l'énoncé aide à mieux saisir l'ampleur du défi qu'ils représentent :

---

sociaux et environnementaux de la société, où de procéder, le cas échéant à des arbitrages » (Définition de l'OCDE, 2001) ; « ... *c'est la mise en pratique d'un certain nombre de principes contribuant à l'amélioration du bien-être, à davantage de justice sociale et au respect des écosystèmes. Le développement durable constitue une démarche, un processus d'évolution, une dynamique bien plus qu'un ensemble de normes à atteindre. Il s'agit de penser et d'agir autrement, de faire repenser les modes de production et de consommation sur une nouvelle éthique* » (Définition de l'association 4D, 2001).

[121] La Conférence mondiale sur les droits de l'homme qui se tiendra à Vienne en 1993, insistera sur le droit des populations à un environnement sain et le droit au développement. Le Sommet mondial sur le développement social qui se tiendra à Copenhague en 1995, se référera à cette notion de développement durable en en approfondissant le volet social. En 2002, le Sommet de Johannesburg ratifiera un traité prenant position sur la conservation des ressources naturelles et de la biodiversité. En 2005 entre en vigueur le protocole de Kyōto sur la réduction des émissions des gaz à effet de serre. Le *Rapport mondial sur le développement humain 2007 /2008* revient sur la lutte contre le changement climatique comme un impératif de solidarité humaine dans un monde où est scientifiquement démontrée la dangereuse gestion de l'interdépendance écologique de l'homme (cf. PNUD, *Rapport mondial sur le développement humain 2007 /2008, La lutte contre le changement climatique : un impératif de solidarité humaine dans un monde divisé*, La Découverte, Paris, 2007, 382 p).

Respecter l'intégrité de l'environnement (les ressources naturelles et les écosystèmes), c'est intégrer, dans l'ensemble des actions des communautés humaines, la préoccupation de conservation de la vitalité et de la diversité des gènes, des espèces et de l'ensemble des écosystèmes naturels terrestres et aquatiques, et ce, notamment, par des mesures de protection de la qualité de l'environnement, par la restauration et l'aménagement des habitats essentiels aux espèces ainsi que par une gestion durable de l'utilisation des populations animales et végétales exploitées. La durabilité environnementale met l'accent sur la lutte contre la pollution, la préservation des ressources non renouvelables, les économies d'énergie, et la transmission du capital naturel aux générations futures. Sur cette base ont été élaborés des principes de conduite (durabilité forte et faible, principe de précaution) ainsi que des règles de gestion (règle d'Hartwick pour le remplacement des ressources détruites, protection des ressources non renouvelables, droits de propriété, développement « propre », etc.).

Garantir l'efficacité économique, c'est favoriser une gestion optimale des ressources humaines, naturelles et financières, afin de permettre la satisfaction des besoins des communautés humaines, et ce, notamment, par la responsabilisation des entreprises et des consommateurs au regard des biens et des services qu'ils produisent et utilisent ainsi que par l'adoption de politiques gouvernementales appropriées. La durabilité économique s'exprime en termes de croissance auto-entretenue. Elle devra donc s'appuyer sur des principes macroéconomiques d'équilibre (équilibre budgétaire, équilibre de la balance des paiements, maîtrise de l'inflation, etc.) ainsi que sur des règles d'investissement (allocations budgétaires et taux d'investissement sectoriels, coefficient de capital, niveau de productivité, ratio consommation - épargne, etc.) qui visent essentiellement à optimiser la croissance et à ne pas engendrer des charges d'endettement excessives qui se répercuteraient sur les générations futures.

Améliorer l'équité sociale, c'est permettre la satisfaction des besoins essentiels des communautés humaines présentes et futures et le progrès de la qualité de vie, et ce, notamment, par l'accès pour tous à l'emploi, à l'éducation, aux soins médicaux et aux services sociaux, à un logement de qualité, ainsi que par le respect des droits et des libertés de la personne, et par la participation, pour l'ensemble des groupes de la société, aux différents processus de prise de décision. La durabilité sociale du développement peut être abordée de deux manières complémentaires. La première, plus analytique, considère les risques de dysfonctionnements sociaux graves au sein de toute société. La seconde, plus empirique, observe les solutions préventives, et souvent innovantes, qu'élaborent les acteurs sociaux pour faire face à de tels risques. Dans tous les cas, l'élaboration de principes de précaution sociale permettant d'anticiper ces risques et de guider les acteurs sociaux dans leurs réalisations est une nécessité.

Ainsi donc, si originairement l'objectif du développement durable est que les générations actuelles puissent satisfaire à leurs besoins sans compromettre pour autant la capacité des générations futures à répondre aux leurs, l'acception actuelle du concept permet d'entrevoir que les constituants de la durabilité ne se limitent pas à la relation intergénérationnelle (entre générations actuelle et future) de satisfaction des besoins, ils prennent aussi en compte le principe de la solidarité intra-générationnelle (partage du bien-être ou des conditions de bien-être au sein d'une même génération). L'évolution actuelle de la notion de durabilité dans le développement fait ressortir trois critères constitutifs essentiellement : l'accessibilité de tous à l'ensemble des biens et services ; le renforcement des capacités de toutes sortes ; et l'équité face à l'ensemble des ressources disponibles et transmissibles aux générations futures. La notion de durabilité dans le développement implique alors, sur la base de ces trois critères, une progression régulière avec une préservation des acquis en termes de satisfaction des besoins et de constitution des capacités. Dans cette mesure, il est évident que le développement durable demeure une hypothèse : du point de vue de l'analyse prospective, on ne pourra vérifier que dans le futur (voire des années), si l'intention de développement durable, qu'on accorde à un projet initié aujourd'hui, s'avère juste et fondée. Mais c'est une hypothèse nécessaire, voire vitale, car au cours de l'histoire et encore aujourd'hui, il s'agit de tout temps d'une question de survie, de qualité de vie humaine. C'est justement en considérant cette perspective qu'a apparu le concept de « développement humain » comme concept-clé de développement.

I. C. Le « développement humain »

Le fait d'envisager le développement dans la perspective de l'humain n'est guère nouveau. Depuis les temps les plus reculés, l'homme a toujours trouvé indispensable d'assurer sa survie. L'histoire nous apprend que depuis la préhistoire, l'homme et les sociétés humaines ont connu une vie indéfiniment perfectible[122]. Dans les écrits de la plupart des philosophes de l'antiquité, la

[122] Dans un ouvrage remarqué, Stephen R. Palumbi attire l'attention sur l'homme comme la plus grande force évolutive de la planète : cf. PALUMBI, S. R., *The Evolution Explosion. How Humans Cause Rapid Evolutionary Change*. W.W. Norton, New York, 2001, 277 p. Sur cette question, on pourrait lire avec intérêt l'ouvrage de Josef H. Reichholf : REICHHOLF, J. H, *L'émergence de l'homme, L'apparition de l'homme et ses rapports avec la nature*, Traduction de l'allemand par Jeanne Etoré, Flammarion (pour la traduction française), Paris, 1991, 357 p. Pour le biologiste et écologiste, « *l'homme n'est pas seulement un être de culture, il est aussi le produit d'une évolution naturelle, qui, au fil de million d'années, avec*

conscience qu'une vie meilleure constitue l'objectif réel de toute activité humaine est un thème qui revient constamment[123]. L'idée que l'organisation de la société humaine doit être jugée en fonction de sa capacité à encourager les biens humains remonte au moins à Aristote, qui note dans son *Éthique à Nicomaque* que « *la richesse n'est évidemment pas le bien que nous cherchons : c'est seulement une chose utile, un moyen en vue d'une autre chose* »[124]. Il soutenait que la différence entre de bonnes et mauvaises dispositions politiques devait être jugée en fonction du degré auquel elles contribuaient à renforcer la capacité humaine à mener une vie épanouie[125]. De fait, au-delà des dérives des tentatives historiques de développement, on peut observer un souci majeur recrudescent : celui de faire du développement une démarche ou un processus d'accomplissement du bien-être humain. Les débats sur la notion de développement ont révélé que la préoccupation immédiate à l'accumulation de biens et de richesses a fait souvent oublier cet objectif fondamental. L'intérêt excessif porté à la croissance économique, à la création de richesses et à la prospérité matérielle, a occulté la dimension humaine du développement, ce qui a eu pour effet de refouler l'être humain à la périphérie des débats sur le développement. Depuis le début des années 1990 et suite à la grave crise de la dette qu'ont traversée les pays du Sud, les politiques de développement ont commencé à prendre en compte, dans leurs orientations et leurs programmes, les impasses liées à la croissance économique ultralibérale.

---

une multitude d'autres facteurs extérieurs, a fait qu'il est devenu l'homme ». cf. REICHHOLF, J. H., *op. cit.*, p. 336.

[123] Le sens de l'homme et les conditions de réalisation de son bonheur ont été, au fil des siècles, une préoccupation majeure des philosophes de l'antiquité. Avant Socrate (469 env.-399 av. J.-C.), et autrement que lui, les sophistes ont « fait descendre la philosophie du ciel sur la terre » (cf. SOCRATE, « Une question et une demande » [en ligne], disponible sur : *http://www.dialogus2.org/SOC/unequestionetunedemande.html*, (pages consultées le 4 avril 2008) et centré leur réflexion sur l'homme. Le sophiste se voit comme un homme en qui la tâche de production de l'homme par l'homme parvient à son point achevé de maîtrise et d'efficacité. Chez les présocratiques, la première assise de l'ordre humain est symbolisée, dans le mythe de Protagoras (env. 490-env. 420 av. J.-C), par l'intervention de Prométhée qui, pour réparer la négligence d'Épiméthée, dérobe aux dieux le feu et l'habileté technique, et les donne aux hommes. Ainsi se développent les arts nécessaires à la vie, dont les sophistes, premiers penseurs de la technique, ont été d'attentifs observateurs, soucieux d'en parler et d'en réfléchir la pratique muette (cf. SECHAN, L., *Le mythe de Prométhée*, PUF, Paris, 1985, 134 p). Pour Protagoras, la phrase fameuse, maître mot de la pensée sophistique est : « *De toutes choses, l'homme est la mesure : de celles qui sont, qu'elles sont ; et de celles qui ne sont pas, qu'elles ne sont pas* » (cf. SEXTUS EMPIRICUS, *Contre les mathématiciens*, VII, 60). Plus tard, Lucrèce (98 environ-55 avant J.-C) constatera que les hommes errent çà et là en cherchant au hasard le chemin de la vie, luttent de génie ou se disputent la gloire de la naissance, s'épuisent en efforts de jour et de nuit pour s'élever au faîte des richesses (cf. LUCRECE, *De la nature*, Traduction nouvelle, introduction et notes de Henri Clouard, Librairie Garnier Frères, Paris, 1954, II, 1-14).

[124] ARISTOTE, *Éthique à Nicomaque*, Traduction Jules Tricot, Vrin, Paris, 1994, I, 3.

[125] ARISTOTE, *op. cit.*, II, 3.

Les conséquences sociales des Programmes d'ajustement structurel et l'inefficacité des filets de protection sociale sur les plus démunis ont amené les institutions internationales, et le PNUD en tête, à introduire dans leur réflexion des idées alternatives. Si depuis François Perroux[126] on savait que croissance et développement ne sont pas équivalents, l'introduction des idées proposées par Amartya Sen[127] pour repenser le développement sur des bases plus « humaines » a permis de placer l'être humain au cœur des préoccupations politiques, sociales et économiques. La publication en 1990 du premier *Rapport mondial sur le développement humain* par le Programme des Nations Unies pour le Développement (PNUD) a constitué une modeste tentative pour inverser la tendance à paupériser l'humain[128]. Dès lors, l'introduction du concept de « développement humain », la construction d'un indice composite (Indicateur de Développement Humain) pour le mesurer et le débat amorcé sur les implications quant aux choix politiques ont modifié la façon de concevoir le développement et d'aborder les problèmes qu'il soulève.

La notion de « développement humain » est donc apparue à titre de parallélisme avec la notion de « développement économique » et part de la considération selon laquelle le bien-être des humains ne se résume pas à l'économie et aux revenus. La définition la plus communément admise par la majorité des spécialistes en matière de développement humain vient du PNUD

---

[126] cf. PERROUX, F., *L'économie du XXe siècle*, 812 p.

[127] cf. SEN, A., *Un nouveau modèle économique, Développement, justice, liberté*, Traduction française de *Development as freedom* par Michel Bessière, Odile Jacob, Paris, 2000, 356 p. Amartya Kumar Sen, lauréat du prix Nobel d'économie en 1998, sert de référence à la fois aux économistes du courant dominant et à leurs adversaires (les « hétérodoxes ») ; il aurait ainsi réconcilié l'approche froide des économistes avec l'humanité du philosophe. Il est donc un économiste qui fait consensus. Son ouvrage *Un nouveau modèle économique* constitue une brillante tentative pour concilier le souci de la croissance avec les exigences humaines et éthiques. Son approche en termes de « fonctionnement » et de « capabilités », au centre de ses analyses sur la pauvreté, le développement et les inégalités, est présentée comme réunissant ces deux champs disciplinaires, de sorte à dépasser les approches habituelles en analyse économique.

[128] PNUD (Programme des Nations Unies pour le Développement), *Définition et mesure du développement humain. Rapport mondial sur le développement humain-1990*, ECONOMICA, Paris, 1990, 204 p. La notion de « développement humain » lancée par le premier *Rapport mondial sur le développement humain* replace l'être humain au centre du débat et du dialogue sur le développement. Cette notion a eu un impact qui a dépassé de loin les attentes de ceux qui l'ont parrainée en 1990. Les Rapports mondiaux sur le développement humain, publiés au cours de ces dernières années, ont chacun retenu une question importante comme thème principal : les dépenses publiques pour le développement humain, la participation, la croissance économique et le développement humain, etc. Des questions telles que la parité entre les sexes et le développement humain, la pauvreté humaine, le développement humain dans une économie mondialisée, les droits de l'homme et le développement humain et la technologie au service du développement humain y ont également été abordées. Tous ces Rapports, qui comportent des analyses, des données, des examens des politiques suivies, ont eu des incidences importantes sur la réflexion et la pratique en matière de développement.

qui énonce que « *Le principal objectif du développement humain (...) est d'élargir la gamme de choix offerts à la population, qui permettent de rendre le développement plus démocratique et plus participatif. Ces choix doivent comprendre des possibilités d'accéder au revenu et à l'emploi, à l'éducation et aux soins de santé, et à un environnement propre ne présentant pas de danger. L'individu doit également avoir la possibilité de participer pleinement aux décisions de la communauté et jouir des libertés humaines, économiques et politiques* »[129]. Ainsi défini, le concept de « développement humain » est humano-centrique[130] et traite de l'élargissement des choix accessibles aux

---

[129] PNUD, *Rapport mondial sur le développement humain-1991*, ECONOMICA, Paris, 1991, p. 1. Cette définition qui cherche à inclure le « bien-être », et pour certains le « bonheur », s'appuie sur les articles 22 et suivants de la Déclaration universelle des droits de l'homme. (cf. La Déclaration universelle des droits de l'homme : articles 22 à 27). Le développement humain consiste en la satisfaction de besoins souvent perçus comme s'appuyant sur ceux recensés par Abraham Maslow (1er avril 1908 - 8 juin 1970). Psychologue célèbre, Maslow est considéré comme le principal meneur de l'approche humaniste du développement et est surtout connu pour son explication de la motivation par la hiérarchie des besoins, qui est souvent représentée par une pyramide des besoins. Il existe encore de nombreuses définitions du « développement humain » parmi lesquelles on peut citer :
- celle de l'ONU, dans son article 1er de la déclaration sur le droit au développement de l'Assemblée générale du 4 décembre 1986 : « *Le droit au développement est un droit inaliénable de l'Homme en vertu duquel toute personne humaine et tous les peuples ont le droit de participer et de contribuer à un développement économique, social, culturel et politique dans lequel tous les droits de l'Homme et toutes les libertés fondamentales puissent être pleinement réalisés et de bénéficier de ce développement* ». HAUT COMMISSARIAT DES NATIONS UNIES AUX DROITS DE L'HOMME, Déclaration sur le droit au développement, adoptées par l'Assemblée générale dans sa résolution 41/128 du 4 décembre 1986, article 1, 1 (texte en ligne, disponible sur : *http://www.unhchr.ch/french/html/menu3/b/74_fr.htm*, page consultée le 7 avril 2010).
- celle du Rapport de la Commission du Sud dirigée par le président Julius Nyerere (Tanzanie) : « *Le développement est un processus qui permet aux êtres humains de développer leur personnalité, de prendre confiance en eux-mêmes et de mener une existence digne et épanouie. C'est un processus qui libère les populations de la peur du besoin et de l'exploitation et qui fait reculer l'oppression politique, économique et sociale. C'est par le développement que l'indépendance politique acquiert son sens véritable. Il se présente comme un processus de croissance, un mouvement qui trouve sa source première dans la société qui est elle-même en train d'évoluer. (...) Le développement d'une nation doit se fonder sur ses ressources propres, aussi bien humaines que matérielles, exploitées pleinement pour la satisfaction de ses propres besoins. (...) Le développement doit donc être un effort du peuple, par le peuple, pour le peuple* » : COMMISSION DU SUD, *Défis au Sud*, rapport de la commission Sud, ECONOMICA, Paris, 1990, p. 10-11.

[130] Selon la Déclaration sur le droit au développement, « *L'être humain est le sujet central du développement et doit donc être le participant actif et le bénéficiaire du droit au développement* » : cf. HAUT COMMISSARIAT DES NATIONS UNIES AUX DROITS DE L'HOMME, Déclaration sur le droit au développement, adoptées par l'Assemblée générale dans sa résolution 41/128 du 4 décembre 1986, article 2, 1 (texte en ligne, disponible sur : *http://www.unhchr.ch/french/html/menu3/b/74_fr.htm*, page consultée le 7 avril 2008). Et pour la Commission du Sud, « *Le vrai développement est centré sur les êtres humains* » : COMMISSION DU SUD, *op. cit.*, p. 11.

personnes humaines dans l'optique d'une vie créative et épanouie. L'élargissement des choix humains est relié de façon fondamentale à deux composantes dans la perspective des Nations Unies : les capacités[131] et les fonctionnements[132] d'une part, et les opportunités[133] de l'autre. Le développement humain représente ainsi une équation : d'un côté se trouvent les « capabilités »[134] humaines, de l'autre les opportunités économiques, politiques et sociales d'utiliser ces « capabilités ». Si, en effet, les êtres humains sont bien au centre des activités entreprises en vue du développement, celles-ci devraient être orientées vers l'élargissement des choix dans tous les domaines de l'activité humaine, au bénéfice de tous. Mais on sait toutefois que les choix humains et les résultats qui en découlent peuvent être infinis, et peuvent changer avec le temps. De ce fait, le concept et la définition du « développement humain » tels qu'ils ont été lancés et vulgarisés à travers les Rapports mondiaux sur le développement humain établis par le PNUD dans son approche synthétique, ont retenu trois indicateurs supposés fondamentaux et permanents : la possibilité de vivre longtemps et en bonne santé, d'acquérir le savoir et d'avoir accès aux ressources nécessaires à un niveau de vie décent. Ces trois dimensions élémentaires, qui apparaissent comme des conditions essentielles d'accès à de nombreuses autres opportunités, constituent ce qui a été convenu d'appeler : Indice de Développement Humain[135] (IDH). L'IDH est évalué sur quatre variables : la longue vie et la bonne santé ont pour variable l'espérance de vie à la naissance ; l'acquisition du savoir a pour variables le taux d'alphabétisation des adultes et le taux de scolarisation global aux niveaux primaire, secondaire et supérieur ; et l'accès aux ressources de vie décente a pour variable le Produit Intérieur Brut par habitant (PIB) exprimé en parité de pouvoir d'achat. On le perçoit, il s'agit d'un indicateur de développement qui se concentre sur ses trois aspects essentiels. En cela, il ne peut pas tenir compte des nombreuses autres

[131] La capacité d'une personne découle des diverses combinaisons de fonctionnements que la personne peut réaliser ; elle reflète la liberté de mettre en œuvre ces fonctionnements. Les capacités humaines peuvent être améliorées par la valorisation des ressources humaines : la santé et l'alimentation, l'éducation, l'acquisition de compétences, etc.

[132] Les fonctionnements recouvrent les différentes choses qu'une personne peut aspirer à faire ou à être (par exemple, se nourrir convenablement, vivre longtemps, prendre part à la vie collective).

[133] Les opportunités permettent de se servir des capacités. Elles peuvent être d'ordre social, culturel, économique, ou politique, etc.

[134] Le terme « capabilités » est l'acception française du terme anglais « capabilities » utilisé par Sen.

[135] L'Indice de Développement Humain ou IDH est un indice statistique composite, créé par le Programme des Nations Unies pour le Développement (PNUD) en 1990, évaluant désormais le niveau de développement humain des pays du monde.

dimensions importantes de l'humain et ne constitue donc pas une mesure exhaustive du développement humain[136].

Défini simplement comme un processus d'élargissement des choix, le « développement humain » est bien un processus ayant pour finalité l'autonomisation de l'homme. En ce sens, la liberté individuelle occupe une place centrale dans cette forme de développement. C'est pourquoi le Rapport du PNUD de 1991 « *prône la liberté humaine et la libération des énergies créatrices des individus afin de susciter des possibilités de développement économiques et sociales pour eux-mêmes et pour la société* »[137]. Ce Rapport comporte pour la première fois un indicateur de liberté humaine. Abstraction faite des difficultés à quantifier et à mesurer la liberté humaine[138], on peut observer qu'aucune mesure du développement humain ne peut se dire complète sans la prendre en considération[139], tant il est vrai, d'après Kofi Annan, 7e Secrétaire général de l'Organisation des Nations Unies, que « *Notre qualité de vie ne se mesure pas à notre richesse, mais à notre liberté* »[140]. Dans cette perspective qui met l'accent sur le concept de « liberté », des recherches ont été menées, montrant que le développement humain est étroitement lié à la notion de liberté[141]. Ces recherches mettent l'accent sur l'accroissement des capacités

---

[136] L'IDH représente la moyenne arithmétique des indicateurs de longévité, de niveau d'éducation et de niveau de vie. De nombreuses critiques de cette mesure synthétique du développement humain ont été faites par les spécialistes en matière de développement. Sur ce sujet, en attendant d'y revenir, on pourrait lire avec intérêt : STREETEN, P. « Le développement humain : le débat autour de l'indicateur, Mesurer et évaluer le développement » in *Revue internationale des sciences sociales*, 143 (1995) 35-49.

[137] PNUD, *Rapport mondial sur le développement humain-1991*, p. iii.

[138] Il existe une Organisation non gouvernementale indépendante qui assiste le développement des libertés dans le monde. Cette organisation fondée en 1941 et basée à Washington, Freedom House, publie une estimation annuelle de l'état des libertés dans les pays et les régions du monde. Il s'agit d'une échelle permettant de mesurer le degré de respect d'un ensemble de droits et de libertés politiques et civils sur le terrain, et pas uniquement dans les textes et les politiques affichées. Sans adhérer pleinement au contenu de l'évaluation de Freedom House ni à la méthodologie qu'elle adopte, on peut cependant utiliser cet « indicateur de liberté » pour caractériser globalement le degré de respect des droits et des libertés. cf. *http://fr.wikipedia.org/wiki/Freedom_House* (page consultée le 5 avril 2009).

[139] PNUD, *Rapport mondial sur le développement humain-1991*, p. iii.

[140] Cité par : BERTIN, A., « Capabilités - Liberté - Pauvreté – Développement » [en ligne], disponible sur : *http://alexandrebertin31.googlepages.com/r%C3%A9f%C3%A9rencesbibliographiquesbibliography* (page consultée le 5 avril 2009).

[141] cf. SEN, A., *Un nouveau modèle de développement économique, Développement, justice, liberté*, Traduction française de *Development as freedom* par Michel Bessière, Odile Jacob, Paris, 2000, 356 pp ; PNUD, *Rapport mondial sur le développement humain – 2002*, Approfondir la démocratie dans un monde fragmenté, ECONOMIA, Paris, 2002, p. 52 – 53 ; BERTIN, A., « La liberté comme enjeu du développement, Une lecture critique de *Development as freedom* d'Amartya Sen » in *Économies et Sociétés*, Cahiers de l'ISMEA XXXIX (3) (2005) 565-587 ; cf. aussi BERTIN, A., « Du rôle de la liberté dans le développement » [en ligne], Disponible sur :

humaines qui reflètent la liberté d'accomplir les divers objectifs qu'on choisit de privilégier. La démarche, développée notamment par Amartya Sen, consiste à juger souhaitable de maximiser les libertés positives des individus, c'est-à-dire non pas la réalisation de leurs désirs et besoins, mais la capacité qu'ils ont de définir eux-mêmes ceux-ci, et la possibilité pour eux de les satisfaire[142]. À cet égard, le développement humain n'est rien d'autre que la liberté. Au sens de Sen, le développement est conçu comme un processus d'expansion des libertés réelles dont jouissent les individus[143]. Dans la perspective de cette approche élargie du bien-être, et d'une manière empirique, cinq formes de libertés réelles (ou instrumentales) particulièrement pertinentes pour la mise en place de stratégies appropriées ont été identifiées[144] : les libertés politiques[145], les facilités économiques[146], les opportunités sociales[147], les garanties de transparence[148] et la sécurité protectrice[149]. L'élargissement de la liberté est alors perçu à la fois

---

ttp://alexandrebertin31.googlepages.com/Durledelalibertdansledveloppement.pdf (page consultée le 10 avril 2012).

[142] Un des principaux arguments en faveur de cette démarche est de considérer que quelqu'un de pauvre aura tendance à revoir ses désirs à la baisse, et que par conséquent, ce ne sont pas la satisfaction des désirs qu'il faut prendre comme critère d'utilité, mais la liberté des hommes à choisir ce qu'ils peuvent désirer.

[143] SEN, A., *op. cit.*, p. 15.

[144] Pour le PNUD, ces cinq libertés contribuent directement, et de manière complémentaire, à accroître la capacité des êtres humains à vivre plus librement. Quant aux libertés humaines, il va sans dire que l'acte au niveau individuel est d'une importance capitale, mais il est inévitablement modifié (amplifié ou au contraire limité) par les opportunités sociales, politiques et économiques qui s'offrent à l'individu. Pour Sen, la liberté individuelle doit à la fois constituer le moteur du développement ainsi que le but ultime (cf. BERTIN, A., « La liberté comme enjeu du développement, Une lecture critique de *Development as freedom* d'Amartya Sen » in *Économies et Sociétés*, Cahiers de l'ISMEA XXXIX (3) (2005) 565-587).

[145] Les libertés politiques sont un ensemble des possibilités offertes aux individus de déterminer qui devrait gouverner et de critiquer les autorités, de pouvoir s'exprimer librement. C'est tout l'éventail des droits politiques que l'on associe au fonctionnement démocratique, libre organisation et libre expression de l'opposition, droit de vote et participation au processus de sélection des corps exécutifs et législatifs.

[146] Les facilités économiques sont des opportunités offertes aux individus d'utiliser les ressources économiques à des fins de consommation, de production ou d'échanges. Dans la relation entre richesse et revenu national d'un côté, et droits économiques des individus et des familles de l'autre, les questions liées à la distribution jouent un rôle déterminant.

[147] Les opportunités sociales sont des dispositions prises par une société, en faveur de l'éducation, de la santé ou d'autres postes et qui accroissent la liberté substantielle qu'ont les personnes de vivre mieux.

[148] Les garanties de transparence relèvent de la liberté de traiter en respectant une garantie au moins implicite de clarté. Les garanties de transparence constituent une catégorie significative de la liberté instrumentale.

[149] La sécurité protectrice doit fournir un filet de protection sociale aux populations les plus vulnérables, afin qu'elles ne se trouvent, en aucun cas, réduites à la misère, voire, dans des situations extrêmes, à la famine ou à la mort. Le domaine de la sécurité protectrice recouvre des dispositions institutionnelles formalisées et des capacités d'intervention exceptionnelles

comme le garant et l'objectif du développement humain, ou encore comme la fin en soi et le principal moyen du développement[150]. Cependant, il est important de relever que la liberté, l'aptitude à accomplir les objectifs de son choix, ne peut s'exercer effectivement que si les opportunités nécessaires sont assurées par l'existence des différents droits de l'homme que des institutions essentielles (la communauté, la société et l'État) doivent soutenir et garantir. Le développement humain consisterait alors à éliminer les différents types d'entraves qui empêchent les individus d'opérer des choix et d'exercer rationnellement leur libre arbitre. Le projet d'éliminer de manière durable ces entraves a constitué ce qu'on appelle aujourd'hui le « développement humain durable ».

I. D. Le « développement humain durable »

D'emblée, le concept « développement humain durable » apparaît comme une formulation synthétique des deux concepts de « développement durable » (1987) et « développement humain » (1990). Ce concept est relativement récent, car son élaboration a été alimentée essentiellement par les réflexions engagées sur les dimensions humaine et durable du développement qui lui

---

[150] Amartya Sen a toujours considéré la notion de liberté comme étant le principal vecteur de développement grâce, notamment, à la latitude offerte aux individus de choisir les modes de vie auxquels ils aspirent. En cela, il apparaît nécessaire de s'interroger sur la perspective de la liberté dans le développement humain. Alexandre Bertin, critiquant la perspective de Sen, remarque que celui-ci redéfinit le rôle de la liberté dans le développement en considérant qu'à la dimension instrumentale, il est indispensable d'associer un rôle constitutif. Cet enrichissement permet de placer l'être humain au cœur de la préoccupation en lui conférant une fonction d'agent, c'est-à-dire en le rendant acteur de son propre développement. Outre les limites et les ambiguïtés de la pensée de l'économiste, lesquelles sont relatives au flou autour des définitions conceptuelles (par exemple l'imprécision de l'emploi de la notion de liberté pour définir la capabilité), Bertin reconnaît que le développement humain passe par le renforcement et l'extension de la capabilité de chaque individu. (cf. BERTIN, A., *art. cit.* p. 565-587. Dans cette perspective, les apports de Martha Nussbaum et de Des Gasper qui optent pour une vision éthique universaliste aristotélicienne des capabilités, viennent clarifier la théorie de Sen, et font mieux percevoir que le développement humain doit nécessairement passer par le renforcement des capabilités humaines centrales considérées comme étant celles qui permettent à l'individu de se réaliser pleinement (cf. NUSSBAUM, M., « Capabilities as Fundamental Entitlements, Sen and Social Justice » in *Feminist Economics*, volume 9, n° (2-3) (2003) 33-59 ; NUSSBAUM, M., « Human Functioning and Social Justice, In Defense of Aristotelian Essentialism » in *Political Theory*, vol. 20, n° 2 (1992) 221-223 ; GASPER, D., « Sen's Capabilities Approach and Nussbaum's Capabilities Ethic » in *Journal of International development*, Vol. 9, n° 2 (1997), 281-302). Toutefois, pour Bertin, le concept de développement par les libertés nécessite d'être plus affiné, notamment au niveau des implications des politiques économiques. Il lui paraît donc nécessaire aujourd'hui de dépasser le cadre offert par Sen. Pour d'autres critiques d'Amartya Sen, cf. BENICOURT, E. « Contre Amartya Sen » in *L'Économie politique*, 23 (2004) 72-84 ; FARVAQUE, N. et ROBEYNS, I., « L'approche alternative d'Amartya Sen : Réponse à Emmanuelle Bénicourt » in *L'Économie politique*, 27 (2005) 38-51.

préexistent. De fait, l'approche en termes de « développement humain durable » est née de la nécessité d'envisager de nouvelles options de développement orientées vers l'épanouissement global et durable de l'homme. En 1990, le concept de développement durable continuait d'étendre son influence et cette montée en puissance reposait toujours largement sur la dimension environnementale. C'était en effet la prudence et la précaution sur les écosystèmes qui inspiraient encore l'essentiel des discours, des actions et des analyses de la « soutenabilité » du développement. Les dimensions humaines ayant toutefois pleinement leur place dans la problématique du développement durable, l'ambition était d'insister sur les interrelations entre les différentes dimensions humaines et durables du développement. Le sommet de Rio de Janeiro en 1992, au premier principe de sa Déclaration sur l'environnement et le développement, établissait que : « *les êtres humains sont au centre des préoccupations relatives au développement durable. Ils ont droit à une vie saine et productive en harmonie avec la nature* »[151]. Le concept « développement humain durable » a alors émergé progressivement, d'une part, des conceptions humanistes du développement, et d'autre part, des préoccupations de la communauté internationale relatives à la dégradation de l'environnement et à la durabilité des actions de développement. De manière à assurer la jonction entre les dimensions humaine et durable du développement, l'Assemblée Générale des Nations Unies et le Conseil d'Administration du PNUD a donné, en 1993, mission au PNUD de poursuivre des recherches visant à définir un concept unificateur de développement. Une équipe d'experts indépendants a en conséquence été chargée de formaliser les préoccupations de la communauté internationale. Elle remit son rapport en mars 1994. En juin 1994, le PNUD fit du nouveau concept « développement humain durable » la clef de voûte des interventions et des stratégies du système des Nations Unies. Dès lors, une forte convergence s'est développée au sein de la communauté internationale sur cette analyse. Les grands sommets mondiaux qui se succèderont après 1994 permettront d'affirmer et d'affiner un certain nombre de principes qui sont inspirés des mêmes conceptions du développement centrées à la fois sur les populations et l'environnement[152]. Désormais, le terme « développement humain durable » remplacera progressivement celui plus étroit de « développement durable » dans la plupart des discussions.

---

[151] ONU, *Rapport de la conférence des Nations unies sur l'environnement et le développement*, A/CONF.151/26 (Vol. I), Annexe I [en ligne], disponible sur : *http://www.un.org/documents/ga/conf151/french/aconf15126-1annex1f.htm* (page consultée le 10 avril 2010).

[152] PNUD, *Rapport sur le développement humain durable – Burkina Faso 1997*, AICD, Ouagadougou, 1997, p. 6.

Concept unificateur de développement, le « développement humain durable » est à la fois multidimensionnel et intégrateur : les êtres humains naissent avec un certain potentiel et le développement a pour objet de créer un environnement dans lequel chaque individu peut accroître ses capacités et élargir les possibilités qui s'offrent à lui. Dans cette mesure, bien que les spécialistes du développement ne se soient pas encore accordés sur une définition du développement humain durable du fait qu'il recouvre plusieurs composantes et constitue un champ de recherche encore récent et tâtonnant, on peut toutefois se risquer à définir le développement humainement durable comme la recherche d'un développement qui assure l'amélioration continue (présente et future) du bien-être humain, lequel est déterminé par des caractéristiques personnelles (éducation, santé, libertés individuelles...) et collectives (cohésion sociale, niveau de répartition des richesses...). L'objectif en effet du développement humain durable, exprimé lors des différents sommets et conférences organisés sous l'égide des Nations Unies, « *est de promouvoir la création d'un cadre de vie offrant les meilleures opportunités d'épanouissement et de développement individuel et collectif au sein de la société. Il vise le bien-être global et durable des individus notamment grâce à la croissance économique, à la régénération de l'environnement et au développement des libertés fondamentales publiques et individuelles* »[153]. Considérant qu'en dernières analyses le développement humain a pour objet l'accroissement des potentialités et des capacités aux fins d'une expansion des libertés réelles (libertés politiques, facilités économiques, opportunités sociales, garanties de transparence et sécurité protectrice) et que le développement durable repose sur la solidarité intra-générationnelle et inter-générationnelle, on peut soutenir que le développement humain durable, fondamentalement, n'est rien d'autre qu'un processus continu (ininterrompu dans le temps et l'espace) d'élargissement de la liberté humaine. Dans cette perspective, il intègre les points de vue des personnes, rationnelles, raisonnables et responsables, dont on recherche à améliorer les capacités individuelles et collectives. Pour ce faire, il prend en compte de multiples dimensions, notamment économique, sociale, culturelle, politique, éthique, etc.

On sait que les premières théories du développement ont émergé avec un contenu sémantique à la fois herméneutique et opérationnel dans lequel prédominait quasi exclusivement l'économie. Le développement était synonyme de croissance économique[154]. La pertinence d'autres dimensions au sein du concept et, surtout, l'échec des politiques strictement économiques

---

[153] *Ibidem*, p. 3.

[154] CAMPBELL, B., « Réconceptualisation de l'État au Sud, Participation démocratique ou Managérialisme populiste » in CREPEAU, F. (sous la direction de), *Mondialisation des échanges et Fonctions de l'État*, Bruylant, Bruxelles, 1997, p. 171.

inspirées par cette vision macroéconomique du développement qui prédominait, ont suscité des débats[155]. Il en a résulté la conception selon laquelle la croissance demeure le préalable à tout effort de développement dans la mesure où toute amélioration du niveau de vie ou du bien-être social passe nécessairement par l'augmentation des quantités produites et l'accroissement correspondant des revenus. Quand bien même il s'est avéré important de préciser que le développement est bien plus que la croissance, force a été de reconnaître que la croissance représente la quintessence de la dimension économique du concept de développement qui l'englobe et la soutient. La dimension économique a constitué même la condition *sine qua non*, mais nullement suffisante, du développement. De façon plus savante, on considère aujourd'hui que le développement humain durable est le processus par lequel un pays devient capable d'accroître sa richesse de façon durable et autonome, et de la répartir équitablement entre les individus. Dans ses études, le PNUD (inspiré des analyses de SEN) définit le développement humain comme un processus conduisant à l'élargissement de la gamme des possibilités offertes à chacun, et cela, sous deux aspects : d'une part, la création des capacités personnelles et d'autre part, l'utilisation de ces capacités à des fins productives[156]. La notion de développement humain durable relève donc de la dynamique économique. En tant que domaine de la production, de la distribution et de la consommation des biens et des services, l'économie du développement humain durable se veut une capacité d'intégrer, à des modèles de croissance, un certain nombre de limites ou de contraintes environnementales, avec l'exigence qu'il n'y ait pas de diminution du niveau de vie d'une génération à l'autre. On veut ainsi accorder l'efficacité économique à l'impératif éthique de justice intra-générationnelle et intergénérationnelle. En cela, les États et les institutions économiques sont appelés à instaurer et à développer des politiques économiques centrées sur les populations et l'environnement. Pour ce faire, définir objectivement le bien-être et les recommandations propres à assurer un maximum de bien-être humain contextuel se révèle nécessaire.

Historiquement, c'est la prise de conscience des imperfections des modèles de développement axés sur l'économisme, le productivisme et le technicisme au détriment des véritables besoins humains et sociaux et des aspirations des populations qui a imposé une nouvelle conceptualisation des approches développementalistes. On associa alors au concept de développement des épithètes qui témoignent « *du droit à l'expression des valeurs culturelles des civilisations issues de l'histoire et des situations sociales spécifiques*

---

[155] cf. PERROUX, F., *L'économie du XXe siècle*, 812 p ; AA. VV., *Pauvreté, Progrès et développement*, 330 p.

[156] L'économie est bien considérée aujourd'hui comme un combat contre la rareté et la pauvreté, un combat pour le service de la vie (cf. POGNON, G. S. A., *op. cit.*, 734 p).

émergentes »[157]. Ainsi, outre la notion d'autonomie ou de développement autocentré qui fit son entrée dans la littérature du développement[158], apparurent des concepts comme l'ethno-développement, l'écodéveloppement, le développement endogène, solidaire, communautaire, intégré, authentique, participatif, global[159], durable, humain, et pour finir le développement humain durable. Selon Jean Ronald Legouté, « *tous ces qualificatifs associés à la notion de développement dans le but de concilier la croissance et le bien-être social, participent à la structuration du champ idéologique du développement et concourent subséquemment à la prise en compte par le concept des nouvelles dimensions qu'ils véhiculent* »[160]. De cette vaste floraison épistémologique dans la littérature développementaliste, le concept « développement culturel », vite transformé en « dimension culturelle du développement »[161], est né de l'incapacité des modèles de développement ethnocentriques à dialoguer avec d'autres conceptions du monde. Cette problématique relative à « la dimension culturelle du développement » a fait l'objet d'une production écrite foisonnante[162] au cours des années 1980. En mettant en évidence la nature dialectique des rapports qui lient la culture au développement, cette notion a fortement contribué à la prise de conscience mondiale du rôle primordial de la culture dans les processus de développement humain durable ainsi que des effets de la modernisation sur les cultures. L'émergence de cette dimension a permis de mettre en évidence les échecs et les dégâts culturels causés par les modèles uniquement fondés sur la croissance économique ; elle a fait mesurer, comme le souligne Kellermann, le coût économique, social et humain de la non-prise en compte des spécificités

[157] LATOUCHE, S., *Faut-il refuser le développement ?* PUF, Paris, 1986, p.10.

[158] Voir la notion de « *self-reliance* » abondamment développée par Rist. cf. RIST, G., *op. cit.*, p. 201.

[159] Ce recensement a été fait en partie par Latouche. cf. LATOUCHE, S., *op. cit.*, p. 55.

[160] LEGOUTE, J. R., « Définir le développement : historique et dimensions d'un concept plurivoque » in *Économie Politique internationale*, Cahier de recherche Volume 1, 1 (2001) 18.

[161] Behnam Djamchid a fait une brève analyse du passage de la notion de « développement culturel » à celle de « dimension culturelle du développement » dans son évolution historique à partir des conférences intergouvernementales sur les politiques culturelles tenues par l'UNESCO. cf. BEHNAM, D., *L'enjeu culturel du développement*, UNESCO, Paris, 1986, 24 p. cf. aussi FABRIZIO, C., « Pour une prospective du développement culturel » in *Cultures*, 36 (1985) 53-65 ; HENRY, P.-M. ; KOSSOU, B. T., *La dimension culturelle du développement : Une étude conjointe CEE/UNESCO*, UNESCO/Nouvelles éditions africaines, Paris/Lomé, 1985, 171 p.

[162] Luce Kellermann a rédigé sous l'auspice de l'UNESCO, une bibliographie sélective et annotée, très riche, couvrant la période de 1985 à 1990 et faisant état de presque toutes les susceptibilités et sensibilités touchant la dimension culturelle du développement. Elle a réuni 434 résumés de textes-pivots sur la littérature du développement. cf. KELLERMANN, L., *La dimension culturelle du développement. Bibliographie sélective et annotée, 1985-1990*, L'Harmattan/UNESCO, Paris, 1992, 499 p.

socioculturelles telles le rapport à la nature, à l'espace, au temps, au travail, à l'argent et plus encore, le sens donné à la vie et à la mort[163]. La culture doit donc être co-extensive au développement humain durable, car elle est cet élément dynamique fondamental qui donne aux groupes et aux sociétés la force de freiner ou au contraire de provoquer le changement social. Elle est la résultante dynamique de l'interaction souvent dialectique entre l'homme et le milieu environnant dans lequel il vit et évolue. Dans cette perspective, la dimension socioculturelle du développement humain durable est devenue un leitmotiv incontournable. Celle-ci se présente en effet comme un facteur déterminant, voire structurant, dans l'orientation fondamentale du développement humain durable, conditionnant même les modalités de son application. Par conséquent, elle s'insère de façon explicite dans le contenu sémantique du concept de développement humain durable et participe potentiellement aux conditions de son effectivité. Fort de cette évidence, il apparaît indéniable que le développement humain durable procède d'un projet socioculturel global dont le rôle crucial de modéliser, ou tout au moins, de coordonner semble incomber à l'État et aux institutions nationales. Une telle perspective nous suggère fortement d'explorer la dimension politique du concept de développement humain durable.

Partant de l'idée que le concept de « développement humain durable » implique une politique systématique et cohérente de l'État dans le but de promouvoir continûment le progrès humano-centré, il est entendu que le contenu du concept ne saurait se dissocier des impacts produits par l'intervention des pouvoirs publics. L'histoire contemporaine témoigne de l'importance du rôle joué par l'État dans le processus de développement humainement durable, et a mis l'accent sur la dimension politique de ce qui se présentait initialement comme des problèmes strictement économiques[164]. La dimension politique du concept de développement humain durable a ainsi pris forme, cristallisé dans le rôle crucial que l'État est appelé à jouer dans le processus de croissance économique durable ainsi que dans les transformations sociales et infrastructurelles qui lui sont liées. La prééminence du rôle de l'État est importante dans la plupart des projets, des politiques et programmes de développement humain durable définis ou poursuivis au niveau international, car le cadre d'application de ceux-ci reste pour l'essentiel national ou régional. Toutefois, on peut remarquer que ces politiques et ces programmes de développement, conçus en dehors des espaces nationaux dans lesquels ils sont destinés à être appliqués, sont aussi porteurs de projets politiques spécifiques qui s'inscrivent pour la plupart dans la mouvance d'un paradigme idéologique dominant, donc globalisant. Ils véhiculent, le plus

[163] cf. KELLERMANN, L., *op. cit.*, p. 10.
[164] cf. CAMPBELL, B., « Reconceptualisation de l'État au Sud. Participation démocratique ou Managérialisme populiste », p.163-231.

souvent de façon implicite, soit une réduction, soit un renforcement des interventions de l'État dans le processus de développement[165]. Au début des années 1990, l'introduction par la Banque Mondiale du concept de « gouvernance »[166] dans la littérature du développement humain témoigne de façon plus ou moins voilée des tendances réorganisatrices du rôle de l'État véhiculées par les stratégies de développement. Le concept de « gouvernance », fait observer Bonnie Campbell, bien qu'il se défende de s'intéresser aux dimensions politiques en affirmant se contenter de propositions techniques en faveur d'une bonne gestion économique et sociale, véhicule un projet non seulement de réformes institutionnelles, mais aussi d'exercice du pouvoir aux enjeux politiques et idéologiques majeurs[167]. C'est dire que l'État est, de fait, appelé à jouer un rôle capital qui se révèle incontournable dans le processus de développement humain durable[168]. Même

---

[165] À ce sujet, la récente étude effectuée par Campbell est très intéressante et fort révélatrice. À travers l'évolution de la pensée développementaliste, elle a su faire ressortir les tendances réorganisatrices ou structurantes du rôle de l'État véhiculées par les stratégies de développement. cf. CAMPBELL, B., « Réconceptualisation de l'État au Sud. Participation démocratique ou Managérialisme populiste », p. 201-214).

[166] Le concept de « gouvernance » se trouve au cœur des stratégies développementalistes prônées par la Banque Mondiale et revêt des implications politiques majeures, telles la gestion du secteur public, la responsabilisation, le cadre juridique du développement, l'information, la transparence et l'État de droit. À la suite de la Banque Mondiale, très rapidement, d'autres institutions et bailleurs de fonds (les agences onusiennes, les agences de coopérations nationales et la Commission européenne) ont intégré ce concept à leurs politiques. cf. BANQUE MONDIALE, *L'Afrique subsaharienne : de la crise à une croissance durable,* Banque Mondiale, Washington, 1989, 346 p ; CAMPBELL, B., « Gouvernance, réformes institutionnelles et redéfinition du rôle de l'État : quelques enjeux conceptuels et politiques soulevés par le projet de gouvernance décentralisée de la Banque Mondiale » in CAMPBELL, B., CREPEAU, F., et LAMARCHE, L. (sous la direction de), *Gouvernance, conceptualisation du rôle de l'État et émergence de nouveaux cadres normatifs dans les domaines social, politique et environnemental*, Centre d'études sur le droit international et la mondialisation (CEDIM), Montréal, 2000, p. 1-41.

[167] cf. CAMPBELL, B., « Réconceptualisation de l'État au Sud. Participation démocratique ou Managérialisme populiste », p. 166. La « gouvernance » ou la « bonne gouvernance » est aujourd'hui au cœur de la plupart des programmes, des projets et, plus largement, des politiques de coopération au développement. La quasi-totalité des acteurs institutionnels et non gouvernementaux engagés dans ce secteur fait désormais appel aux problématiques liées à la gouvernance. Cette notion apparaît dans l'ensemble des documents de stratégies et est souvent présentée comme un défi à relever, comme une solution qui permettrait d'améliorer à la fois l'impact des politiques publiques de développement et la situation économique, sociale, politique et environnementale des pays du Sud. Il est incontestable que l'apparition de la gouvernance sur l'agenda politique international constitue un nouveau paradigme des politiques de développement. Voir aussi : CAMPBELL, B., « La bonne gouvernance, une notion éminemment politique » in HAUT CONSEIL DE LA COOPÉRATION INTERNATIONALE, *Les non-dits de la bonne gouvernance*, Karthala, Paris, 2001, p.119-149.

[168] On sait par exemple que les luttes pour l'indépendance, et dans certains cas des processus révolutionnaires, ont souvent donné à l'État un rôle décisif pour promouvoir le

si les forces du marché et la sphère privée ont souvent été considérées comme les éléments dominants du développement en général, dans la perspective spécifique du développement humain durable, il reviendra particulièrement à l'État d'assumer le rôle de stimuler et de réguler l'exercice des libertés réelles, afin d'atténuer ou de corriger certains effets socio-environnementaux négatifs, le plus souvent déstabilisateurs, et de veiller à l'harmonie sociale. De toute évidence, l'application, en contexte, des politiques de développement humain durable dépendra toujours de la stabilité politique et sociale. Ainsi, le concept de développement humain durable comporte, à travers le rôle qu'il assigne à l'État, une dimension politique contextuelle, en l'occurrence en Afrique de l'Ouest, qu'il convient de prendre compte dans toute tentative, aussi modeste soit-elle, de l'appréhender dans la multiplicité de ses implications.

II. Le développement humain en Afrique de l'Ouest

En matière de développement humain durable en Afrique de l'Ouest, il est nécessaire de relever d'abord que la situation propre à cette région du continent s'inscrit dans celle, plus globale, de l'Afrique en général. L'Afrique tout entière vit dans une situation souvent qualifiée de critique, tant la crise humaine qui affecte le vieux continent est « *évidente et s'impose à tout observateur même distrait. Elle est devenue tellement chronique qu'elle paraît insurmontable.* (...) *Elle atteint tous les domaines de la vie : économique et culturel, social et moral, politique et psychologique, spirituel et pédagogique* »[169]. Ainsi, d'aucuns considèrent que « *l'Afrique a perdu la bataille du développement* »[170] et c'est pourquoi il est largement reconnu que la situation qu'elle présente est plutôt un « sous-développement »[171]. De fait, le continent est considéré comme la région qui présente « *une croissance des*

---

développement économique et créer des conditions structurelles pour opérer les transformations sociales indispensables y afférentes : cf. DUBOIS, P., « Les politiques de développement » in VANOLI, A. et JANUARD, J. P. (sous la direction de), *Les Sciences de l'économie*, L'Action/Hachette Littérature, Paris, 1973, p. 194.

[169] BERE, Z., « La crise africaine est-elle une crise d'identité ? » in *RUCAO, Personne humaine et crise de la société en Afrique, Sortir de la crise*, 18 (2003) 23.

[170] Abdoulaye Wade déclarait dans les années 1980 que « *l'Afrique a perdu la bataille du développement et sa jeunesse sombre dans le désespoir* » : Propos d'Abdoulaye Wade dans son œuvre : WADE, A., *Un destin pour l'Afrique*, Karthala, Paris, 1989, cité par DIOP, C. T., *op. cit.*, p. 7. cf. aussi AMIN, S., *op. cit.*, 384 p ; SECK, C. Y., *Afrique : le spectre de l'échec*, L'Harmattan, Paris, 2000, 350 p.

[171] Selon Diop, « *l'état de « sous-développement » dans lequel se trouve l'Afrique est caractérisé par l'absence de croissance économique, la pauvreté endémique, l'exclusion au niveau international, le mépris de ses gouvernants et la méfiance voire la compassion à l'égard de ses peuples* » : DIOP, C. T., *op. cit.*, p. 13.

victimes de la pauvreté absolue du monde »[172] qui sont, de ce fait, mis hors du circuit du développement, en devenant même un frein. Le *Rapport sur le développement humain 2011, Durabilité et équité : Un meilleur Avenir pour tous*[173] donne une idée de l'état du développement humain dans 187 pays membres des Nations Unies. On peut noter que parmi les IDH[174] des grandes régions du monde que mentionne le Rapport, l'Afrique subsaharienne possède le plus faible indicateur (0,463), de loin plus bas que le deuxième plus faible indicateur détenu par l'Asie du Sud (0,548), tandis que la région des États arabes où est classée l'Afrique du Nord (le Maghreb) a un IDH encore supérieur (0,641). Cette situation de chiche élargissement des choix des populations subsahariennes est principalement le fait, en 2011, de la très faible espérance de vie à la naissance (dont l'indice est de 54,4 ans en Afrique subsaharienne alors qu'elle est de 65,9 ans en Asie du Sud et de 70,5 ans dans les États arabes), de la faible durée moyenne de scolarisation (4,5 ans en Afrique subsaharienne alors qu'elle est de 4,6 ans en Asie du Sud, et de 5, 9 ans dans les États arabes) et, en 2005, du maigre Revenu national brut (RNB) par habitant qui était de 1.966 $PPA en Afrique subsaharienne, alors qu'il atteignait 3.435 $PPA par habitant en Asie du Sud, et 8.554 $PPA par habitant dans les États arabes. Dans ce vaste contexte continental en proie à une crise généralisée du développement humain durable, la région ouest-africaine présente une figure particulière.

II. A. Considérations générales de la situation du développement humain

Une étude réalisée, à l'initiative conjointe de la Communauté économique des États de l'Afrique de l'Ouest, du Club du Sahel et de l'Afrique de l'Ouest, et de l'Organisation de Coopération et de Développement économiques (CEDEAO-CSAO/OCDE), montre que l'Afrique subsaharienne qui compte en 2011 plus de 877 millions d'habitants, abritait, en 2007, environ 807

---

[172] BANQUE MONDIALE, *L'Afrique peut-elle revendiquer sa place dans le 21e siècle ?* Banque internationale pour la reconstruction et le développement/Banque mondiale, Washington, 2000, p. 1.

[173] PNUD, *Rapport sur le développement humain 2011,* 195 p.

[174] Même si le concept du développement humain est beaucoup plus large que ne peut le mesurer un simple indicateur composite, l'IDH constitue une alternative de loin plus significative que le PIB par habitant, en tant que mesure sommaire du bien-être humain. Il permet de disposer d'une évaluation globale des accomplissements actuels des différents pays dans divers domaines du développement humain. Les données rapportées ici sont celles du *Rapport sur le développement humain 2011* : cf. PNUD, *Rapport sur le développement humain 2011*, p. 148.

millions d'habitants, soit 84 % de la population totale du continent[175]. Selon cette même étude, la population totale de l'Afrique de l'Ouest en 2007 aurait été de 285 millions, soit un peu plus de 35 % de la population d'Afrique subsaharienne[176], le Nigéria possédant à lui seul une population estimée à 148 millions, soit plus de la moitié de la population ouest-africaine. Selon les projections[177], la population régionale devrait avoisiner 400 millions en 2020 et dépasser 500 millions entre 2030 et 2035. En effet, si l'on se réfère au récent *Rapport mondial sur le développement humain*, il est possible d'établir un tableau des tendances démographiques en Afrique Occidentale depuis les années 1975.

a) Les tendances démographiques en Afrique de l'Ouest[178]

asse ent *ppor* *011* IUD	Pays de l'Afrique de l'Ouest	Population totale (en Millions)			Taux de croissance annuelle de la population (%)		Population de moins de 15 ans (% du total)		Population de 65 ans et plus (% du total)		Taux de fertilité (Naissances par femme)	
		1975	2005	2015	1975 - 2005	2005 - 2015	2005	2015	2005	2015	1970 - 1975	2000 - 2005
3	Cap-Vert	0,3	0,5	0,6	2,0	2,1	39,5	35,6	4,3	3,3	7,0	3,8
5	Ghana	10,3	22,5	27,3	2,6	1,9	39,0	35,1	3,6	4,3	6,7	4,4
5	Sénégal	5,1	11,8	14,9	2,8	2,3	42,2	39,0	4,2	4,4	7,0	5,2

[175] cf. OUEDRAOGO, D. (Chapitre réalisé par) et BOSSARD, L. (sous la supervision de), « Les dynamiques démographiques » in CEDEAO-CSAO/OCDE, *Atlas de l'intégration régionale en Afrique de l'Ouest, Série population,* CEDEAO-CSAO/OCDE©2007-novembre 2007 [en ligne], disponible sur :
http://www.oecd.org/dataoecd/7/42/39803778.pdf, (page consultée le 07 mai 2012), p. 3.

[176] cf. *ibidem*., p. 7.

[177] Il importe d'observer que les projections sur l'avenir doivent être considérées avec prudence. Selon Dieudonné Ouédraogo, si elles dessinent une tendance au niveau régional, elles doivent être lues avec la plus grande précaution au niveau national ; car nul ne peut préjuger de la recomposition du peuplement futur d'une région, en particulier des migrations intra-régionales. Pour Dieudonné, dans la mesure où le solde migratoire ouest-africain n'est jamais nul, le taux d'accroissement général de la population est différent du taux d'accroissement naturel dans la quasi-totalité des pays de la région : cf. OUEDRAOGO, D. (Chapitre réalisé par) et BOSSARD, L. (sous la supervision de), *art. cit*., p. 8.

[178] Tableau réalisé à partir des données du *Rapport mondial sur le développement humain 2007/2008*. cf. PNUD, *Rapport mondial sur le développement humain 2007/2008*, p. 233 et 243-246. On notera que les statistiques présentées dans ce Rapport proviennent de révisions apportées aux données ou de changements de méthodologie. Les statistiques dans ce Rapport sont par conséquent différentes de celles que contiennent les précédentes éditions. cf. PNUD, *Rapport mondial sur le développement humain 2007/2008*, p. 222 ; PNUD, *Rapport sur le développement humain 2011*, p. 147-148.

156	Nigéria	61,2	141,4	175,7	2,8	2,2	44,3	41,3	2,9	3,0	6,9	5,3
162	Togo	2,4	6,2	8,0	3,1	2,5	43,3	40,0	3,1	3,3	7,1	5,4
167	Bénin	3,2	8,5	11,3	3,2	2,9	44,2	41,9	2,7	2,9	7,1	5,9
168	Gambie	0,6	1,6	2,1	3,5	2,5	41,2	38,3	3,7	4,5	6,6	5,2
170	Côte d'Ivoire	6,6	18,6	22,3	3,5	1,8	41,7	37,9	3,2	3,5	7,4	5,1
175	Mali	5,4	11,6	15,7	2,5	3,0	47,7	46,4	3,6	3,0	7,6	6,7
176	Guinée-Bissau	0,7	1,6	2,2	3,0	3,0	47,4	47,9	3,0	2,7	7,1	7,1
178	Guinée	4,0	9,0	11,4	2,7	2,4	43,4	41,5	3,1	3,4	7,0	5,8
180	Sierra Leone	2,9	5,6	6,9	2,1	2,2	42,8	42,8	3,3	3,3	6,5	6,5
181	Burkina Faso	6,1	13,9	18,5	2,8	2,8	46,2	44,2	3,1	2,6	7,8	6,4
182	Libéria	…	3,442	…	…	…	…	…	…	…	…	6,8
186	Niger	4,9	13,3	18,8	3,3	3,5	48,0	47,3	3,1	3,4	8,1	7,4
Afrique de l'Ouest		115,0	272,5	339,5	2,84	2,50	43,41	41,07	3,37	3,41	7,10	5,67

Une lecture du tableau des tendances démographiques en Afrique de l'Ouest laisse percevoir une très forte croissance de la population depuis les années 1975. De 115 millions qu'elle était en 1975, la population ouest-africaine est passée à plus de 272 millions en 2005, soit un taux de croissance annuelle de plus de 2,8 %. Elle pourrait dépasser 339 millions en 2015. Toutefois, les projections sur la période en cours indiquent qu'un ralentissement de cette croissance semble s'engager à des rythmes variables dans la plupart des pays. La moyenne des taux d'accroissance annuelle entre 2005 et 2015 est évaluée à 2,5 %. On estime[179] que cette moyenne devrait passer à 2 % entre 2020 et 2025 et diminuer jusqu'à 1,2 % entre 2045 et 2050. Pourtant, certains pays comme le Niger (3,5 %), le Mali (3 %), la Sierra Leone (2,2 %) et le Cap-Vert (2,1 %) n'ont pas encore amorcé une baisse de croissance. D'autres pays comme la Guinée-Bissau (3 %) et le Burkina Faso (2,8 %) ont chacun un taux de croissance annuelle constant. C'est dire que globalement, l'Afrique de l'Ouest s'avère être une des dernières régions du monde à amorcer une stabilisation démographique. Alors que dans le monde, un nombre croissant de pays fait face au spectre de la décroissance démographique[180], l'Afrique Occidentale est

[179] cf. OUEDRAOGO, D. (Chapitre réalisé par) et BOSSARD, L. (sous la supervision de), *art. cit.*, p. 7.

[180] Selon l'étude réalisée par Dieudonné Ouédraogo, après avoir atteint son maximum historique de 2,2 %, au début des années 1960, le taux de croissance de la population mondiale n'était plus que de 1,7 % au début des années 1980 pour tomber à 1,2 % en 2000-

encore pour longtemps sur une trajectoire d'augmentation forte de sa population. Cet accroissement démographique résulte très largement du fort taux de fertilité que connaît la région : une moyenne de 7, 1 naissances par femme entre 1970 et 1975, et une moyenne de 5, 6 naissances par femme entre 2000 et 2005. Si au regard de ces indications la diminution de la fécondité est manifeste (-1,4), elle demeure cependant très inégale selon les pays. Assez nette dans certains (Cap Vert, Côte d'Ivoire, Ghana, Sénégal, Togo, Nigeria), elle est à peine amorcée dans d'autres (Gambie, Burkina Faso, Guinée, Bénin, Mali, Niger, Guinée-Bissau, Sierra Leone). C'est pourquoi, dans la région, la part des jeunes de moins de 15 ans s'est accrue de 41,6 % en 1950 à 43,4 % en 2005, se maintiendra encore à 41 % en 2015 et pourrait être de 28 % en 2050 alors qu'elle sera seulement de 15 % en Europe[181]. Le nombre accru de jeunes peut être considéré comme un avantage démographique à utiliser au mieux dans les efforts de développement. Cependant, il s'avère qu'il accroît la pression sur l'environnement et les services sociaux (santé et éducation) et entraîne une intensification des mouvements migratoires au sein de la région et vers l'Europe. Quant aux effectifs des personnes âgées, ils restent relativement faibles : on estime que la part des personnes âgées de 65 ans et plus dans la population totale qui était de 3,3 % en 2005 variera peu et sera seulement de 3,4 % en 2015. C'est dire que, dans l'ensemble, la croissance de la démographie de l'Afrique de l'Ouest ainsi que la jeunesse de sa population resteront pendant longtemps de mise. Cet état de fait laisse entrevoir l'ampleur des efforts que les pays de la région devront consentir en matière de développement humain.

À partir des différents Rapports du PNUD publiés chaque année, il est possible d'établir deux tableaux relatifs à l'état du développement humain en Afrique de l'Ouest : un premier portant sur les tendances des IDH ouest-africains de 1975 à 2010, et un second se référant spécifiquement aux composantes des IDH ouest-africains de l'année 2010.

2005. La population mondiale tendrait ainsi à se stabiliser. Mais cette tendance globale masque de très grandes diversités régionales, car la croissance démographique est encore supérieure à 3 % dans une quinzaine de pays d'Afrique subsaharienne et du Moyen-Orient. cf. OUEDRAOGO, D. (Chapitre réalisé par) et BOSSARD, L. (sous la supervision de), *art. cit.*, p. 3.

[181] Cf. *ibidem*, p. 6.

b) Les tendances des IDH en Afrique de l'Ouest[182] de 1975 à 2010.

Classement du *Rapport 2011* du PNUD	Pays de l'Afrique de l'Ouest	Années							
		1975	1980	1985	1990	1995	2000	2005	2010
133	Cap-Vert	…	…	0,589	0,627	0,678	0,709	0,736	0,534
135	Ghana	0,442	0,471	0,486	0,517	0,542	0,568	0,553	0,467
155	Sénégal	0,342	0,367	0,401	0,428	0,449	0,473	0,499	0,411
156	Nigéria	0,321	0,378	0,391	0,411	0,432	0,445	0,470	0,423
162	Togo	0,423	0,473	0,469	0,496	0,514	0,521	0,512	0,428
167	Bénin	0,312	0,344	0,367	0,374	0,403	0,424	0,437	0,435
168	Gambie	0,290	…	…	…	0,436	0,472	0,502	0,390
170	Côte d'Ivoire	0,419	0,448	0,453	0,450	0,436	0,432	0,432	0,397
175	Mali	0,245	0,268	0,272	0,296	0,321	0,352	0,380	0,309
176	Guinée-Bissau	0,267	0,271	0,300	0,322	0,350	0,365	0,374	0,289
178	Guinée	…	…	…	…	…	…	0,456	0,340
180	Sierra Leone	…	…	…	…	…	…	0,336	0,317
181	Burkina Faso	0,257	0,280	0,305	0,321	0,337	0,353	0,370	0,305
182	Libéria	…	…	…	…	…	…	…	0,300
186	Niger	0,246	0,264	0,261	0,279	0,296	0,321	0,374	0,261
Moyennes en Afrique de l'Ouest		0,329	0,361	0,394	0,415	0,437	0,456	0,465	0,373

L'analyse du tableau des tendances des IDH ouest-africains de 1975 à 2010 montre que la région a connu jusqu'en 2005, des progrès en matière de développement humain. Les moyennes des IDH des pays classés de la région sont en croissance continue. On peut observer que pour la première fois en 2005, quatre pays de la région ont pu franchir la barre des IDH faibles (> 0,500) : il s'agit du Cap-Vert qui est en tête (0,736), suivi du Ghana (0, 553), du Togo (0,512), et de la Gambie (0,502). Il reste qu'en 2010, toutefois, les IDH de tous les pays sans exception ont connu une baisse sensible, sans doute à cause de la crise financière et de la pénurie alimentaire qui ont marqué la période. Dans l'ensemble, la région est plutôt humainement pauvre. Les moyennes des IDH des pays classés qui permettent d'évaluer

[182] cf. PNUD, *Rapport mondial sur le développement humain 2007/2008*, p. 234-237 ; PNUD, *Rapport sur le développement humain 2010, La vraie richesse des nations : Les chemins du développement humain*, Communications Development Incorporated, New York, 2010, p. 169-170.

l'état du développement humain dans l'ensemble de la région, quoique connaissant en général une croissance soutenue de 1975 à 2005, demeurent dans l'ordre du classement des IDH faibles (< 0,500). Quand on considère l'évolution dans chaque pays, on peut remarquer que quelques-uns régressent même en certaines années : ainsi en est-il du Togo entre 1985 (0,473) et 1990 (0,469) et du Niger dans la même période (0,264 puis 0,261) ; du Ghana entre 2000 (0,568) et 2010 (0,553 en 2005, puis 0,467 en 2010) et encore du Togo dans la même période (0,521 en 2000, ensuite 0,512 en 2005 et finalement 0,428 en 2010). La Côte d'Ivoire est seule à amorcer une régression continue depuis 1985 (0,453) pour ne se stabiliser qu'entre 2000 et 2005 (0,432). Pour mieux saisir cet état de pauvreté humaine globale de la région ouest-africaine, l'analyse des composantes des IDH d'une année se révèle nécessaire, en l'occurrence pour l'année 2011.

c) Les composantes des IDH en Afrique de l'Ouest[183] pour l'année 2011

Classement du *Rapport 2011* du PNUD	Pays de l'Afrique de l'Ouest	Espérance de vie	Durée moyenne de scolarisation (en années)	Durée attendue de scolarisation (en années)	RNB (Revenu national brut) Par habitant $ PPA Constant 2005	Indicateur du Développement humain (IDH)
133	Cap-Vert	74,2	3,5	11,6	3.402	0,568
135	Ghana	64,2	7,1	10,5	1.584	0,541
155	Sénégal	59,3	4,5	7,5	1.708	0,459
156	Nigéria	51,9	5,0	8,9	2.069	0,459
162	Togo	57,1	5,3	9,6	798	0,435
167	Bénin	56,1	3,3	9,2	1.364	0,427
168	Gambie	58,5	2,8	9,0	1.282	0,420
170	Côte d'Ivoire	55,4	3,3	6,3	1.387	0,400
175	Mali	51,4	2,0	8,3	1.123	0,359
176	Guinée-Bissau	48,1	2,3	9,1	994	0,353
178	Guinée	54,1	1,6	8,6	863	0,344
180	Sierra Leone	47,8	2,9	7,2	737	0,336
181	Burkina Faso	55,4	1,3	6,3	1.141	0,331
182	Libéria	56,8	3,9	11,0	265	0,329

[183] cf. PNUD, *Rapport sur le développement humain 2011,* p. 147-148.

186	Niger	54,7	1,4	4,9	641	0,295
Moyennes en Afrique de l'Ouest		56,3	3,3	8,5	1.290	0,403

Les statistiques des indicateurs composites de développement humain, présentées dans le *Rapport sur le développement humain 2011*, indiquent qu'en 2011, le développement humain a connu une baisse en Afrique Occidentale. C'est dire l'insuffisance des résultats au regard des indicateurs conventionnels de développement humain du PNUD et des progrès réalisés au niveau mondial. Selon le classement du *Rapport*, la moyenne des pays ouest-africains peut être estimée à 0,403 d'IDH, indicateur qui se situe en deçà de l'indicateur conventionnel de développement humain moyen (> 0,500 et < 0,800). Cet indicateur est même en deçà de celui de l'Afrique subsaharienne (0,463) qui est le plus faible des indicateurs des différentes régions du monde. L'Afrique Occidentale est ainsi la région du monde qui accuse le plus de retard en matière de développement humain. Outre qu'aucun des pays qui composent la région n'a un IDH élevé (≥0,800), sur les quinze pays classés, treize ont un IDH faible et deux seulement ont un IDH moyen. Cette situation de faible développement humain, ravalée au bas de l'échelle mondiale, indique la pauvreté humaine à laquelle est confronté l'homme ouest-africain, c'est-à-dire sa difficulté à subvenir aux besoins fondamentaux communs au genre humain et donc à remplir les conditions essentielles d'accès à de nombreuses autres opportunités. Dans ces considérations, nous sommes conduits à examiner, en contexte, les différentes composantes des indicateurs de développement humain que sont : l'espérance de vie à la naissance, les taux d'alphabétisation des adultes et de scolarisation des jeunes, et le Revenu national brut (RNB)[184].

II. B. Un relatif allongement de l'espérance de vie

Un examen des IDH de l'Afrique Occidentale pour l'année 2011 montre tout d'abord que, d'une manière générale, on peut dire que l'espérance de vie en Afrique de l'Ouest a connu un allongement ces dernières décennies, notamment en ce qui concerne la proportion des jeunes enfants qui survivent, même si la situation actuelle est encore loin d'être satisfaisante. Ce phénomène de la croissance des jeunes est dû à la baisse de la mortalité avec l'introduction des techniques sanitaires, la maîtrise de certaines pandémies (maladie du sommeil, l'onchocercose, la variole, la poliomyélite, etc.) et le maintien d'un niveau élevé de la natalité. Aussi la région connaît-

[184] La composante, « niveau de vie décent », est mesurée par le RNB (Revenu national brut) par habitant ($ PPA) au lieu du PIB (Produit intérieur brut) par habitant ($ PPA).

elle un recul considérable de la mortalité : le taux de mortalité générale est passé de 21 pour mille de 1970-1975 à 16 pour mille en 2000-2005 ; le taux de mortalité infantile correspondant a baissé de 149 à 112 pour mille[185]. Cela a eu pour conséquence la croissance de l'espérance de vie à la naissance qui est passée de 40 ans au début des années 1960 à 50 ans en 1995, puis à 56,3 ans en 2011. C'est un progrès bien relatif au regard de la situation dans le reste du monde, où l'espérance de vie, en 2005, était déjà de 67,5 ans dans les états arabes et de 78,3 ans dans les pays de l'OCDE. Il demeure donc que l'espérance de vie en Afrique de l'Ouest est basse et cette situation de précarité est principalement le fait de certaines maladies endémiques persistantes : le paludisme, la tuberculose, la méningite..., et singulièrement le VIH/sida dont le développement a occasionné un taux de mortalité des plus élevés au monde (16 pour mille entre 2000 et 2005). Si par rapport à l'Afrique subsaharienne, l'impact du VIH/sida est beaucoup moins marqué en Afrique de l'Ouest (une prévalence inférieure à 2 % en moyenne), on peut observer cependant que des pays comme la Côte d'Ivoire et le Nigeria sont particulièrement touchés : en 2005, le Nigeria était le troisième pays le plus touché au monde et comptait 2,9 millions de personnes vivant avec le VIH ; le taux de prévalence le plus élevé dans la population adulte était observé en Côte d'Ivoire[186] (7,1 %). Par ailleurs, le difficile accès aux soins[187], à la sécurité alimentaire, à l'eau potable, à la protection sociale... met en péril, en Afrique de l'Ouest, la bonne santé[188], et partant, la qualité de la vie

[185] C'est ce que révèle l'étude réalisée par : OUEDRAOGO, D. (Chapitre réalisé par) et BOSSARD, L. (sous la supervision de), *art. cit.*, p. 13.

[186] Il s'agit ici des statistiques données par le *Rapport sur l'épidémie mondiale du sida 2006-ONUSIDA*, cité par OUEDRAOGO, D. (Chapitre réalisé par) et BOSSARD, L. (sous la supervision de), *art. Cit.*, p. 13. cf. aussi PNUD, *Rapport mondial sur le développement humain 2007/2008*, p. 257-260.

[187] Entre 2000 et 2004, en Afrique Occidentale, il y avait en moyenne 12 médecins pour cent mille habitants. Quand on considère la répartition dans chaque pays de la région, l'inégalité est remarquable : tandis qu'au Cap Vert, de 2000 à 2004, il y avait 49 médecins pour cent mille habitants, au Niger ils n'étaient que 2 pour le même nombre d'habitants. cf. PNUD, *Rapport mondial sur le développement humain 2007/2008*, p. 248 et 250.

[188] L'importance de la bonne santé dans le développement humain est évidente : selon Mohamed Chakirou Roufaï, « *la mauvaise santé est un facteur de stagnation économique et sociale. La maladie agit sur le développement de quatre manières principales : tout d'abord, elle engendre une perte de bien-être individuel. Ensuite, la maladie d'aujourd'hui possède un impact non négligeable sur la vie de demain, ou la vie de la famille de l'individu malade. Troisièmement, la mauvaise santé revêt des aspects sociétaux. Enfin, en termes de bien-être, la maladie occasionne des pertes de possibilité de consommation* ». cf. ROUFAÏ, M., C., *Pauvreté, Démocratie et Développement humain durable : enjeux et perspectives dans le cadre du Nouveau Partenariat pour le Développement de l'Afrique (NEPAD)*, École Doctorale de Paris, Université la Sorbonne-Paris IV [en ligne], disponible sur : www.beninensis.net/Pauvrete_Democratie_et_Developpement_Durable.pdf (page consultée le 04 mars 2012). De plus, « *les conséquences de la maladie sur le cycle de vie ne sont pas négligeables : les infirmités mentales et physiques engendrées par les*

humaine. Dans ces circonstances, les prévisions relatives à l'espérance de vie à la naissance restent incertaines. Tout dépendra de la réduction des maladies transmissibles (VIH, paludisme, onchocercose, tuberculose, méningite, choléra, etc.), de l'amélioration de la nutrition, de l'attention portée aux systèmes de santé par le biais d'une réforme des dotations en personnel qualifié, de la politique pharmaceutique, de la mise en place d'un financement durable et équitable, etc.

II. C. Un faible taux d'alphabétisation et de scolarisation

Outre les déficiences qui compromettent la qualité de la santé et raccourcissent l'espérance de vie, l'analyse des composantes des IDH pour l'année 2011 indique qu'une autre cause du faible développement humain en Afrique Occidentale réside dans l'analphabétisme et l'ignorance qui y sont prépondérants. Déjà en 2005, le taux d'alphabétisation des adultes, de 15 ans et plus, était seulement de 44,8 % et le taux de scolarisation combiné pour l'éducation primaire, secondaire et supérieure n'était que de 45,4 % alors que ces sources du savoir étaient respectivement de 99,0 % et de 83,5 % en Europe[189]. C'est dire que malgré les efforts considérables et les avancées significatives enregistrés dans tous les États, plus de la moitié de la population ouest-africaine demeure analphabète. Les défis de la scolarisation des jeunes et de l'alphabétisation des adultes restent donc entiers. Les situations nationales en 2005 étaient cependant très diverses : pour l'alphabétisation des adultes de 15 ans et plus, tandis que le Cap-Vert, le Nigeria et le Ghana, qui enregistraient les taux les plus élevés, atteignaient respectivement 81,2 %, 69,1 % et 57,9 %, des pays comme le Burkina Faso, le Mali et le Niger, qui enregistraient les taux les plus bas, avaient respectivement 23,6 %, 24 % et 28,7 % ; en ce qui concerne les taux de scolarisation combinés pour l'éducation primaire, secondaire et supérieure, le Cap-Vert (66,4 %), le Libéria (57,4 %), le Nigeria (56,2 %) et le Togo (55 %) étaient en tête tandis que le Niger (22,7 %), le Burkina Faso (29,3 %), le Mali (36,7 %) et la Guinée-Bissau (36,7 %) occupaient les derniers rangs. Ainsi, si quelques nations ont réussi une alphabétisation et une scolarisation de plus de la moitié de leur population, d'autres par contre sont encore loin d'atteindre cette performance, encore que relative. Cette situation de forte prépondérance d'analphabétisme met en crise le niveau d'instruction, voire d'éducation, dans la région. De fait, le système éducatif manifeste une crise principalement à deux niveaux : d'une part, il y a une

---

maladies infantiles se traduisent sur l'ensemble de la vie par des pertes de productivité individuelles. Une mauvaise santé durant l'enfance induit des difficultés d'apprentissage qui se traduisent à l'âge adulte par des gains salariaux diminués » (*idem*).

[189] PNUD, *Rapport mondial sur le développement humain 2007/2008*, p. 229-233.

faible scolarisation, d'autre part, cette scolarisation, déjà faible, souffre d'une inadéquation dans le système social.

Avec, ses faibles taux d'alphabétisation (44,8 %) et de scolarisation (45,4 %), l'Afrique Occidentale, à l'instar de l'Afrique subsaharienne (60,3 % pour l'alphabétisation des adultes et 50,6 % pour la scolarisation des adultes), est une des régions qui abritent le plus d'analphabètes au monde. Dans ce vaste contexte d'analphabétisme, le besoin d'écoles se fait préoccupant, ce qui entraîne quelquefois des effectifs pléthoriques : en moyenne 120 élèves par classe au primaire et 70 élèves au secondaire ; à l'université, un amphi en contient dix fois plus. L'école apparaît donc comme saturée[190], ce qui n'est pas sans poser des difficultés quant à la possibilité même de dispenser un enseignement de qualité. À considérer les effectifs pléthoriques des classes, on pourrait croire à une forte scolarisation du milieu. À bien analyser cependant, on se rend à l'évidence que l'apparente saturation de l'école en Afrique Occidentale est essentiellement due à l'insuffisance des infrastructures scolaires et académiques plutôt qu'à une forte scolarisation[191] ; car paradoxalement, en parcourant les rues des villes ouest-africaines, comme celles de toute l'Afrique subsaharienne, on retrouve plus d'enfants qui se livrent frénétiquement au petit commerce à la sauvette[192]. En définitive, l'analyse contextuelle laisse percevoir que l'école ouest-africaine est proprement insulaire et c'est ce que corrobore la pensée de Joseph Ki-Zerbo : « *Cette école tour d'ivoire, cette école ghetto d'ébène si vous voulez, est là un peu comme un cheveu sur la soupe, un kyste dangereux, une tumeur dont le diagnostic révèle trop souvent qu'elle est*

---

[190] Un exemple très frappant de la saturation des institutions d'enseignement supérieur est la Côte d'Ivoire : « *En raison de la crise économique et de l'endettement croissant de l'État et alors que le nombre des étudiants augmente de 20 000 chaque année, les ressources disponibles pour chaque étudiant ont diminué. Le campus de Cocody conçu pour accueillir 6 000 étudiants au moment de l'indépendance, en compte aujourd'hui plus de 40 000* » : TIETCHEU, J. et MWAMBA, B., « Enseignement : le parent pauvre » in *Jeune Afrique Économie* 295 (1999) 62- 65.

[191] Pour Joseph Ki-Zerbo, « *on touche là à deux blocages du système éducatif actuel dans les pays africains : d'une part, une sous-scolarisation sans espoir immédiat ; d'autre part, une mal-scolarisation qui met en cause à la fois la crédibilité de l'école africaine et les systèmes globaux actuels qui la sous-tendent* » : KI- ZERBO, J., *éduquer ou périr*, L'Harmattan, Paris, 1990, p. 61-62.

[192] cf. NDONGMO, M., *Éducation scolaire et lien social en Afrique noire, Perspectives éthiques et théologiques de la mise en place d'une nouvelle philosophie de l'éducation*, ICERH, Mbalmayo, 2004, p. 63. Marcus Ndongmo relève à ce sujet que : « *Parce que l'école coûte de plus en plus cher, qu'il s'agisse de l'enseignement privé ou public, parce qu'elle ne débouche pas sur des métiers ou des emplois, parce que les parents deviennent matériellement et financièrement plus pauvres, « les enfants de la rue » sont ceux qui n'ont pas tardé à comprendre que la voie de l'école pour eux était inespérée et inefficace et que la seule perspective de salut résidait en définitive dans ce secteur informel* » (*ibidem*, p. 63-64).

cancéreuse »[193]. Les défis qui se posent à l'école ouest-africaine sont donc prioritairement : l'accroissement de l'offre et de la demande éducatives, la poursuite des efforts de réduction des coûts unitaires et des taux de redoublement, la poursuite des efforts publics d'investissements et de rationalisation des dépenses pour une meilleure efficacité des actions et le renforcement de l'apprentissage, de l'appui pédagogique et de l'enseignement technique[194]. De plus, il s'avère en particulier que « *l'accélération des mesures en faveur de la scolarisation des filles dans le primaire et le secondaire et l'amélioration des conditions d'accès des filles à l'école doivent constituer une priorité* »[195].

Par-delà la faible scolarisation, le diagnostic des difficultés de l'école en Afrique de l'Ouest se redouble lors lorsqu'on en considère l'adéquation avec le contexte social. L'étude de Marcus montre que, d'une manière générale en Afrique, « *à cause de son insularité, tous ceux qui bénéficient de l'instruction offerte par l'école moderne, se trouvent coupés de leur environnement, de leurs parents, de leur classe d'âge et des schèmes de pensée traditionnels* »[196]. Aussi, l'école héritée de la colonisation serait-elle à l'origine d'une perturbation mentale : « *après avoir évincé l'initiation traditionnelle au point de n'en faire plus qu'un fait de minorité (elle) est devenue l'instance principale et déterminante de formation en Afrique. (...) Elle n'a pas seulement entamé et déstructuré le paysage culturel africain en remettant en cause tout son système de valeurs morales et symboliques, mais plus profondément elle a défait le lien social* »[197]. Des recherches[198] sur la tâche éducative de l'école, en Afrique en général et en Afrique de l'Ouest en particulier, ont révélé que celle-ci est plutôt démissionnaire : « *L'instruction se coupe davantage de l'éducation, l'école devient un lieu où on apprend un savoir, où l'on acquiert un diplôme, mais le savoir-vivre et le savoir-être sont laissés de côté. Cette fracture entre éducation et instruction est d'autant plus marquée en Afrique qu'elle correspond aussi à la fracture entre tradition et modernité technoscientifique* »[199]. On se souvient que Cheikh

---

[193] KI-ZERBO, J., *Perspectives de l'éducation*, CODIAM-Promotion collective, Paris, 1973, p. 4.

[194] cf. MELLALI, S. ; GRÉGOIRE, L. J., *L'Afrique de l'Ouest et les objectifs du millénaire pour le développement*, Forum sur les Objectifs du Millénaire pour le Développement en Afrique de l'Ouest, PNUD, Dakar, 2003, p. 13.

[195] MELLALI, S. ; GRÉGOIRE, L. J., *op. cit.*, p. 15.

[196] À en croire Marcus, les Africains scolarisés se situent autrement, et « *au besoin contre leurs frères qu'ils qualifient vite d'analphabètes* » : NDONGMO, M., *op. cit.*, p. 8.

[197] *Ibidem*, p. 7-8.

[198] Qu'il suffise de mentionner ici simplement les ouvrages tels que : KI-ZERBO, J., *Eduquer ou périr*, L'Harmattan, Paris, 1990, 123 p ; NDONGMO, M., *op. cit.*, 306 p ; LOT, F., « Quelques réflexions pour l'éducation en Afrique aujourd'hui » in *Annales philosophiques de l'UCAO*, UCAO, Abidjan, 1 (2004) 147-168.

[199] LOT, F., *art. cit.*, p. 148.

Hamidou Kane avait fait de cette dialectique le thème de son *Aventure ambiguë*[200]. Ainsi, avec l'introduction de l'école coloniale en Afrique de l'Ouest, c'est tout le système éducatif qui est brouillé et qui vacille, à tel point que Joseph Ki-Zerbo notera que « *cela montre cruellement la dichotomie schizophrénique qui sépare l'école africaine actuelle des structures économiques et sociales réelles. (...) cette école est un appareil de déracinement et non d'accumulation* »[201]. Si l'on considère par ailleurs les nombreux échecs au primaire et au secondaire, l'inadaptation des programmes d'enseignement aux réalités du terroir, ainsi que le coût trop élevé de l'instruction pour une population majoritairement pauvre et analphabète, l'école ouest-africaine tend à devenir un facteur d'appauvrissement matériel et spirituel. Privées du minimum requis pour leur fonctionnement, les universités sont parfois complètement détournées de leur noble mission (creusets de formation de l'élite, cadres par excellence de la recherche) et transformées en foyers d'éternelles contestations politiques et syndicales. Elles font germer, non pas le savoir, mais « *la violence en une jeunesse frustrée de recevoir une formation au rabais et de ne rien entrevoir comme perspective d'avenir après les études* »[202]. D'où les nombreuses crises, les perturbations, les grèves et les actes de violence qui secouent continuellement l'enseignement supérieur. En cela, on perçoit l'ampleur de la tâche à accomplir à l'échelle régionale pour éradiquer l'ignorance.

La situation d'ignorance dans le contexte social de l'Afrique Occidentale se découvre comme un ennemi indomptable et sans merci de l'homme : en témoigne la précarité persistante de la vie humaine en dépit des efforts en matière de développement humain. C'est une situation d'appauvrissement qui campe dans les espaces du savoir-faire et du savoir-être. La misère, sous toutes ses formes, et composantes (maladies, famines, guerres, etc.), qui persiste dans le contexte ouest-africain semble être due, dans une certaine mesure, à l'ignorance, révélant ainsi une population empêtrée dans la culture du tâtonnement et de la débrouillardise. On sait que c'est par l'éducation et l'instruction que l'homme découvre, acquiert un savoir, crée, et conquiert ainsi, dans le temps et l'espace, les expériences et les outils vitaux qui garantissent son bien-être. C'est par l'éducation et la scolarisation que sont engendrés les espaces de savoir-être et de savoir-faire, moyens primordiaux et signes de puissance et de richesses. Dans cette mesure, la crise éducative et la faible scolarisation en Afrique Occidentale sont profondément nuisibles et l'impact de l'ignorance qu'elles établissent se manifeste comme une arme fatale, destructrice des sociétés ouest-africaines (politique, culturelle, sociale, économique, etc.). Finalement, l'ignorance destructrice se révèle plus

---

[200] cf. KANE, C. H., *L'Aventure ambiguë*, Julliard, Paris, 1961, p. 44.
[201] KI-ZERBO, J., *éduquer ou périr*, p. 64.
[202] SECK, C. Y., *op. cit.*, p. 322.

coûteuse que l'instruction. C'est pourquoi Joseph Ki-Zerbo a pu écrire : *Éduquer ou périr*[203]. Plus qu'un défi, il s'agit ici d'une ardente obligation dont l'enjeu sera entre autres, pour l'Afrique de l'Ouest qui est atteinte de différentes formes d'exclusion d'être et de savoir, de rendre efficiente l'accessibilité aux ressources d'une vie humaine décente.

II. D. Un RNB chiche et à croissance insuffisante

La troisième et dernière composante qui, à l'examen des IDH de 2011, justifie le faible développement humain en Afrique Occidentale est le Revenu national brut (RNB)[204]. Alors que le RNB par habitant est de 12.004 $ PPA dans les pays d'Europe et d'Asie centrale, la moyenne[205] en Afrique de l'Ouest peut être estimée à 1.290 $ PPA. Cela donne lieu à un piètre pouvoir d'achat pour l'ensemble de la population régionale, et par voie de conséquence, l'accessibilité aux ressources de vie décente est compromise. Ainsi, comme dans l'ensemble des pays d'Afrique subsaharienne où le RNB est le plus faible du monde (seulement de 1.966 $ PPA par habitant en 2011), l'Afrique Occidentale est une des régions où la pauvreté s'étend et où le processus de développement économique n'est pas encore enclenché. Il existe de nombreuses raisons susceptibles d'expliquer le non-développement ouest-africain. Toutefois, le facteur principal est souvent ramené à l'insuffisance de la croissance du Produit intérieur brut (PIB)[206] par rapport à l'accroissement démographique. Comme dans tous les pays d'Afrique subsaharienne, la création de richesses y est rare quand elle existe, les structures économiques sont handicapées et manquent de compétitivité : l'agriculture qui a les rendements les plus bas est retardataire[207], les taux d'investissement sont insuffisants[208] et les techniques d'approche des

[203] KI-ZERBO, J., *éduquer ou périr*, 123 p.
[204] cf. PNUD, *Rapport sur le développement humain 2011,* p. 147-148.
[205] cf. le tableau (C) des composantes des IDH ouest-africains pour l'année 2005 ci-dessus établi.
[206] Qui est cependant sous-estimée dans les statistiques, car elles ne prennent pas en compte le secteur informel, qui peut représenter une part non négligeable de l'activité économique.
[207] L'agriculture occupe plus de 70 % de la population, fait peu appel aux engrais et reste fondée sur la rente dont 70 % des recettes d'exploitation proviennent de nouveaux produits tropicaux qui sont entre autres : le café, le cacao, la banane, l'arachide, le coton, le caoutchouc, le sucre, etc. (cf. ROUFAÏ, M., C., *op. cit.*). Dès lors, les cultures d'exportation ont raflé les terres arables à celles de subsistance (riz, sorgho, maïs, manioc, mil, igname, taro, etc.) indispensables pour l'alimentation quotidienne (cf. SECK, C. Y., *op. cit.*, p. 289).
[208] En moyenne 12 %, mais seulement 2 % pour l'investissement privé, avec des coefficients de capital (qui exprime le nombre d'unités de capital nécessaire pour produire une unité de PIB) très médiocres et un problème majeur de durabilité des investissements, lié à la faiblesse de la maintenance (cf. ROUFAÏ, M., C., *op. cit.*).

marchés extérieurs ne sont pas maîtrisées[209]. Les ressources minières, minérales et forestières (uranium, bauxite, fer, diamant, or, pétrole, bois, etc.) sont extraites et acheminées, à l'état brut, vers les ports à destination de l'étranger. Notons par ailleurs l'étroitesse des marchés des économies nationales peu solvables et l'enclavement de certaines d'entre elles (du Burkina Faso, du Mali et du Niger), handicaps auxquels il faut ajouter l'insuffisance des infrastructures de transport et le niveau particulièrement élevé des droits appliqués aux importations respectives. Enfin, relève Roufaï, de mauvais choix de politiques économiques[210] ont été effectués depuis les indépendances. Au Forum sur les Objectifs du Millénaire pour le Développement en Afrique de l'Ouest, tenu à Dakar (Sénégal) en 2003, les difficultés qui minent l'économie régionale ont été largement stigmatisées :

> « *L'absence de politiques macro-économiques favorables aux entreprises privées n'a pas aidé à accroître la rentabilité et à attirer les investisseurs malgré le potentiel considérable de la sous-région et du continent d'une manière générale. Les entreprises publiques ou para-étatiques dans lesquelles les gouvernements ont investi de grandes quantités de ressources fiscales et empruntées à l'extérieur, se sont avérées faiblement productives en raison de contraintes de compétitivité et d'orientations de politiques, peu satisfaisantes. La qualité médiocre de l'infrastructure sociale et économique, prise globalement, a constitué et demeure une entrave certaine au développement des capacités de production et d'échanges. À cela s'ajoutent des conditions d'endettement encore difficiles qui absorbent une part non négligeable des ressources nécessaires aux investissements matériels et sociaux et qui hypothèquent les opportunités de croissance et de financement extérieur du développement* »[211].

Dans ce contexte régional de paupérisation économique généralisée, « *l'accès aux marchés mondiaux est de plus en plus contraignant et on constate dans les différents pays un effritement des préférences tarifaires qui leur étaient accordées sur leurs marchés d'exportation alors même que la plupart des pays d'Afrique subsaharienne demeurent tributaires des exportations de produits primaires pour leurs recettes en devises* »[212]. Par

---

[209] Les coûts de transaction qui sont associés aux marchés extérieurs sont plus élevés qu'ailleurs, exprimant ainsi les déficiences de la gestion publique des pays : les ports, les aéroports, l'armement, les procédures douanières, la faiblesse des capacités de commercialisation, etc. (cf. ROUFAÏ, M., C., *op. cit*).

[210] Selon Roufaï, au plan macro-économique, les politiques budgétaires, monétaires, de change, de prix et commerciales ont pendant longtemps créé un environnement défavorable pour la croissance et les investissements. Cette situation a commencé à évoluer dans un sens positif, mais beaucoup reste à faire et les économies africaines sont encore trop mal régulées pour permettre une véritable expansion de l'initiative individuelle, ce qui explique le faible niveau de création d'entreprises. Dans la plupart des cas, les choix faits au lendemain de la colonisation assimilaient le capitalisme au colonialisme (cf. ROUFAÏ, M., C., *op. cit.*).

[211] MELLALI, S. ; GRÉGOIRE, L. J., *op. cit.*, p. 6.

[212] *Ibidem*, p. 6-7.

ailleurs, les tendances des marchés mondiaux des produits de base ne leur ont pas été globalement favorables depuis le début des années 1980 et les perspectives à moyen et long termes apparaissent difficiles. C'est dire que les économies ouest-africaines sont dans une trappe de pauvreté et de dépendance[213], aggravées par une démographie mal maîtrisée et une entropie des infrastructures et des institutions économiques[214]. Il en résulte que la plupart des économies de la région ouest-africaine sont plus pauvres que celles du reste du monde. C'est pourquoi l'élimination de la pauvreté, à la suite de la première décennie (de 1997 à 2006) de lutte des Nations Unies contre la pauvreté, constitue, aujourd'hui, l'un des objectifs centraux des politiques ouest-africaines de développement. Pour ce faire, des solutions telles que le recours à l'endettement[215] et l'Ajustement structurel[216] ont été adoptées. Mais, de façon pratique, malgré l'urgence, ces projets semblent ne pas porter pleinement les résultats escomptés. La pauvreté, persistante, s'étend au point d'exacerber la dégradation de l'environnement et de compromettre la durabilité du développement[217].

III. De la durabilité du développement humain en Afrique Occidentale

Il est aujourd'hui communément admis que la pauvreté est à la fois cause et conséquence de la dégradation continue de l'environnement. En contexte de pauvreté, les actions de l'homme sont de plus en plus prégnantes sur son

---

[213] D'après Cheik Yérim Seck, « *Face au défi, les dirigeants du continent ont choisi la facilité et la fuite en avant en recourant systématiquement et résolument à la politique de la main tendue. L'Afrique a fourni un exemple unique au monde en fondant la satisfaction de tous ses besoins économiques sur l'aide extérieure et en choisissant comme toute politique économique la stratégie de quête et de mobilisation de cette aide* » (SECK, C. Y., *op. cit.*, p. 282).

[214] Cf. KOULIBALY, M., « La pauvreté en Afrique de l'Ouest, la situation et l'avenir de la lutte » in KOULIBALY, M. (sous la direction de), *La pauvreté en Afrique de l'Ouest*, Karthala /CODESRIA, Paris/Dakar, 2001, p. 17.

[215] Devant l'incapacité des politiques économiques, initiées depuis les indépendances, à générer des richesses, les États ouest-africains, comme de toute l'Afrique subsaharienne, ont recouru à la solution la plus facile, l'endettement, pour s'octroyer les moyens de faire face à leurs dépenses.

[216] L'expression a été employée pour la première fois par Robert Mc Namara, alors président de la Banque Mondiale, à l'occasion de son Assemblée annuelle tenue en octobre 1979 à Belgrade (ex-Yougoslavie). L'économiste Eliott Berg, consultant pour la Banque Mondiale, s'en est saisi pour l'élaboration de son rapport intitulé « Programme d'action concertée pour le développement stable de l'Afrique au sud du Sahara » qui a servi de support à l'action de la Banque sur le continent au début des années 1980. cf. SECK, C. Y., *op. cit.*, p. 303.

[217] Cf. ROUFAÏ, M., C., *op. cit.*

environnement et entraînent à leur tour des événements imprévisibles. Dans le cas de la région ouest-africaine, le poids d'un environnement détérioré sur les conditions de vie des populations, surtout dans les villes, est aujourd'hui connu.

III. A. Description des caractéristiques géographiques de la région

La région ouest-africaine comprend deux grandes zones géographiques[218] (sèche et humide), et est caractérisée par les alizés soufflant du Nord-Est et les vents humides du Sud-Ouest. Elle connaît donc des variations climatiques tropicales manifestées par des températures annuelles élevées et de fortes précipitations qui diminuent de façon générale à mesure que l'on remonte vers la région septentrionale du Sahara. L'Afrique Occidentale sèche comprend une partie du désert du Sahara (qui recouvre approximativement 22 % de la superficie de la région), les domaines phytogéographiques sahéliens et soudanais. La région sahélienne correspond à une bande de terre qui borde l'extrême frange du Sahara et qui va du Tchad au Cap-Vert et couvrant une superficie de 5,4 millions de km² et une zone de transition entre le Nord aride et la forêt tropicale verdoyante qui longe la côte maritime. Son écosystème est composé de buissons, d'herbes et d'arbres rabougris qui deviennent de plus en plus denses au fur et à mesure que l'on descend vers le Sud. Les récoltes sont aléatoires. Les plantes viables sont celles qui résistent à la sécheresse. Cependant, les fleuves Niger et Sénégal qui traversent la zone favorisent les cultures d'irrigation. L'élevage constitue une activité importante, mais la saison sèche trop longue oblige les pasteurs à diriger leurs troupeaux vers le Sud. Le Sénégal, le Niger, la Gambie, la Guinée-Bissau, le Mali et le Burkina Faso font partie de cette zone. Une grande partie du Nigeria est aussi sèche et aride. De même, les conditions sèches du Cap-Vert, une île de l'Océan Atlantique, font qu'elle fait partie de cette zone. La zone humide, qui comprend le Bénin, la Côte d'Ivoire, le Ghana, la Guinée, le Libéria, la Sierra Léone, le Togo et une grande partie du Nigeria, présente des écosystèmes variés : savanes, forêts tropicales semi-humides et forêts tropicales humides. Les deux zones (sahélienne et humide) demeurent liées sur les plans économique et démographique, particulièrement à travers les migrations Nord-Sud dans la région.

Ainsi géographiquement caractérisée, l'Afrique de l'Ouest a une variabilité climatique et est dotée potentiellement d'une richesse diversifiée en ressources

---

[218] La description rapportée ici est celle que donne la récente étude sur l'état actuel de l'environnement dans la région : Cf. PNUE (Programme des Nations Unies pour l'Environnement) et REDDA (Réseau pour l'Environnement et le Développement durable en Afrique), *Rapport sur l'état de l'environnement en Afrique de l'Ouest*, XLN, Abidjan, 2004, 94 p.

naturelles[219]. Mais la situation du développement de son environnement est complexe et pleine de défis. De toutes les régions d'Afrique, l'Afrique de l'Ouest est la région qui regroupe le plus de pays (15) avec des écosystèmes très variés et très fragiles, subissant l'action de l'homme et de la nature. Le premier *Rapport sur l'état de l'environnement en Afrique de l'Ouest*[220] établit une évaluation détaillée de l'état actuel de l'environnement dans la région, en mettant en relief les pressions qui s'exercent sur les différentes composantes de l'environnement, l'impact que ces pressions peuvent avoir sur l'environnement et l'être humain, et fournit des recommandations pour des actions politiques concrètes et durables[221]. L'occupation de l'espace ouest-africain est globalement corrélée au climat. Les trois quarts de la population de la région vivent dans les zones humides et subhumides, 20 % dans la zone semi-aride (sahélienne) et 5 % dans les zones arides[222]. Les spécialistes écologistes reconnaissent que les analyses portant sur l'environnement de la région sont insuffisantes et les résultats des projections climatiques et de leurs conséquences trop incertains pour bien anticiper les risques et les opportunités liés aux changements climatiques. Pourtant, il s'avère impérieux pour la région de faire face principalement aux défis de la vulnérabilité et de l'incertitude[223].

III. B. Vulnérabilité et incertitude des écosystèmes et des ressources naturelles

L'Afrique de l'Ouest est, d'une manière générale, l'une des régions les plus exposées avec des cycles de sécheresse et d'inondations récurrentes ainsi qu'une forte érosion côtière qui constitue un frein pour le développement économique et social. Par ailleurs, l'avènement de la globalisation a engendré

---

[219] Le *Rapport sur l'état de l'environnement en Afrique de l'Ouest* reconnaît que « *l'Afrique de l'Ouest est connue pour ses ressources minérales, son or, son pétrole, le diamant et la bauxite et pour ses forêts denses tropicales situées principalement le long de la côte* » (PNUE et REDDA, *op. cit.*, p. XVIII).

[220] PNUE et REDDA, *op. cit.*, 94 p. Ce Rapport qui le premier du genre, est le résultat d'une collaboration étroite entre le REDDA, le Programme des Nations Unies pour l'Environnement (PNUE), des institutions telles que l'Union mondiale pour la nature (UICN), et le Comité permanent Inter-Etats de Lutte contre la Décheresse au Sahel (CILSS), des agences nationales de gestion de l'environnement, des experts de la sous-région. Le rapport fournit une analyse intégrée de l'environnement dans la sous-région ouest-africaine.

[221] Le rapport est subdivisé en plusieurs chapitres qui reprennent les différents thèmes sélectionnés pour en analyser les problèmes dans la sous-région. Ces thèmes sont les suivants : air, sols, ressources en eau, forêts, biodiversité, environnement marin et côtier, environnement urbain, santé et environnement, catastrophes naturelles.

[222] CEDEAO-CSAO/OCDE©, *L'atlas Web de l'intégration régionale en Afrique de l'Ouest* [en ligne], disponible sur : *http://www.atlas-ouestafrique.org./spip.php?rubrique5*, (page consultée le 07 mai 2012)

[223] *Idem.*

une augmentation des échanges commerciaux internationaux vers l'Afrique de l'Ouest. L'environnement naturel de la région s'est trouvé dégradé de par certains processus, tels que l'agriculture intensive, les déchets naturels et le changement climatique, l'urbanisation, l'industrialisation et la pollution. Cette dégradation de l'environnement contribue considérablement, surtout dans l'ensemble des villes de la région, à beaucoup de menaces contre la santé, notamment l'air pollué, l'eau insalubre, un assainissement médiocre et des maladies transmises par les insectes comme le paludisme. La production et l'utilisation des produits toxiques créent également une autre menace majeure pour la santé humaine. De plus, depuis plus d'une dizaine d'années, la région est en proie aux conflits armés et aux guerres civiles (au Libéria, en Sierra Leone, en Côte d'Ivoire, au nord du Mali et du Niger avec les Touareg, etc.). La plupart des pays de la région connaissent aussi des remous sociopolitiques avec leurs cortèges de morts, de réfugiés et de déplacés[224] privés de moyens de subsistance. Ces crises sociales qui viennent intensifier le phénomène migratoire déjà existant ont, avec des effets induits des pratiques traditionnelles, du modernisme, de l'industrialisation et des facteurs météorologiques, une influence considérable sur l'environnement et les ressources naturelles dans les deux grandes zones géographiques.

Dans les zones côtières (le Bénin, le Cap-Vert, la Côte d'Ivoire, le Ghana, la Guinée, le Libéria, le sud du Nigéria, la Sierra Léone, le Togo) qui sont les plus peuplées, la montée du niveau des océans et des marées rendent vulnérables les populations. Les impacts directs de la montée du niveau des océans sont la submersion et l'érosion côtière (exemple de Banjul en Gambie), l'accroissement des zones inondables et l'augmentation de la salinité dans les estuaires et les nappes phréatiques côtières. La hausse du niveau des océans constitue donc une menace pour les biotopes des zones côtières (plages, lagons, marécages, etc.) dont la disparition, la dégradation ou la salinisation sont autant de risques pour les espèces qui les peuplent. Sans politique d'adaptation, une élévation de 0,5 mètre d'ici 2100 provoquerait des pertes de terrain directement par submersion ou par érosion[225]. Les mangroves, qui occupent d'importantes superficies au Nigeria, en Guinée, en Guinée-Bissau, ou au Sénégal y sont particulièrement sensibles. D'une manière générale, l'exploitation intensive des billes de bois et la déforestation du fait des

---

224 Les récents conflits civils et armés ont fait des ravages conséquents et la région a enregistré entre 2001 et 2002 plus d'un million de personnes déplacées à l'intérieur des espaces nationaux et près de 700.000 réfugiés (cf. MELLALI, S. ; GRÉGOIRE, L. J., *op. cit.*, p. 8).

225 CEDEAO-CSAO/OCDE©, « Zones côtières et écosystèmes vulnérables », *art. cit.* Traduits en termes économiques, les dégâts causés sur l'infrastructure ont été estimés actuellement à plusieurs centaines de millions de dollars au Sénégal, à près de 4,7 milliards en Côte d'Ivoire, soit un quart de son PIB actuel, ou encore à 9 milliards au Nigeria, soit 10 % de son PIB actuel (cf. *idem*).

plantations commerciales (hévéa, ananas, cacao, café, etc.) détruisent le système écologique. De plus, outre la pêche excessive qui crée des risques pour le bien-être des populations riveraines, il faut relever les menaces réelles de transfert de déchets toxiques et de produits avariés en provenant des pays industrialisés du Nord, mettant dangereusement en péril la vie des populations et l'équilibre de l'écosystème. À ce sujet, l'exemple le plus récent qui a fait scandale est celui de la grave crise environnementale et sanitaire provoquée par le déversement de plus de 6000 tonnes de déchets toxiques à Abidjan, le plus grand port d'Afrique Occidentale[226].

Au niveau des zones sèche et aride (Sénégal, Niger, Gambie, Guinée-Bissau, Mali, Burkina Faso, Nord du Nigéria...), l'évolution du couvert végétal est intimement liée à celle de la pluviométrie et de la pression démographique en milieu rural. De ce point de vue, la tendance générale sur la longue durée semble être à la dégradation du milieu[227]. Les zones pastorales et agropastorales sont les plus affectées par les variations climatiques. La désertification et la sécheresse, l'usure des sols et les pénuries d'eau, la coupe abusive du bois de chauffe et la divagation des animaux, sont autant de méfaits qui menacent gravement la capacité des paysans pauvres de vivre de la terre. Les cultures vivrières, principalement axées sur la production céréalière dans les pays sahéliens dépendent essentiellement des caractéristiques de la saison des pluies à côté d'autres facteurs climatiques ou environnementaux[228]. Les systèmes de production agricoles et pastoraux y sont encore majoritairement traditionnels[229]. Le système de production dominant est, à côté de l'élevage nomade traditionnel, le vivrier pastoral. Ce dernier est centré sur le mil au nord et le sorgho plus au sud. Il est associé à l'élevage transhumant dans une

---

[226] Dans la nuit du 19 au 20 août 2006, plus de 6000 tonnes de déchets toxiques ont été déversées à Abidjan, le plus grand port d'Afrique Occidentale. Ces déchets, constitués de boues issues de raffinage pétrolier riche en matière organique, hydrogène et composés soufrés, ont été transférés sur les bords de la capitale économique ivoirienne depuis l'Espagne, par le cargo Probo Koala affrété par une société néerlandaise, Trafigura Beheer BV. Les émanations toxiques qui s'échappèrent des décharges ont affecté des milliers de personnes. Le Ministère de la Santé ivoirienne a recensé, en son temps, au total 10 décès, 69 hospitalisations et 102 806 consultations. Cf. LABY, F., « Les déchets toxiques déversés à Abidjan seront traités en France » in *Actu-Environnement.com* - 30/10/2006, © 2008 COGITERRA - C.N.I.L N°845317.

[227] HEINRIGS, P. et PERRET, C. ; BOSSARD, L. (sous la direction de), « La Zone écologique fragile des pays du Sahel » in CEDEAO-CSAO/OCDE, *Atlas de l'intégration régionale en Afrique de l'Ouest, Série environnement,* CEDEAO-CSAO/OCDE©2006-avril 2006 [en ligne], disponible sur : *http://www.oecd.org/dataoecd/22/8/38410487.pdf*, (page consultée le 07 mai 2012), p. 5.

[228] CEDEAO-CSAO/OCDE ©, *L'atlas Web de l'intégration régionale en Afrique de l'Ouest* [en ligne], disponible sur : http://www.atlas-ouestafrique.org./spip.php?article233, (page consultée le 07 mai 2012).

[229] Les modes de vie de la majorité des habitants de la zone agro-pastorale sont parmi ceux qui, en Afrique de l'Ouest, ont le moins changé au cours des dernières décennies.

stratégie de minimisation des risques. Les exploitations, extensives et dispersées (coton, mil, sorgho, arachides, etc.) recherchent essentiellement l'autosubsistance, les intrants sont peu ou pas utilisés, les revenus monétaires liés à l'agriculture et à l'élevage sont faibles ou inexistants[230]. Aussi la pauvreté exacerbe-t-elle la dégradation environnementale en forçant les populations pauvres à exploiter des terres marginales ou à épuiser des ressources halieutiques dans une lutte désespérée pour survivre[231]. Les récentes recherches montrent que cette partie de l'Afrique de l'Ouest mérite une attention particulière et, sans doute, un traitement spécifique dans le cadre des politiques de développement à moyen et long terme. La transition démographique, économique et climatique y est sans doute plus douloureuse et moins porteuse d'opportunités que partout ailleurs en Afrique de l'Ouest[232].

Ainsi, parmi les défis cruciaux qui affectent la région d'Afrique occidentale, figurent les changements climatiques, la gestion de la biodiversité, la protection des cours d'eau internationaux (notamment les fleuves Niger et Sénégal), et la protection de l'environnement contre les pollutions et les nuisances, compte tenu notamment des évolutions démographiques, des contraintes en matière de sécurité alimentaire et d'accès à l'eau potable, de l'évolution de la désertification et du recul des zones forestières. La végétation et la qualité des sols sont, incontestablement, des facteurs environnementaux déterminants des conditions de sécurité alimentaire en Afrique de l'Ouest du fait de la proportion encore importante de la population dont les moyens de subsistance sont directement dépendants de l'exploitation des ressources naturelles[233]. De ce fait, la mauvaise gouvernance environnementale expose, chaque jour davantage, la diversité biologique de la région à l'appauvrissement et à une dégradation accélérée. Cette dégradation des écosystèmes continue aujourd'hui malgré de nombreuses opportunités et efforts des pays depuis trente ans. Si cette tendance se maintient, « *d'ici trente ans, plusieurs pays risquent de rencontrer de graves difficultés environnementales avec l'accroissement démographique, la poussée urbaine et la variabilité climatique* »[234]. Conscients des risques, les pays de la région (principalement sahélienne) développent de nombreux projets relatifs à la gestion des ressources naturelles (les eaux, forêts et sols) et à la préservation de l'atmosphère grâce à l'appui de la communauté internationale. Poussés par la mondialisation, ils mettent en œuvre des politiques macroéconomiques, sociales et sectorielles appropriées, et encouragent la participation du secteur

[230] HEINRIGS, P. et PERRET, C. ; BOSSARD, L. (sous la direction de), *art. cit*, p. 6.

[231] Environ 40 % des terres arables des pays sahéliens sont dégradées (cf. PNUE et REDDA, *op. cit.*, p. XV).

[232] HEINRIGS, P. et PERRET, C. ; BOSSARD, L. (sous la direction de), *art. cit*, p. 11.

[233] *Ibidem*, p. 5.

[234] PNUE et REDDA, *op. cit.*, p. XVI.

privé, des communautés locales et des organisations de la société civile, au processus du développement durable[235]. Pour ce faire, la gestion durable de l'environnement devra : tenir compte de la diversité écologique vitale, des incertitudes des changements socioéconomiques et du contraste entre les zones sèche et humide ; sauvegarder l'environnement, notamment pour renforcer les capacités, l'éducation et la sensibilisation environnementale, la coordination et le renforcement des institutions nationales et régionales, le développement des systèmes d'information et d'évaluation de l'environnement et, enfin, pour la mobilisation des ressources financières[236]. C'est sans doute ces préoccupations majeures qui ont poussé l'ensemble des pays de la région à signer et à ratifier, d'un même élan, toutes les conventions internationales qui régissent la gestion et la protection durables des ressources environnementales[237]. Au niveau de chaque nation, des institutions sont désignées ou créées pour traduire les engagements internationaux en termes locaux[238]. Il est une certitude, l'augmentation à venir de la population régionale, de 272,5 millions d'habitants en 2005 à 339,5 millions en 2015, demande un effort accru pour répondre aux besoins en termes d'opportunités sociales (éducation, santé, etc.), élargir les choix, promouvoir les libertés réelles (politiques, économiques, sociales, etc.) par l'accroissement des capacités humaines dans la sauvegarde, voire la restauration de l'environnement.

III. C. Le difficile renforcement des capacités et des opportunités

On sait qu'au-delà du respect de l'intégrité environnementale, le critère de durabilité du développement intègre aussi l'efficacité économique et l'équité sociale, à savoir : l'accessibilité de tous à l'ensemble des biens et services, le renforcement des capacités de toutes sortes et l'équité face à l'ensemble des ressources disponibles et transmissibles aux générations

---

[235] PNUE et REDDA, *op. cit.*, p. XVI.
[236] *Idem.*
[237] PNUD, *Rapport mondial sur le développement humain 2007/2008*, p. 314-317. En ce qui concerne les principaux traités internationaux portant sur l'environnement, tous les pays d'Afrique Occidentale, sans exception aucune, ont signé et ratifié les conventions et protocoles suivants : Convention-cadre sur les changements climatiques (1992) ; Protocole de Kyoto à la Convention-cadre des Nations Unies sur les changements climatiques (1997) ; Convention sur la diversité biologique (1992) ; Convention de Vienne pour la protection de la couche d'ozone (1988) ; Protocole de Montréal relatif à des substances qui appauvrissent la couche d'ozone (1989) ; Convention de Stockholm sur les polluants organiques persistants (2001) ; Convention sur le droit de la mer (1982) ; Convention sur la lutte contre la désertification (1994). Pour ce qui est du Protocole de Carthagena sur la prévention des risques technologiques (2000), seules la Côte d'Ivoire, la Guinée-Bissau et la Sierra Leone n'y ont pas encore adhéré.
[238] PNUE et REDDA, *op. cit.*, p. XVI.

futures. Dans le domaine du renforcement des capacités, le développement des capacités humaines et institutionnelles en Afrique Occidentale n'a pas été suffisamment rapide, anticipatif et élargi, pour répondre aux besoins du contexte socio-économique national, régional et international en perpétuelle mutation. Certes, le niveau des capacités humaines et institutionnelles et leur environnement économique, politique et social varient considérablement d'un pays à l'autre. Toutefois, les statistiques des dernières décennies indiquent de manière générale des progrès plutôt limités dans la création des capacités essentielles pour le développement[239]. C'est qu'« *il existe pratiquement dans tous les secteurs de la plupart des pays, des pénuries graves de capacités caractérisées par l'insuffisance de personnel qualifié, la précarité de l'environnement institutionnel qui entrave l'utilisation adéquate des capacités existantes et la faiblesse des infrastructures de formation* »[240]. Les analystes en ce domaine[241] montrent que les prestations des services publics ont subi une réduction marquée ces dernières années, dans l'ensemble de l'Afrique Subsaharienne : en termes réels par habitant, on estime que l'accès aux services publics a diminué d'environ 50 % depuis 1980. Cette diminution s'inscrit à l'arrière-plan d'une relative stabilisation des effectifs globaux de l'administration publique et d'une contraction drastique des fonds de roulement et des capitaux fixes engagés par fonctionnaire (cf. les programmes d'ajustement structurel). Mais selon Soraya Mellali et Luc J. Grégoire, « *les réformes institutionnelles et gestionnaires sont encore loin d'être suffisamment efficaces pour attirer les investissements privés essentiels à la croissance, et libérer les capacités créatives des entrepreneurs nationaux et des populations locales. L'affaiblissement des structures de l'enseignement supérieur et de la recherche en Afrique de l'Ouest notamment a eu un impact particulièrement grave sur les capacités analytiques et de gestion* »[242]. La fuite des cerveaux demeure également une menace pour le renforcement et la rétention des capacités humaines, car l'exode des compétences représente une perte évidente de capacités dont l'Afrique de l'Ouest a grandement besoin[243]. Au plan global du développement humain, les défis de la région apparaissent considérables malgré un certain nombre de progrès manifestes, car les

---

[239] Cf. MELLALI, S. ; GRÉGOIRE, L. J., *op. cit.*, p. 7.

[240] *Idem.*

[241] Cf. ADEDEJI, A. ; GREEN, R. ; JANHA, A., *Rémunération, productivité et fonction publique : priorités pour le relèvement de l'Afrique Subsaharienne*, UNICEF-PNUD, New York, 1995, 22 p.

[242] MELLALI, S. ; GRÉGOIRE, L. J., *op. cit.*, p. 7.

[243] On estime qu'environ 15.000 personnes hautement qualifiées quittent chaque année la sous-région pour travailler à l'étranger, principalement en Europe de l'Ouest et en Amérique du Nord. (Cf. *idem*).

indicateurs nutritionnels, sanitaires et éducatifs expriment des déficits importants et le VIH/sida s'est répandu rapidement dans la région.

Parmi les objectifs que les gouvernants de la région se sont fixés dans la poursuite du développement humain durable, on note primordialement la lutte contre la pauvreté. Le caractère pluriel des approches de la notion de pauvreté conduit à distinguer deux dimensions majeures : l'une économique (qui privilégie le niveau de vie à partir de la consommation réelle des biens et des services) et l'autre non économique (qui privilégie les privations de droits et de déficits d'opportunités). Nonobstant des efforts importants engagés en matière de croissance et de réformes économiques et sociales au cours de la décennie 1990, on estime que 44 % de la population ouest-africaine vivent encore en dessous du seuil de pauvreté monétaire évalué à 1 dollar US par jour[244]. L'analyse de la situation de pauvreté, il faut le reconnaître, est relativement complexe en Afrique Occidentale, compte tenu des données actuellement disponibles. Toutefois, « *sur la base des informations nationales issues des enquêtes quantitatives, qualitatives et de perception, la pauvreté s'est sensiblement accrue depuis 1990, dans un peu plus d'un tiers des pays de la région ouest-africaine* »[245]. La fragilité des secteurs agricoles et notamment vivriers, la faible diversification des secteurs productifs, les difficultés en matière d'emploi et de satisfaction des besoins essentiels et les contraintes de revenus et de compétitivité ont souvent annihilé les efforts de lutte contre la pauvreté. On peut affirmer que globalement, les politiques économiques ont été peu favorables aux pauvres, la distribution des revenus étant fortement inégalitaire. De plus, avec la mondialisation et la libéralisation, les tendances de l'économie mondiale ont indéniablement réduit les possibilités pour les pays de la région de mener des politiques économiques nationales autonomes et rendent encore plus complexe la gestion concurrentielle des dispositifs institutionnels publics et privés. C'est dire que l'« extrême pauvreté »[246] se fait persistante, et en cela, de nombreux pays de la région ont des difficultés manifestes à obtenir une baisse sensible des inégalités de revenu ou de consommation sans une modification profonde de leur politique économique.

---

[244] En 2002, le nombre des pauvres était estimé à près de 100 millions en Afrique de l'Ouest (cf. MELLALI, S. ; GRÉGOIRE, L. J., *op. cit.*, p. 9).

[245] *Ibidem*, p. 10.

[246] Dans son rapport *Vaincre la pauvreté humaine*, le PNUD définit qu'« *une personne vit dans la pauvreté extrême si elle ne dispose pas des revenus nécessaires pour satisfaire ses besoins alimentaires essentiels – habituellement définis sur la base de besoins caloriques minimaux (…). Une personne vit dans la pauvreté générale si elle ne dispose pas des revenus suffisants pour satisfaire ses besoins essentiels non alimentaires – tels l'habillement, l'énergie et le logement – et alimentaires* » (PNUD, *Vaincre la pauvreté humaine*, PNUD, New York, 2000, p. 19).

Bien que la pauvreté ait été souvent définie en terme de revenu, le consensus qui se dégage de nos jours est qu'elle englobe une série de privations comprenant le manque d'accès aux ressources naturelles, aux soins de santé et à l'éducation au processus politique, l'incapacité d'accéder à l'énergie, à l'assainissement, à la communication et à l'eau potable. Tous ces biens, services et infrastructures sont nécessaires pour maintenir les capacités, les opportunités et les potentialités humaines de base[247]. La pauvreté en Afrique de l'Ouest signifie, dans ces considérations, non seulement le manque de moyens matériels, mais également le déni des chances et des choix les plus élémentaires du développement humain durable[248]. C'est, dans cette dernière perspective, ce que le PNUD a appelé « pauvreté humaine », concept présenté comme l'« *absence des capacités humaines de base : analphabétisme, malnutrition, longévité réduite, mauvaise santé maternelle, maladie pouvant être évitée* »[249]. La notion de

---

[247] Fondant ses analyses sur les notions de capacités, d'opportunités et de potentialités depuis 1990, le PNUD considère que « *la pauvreté d'une existence ne tient pas uniquement à l'état d'indigence dans lequel une personne se trouve effectivement, mais également au manque d'opportunités réelles (...). Dans la notion de capacité, l'accent est mis sur les potentialités qu'un individu soit en mesure ou non de réaliser, en fonction des opportunités dont il dispose. Ces potentialités désignent tout ce qu'un individu peut souhaiter faire ou être* ». PNUD, *Rapport mondial sur le développement humain - 1997*, PNUD, New York, 1997, p. 17.

[248] Le PNUD déclare que « *la pauvreté n'est pas un phénomène unidimensionnel, un manque de revenu pouvant être résolu de façon sectorielle. Il s'agit d'un problème pluridimensionnel qui nécessite des solutions multisectorielles intégrées* » (PNUD, *Vaincre la pauvreté humaine*, p. 34). La Banque Mondiale affirme, pour sa part, que « *la pauvreté a des dimensions multiples, de nombreuses facettes et qu'elle est la résultante de processus économiques, politiques et sociaux interagissant entre eux dans des sens qui exacerbent l'état d'indigence dans lequel vivent les personnes pauvres* » (BANQUE MONDIALE, *Rapport sur le développement du monde : combattre la pauvreté*, Banque Mondiale, Washington DC., 2000, p. 1). Aujourd'hui, tout le monde s'accorde sur le fait que la pauvreté est un phénomène complexe, pluridimensionnel, ne pouvant être réduit à sa dimension monétaire (c'est-à-dire un niveau de ressources insuffisant pour vivre de façon décente). Outre la dimension économique (ressources, revenus), la pauvreté intègre bien d'autres dimensions : dimension psychosociale (satisfaction de besoins, épanouissement de la personne), dimension sociale (santé, éducation, accès au logement, reconnaissance sociale et culturelle) ; dimension politique (respect des droits civiques, participation à la vie politique).

[249] PNUD, *Vaincre la pauvreté humaine*, p. 19. Pour appréhender l'état de pauvreté humaine, le PNUD emploie un Indicateur de Pauvreté Humaine (IPH), centré sur les « *déficits rencontrés dans les trois domaines essentiels de l'existence humaine* » (PNUD, *Rapport mondial sur le développement humain-1997*, p. 15) qui sont les trois aspects essentiels de la vie humaine et constitutifs de l'IDH (longévité, instruction et conditions de vie décentes), mais envisagés sous l'angle des manques. En ce sens, depuis les années 1996, on a pu établir un Indicateur de Pénurie de Capacités (IPC) pour les pays pauvres ou en voie de développement.

* Dans le calcul de l'IPH, les insuffisances en termes de longévité sont représentées par le pourcentage de personnes risquant de décéder avant l'âge de 40 ans (P1) et le manque d'instruction est traduit par le pourcentage d'adultes analphabètes (P2). Quant au manque de

« pauvreté humaine » est ainsi intrinsèquement liée à celle de « développement humain » et, par rapport à celle-ci, « *signifie la négation des opportunités et des perspectives fondamentales sur lesquelles repose tout développement humain, à savoir vivre une vie longue, saine, constructive, et jouir d'un niveau de vie décent, ainsi que de la liberté, de la dignité, du respect de soi-même et d'autrui* »[250]. Le concept intègre donc, outre les dénuements économiques, ceux sociaux (exclusion sociale, manque de relations humaines, etc.), politiques (liberté, absence de pouvoir de décision, etc.) et culturels (absence de reconnaissance d'une identité culturelle). Dans cette mesure, on conçoit que la lutte contre la pauvreté constitue l'un des objectifs centraux des politiques contemporaines de développement dans tous les États du monde[251] en général, et en Afrique Occidentale en particulier.

---

conditions de vie décentes au niveau économique en général, il est représenté par un sous-indicateur composite (P3) comprenant lui-même trois variables : le pourcentage d'individus privés d'accès à l'eau potable (P3a), celui des personnes privées d'accès aux services de santé (P3b), et celui des enfants de moins de 5 ans souffrant de malnutrition (P3c). Le sous-indicateur composite (P3) s'obtient en calculant la moyenne arithmétique des trois variables P3a, P3b et P3c. On calcule ensuite l'IPH en faisant la moyenne arithmétique des trois indicateurs P1, P2 et P3 (cf. PNUD, *Rapport mondial sur le développement humain-1997*, p. 141).

* L'Indicateur de Pénurie de Capacités (IPC) est un indicateur simple formé de trois composantes reflétant le pourcentage de la population présentant des manques dans trois domaines fondamentaux du développement humain : la capacité de vivre en bonne santé avec une alimentation suffisante, celle de procréer dans de bonnes conditions de sécurité et de santé, et celle de savoir lire et écrire et de pouvoir s'instruire. Les indicateurs retenus pour chacune de ces capacités sont : le taux d'enfants de moins de 5 ans présentant une insuffisance pondérale, le taux de naissances non suivies par du personnel de santé ayant reçu une formation ad hoc, et le taux d'analphabétisme chez les femmes âgées de 15 ans et plus.

[250] PNUD, *Rapport mondial sur le développement humain-1997*, p. 15-16.

[251] La proclamation de la première Décennie des Nations Unies pour l'élimination de la pauvreté et la place qui a été faite à l'élimination de ce fléau dans la stratégie globale de développement exposée dans le programme d'action adopté au Sommet Mondial sur le Développement Social (tenu à Copenhague en mars 1995) semble témoigner, sur le plan théorique, de la volonté de la communauté internationale d'y faire face. On observera toutefois qu'il faut éviter une confusion entre « développement humain durable » et « lutte contre la pauvreté ». Toutes les stratégies de lutte contre la pauvreté (Documents Stratégiques de Réduction de la Pauvreté ou Cadres Stratégiques de Lutte contre la Pauvreté) mettent l'accent sur la croissance, mesurée par le PIB par tête, comme condition nécessaire de la réduction de la pauvreté et donc sur les facteurs qui contribuent le plus à cette croissance. La croissance ne suffit pas à réduire la pauvreté, car note Roufaï, « certains pays ont vu la pauvreté se maintenir malgré de forts taux de croissance » (cf. ROUFAÏ, M., C., *Pauvreté, Démocratie et Développement humain durable : enjeux et perspectives dans le cadre du Nouveau Partenariat pour le Développement de l'Afrique (NEPAD)*, École Doctorale de Paris, Université la Sorbonne–Paris IV, [en ligne], disponible sur : *www.beninensis.net/Pauvrete_Democratie_et_Developpement_Durable.pdf* (page consultée le 4 mars 2012).

Les stratégies de lutte contre la pauvreté, comme voies et moyens de développement humain durable, font appel à des réformes politiques, un vaste ensemble de mesures telles que la bonne gouvernance[252] (pour la lutte contre la corruption), l'instauration de la démocratie[253] (pour agir sur le fonctionnement des institutions) ou la décentralisation[254] (pour changer la structure de ces institutions). Dans le contexte ouest-africain, en dépit des déficiences et des immaturités remarquables çà et là, une libéralisation, qui se développe d'une manière effective, et une société civile, qui est de plus en plus forte et dynamique, contribuent à asseoir progressivement des systèmes politiques responsables et transparents. Depuis 1990, des élections présidentielles et législatives multipartites ont été organisées, dans quasiment tous les pays de l'Afrique de l'Ouest et les partis d'opposition ont été légalisés dans plus des trois quarts des pays de la région. Les gouvernements, par ailleurs, s'attachent à faire face au défi des déséquilibres politiques et économiques, et mettent en place progressivement des mécanismes pour la prévention, la médiation et le règlement des conflits à travers, entre autres, l'organisation de conférences nationales et de forums de réconciliation. La coopération régionale, l'option pour la bonne gouvernance, le processus d'intégration africaine, l'initiative pour le Nouveau Partenariat pour le Développement de l'Afrique (NEPAD) constituent entre autres des dynamiques incontestables qui autorisent un optimisme réel. Les Technologies de l'Information et de la Communication (TIC) qui modifient la nature même de la concurrence ouvrent de nouvelles possibilités immenses pour les pays ouest-africains. Mais pour que la région puisse saisir ces occasions, de nouvelles relations entre les gouvernements, le secteur privé et la société civile doivent être forgées. De nouvelles alliances, institutions et méthodes d'appréhension et de gestion du développement doivent également être établies et ce, notamment dans les domaines de la lutte contre la pauvreté et de la bonne gouvernance. À ce titre, les défis de l'insertion accrue des femmes à la dynamique de développement demeurent importants, car près de la moitié du capital

[252] La « bonne gouvernance » est considérée comme la clef de voûte des politiques nationales de lutte contre la pauvreté. La mauvaise gouvernance expliquerait les maigres résultats en matière de réduction de la pauvreté, malgré la multiplication des programmes mis en place.

[253] Il apparaît que les manques de voix ou de pouvoir sont à la fois des dimensions clés de la pauvreté alors que les libertés politiques ont un impact énorme sur les vies et les capacités des citoyens. En cela, la démocratie serait intrinsèquement précieuse pour les humains en tant que manifestation de la liberté humaine.

[254] La décentralisation comprend le transfert des pouvoirs politique, financier et administratif à des collectivités locales élues. Les collectivités locales ont alors le pouvoir de prendre des décisions indépendamment du pouvoir central. La déconcentration renforce ainsi l'autonomie des services locaux. Ces entités étant élues, leurs décisions ont plus de chances de refléter les intérêts de la population locale.

humain de l'Afrique de l'Ouest est sous-utilisé, les femmes ne disposant encore que d'un accès limité aux ressources de base (terre et crédit) qui leur permettraient de contribuer à la production et au développement économique et de s'épanouir. Certes, dans les sphères dirigeantes, elles conquièrent progressivement, à la faveur du processus généralisé de démocratisation, une place de plus en plus importante dans les systèmes administratifs et politiques nationaux, sont de plus en plus nombreuses à accéder aux systèmes d'autorité et de pouvoir, réclament et occupent des fonctions politiques et exécutives de premier plan, tant au niveau national que local, mais tout cela reste encore dérisoire (environ 9 %) au regard de la proportion qu'elles occupent au sein de la population (environ 51 %). Bien plus, le rôle crucial qu'elles jouent dans la production économique contraste avec la discrimination dont elles sont victimes dans l'accès à l'éducation, à l'emploi, aux possibilités de financement, aux ressources de base et aux technologies qui sont nécessaires pour engager des activités de production et d'échange, d'une manière efficace.

Conclusion

À la suite de tous les peuples du monde, les populations africaines en général et singulièrement celles d'Afrique de l'Ouest se sont engagées sur les voies d'un développement humain durable. Devenu une préoccupation mondiale, le « développement humain et durable », poursuivi en tant qu'« *élargissement des libertés et des capacités permettant aux personnes de mener une vie qu'elles jugent, à juste titre, satisfaisante* » [255], est incontestablement d'actualité. Le concept a une histoire récente dont les origines remontent seulement à la période d'après seconde guerre mondiale. Dans son acception actuelle, le concept apparaît à partir de 1945 avec la renaissance du « développement » de l'économie ; se précise à la prise de conscience de la crise des ressources naturelles et écologiques qui a donné lieu, en 1987, à la formulation des concepts d'éco-développement et de « développement durable »; ensuite aboutit, avec le recadrage des objectifs du développement centré sur l'humain, à la création, en 1990, du concept de « développement humain » ; et finalement, depuis 1994, se sont établis avec

[255] PNUD, *Rapport sur le développement humain 2011,* p. 20. Les économistes définissent la durabilité en termes de niveaux de vie, de consommation ou d'utilité. Les définitions basées sur la consommation sont privilégiées par les partisans de la durabilité faible, à l'instar de Dasgupta et Heal (1974), de Hartwick (1977) et de Solow (1974). Les définitions reposant sur l'utilité, comme celle de Neumayer (2010), considèrent qu'une démarche est durable si elle permet aux personnes d'atteindre progressivement et plus efficacement une plus grande utilité.

la conjugaison des deux concepts de « développement durable » et de « développement humain ». Au-delà de la satisfaction des besoins essentiels que prône le désormais « développement humain durable », il faut admettre que la qualité de vie dépend de nombreux aspects, qui peuvent avoir une valeur intrinsèque, et les notions de libertés et de capacités sont également très différentes des niveaux de vie et des cultures. En ce qui concerne l'Afrique Occidentale, l'examen de la situation du développement humain durable, à partir des *Rapports* du PNUD, révèle que cette partie du continent est humaine pauvre, voire la plus pauvre de toutes les régions du monde. L'espérance de vie y est courte, l'analphabétisme y est prépondérant, la croissance du RNB insuffisante, les écosystèmes vulnérables et les ressources naturelles de plus en plus incertaines ; toutes choses qui rendent difficile le renforcement des capacités et des opportunités humaines. En dépit des efforts initiés depuis les indépendances, voici déjà une cinquantaine d'années, les populations d'Afrique de l'Ouest s'enlisent dans la précarité, incapables de sortir de la misère qui semble les tenir comme en captivité. Ce ne sont pas, toutefois, les initiatives en matière de développement humain qui ont manqué. Il reste que, cependant, les résultats sont nettement en deçà des attentes. Il faudra alors repenser, outre les conditions d'un développement humain efficient dans cette région du continent, les causes fondamentales qui empêchent les initiatives et les projets de développement de porter les fruits des espérances des populations en présence. Ainsi, bien discerner primordialement les causes des échecs ou des insuffisances de plus d'une cinquantaine d'années d'actions en faveur du développement humain apparaît comme une condition essentielle pour créer et ouvrir de nouvelles voies qui seraient susceptibles de porter les espérances des peuples. Pour notre part, nous estimons que parmi toutes les causes possibles du faible développement humain de l'Afrique en général, et de l'Afrique Occidentale en particulier, il y a au premier plan la « paupérisation anthropologique ». Mais encore faut-il en saisir les déterminants et les caractéristiques qui influencent la pratique contextuelle du développement. Dans la foi chrétienne, c'est une exigence fondamentale pour transformer la condition actuelle de l'homme en Afrique de l'Ouest, afin de le rendre capable de se disposer à accueillir le salut apporté par le Christ.

Chapitre II

La « paupérisation anthropologique » comme cause de sous-développement en Afrique de l'Ouest

Appréhender les déterminants et les caractéristiques de la « paupérisation anthropologique » dans son rapport à la promotion du « développement humain durable » apparaît comme un lieu commun dans l'Afrique contemporaine. L'usage de ces deux concepts, ainsi que nous le percevons, s'est généralisé et s'est imposé en Afrique surtout dans les réflexions sur la problématique de l'évolution sociale en Afrique en général, et en Afrique Occidentale[256] en particulier. Il apparaît, aujourd'hui, que la perspective du développement humain en contexte africain, marqué par la pauvreté, a souvent été mise en rapport avec l'évolution historique du continent. Aussi, notre souci de cerner les déterminants contextuels du concept de « paupérisation anthropologique » africaine voudrait-il se faire dans la perspective d'une contribution historique à l'anthropologie du développement. Ce concept et, étroitement lié à lui, celui de « pauvreté anthropologique », sont aujourd'hui employés par de nombreux théologiens africains pour caractériser la situation humaine dans le Tiers-monde en général, et en Afrique subsaharienne en particulier. D'emblée, il est important d'observer qu'une définition étymologique de ces deux concepts s'avère une œuvre assez complexe et se découvre quelque peu hasardeuse du fait de l'ambiguïté de sens que suggère le radical et substantif « pauvre ». Par définition, le vocable « paupérisation », apparu au XXe siècle[257], signifie un « *appauvrissement progressif et continu d'une population, d'un groupe humain* »[258]. Quant au vocable « pauvreté », terme déjà usité dès le XIIe siècle[259], le *Petit Robert* le définit comme étant

[256] L'Afrique de l'Ouest est limitée au nord par la Libye, l'Algérie et le Sahara occidental et à l'est par le Tchad et le Cameroun. L'Océan Atlantique et le Golfe de Guinée en constituent ses limites ouest et sud. Sur le plan politique, elle comprend 15 pays qui couvrent une superficie totale de 6.143.971 km2.

[257] AA. VV., *Nouveau Dictionnaire étymologique et historique*, Larousse, Paris, 1964, art. « Paupérisme ».

[258] AA. VV., *Le Petit Larousse*, Larousse, Paris, 2004, art. « Paupérisation ».

[259] Cf. AA. VV., *Nouveau Dictionnaire étymologique et historique*, art. « Pauvre ».

« l'état d'une personne qui manque de moyens matériels », ou plus largement encore, une situation d'*« insuffisance matérielle ou morale »*[260]. Déterminés par l'adjectif qualificatif « anthropologique »[261], « paupérisation » et « pauvreté » renvoient à ce qui relève de l'espèce humaine tant aux niveaux physique et social que culturel.

Le concept de « pauvreté anthropologique » qui est à distinguer de celui de « pauvreté humaine »[262], a d'abord retenu l'attention des théologiens africains et, écrit Bruno Chenu, *« apparaît pour la première fois sur la place publique lors de la réunion des théologiens du Tiers Monde à New Delhi, en août 1981 »*[263]. À l'Assemblée tricontinentale tenue à New Delhi, en Inde, les analyses de la situation des pays du Tiers-monde contenues dans les rapports présentés au colloque par les diverses régions et continents ont montré que, de l'avis général, la pauvreté et l'oppression sont les caractéristiques les plus flagrantes du Tiers-monde.[264] Le rapport du colloque donne la spécificité de l'Afrique noire selon sa situation particulière : la pauvreté, telle qu'elle est vécue en Afrique, n'est pas qu'économique, elle est d'abord culturelle. Elle est anthropologique. Le rapport mentionne en effet :

> *« À notre colloque, le terme « pauvreté » n'a pas été univoque. Si la majorité d'entre nous ont souligné la pauvreté matérielle, d'autres, surtout les représentants de l'Afrique centrale, ont insisté sur la pauvreté anthropologique ou culturelle, où ils voient un dépérissement de leurs peuples. Le colonialisme a provoqué une perte de leur identité, un affaiblissement de leur créativité. Il a disloqué sans ménagement la vie et l'organisation tribales et détruit les valeurs indigènes, les croyances religieuses et la culture traditionnelle. Les conséquences de ces ravages sont entretenues maintenant par le néo-colonialisme économique et culturel »*[265].

Ainsi se trouvait énoncé ce que l'historien et théologien Engelbert Mveng dénommera une « paupérisation anthropologique ».

L'analyse critique de l'histoire africaine a conduit Mveng à penser le concept de « pauvreté anthropologique » comme le résultat d'un processus

---

260 ROBERT, P., *Le Petit Robert, Dictionnaire de la langue française*, Le Robert, Paris, 1992, art. « Pauvreté ».

261 Cf. AA. VV., *Nouveau Dictionnaire étymologique et historique*, art. « Anthropo- ».

262 Le concept de « pauvreté humaine » est un concept du Programme des Nations Unies pour le Développement. Il *« s'inscrit dans la perspective d'une approche qualitative de la pauvreté, se base essentiellement sur le manque ou la privation de capacités allant du domaine matériel aux domaines sociaux les plus complexes »*. Voir : Burkina Faso, *Cadre Stratégique de Lutte contre la Pauvreté* (CSLP), Edité par le ministère de l'Économie et du Développement, Ouagadougou, 2004, p. 14.

263 CHENU, B., *Théologies chrétiennes des tiers mondes*, Centurion, Paris, 1987, p. 149.

264 cf. Association Œcuménique de Théologiens du Tiers-Monde (EATWOT) « L'irruption du Tiers-monde : un défi à la théologie » (traduit de l'anglais par le Centre Lebret) in *Foi et Développement [*numéro spécial) 91 /92 (1981), n° 9.

265 *Ibidem*, n° 19, 36 et 44.

historique, celui de la « paupérisation anthropologique » de l'être africain amorcée depuis l'esclavage (de 1460 à 1860), poursuivie à la colonisation (de 1860 à 1960) et qui se perpétue de nos jours par la néo-colonisation. Il écrit à ce sujet : *« la dépersonnalisation de l'homme africain sous le régime colonial a été un dépouillement de tout ce qu'il était, de tout ce qu'il avait, de tout ce qu'il faisait, et la réduction en un état d'indigence et de misère que nous appelons l'état de paupérisation anthropologique »*[266]. Aujourd'hui encore, de nombreux théologiens africains se portent caution pour le concept de « pauvreté anthropologique » dans leurs analyses du contexte africain. Yvon Christian Elenga, par exemple, estimera que « *la notion de pauvreté anthropologique s'inscrit dans la réflexion théologique comme paradigme qui rend mieux compte de ce qu'est devenue l'Afrique* »[267]. Toutefois, de plus en plus, des voix s'élèvent et font le procès de ce concept, soutenant que, malgré tout ce qui est arrivé dans l'histoire africaine, même les conséquences et dommages culturels, l'Africain reste riche anthropologiquement, et il serait plutôt inadéquat de dénommer la situation propre de l'Afrique, de « paupérisation anthropologique ». Eloi Messi Metogo par exemple radicalise une critique acerbe et reproche aux tenants du concept de laisser de côté la pauvreté matérielle et le problème d'oppression de classe. Pour lui « *l'Afrique ne sera restaurée dans son être et sa dignité sans édifier une puissance matérielle capable de résister à la colonisation sous toutes ses formes* »[268]. D'après Hyacinthe Nguezi Ya Kuiza, « *il faut dire que l'expression "pauvreté anthropologique" est malhabile pour un emploi actuel pour qualifier la situation africaine, afin d'en susciter un dynamisme novateur et des énergies créatrices* »[269]. On comprend dès lors que, selon Alexandre Bazié, « *Si la pauvreté concerne profondément l'être africain, elle n'a pas irrémédiablement vicié son essence au point d'en faire une autre espèce de l'univers créé* »[270]. C'est dire que le concept de « pauvreté anthropologique » semble impropre à dénommer le contexte africain. Pour notre part, nous privilégions avec Mveng,

---

[266] MVENG, E. et LIPAWING, B. L., *Théologie, libération et cultures africaines, Dialogue sur l'anthropologie négro-africaine,* Clé/Présence Africaine, Yaoundé/Paris, 1996, p. 32.

[267] cf. ELENGA, Y. C., s. j., « Engelbert Mveng (1930-1995) : L'invention d'un discours théologique » in *Hekima Review*, 19 (1998) 97 ; voir aussi AFAN, M. R., o.p., *La participation démocratique en Afrique, Éthique politique et engagement chrétien*, p. 204-205).

[268] MESSI METOGO, E., *L'indifférence religieuse dans certaines sociétés négro-africaines d'hier et d'aujourd'hui. Étude ethno-sociologique et théologique*, Thèse de doctorat, Sorbonne, Paris, 1990, p. 165 – 166.

[269] NGUEZI YA KUIZA, H., *L'enjeu spécifique de la théologie africaine parmi les théologies du Tiers-Monde, Foi chrétienne, cultures et religions africaines traditionnelles*, Thèse de doctorat, Université de Paris IV, Presses universitaires du Septentrion, Villeneuve d'Ascq, 2001, p. 210.

[270] BAZIE, A. Y., *Théologie de la libération, Pertinence et prospectives théologiques*, Dissertatio ad Doctoratum, N. Domenici-Pécheux, Roma, 1997, p. 102, note 342.

le concept de « paupérisation anthropologique » ou celui de « paupérisation humaine » parce qu'ils ont l'avantage de décrire une situation non définitive et sont, pour ce faire, plus aptes à qualifier la situation de l'Afrique toujours en mutation. De fait, à la différence du concept de « pauvreté anthropologique » qui désigne une situation stable, un état achevé, accompli et permanent, celui de « paupérisation anthropologique » manifeste plutôt un processus progressif et continu. La « pauvreté anthropologique » est ainsi le résultat final du processus de paupérisation. Pour bien saisir le caractère singulier de la situation ouest-africaine, comme pour toute l'Afrique, nous convenons avec Mveng qu'« *il faut la regarder à la lumière de l'histoire* »[271]. Mveng pense que la particularité de la situation africaine trouve ses racines dans deux événements majeurs de l'histoire, à savoir d'une part, la traite des Noirs qualifiée « d'annihilation anthropologique » et, d'autre part, la colonisation, forme d'exploitation induisant un système de paupérisation anthropologique[272]. Réévaluant, à la lumière des recherches récentes, les conséquences de ces deux événements majeurs de l'histoire du continent, nous voulons surtout discerner quels en sont les effets psychomentaux perpétués chez les Ouest-Africains jusqu'à nos jours, et appréhender, en définitive, quelques réactions chez certains Ouest-Africains.

I. L'esclavage en Afrique de l'Ouest et ses conséquences immédiates

L'esclavage en Afrique est devenu, ces dernières années, un sujet de recherches qui occupe, sous divers angles, un certain nombre d'historiens de différents pays. Dans une contribution donnée à la réunion des experts, organisée par l'UNESCO à Port-au-Prince en Haïti, S.U. Abramova fait remarquer que « *l'histoire du commerce des esclaves est aujourd'hui décrite de différentes manières et donne lieu parfois à de nouvelles interprétations* »[273]. D'aucuns pensent qu'il n'est pas de thème touchant à l'histoire de l'Afrique qui ait fait couler autant d'encre[274]. L'esclavagisme et

---

[271] MVENG, E., *L'Afrique dans l'Église : Paroles d'un croyant*, L'Harmattan, Paris, 1985, p. 203.
[272] Cf. *ibidem*., p. 199-213.
[273] Telle est la pensée de Daaku que rapporte S.U. Abramova : cf. ABRAMOVA, S. U., « Les aspects idéologiques doctrinaux, philosophiques, religieux et politiques du commerce des esclaves noirs » in AA. VV., *Histoire générale de l'Afrique, La traite négrière du XVe au XIXe siècle*, Études et Documents, UNESCO, 1979, p. 23.
[274] *Idem.*

ses effets sur les sociétés africaines ont ainsi suscité une vaste littérature qu'on peut distinguer en trois grands courants[275] :

Un premier courant qui soutient que l'esclavage était endémique et normal dans la société africaine, et qu'à l'arrivée des négociants étrangers (Arabes ou Européens) acheteurs de main-d'œuvre, les Africains ont organisé naturellement et sans perdre de temps la traite des esclaves destinés à l'exportation.

Un second courant qui s'oppose au premier défend tout à fait le contraire : ce sont les demandes arabes et européennes en main-d'œuvre qui ont développé l'esclavagisme et la traite en Afrique, corrompant ainsi la société indigène.

Un troisième courant qui apparaît comme une voie intermédiaire entre les deux premiers, retient que la demande extérieure pour la main-d'œuvre africaine fut si grande, surtout entre 1650 et 1850, que l'on exporta des quantités d'esclaves.

L'analyse et la critique de ces différents courants constituent en eux-mêmes des sujets importants de thèse[276]. Pour notre part, nous nous proposons d'examiner et de réévaluer, à la lumière des récentes recherches, le rôle historique de l'esclavagisme dans la paupérisation de l'Afrique Occidentale, d'autant plus que certains auteurs y perçoivent des responsabilités morale et économique qui expliqueraient à long terme le sous-développement actuel du continent[277].

I. A. Le fait historique en Afrique Occidentale

De l'opinion la plus partagée des spécialistes de l'esclavage, au Moyen Âge, l'esclavagisme « *était en usage en Afrique et l'on y distinguait en gros les esclaves de case et les esclaves de guerre qui finissaient par rejoindre la*

---

[275] FAGE, J. D., « Traite et esclavage dans le contexte historique de l'Afrique Occidentale », p. 5.

[276] Déjà, notons qu'il est difficile ici, de décider quelle (s) institution (s) africaine (s) correspondait (aient) à l'idée européenne d'esclavage. Rattray a dénombré chez les Ashanti au moins cinq termes locaux décrivant les divers degrés et variations de l'asservissement volontaire ou involontaire (cf. RATTRAY, R. S., *Ashanti Law Constitution* (1929), chap. 5.). Pour notre recherche, il ne semble pas nécessaire d'entrer dans les discussions sur les individus privés de leur liberté, qu'on les appelle « esclaves » ou qu'on emploie d'autres termes comme « sujets », « serviteurs », « serfs » ou « gages ».

[277] Alphonse Quenum rapporte ainsi les propos de S. Daget au sujet de la difficulté à rendre la vérité sur l'histoire de l'esclavage : « *les états d'âme, un historien africain les dévoilerait en termes de responsabilités morale et économique de l'Europe expliquant à long terme le sous-développement actuel du continent...* » : RENAULT, F., et DAGET, S., *Les Traites négrières en Afrique*, Karthala, Paris, 1985, p. 70 ; cf. QUENUM, A., *Les Églises chrétiennes et la traite atlantique du XVe au XIXe siècle*, Karthala, Paris, 1993, p. 57.

première catégorie après un certain temps »[278]. Il a été démontré que dès le deuxième siècle de notre ère, existaient en Afrique de l'Ouest des expéditions trans-sahariennes de captifs vers l'Afrique du Nord[279]. Il semble par ailleurs que du XIe au XVIe siècle, un commerce trans-saharien d'esclaves noirs pratiqué par les marchands arabes était bien établi dans les grands États et empires du Soudan ouest-africain. Il est certain aussi, d'après Ki-Zerbo, que « *dans les régions où l'évolution économique était avancée comme autour des centres urbains de Djenné et Tombouctou, l'esclavage avait pris un caractère d'exploitation marquée* »[280]. Toutefois, il semble impossible, objectivement, de mettre sur un pied d'égalité la traite orientale et celle de l'Atlantique qui s'est faite avec des moyens nettement plus puissants[281].

La traite négrière atlantique, c'est-à-dire celle que l'histoire qualifia plus tard de « commerce triangulaire », s'est inscrite dans le phénomène social plus large de l'esclavage. L'acception générale à laquelle souscrit la majorité des spécialistes de l'esclavage, c'est que « *la ponction de la longue traite trans-saharienne a été moins sévère que celle, plus courte (1460 – 1860), de la traite transatlantique, et que son impact sur les populations d'Afrique Occidentale fut relativement moindre au cours du commerce esclavagiste vers le Nouveau Monde* »[282]. D'une manière générale, il est reconnu « *que ce soit spatialement ou temporellement, les effets de la traite ont été d'importance inégale* » [283], d'autant plus qu'elle s'insérait dans un système économique international qui comportait des aspects complexes et souvent contradictoires[284]. Pour les uns en effet, la traite négrière en Afrique Occidentale a joué un rôle de développement très important[285], pour d'autres au contraire, elle « *a opéré dans les tranches de populations les plus nécessaires au dynamisme et au progrès, c'est-à-dire les meilleurs producteurs et procréateurs* ».[286] Dans ces circonstances, d'épineuses questions jaillissent : la demande en main-d'œuvre africaine, surtout pour la

---

[278] KI-ZERBO, J., *Histoire de l'Afrique Noire d'Hier à Demain*, Hatier, Paris, 1978, p. 208.
[279] Cf. LAW, R. C. C., « The Garamantes and trans-saharan enterprise in classical times » in *Journal of African History*, VIII, n° 2 (1967) 196. Fage relève la difficulté de savoir quels rapports cette traite a pu avoir avec l'esclavagisme en Afrique Occidentale même : cf. FAGE, J. D., « Traite et esclavage dans le contexte historique de l'Afrique Occidentale », p. 7.
[280] KI-ZERBO, J., *Histoire de l'Afrique Noire d'Hier à Demain*, p. 208.
[281] *Ibidem*, p. 221.
[282] FAGE, J. D., « Traite et esclavage dans le contexte historique de l'Afrique Occidentale », p. 12.
[283] *Idem.*
[284] Cf. QUENUM, A., *Les Églises chrétiennes et la traite atlantique du XVe au XIXe siècle*, p. 286.
[285] FAGE, J. D., « Traite et esclavage dans le contexte historique de l'Afrique Occidentale », p. 13.
[286] KI-ZERBO, J., *Histoire de l'Afrique Noire d'Hier à Demain*, p. 220.

traite transatlantique, a-t-elle détourné le développement de l'Afrique Occidentale, et si oui, dans quelle mesure ? A-t-elle oui ou non provoqué des changements sociaux, économiques et politiques désastreux ?

L'idée d'évaluer les conséquences à long terme de l'esclavage sur l'Afrique a été examinée lors du colloque organisé en 1978 par l'UNESCO sur la Traite[287]. Depuis ce colloque, de nombreux spécialistes se sont intéressés aux aspects proprement africains du trafic[288]. Il ne s'agit plus, comme dans le passé, de chercher à déplacer les responsabilités : les chiffres, les formes connues de cette déportation, la vie des esclaves hors de l'Afrique sont désormais connus de tous ceux qui veulent s'informer. L'intérêt de la recherche actuelle sur les répercussions en Afrique même se situe bien au-delà de ces débats révolus. Nous voulons, nous appuyant sur les travaux récents, en découvrir plutôt les conséquences socio-démographiques, économiques et politiques.

I. B. Les conséquences socio-démographiques

De prime abord, force est de reconnaître que l'ampleur de la traite négrière et ses conséquences sociales sont difficiles à estimer, car le fait, quoique d'importance inégale tant dans le temps que dans l'espace, est multiséculaire. La première conséquence immédiatement plausible dès que la Traite est évoquée, c'est celle relative à la démographie. À ce sujet, une abondante littérature offre à observer toutes sortes de manipulations statistiques[289], tant il s'avère certain que, « *malgré la qualité des nombreux*

---

[287] Cf. AA.VV., *Histoire générale de l'Afrique, La Traite négrière du XVe au XIXe siècle, Études et documents 2*, UNESCO, Paris, 1979, 341 pp. Le Colloque a eu lieu à Port-au-Prince, en Haïti, du 31 janvier au 4 février 1978.

[288] Cf. DE ALENCASTRO, L.F., *Le commerce des vivants. Traite d'esclaves et « pax lusitana » dans l'Atlantique Sud*, Thèse de doctorat d'histoire, Paris X, 1986, 659 p ; AA. VV., *De la traite à l'esclavage, Actes du Colloque international sur la traite des Noirs, Nantes 1985*, L'Harmattan, Paris, 1988, 551 p.

[289] Il aurait été intéressant d'évaluer l'ampleur exacte de l'esclavage durant les différents siècles. Mais il serait hasardeux de s'y essayer.

Déjà, en ce qui concerne la traite transsaharienne, les seules données dignes de ce nom disponibles, qui sont des récits d'écrivains arabes, restent sommaires et de ce fait « *sont décevants, tant quantitativement que qualitativement* ». Selon Fage, « *la chose, disons-le tout net, est impossible* » (cf. FAGE, J. D., « Traite et esclavage dans le contexte historique de l'Afrique Occidentale », p. 11). Mauny, tout en reconnaissant que les données disponibles sont fort maigres et peu sûres, avance le chiffre de 20 000 par an, soit deux millions par siècle (Cf. MAUNY, R., *Tableau géographique*, 379 (inédit)). D'après Mauny, le chiffre de 20 000 semble réaliste pour la capacité annuelle des routes trans-sahariennes, mais il serait ridicule d'en déduire qu'il a été constant au cours des dix-sept siècles de traite avec l'Afrique du Nord, ou même tout au long des 12 siècles consécutifs à la conquête arabe du Maghreb.

Quant à la Traite transatlantique, pour le professeur Ki-Zerbo, on peut considérer qu'« *environ 100 millions d'hommes et de femmes ont été arrachés à l'Afrique depuis le XVe*

travaux qui ont été réalisés sur les transferts de populations opérés, du point de vue de la dynamique de l'histoire des sociétés africaines, les études statistiques portant sur le volume de la côte n'éclairent, quel que soit leur degré de précision, qu'un petit coin du sombre tableau de la traite négrière »[290]. Mais y aura-t-il jamais des statistiques exactes sur ce commerce qui a occasionné tant de décès en amont et en aval et dont une part non négligeable s'est faite dans la clandestinité ?[291] Sur cette question des statistiques, deux interprétations s'opposent, l'une « minimaliste » et l'autre « maximaliste » tendant à coïncider avec les présupposés idéologiques de leurs partisans respectifs et déterminent les effets démographiques de la traite des esclaves sur les sociétés africaines. Si, par exemple, pour Ki-Zerbo « *la traite des Noirs a été pour l'Afrique noire un tournant macabre qui aurait pu conduire cette race à la disparition quasi-totale* »[292], selon Bernard Lugan au contraire, la vision d'une Afrique dépeuplée par les esclavagistes européens constitue une amplification idéologique, une idée reçue, acceptée et véhiculée avec complaisance[293]. Face à de telles considérations divergentes, voire totalement contraires, la prise de position s'avère embarrassante.

Dans le cas de l'Afrique Occidentale qui constitue la région spécifique de notre investigation, Fage, s'appuyant sur une étude[294] méticuleuse réalisée par P. Manning et W. S. Griffiths en 1988, montre combien la

---

siècle, 50 millions étant un minimum » (cf. KI-ZERBO, J., *Histoire de l'Afrique Noire d'Hier à Demain*, p. 218). Curtin pour sa part, se basant sur les données disponibles, établit qu'au cours des quatre siècles de traite le nombre d'esclaves arrivés sur le sol américain et les pertes n'excèdent pas un chiffre global de 11 millions. Quenum, qui penche pour un chiffre entre vingt et trente millions de déportés à exception des victimes non quantifiées des razzias et des guerres (cf. QUENUM, A., *Les Églises chrétiennes et la traite atlantique du XVe au XIXe siècle*, p. 288), rapporte que « *beaucoup de chercheurs européens ou spécialistes de la traite, comme Serge Daget, semblent résolument opter pour ce chiffre indiqué par le professeur Curtin* » (*ibidem*, p. 287). Sur ces 11 millions, Fage pense que la contribution de l'Afrique Occidentale n'a probablement pas dépassé les six millions d'esclaves (cf. FAGE, J. D., « Traite et esclavage dans le contexte historique de l'Afrique Occidentale », p. 11).
Ainsi, le bilan chiffré de la perte en vies humaines que l'esclavage a occasionnée à l'Afrique est sujet à polémique. Nous n'entrerons pas dans les détails de ce débat, nous retenons que, selon le professeur Joseph E. lnikori, « il est maintenant prouvé que l'estimation globale de Curtin, pour ce qui concerne la traite des Noirs par l'Atlantique, est dans l'ensemble en deçà de la réalité » (cf. INIKORI, J. E., « La traite négrière et les économies atlantiques de 1451 à 1870 » in AA. VV., *Histoire générale de l'Afrique, traite négrière*, UNESCO, Paris, 1985, p. 65).

[290] QUENUM, A., *Les Églises chrétiennes et la traite atlantique du XVe au XIXe siècle*, p. 288.

[291] *Ibidem*, p. 287-288.

[292] KI-ZERBO, J., *Histoire de l'Afrique Noire d'Hier à Demain*, p. 221.

[293] Cf. LUGAN, B., *Afrique, l'histoire à l'endroit*, Perrin, Paris, 1989, p. 136.

[294] FAGE, J. D., « Traite et esclavage dans le contexte historique de l'Afrique Occidentale », p. 5-17. Texte extrait de *Journal of African History*, X (3) (1969), p. 393-404.

traite atlantique a durement éprouvé les populations des régions côtières de l'Afrique de l'Ouest. Peuplées d'environ 25 millions d'habitants en 1730, ces régions avaient perdu de 3 à 7 millions d'habitants en 1850. Même si elles ont été moins nombreuses que celles des hommes, les déportations de jeunes femmes dans la tranche d'âge de 15 à 29 ans – les années les plus favorables à la fécondité féminine – ont lourdement pesé sur la reproduction des populations de la région. En Afrique de l'Ouest où les études démographiques sont plus poussées, Fage évalue à environ 12 millions le nombre d'individus capturés à partir de 1700. De ce total, il estime que 6 millions ont été déportés outre-mer, 4 millions livrés à la captivité domestique et les 2 millions restants périrent en Afrique au cours du processus de leur mise en esclavage. Quelles que soient les interprétations qui peuvent être faites de ces différents chiffres d'esclaves noirs exportés, il apparaît que l'idée d'une « *ponction nette de millions d'individus ne peut pas ne pas avoir eu d'effets à la fois démographiques et sociaux* »[295].

Il est alors évident que n'eût été la ponction négrière, la taille de la population ouest-africaine aurait été non seulement globalement supérieure, mais encore sa distribution aurait été notablement différente. La traite négrière a ainsi irréfutablement entraîné une série d'effets d'induits sociaux incommensurables qui resteront difficiles, sinon impossibles à mesurer[296]. C'est peut-être la raison pour laquelle, selon Jean Dévisse, « *personne ne conteste que, globalement, le départ d'Africains jeunes et en pleine santé ait privé le continent d'une force de travail irremplaçable, provoqué au moins la stagnation de la reproduction et retardé l'évolution quantitative du peuplement du continent par rapport à l'Europe* »[297]. Ainsi, sur le plan sociodémographique, si l'importance quantitative de la ponction esclavagiste est sujette à discussion, son importance qualitative fait plutôt l'unanimité des spécialistes de l'esclavage.[298] En définitive, la Traite peut, de fait, être considérée comme une « saignée sans fin » qui a été responsable de l'une des déportations les plus cruelles de l'histoire des peuples et qui a vidé l'Afrique d'une partie

[295] COQUERY-VIDROVITCH, C., *Afrique noire, permanences et ruptures*, L'Harmattan, Paris, 1992, p. 34.

[296] Cf. *ibidem*, p. 35.

[297] DEVISSE, J., « L'exportation d'êtres humains hors d'Afrique : son influence sur l'évolution historique du continent » in AA. VV., *De la traite à l'esclavage, Actes du Colloque International sur la traite des Noirs, Nantes 1985*, p. 114.

[298] Jean Devisse déclare à cet effet qu'« on se bat encore sur les quantités en cause et la violence du phénomène, on ne discute plus l'importance qualitative de la ponction effectuée » : cf. DEVISSE, J., « L'exportation d'êtres humains hors d'Afrique : son influence sur l'évolution historique du continent », p. 114.

de ses forces vives, alors qu'elle jouait un rôle déterminant dans l'essor économique et commercial de l'Europe [299].

Outre les débats sur les conséquences chiffrées, la Traite a encore occasionné bien d'autres effets sociaux parmi lesquels il importe de relever, surtout dans les zones à pouvoir non centralisé, le repliement de certaines sociétés ouest-africaines sur elles-mêmes, dans des régions « inaccessibles ». Ainsi en a-t-il été des Dogon et des Tellem du Mali, vivant aujourd'hui à l'intérieur de la boucle du Niger, dans la région à accès difficile des falaises de Bandiagara.[300] Ces mouvements de fuite, loin des territoires de capture, et de repli, pour chercher refuge par peur des razzias et des esclavagistes, a déstabilisé l'édifice social, désorganisé les relations de tous ordres et conduit ces sociétés à devenir des isolats culturels et techniques, alors que d'autres régions évoluaient différemment au dangereux contact de l'économie de traite.

I. C. Les conséquences économiques

Il est prouvé qu'« *avant le XVe siècle, il existait un développement économique propre à l'Afrique* »[301], et par conséquent, l'Afrique de l'Ouest connaissait un développement économique indépendant du trafic esclavagiste. C'est dire que la commercialisation des esclaves, leur exportation en particulier, a été un à-côté, un moyen parmi d'autres d'accroître la puissance et la richesse de la région. De fait, à en croire Fage, lorsqu'on examine les rapports entre l'esclavage et la traite atlantique dans la société africaine, on en arrive à la conclusion que « *l'esclavage et l'esclave en tant que produit monnayable n'étaient pas des traits inhérents à la société ouest-africaine* »[302]. La Traite est venue, pour ainsi dire, s'insérer dans un continuum de développement économique et social. Ce faisant, elle a dès lors déterminé les choix économiques, et « *tous les négriers européens savaient en principe qu'ils offraient aux marchands et aux rois africains un nouvel élément de*

---

[299] Cf. M'BOW, M. A.-M., (préface par) in BOAHEN, A. A. (Directeur du Volume), *Histoire générale de l'Afrique, Volume VII, L'Afrique sous domination coloniale, 1890-1935*, UNESCO/NEA, Paris, 1987, p. 12.

[300] La zone où la recherche de protection dans l'isolement et la cohésion socio-idéologique paraît le plus intéressant à observer, est, d'après Jean Devisse, « incontestablement le nord du bassin du Zaïre, « coincé » entre les pressions musulmanes et l'avidité européenne ». Pour lui, l'étude des récits d'origines, dans cette région, conduit à voir, souvent, dans l'isolement, un instrument de coagulation sociale et un réflexe collectif de protection contre les razzieurs, quels qu'ils soient (cf. DEVISSE, J., « L'exportation d'êtres humains hors d'Afrique : son influence sur l'évolution historique du continent », p. 115 et note n° 8).

[301] QUENUM, A., *Les Églises chrétiennes et la traite atlantique du XVe au XIXe siècle*, p. 288.

[302] FAGE, J. D., « Traite et esclavage dans le contexte historique de l'Afrique Occidentale », p. 10.

choix, surtout, semble-t-il, un choix économique »[303]. Il apparaît donc que la traite a offert à certaines sociétés marchandes déjà organisées, comme il en était en Afrique de l'Ouest, une solution de facilité, car elle leur permettait d'obtenir des marchandises importées contre des hommes. Cette importation de produits tout élaborés a sans nul doute réduit l'initiative de production en Afrique Occidentale[304].

Par ailleurs, avec l'insistante demande étrangère en main-d'œuvre, écrit Ki-Zerbo, l'esclavage « *a jeté dans la guerre et la déprédation les peuples les plus forts, et précipitait dans la fuite, ou ramenait souvent à la cueillette les tribus les plus faibles* » [305]. Les conséquences qui en découlent sont démesurées. À grande échelle, la Traite était devenue un monopole royal fondé sur la violence et les sociétés paysannes ont été empêchées, d'après Barry, de se consacrer en toute sécurité à la production agricole[306]. La production des denrées aussi bien autochtones qu'exotiques s'en trouva ainsi enrayée. Dans cette mesure, on peut affirmer que dans tous les domaines, l'existence de nombreuses famines qui ont jalonné l'histoire ouest-africaine pendant cette longue ère des Négriers atteste la régression économique[307].

Lorsque la Traite transatlantique prit fin, les monarchies, dont l'essentiel de l'économie reposait sur la Traite, perdirent une très importante source de revenus et une bonne partie de leur soutien économique. Dans le contexte ouest-africain de l'époque, « *les attaques anti-esclavagistes et l'arrêt de la traite ont compté pour beaucoup dans l'affaiblissement et l'appauvrissement des monarchies de la région* » [308]. Après l'abolition de la Traite, Ross remarque que les exportations « légales » qui ont constitué l'essentiel du commerce extérieur de l'Afrique Occidentale avaient pour base des denrées agricoles cultivées par d'innombrables petits fermiers paysans[309]. Mais les analystes montrent que dans la pratique, les grands royaumes eurent du mal à ajuster leurs systèmes fiscaux, économiques et politiques pour tirer profit du changement.[310] L'esclavage aurait ainsi, en définitive, compromis, puis stoppé

---

303 *Idem.*

304 Cf. QUENUM, A., Les *Églises chrétiennes et la traite atlantique du XVe au XIXe siècle*, p. 289.

305 KI-ZERBO, J., *Histoire de l'Afrique Noire d'Hier à Demain*, p. 219.

306 Cf. BARRY, B., « Traite négrière et esclavage interne en Sénégambie au XVIIIe siècle » in AA. VV., *De la traite à l'esclavage, Actes du Colloque International sur la traite des Noirs, Nantes 1985*, p. 213.

307 Cf. *Idem.*

308 FAGE, J. D., « Traite et esclavage dans le contexte historique de l'Afrique Occidentale », p. 15.

309 Cf. ROSS, D. A., *The autonomous Kingdom of Dahomey, 1818 – 1894*, 1967, thèse non publiée, chap. 2.

310 Cf. FAGE, J. D., « Traite et esclavage dans le contexte historique de l'Afrique Occidentale », p. 15-16.

le développement en Afrique Occidentale en détruisant profondément non seulement la vie économique et sociale, mais aussi politique.

I. D. Les conséquences politiques

À la question de savoir si l'esclavage a précipité ou non l'Afrique Occidentale dans une instabilité politique désastreuse, le problème est immense, et il n'est pas sûr que l'on puisse lui trouver une réponse applicable aux divers types de sociétés de toute la région. On peut dire que, dans une certaine mesure, vu les nécessités de la commercialisation à grande échelle des esclaves, la Traite a sans doute contribué à rapprocher, renforcer et développer des autorités politiques unitaires et territoriales, mais que, par contre, elle a affaibli ou détruit les sociétés sans États[311]. Dans ces considérations, l'esclavage a-t-il occasionné un bénéfice ou un préjudice ? Ce qui est important à noter, c'est l'évolution des pouvoirs face à la demande croissante d'esclaves et l'engrenage dans lequel se sont trouvés pris les pouvoirs d'États.

Il s'entend bien que, comme le rapporte Dévisse, « *si les Européens – après les musulmans – n'avaient pas trouvé le bienveillant concours des pouvoirs africains, ils n'auraient pas été en mesure d'aller chercher eux-mêmes, loin à l'intérieur du continent les hommes et les femmes à exporter* »[312]. C'est pourquoi il faut admettre qu'à leur arrivée, les demandeurs européens ont rencontré des commerçants improvisés, africains, qui n'étaient rien ou pas grand-chose dans l'institution sociale de l'époque, qui ont trouvé dans la Traite une occasion de promotion personnelle et familiale, d'enrichissement, et qui se sont posés en compétiteurs face aux pouvoirs locaux.[313] La Traite atlantique a ainsi instauré des processus de désorganisation des relations sociales, des relations entre pouvoirs et sociétés en fonction des situations locales. Ces processus de mutation relationnelle ont tous convergé vers les mêmes conséquences et contraint les pouvoirs à collaborer avec les demandeurs européens, à livrer des esclaves, à exiger des contributions de valeur croissante de ceux qui cessaient d'être des partenaires pour devenir des sujets. On connaît la suite, en particulier « *la formidable vague de protestation (...) qu'a favorisée, en Afrique de l'Ouest, l'intensité de la demande européenne et l'attitude de la plupart des pouvoirs africains* »[314].

Certes, Fage, analysant des propos d'un roi dahoméen (l'esclavagiste Kpengla) et d'un roi ashanti (l'anti-esclavagiste Osei Bonsu), en arrive à la conclusion suivante : « *de leur propre aveu, les guerres n'étaient pas destinées*

[311] *Ibidem*, p. 15.

[312] DEVISSE, J., « L'exportation d'êtres humains hors d'Afrique : son influence sur l'évolution historique du continent », p. 115.

[313] Cf. *ibidem*, p. 116.

[314] *Idem*.

à razzier des esclaves pour la traite atlantique »[315]. S'il est vrai que les guerres n'avaient pas pour principal objectif de razzier des esclaves en vue de la vente, on ne peut exclure que l'existence de la Traite ait donné aux gouvernements locaux des choix nouveaux : était-il plus rentable ou non de vendre les prisonniers de guerre à l'étranger ?[316] Avec ce nouveau débouché, la Traite, surtout à partir du XVe siècle, accentua toutes les contradictions et tensions préexistantes des sociétés ouest-africaines et le goût du profit qu'elle entraînait fit basculer de nombreux pouvoirs du côté de l'exploitation et de l'oppression. Dès lors, elle installa, insiste Ki-Zerbo, « *à l'état chronique la guerre, la violence intra-tribale et inter-tribale. (...) Davantage d'esclaves permettant d'acheter plus de fusils, et davantage de fusils permettant d'avoir plus d'esclaves, les princes côtiers étaient pris dans un engrenage infernal qui était alimenté par le négrier* »[317]. La Traite se prolongeant et le bétail humain se raréfiant, la chasse à l'homme va s'organiser, désormais, en dehors de toute guerre. Il s'agira alors de la capture systématique d'hommes libres, et non plus, à aucun moment de prisonniers. À considérer cette situation caractéristique de la jungle, il n'est pas exagéré d'affirmer que la guerre entre les États a constitué une donnée permanente d'une violence généralisée qui s'imposa à l'intérieur même de chaque État. Dans ce contexte, on peut se persuader avec Dévisse que la Traite a considérablement accentué les relations de violence inter-individuelles sociales et entre groupes se réclamant de légitimités différentes[318], et cette situation conflictuelle se perpétuera jusqu'à la colonisation.

II. La colonisation de l'Afrique Occidentale et ses conséquences immédiates

Les mots « colonie » et « colon », hérités du latin, sont apparus dans la langue française dès le XIVe siècle[319]. Le mot « colon » désigne le cultivateur d'une terre dont le loyer est payé en nature. Il ne s'appliquera qu'au XVIIe siècle à la personne qui va fonder ou peupler une colonie et qu'on opposera ainsi à l'habitant de la métropole. On ne parle de colonisation qu'au XVIIIe siècle[320], pour signifier l'action de coloniser ou le

---

[315] FAGE, J. D., « Traite et esclavage dans le contexte historique de l'Afrique Occidentale », p. 15.
[316] Cf. *idem*.
[317] KI-ZERBO, J., *Histoire de l'Afrique Noire d'Hier à Demain*, p. 220.
[318] Cf. DEVISSE, J., « L'exportation d'êtres humains hors d'Afrique : son influence sur l'évolution historique du continent », p. 116.
[319] Cf. AA. VV., *Nouveau Dictionnaire Etymologique et Historique*, art. « Colonie ».
[320] Cf. *idem*.

résultat de cette action. Puis, greffés sur cette souche, surgissent l'adjectif colonial, le verbe coloniser et, plus tard au XIXe siècle[321], le substantif colonisateur. Par contre, les mots colonialisme et colonialiste n'apparaissent qu'au début du XXe siècle[322]. Ils prennent très vite une nuance péjorative. Le terme de colonisation désigne une action et son résultat, tandis que celui de colonialisme s'applique à la justification du fait colonial et l'anticolonialisme définit une attitude d'hostilité à la colonisation.

L'expansion coloniale est un fait historique d'une ampleur considérable, dont les conséquences dominent encore le monde africain contemporain. Un tel mouvement a fait naître des doctrines. À côté des colonisateurs proprement dits sont apparus des théoriciens. Les colonisateurs eux-mêmes ont parfois présenté des justifications de leurs entreprises. Le fait colonial s'est donc accompagné d'une doctrine : le colonialisme. En réaction, est apparue très tôt une critique de la colonisation, qui pouvait être soit une attitude morale, soit une position politique allant de la simple réprobation au scepticisme, puis à la condamnation. Notre objectif n'est pas d'écrire une histoire classique, mais de comprendre, de l'intérieur, une histoire imposée, vécue et finalement intégrée par les Africains à leur propre histoire ; de saisir la signification de la colonisation pour l'Afrique en général et l'Afrique Occidentale en particulier. Nous voudrions ainsi cerner une anthropologie historique susceptible de contribuer à une anthropologie du développement humain durable.

II. A. Le fait historique en Afrique Occidentale

Une date, celle de 1880, est classiquement retenue lorsqu'il s'agit de marquer le début de la colonisation européenne en Afrique. La conquête et l'occupation de l'Afrique Occidentale en particulier, déjà épuisée par quatre siècles de Traite, seront le fait de trois grandes puissances européennes : L'Angleterre, la France et l'Allemagne. Peu après la Conférence de Berlin[323] sur l'Afrique Occidentale, les colonisateurs, déjà présents sur les côtes ouest-

---

[321] Cf. *idem.*
[322] Cf. *idem.*
[323] À la Conférence de Berlin (15 novembre 1884 au 26 novembre 1885), écrit UZOIGWE, « *en permettant à des négociations territoriales de se dérouler, en posant les règles et les modalités de l'appropriation du territoire africain, les puissances européennes s'arrogeaient le droit d'entériner le principe du partage et de la conquête d'un continent. (...) Les appropriations de territoires eurent virtuellement lieu dans le cadre de la conférence, et la question des acquisitions à venir fut clairement évoquée dans sa résolution finale* » (UZOIGWE, G. N., « Partage européen et conquête de l'Afrique : aperçu général » in BOAHEN, A. A. (Directeur du Volume), *Histoire générale de l'Afrique, Volume VII, L'Afrique sous domination coloniale, 1890-1935*, UNESCO/NEA, Paris, 1987, p. 51 ; cf. CROWE, S. E., *The Berlin West African Conference, 1884-1885*, Longmans Green, Londres, 1942, p. 152-175.

africaines, entreprirent de consolider leurs possessions. Jamais cette région du continent n'avait connu autant d'interventions militaires, autant d'invasions et de campagnes organisées contre les États et les sociétés. Mémorables[324] entre toutes ont été les campagnes françaises au Soudan occidental, en Côte d'Ivoire et au Dahomey (actuel Bénin) entre 1880 et 1898 ; celles des Britanniques dans l'Ashanti (dans l'actuel Ghana), la région du delta du Niger (Nigeria) et le Nord-Nigeria entre 1895 et 1903 ; et celles des Allemands dans la région côtière du Togo méridional entre 1890 et 1899. Le développement rapide de cette conquête-occupation a de quoi surprendre, car, en 1880 encore, seules quelques régions nettement circonscrites en Afrique Occidentale étaient sous la domination directe des Européens : les zones côtières et insulaires du Sénégal, la ville de Freetown et ses environs (qui font aujourd'hui partie de la Sierra Leone), les régions méridionales de la Golde Coast (actuel Ghana), le littoral d'Abidjan en Côte d'Ivoire et de Porto Novo au Dahomey (actuel Bénin), l'île de Lagos (dans ce qui forme aujourd'hui le Nigeria). La conquête et l'occupation européennes en Afrique Occidentale atteignent leur apogée au cours de la période 1880-1900. De 1880 à 1914, période marquée par la conquête et l'occupation de la quasi-totalité du continent africain par les colonisateurs, toute l'Afrique Occidentale sera colonisée, exception faite du Libéria. Jamais dans l'histoire de l'Afrique de l'Ouest « *des changements ne se sont succédé avec une aussi grande rapidité que pendant la période qui va de 1880 à 1935* »[325]. Ce phénomène s'est traduit essentiellement pour les Africains de l'Ouest par la perte de leur souveraineté, de leur indépendance, de leurs terres, etc.[326]

Mais pourquoi les régions ouest-africaines ont-elles été colonisées ? Pourquoi les Africains ont-ils été incapables de tenir leurs adversaires en échec ? Ces questions ont suscité chez les historiens du partage de l'Afrique des explications fort ingénieuses depuis les années 1880. Toutefois, aucune de ces explications n'a pu s'imposer nettement, à telle enseigne que l'histoire de la colonisation est devenue l'un des thèmes les plus controversés et les plus passionnels de notre temps. Le spécialiste de l'histoire coloniale est ainsi confronté à une tâche immense : trouver un fil directeur dans le fantastique enchevêtrement d'interprétations aussi contradictoires. L'importante étude de Hopkins apporte toutefois un éclairage en ce sens que l'auteur s'efforce de présenter une interprétation africaine de la colonisation en Afrique Occidentale. Sa conclusion mérite d'être citée :

---

[324] Cf. GUEYE, M'B. et BOAHEN, A. A., « Initiatives et résistances africaines en Afrique Occidentale de 1880 à 1914 » in BOAHEN, A. A. (Directeur du Volume), *op.cit.*, p. 137-138.
[325] BOAHEN, A. A., « L'Afrique face au défi colonial » in BOAHEN, A. A. *op. cit.*, p. 21.
[326] Cf. GUEYE, M'B. et BOAHEN, A. A., *art. cit.*, p. 137.

> *« D'un côté, il est possible de concevoir des régions où l'abandon du commerce des esclaves s'est passé sans heurt ni perte de revenus et où les tensions internes ont pu être maîtrisées. Dans de tels cas, l'explication du découpage colonial devra faire ressortir les facteurs externes tels que les considérations mercantiles et les rivalités anglo-françaises. À l'autre extrême, il est possible d'envisager des cas où les chefs indigènes ont adopté des attitudes réactionnaires, n'hésitant pas à recourir à des méthodes prédatrices pour tenter de maintenir leurs revenus, et où les conflits internes étaient prononcés. Il conviendra alors d'accorder, dans l'analyse de l'impérialisme, davantage de poids aux forces de désintégration actives au sein des sociétés africaines, sans négliger pour autant les influences extérieures »*[327].

C'est ainsi que, à partir de son étude sur la zone géographique limitée d'Afrique Occidentale, Hopkins explique le partage de toute l'Afrique en prenant en considération à la fois les facteurs européens et africains. Il rejette l'idée que le partage était inévitable pour l'Afrique Occidentale comme donnée inscrite dans son histoire[328]. Au contraire, il considère que le partage et la conquête de l'Ouest africain sont les conséquences logiques d'un processus de grignotage de toute l'Afrique par l'Europe, commencé bien avant le XIXe siècle. Il admet que ce sont des motifs d'ordre essentiellement économique qui animaient les Européens et soutient que la résistance africaine à l'invasion grandissante de l'Europe a précipité la conquête militaire effective[329].

En outre, la colonisation n'aurait été rendue possible que grâce à l'usage constant des méthodes les plus barbares : carnages, incendies, tortures, assassinats, et des ruses les plus viles : mensonges, tromperies, reniements de la parole donnée ; et grâce également, il faut le reconnaître, aux divisions des peuples, aux rivalités entre familles, entre chefs, habilement entretenues et avisées par le conquérant, divisions et rivalités sans lesquelles la coalition redoutable entre des chefs comme Ahmadou au Soudan, Samory au Soudan (Guinée) et Behanzin au Dahomey (Bénin) eût été à craindre[330]. On reconnaît aujourd'hui, en effet, que la conduite des peuples ouest-africains fut non seulement marquée par un manque de solidarité, d'unité et de coopération, mais aussi par le fait que certains d'entre eux n'hésitèrent pas à s'allier avec les colonisateurs contre leurs voisins[331]. De fait, les

[327] HOPKINS, A. G., *An economic history of West Africa*, Longman, Londres, 1973, p. 165-166. Cité par : UZOIGWE, G. N., « Partage européen et conquête de l'Afrique : aperçu général », in BOAHEN, A. A., *op. cit.*, p. 47.

[328] Cf UZOIGWE, G. N., « Partage européen et conquête de l'Afrique : aperçu général », p. 48.

[329] Cf. *idem.*

[330] Cf. DE BOSSCHERE, G., *Les deux versants de l'histoire, Autopsie de la colonisation*, Albin Michel, Paris, 1967, p. 222.

[331] Cf. UZOIGWE, G. N., « Partage européen et conquête de l'Afrique : aperçu général », p. 59.

Occidentaux, en dépit de leur supériorité technique d'armement, n'auraient pu s'imposer durablement en Afrique de l'Ouest, particulièrement pendant la période coloniale, sans la complicité du colonisé. Le contraste paraît absolument remarquable si l'on compare l'immensité géographique et humaine ouest-africaine avec le nombre dérisoire des Européens présents sur les côtes, censés maîtriser cet univers. Selon l'historien Ekanza, pour qui la conquête de l'Afrique de l'Ouest est l'œuvre des armées coloniales, de 1823 à 1914, l'effectif des troupes noires, levées dans toute l'Afrique-Occidentale française, s'est accru[332]. Dans le domaine britannique, les armées coloniales régulières font leur apparition en Afrique Occidentale en 1897 sous la dénomination de *West Afrikans Frontier Force*[333]. Quant à la colonie allemande du Togo méridional, on note la participation d'auxiliaires ouest-africains[334]. Ainsi, les peuples d'Afrique de l'Ouest ont participé à leur propre colonisation dont les conséquences d'ordre sociodémographique, économique, politique et psychologique sont loin d'avoir été totalement mesurées.

II. B. Les conséquences socio-démographiques

Parmi les conséquences de la colonisation sur la société et la démographie ouest-africaine, on note en premier lieu les résistances et les révoltes qui ont éclaté çà et là aussi bien en réponse immédiate à la pénétration militaire qu'en réaction contre les exactions et les contraintes administratives durant la période de gestion des colonies. Citons, à titre d'exemple, la rébellion de Mamadou Lamine au Sénégal entre 1885 et 1887 ; les révoltes de Fode Silla, le marabout roi de Kombo, et de Fode Kabba, le chef musulman de Niamina et des districts de Casamance en Gambie entre 1898 et 1901 ; la rébellion provoquée en 1898 par l'impôt de case en Sierra Leone, menée par Bai Bureh ; la révolte des Kabyes en 1890 et des Konkomba entre 1897 et 1898 au Togo ; celle des Ashanti en Gold Coast en 1900, sous la direction de la reine d'Edwesco, Nana Yaa Asantewaa ; le soulèvement des Aro de 1898 à 1902 au Nigeria oriental ; la rébellion des Bariba du Borgou et des Somba de l'Atakora au Dahomey entre 1913 et 1914 ; la révolte des populations gurunsi, samo, marka, etc. à Koudougou et

[332] Cf. EKANZA, S.-P., *L'Afrique au temps des Blancs (1880-1935)*, Les Éditions du CERAP, Abidjan, 2005, p. 53. L'auteur rapporte que dans un article célèbre, le lieutenant-colonel Charles Mangin vante les vertus des troupes noires d'Afrique-Occidentale française, en soulignant que « *la conquête de l'Ouest africain est leur œuvre* ». Saluant leur contribution à la conquête de l'Afrique noire française, Mangin estime que les troupes noires « ont donné à la France un territoire plus vaste que l'Europe et peuplé de 20 millions d'habitants » : cf. EKANZA, S.-P., *op. cit.*, p. 53-54.
[333] Cf. *ibidem*, p. 54.
[334] Cf. *ibidem*, p. 55.

Fada N'Gourma en Haute-Volta de 1908 1909 ; le soulèvement de Porto Novo au Dahomey et les révoltes des Baoulé d'Akoussé, de Sassandra et des Guro en Côte d'Ivoire entre 1900 et 1914 ; etc. Les objectifs essentiels, écrivent Gueye et Boahen, « *étaient de trois types : recouvrer l'indépendance et la souveraineté perdues, ce qui impliquait le rejet total de la domination coloniale ; chercher à corriger ou à redresser certains abus ou certains aspects oppressifs du colonialisme ; essayer de s'en accommoder* » [335]. Aux révoltes ou rébellions, il faudrait ajouter les « *migrations, grèves, boycotts, pétitions, envoi de délégations et, finalement, contestation idéologique* » [336].

De fait, là où les révoltes et les insurrections étaient impossibles du fait de la présence d'unités militaires stationnées, la méthode la plus répandue consistait à émigrer massivement pour protester contre la dureté du régime colonial. On préférait s'enfuir plutôt que de subir des mesures estimées oppressives et humiliantes[337]. C'était essentiellement le fait des ruraux de l'arrière-pays. Dans les régions côtières et les nouveaux centres urbains où vivait l'élite instruite et où commençait à apparaître une classe ouvrière, les réactions apparaissent moins violentes. Il s'agissait de grèves, boycotts, protestations idéologiques, articles dans les journaux et surtout d'envoi de pétitions et de délégations aux administrations coloniales[338].

Sur le plan démographique, la colonisation a laissé des traces profondes et influé durablement sur les structures sociales et les formes de regroupement tentées pour résister à la pression du colonisateur. Dans un premier temps (de 1880 à vers 1930), l'évolution démographique se caractérisait par une baisse du taux de croissance. Les pertes découlaient moins des premières attaques et occupations coloniales que de la répression des révoltes ultérieures et des expéditions punitives que celles-ci déclenchaient. On peut invoquer à ce sujet en premier lieu les représailles qui ont favorisé les disettes et les famines, qui, à leur tour, ont épuisé les régions[339]. D'autre part, la surexploitation de la main-d'œuvre dans les travaux forcés[340] a affaibli les populations ; la malnutrition et les épidémies

---

[335] GUEYE, M'B. et BOAHEN, A. A., « Initiatives et résistances africaines en Afrique Occidentale de 1880 à 1914 » in BOAHEN, A. A. (Directeur du Volume), *op. cit.*, p. 161.

[336] *Idem.*

[337] C'est ainsi qu'entre 1882 et 1889, une grande partie de la population peule des faubourgs de Saint-Louis émigra vers l'empire d'Ahmadu. Des 30 000 Peuhls que comptait la ville en 1882, il n'en restait plus que 10 000 en 1889. Entre 1916 et 1917, plus de 12 000 personnes quittèrent la Côte d'Ivoire pour la Golde Coast. Cf. GUEYE, M'B. et BOAHEN, A. A., « Initiatives et résistances africaines en Afrique Occidentale de 1880 à 1914 », p. 166.

[338] Cf. *ibidem*, p. 168.

[339] Cf. EKANZA, S.-P., *op. cit.*, p. 136.

[340] Selon le professeur Joseph Ki-Zerbo, ce sont les populations autochtones, qui ont fourni la main d'œuvre dans des conditions très difficiles de travail : « *Les routes, les ports, les voies ferrées, par absence de matériel (on limitait au maximum l'achat de machines), ont été*

ont entrainé de lourdes pertes en vies humaines. Les régimes coloniaux ont ainsi fait payer dans les différentes régions de l'Afrique de l'Ouest un lourd tribut en vies humaines. Il a fallu attendre jusqu'au lendemain de la Seconde Guerre mondiale pour que se dessine un essor qui s'est manifesté par une véritable explosion démographique.

L'histoire retient que toutes les tentatives de résistance et d'insurrection armée en Afrique de l'Ouest ont échoué face aux colonisateurs, du moins si l'on ne considère que les résultats immédiats[341]. Les régimes coloniaux se sont bien établis et toutes les sociétés ouest-africaines furent mises au défi de s'adapter ou de périr. Les colonisés, n'ayant pas le choix et mis dans l'obligation de réagir au monde nouveau qui leur était forgé, de gré ou de force, s'adaptèrent par l'accommodation et par l'interprétation des modèles et des cultures. Ainsi émergèrent de nouvelles structures sociales, se distinguant de l'immense majorité de la population par trois critères majeurs : la scolarisation, le prestige social et le mode de vie.[342] La colonisation aura été ainsi à l'origine d'une différenciation sociale accrue, liée à l'apparition du salariat, à l'expansion de l'économie marchande et de l'appareil d'État colonial qui crée entre autres le corps des fonctionnaires. Au plan culturel, l'État colonial fonde l'école moderne. Les efforts réalisés dans le domaine de la scolarisation seront porteurs des valeurs nouvelles de la propriété privée et de la responsabilité individuelle qui contribueront à libérer les esclaves et à favoriser une plus grande autonomie des individus au sein des familles. La scolarisation sera alors un élément majeur de mutations socioculturelles. Contrairement à la conception britannique, soucieuse de démarquer la supériorité anglaise de la masse éduquée de façon « séparée » dans les langues locales, les Français affirmeront une volonté sans faille d'assimilation : faire des enfants colonisés autant de petits Français, fiers d'avoir pour « ancêtres les Gaulois ». Plus proches, dans leur mode de vie,

---

construits à la main par des hommes et des femmes. Celles-ci passaient des semaines et des mois à damer les routes comme le plancher de leur case. Nul ne peut compter le nombre d'heures de travail ainsi systématiquement extorquées (...) Le chemin de fer Ouagadougou-Abidjan et celui de Thiès-Kayes sont d'ailleurs jalonnés de cimetières » : KI-ZERBO, J., *Histoire de l'Afrique Noire*, p. 433-434.

[341] Les Africains de l'Ouest ne manquaient pourtant ni de courage ni de science militaire. M'B. GUEYE et A. A. BOAHEN donnent quelques raisons de cet échec : lourd handicap des Africains face aux envahisseurs et indisponibilité d'avantage qui aurait pu compenser l'infériorité technique de leur armement ; commandement par des officiers européens du gros des troupes de conquête composée de milliers d'auxiliaires fusiliers africains originaires des territoires annexés ou de protectorats, d'où la supériorité numérique des envahisseurs ; tardif recours à la tactique de guérilla ; à la Convention de Bruxelles en 1890, refus de vendre des armes aux Africains, donc confrontation à de problèmes logistiques, etc. cf. GUEYE, M'B. et BOAHEN, A. A., « Initiatives et résistances africaines en Afrique Occidentale de 1880 à 1914 », p. 170.

[342] Cf. EKANZA, S.-P., *op. cit.*, p. 139.

du Blanc de la localité que de leurs compatriotes africains du village, les lettrés s'imposent autour d'eux, d'autant plus que leur statut de lettrés est synonyme de réussite sociale.

Dans cette frange de population scolarisée se recrutent les convertis au christianisme surtout parmi les jeunes, les moins intégrés à la société ancienne et les plus accessibles à une idéologie de promotion vers le monde blanc, symbole de puissance et de culture. Tout en demeurant minoritaire, le groupe des chrétiens, à la veille de la Seconde Guerre mondiale, fait figure d'élite nouvelle, révélateur aussi d'un conflit de générations et, comme l'école, signe de différenciation et de division. En effet, le chrétien vit dans son milieu sans être de ce milieu dont il a désormais renié les « dieux », du moins, en apparence. En convertissant le colonisé au christianisme, les diverses Eglises missionnaires désiraient, certes, sa transformation morale et spirituelle, mais au-delà de l'individu et par son intermédiaire, elles visaient aussi un changement global de la société, par l'intériorisation de nouvelles normes de conduite. Dès lors, la ville, lieu de rencontre du Noir et du Blanc, devint comme le creuset privilégié où s'accélère le rythme du changement, où s'intègrent influences et emprunts venus d'horizons divers, et où s'élaborent également toutes sortes de syncrétismes.

II. C. Les conséquences économiques

S'il y a un domaine souvent discuté aujourd'hui dans l'histoire de l'Afrique, même de la part d'Africains, c'est bien le bilan économique de la colonisation[343]. Si Lota, par exemple, écrit que « *la pratique coloniale fut très lourde de conséquences pour les Africains qui furent ainsi dépouillés par un ensemble des mécanismes économiques très complexes* »[344], il arrive, au contraire, à Ngoupandé de regretter que l'Afrique n'ait pas été colonisée plus tôt[345]. Un bilan économique vraiment pertinent de la colonisation en Afrique de l'Ouest devrait prendre en considération les situations économiques précoloniales, d'une part des pays colonisateurs, et d'autre part des régions ouest-africaines qu'ils ont colonisées. Le professeur Cheikh Anta

---

[343] Certains auteurs comme Jacques Marseille et Bernard Lugan considèrent que globalement la colonisation de l'Afrique coûta aux pays colonisateurs beaucoup plus qu'elle ne leur rapporta. D'autres, comme Walter Rodney et Samir Amin, estiment au contraire que l'aventure coloniale fut l'une des sources du développement capitaliste européen et de la déchéance économique de l'Afrique. Cf. WALES, J., « Bilan économique de la colonisation en Afrique » in *Wikipédia*
http://fr.wikipedia.org/wiki/Bilan_%C3%A9conomique_de_la_colonisation_en_Afrique (page consultée le 20 /09 /2010).

[344] LOTA, J. K., *Identité africaine et occidentalité*, L'Harmattan, Paris, 2006, p. 124.

[345] Cf. NGOUPANDE, J. P., *Les racines historiques et culturelles de la crise africaine*, Editions UCAO, Abidjan, 2006, p. 47.

Diop a engagé ce type de recherches, notamment dans *Afrique Noire Pré-coloniale*[346]. Son travail sera poursuivi selon d'autres méthodes par son épouse Louise-Marie Diop Maes, notamment en ce qui concerne la géographie humaine de l'Afrique ancienne. Il en résulte qu'avant la colonisation européenne, l'Afrique de l'Ouest développait ses propres institutions et pratiques scientifiques, monétaires, métallurgiques, urbaines, agricoles, minières, artisanales, marchandes qui n'avaient rien à envier à ce qui était en vigueur ailleurs dans le monde.

Les échanges commerciaux qui existaient déjà entre l'Europe et la côte ouest-africaine pendant la traite négrière ont donc subsisté jusqu'à la colonisation. Des habitudes s'étaient ainsi créées et, en particulier, le besoin d'articles européens était profondément ancré dans les populations. L'unique condition pour continuer à se les procurer après l'abolition de la traite négrière, c'était de se convertir aux cultures d'exportation nécessaires à l'alimentation de l'industrie européenne naissante. Ainsi, l'orientation du commerce précolonial poussait les communautés ouest-africaines à être plus ouvertes aux innovations économiques, telles que la culture de denrées agricoles spécialement destinées à être vendues aux Européens. Les zones de l'Afrique Occidentale pourvoyeuses d'esclaves qui s'étendaient du Sénégal à la Sierra Leone, de la Gold-Coast (actuel Ghana) au Nigeria, furent les premières bandes littorales où les Européens réussirent d'abord à s'imposer. Dans ces zones, Africains et Européens s'efforçaient de stimuler la production de denrées exportables pour remplacer le trafic d'esclaves[347]. L'économie coloniale sera simplement le développement dans la continuité de l'économie précoloniale déjà établie.

Pour de nombreux spécialistes africains de la colonisation[348], c'est pour des objectifs essentiellement économiques que se sont faites la conquête et l'occupation de l'Afrique en général. Pendant la conquête, en effet, et plus encore durant l'occupation coloniale, les colonies ont été appelées à approvisionner les Métropoles en produits agricoles (cacao, café, arachides, coton, banane, huile de palme…) et en matières premières (oléagineux, caoutchouc, etc.) et à constituer des débouchés susceptibles de consommer le surplus de leurs productions industrielles. Le choix des moyens et des méthodes sera effectué en fonction de leur seule efficacité concernant la poursuite des objectifs. La politique d'exploitation elle-même variera donc d'une région à l'autre selon les moyens et les politiques des États coloniaux.

---

346 Cf. DIOP, C. A., *L'Afrique Noire Pré-coloniale*, Présence Africaine, Paris, 2000, 278 p.

347 Cf. RODNEY, W., « L'économie coloniale » in BOAHEN, A. A. (Directeur du Volume), *op. cit.*, p. 362.

348 Cf. entre autres : KI-ZERBO, J., *Histoire de l'Afrique Noire*, p. 433-434 ; UZOIGWE, G. N., « Partage européen et conquête de l'Afrique : aperçu général », p. 40-48 ; EKANZA, S.-P., *op. cit.*, p. 79-92 ; LOTA, J. K., *op. cit.*, p. 124.

D'où la multiplicité des méthodes et des systèmes d'exploitation. D'une manière générale, on peut distinguer, avec Ekanza[349], trois principaux systèmes d'exploitation en Afrique de l'Ouest : l'économie de prédation, de traite et de plantation[350].

L'économie de prédation fut le premier mode d'exploitation. Apparue dès la fin du XIXe siècle, elle va se poursuivre jusqu'à la Première Guerre mondiale. Elle portera essentiellement sur le caoutchouc, l'ivoire et le bois (principalement en Gold-Coast et en Côte-d'Ivoire). Avec la crise de 1930, le système de prédation cèdera le pas à l'économie de traite et de plantation. L'économie de traite prévaudra en Afrique de l'Ouest notamment dans les territoires français de la Côte-d'Ivoire et du Sénégal. Elle consistera à rassembler et à drainer vers les ports les produits du pays qui étaient exportés bruts, et à répartir en échange les produits fabriqués. Enfin, l'économie de plantation prospèrera surtout sur les côtes ouest-africaines. Les plantations seront dans leur quasi-totalité des propriétés des colonisateurs, les Africains ayant été réduits à fournir la main-d'œuvre nécessaire à l'exploitation. Tournée entièrement vers les besoins de l'Europe, la production ouest-africaine bénéficiera toutefois de la mise en place d'infrastructures et d'équipements, réalisés en majeure partie par des ressources propres aux colonies. On ne peut non plus négliger l'apport des métropoles dans le financement des équipements, même si cette part sera d'importance variable. La politique d'équipement, l'expansion du commerce et une relative modernisation des structures de production soutiendront l'essor général de l'agriculture d'exportation. Le concours de tous ces efforts a doté l'Afrique de l'Ouest d'infrastructures de communication telles que les ports, les routes, les voies ferrées[351], etc. qui favoriseront, à leur tour, la mobilité des hommes et des marchandises.

Exploitation ou pillage[352] ? L'Afrique de l'Ouest verra malgré tout sa production en matières premières, en produits agricoles et miniers

---

349 Cf. EKANZA, S.-P., Conférence au CERAP, 2006. (inédit).

350 L'économie minière aura pour lieu de prédilection le Centre et le Sud du continent.

351 Ces infrastructures auront pour objet de valoriser l'exploitation coloniale au profit de la métropole ; elles n'auront pas toujours vocation à profiter aux populations colonisées soumises parfois aux travaux forcés. Ainsi, le port d'Abidjan sera construit en vue de rapatrier vers la France les ressources naturelles extraites de la colonie ivoirienne et des régions frontalières. De même, le chemin de fer Abidjan-Niger sera construit afin de déporter de la main-d'œuvre agricole depuis la Haute-Volta (actuel Burkina Faso) vers les plantations coloniales de la Côte d'Ivoire, et d'acheminer le minerai d'uranium prélevé au Niger vers le port d'Abidjan ; puis de là vers la France.

352 Le Bilan que fait LOTA est bien sombre. Pour lui, « *sur le plan économique, la construction de routes a facilité les contacts avec le monde extérieur et les voies ferrées faites en vue de drainer les richesses vers l'extérieur ont permis l'essor d'autres activités économiques. (...) Le système économique colonial consistait à tirer au maximum profit des*

s'accroître, dès l'entre-deux-guerres. Les rapports de production coloniaux s'édifieront au fil des années au cours desquelles les promesses de la colonisation connaîtront des limites. Par rapport à l'héritage précolonial, toute l'œuvre économique de la colonisation, malgré son apport nouveau, et compte tenu des promesses de modernisation contenues dans les programmes de développement, paraît limitée. La révolution économique ne provoquera pas l'industrialisation et l'économie restera agricole, avec des disparités criantes entre villes et campagnes, entre régions côtières et régions intérieures, entre pays forestiers et pays de savane. L'agriculture vivrière, principale activité de l'Afrique Occidentale précoloniale, sera fortement touchée. Finalement, les économies ouest-africaines seront soit détruites, soit transformées et asservies. Les effets néfastes du commerce import/export conduiront à la dégradation de l'autosuffisance alimentaire : la « pauvreté rurale » s'enracinera durablement à partir de la colonisation et la famine frappera certaines régions[353]. Sur le plan des capitaux, des marchés, de la technologie, des services et de la prise de décision, le système économique de la colonie sera, par définition, le prolongement de celui de la puissance colonisatrice[354]. Les conditions étaient donc réunies pour que les économies ouest-africaines deviennent dépendantes vis-à-vis de l'extérieur. Elles seront rendues davantage précaires par des systèmes politiques qui les appauvriront, alors que chacune était déjà de faible envergure, artificielle, et tournée vers l'Europe.

II. D. Les conséquences politiques

Une fois la conquête achevée, les colonisateurs français, anglais et allemand se sont employés, chacun pour sa part, à organiser les territoires soumis[355]. Les colonies françaises de l'Afrique de l'Ouest[356], simple bloc territorial avant 1895, ont formé à partir de cette date un ensemble institutionnel, avec un Gouverneur général qui était le gouverneur du Sénégal. Dès 1904, les deux fonctions sont séparées et Dakar devient la capitale de l'Afrique-Occidentale Française, regroupant les directions administratives et les services techniques centraux. Chaque colonie est divisée en ce qui a été convenu d'appeler « Cercles », et ceux-ci en

---

terres conquises et de rentrer dans leur fond, afin de relever l'Europe des misères de la guerre » : cf. LOTA, J. K., *op. cit.*, p. 124.

353 Pour s'en convaincre, il suffit de penser au *Woleu-Ntem* au Gabon à partir de 1920, où la population fut réduite d'un quart, voire d'un tiers en 1922 ; à la famine au Niger en 1931 dont les causes ne furent pas dues, exclusivement, à la sécheresse et aux invasions de sauterelles, mais surtout à la lourde charge de l'impôt de capitation qui fut décuplé entre 1928 et 1931.

354 Cf. RODNEY, W., « L'économie coloniale », p. 375.

355 Cf. DE BOSSCHERE, G., *op. cit.*, p. 222.

356 Cf. EKANZA, S.-P., *op. cit.*, p. 64-65.

« Subdivisions », ayant les uns et les autres à leur tête des administrateurs, dotés de tous les pouvoirs et de toutes les responsabilités. La Grande-Bretagne a possédé, quant à elle, une théorie coloniale, solidement établie, qui comportait une philosophie de l'origine et du développement des colonies, prête à être appliquée en Afrique Occidentale. Autour de quelques comptoirs bien situés le long de la côte atlantique : Gambie, Freetown, Lagos, la Côte de l'Or… les Anglais ont rassemblé des colonies remarquables non pas tant par leur étendue géographique que par leurs richesses naturelles et la densité de leur peuplement[357]. Dans ces colonies prévalent « *trois traits caractéristiques du génie britannique : l'empirisme, le conservatisme (...) et aussi le libéralisme se résumant au respect des autonomies locales* »[358]. Quant aux Allemands, ils ont occupé jusqu'à la Seconde Guerre mondiale le Togo en Afrique de l'Ouest. Sur ce territoire, s'est établie une administration directe, après une première phase de colonisation tâtonnante. En 1922, la Société des Nations (S.D.N.) plaça la région Ouest sous mandat britannique et la région Est (soit les deux tiers de la colonie) sous mandat français[359].

Au-delà des ambitions initiales, les objectifs concrets de la colonisation se sont révélés fort limités. Il s'agissait essentiellement « *de maintenir l'ordre, d'éviter les dépenses excessives et de constituer une réserve de main-d'œuvre, à l'origine pour le portage, puis par la suite pour la construction de routes et de voies ferrées, mais aussi à des fins commerciales* »[360]. En pratique, ces objectifs se sont superposés généralement aux fonctions de l'administration locale. Partout dans les colonies, les objectifs définis furent poursuivis et les méthodes appliquées. Des administrateurs furent nommés, de nouveaux codes et de nouvelles lois promulgués, des chefs confirmés ou déposés et d'autres désignés[361]. L'Afrique de l'Ouest a été ainsi recouverte d'un réseau administratif colonial. Le système colonial fixait le cadre administratif général dans lequel devrait s'insérer le gouvernement national. La politique a été dénommée « politique indigène », car « *le pouvoir colonial ne pouvait être réellement assuré qu'à l'aide du personnel et des institutions indigènes remplissant une fonction complémentaire ou auxiliaire* »[362]. Les administrateurs coloniaux européens ont trouvé parmi les « autorités indigènes » des alliées ou des agents pour transmettre efficacement les exigences de la domination

---

[357] Cf. *ibidem*, p. 68.
[358] *Idem*.
[359] Cf. *Dictionnaire © Hachette Multimédia* /Hachette Livre, 1999, art. « Togo ».
[360] BETTS, R. F., « La domination européenne : méthodes et institutions » in BOAHEN, A. A. (Directeur du Volume), *op. cit.*, p. 351.
[361] Cf. GUEYE, M'B. et BOAHEN, A. A., « Initiatives et résistances africaines en Afrique Occidentale de 1880 à 1914 », p. 161.
[362] BETTS, R. F., « La domination européenne : méthodes et institutions », p. 339.

étrangère à l'ensemble des populations[363]. Dans l'idéologie impérialiste de l'époque, note Betts, « *la finalité de la présence européenne se définissait en termes de responsabilité ou de tutelle* »[364] et le développement social et économique était généralement accepté comme justification de la présence européenne.

Divers types d'administrations coloniales ont vu le jour. Leurs formes variaient, selon les réalités locales, mais aussi selon les principes et les idéaux du colonisateur. Les systèmes administratifs français et britannique étaient de loin les plus cohérents. Le régime allemand ne s'imposait pas moins par son réalisme, voire son autoritarisme. À l'inverse du colonisateur britannique qui administrait indirectement ses possessions, par l'intermédiaire des anciens souverains locaux, en se réservant, toutefois, la haute direction, le colonisateur français va recourir à l'administration directe. Sur un territoire dont l'immensité était sans comparaison avec l'étendue du territoire métropolitain, la France va imposer un système d'administration extrêmement centralisateur, laissant peu de place à l'originalité ouest-africaine, ce qui aura pour effet de provoquer la désagrégation des structures politiques anciennes. Ce système d'administration directe, précise Ekanza, « *a été parfois présenté comme la manifestation d'une politique d'« assimilation » dont l'objectif eût été de faire des Africains des Français à part entière* »[365]. Les conséquences de tous ces systèmes politiques susciteront des opinions aussi diverses que contradictoires.

L'opinion la plus commune à laquelle souscrit la majorité des spécialistes africains de la colonisation, c'est que les résultats de l'ère coloniale ont été un bouleversement des structures anciennes par l'intrusion brutale des modèles européens, et aussi une subordination à la métropole qui a été la source de graves difficultés. Les institutions politiques ouest-africaines sont tombées en décadence : plus besoin d'organisation de guerre, les chefs n'étaient plus que des agents administratifs subordonnés. Les structures sociales elles-mêmes tendaient à s'effriter : de jeunes gens s'en allaient travailler au loin et échappaient au contrôle des anciens. Le partage entre les puissances a été un élément de division, surtout culturel[366]. Dans le cadre administratif colonial, les colonies soumises à des autorités métropolitaines différentes étaient divisées. Des peuples, rassemblés autrefois sur le même territoire, sont désormais déliés de leur unité culturelle et deviennent étrangers les uns aux autres. Les armées coloniales, composées d'ailleurs en majeure partie de recrues africaines, en détruisant les États antérieurs de l'époque précoloniale, ont effacé de la carte l'effort d'unification qui était à

[363] Cf. *ibidem*, p. 344.
[364] *Ibidem*, p. 340.
[365] EKANZA, S.-P., *op. cit.*, p. 67.
[366] On parlera désormais de l'Afrique « francophone », de l'Afrique « anglophone », etc.

l'œuvre dans plusieurs régions ouest-africaines[367]. En revanche, la colonisation a créé un nouvel espace linguistique qui s'est traduit par l'attachement de ceux qui y sont regroupés à la langue du colonisateur. Les frontières nouvelles, en regroupant des entités beaucoup plus vastes, ont constitué un élargissement des horizons, un changement d'échelle où les conflits anciens sont abolis ; mais elles ont aussi suscité de nouveaux conflits pour des peuples qui étaient en tension et qui n'étaient donc pas disposés à vivre ensemble. De ce fait, malgré les nouveaux découpages administratifs, « *certains aspects de l'héritage ancien perdurent : des échanges culturels et sociaux continuent de vivifier les relations des communautés que les découpages territoriaux semblaient avoir brisées ou disloquées* » [368]. En somme, la colonisation apparaît, au plan politique, comme un processus de désintégration et de réintégration de l'espace ouest-africain. La conséquence en est que, relève Lota, « *en dépit du fait que les frontières héritées de la colonisation ont fragmenté arbitrairement plusieurs populations et qu'elles continuent à poser par-ci par-là des problèmes de cohabitation entre divers peuples, il faut reconnaître que les pays africains n'auraient jamais existé dans la configuration actuelle sans la colonisation* »[369]. De fait, les états ouest-africains aujourd'hui indépendants ont hérité du découpage opéré par le colonisateur en fonction de ses besoins et de ses propres intérêts. Ni les ensembles ethniques, ni les unités linguistiques, les cohérences géographiques, les complémentarités économiques naturelles n'ont été respectés dans ce démembrement systématique. D'où ce qu'on dénomme aujourd'hui la « balkanisation » de l'Afrique[370]. Ce bouleversement opéré a conduit, conclut Abbas, « *à un déséquilibre moral et matériel dont la stérilité n'est pas loin de la déchéance totale* »[371].

III. Les effets psychomentaux de la paupérisation historique

Le temps de l'esclavage et de la colonisation en Afrique est souvent perçu chez de nombreux auteurs africains comme une « *tranche de l'histoire qui représente un véritable traumatisme, pis un déséquilibre moral et matériel dont la stérilité pour le continent est loin d'être totalement*

[367] Cf. EKANZA, S.-P., *op. cit.*, p. 169. Les entités comme les empires d'Ahmadou et de Samory, l'état de Béhanzin et le royaume Ashanti ont complètement disparu.
[368] *Ibidem*, p. 170 -171.
[369] LOTA, J. K., *op. cit.*, p. 122-123.
[370] Cf. DE BOSSCHERE, G., *op. cit.*, p. 222-223.
[371] ABBAS, F., 1931, p. 9 ; cité par BERQUE, J., « La politique et le nationalisme au Maghreb et au Sahara, 1919-935 » in BOAHEN, A. A. (Directeur du Volume), *op. cit.*, p. 23 et p. 659.

mesurée »[372]. Selon M'bow, l'esclavage et la colonisation ont été à l'origine de l'apparition de stéréotypes raciaux générateurs de mépris et d'incompréhension et si profondément ancrés qu'ils faussèrent jusqu'aux concepts mêmes de l'historiographie :

> « *À partir du moment où l'on eut recours aux notions de "Blancs" et de "Noirs" pour nommer génériquement les colonisateurs, considérés comme supérieurs, et les colonisés, les Africains eurent à lutter contre un double asservissement économique et psychologique. Repérable à la pigmentation de sa peau, devenu une marchandise parmi d'autres, voué au travail de force, l'Africain en vint à symboliser, dans la conscience de ses dominateurs, une essence raciale imaginaire et illusoirement inférieure de Nègre* »[373].

Ce processus de fausse identification a eu des conséquences psychomentales pathologiques qui se perpétuent encore de nos jours.

III. A. Les traumatismes du fait de l'esclavage

Ki-Zerbo, historien, décrit ainsi la situation créée par l'esclavage : « *Le Nègre est une vulgaire monnaie, un billet à ordre qui peut être escompté, une lettre de change qui acquitte une dette en nature. En un mot, la chair humaine est l'étalon des valeurs. (...) Comme on le voit, le "bois d'ébène" a été abattu, débité, vendu, transporté, et livré comme du vrai bois* »[374]. Dans ces conditions, on peut légitimement estimer que pour les peuples ouest-africains, les conséquences de l'esclavage apparaissent indiscutablement désastreuses : non seulement leur développement démographique naturel se trouva perturbé, mais également leur milieu social et moral[375]. Mais, relève Ngpoupandé, « *les conséquences les plus graves de la Traite sont d'ordre psychologique. Ce sont celles qu'on ne peut corriger facilement parce qu'elles sont comme une tache indélébile dans la conscience collective des Africains* »[376]. Ces conséquences psychomentales se découvrent comme des effets induits des arguments en faveur de la tragédie historique et de la pratique esclavagiste elle-même.

L'on sait que François de Medeiros a débusqué, par une analyse savante et d'une logique serrée, les antiques racines des préjugés anti-noirs. Pour lui,

---

[372] EKANZA, S.-P., *op. cit.*, p. 11.

[373] M'BOW, M. A.-M., (préface par) in BOAHEN, A. A. (Directeur du Volume), *op. cit.*, p. 10.

[374] KI-ZERBO, J., *Histoire de l'Afrique Noire d'Hier à Demain*, p. 216.

[375] Cf. FAGE, J. D., « Traite et esclavage dans le contexte historique de l'Afrique Occidentale », p. 5.

[376] NGOUPANDE, J. P., *op. cit.*, p. 35. Pour Ngoupandé, la traite transatlantique « *est la plus grande tragédie de l'histoire africaine. Ses conséquences psychologiques en particulier sont incommensurables* » : NGOUPANDE, J. P., *op. cit.*, p. 31.

« la première impression qui ressort de la masse des représentations sur les Noirs est celle d'une grande variété dans les jugements qui sont liés aux images. (...) L'image dominante du Noir est caractérisée par un pessimisme radical qui réapparaît constamment après de courtes périodes d'idéalisations »[377]. C'est dans un contexte tributaire des antiques préjugés anti-noirs que se sont répandus les nombreux arguments idéologiques, doctrinaux, philosophiques, religieux et politiques[378] qui ont servi à justifier le commerce des esclaves. Ces arguments en faveur de la Traite négrière sont à l'origine de stéréotypes qui, simplifiant et déformant la réalité jusqu'à la caricature nocive, sont aujourd'hui encore source de malentendus et d'incompréhensions, souvent génératrices de conflits. Ainsi, on ne peut voiler et mettre aux oubliettes le poids accablant du commerce des esclaves. La conséquence psychomentale fondamentale à relever entre toutes, c'est que *« l'utilisation des esclaves noirs, corvéables à merci, a développé une idée avec une double face : les uns, maîtres parce que Blancs ; les autres, esclaves, parce que Noirs »*[379]. Cette représentation caricaturale a marqué l'imaginaire européen jusqu'à la colonisation qui prendra la relève de l'esclavage. Et aujourd'hui encore, il apparaît que *« la vision que le Négro-Africain a de lui-même et des autres humains, et notamment des Blancs, la vision que le monde extérieur a de l'Afrique, a été profondément marquée par la césure de la Traite »*[380].

Les lieux, les hommes et leurs pratiques ont ainsi fait l'objet de jugements dépréciatifs. Selon Jean-Michel Deveau, le discours des Négriers Rochelais[381], en l'occurrence, offre à découvrir les principaux éléments qui ont forgé le regard de l'Europe sur l'Afrique Occidentale. Ce qui ressort de ce discours qui a répercuté une mentalité populaire, c'est qu'à partir du cas singulier de l'Afrique Occidentale, l'Afrique tout entière est vue comme un continent de terreur. Dans ce discours est repris le thème de la « race maudite », « descendance de Cham »[382] condamnée par Dieu. Pour justifier le commerce inhumain du « bois d'ébène », les négriers s'en sont tirés avec la notion d'infériorité des êtres qu'ils trafiquaient. Pour ce faire, ils ont

---

377 DE MEDEIROS, F., *L'Occident et l'Afrique (XIIIe-XVe siècle)*, Karthala, Paris, 1985, p. 267.

378 Cf. ABRAMOVA, S. U., « Les aspects idéologiques doctrinaux, philosophiques, religieux et politiques du commerce des esclaves noirs », p. 23.

379 ELENGA, Y. C., s.j., *art. cit.*, p. 93.

380 NGOUPANDE, J. P., *op.cit.*, p. 36. Pour Ngoupandé, « Le complexe de race inférieure que nous avons fortement intériorisé et qui nous bloque est né à ce moment-là » (*idem*).

381 Cf. DEVEAU, J.M., « L'Afrique Occidentale vue par les Négriers Rochelais » in AA. VV., *De la traite à l'esclavage, Actes du Colloque international sur la traite des Noirs, Nantes 1985*, p. 519.

382 cf. la fameuse « malédiction de Cham » à partir d'un recours à des interprétations fallacieuses de la Bible : QUENUM, A., *Les Églises chrétiennes et la traite atlantique du XVe au XIXe siècle*, p. 134. cf. Gn 9, 22-25.

emprunté les clichés de la rumeur publique et, par réciprocité, par leur contact physique avec l'Afrique Occidentale, leur ont donné une crédibilité qui a forgé en Europe la certitude d'une malédiction africaine[383]. À ce titre, la théorie du milieu naturel[384] abondamment utilisée par les géographes antiques s'avère un exemple très significatif. On estimait que le milieu naturel déterminait exclusivement la constitution physique, et tirait la conséquence extrême de cette théorie du milieu naturel dont les prolongements dans les domaines psychologique et éthique devraient être évidents[385]. Un tel postulat permettait alors à de nombreux penseurs de rendre intelligibles les tares attribuées aux Noirs quand on les considérait du point de vue de leur comportement et de leurs activités intellectuelles. En cela, il s'agit sans nul doute ici d'« *une idéologie raciste qui induit que l'infériorité physique s'accompagne d'une infériorité intellectuelle* »[386]. C'est ainsi qu'à partir de la différence dans les traits physiques et la couleur de la peau, la philosophie a cherché à conclure à une différence essentielle de caractère biologique héréditaire, pour affirmer que les peuples noirs appartiennent à des « races » intrinsèquement inférieures quant à leurs qualités mentales, morales ou sociales[387]. Dès lors, on comprend pourquoi à partir d'une large diversité de vues, d'observations concrètes ou de réflexions théoriques, tous les participants au Colloque international de Nantes ont convergé vers cette notion finalement dominante : « *la traite et l'esclavage comme modèle du procès de domination de l'autre, constituent un modèle parfait de ce qu'est l'ignominie, surtout lorsque cet autre vit*

[383] Cf. DEVEAU, J. M., *art. cit.* p. 519.

[384] Cette théorie, écrit Medeiros, « *veut que la constitution physique des êtres vivants ainsi que leurs conditions de vie soient principalement déterminées par le milieu naturel (climat, topographie, hydrographie)* » : cf. DE MEDEIROS, F., *op. cit.*, p. 144, note 29.

[385] Cf. *ibidem*, p. 144-145. Léon FANOUDH-SIEFER rapporte que Madame Dard, dans son œuvre *La chaumière africaine*, décrit le Sénégal comme un pays brûlant, aride, malsain, et dépourvu des végétaux les plus nécessaires à la nourriture de l'homme et à la conservation de sa santé. À en croire l'auteur, l'Afrique noire tout entière est, ni plus ni moins, l'enfer, dans toutes les acceptions du terme. Son ouvrage offre un condensé de nombreux éléments mythiques qui ont pu donner l'idée d'une Afrique noire horrible et monstrueuse : des orages épouvantables ; des tempêtes terrifiantes ; le tonnerre qui gronde ; la foudre qui éclate, tombe et brise ; le sifflement des serpents ; les hurlements des bêtes féroces ; insectes et reptiles se répandent ; les gros scarabées volent de tous côtés ; les mille-pattes, les lézards et les crabes d'une grosseur prodigieuse qui grimpent. Toutes visions qui ont pu donner l'idée d'une Afrique inhospitalière et inhabitable, voire maudite. L'idée d'une malédiction de la « terre de Cham », en effet, apparaît déjà en 1824. cf. FANOUDH-SIEFER, L., *Le mythe du Nègre et de l'Afrique noire, dans la littérature française, de 1800 à la 2e Guerre mondiale*, Les Nouvelles Éditions Africaines, Abidjan/Dakar/Lomé, 1980, p. 25-27.

[386] QUENUM, A., *Les Églises chrétiennes et la traite atlantique du XVe au XIXe siècle*, p. 286.

[387] Cf. *ibidem*, p. 135.

l'infortune d'être un Nègre »[388]. En violant ainsi le principe de liberté, « *principe qui n'est pas seulement une conviction faite entre les hommes, mais aussi une vérité naturelle parvenue à son évidence* »[389], l'esclavage se découvre non seulement comme un vice politique et social, mais aussi comme un vice moral, un attentat au bon sens comme à l'équité[390]. La liberté en effet, précise Tersen, « *renferme à la fois le bien matériel et le bien moral, c'est-à-dire la destinée suprême de l'homme* »[391]. Ayant alors donné naissance à la violence qui s'est établie dorénavant comme une donnée congénitale chez le Nègre, l'esclavage a occasionné une rupture brutale de l'évolution[392] de la région ouest-africaine, entraîné un traumatisme moral et idéologique profonds[393]. En cela, il traçait la voie aux futurs colonisateurs du XIXe siècle qui n'auront aucune peine à justifier leur œuvre colonisatrice.

III. B. L'instrumentalisation du fait de la colonisation

Les innombrables recherches sur la colonisation dans divers domaines dont l'anthropologie, l'histoire, la linguistique, les sciences politiques et économiques, et l'ethnologie ont d'abord été longtemps dominées par le colonisateur. L'« imagologie », science de la littérature comparée, a mis en évidence, par l'étude des documents écrits, la représentation que les peuples se font les uns des autres, les images stéréotypées qui se transmettent de génération en génération et qui ont donné naissance, le plus souvent, à de véritables mythes. À cet égard, on est conduit à constater aujourd'hui le rôle considérable qu'a joué la littérature coloniale dans la transmission des stéréotypes et des mythes du Nègre et de l'Afrique noire.

III. B. 1. Les mythes du Nègre et de l'Afrique noire

Léon Fanoudh-Siefer, essayiste, traitant du mythe du Nègre et de l'Afrique noire dans la littérature française[394], a fait du *Roman d'un Spahi*[395]

---

388 Présentation très générale de Serge Daget dans : AA. VV., *De la traite à l'esclavage, Tome I : Ve-XVIIIe siècles, Actes du Colloque international sur la traite des Noires, Nantes 1985*, p. XXIII.

389 TERSEN, E. (Textes choisis et annotés par), *Esclavage et colonisation par Victor Schœlcher, Les classiques de la colonisation*, PUF, Paris, 1948, p. 102.

390 Cf. *ibidem*, p. 96-97.

391 *Ibidem*, p. 103.

392 Cf. NGOUPANDE, J. P., *op. cit.*, p. 34-38.

393 Cf. KI-ZERBO, J., *Histoire de l'Afrique Noire d'Hier à Demain*, p. 220.

394 Cf. FANOUDH-SIEFER, L., *op. cit.*, 235 p.

395 Cf. LOTI, P., *Le Roman d'un Spahi,* Calmann-Lévy, Paris, 1925, 360 p.

une pièce maîtresse. Dans ce roman, à partir du cas singulier du Sénégal[396], Pierre Loti a une vision représentative non seulement de l'Afrique Occidentale, mais aussi de l'Afrique entière. Indubitablement, une vision tragique de l'Afrique et une image caricaturale du Nègre qui ont servi à la domination coloniale y transparaissent. L'Afrique noire de Loti, relève Fanoudh-Siefer, « *ressemble beaucoup à la projection, à la transposition d'un long cauchemar, à la projection au ralenti d'un film où le héros somnambule se débat dans un milieu fluide, visqueux, impalpable ; représentation d'un monde désespéré et désespérant, où la conscience du héros est rarement claire et sa volonté presque toujours abolie, en dehors de quelques sursauts éphémères* »[397]. Ce statisme, cet immobilisme, ce sont des symboles de la mort, car toute cette terre d'Afrique, en occurrence la région du Sénégal, est couverte d'une vapeur de mort[398] qui résulte d'une atmosphère tragique, infernale, désolée, épouvantable, voire pestilentielle. Sur cette terre étrange plombe un soleil qui « *engourdit les sens et les facultés, qui plonge l'homme dans la torpeur, dans un état d'atonie totale propice aux obsessions, au désespoir, sinon à la folie* »[399]. La nature elle-même connaît cette torpeur, cet état de demi-sommeil, qui annihile la volonté et diffuse « *dans l'atmosphère, les immobilités stupéfiantes du sommeil d'un monde* »[400]. Les animaux qui marquent *Le Roman d'un Spahi* sont sinistres, évoquent la mort, le macabre, la pourriture, etc.[401] Finalement, pour Loti, « *l'éternelle tristesse de la terre de Cham planait sur tout cela* »[402], une « *tristesse qu'on ne saurait exprimer avec des mots d'aucune langue humaine* » [403]. Sur cette terre manifestement accablée vivent des hommes qui ne seront pas moins décriés et méprisés.

C'est surtout pendant la colonisation que l'intérêt se tourne davantage vers la description des habitants de la région ouest-africaine, de leurs mœurs et de leurs rapports sociaux. Chez les auteurs coloniaux, à l'instar de Loti, les expressions telles que « nègre », « négresse » et « noir » traduisent simplement un mépris profond pour l'homme noir[404]. Déjà chez Loti, pour qui la peau noire a un aspect méphistophélique et funèbre[405], la ressemblance des Nègres avec les singes ne s'arrête pas à l'aspect physique : ils ont encore

---

[396] On sait que Pierre Loti a séjourné au Sénégal en 1873, à Dakar et principalement à Saint-Louisnn cf. FANOUDH-SIEFER, L., *op. cit.*, p. 63.
[397] *Ibidem,* p. 69.
[398] Cf. LOTI, *op. cit.*, p. 207.
[399] FANOUDH-SIEFER, L., *op. cit.*, p. 64.
[400] LOTI, P., *op. cit.*, p. 212.
[401] Cf. FANOUDH-SIEFER, L., *op. cit.*, p. 73.
[402] LOTI, P., *op. cit.*, p. 110.
[403] *Idem.*
[404] Cf. FANOUDH-SIEFER, L., *op. cit.*, p. 88.
[405] Cf. *ibidem.*, p. 109.

des « *voix de fausset simiesque* »[406] et quelquefois « *une petite tête rusée comme celle d'un jeune singe* » [407]. En effet, rapporte Fanoudh-Siefer, « *la ressemblance du Nègre avec le singe n'est chez Loti que l'aboutissement d'une série d'analogies et de comparaisons : pour lui, le Nègre ressemble à tout sauf à un homme authentique ; il ne peut pas le comparer à un homme ; quand il ne rapproche pas le noir du singe, c'est pour le comparer à des animaux ou à des objets inanimés, ou encore à ce qu'il y a de plus misérable dans l'homme* » [408]. La peau noire apparaît dès lors, à certains auteurs coloniaux, comme un scandale, comme quelque chose de contre nature ; seule la couleur blanche garantit la propreté, la vertu, l'honnêteté, l'intelligence et finalement l'authenticité de l'être homme[409]. À ce sujet, Roland Label, constatant que la littérature coloniale était mal accueillie en France surtout parce qu'elle était coloniale, faisait remarquer : « *comme jadis, on trouve que les Nègre s sont trop noirs, "noirs des pieds à la tête", disait* (pour ironiser) *Montesquieu, et c'est là un vice impardonnable* »[410]. Label rappelait simplement ainsi la persistance du mythe de la peau noire considérée comme une infamie congénitale, ou encore comme un virus[411] de l'espèce humaine. Aussi les coloniaux englobaient-ils « *sous les vocables de sorcellerie et de superstition tout ce qui est cérémonie rituelle, croyance, astrologie…* »[412]

Outre la couleur de la peau qui serait le signe manifeste d'on ne sait quelle malédiction originelle, quelques traits principaux de l'âme nègre sont notifiés : son indolence, sa paresse congénitale, son inaptitude au travail, son aptitude remarquable à la flânerie et son inclination pour la vie facile[413]. Azal, qui semble avoir limité son champ d'observation au Sénégal, affirme que « *le Nègre aime à sommeiller longuement* »[414]. Le mythe du Nègre à cette époque veut que celui-ci travaille peu, dorme beaucoup, et passe le reste du temps à « palabrer »[415]. Quand il lui arrive de délaisser ces activités, c'est pour faire un tam-tam et danser. Louis Sonolet n'écrit-il pas que « *le*

---

406 LOTI, P., *op. cit.,* p. 107.
407 *Ibidem,* p. 127.
408 FANOUDH-SIEFER, L., *op. cit.,* p. 95.
409 Cf. *ibidem.,* p. 165.
410 Cité par FANOUDH-SIEFER, L., *op. cit.*, p. 165 ; cf. LABEL, R., *L'Afrique Occidentale dans la littérature française : depuis 1870*, Larose, Paris, 1925, p. 230.
411 Cf. GUIREL, A., *Le Virus noir, roman colonial*, Émile Larose, Paris, 1931, 232 p.
412 FANOUDH-SIEFER, L., *op. cit.,* p. 190.
413 Cf. *ibidem*, p. 179.
414 Cité par FANOUDH-SIEFER, L., *op. cit.*, p. 179. cf. AZAL, *Sylves noires*, H. Daragon, Paris, 1901, p. 21.
415 André Demaison montre son héros Diato – les travaux champêtres terminés – allant « *comme d'habitude palabrer sur la place publique* » : DEMAISON, A., *Diato, roman de « l'homme noir qui eut trois femmes et en mourut »*, Albin Michel, Paris, 1923, p. 208-209.

tam-tam, c'est la synthèse de la vie nègre »[416] ? En cette dernière considération, le Nègre apparaît à de nombreux coloniaux sous les traits d'un sauvage primitif, incapable de raisonner, un grand enfant[417]. Dans cette mesure, ce que le R. P. Maurice Briault écrit des Nègres de l'Afrique Équatoriale Française et de tous les autres Nègres vaut aussi pour ceux de l'Afrique Occidentale : « *la meilleure définition du Noir est que "c'est un grand enfant", un enfant qui reste tel jusque sous les cheveux blancs* »[418]. Le Nègre aurait une intelligence dormante ou bloquée du fait, croyait-on, d'un excès d'usage de la sexualité : « *peut-être est-ce là le mystère, le secret de l'infériorité de la race noire, race magnifique, souvent très ouverte d'esprit lors de l'enfance, mais bientôt hébétée par les excès sexuels* »[419]. Ces multiples et diverses caricatures du Nègre et de l'Afrique noire dans la littérature coloniale, on le sait aujourd'hui, avaient pour le moins tendance à contribuer à la stabilisation et au maintien du système de domination coloniale[420]. On était bien loin de considérer le point de vue du colonisé.

Si du point de vue du colonisateur, le changement opéré par la colonisation « *suggère un progrès, une transition linéaire brusque et bénéfique d'une culture traditionnelle statique et à peine productive à un modernisme dynamique et sans limites* »[421], pour de nombreux colonisés d'Afrique Occidentale au contraire, la mutation sociale qu'a occasionné la domination coloniale est surtout synonyme de « *« dislocation », processus selon lequel des impérialistes fermés à toute sympathie, à toute compréhension ont bouleversé un univers idyllique pour lui substituer le tumulte, l'instabilité et l'incertitude* »[422]. Pour ceux qui considèrent l'œuvre

---

[416] Cité par FANOUDH-SIEFER, L., *op. cit.*, p. 186 ; cf. SONOLET, L., *Le parfum de la dame noire*, La Renaissance du Livre, Paris, 1910, p. 108.

[417] Cf. FANOUDH-SIEFER, L., *op. cit.*, p. 9.

[418] Cité par FANOUDH-SIEFER, L., *op. cit.*, p. 194 ; cf. BRIAULT, M., R.P., *Sous le zéro équatorial*, Librairie Bloud et Hay, Paris, 1926, p. 107.

[419] Cité par FANOUDH-SIEFER, L., *op. cit.*, p. 199 ; cf. MORAND, P., *Paris-Tombouctou, Documentaire*, E. Flammarion, Paris, 1928, p. 221.

[420] Cf. AKINDJO, O., *Poétique de la relation scolaire dans le roman francophone*, Dissertation Presented in Partial Fulfillment of the Requirements for The Degree Doctor of Philosophy in the Graduate School of The Ohio State University, The Ohio State University, 2007, p. 1.

[421] AFIGBO, A. E., « Les répercussions sociales de la domination coloniale : les nouvelles structures sociales » in BOAHEN, A. A. (Directeur du Volume), *Histoire générale de l'Afrique, Volume VII, L'Afrique sous domination coloniale, 1890-1935*, p. 527. Certains Africains, dont Ngoupandé, partagent dans une certaine mesure ce point de vue. Ngoupandé écrit en effet au sujet des conséquences de la colonisation : « *Mon sentiment est qu'on exagère peut-être un peu trop la part de la colonisation dans les malheurs de l'Afrique contemporaine* » (NGOUPANDE, J. P., *op. cit.*, p. 43). Et il poursuit plus loin : « *elle (la colonisation) a aussi permis le contact avec la modernité, la fin effective de l esclavage, et des progrès non négligeables dans le domaine de la santé et de l'éducation* » (*ibidem*, p. 44).

[422] AFIGBO, A. E., *art. cit.*, p. 527.

coloniale en Afrique plutôt un mal qu'un bien, la colonisation n'est rien d'autre qu'« *une conséquence de l'esclavage et en prolonge les justifications et les réductions dérisoires du Négro-Africain* »[423] ; elle est souvent perçue comme une machine de pillage des richesses naturelles et d'instrumentalisation des populations indigènes[424]. Alors que pour l'esclavage, les témoignages personnels des esclaves sur leur état psychomental sont rarissimes, pour la colonisation au contraire, une littérature, aujourd'hui abondante, décrit le point de vue du colonisé et permet d'appréhender les effets psychomentaux de la conquête et de la domination coloniales.

III. B. 2. Les conséquences mentales à travers la littérature ouest-africaine

La littérature africaine de langue française et anglaise[425], quoique relevant souvent du genre romanesque et donc de la fiction, quand elle traite de la colonisation, est une description sous forme romancée de la réalité sociale. Elle présente l'œuvre coloniale selon le point de vue du colonisé. Elle exprime maints aspects du phénomène colonial dont l'administration était la plupart du temps soucieuse de ne montrer que des traits qui contribuaient à stabiliser et à maintenir son système de domination. La littérature en général et le roman en particulier du colonisé, écrit Oniankpo Akindjo, « *est un art qui témoigne à suffisance d'un certain vécu, d'un certain imaginaire de la colonisation* »[426]. Le roman apparaît alors comme le lieu privilégié où s'expriment le point de vue du colonisé, ses joies et ses peines, ses réussites et ses difficultés, ses craintes et ses espérances. Ulrike Schuerkens, sociologue, a mené une riche recherche[427] sur la signification de la

[423] ELENGA, Y. C., s.j., *art. cit.*, p. 93.
[424] Cf. MVENG, E., « Ils y étaient avant Christophe Colomb… » in *Golias*, 31 (1992) 176 ; cf. ELENGA, Y. C., s.j., *art. cit.*, p. 93.
[425] Nous nous intéressons particulièrement à la littérature africaine de langue française et anglaise pour la simple raison qu'en Afrique Occidentale, notre domaine d'investigation, n'ont subsisté que ces deux langues coloniales, les Allemands ayant capitulé au Togo en 1914 par suite d'une opération conjointe franco-britannique.
[426] AKINDJO, O., *op. cit.*, p. 4. Pour Akindjo, le genre roman permet le mieux de suivre dans le temps toutes les péripéties de la relation et les changements causés par la colonisation (cf. AKINDJO, O., *op. cit.*, p. 5.). Car, explique Brigitte Alessandri, « *le roman est toujours éclairant pour l'ensemble des sciences humaines en tant qu'il projette au dehors et rend ainsi palpables des scénarii qui sont vécus au-dedans par des hommes à qui leur sensibilité à vif permet de sentir avec plus d'acuité ce qui agite les consciences au sein de leur société* » (ALESSANDRI, B., *L'École dans le Roman Africain : Des Premiers Écrivains Francographes à Boubacar Boris Diop*, L'Harmattan, Paris, 2004, p. 8).
[427] Cf. SCHUERKENS, U., *La colonisation dans la littérature africaine, Essai de reconstruction d'une réalité sociale*, L'Harmattan, Paris, 1994, 271 p.

colonisation pour les groupes autochtones africains, aux fins de contribuer à une anthropologie historique et à une anthropologie du développement[428]. De son analyse de quelques romans africains décrivant le phénomène colonial, Schuerkens note que « *cette littérature révèle le vécu quotidien sous le régime colonial, les particularités dont seuls les Africains peuvent témoigner* »[429]. C'est dire qu'il n'y a que la littérature produite par le colonisé pour rendre compte de cette complexité et compléter ainsi la voix du colonisateur. La voix du colonisé était étouffée, car le développement et la transformation des rapports sociaux introduits par la colonisation faisaient ressentir cette absence de voix autochtone. Dans cette mesure, une analyse ayant pour objet le point de vue du colonisé sur la transformation de sa vie sociale au contact de la colonisation s'impose.

Si les faits, relatifs à la colonisation, décrits dans les romans africains prennent place généralement dans un cadre géographique limité, il s'agit cependant d'une littérature engagée, centrée sur la critique de la colonisation et dont les auteurs se posent en témoin à un niveau plus général, celui de l'Afrique. Les phénomènes traités révèlent ainsi une perception africaine du changement opéré dans la colonisation, « *montrent le point de vue de l'autochtone, ses douleurs, ses souffrances, ses difficultés d'adaptation, mais aussi l'acceptation de plus en plus consciente d'un système de valeurs différentes* »[430]. Trois perspectives majeures, qu'on retrouve dans trois grands classiques de la littérature africaine, se présentent alors quant aux conséquences psychomentales de la colonisation en Afrique Occidentale : l'assimilation ou l'adaptation, la résistance ou la révolte, et l'indétermination ou la démission.

Dans la perspective de l'assimilation ou de l'adaptation, une figure bien significative peut être présentée comme témoin : le narrateur et protagoniste de *L'enfant noir*[431]. Ce témoin de la mentalité d'assimilation ou d'adaptation en Afrique Occidentale est né dans le contexte de la colonisation française. *L'enfant noir* du Guinéen Camara Laye est un roman autobiographique[432] où l'auteur nous livre tout simplement la vie d'un enfant qui s'éloigne peu à peu des valeurs, des traditions séculaires du milieu malinké auquel il appartient. Souvent classé dans les romans d'apprentissage, *L'enfant noir* décrit le développement du jeune africain aux prises avec la nature autour de lui, et avec deux écoles : l'école traditionnelle où il subit des rites d'initiation à des moments déterminés, et l'école française où il apprend la culture étrangère,

---

[428] Cf. *ibidem*, p. 9.
[429] *Ibidem*, p. 10.
[430] *Ibidem*, p. 239.
[431] Cf. CARAMA, L., *L'enfant noir*, Librairie Plon, Paris, 1997, 221 p.
[432] *L'enfant noir* a été publié pour la première fois en 1953 aux éditions Librairie Plon. Selon les critiques, c'est une autobiographie fortement calquée sur la vie de l'auteur : cf. AKINDJO, O., *op. cit.*, p. 127.

sans être traumatisé outre mesure. Dans le roman, le personnage se développe de façon à devenir de moins en moins homme de son clan, au fur et à mesure de ses multiples départs[433] qui ponctuent sa vie ; sa condition d'écolier est responsable de ses départs progressifs de la tradition. Dès le début du roman, les regrets du père[434] sonnent comme le prélude de la séparation dramatique de la fin[435]. En dépit des importantes pages consacrées à la description des us et coutumes du milieu malinké, le narrateur opte résolument pour une attitude profondément profrançaise. Le père est très fier du succès de son fils à l'école coloniale et cette fierté se lit dans le milieu avec l'oncle qui interdit à l'enfant de se souiller la main, pour ainsi dire, en travaillant avec les autres cultivateurs : « *... ce n'est pas ton travail de faucher. Je ne crois pas que ce sera jamais ton travail* »[436]. Bien plus, les manquements à la tradition sont tolérés, ce qui montre que le jeune écolier, marqué du sceau de la particularité, est perçu différemment des autres, et qu'il n'a plus les mêmes obligations envers les traditions du milieu. Ce traitement préférentiel marque à la fois l'enclenchement d'une tragédie, la fin de la reproduction contrôlée de la société malinké, ce qui laisse le champ libre aux influences de l'école coloniale. Les griots venus saluer l'enfant avant son départ pour le collège technique de Conakry font des éloges qui rappellent sans cesse le prestige de l'école dans l'imaginaire de la communauté : « *Déjà tu es aussi savant que les Blancs !... Tu es véritablement comme les Blancs ! À Conakry, tu t'assoiras parmi les plus illustres* »[437]. Ceci montre que l'aspiration de la communauté pour ceux qui sont scolarisés, c'est de devenir « le Blanc », c'est-à-dire obtenir son pouvoir politique et matériel, non pas le lui arracher, mais posséder la même chose. L'objectif ultime serait de parvenir à réaliser la copie conforme du colonisateur. C'est, d'après Akindjo, « *cet immense capital symbolique attaché à l'école et l'attitude admiratrice des communautés pour le Blanc et sa culture – au détriment des cultures locales – qui fondent le mimétisme du colonisé, mimétisme qui n'épargne pas les griots, la mémoire culturelle des peuples* »[438]. Le fait que les griots exaltent le « devenir blanc » de leur enfant avec une telle béatitude témoignerait pour le moins de leur insouciance à

---

[433] Le narrateur en dénombre trois : départ après le certificat d'études pour servir d'interprète, départ pour le collège technique à Conakry et enfin départ pour la France, afin d'y achever les études : cf. CARAMA, L., *op. cit.*, p. 155 ; 211 et 219.

[434] « *Il faudra désormais que tu me fréquentes (...). J'ai peur, j'ai bien peur, petit, que tu ne me fréquentes jamais assez. Tu vas à l'école et, un jour, tu quitteras cette école pour une plus grande. Tu me quitteras petit...* » : *ibidem*, p. 20. Dans ses paroles du père, l'école est synonyme de départ : l'enfant se sépare des traditions du milieu pour la culture coloniale.

[435] Cf. *ibidem*, p. 210-221.

[436] *Ibidem*, p. 60.

[437] *Ibidem*, p. 162.

[438] AKINDJO, O., *op. cit.*, p. 157.

l'égard de ce qui se perd et de ce qui se gagne dans la situation coloniale. Ainsi, l'école aliène le narrateur enfant de lui-même en tant que Malinké. Ses petites séparations psychologiques vont se couronner par un départ physique au point où il dira : « *Mon destin était que je parte !* » [439]. Ce dénouement du narrateur est une indication que l'auteur penche pour une assimilation totale de l'indigène pour qui la colonisation et l'école coloniale constituent une aubaine[440] ; ce qui a pour corollaire de chosifier la culture et l'éducation locales. Dans ce modèle d'assimilation totale qu'offre *L'enfant noir*, les cultures et traditions locales doivent sacrifier au nouveau paradigme, la colonisation vue comme la modernisation. De fait, force est de constater que pour le narrateur, malgré la description détaillée des traditions, les tenants de ces traditions (le père, les oncles, la mère, les griots) et la société malinké tout entière sont devenus subitement aveugles, ignorants, du fait de la scolarisation de leur enfant, et s'en remettant désormais à l'école nouvelle. Il y a alors dans le roman, nonobstant les larmes à peine retenues au départ pour la France, l'adoption d'un modèle de développement exogène où le nouveau doit remplacer l'ancien. En d'autres termes, il y a eu tout simplement abandon d'une culture, sans doute archaïque aux yeux du narrateur, pour raison de modernité. Cette position pointe du doigt une acculturation de l'Africain, qui plus est, se voit heureux de sa capacité d'assimilation. On pourrait par ailleurs remarquer que la représentation assimilationniste de l'école dans *L'enfant noir* correspond bien à la vision politique de Camara Laye qui déclarerait dans une interview avec Adèle King en 1978 : « *Without colonization we could not have risen to the level we are now* »[441]. Finalement, considérant la perspective du dénouement du roman, *L'enfant noir* apparaît 0un exemple éloquent de la négation de soi, ou, plus positivement, de la fierté de mourir dans l'autre.

En ce qui concerne la mentalité de la résistance ou de la révolte comme conséquences psychomentales de la colonisation en Afrique de l'Ouest, Okonkwo, protagoniste dans *Le monde s'effondre*[442] peut être présenté comme un personnage très suggestif. Premier roman du Nigérian Chinua Achebe, *Le Monde s'effondre*[443] est centré sur la vie d'Okonkwo et raconte

---

[439] CARAMA, L., *op. cit.*, p. 218.

[440] « ... *maintenant que cette chance (partir étudier en France) est devant toi, je veux que tu la saisisses ; tu as su saisir la précédente (partir étudier à Conakry), saisis celle-ci aussi, saisis-la bien !* » dit le père de l'enfant. (*Ibidem*, p. 213). Déjà à Conakry, pour les oncles de l'enfant, « *c'était une chance unique* » (*ibidem*, p. 211).

[441] KING, A., *Rereading Camara Laye*, University of Nebraska Press, Lincoln, 2002, p. 47.

[442] ACHEBE, C., *Le monde s'effondre*, traduit de l'anglais (*Things fall apart*) par Michel Ligny, Présence africaine, Paris, 1972, 254 p.

[443] L'édition originale a eu pour titre *Things fall apart* et a paru aux Éditions William Heinemann Limited, Londres, 1958. Le roman connaîtra un énorme succès et est à ce jour l'un des plus célèbres, sinon le plus célèbre roman écrit en anglais par un Africain.

les conséquences psychodramatiques de la colonisation sur la vie en milieu Ibo du Nigéria, un monde qui se suffisait à lui-même et qui a commencé à s'effondrer avec l'arrivée du colonisateur anglais. L'auteur y présente une situation humaine au cœur des processus de changement que l'Afrique anglophone entama lors de l'époque coloniale, et qui concerne aussi la culture africaine, en général. En ce sens, *Le Monde s'effondre* transcende la singularité du Nigéria. La particularité du roman est de situer l'intrigue autour de certains personnages-clefs représentant d'une manière ou d'une autre des conceptions différentes face à la transformation de leur société, conséquence de la confrontation avec le pouvoir colonial. C'est ainsi que le protagoniste principal du roman, Okonkwo, représente l'homme traditionnel, solidement ancré dans les coutumes de sa société. Fils d'un homme décrit comme « raté »[444], il se veut fort et ambitieux, se considère comme le représentant de l'ordre coutumier et veut maintenir les structures caractéristiques de sa société, sans en permettre le moindre changement. À la moindre occasion, il souligne la nécessité de sauvegarder les valeurs autochtones. Mais son entourage ne le comprend pas dans sa détermination à défendre les valeurs traditionnelles. Il s'en rendra dramatiquement compte à la fin du roman lors d'une réunion du village pour décider de coopérer ou non avec l'envahisseur blanc. Considérant comme une avanie inadmissible l'irruption de cinq messagers venus par ordre de l'homme blanc interrompre la réunion, « *en un éclair Okonkwo avait tiré sa machette. Le messager (le chef des messagers) se baissa pour éviter le coup. Ce fut inutile. La machette d'Okonkwo descendit par deux fois, et la tête de l'homme gisait près de son corps en uniforme* »[445]. Le calme revenu, l'intrigue se solde par l'échec d'Okonkwo : les autres messagers s'étaient échappés, preuve tangible que son entourage n'entreprendra pas le même combat. L'échec d'Okonkwo est d'autant plus grave que son entourage trouve son combat insensé : « *pourquoi a-t-il fait cela ?* »[446], questionnent des voix dans l'assemblée. Finalement, en s'opposant sans compromis au pouvoir colonial, Okonkwo se pend[447] et est enterré « *comme un chien* »[448], une fin tragique qui est par ailleurs considérée dans le milieu ibo comme un sacrilège, une impureté, une offense grave à la tradition que paradoxalement il a voulu défendre au prix de sa vie. Sa mort révèle ainsi l'échec d'une lutte contre un envahisseur considéré comme le plus fort, et l'acceptation du fait que les actes ultérieurs du clan ibo se feront, dorénavant, en tenant compte du pouvoir colonial. Il demeure cependant un symbole de la résistance de la tradition face au

[444] Unoka, père d'Okonkwo, « *était un raté* », écrit l'auteur : ACHEBE, C., *op. cit.*, p. 11.
[445] *Ibidem,* p. 248.
[446] *Ibidem,* p. 249.
[447] *Ibidem,* p. 251-252.
[448] *Ibidem,* p. 253.

changement colonial, de la réaction du monde traditionnel africain face à l'aventure de l'acculturation. L'histoire de sa vie témoigne ainsi du traumatisme brutal et bouleversant de l'implantation coloniale anglaise en Afrique Occidentale.

L'indétermination ou la démission comme troisième perspective majeure des conséquences psychomentales de la colonisation en Afrique de l'Ouest peut avoir pour représentant significatif Samba Diallo, protagoniste dans *L'aventure ambiguë*[449] du Sénégalais Cheikh Hamidou Kane. Même si ce roman est écrit un an après l'indépendance du Sénégal, son cadre nous ramène à la période de la colonisation, en l'occurrence à la période de l'introduction de l'école coloniale. Samba Diallo y apparaît comme un véritable symbole d'indétermination ou de démission face à une situation de choix à opérer entre la culture traditionnelle diallobé et la culture coloniale. Le milieu social diallobé tel qu'il est peint par Kane dans ce roman se caractérise par la perte de repères culturels face à la colonisation, thème qui court sur toutes les pages. Cette perte de repères sûrs se ressent d'emblée dans les discussions au sujet de l'école nouvelle, tant les décisions pour ou contre cette nouvelle école étaient difficiles à prendre : faut-il aller apprendre « *toutes les façons de lier le bois au bois* » [450], c'est-à-dire l'écriture ? Ou plutôt « *l'art de vaincre sans avoir raison* »[451], autrement dit la puissance qui supplante le droit ? De toute évidence, la société entière est prise dans un dilemme que perçoit clairement son chef : « *Si je leur dis d'aller à l'école nouvelle, ils iront en masse. (...) Mais, apprenant, ils oublieront aussi ; ce qu'ils apprendront vaut-il ce qu'ils oublieront ? (...) peut-on apprendre ceci sans oublier cela, et ce qu'on apprend vaut-il ce qu'on oublie ?* »[452] C'est la preuve que la culture *diallobé* n'est plus bien incrustée et ce manque de repère culturel sûr est le lieu inaugural d'une aventure ambiguë des *Diallobé* face à tous les vents du changement qui le traversent. L'auteur note, en effet, que « *Le pays diallobé, désemparé, tournait sur lui-même comme un pur-sang pris dans un incendie* »[453]. Le chef qui est parfaitement conscient de ce drame s'interroge : « *Ce lent vertige qui nous fait tourner, mon pays et moi, prendra-t-il fin* ? »[454] C'est dans ce contexte social atrophié et déboussolé que naît le protagoniste du roman, Samba Diallo, qui connaîtra une

---

[449] Édité et réédité, ce grand livre de Cheikh Hamidou Kane, est peut-être la conciliation la plus réussie de l'écriture romanesque classique et de la pensée philosophique et mystique de l'Afrique Occidentale, dans une prose française parfaitement équilibrée, juste et belle, qui ne s'interdit pas de prendre des accents poétiques.

[450] KANE, C. H., *L'aventure ambiguë*, Collection Domaine étranger 10/18, Julliard, Paris, 1961, p. 44.

[451] *Ibidem*, p. 47.

[452] *Ibidem*, p. 44.

[453] *Ibidem*, p. 22.

[454] *Ibidem*, p. 47.

éducation et une formation doubles : traditionnelles d'abord, sous la férule religieuse de Maître Thierno, maître coranique, et l'autorité de la Grande Royale, véritable chef de famille ; occidentales ensuite, par la fréquentation de l'école coloniale et les études supérieures parisiennes. Découvrant à Paris le monde syndicaliste et politique, Samba Diallo se sent déchiré, vivant très mal son isolement et son déchirement entre ses deux cultures : africaine et occidentale. Son retour en Afrique est dramatique, il se trouve incapable de résoudre un dilemme tenace : « *Je ne suis pas un pays Diallobé distinct, face à un Occident distinct, et appréciant d'une tête froide ce que je peux lui apprendre et ce qu'il faut que je lui laisse en contrepartie. Je suis devenu les deux. Il n'y a pas une tête lucide entre deux termes d'un choix. Il y a une nature étrange, en détresse de n'être pas deux* »[455]. Ainsi balancé entre les extrémismes, et ne pouvant pas opérer un choix clair, manquant de repère, il se sent « *comme un balafon crevé, comme un instrument de musique mort* »[456]. De fait, il périt au dénouement, mort tragique qui peut être perçue comme une démission et un suicide face aux tribulations causées par la confrontation angoissante à un nouveau paradigme : la situation créée par la colonisation, en l'occurrence l'école du Blanc.

Finalement, le changement de paradigme en pays Diallobé est plutôt dévastateur et dramatique pour le milieu. La gestation avortée de l'expérience de Samba Diallo montre à cet égard les conséquences du manque de repères sûrs des Diallobé : une phagocytose culturelle pour les sociétés colonisées. Par sa structuration au dénouement tragique, remarque Akindjo, *L'Aventure ambiguë* constitue une résistance consciente[457], voire une véritable protestation[458], de son auteur. Ce grand classique africain, devenu emblématique, pose la problématique essentielle de la confrontation et du bien-fondé de l'interpénétration des cultures dans l'itinéraire de formation des intellectuels africains. C'est que l'aventure de Samba Diallo est aussi l'aventure des Diallobé, des peuples ouest-africains, de l'Afrique entière et, au-delà, de tous les peuples colonisés, soumis à l'acculturation. En ce sens, la pleine signification du projet de Kane semble être la problématique de l'intégration : intégration du nouveau et de l'ancien, du séculier et du religieux, du Diallobé et de l'Occidental, intégration faite avec discernement. L'auteur reste cependant un peu dubitatif, irrésolu, et c'est pourquoi l'aventure reste « ambiguë ». Pour tous les Africains, cette lutte épique que d'aucuns conçoivent déjà perdue n'est en fait pas encore terminée.

---

[455] *Ibidem*, p. 164.
[456] *Ibidem*, p. 163.
[457] Cf. AKINDJO, O., *op. cit.*, p. 176.
[458] Cf. *ibidem*, p. 19.

IV. Paupérisation anthropologique et faiblesses du développement humain durable en Afrique Occidentale

Le discernement des conséquences psychomentales de l'esclavage et de la colonisation, faits historiques majeurs de la paupérisation humaine, peut servir de point de départ d'une théorisation globale des dérives comportementales actuelles de nombreux Ouest-Africains. Les préjugés raciaux dont les effets sont encore vécus aujourd'hui montrent comment l'esclavage et la colonisation peuvent éclairer les rapports de force entre les cultures, car les images mentales subissent une longue gestation dans les esprits et sont douées d'une grande force d'inertie [459]. Par ailleurs, la décolonisation de l'Afrique est loin d'être achevée, en particulier sur le plan mental et conceptuel. En analysant avec lucidité les différentes dimensions concrètes de la vie individuelle et collective en Afrique de l'Ouest, on ne peut pas ne pas se rendre compte que paupérisation humaine, historique et actuelle, a un impact profond sur les mentalités des personnes et des populations et qu'elle a créé un esprit et des structures de comportement nuisible à l'épanouissement d'une société vraiment humaine. Le constat du faible développement de l'Afrique Occidentale, voire son recul, est devenu presque banal aujourd'hui : la pauvreté économique et la faim, l'insécurité, les guerres et la détérioration des équilibres écologiques, l'analphabétisme, l'ignorance et la crise éducative, les épidémies, les pandémies et la précarité de la santé, la mauvaise gouvernance et l'instabilité politique, etc. Autant de situations périlleuses qui appauvrissent l'humain. Les pays de la région vivent donc encore au XXIe siècle dans des conditions déplorables de misère matérielle et de corruption humaine si bien que certaines conditions inhumaines d'existence témoignent du désarroi dans lequel se trouve l'ensemble des populations. Dans ce contexte de paupérisation humaine, il existe une multitude de raisons susceptibles d'expliquer pourquoi la région ne parvient pas à amorcer son développement humain. Certes, essayer de comprendre pourquoi cette région ne connaît pas un développement humain durable satisfaisant, cinquante ans après les indépendances, relève d'une entreprise qui pourrait paraître hasardeuse ; car expliquer les raisons et les conséquences de la paupérisation humaine en Afrique Occidentale aujourd'hui implique de connaître, dans une certaine mesure, les facteurs réels de son développement humain que les acteurs ne réussissent pas à mettre en œuvre. On peut toutefois avancer différentes explications dont les plus pertinentes semblent être historiques, économiques, politiques et culturelles.

---

[459] DE MEDEIROS, F., *op. cit.*, p. 268.

IV. A. Les déterminants historiques des mentalités

L'histoire, écrit Ki-Zerbo, « *c'est la marche confuse et de plus en plus complexe des sociétés au travers des contradictions et des conflits, dans un temps qui s'accélère et un espace qui se globalise* »[460]. Pour comprendre donc globalement la situation qui caractérise singulièrement l'Afrique Occidentale, il nous apparaît primordial, dans le cadre de la paupérisation humaine ouest-africaine, de l'examiner à la lumière de l'histoire[461]. Au Colloque de Port-au-Prince, en Haïti, en 1978, l'idée d'une évaluation des conséquences de l'esclavage a été posée avec le souci de rompre avec les thèses classiques relatives au partage des responsabilités, et de considérer plutôt les répercussions en Afrique même. À cette rencontre, il a été reconnu que personne aujourd'hui ne défend encore l'idée que la Traite a joué un rôle positif en évitant à l'Afrique une explosion démographique, mais qu'il existe plutôt de fortes différences d'appréciations sur ses conséquences pour le sous-développement du continent africain[462]. En ce qui concerne spécifiquement l'Afrique de l'Ouest, nous avons perçu que les conséquences de la Traite sur la région apparaissent déconcertantes : au plan sociodémographique, l'histoire nous apprend que la Traite y a déstabilisé l'édifice social, désorganisé les relations de tous ordres et conduit de nombreuses sociétés ouest-africaines à devenir des isolats culturels et techniques ; dans le domaine économique, l'esclavage a d'abord perturbé l'économie propre déjà existante et, ensuite, compromise et stoppé le développement de la région en détruisant en profondeur la vie économique[463] ; sur le plan politique, on sait que la demande croissante d'esclaves a exacerbé les tensions sociales, désorganisé les relations entre pouvoirs et sociétés, et certains pouvoirs d'États s'en trouvèrent pris dans l'engrenage de l'exploitation et de l'oppression[464]. Cette situation constitue, selon certains analystes[465], une cause majeure de la violence et des

---

460 KI-ZERBO, J., « Histoire et développement » in MADIEGA, Y. G. et NAO, O. (sous la direction de), *Burkina Faso, Cent ans d'histoire, 1895-1995*, Karthala, Paris, 2003, p. 4.

461 Cette démarche vaudrait d'ailleurs pour tout le continent africain, car selon Engelbert Mveng, « Pour saisir le caractère singulier de la situation de l'Afrique, il faut la regarder à la lumière de l'histoire » : MVENG, E., *op. cit.*, p. 203.

462 Cf. AA.VV., *Histoire générale de l'Afrique, La Traite négrière du XVe au XIXe siècle, Études et documents 2*, 341 p.

463 Cf. FAGE, J. D., « Traite et esclavage dans le contexte historique de l'Afrique Occidentale », p. 15-16.

464 Cf. DEVISSE, J., « L'exportation d'êtres humains hors d'Afrique : son influence sur l'évolution historique du continent », p. 116.

465 Cf. DEVISSE, J., « L'exportation d'êtres humains hors d'Afrique : son influence sur l'évolution historique du continent », p. 116 ; KI-ZERBO, J., *Histoire de l'Afrique Noire d'Hier à Demain*, p. 220 ; BARRY, B., « Traite négrière et esclavage interne en Sénégambie

contestations chroniques qui prévalent au sein des populations de la région. Quant à la colonisation ouest-africaine, outre les divergences d'interprétation et de considération, il nous est apparu que ses conséquences sont incommensurables et dominent encore la région. Démographiquement et sociologiquement, la région a été durablement éprouvée en croissance, en stabilité et en cohésion ; économiquement, si le bénéfice colonial est discuté aussi bien pour l'Afrique Occidentale que pour l'Europe, on ne peut nier que l'économie ouest-africaine a été au moins transformée et rendue dépendante vis-à-vis de l'extérieur ; politiquement, la résultante de la conquête et de l'occupation coloniales a été un bouleversement des structures existantes, leur subordination à la métropole et l'arbitraire émiettement territorial et culturel de l'espace régional. C'est pourquoi de l'opinion d'un grand nombre de colonisés, la domination coloniale en Afrique de l'Ouest a surtout été un processus d'instrumentalisation et de dislocation des populations.

Par-delà toutes les conséquences historiques immédiates de l'esclavage et de la colonisation, le préjudice qui s'est perpétué jusqu'à nos jours et qui, de l'avis de nombreux chercheurs[466], est à l'origine de la précarité du développement humain en Afrique Occidentale, c'est la paupérisation humaine historique ou encore la « paupérisation anthropologique ». L'examen de la situation, en effet, montre que dans la région comme dans l'ensemble de l'Afrique subsaharienne, l'esclavage et la colonisation ont fortement marqué les mentalités jusqu'aujourd'hui et occasionné essentiellement une triple réduction : une « réduction épistémologique » en affirmant une infériorité génétique et une déficience intellectuelle de la race noire, une « réduction environnementale » par le mépris de l'espace vital pour l'exploiter à fond plus tard, et enfin une « réduction religieuse ou théologique » en diabolisant les croyances. Ce vide physique et spirituel est peut-être la conséquence la plus dramatique de la paupérisation humaine. Le roman africain moderne essaye d'en décrire les aspects les plus poignants[467] et Mveng constate que la situation « *fait ravage dans les quartiers surpeuplés des villes, où le menu peuple, aux prises avec les dures réalités*

au XVIIIe siècle » in AA. VV., *De la traite à l'esclavage, Actes du Colloque international sur la traite des Noirs, Nantes 1985*, p. 213.

466 Sur ce sujet, on pourrait lire avec intérêt : DE MEDEIROS, F., *op. cit.*, p. 268 ; FAGE, J. D., « Traite et esclavage dans le contexte historique de l'Afrique Occidentale », p. 5 ; ELA, J.-M., *L'Afrique des villages*, p. 32-34 ; MVENG, E., « Essai d'anthropologie négro-africaine : la personne humaine » in *BTA* 2 (1979) 229-239 ; MVENG, E., *L'Afrique dans l'Église : Paroles d'un croyant*, p. 206.

467 La solitude est bien caractéristique de la mentalité d'assimilation et constitue le principe d'aliénation. Tel a été le ressentiment du narrateur de *L'enfant noir* lors de son départ pour Conakry : « *J'étais en vérité sur le chemin de l'école, mais j'étais seul ; déjà j'étais seul ! Nous n'avions jamais été plus nombreux, et jamais je n'avais été si seul* » : CAMARA, L., *op. cit.*, p. 161-162.

d'une vie quotidienne souvent inhumaine, se laisse exploiter par les marabouts et les charlatans de toutes catégories »[468]. Les effets psycho-pathologiques d'un tel processus d'aliénation et leurs incidences sur les comportements actuels des Ouest-Africains sont perçus comme les points focaux d'une théorisation globale des dérives mentales suivantes : d'abord la désarticulation, la dislocation et l'éclatement[469] ; ensuite l'assimilation, le conformisme et le mimétisme[470] ; enfin la négation, la démission et la destruction[471]. En ces considérations, la paupérisation humaine apparaît aujourd'hui comme un abîme qu'aucun bien matériel ne peut combler, car, relève Mveng, « *c'est la condition humaine dans sa racine profonde qui a été tarée, traumatisée, appauvrie* »[472]. Et un tel appauvrissement humain que

---

[468] MVENG, E., *L'Afrique dans l'Église : Parole d'un croyant*, p. 211.

[469] Lorsqu'on considère aujourd'hui chez certains Africains les comportements sociaux, on est inévitablement conduit à se convaincre que l'être africain demeure tendu et subit un véritable déchirement, dans un principe maladif de dislocation intérieure, d'autant plus qu'il est en instance permanente de lutte contre la mort à soi. La dislocation ainsi vécue finit par imposer un sentiment de fausseté par rapport à soi-même et par rapport à sa société. Dans un contexte où il n'a de référence que ce qui lui est extérieur, en occurrence la valeur occidentale, il se vide de sa substantifique valeur propre et devient un individu seul, confronté au mensonge de ses déchirements et à l'impossibilité d'une double fidélité : africaine et occidentale.

[470] Pour de nombreux Africains, à l'instar du narrateur dans *L'enfant noir*, l'Occident est synonyme d'eldorado, de savoir, de pouvoir, de mieux-être ; et l'Occidental n'est rien d'autre que la valeur absolue, et donc une aubaine. Les progrès scientifiques apparaissent à leurs yeux comme l'apanage de l'homme blanc et toute merveille technologique est purement et simplement la « chose du Blanc ». La tendance sera alors de ressembler au Blanc dans le vouloir, le juger, le pouvoir et l'agir. Ils sont nombreux, les Africains qui poussent les comportements conformistes ou mimétiques jusqu'aux traits physiques, surtout esthétiques. Jusqu'aux habitudes vestimentaires, les pratiques occidentales paraissent encore comme de règle. Le prototype de cette dépendance comportementale est bien celui du fonctionnaire africain qui, dans une température ambiante moyenne de 40 °C, est à mesure d'être à son bureau avec veste bien mise et cravate bien nouée.

[471] Perçu comme la domination d'une culture sur une autre, l'esclavage et la colonisation ont secrété un esprit de déroute sociale et de désarroi psychologique dont les conséquences nocives ont abouti à la perte de la créativité chez de nombreux Ouest-Africains. D'aucuns en ont hérité un esprit d'apathie pathologique de la culture africaine et en sont toujours à douter d'eux-mêmes, ne voyant le bien-être et la réussite humaine et spirituelle que dans ce qui est relatif à l'Occident. Ils ne semblent pas avoir un être propre et ni capables de déterminer leur avenir en relevant les défis contextuels. La culture ouest-africaine, en tant que mode d'être, de vivre, de penser et d'agir est aujourd'hui encore niée dans sa valeur même de la part de nombreux Ouest-Africains qui ressentent comme une véritable honte leur appartenance au milieu africain. Ils sont convaincus que ce qui a toujours donné sens à leur vie n'a aucune consistance, et continuent de considérer comme une aubaine ou une chance, que de quitter leur monde, même au risque de leur vie, pour rechercher des valeurs de vie occidentale dont ils ne connaissent pourtant pas les exigences. Un tel comportement dont témoignent les phénomènes des clandestins obstinés et de la fuite de la main habile est de nature à déstabiliser toute une société, surtout quand celle-ci a été historiquement vaincue.

[472] MVENG, E., *L'Afrique dans l'Église : Paroles d'un croyant*, p. 209-210.

Aminata Traoré nomme *Le viol de l'imaginaire*[473] et dont les effets néfastes se pérennisent dans les comportements individuels et collectifs, n'est pas, de fait, sans compromettre tout projet de réelle humanisation durable, dans la mesure où il provoque une perte d'identité et de confiance, un affaiblissement de la créativité, une dislocation de la vie individuelle, sociale et culturelle. Aussi comprend-on pourquoi en Afrique de l'Ouest, comme partout sur le continent noir, l'Occident, esclavagiste et colonisateur, a souvent été accusé d'être à l'origine du retard du continent en matière de développement humain durable. C'est là une donnée souvent invoquée et ordinairement établie au point que, d'après Uwodi, de l'école maternelle aux grandes écoles, on enseigne à l'enfant Africain que l'esclavage et le colonialisme en tant que passé d'infortune ayant forgé la paupérisation humaine africaine, sont la cause du déclin forcé de l'Afrique et donc les responsables de son malheur.[474] Bien plus, pour E. Mveng, ces deux évènements historiques constituent le « *sol nodal de l'annihilation* »[475] de l'Africain en tant qu'humain et c'est pourquoi, selon Fabien Eboussi Boulaga, ils sont désormais la grille à travers laquelle l'histoire africaine doit être relue[476]. Le trait fondamental de la situation africaine, marquée par l'esclavage et la colonisation, affirme le professeur Joseph Ki-Zerbo, « *est la désagrégation, par absence d'un principe interne cohérent. Ainsi tout est dissocié ou mal articulé : le secteur rural et la ville, l'agriculture et l'industrie, la mémoire collective et le temps présent, l'éducation et le corps*

[473] TRAORE, A., *Le viol de l'imaginaire*, Actes Sud et Fayard, Paris, 2002, 206 p. l'auteur traite de la douleur d'une Afrique mutilée par la mondialisation libérale.

[474] Cf. UWODI, M. M., *La philosophie et l'africanité : critique d'un intellectualisme fermé*, L'Harmattan, Paris, 2003, p. 50. Mais de plus en plus, aujourd'hui, des voix se lèvent et font le procès de cette perception de l'histoire : Achille Mbembe fait remarquer que les malheurs de l'Afrique d'aujourd'hui ne proviennent pas uniquement de l'esclavage et de la colonisation ; selon lui, le comble est que la dignité et les droits des Africains sont bafoués par d'autres Africains. (Cf. MBEMBE, A., « Afrique : des théologies sortent de captivité » in *Échanges*, 210 (1987) 21. Voir du même auteur, « Pauvreté, dilemmes d'une théologique » in *Spiritus*, 111 (1988) 171-178). Uwodi, pour sa part, se questionne : « *Comment le fondement essentiel de la crise africaine peut-il se situer dans un facteur d'origine extérieur ? Nous pensons fortement que l'Afrique ne peut pas continuer à accuser pour toujours l'extérieur quant à ses problèmes internes. (...) C'est le devoir de chaque peuple de se prendre en main intégralement, ce n'est pas à un facteur quelconque venant de l'extérieur de faire cela pour lui* » (UWODI, M. M., *op. cit.*, p. 50).

[475] Cf. ELENGA, Y. C., *art. cit.*, p. 97. Dans un article paru aux *Voices from the Third word*, E. Mweng a décrit le système de paupérisation anthropologique, comme ayant deux axes principaux : un axe actif, guidé par un agent externe qui appauvrit, qui prive quelqu'un de ce qu'il était, de ce qu'il avait et de ce qu'il était capable de réaliser ; un axe passif, qui montre comment l'on devient pauvre, perd ce qu'on était, ce qu'on avait et ce qu'on était capable de réaliser. (Cf. MVENG, E., « African theology : A methodological approach » in *Voices from the Third word*, Vol. XVIII, 1 (1995) 106 -116).

[476] Cf. EBOUSSI BOULAGA, F., *La crise du Muntu*, Présence Africaine, Paris, 1977, 240 p.

social, l'économie et la culture, l'État et la société civile, etc. Une Afrique schizophrénique serait structurellement inapte au développement »[477]. Chez tout groupe humain, en effet, la conscience de l'histoire et de la culture se pose comme base ou moteur du développement aujourd'hui, car c'est elle qui intervient comme pont et flux vital, élément de cohérence, d'intégration, sans lequel la personnalité humaine est éclatée et schizophrénique[478]. Malheureusement, chez de nombreux Ouest-Africains, cette cohérence de vie semble être à l'état pauvre. Éclatés en eux-mêmes dans les contradictions de la vie, affaiblis dans leurs forces culturelle et spirituelle, ils acceptent leur condition de pauvreté comme étant un destin divin et cessent de croire en l'avenir. Ils couvent en eux tout principe d'utopie et acceptent ainsi de se laisser déterminer par l'histoire. C'est ce principe de démission qui prévaut dans la manière dont de nombreux Ouest-Africains perçoivent et vivent leur situation. Ils ne comprennent pas qu'on puisse être à la fois moderne et authentiquement Africain. Faute d'avoir perçu cela, ils hypothèquent l'avenir et condamnent l'Afrique Occidentale et toute l'Afrique, d'après la perception de Kä Mana, « *à perdre son âme dans le marché de dupes que fut la situation coloniale* » [479]. Cette mentalité démissionnaire, comme chez le protagoniste de Kane dans *L'aventure ambiguë*, n'a d'autre perspective que la mort catastrophique, celle des possibilités de liberté et de créativité. C'est finalement un esprit de destruction, car, « *dans des situations historiques qui exigent beaucoup de courage et une force de volonté surhumaine pour échapper à l'esclavage, à la déshumanisation ainsi qu'à la mort spirituelle et culturelle, celui qui démissionne de ses responsabilités de bâtisseur d'avenir est un véritable destructeur* »[480]. Les corollaires de cette mentalité de démission et de destruction qui frappent l'Afrique Occidentale, on les connaît : les abandons des postes de travail au bénéfice d'une mentalité de jouissance, de recherche éhontée du profit, l'affairisme dans tous les domaines de la vie sociale, politique et économique, les comportements parasitaires, etc. On est introduit dans de réels principes de base qui structurent l'imaginaire social et le champ des comportements de nombreux ouest-africains, et empêchent que les personnalités individuelles et collectives se constituent en sujets du développement humain, dont en particulier du progrès économique.

---

[477] Préface de Joseph Ki-Zerbo in KI-ZERBO, J. (Sous la direction de), *La natte des autres, Pour un développement endogène en Afrique, Actes du Colloque du Centre de recherche pour le développement endogène (C.R.D.E.) Bamako 1989*, CODESRIA, Dakar, 1992, p. VII.

[478] KI-ZERBO, J., « Histoire et développement » in MADIEGA, Y. G. et NAO, O. (sous la direction de), *Burkina Faso, Cent ans d'histoire, 1895-1995*, p. 8.

[479] KA MANA, *La nouvelle évangélisation en Afrique*, Karthala /Clé, Paris/Yaoundé, 2000, p. 105.

[480] *Ibidem*, p. 105-106.

IV. B. Des déterminants économiques du progrès

Les indépendances et la décolonisation ont éveillé et entretenu en Afrique Occidentale, et dans toute l'Afrique, de grands et légitimes espoirs de liberté et aussi de mieux-être économique[481]. On a même cru pendant longtemps que l'objectif final et les moyens de développement humain étaient exclusivement économiques et techniques et que l'idéal de tous les peuples serait d'atteindre le style de vie de l'Occident industriel[482]. Après cinq décennies de gestion par les Africains eux-mêmes, appuyés par la communauté internationale, les États n'ont pas réussi, avec des ressources naturelles et des capitaux étrangers relativement importants, à amorcer un développement humain satisfaisant. Les nombreuses contre-performances économiques ont déçu les espoirs et suscité de larges débats au sujet des maux qui entravent le décollage économique de la région ouest-africaine et de l'Afrique tout entière[483]. Il en a résulté que, pour saisir la juste mesure de la pauvreté humaine persistante en Afrique Occidentale, il importe de considérer les efforts de construction d'espaces économiques communs dans l'ordre économique mondial. L'émergence de la mondialisation qui correspond à l'amplification de l'interdépendance des économies nationales des États s'est traduite par des mutations dont les plus remarquables sont « *la croissance accélérée des échanges internationaux, le renforcement de la suprématie des firmes transnationales et la transformation du rôle des*

---

[481] À partir de l'année 1960 sera déclenché « *un grand en train des bailleurs de fonds internationaux (Banque Mondiale, F.M.I., ...), des partenaires bi et multilatéraux (États et organismes du Nord) et des organismes internationaux (Institutions des Nations Unies, Organisations nongouvernementales...) qui ont déversé sur l'Afrique libérée et prometteuse d'énormes moyens financiers, de nombreux projets de développement, de multiples assistants techniques et d'importants apports humanitaires* » (SECK, C. Y., *op. cit.*, p. 243).

[482] L'erreur majeure de cette option est l'« occidentalo-centrisme » : seule compte la croissance économique (l'idéal serait la croissance du PNB, de la consommation et donc aussi le gaspillage, la pollution... etc.) et la société occidentale de grande consommation est l'objectif à atteindre.

[483] Depuis le début des années 1990, les informations sur la pauvreté en Afrique de l'Ouest se sont considérablement enrichies. Les savoirs produits sur les pauvres ont en particulier servi à l'élaboration des programmes nationaux dits de lutte contre la pauvreté. Sous la poussée des organisations internationales, le thème de la pauvreté occupe une place de plus en plus importante dans le discours du personnel politique. Mais, l'examen attentif des évolutions économiques et sociales montre que, malgré les résultats obtenus en matière de croissance économique depuis la dévaluation du Franc CFA, les conditions de vie se dégradent pour la majorité des populations. Les États de la région sont confrontés à une contradiction majeure, celle née de l'antagonisme entre la proclamation des droits des citoyens faite dans le contexte de la libéralisation politique et les difficultés de plus en plus grandes de garantir aux citoyens les droits économiques élémentaires. Cf. KOULIBALY, M. (sous la direction de), *op. cit.*, 155 p ; MATHIEU, F. R., *op. cit.*, 200 p ; SECK, C. Y., *op. cit.* 350 p.

institutions publiques »[484]. La mondialisation a ainsi instauré un nouvel ordre économique fondé sur la concurrence à l'échelle mondiale. Dans ce contexte de farouche compétition mondiale, l'Afrique en général, et sa région ouest en particulier[485], s'est illustrée dans une décadence continue, voire une inertie totale. En dépit de la création d'une multitude d'organismes internationaux et inter-étatiques[486] aux fins de réaliser une intégration économique, on peut observer que tous ces efforts n'ont pas permis d'amorcer un développement économique satisfaisant. Pour certains analystes, la cause fondamentale de l'échec économique de l'Afrique Occidentale après les indépendances, à l'instar de tout le continent noir, correspond sans nul doute à son incapacité chronique à faire des choix stratégiques pour résoudre les problèmes auxquels la région a été confrontée[487]. Selon Seck, la politique économique africaine s'est jusque-là satisfaite de « *racolage avec pour seules ambitions d'assurer le quotidien et de développer des stratégies de survie* » [488]. Les solutions sont aujourd'hui inefficaces parce qu'elles se seraient attaquées aux effets plutôt qu'aux causes[489]. Ainsi aurait-on appliqué de fausses solutions aux problèmes économiques : le recours à l'endettement et à l'Ajustement structurel[490].

---

[484] SECK, C. Y., *op. cit.*, p. 62.

[485] L'Afrique Occidentale est la région du monde qui accuse le plus de retard en matière de développement humain : cf. PNUD, *Rapport mondial sur le développement humain 2007/2008*, p. 229-233.

[486] Seck fait une analyse critique sans complaisance de ces différentes organisations internationales dont on peut relever, à titre d'exemple : le Conseil de l'Entente, créé en mai 1959 avant les indépendances, regroupait la Côte d'Ivoire, le Dahomey (actuel Bénin), le Niger, le Haute-Volta (actuel Burkina Faso) et le Togo qui a adhéré en 1966, était un organisme de coopération politique et économique ; la Communauté économique des États de l'Afrique de l'Ouest (C.E.D.E.A.O), créée en mai 1975, regroupait le Libéria, la Mauritanie, le Sénégal, la Guinée, le Ghana, la Guinée-Bissau, le Mali, le Togo, la Haute-Volta (actuel Burkina Faso), le Niger, la Sierra Leone, la Côte d'Ivoire, le Nigeria et la Gambie et s'était fixé pour objectifs de promouvoir le développement des États membres par le biais d'une coopération dans les domaines de l'industrie, des transports, des télécommunications, de l'énergie, de l'agriculture, des ressources naturelles, du commerce et des questions monétaires et financières ; L'Union Economique et Monétaire Ouest Africaine (U.E.M.O.A.) qui a été instituée en janvier 1994, signée et ratifiée par le Bénin, le Burkina Faso, la Côte d'Ivoire, la Guinée-Bissau, le Mali, le Niger, le Sénégal et le Togo, s'est donnée pour objectifs d'approfondir l'intégration économique entre les États membres, de renforcer leur compétitivité économique et financière, d'améliorer la convergence des performances et des politiques économiques, de créer un marché commun, etc. cf. SECK, C. Y., *op. cit.*, p. 70-78.

[487] Cf. KOULIBALY, M. « La pauvreté en Afrique de l'Ouest, La situation et l'avenir de la lutte », p. 7-9 ; SECK, C. Y., *op. cit.*, p. 296 ; MICHAILOF, S., « L'Afrique est-elle condamnée à l'échec économique ? » in MICHAILOF, S. (sous la direction de), *La France et l'Afrique, Vade-mecum pour un nouveau voyage*, Karthala, Paris, 1993, p. 15-35.

[488] SECK, C. Y., *op. cit.*, p. 296.

[489] Cf. *ibidem*, p. 296.

[490] Cf. *ibidem*, p. 296-312. Selon l'auteur, devant l'incapacité des politiques initiées depuis les indépendances à générer des richesses, l'Afrique tout entière a recouru à la solution de

Cette situation de dépendance extérieure du continent a gravé les difficultés économiques internes que connaissait, par ailleurs, particulièrement sa région ouest.

Les raisons internes du faible développement économique de la région ouest-africaine sont multiples et diverses. Déjà, on sait que la jeunesse de sa population génère de lourdes charges d'éducation et de santé qui freinent l'allocation des ressources en faveur des investissements dans d'autres secteurs. Trois secteurs majeurs sont particulièrement touchés : l'agriculture qui est retardataire[491], les taux d'investissements qui sont insuffisants[492] et les facteurs structurels qui ne sont pas maîtrisés[493]. De plus, il importe de noter que c'est dans le temps qu'on produit la richesse, car c'est eu égard à la portion de temps requise pour produire que se déterminent la productivité, la rentabilité, l'efficacité et le respect rigoureux du planning d'exécution des activités productives qui sont, seuls, aptes à générer la richesse nécessaire au développement humain durable. Or, la gestion rigoureuse du temps ne semble pas être une exigence majeure dans la conscience populaire ouest-africaine. Bien au contraire, la maîtrise du temps apparaît à certains

---

l'endettement pour s'octroyer les moyens de faire face à ses dépenses. À ce jour, le continent s'est endetté et surendetté au point que le fardeau de la dette est devenu l'une des plus puissantes entraves à son décollage économique (cf. *ibidem*, p. 297). Quant à l'« Ajustement structurel », l'expression a apparu pour la première fois en 1979 à l'occasion de l'assemblée annuelle de la Banque Mondiale tenue à Belgrade (Ex-Yougoslavie) et Robert Mc Namara, alors président de la Banque Mondiale, en a la paternité. L'économiste Eliott Berg, consultant de la Banque Mondiale, s'en servira pour l'élaboration de son « Programme d'action concertée pour le développement stable de l'Afrique au sud du Sahara » qui servira de support à l'action de la Banque sur le continent noir au début des années 1980. Ce programme, fondé sur l'axiome « moins d'États, plus de marché », instaurera de nombreuses mesures de restriction de l'action étatique regroupées sous le générique « Ajustement structurel ». Ces mesures sont relatives à la réduction du rôle de l'État, à la privatisation des entreprises, au dégraissage de la fonction publique, à la suppression des subventions publiques, à la dévaluation de la monnaie, à la soumission à la loi du marché, à l'abolition des barrières douanières, etc. (cf. *ibidem*, p. 303-304).

[491] Avec des rendements les plus bas (en partie parce qu'il est fait peu appel aux engrais) l'agriculture ouest-africaine reste fondée sur la rente. Or les produits tropicaux d'exportation (café, cacao, banane, arachide, coton, caoutchouc, sucre, etc.) ont des marchés plus vite saturés que ceux des produits manufacturés et ont peu d'effets sur le reste de l'économie.

[492] Avec une moyenne de 12 %, la faiblesse des investissements productifs s'explique à la fois par les mauvaises politiques économiques et par la détérioration des infrastructures financières. À cela s'ajoutent les difficultés relatives à la reconnaissance et plus encore à la garantie du droit de propriété individuelle, ce qui freine la création d'unités productives.

[493] La maîtrise insuffisante des facteurs structurels rend déficients les systèmes d'éducation et de formation, ce qui fragilise le capital humain et le rend très insuffisant. Certes, depuis les indépendances, de nouveaux dirigeants de qualité ont émergé, mais l'encadrement dans les administrations et les entreprises ne constitue pas en encore un support suffisant à déclencher un processus de développement généralisé ; et cette situation a fini par poser un problème sérieux de gouvernance, aussi bien au plan institutionnel qu'à celui des compétences et de l'expertise.

spécialistes de développement comme l'une des difficultés qui complique la situation socio-économique ouest-africaine[494]. Toutes considérations faites, en dernière analyse, il est absolument fondamental d'observer que la précarité économique de la région, loin de relever d'une conjoncture, prend plutôt racine dans les structures mentales des populations, tant il est vrai que « *le sous-développement est une mentalité* »[495]. Cette mentalité d'appauvrissement de l'humain en Afrique Occidentale se manifeste, comme l'énumère Seck, par « *un état d'esprit réfractaire au progrès et attaché à des contre-valeurs que sont le désordre, la démagogie, l'absence de référence, le manque de patriotisme, la citoyenneté déficitaire, la négation de l'individu, le refus de l'évolution, la destruction, le pillage et le vol du bien public* » [496]. Dans ce contexte de dérive mentale, même l'aide au développement a entretenu des comportements d'éternels assistés et a souvent facilité la corruption par le canal des services publics plus soucieux de se partager la manne que de servir les pauvres[497]. Cette situation s'aggrave davantage lorsqu'elle est conjuguée au manque d'ambition réelle des gouvernants et aux tâtonnements politiques sur le front de la lutte pour le développement humain durable.

IV. C. La faillite des politiques de gouvernement

Le développement humain est, écrit Daniel Etounga Manguelle, « *un processus culturel et politique avant d'être économique et technologique* » [498]. Cette pensée de l'économiste semble d'une grande pertinence en Afrique Occidentale. Durant la deuxième moitié du XXe siècle, les chefs d'État de la région se sont engagés à travailler, souvent à grand renfort de slogans révolutionnaires, au bien-être des populations nationales. L'échec de cinq

---

[494] MADJRI, J. D. R., « Une urgence vitale : le développement par la base » in SANON, A. T., Mgr et MADJRI, J. D. R., *op. cit.*, p. 159 ; cf. SECK, C. Y., *op. cit.*, p. 272-275.

[495] SECK, C. Y., *op. cit.*, p. 264-265.

[496] *Ibidem*, p. 265.

[497] Un audit lancé en 1998 par l'Union Européenne sur l'utilisation par la Côte d'Ivoire des fonds d'appui à l'Ajustement structurel a révélé des malversations d'un montant de 18 milliards de francs CFA dans la gestion de l'aide européenne à la santé et à la décentralisation (cf. MICHAILOF, S., *art. cit.*, p. 15). Le recours systématique à l'aide, note Seck, « *a fini par enfermer l'Afrique, sous l'effet d'un cercle vicieux, dans une position d'éternelle assistée obligée de tendre la main pour assurer ses dépenses les plus élémentaires* » (*ibidem*, p. 284.). Ainsi, on peut observer que l'aide au développement induit une triple conséquence désastreuse : elle est une faute psychosociologique parce qu'elle met en évidence la situation de dépendance du pauvre vis-à-vis du riche ; elle est une faute économique parce qu'elle semble dispenser de l'effort créateur ; elle est une erreur politique, car l'état de dépendance qu'elle provoque se confirme en dépendance diplomatique et militaire.

[498] ETOUNGA-MANGUELLE, D., *L'Afrique a-t-elle besoin d'un programme d'ajustement culturel ?* Nouvelle du Sud, Paris, 1989, p. 22.

décennies d'engagement pour le progrès humain révèle aujourd'hui la difficulté des gouvernants à instaurer les bases d'un réel progrès humain. La déconfiture régionale actuelle oblige à admettre que l'idée de développement humain durable a fonctionné « *plus comme un mythe servant à masquer le cynisme de la politique de ceux que l'Afrique a appelés présidents-fondateurs, guides, timoniers, anges pacificateurs* »[499] plutôt que comme un réel projet de transformation de la société. D'une manière générale, rapporte de la Banque Mondiale Jean-Marc Ela, « *la longue liste des problèmes de développement des pays africains dénote une crise du pouvoir, le pouvoir étant entendu ici comme le pouvoir politique de diriger les affaires d'une nation. (...) il en est résulté une personnalisation de la vie politique qui contraint les politiciens à cultiver une clientèle s'ils veulent rester au pouvoir* »[500]. Depuis les indépendances, en effet, les pays d'Afrique de l'Ouest tentent la difficile construction d'États-nations. Dans un contexte de crise économique quasi permanente, la plupart des pays ouest-africains sont sujets aux mouvements contradictoires de confiscation du pouvoir et de tâtonnement dans l'apprentissage maladroit d'une véritable politique démocratique[501] qui, en général, est une imposition des puissances occidentales. Le problème crucial est, d'après Musua Mimbari, « *justement l'absence d'un pouvoir politique au service du développement* »[502]. Pour Musua, toutes les études critiques qui ont tenté d'analyser les causes du sous-développement africain ont invariablement accusé les idéologies particularistes des partis uniques qui ont installé et légitimé l'arbitraire dans la gestion des pays, au grand mépris des règles objectives de la rationalité[503]. À ce sujet, Jean-Marc Ela démontre avec beaucoup de justesse que l'appareil étatique en Afrique noire a été confisqué par une classe sociale dominante, une bourgeoisie d'affaires. Le système de légitimation des responsables politiques ne cadre pas toujours avec le système traditionnel des peuples et engendre souvent des conflits d'une violence indescriptible, devenue pratiquement comme une culture. Cette violence

---

[499] MUSUA, A. M., « La rationalité du développement et l'état africain » in AA. VV., *Philosophie africaine : rationalité et rationalités*, Actes de la XIVe Semaine Philosophique de Kinshasa (du 24 au 30 avril 1994), Facultés Catholiques de Kinshasa, Kinshasa, 1996, p. 409.

[500] ELA, J.-M., *Quand l'État pénètre en brousse. Les ripostes paysannes à la crise,* Karthala, Paris, 1990, p. 82.

[501] Si, dans un certain nombre de pays (en l'occurrence le Sénégal, le Cap-Vert, le Mali, le Bénin et le Ghana), on peut affirmer que le jeu démocratique et l'alternance du pouvoir se sont déroulés normalement, il n'en a pas été de même dans tous les pays de la région. Au Nigéria et au Togo, par exemple, la transparence démocratique s'est heurtée souvent aux pratiques de clientélisme, fondées sur la loi de l'argent et le régionalisme. Les gouvernements tentent aujourd'hui d'opérer une décentralisation qui est devenue un enjeu démocratique majeur.

[502] MUSUA, A. M., *art. cit.*, p. 414.

[503] Cf. *ibidem*, p. 409.

exacerbée depuis la traite négrière, poursuivie d'une manière plus significative pendant la colonisation, se perpétue encore aujourd'hui et a pour conséquence l'instabilité de l'ordre politique et économique. La création désordonnée des partis politiques en nombre pléthorique dans les différents pays de la sous-région ouest-africaine, la naissance des régimes dictatoriaux, des États totalitaires, les coups d'État assez fréquents, autant de maux dont souffre cette partie de l'Afrique. La nature et la fin de l'État ont donc été détournées et la conquête du pouvoir ne répond plus qu'au seul désir de s'enrichir[504]. Car sur le continent, précise Musua, l'accès au pouvoir donne une emprise sur l'économie, et ainsi l'art de gouverner y est inséparable de l'acte de « manger »[505].

Face à la gestion calamiteuse et à l'appropriation exclusive des biens et services étatiques, les contestations et manifestations publiques ont fini par établir une culture de la violence. Le slogan des manifestations et soulèvements populaires en Afrique Occidentale est bien connu : « *Casse tout, c'est l'État qui paie* »[506]. Dans ce contexte régional à forte majorité analphabète et vivant une grave décadence de la citoyenneté, le bien public apparaît réellement dans l'inconscient populaire *« comme celui qui n'appartient à personne et dont tout un chacun peut disposer à sa guise »*[507]. Par ailleurs, dans certains pays comme le Libéria, la Sierra Leone et le Nigéria, le pouvoir d'État ne parvient pas à maintenir son monopole de recours à la force publique, laissant la place à des guerres à rebondissements. Des seigneurs de la guerre s'emparent quelquefois de zones minières, répandent la terreur, défient et parfois prennent le pouvoir. Les accords de paix suite aux conflits au Liberia, en Sierra Leone, en Guinée et en Côte d'Ivoire demeurent très fragiles et ont entraîné des déplacements massifs de réfugiés. Au Nigeria, en Côte d'Ivoire, au Togo, au Sénégal et au Burkina Faso, le système de

---

[504] Cf. ELA, J.-M., *Quand l'État pénètre en brousse. Les ripostes paysannes à la crise,* 268 p. À ce sujet, Ela montre comment, dans les États africains où un seul homme, parce qu'il concentre en sa personne la totalité du pouvoir, « *se croit investi de la mission de penser pour tous, en marginalisant les intellectuels turbulents par la censure, l'intimidation et la répression policière* ». Les pouvoirs répressifs accélèrent ainsi la fuite des cerveaux pour imposer le règne d'un consensus quoique précaire. (*Ibidem*, p. 21).

[505] Pour satisfaire son appétit de jouissance, la bourgeoisie choisit la répression pour écarter toute participation du peuple à la table où le capital international laisse des miettes de développement dans les sociétés périphériques. Cf. MUSUA, A. M., *art. cit.*, p. 414.

[506] SECK, C. Y., *op. cit.*, p. 254.

[507] Le procès de l'ex-président Malien Moussa Traoré, en l'occurrence, pour crimes économiques a dévoilé la voracité insatiable avec laquelle il s'est approprié les fonds publics maliens avec son épouse Mariam. (Cf. SECK, C. Y., *op. cit.*, p. 259). Dans les moments de trouble, de nombreux manifestants cassent les biens publics avec la ferme conviction que ce sont les avoirs des gouvernants qu'ils détruisent. Pareillement, les responsables de postes confondent le patrimoine public qu'ils gèrent avec leur propriété privée. L'usage des véhicules de l'État excède largement les besoins du service public.

gouvernance doit aussi tenir compte du pouvoir traditionnel qui joue encore un rôle important au sein des populations. Dans le Sahel, au Mali et au Niger particulièrement, se rencontrent des rebellions de nomades (Touaregs) plus ou moins bien contrôlées. De plus, les frontières actuelles, héritées de la colonisation, ont contribué à forger, à l'intérieur de chaque pays, des destinées historiques distinctes, mais elles ont négligé les affinités entre les populations fondées sur de profondes racines historiques plus anciennes. Malgré le panafricanisme prôné par Kwame Nkrumah du côté anglophone et le Rassemblement démocratique africain du côté francophone dans les années 1950, les indépendances ont pris pour cadre les frontières coloniales, légitimées ensuite par l'Organisation de l'Unité africaine (OUA). Ce faisant, en dépit de la création des divers organismes internationaux et inter-étatiques, le caractère artificiel des frontières freine encore l'intégration régionale et n'a pas fini de générer de profondes crises. Et ainsi, le poids des anciennes métropoles continue de marquer la région sur tous les plans, du tracé des frontières et des principales voies de communication aux relations économiques, politiques et culturelles. Sur le plan culturel en particulier, la crise que vivent les populations ouest-africaines semble être, en dernière analyse, la raison fondamentale de la précarité du développement humain.

IV. D. De la résistance atavique de la culture

La précarité du développement humain durable dans le contexte ouest-africain peut être interprétée comme une crise d'orientation théorique et pratique, c'est-à-dire une crise d'identité culturelle. Et la crise d'identité culturelle est, selon la perception de Jean-Chrysostome Kapumba Akenda, aussi bien une désorientation de l'univers théorique et pratique qu'une pathologie des schèmes symboliques[508]. De fait, en matière de développement humain durable dans le contexte global de l'Afrique en général, et de l'Afrique Occidentale en particulier, de nombreuses différences psychologiques et sociologiques, culturelles et environnementales, des difficultés opérationnelles et politiques, viennent déterminer les esprits des décideurs, mettre en crise les valeurs contextuelles, tant et si bien que pour certains spécialistes, la crise des cultures ouest-africaines constitue la cause principale du faible développement humain. Il s'agit, déclare Ki-Zerbo, « *du problème de l'identité et du rôle à jouer dans le monde* », car primordialement, « *le progrès, ce qu'on appelle le développement, c'est « faire le plein » de sa capacité en tant qu'être humain pour être un émetteur et un récepteur de valeurs* »[509]. Mais en Afrique

[508] Cf. AKENDA, J.-C. K., « Le sous-développement comme crise d'identité culturelle » in *RUCAO* 25 (2005) 95.
[509] KI-ZERBO, J., *A quand l'Afrique ? Entretien avec René Holenstein*, p. 183.

Occidentale, l'analyse montre que, dans son contexte de paupérisation historique, outre les raisons exogènes, il existe un environnement de valeurs propres, produits d'une histoire et d'une culture spécifiques, au sens de représentation du monde, dont il n'a pas toujours été tenu compte. Pourtant, l'expérience a prouvé que le développement se prépare dans la mentalité, et qu'il est bien une invention culturelle[510]. Dans cette mesure, analysant les conditions de l'émergence d'un développement humain durable en Afrique, des chercheurs comme Daniel Etounga Manguelle[511], Axelle Kabou[512], et Cheikh Yérim Seck[513], mettent en cause la culture africaine. La façon d'être, de penser et d'agir entraverait l'établissement de dynamiques de progrès humain et autoriserait à estimer qu'une culture régressive serait enracinée dans l'ensemble des mentalités africaines. Cette culture d'aliénation et d'appauvrissement, responsable de la précarité de la vie humaine sur tout le continent noir et particulièrement en Afrique de l'Ouest[514], a suscité une critique véhémente chez certains analystes du mal africain, donnant ainsi raison aux afro-pessimistes[515]. Culture d'appauvrissement humain, elle atteint tous les niveaux de la vie, dont notamment la sphère des croyances.

Il est notoirement connu que les sociétés ouest-africaines sont encore aujourd'hui régies par des traditions qui, pour beaucoup, préexistent à la colonisation. De nombreuses coutumes (les tabous, les interdits, le tribalisme, la polygamie avec ses corolaires, les pratiques ancestrales, etc.) ont survécu à la fois à la colonisation et à l'indépendance, avec le maintien de sociétés de lignage, la promotion du communautarisme[516] qui dicte son comportement à

---

[510] Cf. MUSUA, A. M., *art. cit.*, p. 418.
[511] Cf. ETOUNGA-MANGUELLE, D., *op. cit.*, 180 p.
[512] Cf. KABOU, A., *op. cit.*, 208 p.
[513] Cf. SECK, C. Y., *op. cit.*, 350 p.
[514] Cf. *ibidem*, p. 250.
[515] Axelle Kabou et Daniel Etounga-Manguelle, par exemple, décrivent la culture africaine comme inapte à opérer des mutations positives (cf. KABOU, A., *op. cit.*, 208 p ; Daniel Etounga-Manguelle est catégorique à ce propos : « *Pour nous, écrit-il, la cause globale, la cause unique, celle qui est à l'origine de toutes les déviations, c'est la culture africaine, caractérisée par son autosuffisance, sa passivité, son manque d'ardeur à aller à la rencontre des autres cultures avant que ces dernières ne s'imposent à elle et ne l'écrasent, son incapacité, une fois le mal fait, à évoluer à leur contact sans tomber dans un mimétisme abject* » (ETOUNGA-MANGUELLE, D., *op. cit.*, p. 21). Le constat semble unanime et Monseigneur Robert Sarah, insiste : « Une certaine suffisance, une certaine passivité, un manque d'ardeur à aller à la rencontre des autres cultures, une notion très étendue de la structure familiale, le poids d'une solidarité pernicieuse où tout appartient au groupe : car les oisifs qui vivent du travail d'une minorité sont nombreux » (SARAH, R., Mgr, *Culture, démocratie et développement*, Imprimerie Mission catholique, Conakry, 1998, p. 56).
[516] Le « communautarisme » se définit comme un courant politique fondant la structure sociale sur le développement des mouvements propres à chacune des communautés ethniques d'un pays.

l'individu, le culturalisme[517], qui conduit à valoriser un mode d'organisation sociale fondée sur la soumission révérencielle à la communauté et aux autorités traditionnelles. Il en résulte une certaine absence de responsabilité individuelle qui handicape la promotion des activités génératrices de revenus et constitue par conséquent un obstacle majeur au processus d'accumulation, indispensable à l'amélioration des conditions de vie humaine. Dans ces considérations, on pourrait soutenir avec Uwodi, que les cultures ouest-africaines, comme instruments de formation de l'homme, c'est-à-dire comme instruments de formation de l'individu dans l'homme, ne semblent pas avoir la capacité primordiale d'offrir à l'homme le bien-être, lui permettre de concevoir la notion de liberté humaine comme appartenant à l'essence propre des peuples et comme nécessaire à leur épanouissement. Bien plus, dans la même perspective de pensée, ce que Sogolo dit des cultures africaines en général apparaît comme particulièrement pertinent dans les cultures ouest-africaines : « *dans n'importe quelle culture, le peuple croit non seulement des choses erronées ou stupides mais encore des choses absurdes et inintelligibles* »[518]. Dans de nombreuses cultures ouest-africaines en effet, « *l'homme est formé à accepter des croyances et des modes de vie sans poser aucune question, car, la plupart de ces croyances et de ces modes de vie ayant survécu depuis plusieurs générations, le temps apparaît comme une preuve de leur efficacité* » [519]. En dépit de l'arrivée de nouvelles religions dont les plus importantes sont l'islam et le christianisme, les cultures ouest-africaines restent profondément marquées par la religion traditionnelle dont les principes de base acquis depuis les temps immémoriaux déterminent encore aujourd'hui la pensée et l'agir. Dans la quasi-totalité des cultures de la région, tout se ramène au sacré, au divin et à Dieu, considéré comme seul et unique être surnaturel. Dès lors, on comprend pourquoi, selon Uwodi, « *Tout s'explique,*

---

[517] Le « culturalisme » est une école d'anthropologie accordant une grande importance aux interactions culturelles entre les ethnies et les sociétés.

[518] SOGOLO, G., « Moral Thinking in Traditional African Society » in *Foundations of African Philosophy : A Definitive Analysis of Conceptual Issues in African Thought*, Ibadan University Press, Ibadan, 1993, p. 88.

[519] UWODI, M. M., *op. cit.*, p. 229. Il existe de fait, en Afrique Occidentale, de nombreuses croyances populaires fondées sur des mythes dont la multiplicité et la fécondité même témoignent de leur importance socio-religieuse. On observe en outre, dans les divers secteurs de la vie courante, des normes et des modes de vie sans explication rationnelle, échappant à l'intelligence humaine, mais que l'homme est pourtant contraint d'accepter. Pour Uwodi, la culture africaine, dominée par le mythe et la croyance religieuse, manque des structures adéquates à la formation intellectuelle de l'homme. Selon lui, « *Dans la plupart des cas, la structure religieuse ne permet pas à l'homme de se réaliser dans son essence la plus profonde, c'est-à-dire de se comprendre lui-même comme libre en soi et pour soi. (...) Dans la religion, et surtout dans la religion traditionnelle africaine, les réponses aux questions théoriques concernant la vie sont données avant que ces questions soient même posées* » (*ibidem*, p. 228-229).

agit et réagit grâce à des puissances surnaturelles dans un processus divin » »[520]. Dans la conscience populaire, les implications de cette conception d'une vie unifiée sont multiples[521] : Dieu est maître de tout, et par conséquent, l'homme n'a rien à faire, si ce n'est attendre la providence divine ; Maître de tout, Dieu est aussi responsable de la vie humaine en société, et alors toutes les questions d'ordre politique, économique, social et religieux s'entremêlent et se cristallisent en un seul être suprême qui sait toutes réponses avant même que ces questions ne soient posées. Dans ce contexte social fortement marqué par les mythes et les croyances religieuses, et dont la conséquence est le développement d'une hyper-religiosité pleine d'ambiguïté, les formes superstitieuses de religiosité ne sont pas absentes[522] ; bien au contraire, elles déterminent à la fois l'attitude, la pensée et l'agir au point d'emprisonner parfois l'homme dans un état de puérilité préjudiciable à l'émergence d'une culture scientifique et à la maturation des initiatives de développement humain durable.

Dès lors, il s'avère impérieux que les populations ouest-africaines s'arrachent à l'engourdissement de l'intelligence et de la volonté créatrice, qui peut aller parfois jusqu'à une léthargie mortelle. En cela, dans la poursuite du développement humain durable, il importe de bien percevoir avec Hebga, qu'il est urgent, tout en respectant les authentiques valeurs religieuses contextuelles, de « *démystifier et de désacraliser le réel ; de l'analyser pour en découvrir les lois ; de soumettre la nature et ses forces les plus redoutables à l'avantage de l'homme, en participant à l'immense effort de la civilisation technologique* »[523]. Cela implique une libération des contraintes d'ordre naturel, d'ordre culturel (ignorance, magie…), d'ordre social, économique et politique. À la place de la culture de la cueillette et de la chasse, du renoncement à être maître et possesseur de la nature, de la mentalité de

---

520 *Ibidem*, p. 52.

521 Cf. *ibidem*, p. 52-53.

522 L'image même de Dieu continue d'être colonisée en Afrique dans la mesure où des Africains ne se départissent pas de l'idée selon laquelle Dieu est exclusivement identifiable au « Blanc », en témoignent les innombrables représentations cinématographiques, iconographiques et picturales où Dieu, qu'il soit Père ou Fils, est un Blanc blond avec des yeux bleus. De ces représentations, l'inférence consécutive se déduit : les Blancs sont l'image fidèle de Dieu, divins par excellence. Les implications psychologiques de cette conception sont nombreuses : les Blancs partagent l'essence divine, force et supériorité absolues. N'entend-on pas souvent en milieu ouest-africain cet adage : « Dieu est fort, mais le Blanc n'est pas petit ! » La divinité des Blancs, en l'occurrence esclavagistes et colonialistes, aurait entraîné la suprématie raciale blanche terrestre ; aurait établi comme un ordre cosmologique et une hiérarchie ontologique incontournables. D'où une pathologique soumission instinctive au Blanc même chez certains intellectuels ouest-africains qui, comme de grands enfants, finissent par douter d'eux-mêmes et de leurs compétences face à leurs collègues blancs qui auraient pourtant à apprendre d'eux.

523 HEBGA, M. P., *Afrique de la raison, Afrique de la foi*, Karthala, Paris, 1995, p. 79.

dépendance et d'assisté, il faudra plutôt cultiver l'esprit d'entreprise. On sait que l'attitude traditionnelle des populations ouest-africaines faite souvent de soumission aux forces de la nature revêt parfois les évènements d'un caractère de fatalité qui dispense de l'effort de résistance et aboutit quelquefois à la résignation défaitiste[524]. Dans cette mesure, il apparaît primordial que les nations ouest-africaines comprennent que « *La volonté de transformer le monde suppose une transformation de la volonté et de l'attitude de l'homme à l'égard du monde et de l'avenir* »[525]. Il s'agit ici, d'après Kä Mana, d'une transformation qui rompt avec les grandes désarticulations, les grandes dérèglementations et les désintégrations multiples qui appauvrissent et détruisent l'être africain aujourd'hui : « *les désarticulations d'un psychisme arrimé à un passé où le poids de l'invisible et « l'enflure de l'irrationnel » n'ont pas pu prendre la mesure des nouvelles réalités et des nouvelles logiques sociales imposées par l'émergence de l'Occident dans la trajectoire spirituelle* »[526] ; les dérèglementations des systèmes de perception éthique du monde dont la conséquence est l'éclatement et l'incohérence où les Africains continuent de déployer, sans y croire vraiment, des mythes et des slogans jamais accomplis[527] ; et les désintégrations des capacités et des énergies créatrices des sociétés africaines[528]. Cette situation qui, manifestement, est celle de la désarticulation de la raison, traduit simplement une incapacité à se constituer une identité culturelle rationnelle[529] et c'est principalement cela qui se découvre comme la cause première et fondamentale de la précarité du développement humain durable en Afrique Occidentale, l'identité culturelle rationnelle passant pour être l'âme du développement[530]. Aussi, à la

524 Cf. *ibidem*, p. 78-79.

525 *Ibidem*, p. 79.

526 KA MANA, *Christ d'Afrique, Enjeux éthiques de la foi africaine en Jésus-Christ*, p. 185.

527 Cf. *idem*.

528 Cf. *ibidem*, p. 186. Hebga constate pour sa part que la volonté de changer le cours du monde, ou du moins d'accomplir quelque chose de grand dans la vie, de faire l'histoire au lieu de la subir, cette volonté prométhéenne caractéristique de l'Européen est en Afrique trop faible et trop rare. Et Hebga de rapporter à la suite du sociologue Pierre Bourdieu, la conviction de Éric Weil : « *la volonté de transformer le monde suppose une transformation de la volonté et de l'attitude de l'homme à l'égard du monde et de son avenir* » : HEBGA, M. P., *op. cit.*, p. 79.

529 Cf. AKENDA, J.-C. K., *art. cit.*, p. 99.

530 Est « rationnel » ce qui appartient à la raison, ou qui lui est conforme, ou encore ce qui est logique et conforme à une bonne méthode. L'adjectif « rationnel » vient du terme latin « ratio », raison. Celui-ci se rattache à « ratus », participe de « reor » (penser, croire) et « *paraît avoir surtout signifié avant l'époque classique calcul et rapport. La raison est la faculté de compter, d'organiser, d'ordonner. Au point de vue de source de connaissance, la raison est la faculté de raisonner discursivement, de combiner des concepts et des propositions, d'enchaîner les vérités* » (MUSUA, A. M., « La rationalité du développement et l'état africain » in AA. VV., *Philosophie africaine : rationalité et rationalités*, Actes de la XIVe Semaine Philosophique de Kinshasa (du 24 au 30 avril 1994), Facultés Catholiques de

considération de certains spécialistes du développement, les cultures ouest-africaines, à l'instar de celles de toute l'Afrique, fonctionnent-elles comme des facteurs de blocage et d'immobilisme[531]. Bien plus, à en croire Axelle Kabou, il faut admettre que toute l'Afrique « *a mis autour d'elle-même un puissant dispositif culturel permettant de déprimer à la base, tout désir de créativité* »[532]. C'est ce que Hebga a dénommé « *le roc d'une mentalité atavique résistante* »[533]. Pourtant, le défi du développement humain durable de l'Afrique Occidentale, comme d'ailleurs dans toute communauté socioculturelle, ne peut être relevé que dans un rapport à une originalité portée par son histoire culturelle au sein de laquelle s'est construite et se meut l'identité collective. C'est dire que son ouverture au monde devra s'effectuer dans la conservation de ses valeurs qui garantissent son identité, mais également ses rapports aux autres êtres humains[534].

V. Des réactions ouest-africaines face à la paupérisation anthropologique

De nombreux écrivains noirs, en lutte ouverte contre l'aliénation des systèmes esclavagiste et colonial, ont voulu opérer un retour aux sources mêmes de l'oralité et s'inspirent des valeurs que l'Occident avait rejetées. Il est question ici de passer en revue quelque trois grands courants de pensée relatifs à la réhabilitation de la culture africaine et qui constituent en même temps des idéologies africaines. La réhabilitation de l'âme noire est partie de l'Amérique où les esclaves noirs qui y ont été emportés par la Traite n'avaient d'autre alternative que de s'exprimer à travers le domaine

Kinshasa, Kinshasa, 1996, (p. 409-421), p. 410). L'identité culturelle rationnelle, qui se révèle dans la pratique des moyens de subsistance, conduit l'homme à se fixer des objectifs et à s'approprier les moyens de la réalisation de ces objectifs. Elle signifie ici comportement ou mentalité efficace. Jean Ladrière considère l'identité culturelle rationnelle comme l'âme du développement. Pour lui, l'idée de développement est une expression particulière du projet rationaliste qui s'exprime de façon très lucide dans le « *Discours de la Méthode* » où Descartes établissait un projet d'une science de la nature appelé à couvrir les phénomènes humains et grâce à laquelle nous deviendrons « maîtres et possesseurs de la nature » (LADRIERE, J., « Réflexion sur le développement intégré » in AA. VV., *Le développement intégré* (groupe de synthèse de Louvain), Louvain-la-Neuve, CIACO, 1987, p. 21).

[531] Cf. SECK, C. Y., *op. cit.*, 350 p ; ETOUNGA-MANGUELLE, D., *op. cit.*, 153 p ; UWODI, M. M., *op. cit.*, 251 p.

[532] KABOU, A., *op. cit.*, p. 84.

[533] HEBGA, M. P., *op. cit.*, p. 79.

[534] DIOP, C. T., *op. cit.*, p. 28.

culturel[535]. Le dur labeur qu'ils avaient à exécuter quotidiennement dans des champs et mines était souvent rythmé par de chants et de danses par lesquels ces hommes et ces femmes, descendants d'esclaves, témoignaient leur ras-le-bol face à l'oppression systématique dont ils étaient tous victimes. Toutes ces plaintes transposées dans la sphère religieuse donnèrent naissance au négrospiritual, puis au jazz en musique. Ce furent d'abord des mouvements de contestation, du fait du traitement qui leur était infligé et de la nostalgie de leur « mère-Afrique ». L'expression de cette résistance noire la plus manifeste sera à la fois identitaire, culturelle et politique. Face à l'idéologie de négation et de colonisation du Noir, les Négro-africains vont opposer une idéologie d'affirmation et de libération qui se manifestera d'abord dans le domaine de la culture et par après dans la sphère politique[536]. Par leur entreprise idéologique, ils poursuivaient un idéal commun : le transfert des noirs vers l'Afrique, leur continent d'origine et la création des États-Unis d'Afrique qui prit surtout sous l'égide de Du Bois un contour théorique et également une dénomination, le panafricanisme. Mais elle restera une idéologie d'une poignée d'intellectuels décolonisés et formés loin des réalités africaines, née dans le contexte particulier d'exil, d'esclavage, d'exploitation, d'oppression et de discrimination raciale. Ce mouvement revendicatif des Nègre s de la diaspora a eu des répercussions en Afrique, notamment en Afrique occidentale avec la « négritude » de Senghor, la « restauration de la conscience noire » de Cheikh Anta Diop et le « panafricanisme » de Nkrumah.

V. A. La « négritude » de Léopold Sédar Senghor

Le concept de « négritude » est un néologisme qu'Aimé Césaire a employé pour la première fois dans Cahier d'un retour au pays natal[537]. *Le Petit Robert* le définit comme l'« *Ensemble des caractères, des manières de penser, de sentir propres à la race noire ; appartenance à la race noire* »[538]. La négritude ou la « négrité » désigne alors la manière de s'exprimer du Nègre , mieux, l'ensemble des valeurs de la civilisation nègre telles qu'elles

---

[535] L'idéologie africaine fit alors irruption dans la diaspora noire, liée à trois personnalités noires américaines : W.E.B. Du Bois, Marcus Garvey et Dr Price Mars qui militèrent tous avec acharnement pour la réhabilitation de la race noire et du continent africain.

[536] NGOMA BINDA, *Idéologies politiques d'Afrique noire. Une introduction analytico-critique*, Hanovre, 1989 (inédit), p. 1.

[537] CÉSAIRE, A., *Cahier d'un retour au pays natal*, Présence Africaine, Paris, 1993, 93 pp. L'œuvre fut publiée pour la première fois en 1939. Son œuvre *Discours sur le colonialisme* est un véritable manifeste de l'anticolonialisme (cf. CÉSAIRE, A., *Discours sur le colonialisme*, Présence Africaine, Paris, 2000, 58 p).

[538] REY, A., et REY-DEBOVE (Rédaction dirigée par), *Le Petit Robert, Dictionnaire alphabétique et analogique de la langue française*, Le Robert, Paris, 1984, art. « Négritude ».

se manifestent dans la vie et les œuvres des Noirs. Elle est née du souci de l'auto affirmation du Nègre, de la reconstitution de son propre monde fondé sur ses propres valeurs face à l'échec de son assimilation et de son illusion de l'occidentalité. Elle marque le temps de retour aux sources, exalte l'originalité et la différence de la culture négro-africaine. En cela, elle pourrait se définir comme l'idéologie de toutes les idéologies négro-africaines et apparaît, écrit Cheikh Tidiane Diop, « sous trois aspects : C'est un style artistique, plus spécialement littéraire ; c'est une conduite de compensation ou de réaction à la frustration coloniale ; c'est une défense voire une exaltation de la personnalité culturelle du Noir »[539]. Dans son expression, on distingue alors une négritude spontanée qui jaillit avec une émouvante simplicité, dans les chants, les danses, les systèmes cosmogoniques, les contes, les énigmes et les proverbes (négritude folklorique objet de l'anthropologie culturelle), d'une négritude explicite qui apparaît dans les poèmes, les romans ou les écrits politiques (domaine de l'analyse littéraire, de la psychologie sociale et de la sociologie) ; la première exprime l'âme populaire et a une fonction ludique et pédagogique ; la seconde, née d'une réaction à la situation coloniale, veut être d'abord un exorcisme, un procédé magique d'incantation avant de devenir arme de combat. La construction de cette personnalité culturelle noire qui se veut affranchie des arcanes de la pensée occidentale sera, à l'origine, l'œuvre de trois universitaires : le Guyanais Léon Gontran Damas[540] (1912-1978), le Martiniquais Aimé Césaire, de son nom complet Aimé Fernand David Césaire (1913-2008), et le Sénégalais Léopold Sédar Senghor (1906-2001). Bien que la négritude fût une entreprise commune, chacun va donner au mouvement une empreinte personnelle.

En Afrique Occidentale, ce mouvement eut pour représentant militant Léopold Sédar Senghor. Pour sa part, Senghor pense que le terme « négritude » présente deux faces, objective et subjective, c'est à la fois une culture nègre et un comportement noir. C'est ainsi qu'il définit la négritude d'abord *objectivement* comme une culture, comme l'ensemble des valeurs économiques et politiques, intellectuelles et morales, artistiques et sociales, non seulement des peuples d'Afrique noire, mais encore des minorités noires d'Amérique, voire d'Asie et d'Océanie. En ce sens, elle apparaît comme une volonté d'être soi-même pour s'épanouir, comme une volonté d'assumer les valeurs de la civilisation noire, lesquelles valeurs fondamentales résident dans un don d'émotion, une ontologie existentielle et intuitive, un art engagé, fonctionnel et unitaire. Ensuite, *subjectivement,* il définit la négritude comme « *"l'acceptation de ce fait" de civilisation et sa projection,*

---

[539] DIOP, C. T., *op. cit.*, p. 30.

[540] Cf. DAMAS, L.-G., *Pigments*, Présence africaine, Paris, 1937. Cette œuvre est considérée comme la première revendication de la négritude.

en prospective, dans l'histoire à continuer, dans la civilisation nègre à faire renaitre et à accomplir »[541]. La « négritude » est, écrit Senghor, une certaine vision du monde, une certaine manière concrète de vivre le monde. Elle est une « *Weltanschauung* », un « être-là », c'est-à-dire, un « être-nègre »[542].

Chez Senghor, la « négritude » est encore à la fois projet et action. Comme projet, elle est ce type de sensibilité, d'« *Einfühlung* » propre au Nègre . Elle est, par là même, la clé de sa philosophie et de son art. Pour lui, la négritude a sa racine dans l'environnement[543]. Cela ne l'en empêche pas moins de l'interpréter, en fin de compte, comme étant une donnée biologique et métaphysique figée[544]. En tant qu'action, la négritude senghorienne est la réalisation de l'« éthos négro-africain » singulièrement dans le domaine de l'art. Ailleurs, Senghor dira que la « négritude » n'est pas un « projet », mais, uniquement, un « état »[545]. Et soucieux de mieux faire saisir sa conception de la « négritude », Senghor opposera la raison nègre à celle de l'Européen. Alors que, chez lui, la raison nègre est définie comme une « raison-étreinte », la raison européenne devient une « raison-œil ». C'est dire que pour Senghor, le Nègre est avant tout intuitif, l'Européen, par contre, avant tout discursif[546]. Senghor voit dans l'intuition une saisie plus profonde de l'essence des choses. Il la déclare néanmoins impuissante et inadaptée aux exigences contemporaines que satisfait mieux la raison discursive propre à l'Occident[547]. Par ailleurs, il comprend sa « négritude » (« être-nègre », « sensibilité », « état ») de façon biologico-statique[548].

On le voit, la négritude de Senghor se révèle complexe et difficile de compréhension, sans doute du fait des contradictions dont sa pensée n'est pas totalement exempte. Son concept de « négritude » apparaît à la fois comme projet et non projet, action et non action (simple état), vision du monde (*Weltanschauung*) et être (être-nègre), projet et être. Même si la négritude peut paraître aujourd'hui bien vieillie et loin des préoccupations essentielles des

---

[541] SENGHOR, L. S., *Liberté III. Négritude et civilisation de l'universel*, Seuil, Paris, 1977, p. 270.

[542] SENGHOR, L.S., « De la négritude » in SMET, A.J. (éd.) *Philosophie africaine,* Kinshasa, 1975, *texte I*, p. 20.

[543] Cf. SENGHOR, L. S., *Liberté I, Négritude et humanisme*, Seuil, Paris, 1964, p. 257.

[544] SENGHOR, L. S., « Psychologie du Négro-africain; ou conscience et connaissance » in SMET, A.J. (éd.) *Philosophie africaine*, Kinshasa, 1975, *texte I*, p. 29.

[545] Cf. ABANDA N. J.-M., « Le négrisme ponction de la négritude » in SMET, A.J. (é.) *Philosophie Africaine*, Kinshasa, 1975, *textes I*, p. 49-54.

[546] SENGHOR, L.S., « De la négritude » in SMET, A.J. (éd.) *Philosophie africaine*, Kinshasa, 1975, *texte I*, p. 21.

[547] Cf. TOWA, M. « Négritude senghorienne ou le fatalisme de la servitude nègre », *op. cit.*, p. 447.

[548] Cf. *ibidem*, p. 450-451.

jeunes générations actuelles[549], il n'empêche qu'elle a joué un rôle mobilisateur et produit bien des chefs-d'œuvre. Elle a stimulé la recherche d'un humanisme neuf et l'expression d'une identité noire longtemps réfutée par la civilisation occidentale, aux fins d'obtenir sa reconnaissance. Au-delà de la difficulté à qualifier un mouvement qui connut une telle fortune qu'il échappa à ses auteurs pour devenir une bannière avec tout le flou d'une notion fourre-tout et devenue ambiguë, le concept de « négritude » aura été simplement un humanisme, une manière d'appréhender une attitude collective face au monde, façonnée par une longue histoire et une géographie. En cela, Senghor aura eu le grand mérite d'être le premier penseur négro-africain qui, par son génie de poète et d'écrivain, a su assurer la publicité nécessaire à une quête d'identité africaine. On peut dorénavant l'affirmer sans réticence : tant qu'il y aura une Afrique, la bouche d'ombre créera le verbe, ce verbe qui structure l'essence des êtres et le principe du cosmos. Et si l'Afrique doit apporter au monde déchiré d'aujourd'hui quelque chose de neuf, ce ne peut être que le sens aigu des relations humaines conduites et apaisées par la parole.

V. B. La restauration de la conscience noire chez Cheikh Anta Diop

Durant la période de l'esclavage, et plus encore pendant la conquête et l'occupation coloniales, comme nous l'avons appréhendé, outre la domination militaire, politique et économique dont l'Afrique Occidentale a fait l'objet, on s'est appliqué à légitimer au plan moral et philosophique l'infériorité physique et intellectuelle décrétée du Nègre[550]. On sait par exemple qu'« *au XIXe siècle, les certitudes de l'anthropométrie et de l'anthropologie physique débutante avaient conduit à classer les Noirs parmi les peuples biologiquement inférieurs aux Blancs, donc culturellement arriérés* »[551]. Des Théoriciens comme Voltaire[552],

---

549 En effet, selon Jean-Marc Ela, « *pour un grand nombre d'intellectuels noirs d'aujourd'hui, non seulement la Négritude est dépassée, mais elle constitue un obstacle à la libération de l'Afrique dans la mesure où elle fonctionne comme une idéologie masquant l'aliénation de l'Africain* » (ELA, J.-M., *Le cri de l'homme africain, Questions aux chrétiens et aux églises d'Afrique*, L'Harmattan, Paris, 1980, p. 146). Et Adotevi de renchérir : « *Cette négritude que nous détestons et qu'on propose finalement aux pays d'Afrique, c'est purement et simplement le « réglage » du Nègre, sur les petites vitesses des champs, sur l'heure mesquine de la néo-colonisation* » (ADOTEVI, S., *Négritude et négrologues*, Collection 10/18, Union Générale d'Éditions, Paris, 1972, p. 62).

550 Cf. FANOUDH-SIEFER, L., *op. cit.*, 235 p ; cf. GUIREL, A., *op. cit.*, 232 p ; cf. LOTI, P., *op. cit.*, 360 p.

551 DEVISSE, J., « Afrique Noire - Histoire précoloniale » in *Encyclopædia Universalis sur CD-ROM*, Paris : © 2003 Encyclopædia Universalis France S.A.

552 Voltaire (1694-1778), homme de lettres et philosophe français, écrit en effet : « *La race des Nègres est une espèce d'hommes différente de la nôtre (...) on peut dire que si leur intelligence n'est pas d'une autre espèce que notre entendement, elle est très inférieure. Ils ne*

Hume[553], Hegel[554] et Gobineau[555] étaient encore habités par les préjugés sur l'infériorité de la race noire, le prélogisme de la mentalité primitive, l'exclusion du monde africain noir de l'histoire universelle. Dès lors, la vision d'une Afrique anhistorique et atemporelle, dont les habitants, les Nègres, n'ont jamais été responsables, par définition, d'un seul fait de civilisation, s'impose désormais dans les écrits et s'ancre dans les consciences. L'objectif était « *d'arriver, en se couvrant du mentau de la science, à faire croire au Nègre qu'il n'a jamais été responsable de quoi que ce soit de valable, même pas de ce qui existe chez lui. On facilite ainsi l'abandon et on renforce les réflexes de*

---

sont pas capables d'une grande attention, ils combinent peu et ne paraissent faits ni pour les avantages, ni pour les abus de notre philosophie. Ils sont originaires de cette partie de l'Afrique comme les éléphants et les singes ; ils se croient nés en Guinée pour être vendus aux Blancs et pour les servir. » (VOLTAIRE, *Essai sur les moeurs*, Genève, 1755, tome XVI, p. 269 -270). La conclusion à déduire c'est que « *Les Blancs sont supérieurs à ces Nègres, comme les Nègres le sont aux singes, et comme les singes le sont aux huîtres.* » (VOLTAIRE, in *Traité de Métaphysique*. Cité in *Le Choc du mois* n°25, p. 31) : cf. ETILE, R.-L. P., « La haine contre les Nègres » [en ligne], disponible sur : *http://www.africamaat.com/article.php3?id_article=435* (page consultée le 28 /02 /2008).

553 David Hume (1711-1776), économiste anglais influent, écrit en son temps : « Je suspecte les Nègres et en général les autres espèces humaines d'être naturellement inférieurs à la race blanche. Il n'y a jamais eu de nation civilisée d'une autre couleur que la couleur blanche, ni d'individu illustre par ses actions ou par sa capacité de réflexion (...). Il n'y a chez eux ni engins manufacturés, ni art, ni science. Sans faire mention de nos colonies, il y a des Nègres esclaves dispersés à travers l'Europe, on n'a jamais découvert chez eux le moindre signe d'intelligence ». HUME, D., Sur les caractères nationaux, Vol III) : cf. *idem.*

554 Georg Wilhelm Friedrich Hegel (1770-1831), philosophe allemand, affirmera des Africains qu'ils « *ne sont pas encore parvenus à cette reconnaissance de l'universel. Leur nature est le repliement en soi. Ce que nous appelons religion, état, réalité existant en soi et pour soi, valable absolument, tout cela n'existe pas encore pour eux. Les abondantes relations des missionnaires mettent ce fait hors de doute (...). Ce qui caractérise en effet les nègres, c'est précisément que leur conscience n'est pas parvenue à la contemplation d'une objectivité solide, comme par exemple Dieu, la loi, à laquelle puisse adhérer la volonté de l'homme, et par laquelle il puisse parvenir à l'intuition de sa propre essence* ». Pour lui, l'Afrique est « *un monde anhistorique non développé, entièrement prisonnier de l'esprit naturel et dont la place se trouve encore au seuil de l'histoire de l'universel* » (HEGEL, *La raison dans l'histoire*, Paris, Plon, 1965) : cf. *idem.*

555 Joseph Arthur de Gobineau (1816-1882), diplomate, écrivain et penseur français, écrit pour sa part : « *Il me semble voir un Bambara assistant à l'exécution d'un des airs qui lui plaisent. Son visage s'enflamme, ses yeux brillent. Il rit, et sa large bouche montre, étincelante au milieu de sa face ténébreuse, ses dents blanches et aiguës. La jouissance vient (...). Des sons inarticulés font effort pour sortir de sa gorge, que comprime la passion ; de grosses larmes roulent sur ses joues proéminentes ; encore un moment, il va crier : la musique cesse, il est accablé de fatigue. (...). Le nègre possède au plus haut degré la faculté sensuelle sans laquelle il n'y a pas d'art possible ; et, d'autre part, l'absence des aptitudes intellectuelles le rend complètement impropre à la culture de l'art, même l'appréciation de ce que cette noble application de l'intelligence des humains peut produire d'élevé. Pour mettre ses facultés en valeurs, il faut qu'il s'allie avec une race différemment douée.* » COMTE DE GOBINEAU, *Essai sur l'inégalité des races humaines*, livre II, chap. VII, 1re édition 1855) : cf. *idem.*

subordination chez ceux qui étaient déjà aliénés »[556]. Cette position a suscité, entre autres, les répliques célèbres de Cheikh Anta Diop (1923-1986), intellectuel et humaniste sénégalais. Il fut l'homme de l'intégrité morale et du refus des compromissions. Dans le contexte de marginalisation du continent noir, ses travaux marqueront le retour de la conscience historique de l'Afrique, appelleront à la permanence du combat contre les racismes sous toutes leurs formes. Cheikh Anta Diop va prendre alors le contre-pied théorique de ce milieu solidement établi, d'abord par la présentation de sa thèse, qui sera refusée, ensuite par la publication de *Nations nègres et culture*[557] en 1954.

C'est donc dans un contexte singulièrement hostile et obscurantiste[558] que Cheikh Anta Diop est conduit, par une investigation scientifique méthodique[559], d'abord à remettre en cause les fondements mêmes de la culture occidentale relatifs à la genèse de l'humanité et de la civilisation, ensuite à œuvrer pour la renaissance de l'Afrique qui, pour lui, implique une tâche incontournable, celle de la restauration de la conscience historique africaine. Pour lui, « *l'ignorance de l'histoire antique des nègres, les différences de mœurs et de coutumes, les préjugés ethniques entre deux races (...), jointes aux nécessités économiques d'exploitation, tant de facteurs prédisposaient l'esprit de l'Européen à fausser complètement la personnalité morale du Nègre et ses aptitudes intellectuelles* »[560]. C'est pourquoi il entreprend de démontrer, dans *Nations nègres et culture*, que

---

[556] DIOP, C. A., *Nations nègres et culture, De l'antiquité Nègre-égyptienne aux problèmes culturels de l'Afrique noire d'aujourd'hui*, 2e édition, Présence africaine, Paris, 1955, p. 9-10. L'usage de l'aliénation culturelle comme arme de domination est vieux comme le monde ; chaque fois qu'un peuple en a conquis un autre, il l'a utilisée. Il est édifiant de souligner que ce sont les descendants des Gaulois contre qui César s'était servi de cette arme qui l'employèrent à leur tour contre les Africains : cf. César, *La Guerre des Gaules*, Livre III, § 22).

[557] Cf. DIOP, C. A., *op. cit.*, 532 p.

[558] Un tel climat d'aliénation, affirme Diop, « *a fini par agir profondément sur la personnalité du nègre, en particulier du Nègre instruit qui a eu l'occasion de prendre conscience de l'idée que le reste du monde se fait de lui et de son peuple. Il arrive très souvent que le Nègre intellectuel perde confiance en ses propres possibilités et en celles de sa race* » : DIOP, C. A., *ibidem*, p. 44.

[559] Pour sortir l'Afrique du paradigme anhistorique et ethnographique dans lequel anthropologues et africanistes l'avaient confinée Cheikh Anta Diop adopte une méthodologie de recherche qui s'appuie sur des études diachroniques, le comparatisme critique, la pluridisciplinarité : archéologie, linguistique, ethnonymie/toponymie, sociologie, sciences exactes, etc. Grâce à une approche à la fois analytique et synthétique, il lui a été possible de rendre aux faits historiques, sociologiques, linguistiques, culturels du continent africain, leur cohérence et leur intelligibilité. La nouvelle méthodologie en matière d'histoire africaine que préconise et met en œuvre Cheikh Anta Diop dans ses travaux est exposée dans : DIOP, C. A., *Antériorité des civilisations nègres – mythe ou vérité historique ?* Présence Africaine, Paris, 1967, p. 195-214.

[560] DIOP, C. A., *Nations nègres et culture, De l'antiquité Nègre-égyptienne aux problèmes culturels de l'Afrique noire d'aujourd'hui*, p. 43.

l'Égypte antique, contrairement à l'opinion admise selon laquelle elle serait rattachée géographiquement, anthropologiquement, culturellement à l'Orient et au monde méditerranéen, était plutôt peuplée d'Africains noirs et que la langue et la culture égyptiennes se sont ensuite diffusées dans l'Afrique de l'Ouest[561]. Diop s'y justifie en analysant l'identification des grands courants migratoires et la formation des ethnies, délimitant l'aire culturelle du monde noir qui s'étend jusqu'en Asie occidentale, dans la vallée de l'Indus et démontrant l'aptitude des langues africaines à supporter la pensée scientifique et philosophique et, partant, réalisant la première transcription africaine non ethnographique de ces langues[562]. Il s'attela à élaborer, pour la première fois en Afrique noire, une intelligibilité capable de rendre compte de l'évolution des peuples noirs africains, dans le temps et dans l'espace. Un ordre nouveau est né dans la compréhension du fait culturel et historique africain.

Nations nègres et Culture devient, par conséquent fondateur d'une écriture scientifique de l'histoire africaine. La reconstitution critique du passé de l'Afrique est dès lors possible grâce à l'introduction du temps historique et de l'unité culturelle. La restauration de la conscience historique devient alors elle aussi possible. Dorénavant, Diop consacrera toute sa vie à la reconstitution scientifique du passé de l'Afrique et la restauration de la conscience historique africaine. Il est persuadé que :

> « *La conscience de l'homme moderne ne peut progresser réellement que si elle est résolue à reconnaître explicitement les erreurs d'interprétations scientifiques, même dans le domaine très délicat de l'Histoire, à revenir sur les falsifications, à dénoncer les frustrations de patrimoines. Elle s'illusionne, en voulant asseoir ses constructions morales sur la plus monstrueuse falsification dont l'humanité ait jamais été coupable tout en demandant aux victimes d'oublier pour mieux aller de l'avant* »[563].

---

[561] Cf. DIOP, C. A., « Histoire primitive de l'humanité : évolution du monde noir » in *Bulletin de l'IFAN*, Tome XXIV, série B, n° 3-4, 1962, p. 449-541.

[562] Les directions de recherches tracées, explorées, défrichées par Cheikh Anta Diop dans *Nations nègres et Culture* ainsi que dans ses écrits postérieurs sont nombreuses : l'origine africaine de l'humanité, l'étendue du substratum nègre de l'humanité en dehors du continent africain, l'origine noire de la civilisation égypto-nubienne, l'antériorité de la Nubie sur l'Égypte, l'origine du monde sémitique, l'identification des grands courants migratoires et la formation des ethnies africaines, la parenté linguistique entre l'Égypte et l'Afrique noire, l'ancienneté de l'âge du fer en Afrique, l'apport de la pensée africaine à la civilisation occidentale dans les domaines des sciences, des arts et des lettres, la formation des États africains après le déclin de l'Égypte, et la continuité du lien historico-culturel jusqu'à l'aube des temps modernes, le développement des langues africaines, etc.

[563] DIOP, C. A., *Antériorité des civilisations nègres-mythe ou vérité historique ?* p. 12.

L'œuvre de Cheikh Anta Diop[564] visera à montrer la nécessité pour l'Afrique d'un retour à l'Égypte ancienne dans tous les domaines : celui des sciences, de l'art, de la littérature, du droit, etc. Cette démarche historique, loin d'être conçue comme un repli sur soi ou une simple délectation du passé, permet à Diop de définir le cadre de réflexion approprié pour poser, en termes exacts, l'ensemble des problèmes culturels, éducatifs, politiques, économiques, scientifiques, techniques, industriels, etc., auxquels sont confrontés les Africains, aujourd'hui, et pour y apporter des solutions[565]. C'est pourquoi toute son œuvre, en redonnant une conscience historique à tous les Africains, rétablit leur dignité et se présente comme le socle même d'une véritable renaissance de l'Afrique.

V. C. Le « panafricanisme » ou « le Consciencisme » de Kwame Nkrumah

Pendant ses années de formation en philosophie et en théologie aux États-Unis (1935-1945) et en Angleterre (1945-1947), Kwame Nkrumah ((1909-1972), homme politique indépendantiste et panafricaniste ghanéen, se forgea des convictions politiques à partir de quelques idées-forces, entre autres : la théorie de Lénine sur l'impérialisme capitaliste, l'idée révolutionnaire de l'égalité des races et la nécessité de combattre théoriquement et pratiquement pour la réaliser de Du Bois, le messianisme politico-religieux de Marcus Mosiah Garvey qui poursuit principalement la libération du Nègre par la création des États-Unis d'Afrique[566], à l'instar des États-Unis d'Amérique et de l'Union Européenne. Dès cette période, Nkrumah développera le thème de la Renaissance africaine. En 1947, de retour au Ghana, premier pays d'Afrique noire à être libéré du joug colonial (1957), sa

---

[564] On reprochera à Cheikh Anta Diop trois griefs majeurs : son égypto- centrisme, l'importance qu'il accorde à la notion de race et la trop grande influence de son combat politique sur ses théories scientifiques. Bref, son œuvre resterait trop empreinte d'idéologie (cf. HERVIEU-WANE, F., « Cheikh Anta Diop, restaurateur de la conscience noire » in *Le monde diplomatique*, janvier 1998 [en ligne], disponible sur : *http://www.monde-diplomatique.fr/1998/01/HERVIEU_WANE/9787* (page consultée le 28 /02 /2008). Mais pour M. Aboubacry Moussa Lam, professeur à la faculté des lettres et sciences humaines de l'université de Dakar, « *Cheikh Anta Diop n'a pas choisi son terrain de combat : il n'a fait que répondre aux débats de son époque* ». (Cité par HERVIEU-WANE, F., *idem.*)

[565] Aussi, relève-t-il : « les études africaines ne sortiront du cercle vicieux où elles se meuvent, pour retrouver tout leur sens et toute leur fécondité, qu'en s'orientant vers la vallée du Nil. Réciproquement, l'égyptologie ne sortira de sa sclérose séculaire, de l'hermétisme des textes, que du jour où elle aura le courage de faire exploser la vanne qui l'isole, doctrinalement, de la source vivifiante que constitue, pour elle, le monde nègre » (DIOP, C. A., *Antériorité des civilisations nègres – mythe ou vérité historique ?* p. 12).

[566] Cf. ELUNGU PENE ELUNGU, *L'éveil philosophique africain*, L'Harmattan, Paris, 1984, p. 70.

pensée comportera le projet de l'Unité africaine qui devait à ses yeux consolider l'indépendance des nations africaines et ouvrir la voie à un développement autonome. Ainsi naissait, en terre africaine, le mouvement panafricaniste, ce courant de pensée né outre atlantique et « *dont l'objectif principal devait être, pour les révolutionnaires du monde noir, la libération et l'unification totale de l'Afrique sous un gouvernement panafricain socialiste* »[567]. Le point de vue particulier et la démarche singulière de Nkrumah seront exposés dans son ouvrage intitulé *Le Consciencisme*[568].

Le point de départ de cet ouvrage qui sera la première contribution philosophique[569] et politique d'un intellectuel africain aux problèmes de son temps est la constatation que la philosophie surgit toujours d'un milieu social et d'un conflit social. Il constate, dans le contexte de l'Afrique, que la société comprend une fraction fidèle au genre de vie traditionnelle, une fraction représentant la présence de la tradition musulmane et une fraction trahissant l'infiltration de la tradition chrétienne et de la culture de l'Europe occidentale dont les principaux véhicules sont le colonialisme et le néocolonialisme. Ces trois fractions sont, à ses yeux, animés par des idéologies rivales[570]. Il observe, d'une part, que la pensée sociale traditionnelle africaine se trouve confrontée avec les pensées islamique, chrétienne et occidentale et que, d'autre part, entre ces différents éléments, il n'y a pas d'harmonie préétablie et la société africaine ne parvient pas à les assimiler, les transformer et les intégrer dans son projet propre. Tout cela l'amène à insister sur l'importance de l'histoire dans le projet de renaissance africaine. Il soutient à cet égard :

---

567 DIOP, C. T., *op. cit.*, p. 34.

568 NKRUMAH, K., *Le Consciencisme, Philosophie et idéologie pour la décolonisation et le développement, avec une référence particulière à la Révolution africaine, (Consciencism)*, traduit de l'anglais par L. Jospin, Payot, Paris, 1964, 176 p. Cette première édition connaîtra plusieurs autres dont celle qui a paru aux Éditions Présence Africaines en 1976 : cf. NKRUMAH, K., *Le Consciencisme*, traduction revue d'après l'édition anglaise de 1969, par Starr et Mathieu Howlett, Présence Africaine, Paris, 1976, 141 p.

569 D'après Tshiamalenga Ntumba, même les critiques les plus mordants et impitoyables reconnaissent Nkrumah comme « philosophe et même comme le premier philosophe africain. Sa méthode est transparente, critique et contrôlable. Il analyse la situation postcoloniale et la conscience populaire en proie à d'inévitables conflits d'identité. Il voit la solution de ces conflits dans l'élaboration et la praxis d'un matérialisme non athée dans le cadre d'une stratégie du progrès qui consiste à enrichir la personnalité africaine d'éléments de culture d'origine occidentale, chrétienne et islamique. Seulement, dans son matérialisme non athée, un nouveau dualisme apparaît : Dieu et la matière, tous deux éternels, absolus et indépendants l'une de l'autre. Mais, outre qu'une telle métaphysique est hors de saison pour notre temps, il se trouve qu'elle est totalement étrangère à la pensée négro-africaine » : TSHIAMALENGA NTUMBA, « La philosophie dans la situation actuelle de l'Afrique » in AA. VV., *Combats pour un christianisme africain*, Faculté de théologie catholique de Kinshasa, Kinshasa, 1981 (p. 171-178), p. 176.

570 Cf. NKRUMAH, K., *Le Consciencisme* (1976), p. 86.

> « *Notre renaissance africaine insiste beaucoup sur la façon de présenter l'histoire. Il faut écrire notre histoire comme l'histoire de notre société, non comme l'histoire d'aventuriers européens. La société africaine doit être considérée comme jouissant de sa propre intégrité : son histoire doit être le reflet d'elle-même, et les contacts avec les Européens ne doivent y figurer que sous l'angle de l'expérience des Africains, même s'ils ont été une expérience plus importante que toutes les autres. Autrement dit, les contacts avec les Européens doivent être narrés et jugés au point de vue des principes qui animent la société africaine, au point de vue de l'harmonie et du progrès de cette société* »[571].

Manifestement, la renaissance à laquelle en appelle Nkrumah passe par la consolidation de l'indépendance, le freinage et la prévention des anomalies et inégalités créées par l'habitude capitaliste du colonialisme et la purification de la mentalité coloniale, voire la transformation psychologique des peuples colonisés[572].

Il faut donc résoudre la crise qui mine l'Afrique noire en s'appuyant sur la capacité créatrice du peuple africain. Analysant alors l'état postcolonial de la conscience sociale africaine, Nkrumah « *trace la voie à suivre pour sortir victorieux des conflits auxquels cette conscience doit faire face* »[573]. Le « consciencisme » qu'il propose apparaît comme un matérialisme ouvert et non athéiste, un combat pour la justice et une philosophie propre à faire face à la situation postcoloniale. Car, précise-t-il, le fondement du *Consciencisme* est le matérialisme, l'affirmation minimale de celui-ci étant l'existence absolue et indépendante de la matière. Or la matière étant aussi un faisceau de forces opposées, il en découle la logique philosophique de l'affirmation du pouvoir de la matière à se mouvoir d'elle-même[574]. Par conséquent, dans le « consciencisme » fondé sur le matérialisme, comme le fait si bien remarquer Sine Babacar, « *il s'agit de mobiliser pour l'action révolutionnaire, en ne se réduisant pas à l'économisme, ni à des schémas dogmatiques, mais en portant l'attention sur les faits de conscience propres à la personnalité africaine contemporaine et déterminants pour qui veut construire une nouvelle civilisation négro-africaine libérée* »[575]. Dans cette mesure, le « *consciencisme* », philosophie de la révolution sociale africaine, aura un projet culturel : la reconstruction de la personnalité africaine, et un projet politique : la destruction des bases de la domination étrangère en

---

571 *Ibidem*, p. 80.
572 Cf. *ibidem*, p. 129.
573 TSHIAMALENGA NTUMBA, *art. cit.*, p. 176.
574 Cf. NKRUMAH, K., *Le Consciencisme* (1976), p. 98.
575 SINE, B., *Le Marxisme devant les Sociétés Africaines Contemporaines*, Présence Africaine, Paris, 1983, cité dans BWEMBA-BONG, *Quand l'Africain était l'or noir de l'Europe, L'Afrique : actrice ou victime de la « Traite des Noirs » ?* Menaibuc, Paris, 2005, p. 115.

Afrique noire. Ces deux projets devront concourir, d'après Nkrumah, à la réalisation de l'Unité africaine : le Panafricanisme[576]. Les objectifs à atteindre sont entre autres : l'émancipation des pays africains à l'égard de toute tutelle étrangère, la libération culturelle, la modernisation de la société, la promotion de la justice sociale, la prospérité économique, l'amélioration de la vie, etc. La mise en œuvre de ce programme de développement inspiré par *Le Consciencisme* a été qualifiée de « nkrumaïsme »[577].

En 1963, la constitution de l'Organisation de l'Unité Africaine (OUA) a été l'opportunité de reprendre entre Africains le débat autour du panafricanisme, et durant la conférence constitutive de l'organisation à Addis Abeba (Éthiopie), *Africa must unite*[578], ouvrage de Kwame Nkrumah, a été distribué. Aujourd'hui, cette organisation qui a transmuté en Union africaine (UA) fait l'objet de nombreuses critiques qui suscitent des interrogations sur les chances de réalisation de l'idéal panafricain. Le panafricanisme n'est certes pas à l'abri de certains jugements sévères. Pour Amady Aly Dieng, déjà « *la conception panafricaniste de Nkrumah présente des faiblesses réelles. Comme l'intelligentsia « anglophone », le dirigeant ghanéen a été fasciné par les « pères fondateurs » négro-américains du panafricanisme au point de négliger ou d'ignorer la contribution du nationalisme africain et de rendre dérisoires les tentatives d'intégration, sous la forme de grands empires du XVIe siècle* »[579]. À ce sujet, on sait qu'historiquement, le panafricanisme de Nkrumah s'est heurté, dans la pratique, à un certain nationalisme dans l'exercice de ses fonctions politiques au Ghana[580]. Outre les difficultés à accorder les projets nationalistes avec ceux du panafricanisme, Adekunte Ajala rappelle quatre arguments utilisés par les anti-africanistes : premièrement, le développement du mouvement

[576] C'est ainsi que Bwemba-Bong explicite la pensée de Kwame Nkrumah : cf. BWEMBA-BONG, *op. cit.*, p. 115. Le panafricanisme sera à l'origine de la création de l'Organisation de l'Unité Africaine (O.U.A.), devenue aujourd'hui l'Union Africaine (U.A.).

[577] Cf. DIOP, C. T., *op. cit.*, p. 35.

[578] NKRUMAH, K., *Africa Must Unite*, Panaf Books, London, 1963, 229 p.

[579] DIENG, A., A., « Nationalisme et panafricanisme » [en ligne], Disponible sur : http://www.codesria.org/Links/conferences/anniversary-dakar/dieng.pdf (page consultée le 1er mars 2008).

[580] Cf. LOTA, J. K., *op. cit.*, p. 157. Tunde Adeleke, dans son article publié dans *The International Journal of African Historical Studies*, propose une critique des paradigmes du panafricanisme et de l'identité africaine tels qu'ils s'expriment dans l'idéologie afrocentriste des mouvements intellectuels nationalistes, culturels et politiques, dans les universités nord-américaines. Il remet en cause la description, tant d'un point de vue théorique que pratique, des Noirs américains et des Africains comme faisant partie d'un même peuple marqué par des attributs culturels et une expérience historique commune. Il s'interroge notamment sur la possibilité d'une identité africaine pour les Afro-américains et sur l'existence d'une tradition panafricaine (cf. ADELEKE T., « Black Americans and Africa : A critique of the Pan-African and identity paradigms » in *The International Journal of African Historical Studies*, Vol. 31, 3 (1998) 505-536).

panafricaniste à l'écart des masses, ce qui fait du panafricanisme un mouvement d'élites africaines ; deuxièmement, le legs colonial à l'Afrique noire de plusieurs systèmes parlementaires, juridiques et culturels qui entravent l'aboutissement des idéaux panafricains ; troisièmement, la concentration des efforts des États africains sur la construction nationale plutôt que sur celle de l'unité africaine ; et enfin quatrièmement, la pauvreté des économies africaines entraînant difficilement une inter-coopération qui pourrait ainsi conduire au suicide[581]. Ces arguments paraissent sérieux et méritent d'être discutés et pris en considération, car ils peuvent constituer de réels obstacles à la réalisation de l'unité continentale africaine. L'idée panafricaniste fait donc toujours son chemin sur le continent à travers de nombreux et divers organismes parmi lesquels on peut noter principalement : l'Union Africaine[582] (UA), le Nouveau Partenariat pour le Développement de l'Afrique[583] (NEPAD), Africa 2009 : conservation du patrimoine culturel en Afrique[584], l'Union pour l'Étude de la Population Africaine[585] (UEPA), l'Observatoire des Fonctions Publiques Africaines[586] (OFPA), la Confédération Africaine de Football[587] (CAF), etc. Dans cette mesure, si la pratique du panafricanisme chez Kwame Nkrumah a très rapidement conduit à une vision personnalisée et relativement dogmatique du pouvoir, entraînant de fait une désaffection des masses à l'égard de son mouvement[588], il faut cependant avoir l'honnêteté d'apprécier à leur juste valeur la qualité et la générosité théorique de son « consciencisme », les fondements, les sillons

---

[581] Cf. AJALA, A., *Panafricanism : evolution progress and prospects*, St. Martin's Press, New York, 1974, 423 p.

[582] L'UA est l'institution fondamentale et la principale organisation du continent dans le domaine de la promotion de l'intégration socio-économique accélérée du continent en vue du renforcement de l'unité et de la solidarité entre les pays et les peuples africains. L'UA est basée sur la vision partagée d'une Afrique unie et forte, et sur la nécessité de bâtir un partenariat entre les gouvernements et toutes les couches de la société civile, en particulier les femmes, les jeunes et le secteur privé, afin de renforcer la solidarité et la cohésion entre les peuples africains. Organisation à vocation continentale, l'UA œuvre fondamentalement à la promotion de la paix, de la sécurité et de la stabilité sur le continent en tant que préalables à la mise en œuvre de son programme dans le domaine du développement et de l'intégration.

[583] Le programme d'action du NEPAD est une initiative de développement qui se veut intégrée et globale en vue de contribuer à la Renaissance de l'Afrique.

[584] Le programme « AFRICA 2009 » vise à parvenir en 2009, au moyen de cours et de séminaires de formation, à augmenter les potentialités en matière de gestion, de protection et de conservation du patrimoine culturel en Afrique subsaharienne.

[585] L'UEPA est une organisation à but non lucratif dont l'objectif principal est la promotion de l'étude scientifique de la population en Afrique par le moyen de la recherche, la formation, l'information, l'assistance technique et la coopération.

[586] Regroupement de 26 États africains, l'OFPA a pour mission de mener des activités d'études et de recherche pour la restructuration.

[587] La CAF est l'instance qui regroupe les fédérations de football d'Afrique. Elle organise les compétitions internationales, comme la Coupe d'Afrique des Nations (CAN).

[588] Cf. OUEDRAOGO, M., *Culture et développement en Afrique*, p. 54.

politique, culturel, et économique qu'il a durablement tracés et légués en héritage à l'Afrique tout entière.

Conclusion

La question des faiblesses du développement humain durable en Afrique en général, et dans sa région Ouest en particulier nous a conduit à émettre l'hypothèse selon laquelle une paupérisation anthropologique ou humaine serait primordialement à l'origine des piètres résultats des actions en faveur du développement sur le continent. À la suite du théologien et historien Engelbert Mveng pour qui l'explication de la pauvreté humaine en Afrique devra avoir pour grille de lecture les deux faits majeurs qui ont marqué l'histoire du continent, à savoir l'esclavage et la colonisation, nous avons voulu, à la lumière des recherches récentes, réévaluer les conséquences de ces deux faits historiques en Afrique de l'Ouest. On sait que, ainsi que le note Augustin Kouadio Dibi, « *l'Europe a envahi l'Afrique avec la présupposition que l'humain existe certes en ce continent, mais de très pauvre façon, à un degré inférieur. La figure de l'humain n'y est pas adéquate à son concept, ne lui fait pas honneur, ne le réfléchit pas en l'effectivité* ! »[589] De ce fait, s'interroge le philosophe, « *coloniser ne sera-t-il pas, par voie de conséquence, humaniser, ce qui veut dire ici, faire exister à la place d'une figure de l'humain, jugée barbare (...) une autre figure qui serait conforme aux exigences de l'esprit tel qu'il s'éprouve en l'intemporalité de son contenu ?* »[590]. L'examen du résultat de cette visée d'humanisation en Afrique de l'Ouest nous a permis de percevoir que, de fait, l'esclavage et plus encore la colonisation ont eu d'importantes conséquences positives, mais aussi négatives, sur l'ensemble de la région ouest-africaine, aussi bien au niveau socio-démographique, économique que politique. Mais bien plus que ces conséquences immédiates, ce qui semble davantage préjudiciable à la région aujourd'hui, c'est surtout les déterminismes psychologiques et les transformations mentales qu'ont occasionnés les traumatismes et l'instrumentalisation, et qui se sont perpétués, consciemment ou inconsciemment, jusqu'aujourd'hui. Les effets de cette situation sont bien connus : la perte d'identité, de dignité et de confiance en soi qui laisse le champ ouvert à la formation de trois types d'appauvrissement de l'humain, en l'occurrence, la mentalité mimétique et

---

[589] DIBI, A. K., *L'Afrique et son autre : la différence libérée*, Collection penser l'Afrique n° 1, Edition Strateca Diffusion, Abidjan, 1994, p. 13.
[590] *Ibidem*, p. 13-14.

d'assimilation[591], la mentalité de révolte et de destruction, et la mentalité de doute, d'indécision et de démission. Il s'agit là d'une paupérisation anthropologique commencée depuis l'esclavage, poursuivie à la colonisation et qui continue de se perpétuer encore aujourd'hui au niveau structurel. Dans ces conditions, le théologien assomptionniste Bruno Chenu pouvait affirmer à juste titre que « *l'agression a été anthropologique, elle demeure structurelle* »[592]. C'est pourquoi, au regard des déterminants historiques des mentalités, des déterminants économiques du progrès, de la faillite des politiques de gouvernement, et même des pesanteurs culturelles de résistance au changement, des penseurs ouest-africains ont proposé des voies de promotion de l'homme africain : la réaffirmation de l'ensemble des valeurs de la civilisation des Africains par la reconstitution de leur propre monde fondé sur leurs propres valeurs, la restauration de la conscience noire, et finalement la promotion de la Renaissance africaine (le panafricanisme).

De nos jours, la paupérisation des peuples ouest-africains, et plus globalement encore de toute l'Afrique, avec leur environnement a entraîné la perte des repères, des valeurs et des croyances millénaires sur lesquels se sont construites les civilisations du continent. Autrement, l'histoire nous apprend que les nations africaines et leur patrimoine culturel et spirituel comportent des valeurs d'humanisme, de paix, de travail et de solidarité fraternelle[593], susceptibles de porter et de féconder les initiatives et les pratiques d'un développement humain conforme aux aspirations des Africains. La revalorisation de ce patrimoine devrait donc devenir une exigence majeure pour développer une philosophie de nouvelles énergies vitales créatrices, de nouvelles volontés d'action civique et politique, de nouvelles forces de régénération morale et spirituelle au service du développement humain durable en Afrique. La conception, l'organisation, la pratique et la maîtrise d'un développement axé sur les valeurs culturelles et

---

591 Selon Mveng, « *l'assimilation elle-même, qui abolissait notre identité et notre droit à la différence, était une des formes extrêmes de paupérisation anthropologique* » (MVENG, E., *L'Afrique dans l'Église : Paroles d'un croyant*, p. 208).

592 Pour Bruno Chenu, à la suite d'Engelbert Mveng, « *la culture africaine a été niée, bafouée sous les coups de boutoir du colonialisme et du néocolonialisme, créant une situation de "pauvreté anthropologique" et non pas d'abord économique comme en Amérique latine. La pauvreté anthropologique est une pauvreté d'être. Elle désigne la négation de l'identité et de la dignité africaines à travers des siècles de traite des esclaves, de colonisation et maintenant de famine. L'agression a été d'ordre ontologique. Elle demeure structurelle. Et la mission chrétienne n'a pas toujours pris ses distances par rapport à cette entreprise d'annihilation, témoignant la plupart du temps d'une philanthropie condescendante, ajoutant la malédiction divine à l'écrasement de l'homme noir* » : CHENU, B., « Nouvelle donne pour le christianisme », Conférence Culture et Christianisme, Altkirch, 8 février 2002 ; [en ligne] : *http://www.recherche-plurielle.net/cccsundgau/ccc-revisite/nouvelle-donne-christianisme-chenu.htm* (page consultée le 10 /07 /2012).

593 Cf. DIOP, C. T., *op. cit.*, p. 28.

spirituelles peuvent, pensons-nous, fournir à toutes les populations africaines des ressources qui favorisent le développement contextuel. Toutefois, pour être efficace, toute conception de projet ou de politique de développement de l'Afrique devra se débarrasser de ces deux grands préjugés : la tendance à refuser tout ce qui n'existe pas en Europe et la tendance à rejeter tout ce qui se réalise en Europe. Autrement dit, il faudra donc veiller au rejet de ses propres valeurs et au refus d'ouverture aux valeurs des autres peuples ; car, estime Kimoni, il ne suffit pas à un modèle de ne pas avoir de correspondant en Occident pour être disqualifié, tout comme « *il ne suffit pas que l'expérience soit européenne pour qu'elle soit décriée ou déclarée non utilisable pour l'Afrique* »[594]. L'exigence sera alors de créer un espace d'ouverture, de rencontre, de rénovation et d'innovation d'accomplissement vital qui donnerait à l'homme africain la place qu'elle mérite dans un concert de civilisations et d'expériences religieuses. L'heure est donc venue pour l'Afrique, dirait Kä Mana[595], de prendre en charge les grandes questions des temps actuels, de les éclairer de ses richesses culturelles et spirituelles et de les orienter vers des solutions conformes au génie vital des peuples africains dans leur rêve de plénitude ; c'est l'heure de la Négritude, comme le dirait Aimé Césaire[596], de la Liberté créatrice.

---

594 KIMONI, I., *Destin de la littérature négro-africaine ou problème d'une culture*, PUZ, Kinshasa, 1975, p. 219.
595 KA MANA, *La nouvelle évangélisation de l'Afrique*, p. 29.
596 Aimé Césaire, Lettre à Maurice Thorez, in NGAL, G., *« Lire... » le Discours sur le Colonialisme d'Aimé Césaire*, Paris, Présence africaine, 1994, p. 140.

Conclusion à la première partie

L'étude de la problématique du développement humain durable en contexte africain en général, et singulièrement en Afrique de l'Ouest, nous a fait découvrir que l'explication des médiocres résultats des actions en faveur du développement humain en terre africaine réside principalement dans la paupérisation de l'humain que connaît le continent. Outre l'esclavage et l''œuvre coloniale qui ont eu des implications d'une étendue immense sur les sociétés ouest-africaines, il apparaît que la vie socioculturelle des populations elles-mêmes porte des pesanteurs qui entravent l'émergence d'un développement humain endogène au service de leur bien-être individuel et collectif. La littérature ouest-africaine offre d'abondances données descriptives sur le phénomène. Elle révèle le vécu quotidien, les particularités dont seuls les Africains peuvent témoigner. Cette reconstitution d'une interaction particulière à l'Afrique Occidentale démontre que la problématique du développement humain durable doit être considérée sous un autre angle : il ne suffit plus simplement de constater des frictions, des ruptures, des tensions. Il importe d'établir une cohérence au niveau du système social, laquelle cohérence est nécessaire pour la création des rapports sociaux plus conformes aux exigences contextuelles que le monde contemporain impose de plus en plus aux sociétés africaines. Dans cette mesure, nous estimons qu'un retour aux sources anthropologiques, à l'idéal de l'humain porté dans chaque culture humaine, est absolument nécessaire, pour une ouverture maîtrisée aux autres cultures et aux défis contemporains. Cela seul peut permettre de projeter les valeurs culturelles sous forme d'utopies, susceptibles d'inspirer une créativité ordonnée à la satisfaction des attentes des populations en contexte.

Il faudra donc, au regard de la situation de paupérisation humaine en Afrique Occidentale, susciter une dynamique d'être homme, de pensée et d'action qui, articulée sur les défis majeurs du continent aujourd'hui, peut conduire les peuples ouest-africains vers une promotion fertile d'eux-mêmes et de leur espace de vie. Dans la foi chrétienne, c'est une exigence fondamentale pour transformer la condition actuelle de l'homme en Afrique de l'Ouest, pour le rendre capable de se disposer à accueillir le salut apporté par le Christ. En cela, selon l'optique de Kä Mana, « *le problème du développement sera posé dans des termes essentiellement éthiques : comme une quête théorique et pratique de l'humain* »[597]. Une quête qui invite les peuples ouest-africains à « *déployer une nouvelle vision globale du monde, des modèles nouveaux de pensée et d'action fondés sur le sens de la vie libre et cohérente, de la conduite rationnelle et raisonnable, des valeurs d'engagement, d'initiative et de créativité* »[598]. Toutes ces forces d'être sont aujourd'hui, en effet, les bases et les principes pour construire une société sur le sens même de l'humain. Il importera alors, dans le cadre de toute recherche sur le développement humain durable, de repenser sérieusement l'anthropologie culturelle et religieuse, ces deux forces majeures indispensables pour prendre conscience des problèmes du développement, opérer des changements profonds touchants pratiquement tous les domaines de la vie et engager un nouveau départ par la revalorisation du capital humain.

[597] KA MANA, *Christ d'Afrique, Enjeux éthiques de la foi africaine en Jésus-Christ*, p. 203.
[598] *Ibidem*, p. 203-204.

Deuxième partie

Pour une anthropologie du « développement humain durable »

« *Pour être authentique,*
le développement doit être intégral,
c'est-à-dire promouvoir tout homme et tout l'homme ».

PAUL VI,
Lettre Encyclique *Populorum Progressio*, n° 14.

Introduction à la deuxième partie

Dans le monde de ce temps, plus que jamais, les hommes visent le développement de leur personnalité et s'orientent, au-delà d'une simple croissance économique, vers une affirmation croissante de leurs droits fondamentaux[599]. Dans la perspective du développement humain durable qui marque indéniablement les orientations politiques des sociétés actuelles, la personne humaine est devenue centrale ; elle constitue à la fois le moteur et la visée suprême de tout développement véritable : rendre les hommes conscients, libres, responsables de leur destinée personnelle et collective[600]. Cette visée humaniste caractéristique de tous les projets sociaux en général est, à un titre particulier, au cœur de l'idéal social *moaaga* du Burkina Faso et au centre de la théologie de la foi chrétienne. Selon l'affirmation de Claude Geffré, « *la théologie moderne se veut plus existentielle, plus anthropocentrique* »[601]. Cette orientation fonctionnelle de la théologie moderne a, pour le moins, le mérite de souligner que tout discours sur Dieu est fondamentalement inséparable d'une réflexion sur l'homme comme mystère d'ouverture et comme recherche du sens. C'est reconnaître dès lors en d'autres termes que « *la révélation, même dans sa prétention de parler de l'en-soi de Dieu concerne toujours le pour nous de Dieu, c'est-à-dire le salut de l'homme* »[602]. Parmi les courants de pensée humaniste qui marqueront singulièrement l'humanisme au XXe siècle, on peut retenir trois figures dont l'apport reste inépuisable[603] : le *Sillon* de Marc Sangnier[604], *L'Humanisme intégral* de Jacques Maritain[605] et la *Révolution personnaliste et communautaire* d'Emmanuel Mounier[606].

---

[599] cf. GOFFAUX, J., *Problèmes de développement, Quêtes de chimères, voies de lucidité*, C.R.P., Kinshasa, 1986, p. 188.
[600] *Ibidem*, p. 189.
[601] GEFFRE, C., *Un nouvel âge de la théologie*. Cerf, Paris, 1987, p. 28.
[602] *Ibidem*, p. 29.
[603] cf. KRAFT, M.-A., *La Révolution humaniste, Autopsie d'un système dominé par l'argent*, Salvator, Paris, 2011, p. 202.
[604] cf. AA. VV. *Le Sillon de Marc Sangnier et la démocratie sociale*, Colloque tenu à Besançon, les 18 et 19 mars 2004, PUF, 2006. Les deux « maîtres mots » de Marc Sangnier (1873-1950) sont « conscience et responsabilité », inséparables, qui sont pour lui les fondements de la démocratie. C'est en lui-même que l'homme doit d'abord faire sa révolution, avant d'opérer une « révolution par la loi ».
[605] MARITAIN, J., *L'Humanisme intégral, Problèmes temporels et spiriutels d'une nouvelle chrétienté*, Aubier, Paris, 1936. Dans son œuvre très abondante, notamment *Humanisme intégral*, publié en 1936, et très souvent réédité dans de nombreuses langues, Jacques Maritain

Pour notre part, cette deuxième partie repose sur un postulat de base : la réflexion sur la problématique du « développement humain durable » nécessite une recherche totalement ordonnée au service de l'homme et à la valorisation de toutes les ressources humaines. On comprend ainsi qu'un développement pleinement humain et durable doive considérer l'homme dans toute sa globalité : à la fois corps, esprit, cœur et intelligence. Nous rechercherons alors la pertinence de ce postulat en interrogeant d'une part, la culture *moaaga* du Burkina Faso et, d'autre part, la Révélation et la Tradition chrétiennes, afin de faire ressortir les valeurs et les exigences essentielles rattachées à la dignité spécifique de l'être humain ainsi qu'à sa promotion intégrale.

(1882-1973), mystique d'éducation très laïque, prône l'engagement des chrétiens dans la politique, mais y récuse l'immixtion de la religion. Il soutient les principes de la Révolution française. Sa pensée s'est construite d'après Aristote et Saint Thomas d'Aquin. Comme ce dernier, Maritain est l'artisan et le défenseur d'une philosophie chrétienne fondée sur l'expérience et la raison, indépendante de la foi, mais en accord parfait avec la Révélation. Il a développé les principes chrétiens comme la dignité de la personne humaine, le primat de la morale sur le politique, l'économique et le bien commun social, de même que la vertu de prudence. cf. KRAFT, M.-A., *La Révolution humaniste, Autopsie d'un système dominé par l'argent*, Salvator, Paris, 2011, p. 205-206.

[606] MOUNIER E., *Révolution personnaliste et communautaire* (1932-1935), Éditions du Seuil, Paris, 1961. Catholique fervent, Emmanuel Mounier (1905-1950) fonda en 1932 l'actuelle revue *Esprit*, mais sans référence chrétienne ; il contestait le « désordre établi » et appelait à une « révolution personnaliste et communautaire ». L'homme, à ses yeux, n'est pas un « individu », ce qui est réducteur, mais une « personne » ouverte aux autres hommes, à une communauté. L'individu est, aux yeux de Mounier, un « élément » au sein d'une masse, alors que la « personne » est par définition une femme ou un homme à respecter. Et toujours capable de créer. cf. KRAFT, M.-A., *op. cit.*, p. 206.

Chapitre III

Le « *burkindlem* » comme norme de développement humain durable chez les Moose du Burkina Faso

Il est reconnu aujourd'hui qu'il existe, dans toutes les sociétés humaines, une relation étroite entre la culture et le développement. C'est pourquoi dans le contexte des sociétés africaines, de nombreux chercheurs[607] prônent la redécouverte des valeurs culturelles africaines. Ils tentent de livrer un puissant plaidoyer ou de proposer un repositionnement convaincant. Mais la finalité est la même : fondatrice. Il est question de fonder ou de créer des espaces d'un réel développement humain en terre africaine, à partir des matériaux propres aux cultures africaines, lesquels matériaux ont été perdus dans les tourments de l'histoire. Le postulat de cette démarche est qu'en renouant avec ces matériaux historiques qui sont les valeurs premières, on peut découvrir surtout la place centrale de l'être humain et le projet social de son édification. C'est ici un appel, estime Jean-Louis Roy, pour une épistémologie des valeurs humaines séculaires de chaque culture du continent qui se concrétisera dans la mesure où « *des espaces de liberté seront ouverts, le devoir de débattre assumé, l'histoire du continent libérée dans sa totalité. Alors le tissu de confiance disloqué par l'esclavage, la colonisation et leurs conséquences pourrait se reconstituer. (...) Alors la culture ou mieux, les cultures africaines alimenteront enfin le développement du continent, de ses sociétés et de ses citoyens et contribueraient de manière significative à la formation de la civilisation planétaire* »[608]. Le repositionnement ici dévoile, en tant que réconciliation de l'Afrique avec elle-même, des Africains entre eux et avec les autres peuples. Sa portée a donc une valeur universelle. À la lumière de la

---

[607] OUEDRAOGO, M., *op. cit.*, 188 p ; KEZA, J.-P., *Valeurs culturelles et échec de l'aide au développement*, L'Harmattan, Paris, 2005, 303 p ; BEAUCHAMP, C. (sous la direction de), *op. cit.*, 363 p ; ADJI, B., *L'Afrique à la croisée des chemins, Problématique du développement*, Éditions Ebrunie, Abidjan, 2003, 215 p ; SANCHEZ-ARNAU, J.-C. et DESJEUX, D., *op. cit.*, 195 p ; KI-ZERBO, J. (sous la direction de), *La Natte des autres, Pour un développement endogène en Afrique*, 491 p ; KI-ZERBO, J., *Repères pour l'Afrique*, Éditions découvertes du Burkina, Ouagadougou, 2006, 214 p.

[608] ROY, J.-L., « Préface » in OUEDRAOGO, M., *op. cit.*, p. 7- 8.

pratique sur le terrain et des résultats enregistrés, force est de reconnaître que les progrès économiques, les acquis scientifiques et technologiques n'ont de signification qu'au regard des valeurs humaines. Pour une réelle émergence d'un développement humain durable dans le contexte africain marqué par la paupérisation anthropologique, il convient, nous semble-t-il, d'abord d'œuvrer à restaurer la confiance des populations dans leurs cultures. Telle est l'exigence primordiale si l'on veut donner réellement un sens, une pertinence existentielle aux combats contemporains, à la volonté de l'effort qu'on voudrait voir naître et croître chez les peuples d'Afrique[609]. S'il est vrai, selon Mahamadou Ouédraogo, qu'une des dimensions fondatrices des questions du devenir de l'Afrique est la prise en compte des pas posés par les Africains eux-mêmes dans leur marche au quotidien[610], alors, il convient de prendre en considération les éléments anthropologiques et socioculturels.

Dans cette optique, il appartient aux Africains de travailler à ouvrir les espaces de débats pour nourrir ici et maintenant la réflexion sur un continent en quête d'avenir humainement plus prospère, mais qui « *a été freiné considérablement dans ses progrès tant aux plans historique, culturel, artistique que social, économique et politique* » [611]. Notre conviction est qu'un développement humain durable authentique ne saurait être promu et atteint dans ses objectifs s'il ne prend pas en considération la culture en tant qu'« *une représentation de l'environnement, naturel et humain, indissociablement liée à un système de valeurs qui suscite, stimule et oriente les actes et les pensées de l'être humain* » [612]. En ce sens, il est capital de percevoir la culture non comme un ornement du développement, mais comme sa valeur-clé, somme toute, comme son épine dorsale[613]. Dans le domaine de la réflexion programmatique, ainsi que nous l'avons noté plus haut, de nombreux chercheurs en matière de développement ont déjà dit avec une grande qualification ce que devrait être la perspective du développement humain en Afrique ; chacun, pour sa part, a indiqué la stratégie la plus à même de relever les défis du développement en terre africaine. Mais les défis sont tellement immenses et les exigences tellement profondes et mutantes qu'il nous apparaît qu'il est toujours possible d'insérer des propositions nouvelles pour l'édification intégrale de l'homme africain. Il ne s'agit pas, pour nous, d'apporter des propositions entre autres, pour étoffer simplement la quantité déjà impressionnante de propositions et de plans de développement. On sait que sur les conceptions de la culture et les voies de développement pour l'Afrique, il existe une somme d'ambiguïtés, de malentendus et de

609 OUEDRAOGO, M., *op. cit.*, p. 10.
610 cf. *idem.*
611 *Ibidem*, p. 11.
612 *Ibidem*, p. 13-14.
613 cf. *ibidem*, p. 9-10.

quiproquos ; et de nombreux essais et options de développement semblent plutôt avoir conduit le continent dans des situations d'impasse. Pour éviter toute ambigüité et tout malentendu sur les valeurs et les exigences d'accomplissement de l'humain en Afrique, nous nous proposons d'interroger dans ce chapitre une culture africaine particulière, en l'occurrence la culture des Moose du Burkina Faso que nous connaissons le mieux, parce qu'elle est aussi la nôtre. Il s'agira précisément, en réexaminant le concept et la notion *moaaga* du burkĩndlem, de nous réarmer ainsi culturellement, sur le sens de l'humain sur les conditions essentielles de son édification et de son épanouissement, et y puiser les vertus et les forces nécessaires à même d'engager sur les voies sûres et ascendantes d'un développement intégral et véritable. Nous découvrirons d'abord, chez les Moose, quelques éléments significatifs pour la promotion humaine dans leurs contextes sociodémographique, économique, politique et culturel. Ensuite, nous examinerons le concept et la notion de burkĩndlem comme norme d'édification de l'humain libre selon la culture *moaaga*. Enfin, le burkĩndlem ayant donné depuis 1984 son nom au pays, le Burkina Faso, ce serait un apport non négligeable de voir comment le concept et sa notion peuvent être à l'origine d'un projet d'identification et de promotion nationale.

I. Le contexte physique, sociodémographique, économique, politique et culturel des Moose

La découverte du champ éthique des Moose nécessite d'abord une connaissance du contexte dans lequel ils vivent. Ce qui nous conduit à présenter brièvement et successivement, l'environnement géographique et humain de ce peuple. Nous nous attacherons à donner ici un aperçu sur la situation géographique, les caractéristiques physiques des sols et de l'hydrographie, les ressources minières, la démographie et l'économie du pays abritant les Moose. Tous ces éléments nous permettront, en dernière analyse, d'appréhender les défis contextuels en matière de développement humain durable.

I. A. Le contexte géophysique du pays

Incrusté au cœur de l'Afrique de l'Ouest, le Burkina Faso couvre une superficie de 273 187 km². Il partage ses frontières avec la Côte-d'Ivoire au Sud-Ouest, le Ghana et le Togo au Sud, le Bénin au Sud-Est, le Mali au

Nord-Ouest et le Niger à l'Est[614]. Son paysage est monotone avec un relief plat et une altitude moyenne ne dépassant pas 400 m. Le point le plus haut est le mont Ténénkourou (749 m) près de la frontière du Mali, à l'extrême ouest. Le point le plus bas se trouve dans la vallée de la Pendjari (125 m). Plus de la moitié de sa superficie se trouve entre 250 à 350 m d'altitude. On y trouve par ailleurs des chaînes de collines, des pénéplaines et des plateaux gréseux. Le relief, d'une manière générale, est composé de deux grands ensembles : la pénéplaine cristalline (qui occupe près des 3/4 du pays) et le plateau gréseux[615] (qui couvre le ¼ restant de la superficie du pays). Sur le plan géomorphologique, on y distingue trois types de modelé[616] (ou forme de relief) : le modelé de l'ensemble cristallin[617], le modelé sédimentaire[618] et le modelé de l'ensemble dunaire[619]. Sur des sols dont la caractéristique essentielle est d'être peu profonds et de manquer d'humus, la végétation est marquée par la prédominance de formations mixtes ligneuses et herbacées, fortement édulcorées par les pratiques des agriculteurs et des pasteurs. Trois principaux types[620] de formation végétale[621] composent le pays : les steppes au Nord, les savanes à graminées annuelles au Centre et enfin les savanes à graminées pérennes au Sud[622]. Les caractéristiques de chaque type de

---

[614] Le pays est compris entre les longitudes 2° Est et 4° Ouest et les latitudes 10° Sud et 14° Nord. Enclavé, il ne dispose d'aucun débouché sur la mer. Sa capitale qui est Ouagadougou est à 900 kilomètres du port le plus proche qui est celui d'Abidjan (Côte d'Ivoire). Malgré cette situation, le Burkina Faso reste néanmoins un carrefour d'échanges dans la sous-région, pays de transit entre les pays sahéliens (Mali, Niger) et les pays côtiers.

[615] cf. BURKINA FASO, MINISTÈRE DE L'ÉCONOMIE ET DU DÉVELOPPEMENT, *Atlas du Burkina Faso*, www.pictura.com.tn, Tunisie, 2006, p. 20.

[616] Le modelé résulte de la conjugaison de plusieurs éléments, dont la nature des roches, la tectonique et les actions bioclimatiques. L'étude de la déformation des terrains (tectonique) montre que le Burkina Faso a été affecté par trois orogenèses : l'orogenèse libérienne, l'orogenèse éburnéenne et l'orogenèse panafricaine.

[617] Il est constitué par le socle granito-gneissique. Les principaux modelés sont les glacis d'érosion installés par le réseau hydrographique dense. La typologie des éminences est : les inselbergs et les pains de sucre, les collines, les glacis, les dômes.

[618] Il a développé des formes qui sont : les falaises gréseuses et les reliefs ruiniformes ; ce modelé comprend des séries sédimentaires constituées de grès : vallées glaciaires, replats gréseux, chaos de roches. Il comporte des formes de détails très variées.

[619] Il occupe l'extrême nord du pays. Ses formes de détail sont : les paysages gravillonnaires, les barkhanes, les cratères de déflation, les dunes, etc. On trouve les dunes dans la partie nord du Burkina Faso (Oudalan) avec des cordons dunaires d'une hauteur de 20 m et d'une longueur de plusieurs centaines de kilomètres selon la direction est-ouest.

[620] cf. BURKINA FASO, MINISTÈRE DE L'ÉCONOMIE ET DU DÉVELOPPEMENT, *Atlas du Burkina Faso*, *op. cit.*, p. 41.

[621] Les espèces d'arbres dominantes sont : le caïlcédrat, le néré, le karité, le tamarinier, le baobab et le kapokier.

[622] À cela s'ajoutent des forêts claires et des forêts-galeries le long des principaux cours d'eau. Ces types de formation végétale sont distribués suivant des bandes plus ou moins parallèles à l'équateur.

végétation varient avec la latitude, mais aussi avec divers facteurs écologiques et notamment les précipitations et la durée de la saison des pluies. Le milieu physique est ainsi la résultante de l'action des facteurs du climat sur le substratum géologique modelé au cours des âges par des orogénies successives et l'érosion.

Le climat du Burkina Faso est celui d'un pays intertropical, à caractère soudano-sahélien et marqué par l'alternance de deux saisons d'une importance inégale : une saison sèche dont la longueur varie de huit mois au Nord à six ou cinq mois au Sud ; et une saison humide ou hivernale, d'avril à octobre au Sud, et de juin à septembre au Nord. Trois éléments fondamentaux régissent le climat : les précipitations, les températures et les vents. La caractéristique principale de la pluviométrie est sa forte variabilité[623]. Les régions situées au Sud, à l'Ouest et au Sud-ouest sont couvertes par la mousson dès le mois de mars et les premières pluies utiles sont reçues au mois d'avril[624]. Dans le centre, l'est et le nord-ouest du pays, les premières pluies tombent en mai. C'est en juin que l'installation des pluies est effective dans le nord du pays[625]. À l'instar des précipitations, les températures sont marquées par une forte variabilité spatiale et temporelle. Les moyennes mensuelles dépassent rarement 35 °C. Les extrêmes se rencontrent au Nord[626]. Le climat est balayé par deux principaux types de vents. Pendant la saison sèche, souffle du Nord-est un alizé continental provenant du Sahara, un vent froid et sec, chargé de poussière appelé l'« harmattan »[627]. Le facteur dominant de la saison des pluies est un alizé maritime[628], la mousson, qui souffle du Sud vers l'Ouest. Le degré hygrométrique de l'air varie également en fonction de la saison et de la zone climatique[629].

---

[623] cf. BURKINA FASO, MINISTÈRE DE L'ÉCONOMIE ET DU DÉVELOPPEMENT, *Atlas du Burkina Faso*, *op. cit.*, p. 37.

[624] De même, ces régions reçoivent les hauteurs de pluies maximales (1100 mm à 1300 mm) annuelles ; le nombre de jours de pluie est également le plus élevé (en moyenne 90 jours de pluie par an). La saison des pluies y dure 6 mois environ.

[625] C'est dans la zone septentrionale que l'on recueille les plus faibles hauteurs de pluies annuelles ; en moyenne 300 mm de pluie pour 35 jours de pluie y sont relevés.

[626] La température minimale absolue de 5 °C a été observée à Markoye en janvier 1975 tandis que la température maximale absolue de 47,2 °C a été relevée en mai 1984 à Dori (cf. BURKINA FASO, MINISTÈRE DE L'ÉCONOMIE ET DU DÉVELOPPEMENT, *Atlas du Burkina Faso*, *op. cit.*, p. 37).

[627] Ce vent, chaud et sec, a un effet desséchant qui accentue de mars à mai l'effet des températures élevées.

[628] Ce vent chargé d'humidité est un prolongement de l'alizé austral.

[629] À l'Ouest et au Sud-ouest, l'humidité maximale moyenne atteint ou dépasse 80 % durant 6 mois alors que dans le Nord, ce seuil atteint 4 mois seulement. L'humidité minimale est de 10 % en janvier et en février. (cf. BURKINA FASO, MINISTÈRE DE L'ÉCONOMIE ET DU DÉVELOPPEMENT, *Atlas du Burkina Faso*, *op. cit.*, p. 37).

L'action conjuguée de ces différents paramètres du climat (les précipitations, les températures et les vents) aboutit, à l'échelle du pays, à une subdivision[630] en zones climatiques. Le Burkina Faso, dans son ensemble, est ainsi découpé en trois principales vastes zones climatiques contiguës et comparables : la zone soudanienne[631], la zone soudano-sahélienne[632] et la zone sahélienne[633]. À ces sous-climats soudaniens correspondent trois zones de végétation : la steppe arbustive (climat sahélien), la savane (climat nord-soudanien) et la forêt sèche (climat sud-soudanien). Une faune très riche se rencontre dans ces différentes zones climatiques du pays, car toutes les espèces de l'Afrique de l'Ouest y sont représentées[634]. Malgré la faible déclivité du relief et la baisse constante de la pluviométrie, le pays est doté d'un réseau hydrographique important qui s'organise autour de trois bassins principaux : les bassins de la Volta, de la Comoé, et du fleuve Niger. L'alternance très prononcée entre la saison sèche et la saison humide provoque de fortes variations du régime des cours d'eau qui, dans leur majorité, sont intermittents. Seuls quelques rares cours d'eau tels que la Comoé, le Mouhoun et la Léraba ont de nos jours un régime

---

[630] Cette subdivision est essentiellement fondée sur la durée de la saison des pluies, les hauteurs pluviométriques et le comportement des températures. cf. BURKINA FASO, MINISTÈRE DE L'ÉCONOMIE ET DU DÉVELOPPEMENT, *Atlas du Burkina Faso*, *op. cit.*, p. 39-40.

[631] Elle occupe toute la portion Sud du pays avec une saison des pluies qui dure six mois et des pluviométries pouvant aller jusqu'à 1200 mm par an et même plus.

[632] Elle est comprise entre les isohyètes 900mm et 600mm. Elle s'étale sur tout le centre du pays et c'est la région climatique la plus vaste du Burkina, environ la moitié de la superficie du pays. La saison des pluies y dure 4 à 5 mois. Dans la zone soudano-sahélienne, pratiquement tous les paramètres du climat (température, précipitation, humidité, etc.) ont une valeur médiane. C'est une zone à caractère de transition climatique locale.

[633] Elle représente environ 25 % de la superficie totale du pays et est délimitée au Sud par l'isohyète 600mm. C'est donc la région climatique la moins arrosée avec les hauteurs pluviométriques pouvant descendre en dessous de 150 mm et un nombre de jours de pluie parfois inférieur à 30 jours. Quant à la saison des pluies, elle ne dépasse guère 3 mois et peut être parfois de moins de 2 mois. Les extrêmes et les amplitudes thermiques aussi journalières qu'annuelles y sont les plus élevés, entraînant une forte déperdition de l'humidité atmosphérique.

[634] cf. BARRAT, J. ; EL ZEIN, D. ; LAMBRET, N., *Géopolitique du Burkina Faso*, S.E.M., Gap, 2008 (inédit), p. 20. Des études ont montré la présence au Burkina Faso de 35 espèces de grands mammifères essentiellement regroupées dans le domaine classé de l'État (parcs nationaux, les réserves et les forêts classées). On compte aussi une avifaune importante, enrichis périodiquement par de nombreux oiseaux migrateurs. On dénombre aussi beaucoup de reptiles et des espèces amphibies. Plusieurs de ces espèces sont menacées de disparition. Le Burkina Faso compte 72 formations protées ou classées occupant 12 % du territoire (3800 km²) et qui constituent l'habitat par excellence de la faune sauvage. cf. MINISTÈRE DE L'ÉCONOMIE ET DES FINANCES, SECRÉTARIAT GÉNÉRAL, DIRECTION GÉNÉRALE DE L'AMÉNAGEMENT DU TERRITOIRE, DU DÉVELOPPEMENT LOCAL ET RÉGIONAL, *Profil des régions du Burkina Faso,* INSD, Ouagadougou, 2005, p. 16.

permanent[635]. Dans ce vaste ensemble géophysique à caractères diversifiés du Burkina Faso vivent des peuples divers, arrivés par vagues successives, et qui constituent ce qui forme aujourd'hui l'ensemble sociodémographique du pays.

I. B. Les caractéristiques sociodémographiques

Une vue d'ensemble de la démographie burkinabè, entre 1975 et 2011, met en évidence l'augmentation de la population[636] : de 6,1 millions en 1975, la population a atteint 7,9 millions en 1985, puis 10, 3 millions en 1996 ; elle est passée à 13,9 millions en 2005 et à 17 millions en 2011. Selon les projections[637], elle devrait atteindre 29,1 millions en 2030. Entre 1990 et 1995, la population du Burkina a connu un accroissement annuel[638] moyen de 2,7 % et de 2010 à 2015, le taux d'accroissement annuel est estimé à 3 %. De 1975 à 2006, la densité de la population est passée de 20,8 habitants au Km^2 à 51,8 habitants au Km^2. Cette densité est inégalement répartie selon les régions. La région du Centre[639], qui abrite la capitale administrative du pays (Ouagadougou), renferme 12,3 % de l'ensemble de la population et se caractérise par une densité exceptionnellement importante (615 habitants au km^2), tandis que la région de l'Est enregistre la densité la plus faible (26,0 habitants au km^2). Les résultats du dernier recensement de 2006 indiquent que 22,7 % de la population vivent en ville[640] et près de 80 % résident en

[635] cf. BURKINA FASO, MINISTÈRE DE L'ÉCONOMIE ET DU DÉVELOPPEMENT, *Atlas du Burkina Faso*, *op. cit.*, p. 20. Les cours d'eau qui sillonnent le pays se rattachent à trois bassins principaux qui sont : le bassin de la volta, le plus important (une superficie de 120 000 Km^2), dont les affluents sont les fleuves Mouhoun, Nakambé, Sourou, Nazinon et Kompienga ; le bassin de la Comoé (une superficie de 18 000 Km^2) dont les importantes branches sont la Léraba et la Comoé ; le bassin du Niger (une superficie de 72 000 Km^2) qui englobe les petites rivières temporaires de la rive droite du Niger. Ce fleuve contourne le Burkina Faso, mais en recueille les apports des affluents de faible débit au nombre desquels on peut citer : la Sirba, le Béli et la Tapoa. Le potentiel d'aménagement hydro-agricole est évalué à environ 160 000 hectares dont à peine un peu plus de 10 % sont actuellement aménagés : cf. ZAGRE, P., *op. cit.*, p. 27.

[636] cf. PNUD, *Rapport mondial sur le développement humain 2007/2008*, p. 233 et 243-246 ; PNUD, *Rapport sur le développement humain 2011*, p. 183.

[637] cf. PNUD, *Rapport sur le développement humain 2011*, p. 183.

[638] cf. MINISTÈRE DE L'ÉCONOMIE ET DES FINANCES, COMITÉ NATIONAL DU RECENSEMENT, BUREAU CENTRAL DU RECENSEMENT, *Recensement général de la population et de l'habitation de 2006(RGPH), Résultats définitifs*, INSD, Ouagadougou, 2008, p. 18.

[639] Cette région est suivie des régions des Hauts-Bassins (10,5 %) et de la Boucle du Mouhoun (10,3 %). En revanche, la région des Cascades est la moins peuplée (3,8 %), suivie dans l'ordre croissant des régions du Sud-Ouest et du Centre-Sud avec respectivement 4,4 % et 4,6 % de la population du Burkina Faso.

[640] Sont considérés comme ville, les 45 chefs-lieux de Provinces et 4 villes moyennes que sont : Bittou, Niangoloko, Garango et Pouytenga (selon le MATD). Environ 3 181 967

milieu rural[641] où les réalités de l'état civil sont objectivement celles d'un pays du tiers-monde. Ils y travaillent dans l'agriculture ce qui, du fait des contraintes climatiques et pédologiques, entraîne un flux migratoire important à l'intérieur comme à l'extérieur du pays[642]. Le niveau d'urbanisation des régions est également très varié ; la région du Centre[643] affiche le plus fort taux d'urbanisation (85,4 %). Les régions les moins urbanisées sont l'Est et le Sahel, avec respectivement 6,6 % et 6,7 % de taux d'urbanisation[644]. La répartition par groupe d'âges quinquennaux révèle l'importance des jeunes. Les personnes de moins de 20 ans représentent 57,0 % de la population. L'âge moyen estimé à 21,8 ans et l'âge médian qui est de 15,5 ans attestent la jeunesse de la population[645]. Environ 50 % des citoyens burkinabè seraient âgés de 16 ans[646] et seulement 5, 64 % auraient plus de 60 ans[647]. C'est dire l'importance de la charge que représente la jeunesse pour les actifs notamment en matière de santé et d'éducation. En 2006, le taux brut de natalité était de 46 ‰ pour l'ensemble du pays, soit 38 ‰ en milieu urbain et 48 ‰ en milieu rural. L'indice synthétique de fécondité[648] (ou le nombre d'enfants nés vivants par femme) qui est un des plus élevés en Afrique Occidentale, était de 6,2 au niveau national, soit de 4,6 en milieu urbain et de 6,7 en milieu rural. Le taux de mortalité générale est aujourd'hui estimé à 15 ‰ et le quotient de mortalité infantile[649] évalué à 81 ‰ alors qu'il était de 180 ‰ au moment de l'indépendance. L'espérance de vie, quant à elle, est aujourd'hui de 51,4 ans pour l'ensemble de la population avec d'infimes différences entre hommes et femmes[650].

---

habitants vivent en ville. Selon le sexe, on dénombre respectivement 23,5 % et 22 % d'hommes et de femmes vivant en milieu urbain. Cette population urbaine est inégalement répartie selon les villes. Ainsi, sur les 49 villes que compte le Burkina Faso, les 10 premières les plus peuplées regroupent 2 442 565 habitants, soit 76,8 % de la population urbaine. On note que 46,4 % de la population urbaine du pays vivent à Ouagadougou.

[641] cf. BARRAT, J. ; EL ZEIN, D. ; LAMBRET, N., *op. cit.*, p. 24.

[642] cf. MINISTÈRE DE L'ÉCONOMIE ET DES FINANCES, COMITÉ NATIONAL DU RECENSEMENT, BUREAU CENTRAL DU RECENSEMENT, *op. cit.*, p. 29-30.

[643] Soit 1 475 223 habitants. Cette région centrale est suivie de loin par celle des Hauts Bassins qui compte 489 967 citadins, soit 37,6 % de sa population totale.

[644] cf. MINISTÈRE DE L'ÉCONOMIE ET DES FINANCES, COMITÉ NATIONAL DU RECENSEMENT, BUREAU CENTRAL DU RECENSEMENT, *op. cit.*, p. 23.

[645] *Ibidem*, p. 24.

[646] BARRAT, J. ; EL ZEIN, D. ; LAMBRET, N., *op. cit.*, p. 24.

[647] cf. MINISTÈRE DE L'ÉCONOMIE ET DES FINANCES, SECRÉTARIAT GÉNÉRAL, DIRECTION GÉNÉRALE DE L'AMÉNAGEMENT DU TERRITOIRE, DU DÉVELOPPEMENT LOCAL ET RÉGIONAL, *op. cit.*, p. 21.

[648] Les indicateurs de la fécondité sont calculés chez les femmes âgées de 15-49 ans. cf. MINISTÈRE DE L'ÉCONOMIE ET DES FINANCES, COMITÉ NATIONAL DU RECENSEMENT, BUREAU CENTRAL DU RECENSEMENT, *op. cit.*, p. 28.

[649] cf. BARRAT, J. ; EL ZEIN, D. ; LAMBRET, N., *op. cit.*, p. 25.

[650] cf. PNUD, *Rapport mondial sur le développement humain 2007/2008*, p. 232.

En dépit des efforts soutenus depuis l'indépendance en 1960, le taux d'alphabétisation des adultes (23,6 %) et le taux de scolarisation combiné pour l'éducation primaire, secondaire et supérieure (29, 3 %) sont des plus bas en Afrique de l'Ouest[651]. Mais à en croire les résultats du *Recensement général de la population et de l'habitat de 2006*, les efforts de scolarisation au primaire sont en net progrès[652] : le taux brut[653] de scolarisation des enfants de 6 à12 ans en 2006 serait de 52,7 % et le taux net[654] de scolarisation, serait de 48,4 %. Au niveau du secondaire[655], le taux brut de scolarisation serait de 21,8 %. L'enseignement supérieur est encore très peu fréquenté[656] (seulement 2,6 % de taux brut de scolarisation et 2,0 % de taux net de scolarisation). L'incidence immédiate du faible taux de scolarisation est sans nul doute la baisse du niveau d'instruction : seulement 20,1 % des burkinabè ont le niveau primaire ; 8,1 % ont le niveau secondaire et 1,1 % ont le niveau supérieur. On en déduit que plus de 70 % de la population de 7 ans ou plus n'ont aucun niveau d'instruction[657]. La population burkinabè est, pour ainsi dire, majoritairement analphabète.

Peuplé de populations diverses arrivées en vagues successives, le territoire burkinabè actuel verra se constituer une soixantaine d'ethnies[658] d'importance numérique inégale, n'occupant pas toujours des aires géographiques précises. Les plus grands ensembles ethnolinguistiques sont ainsi dénombrés (avec leurs pourcentages par rapport à la population totale) :

---

[651] Selon les indications du Rapport 2007/2008 du PNUD, le Burkina Faso, qui a un taux de 23,6 % pour l'alphabétisation des adultes, occupe le dernier rang en Afrique Occidentale après le Mali (24 %) ; et avec ses 29, 3 % de taux de scolarisation combinée, il occupe l'avant-dernière place avant le Niger (22, 7 %). cf. PNUD, *Rapport mondial sur le développement humain 2007/2008*, p. 229-233.

[652] cf. MINISTÈRE DE L'ÉCONOMIE ET DES FINANCES, COMITÉ NATIONAL DU RECENSEMENT, BUREAU CENTRAL DU RECENSEMENT, *op. cit.*, p. 26-27.

[653] Le taux brut de scolarisation est le rapport entre la population scolaire d'un niveau d'enseignement donné et la population qui d'après les règlements nationaux devrait être scolarisée à ce niveau d'enseignement.

[654] Le taux net de scolarisation est le rapport entre la population scolaire d'âge règlementaire d'un niveau d'enseignement donné et la population qui d'après les règlements nationaux devrait être scolarisée à ce niveau d'enseignement.

[655] Malgré les efforts, le taux net de scolarisation au secondaire reste encore faible (15,8 %). Le milieu urbain enregistre un taux plus élevé (40,1 %) que le milieu rural (7,0 %) et les garçons sont mieux lotis (18,3 %) que les filles (13,3 %).

[656] Cette situation est encore en défaveur des filles : 1,8 % chez les filles contre 3,5 % chez les garçons.

[657] Cette situation nationale varie selon le sexe et le milieu de résidence. Le niveau d'instruction, de fait, est plus élevé chez les hommes que chez les femmes et meilleur en milieu urbain qu'en zone rurale. cf. MINISTÈRE DE L'ÉCONOMIE ET DES FINANCES, COMITÉ NATIONAL DU RECENSEMENT, BUREAU CENTRAL DU RECENSEMENT, *op. cit.*, p. 27.

[658] Jacques Barrat, Derek El Zein et Nicolas Lambret en dénombrent jusqu'à 65 ethnies et sous-ethnies : cf. BARRAT, J. ; EL ZEIN, D. ; LAMBRET, N., *op. cit.*, p. 38-39.

les Moose (48 %), les Peuls (10,4 %), les Bobo (7 %), les Sénoufo (6 %), les Gourounsi (5 %). La langue la plus parlée sur tout le territoire national est le Moore (52,1 %). Elle est suivie par le Fulfuldé/Peulh (9,6 %), le Goulmancéma (6,3 %) et le Dioula/Bambara (5,1 %)[659]. Les résultats définitifs du recensement général de 2006 laissaient apparaître une évolution assez remarquable des pratiquants des différentes religions dont les principales sont respectivement par ordre d'importance[660] : l'islam (60,5 % de la population), l'animisme 15,3 %), le catholicisme (19,0 %), le protestantisme (4,2 %). Quant à leur répartition spatiale, on note que les musulmans sont plus nombreux au Nord (12,51 %) et à l'ouest du pays (12,38 % dans les Hauts Bassins et 12,32 % dans la Boucle du Mouhoun). L'animisme est dominant dans la région de l'Est (15,69 %) et au Sud-ouest (14,65 %). La région du Centre vient en tête en matière de religion catholique (20,93 %). Les protestants sont plus nombreux à l'Est (18,38 %).

Si l'on considère les indications du recensement général[661] de 2006, on peut observer que sur la totalité de la population burkinabè résidente, la population active, c'est-à-dire ceux qui sont en âge de travailler (15 ans ou plus), est de 53,1 %. La population active occupée se dénombre à environ 5,3 millions de personnes. Le secteur primaire absorbe l'essentiel des actifs occupés (80,4 %) contre 16 % pour le secteur tertiaire et seulement 3,6 % pour le secteur secondaire. Le secteur primaire reste donc le principal pourvoyeur d'emplois au Burkina. Le taux de chômage est estimé à 2,3 % lors du recensement général en 2006. En considérant le milieu de résidence, ce taux est plus important en milieu urbain (9,2 %) qu'en milieu rural (0,6 %). Au regard de ces différentes estimations, il apparaît qu'au Burkina Faso, globalement, une population active occupée majoritairement jeune, à l'image de la population de l'ensemble du pays, participe au développement socio-économique.

---

[659] cf. MINISTÈRE DE L'ÉCONOMIE ET DES FINANCES, SECRÉTARIAT GÉNÉRAL, INSTITUT NATIONAL DE LA STATISTIQUE ET DE LA DÉMOGRAPHIE, *Recensement général de la population et de l'habitation (RGPH) de 2006, Analyse des résultats, État et structure de la population*, INSD, Ouagadougou, 2009, p. 67. Une quarantaine de langues sont regroupées en trois classes : les langues niger-congo rassemblant le groupe Gur ou Voltaïque et le groupe Manden ; les langues nilo-sahariennes qui regroupent le Djerma dans l'Est et le Sahel, le Sonrhaï dans la zone de Dori et de Markoye, le Maransé au Centre-Nord et au Nord ; et les langues chamito-sémitiques intégrant le Tchadique (haoussa au Centre-Est) et le groupe berbère (langue tamasheq dans la zone de l'Oudalan). En plus de ces trois classes, d'autres langues non classées ou partiellement classées existent comme le Koroboré dans la zone de Barsalogo, le Silinkéré, le Silancé dans la zone de Pensa, Bagkyemdé.

[660] cf. MINISTÈRE DE L'ÉCONOMIE ET DES FINANCES, SECRÉTARIAT GÉNÉRAL, INSTITUT NATIONAL DE LA STATISTIQUE ET DE LA DÉMOGRAPHIE, *op. cit.*, p. 70.

[661] cf. *idem*, p. 31-32.

I. C. Les déterminants économiques

D'emblée, il importe de relever que l'analyse des déterminants de l'économie burkinabè nous découvre un pays dont la caractéristique singulière de l'économie est la précarité. Déjà, la situation géographique, qui fait du territoire un pays enclavé, présente des handicaps sérieux pour un développement économique. De plus, défavorisé par des conditions naturelles ingrates, presque totalement démuni de ressources minières immédiatement exploitables, et habité par une population parmi les plus denses, les plus jeunes et les plus analphabètes d'Afrique, le Burkina Faso se révèle un des pays les plus pauvres du monde. Le Revenu national brut[662] (RNB) par habitant en 2011 était de 1.141 ($PPA constant 2005), un des plus faibles du monde. Une enquête, en effet, menée en 2003, estime que 46,4 % des ménages vivent en dessous du seuil de pauvreté[663]. La pauvreté au Burkina Faso a donc une allure inquiétante. Les indices relatifs à la profondeur[664] (15,6 %) et à la sévérité[665] (7,1 %) ont légèrement augmenté par rapport à 1994 où ils étaient respectivement de 13, 9 % et 6 %. Cela signifie que les pauvres se sont davantage éloignés du seuil de pauvreté, bien que, de l'avis des experts, le PIB se soit accru en moyenne de 5, 5 % entre 1995 et 2002. Au cours de la période 2000/2003, il a été observé un taux de croissance annuel moyen[666] de 5 % avec un pic de 8 % en 2003. Ce taux est retombé à 4, 6 % en 2004 du fait de la contre-performance de l'agriculture, liée à l'invasion acridienne et à la sécheresse. Depuis 1995, le Burkina Faso enregistre un affaiblissement régulier de sa capacité d'importation due à la diminution continue de ses avoirs extérieurs nets. La balance commerciale reste structurellement déficitaire avec un taux de couverture des importations[667] par les exportations[668] de 51, 79 % en 2004 contre 47, 81 % en 2003. De ce fait, l'aide extérieure devient importante ; elle peut être privée (Organisations non gouvernementales) ou publique et vient

---

662 cf. PNUD, *Rapport sur le développement humain 2011*, p. 147.

663 Cet indicateur rend compte de l'étendue de la pauvreté. cf. *Présentation des régions du Burkina*, p. 14.

664 Profondeur : distance qui sépare les personnes pauvres du seuil de pauvreté.

665 Sévérité : moyenne pondérée du carré des distances par rapport au seuil de pauvreté.

666 cf. MINISTÈRE DE L'ÉCONOMIE ET DES FINANCES, SECRÉTARIAT GÉNÉRAL, DIRECTION GÉNÉRALE DE L'AMÉNAGEMENT DU TERRITOIRE, DU DÉVELOPPEMENT LOCAL ET RÉGIONAL, *op. cit.*, p. 30.

667 Les importations du Burkina comprennent essentiellement des produits alimentaires, des produits pétroliers, des biens intermédiaires et des biens d'équipement.

668 Les exportations comprennent le coton, les animaux vivants. Elles sont essentiellement constituées de produits primaires (agriculture, élevage) et assujetties aux fluctuations des cours des matières premières. L'Europe et l'Afrique sont les principaux continents de destination des exportations.

principalement des pays de l'Union européenne, particulièrement de la France.

L'activité économique au Burkina Faso est dominée par l'agriculture[669] et l'élevage qui occupent environ 80 % de la population[670]. L'agriculture, qui est de type traditionnel, itinérant, extensif et peu mécanisé, est des plus rudimentaires et connaît de grandes difficultés en raison de la pauvreté des sols et de l'aridité du climat. C'est pourquoi la production agricole vivrière ne suffit pas à nourrir l'ensemble des habitants. Quant à l'élevage[671], il occupe 8 % de la population active et contribue pour 12 % au PIB. L'industrie, l'artisanat, les institutions financières, le tourisme et le transport connaissent une présence encore très timide du fait de leur manque de compétitivité à l'échelle internationale. En outre, de nombreuses études, recherches et prospections ont révélé que le sous-sol burkinabè renferme une gamme variée d'indices miniers dont « *les principaux sont : l'or, le phosphate, le zinc, l'argent, le plomb, le nickel, la bauxite, le cuivre, les calcaires à chaux et à ciment, les magnétites et vanadifères, le manganèse, les schistes bitumineux et le diamant* ».[672] Le pays recèle donc de ressources minières intéressantes, mais celles-ci sont peu exploitées à cause de l'enclavement du pays, du coût de l'énergie, de la faiblesse des infrastructures de transport et de l'insuffisance des crédits d'investissement. Ce sont là autant de handicaps sérieux pour le pays qui a besoin de l'aide internationale et des investisseurs étrangers. Toutefois, le développement du secteur minier, amorcé récemment, représente un espoir réel pour un pays dont l'encours de la dette publique totale ne cesse de s'alourdir[673] : de 707,7

---

[669] En 1999 l'agriculture a contribué pour 38 % au PIB et pour 60 % aux recettes d'exportation. Elle est dominée par les cultures céréalières et constitue une activité de subsistance. Elle occupe environ 3,5 millions d'hectares soit près de 39 % des terres cultivables, dont 88 % des superficies pour les cultures céréalières, 12 % pour les cultures de rente notamment le coton.

[670] cf. MINISTÈRE DE L'ÉCONOMIE ET DES FINANCES, SECRÉTARIAT GÉNÉRAL, DIRECTION GÉNÉRALE DE L'AMÉNAGEMENT DU TERRITOIRE, DU DÉVELOPPEMENT LOCAL ET RÉGIONAL, *op. cit.*, p. 31.

[671] Les produits de l'élevage et dérivés occupent la deuxième place en matière d'exportation avec 13 % des recettes d'exportation en 2003. L'alimentation et l'abreuvement constituent les contraintes majeures des productions animales. Le Burkina Faso dispose d'une grande quantité de matière verte en saison hivernale, mais qui, séchée, est vite détruite par les feux de brousse. Malgré la possibilité de fauche et de stockage, les éleveurs sont toujours pris au dépourvu. La culture fourragère a connu une expérience décevante liée aux mentalités des éleveurs qui estiment inutile de cultiver de l'herbe dans un pays où l'herbe naturelle est abondante.

[672] ZAGRE, P., *op. cit.*, p. 28.

[673] cf. MINISTÈRE DE L'ÉCONOMIE ET DES FINANCES, SECRÉTARIAT GÉNÉRAL, DIRECTION GÉNÉRALE DE L'AMÉNAGEMENT DU TERRITOIRE, DU DÉVELOPPEMENT LOCAL ET RÉGIONAL, *op. cit.*, p. 31.

milliards de FCFA qu'il était en 1995, cet encours est passé à 1249,4 milliards de FCFA en 2004.

Pour faire face aux divers défis socio-économiques, l'évolution récente de l'économie burkinabè a été marquée par des réformes et le renforcement du processus d'intégration régionale. Après plus de douze années d'économie étatisée, le Burkina Faso, sous l'égide du Fonds Monétaire International, s'est converti à l'économie libérale et a engagé un programme de privatisations importantes. Il a signé en mars 1991 un accord avec le F.M.I. (Fonds Monétaire International)[674], s'engageant ainsi sur la voie des Programmes d'ajustement structurel (P.A.S.) et de la libéralisation des activités économiques, de même que du désengagement de l'État des structures économiques de production devant aboutir, à terme, à la privatisation de l'économie. Suite à ces réformes, les partenaires au développement s'accordaient à reconnaître le rétablissement des grands équilibres macro-économiques et le retour à la croissance.[675] C'est peut-être la raison pour laquelle Pascal Zagré relèvera, pour sa part, qu'au cours des années 1985, tandis que la plupart des pays de l'Afrique de l'Ouest s'empêtraient dans une crise économique, « *le Burkina Faso affichait globalement une remarquable sérénité économique* »[676]. Ce label de qualité et de sérieux a été entériné par beaucoup d'experts internationaux et par ses partenaires de coopération économique.[677] Un tel résultat a été obtenu, d'après certains analystes, « *grâce à l'esprit de sacrifice des burkinabè et surtout grâce à une forte tradition de tempérance, d'endurance et d'âpreté à la tâche enracinée depuis longtemps* »[678]. La véritable richesse du pays est, pour ainsi conclure, irréfutablement d'abord ses hommes. Malgré tout cet effort cependant, la pauvreté se fait persistante dans les foyers et l'IDH publié par le PNUD sur le Burkina Faso, dans son *Rapport mondial sur le développement humain 2007/2008*, est des plus faibles (0,370) et place le pays en 176e position sur 177 pays classés[679]. Une telle situation de précarité du bien-être humain n'est pas sans influencer les instances de décision au niveau national, en l'occurrence le domaine du politique.

---

[674] cf. ZAGRE, P., *op. cit.*, p. 15.

[675] cf. PRÉSIDENCE DU FASO, COMITÉ NATIONAL D'ÉTHIQUE, *Rapport annuel 2002*, Ouagadougou, 2003, p. 28.

[676] Cette situation aurait, d'après Zagré, contribué à renforcer l'image, si communément admise qu'elle atteint à la légende au sein de la communauté internationale, d'un Burkina Faso laborieux et sobre. cf. ZAGRE, P., *op. cit.*, 15.

[677] *Idem.*

[678] *Idem.* Pour Zagré, tout observateur objectif et honnête, ayant séjourné au Burkina Faso, reconnaît « *l'habileté, le courage, le talent et l'acharnent au labeur du Burkinabè, et ceci, depuis des temps immémoriaux* » (*idem*).

[679] cf. PNUD, *Rapport mondial sur le développement humain 2007/2008*, p. 229-233.

I. D. Les institutions politiques

L'état actuel des connaissances permet d'établir que la majorité des groupes ethniques qui peuplent le Burkina Faso présentent une grande diversité de statuts sociaux, culturels et politiques, hérités d'un passé plus ou moins lointain[680]. Du fait d'un regroupement des différentes ethnies qui le composent aujourd'hui, le territoire actuel du pays a été créé en 1919 en tant que colonie française avec Ouagadougou pour chef-lieu[681]. En 1932, sous la pression des colons français, le territoire sera morcelé et réparti entre la Côte d'Ivoire, le Soudan français (actuel Mali) et le Niger[682]. En 1947, le pays sera de nouveau reconstitué dans ses limites de 1932, après plusieurs démarches entreprises par des hommes politiques, en particulier par des dignitaires du pouvoir royal des Moose de Ouagadougou[683]. La Haute-Volta devint alors autonome au sein de la Communauté franco-africaine, sous la direction de Maurice Yaméogo, chef de l'Union démocratique voltaïque (UDV). Elle est proclamée république le 11 décembre 1958 et obtient formellement son indépendance le 5 août 1960. À la proclamation de l'indépendance, le premier Président, Maurice Yaméogo, s'exprimait en ces termes : « *Neuf siècles d'histoire ont révélé au monde la valeur morale de l'homme voltaïque. Au nom de cette morale à partir de laquelle nous voulons bâtir notre nation, j'exprime ma profonde reconnaissance à tous les artisans de notre indépendance nationale* ».[684] À partir des indépendances, le moins qu'on puisse affirmer de la vie politique au Burkina Faso est qu'elle sera d'une instabilité dont la classe politique ne saurait être totalement innocente.

L'analyse de la petite histoire du pays, qui a vécu de nombreux remous sociopolitiques, nous découvre une vie politique tâtonnante et mouvementée. De 1960 (année de son indépendance) à nos jours, le Burkina a enregistré deux sortes de régimes : quatre Républiques et cinq régimes d'exception.[685]

---

680 BURKINA FASO, MINISTÈRE DE L'ÉCONOMIE ET DU DÉVELOPPEMENT, *Atlas du Burkina Faso*, *op. cit.*, p. 57.

681 cf. Décret du 1er mars 1919, portant création de la colonie de Haute-Volta in BALIMA, S.-A., *Légendes et histoire des peuples du Burkina Faso*, J. A. Conseil, Paris, 1996, p. CC-CCI.

682 Cf. BALIMA, S.-A., *Légendes et histoire des peuples du Burkina Faso*, J. A. Conseil, Paris, 1996, p. 219-225.

683 Cf. Loi n° 47-1707 du 4 septembre 1947, tendant au rétablissement du territoire de Haute-Volta : in BALIMA, S.-A., *op. cit.*, p. 241.

684 Cf. BALIMA, A. S., *Genèse de la Haute-Volta*, Présence Africaine, Ouagadougou, 1969, p. 244.

685 Cf. PITROIPA, R. sj, « Les Burkinabè et le défi de l'autodétermination », *Débats* 5 (2003) 9-10 ; BATIONO, A., *Dictionnaire biographique des députés du Burkina Faso de 1992 à 1997, Analyse historico-critique*, Découverte du Burkina, Ouagadougou, 2007, p. 28. Les différentes républiques sont intervenues dans les périodes suivantes : - du 5 août 1960 au 3 janvier 1966, la 1re république ; - du 14 juin 1970 au 8 février 1974, la 2e République ; - du

Il a donc expérimenté depuis son indépendance divers projets de société que d'aucuns qualifient de « *tâtonnement politique* »[686], puisqu'ils ont conduit en définitive à opter, depuis 1991, pour un État de droit démocratique caractérisé par : le retour à une vie constitutionnelle normale, l'instauration du multipartisme, l'adoption du principe de la bonne gouvernance. Ce « *retour à une vie constitutionnelle normale et à la démocratie semble prouver que le Burkina Faso n'a pas toujours trouvé son compte dans les expériences tentées* ».[687] Pour autant, il est hasardeux d'affirmer que la démocratie, telle qu'elle y est pratiquée aujourd'hui, fait l'unanimité de la société burkinabè. Les diverses marches et meetings, les multiples sit-in de protestations, les boycotts électoraux, etc. attestent le refus d'une grande partie de la classe politique et des masses populaires d'adhérer au processus en cours et dénotent les difficultés de la classe politique à répondre aux attentes des citoyens. Le procès est plutôt fait aujourd'hui à l'ensemble de la classe politique à qui on impute la responsabilité des troubles politiques. Les politiciens sont accusés de faire montre d'un manque total d'éthique dans leurs pratiques, notamment par le non-respect de la parole donnée, les promesses électorales non tenues, le nomadisme politique, la démobilisation des masses.[688] Outre que les partis politiques, dans leur ensemble, manquent de déontologie, de programmes conséquents et consistants, ils assument très peu par ailleurs leur rôle d'éducation et de formation politique et civique des citoyens. Dans ces conditions, manquant d'idéal social sûr, et de surcroît incriminée de manifestations arrogantes de richesses dont l'origine est souvent mise en doute, la classe politique burkinabè a fini par être déconsidérée aux yeux de nombreux burkinabè[689]. Aussi l'absence de rigueur et de vision dans la gestion du pouvoir, au sommet de l'état comme dans les partis politiques, a-t-elle souvent donné lieu à des crises sociopolitiques et économiques, hypothéquant par conséquent les projets d'améliorer la vie sociale, présumés par les différents régimes qui se sont

---

27 novembre 1977 au 25 novembre 1980, la 3e République ; - du 11 juin 1991 jusqu'à nos jours, la 4e République. Quant aux régimes d'exception, ils se dénombrent comme suit : du 3 janvier 1966 au 14 juin 1970, régime du Général Sangoulé Lamizana ; du 8 février 1974 au 27 novembre 1977, nouveau régime du Général Sangoulé Lamizana ; du 25 novembre 1980 au 7 novembre 1982, régime du Colonel Saye Zerbo ; du 7 novembre 1982 au 4 août 1983, régime du Médecin-commandant Jean-Baptiste Ouédraogo ; du 4 août 1983 au 15 octobre 1987, régime révolutionnaire du Capitaine Thomas Sankara ; du 15 octobre 1987 au 11 juin 1991, régime du « Front populaire » du Capitaine Blaise Compaoré. Cf. BATIONO, A., *op. cit.*, p. 28. Cf. aussi PITROIPA, R. sj, *art. cit.*, p. 9-10.

686 OUEDRAOGO, H., « La cote l'alerte de l'impunité est dépassée » in *L'Observateur Paalga* 5970 (2003) 2.

687 PRÉSIDENCE DU FASO, COMITÉ NATIONAL D'ÉTHIQUE, *Rapport annuel 2002*, p. 32.

688 Cf. *idem.*

689 Cf. *idem.*

succédé. C'est pourquoi aujourd'hui encore, les défis de développement humain durable demeurent tout entiers.

I. E. Les défis actuels du développement humain durable

L'IDH du Burkina Faso qui est de 0,331 en 2011 se décompose comme suit[690] : 55,4 ans d'espérance de vie à la naissance ; 28,7 % de taux d'alphabétisation des adultes ; le taux brut de scolarisation est de 79, 2 % au primaire, de 21,4 % au secondaire et de 3,4 % au supérieur ; 1.141 ($PPA constant 2005) de RNB par habitant. Cet indicateur composite, qui reflète le faible niveau de développement général du pays, est en croissance continue[691] depuis 1975, mais demeure très faible. Par ailleurs, une importante proportion de la population ne dispose pas des capacités requises pour impulser la dynamique de développement. Cela est confirmé par l'Indicateur de pauvreté humaine (IPH-1) qui était de 55,8 % en 2005. En 2006, le pourcentage de la population vivant dans une extrême pauvreté était de 65,8 %[692]. Le *Rapport sur le développement humain 2011* montre que les burkinabè risquent dès la naissance de ne pas survivre jusqu'à l'âge de 56 ans, l'analphabétisme chez les adultes (de 15 ans et plus) est prépondérant (76,4 %) et 39 % de burkinabè souffrent de pénurie d'eau potable[693]. Les conditions de logement comme les infrastructures sont précaires[694], et l'accès aux services de base ainsi que la possession d'un certain nombre de biens sociaux demeurent difficiles. De plus, les systèmes d'assainissement, dérisoires dans les grands centres, sont inexistants dans les petites localités et en milieu rural ; ce qui favorise le développement des maladies infectieuses et des flambées endémo-épidémiques d'ampleur variable, dues aux maladies

---

690 PNUD, *Rapport sur le développement humain 2011*, p. 147.

691 Cf. Tendances des indicateurs de développement humain : PNUD, *Rapport mondial sur le développement humain 2007/2008*, p. 229-233.

692 Cf. PNUD, *Rapport sur le développement humain 2011*, p. 163.

693 Cf. PNUD, *Rapport mondial sur le développement humain 2007/2008*, p. 240. Au Burkina Faso, le problème d'accès à l'eau potable reste crucial. Selon une étude menée par le gouvernement burkinabé, environ 30,5 % des ménages du pays s'approvisionnent encore à la rivière ou au niveau des cours d'eau. (Cf. MINISTÈRE DE L'ÉCONOMIE ET DES FINANCES, SECRÉTARIAT GÉNÉRAL, DIRECTION GÉNÉRALE DE L'AMÉNAGEMENT DU TERRITOIRE, DU DÉVELOPPEMENT LOCAL ET RÉGIONAL, *op. cit.*, p. 25).

694 83 % des maisons ont des murs en terre, 58 % des logements ont des toits en bois, paille ou en terre. L'embellissement et les aménagements paysagers sont rares et constitués généralement par des reliques coloniales (caïlcédrats) et de quelques essences plantées à l'occasion de campagnes de reboisement, mais mal entretenues. Cf. MINISTÈRE DE L'ÉCONOMIE ET DES FINANCES, SECRÉTARIAT GÉNÉRAL, DIRECTION GÉNÉRALE DE L'AMÉNAGEMENT DU TERRITOIRE, DU DÉVELOPPEMENT LOCAL ET RÉGIONAL, *op. cit.*, p. 25-26.

telles que la rougeole, la méningite cérébro-spinale, la tuberculose, la fièvre jaune et le choléra[695]. Les nombreuses victimes du paludisme et du VIH/SIDA[696] viennent accroître la morbidité des populations, aggraver la situation sanitaire du pays et élever les taux de mortalité générale et spécifique[697]. Ces pandémies déterminent de ce fait la durée moyenne de vie (en 2009, le taux de mortalité chez les moins de 5 ans était de 166 pour 1000 naissances) et c'est sans nul doute la raison pour laquelle le gouvernement burkinabè a fait du domaine de la santé un volet essentiel de sa politique sociale. En définitive, les conditions de vie précaires des ménages burkinabè, confrontées aux faibles taux d'accès aux autres services de base (éducation et santé), indiquent l'urgence et l'ampleur des actions à entreprendre en matière de développement humain durable au Burkina Faso. Au fondement de cette perspective de développement humain, en ce qui concerne le contexte burkinabè, il y a d'abord le défi éducatif.

L'étude du milieu humain au Burkina Faso, ainsi que nous l'avons perçu, révèle que le trait distinctif majeur de la population est sa jeunesse. Le trait majeur d'une population jeune, en effet, lié au niveau élevé de la natalité, est la présence d'un grand nombre d'enfants âgés de moins de 15 ans. Ces caractéristiques démographiques, de toute évidence, revêtent d'énormes implications au plan social et économique. On sait qu'autrefois, au Burkina Faso et dans la plupart des sociétés traditionnelles africaines, l'entrée précoce des enfants dans la vie active, les formes collectives de leur prise en charge induisaient des coûts faibles dans leur entretien et leur éducation. De nos jours, l'introduction de valeurs nouvelles a entraîné d'autres impératifs pour la socialisation des enfants et leur épanouissement au sein de la société moderne, en termes de santé, d'instruction, etc.[698] Dans le contexte économique burkinabè, marqué par la pauvreté et la faiblesse des revenus familiaux, les difficultés à assurer les charges des soins, de l'habillement, et de l'instruction des enfants ne sont pas absentes. Bien plus, avec des taux d'alphabétisation (23,6 %) et de scolarisation (29,3 %), des plus faibles en Afrique Occidentale et dans le monde, l'instruction des enfants apparaît comme une des priorités majeures au Burkina Faso, car elle participe du développement économique et social en général, et particulièrement de

[695] Cf. *ibidem*, p. 29.

[696] Le taux moyen de séroprévalence du VIH de la population âgée de 15 à 24 ans est estimé en 2009 à 0,5 % chez les hommes et de 0,8 % chez les femmes. Cf. PNUD, *Rapport sur le développement humain 2011*, p. 179.

[697] Le taux de mortalité générale est des plus élevés en Afrique de l'Ouest (15 ‰) et cela s'explique essentiellement par les taux élevés des mortalités infantiles (96 ‰), infanto-juvéniles (191 ‰) et maternelles ajustées (700 pour cent mille). Cf. PNUD, *Rapport mondial sur le développement humain 2007/2008*, p. 264.

[698] BURKINA FASO, MINISTÈRE DE L'ÉCONOMIE ET DU DÉVELOPPEMENT, *Atlas du Burkina Faso*, *op. cit.*, p. 94.

l'amélioration du bien-être et de la participation sociale, politique et citoyenne des populations[699].

Mais malgré les multiples efforts et les grands moyens déployés par le gouvernement en vue de renforcer les capacités structurelles de l'éducation nationale, force est de constater que le système éducatif hérité de l'école coloniale, loin de cadrer avec le système éducatif sociotraditionnel, est de nos jours inadapté : les programmes d'enseignement ne répondent pas aux réalités du terroir, ni aux besoins des communautés[700]. Dans cette mesure, outre la priorité absolue accordée à l'enseignement de base, les stratégies du gouvernement burkinabè, ces dernières années, ont visé le développement quantitatif de l'éducation, l'amélioration de sa qualité et de la scolarisation des filles, la réduction des disparités régionales et l'accroissement de la capacité des institutions en charge de la gestion de l'éducation[701]. Les efforts pour mieux outiller le système éducatif, comme on peut se l'imaginer du fait même de la nette proportion des jeunes, ont occasionné des investissements sociaux de loin plus importants que les investissements directement productifs destinés à l'accroissement de la production. La nécessité d'assurer un nombre important de services sociaux requis par la forte proportion de la jeunesse inactive a ainsi créé un déséquilibre dans la répartition des investissements. Cette incapacité structurelle à orienter les efforts en direction des secteurs directement productifs[702] vient aggraver les difficultés d'amorce du décollage économique que connaît déjà le pays.

La nécessité, pour le Burkina Faso, d'un renouveau de la politique économique et sociale vient du fait que, d'une part, son économie est d'une précarité certaine, et d'autre part, son gouvernement a souscrit aux objectifs

---

[699] Cf. PRÉSIDENCE DU FASO, COMITÉ NATIONAL D'ÉTHIQUE, *Rapport annuel 2003*, Ouagadougou, 2004, p. 33.

[700] Cf. PRÉSIDENCE DU FASO, COMITÉ NATIONAL D'ÉTHIQUE, *Rapport annuel 2002*, p. 24.

[701] Pour le primaire, il s'agissait de faire passer le taux brut de scolarisation de 37, 7 % en 1996 à 70 % en 2010 ; pour le secondaire et le supérieur, atteindre 27 % en 2005 ; et pour les filles, accroître le taux de scolarisation féminine de 30,5 % en 1996 à 50 % en 2010. Pour ce faire, entre autres : accroître l'offre de l'éducation et réduire les disparités entre les régions et les inégalités de chance entre les élèves ; améliorer la qualité, la pertinence et l'efficacité de l'éducation et développer l'intégration entre les différents niveaux et modalités d'éducations ; promouvoir l'alphabétisation (atteindre 40 % en 2010) ; renforcer les enseignements techniques et scientifiques ; promouvoir l'enseignement privé ; adapter la formation universitaire aux exigences du monde du travail ; rapprocher les établissements des élèves ; etc. Cf. BURKINA FASO, MINISTÈRE DE L'ÉCONOMIE ET DU DÉVELOPPEMENT, *Atlas du Burkina Faso*, *op. cit.*, p. 122.

[702] Il convient toutefois d'observer qu'une population jeune est aussi source d'un certain nombre d'avantages comme la diversification, la stimulation de la consommation, la constance de la disponibilité des ressources humaines, etc. Le capital humain constitue, de toute évidence, la première richesse. Cf. BURKINA FASO, MINISTÈRE DE L'ÉCONOMIE ET DU DÉVELOPPEMENT, *Atlas du Burkina Faso*, *op. cit.*, p. 94-95.

du millénaire pour le développement et au nouveau partenariat pour le développement de l'Afrique. Cette exigence implique, au plan macroéconomique, la poursuite d'efforts pour réaliser le paradigme de la recherche d'une croissance de qualité[703]. C'est pour y parvenir que le pays a affirmé depuis 1991 son option pour une économie de marché, fondée sur les principes de la libre entreprise. Dans cette perspective, le gouvernement a entrepris, avec l'appui de la communauté financière internationale, d'importantes réformes économiques et structurelles afin de créer les conditions de promotion de l'initiative privée et de réalisation d'une croissance durable. Si aujourd'hui des progrès notables sont réalisés, l'économie nationale reste cependant handicapée par sa faible capacité à répondre avec promptitude et vigueur aux chocs extérieurs en raison même des contraintes et des limites intrinsèques à la situation géophysique et sociodémographique du pays. Selon le *Cadre stratégique de lutte contre la pauvreté* dont le pays s'est doté suite à des études contextuelles approfondies des déterminants de la pauvreté, il conviendrait, en particulier, de surmonter impérativement : la faiblesse des capacités nationales notamment du capital humain, l'insuffisance des infrastructures de développement économique, et les problèmes de gouvernance[704]. Le Pays voudrait ainsi tirer le meilleur parti du processus d'intégration régionale en cours au sein de l'Union économique et monétaire ouest-africaine (UEMOA) pour transformer son handicap de pays enclavé en un atout, et se positionner comme le carrefour des économies de la sous-région. Cette démarche est noble, car la croissance économique est certainement indispensable pour relever le niveau de revenu général et le bien-être des populations burkinabè, mais elle n'est pas suffisante à elle seule pour répondre aux exigences réelles d'un développement humain durable. Dans le cadre d'une politique économique qui se veut judicieuse et efficace pour les couches les plus larges de la population, la recherche de l'équité doit être un objectif essentiel.

---

[703] Par croissance de qualité, « *on entend, d'une part, une croissance soutenable face aux chocs exogènes, plus forte, car fondée sur des sources diversifiées et sur une base économique plus large et, d'autre part, redistributive et préoccupée de la préservation de l'environnement.* » : BURKINA FASO, MINISTÈRE DE L'ÉCONOMIE ET DU DÉVELOPPEMENT, *Cadre stratégique de lutte contre la pauvreté*, p. 4.

[704] Cf. *ibidem*, p. 1. Diverses études récentes conduites par le gouvernement ont identifié les principaux obstacles à une croissance équilibrée et durable ; il s'agit de : la faiblesse du capital humain, contribuant à la faible productivité du travail et au niveau de chômage élevé et aux inégalités de revenus ; l'insuffisance des infrastructures de développement économique ayant pour corollaire le coût élevé des transactions et des facteurs de production, limitant ainsi l'émergence d'un secteur moderne de l'économie ; l'insuffisance des capacités nationales, à l'origine des problèmes de gouvernance, de civisme et d'efficacité dans la conduite des politiques de développement ; le faible degré d'ouverture de l'économie sur l'extérieur limitant ainsi les opportunités de croissance et de création d'emplois en dépit des efforts consentis dans le cadre des programmes de stabilisation et d'ajustement. Cf. *ibidem.*, p. 4.

La durabilité du développement humain dont l'acception actuelle englobe, outre les questions d'efficacité économique et d'équité sociale, la problématique du respect de l'intégrité des ressources naturelles et des écosystèmes paraît particulièrement un réel défi dans le contexte géophysique burkinabè. On sait que l'étude comparative, à l'échelle mondiale, des situations climatiques de ces trente dernières années a permis de percevoir clairement les signes d'une crise climatique[705]. Au Burkina Faso, les conséquences de cette crise climatique sont nombreuses aussi bien à l'échelle nationale que locale. S'il est vrai que cette crise burkinabè, observée depuis 1968, s'inscrit dans le cadre beaucoup plus large de l'ensemble de la planète, il s'avère que plusieurs facteurs naturels et humains, et certaines pratiques traditionnelles accélèrent spécifiquement le processus. Les conditions climatiques, notamment la baisse tendancielle des précipitations[706] annuelles, la surexploitation des terres et des formations naturelles (le défrichement lié à l'agriculture extensive, les besoins grandissants en bois de chauffe et en bois d'œuvre, le surpâturage, etc.), les feux de brousse et les calamités naturelles (insectes et maladies) sont les causes directes de la dégradation accélérée des ressources écologiques, de la fragilisation du milieu, de l'aggravation des conditions naturelles, de la péjoration climatique[707]. De plus, la pollution de l'air et de l'eau dans les

---

[705] On observe une tendance à l'aridification et à la désertification se caractérisant par les manifestations suivantes : baisse de la pluviométrie ; accroissement des températures extrêmes (maxima et minima) ; importance spatiale grandissante des effets de la déflation éolienne et de la corrosion ; apparition de plus en plus fréquente des phénomènes exceptionnels tels que de grandes sècheresses, les inondations, les micro-vents de sable ; saison humide raccourcie par rapport à la normale ; action accrue des vents toute l'année. Ce sont ces préoccupations sans doute qui ont donné lieu à l'option thématique du *Rapport 2007 /2008* du PNUD portant sur la lutte contre le changement climatique (cf. PNUD, *Rapport mondial sur le développement humain 2007/2008*, 399 p).

[706] En réponse au déficit pluviométrique connu depuis les années 1970, l'état a opté pour l'ensemencement des nuages pour augmenter les précipitations. Cf. BURKINA FASO, MINISTÈRE DE L'ÉCONOMIE ET DU DÉVELOPPEMENT, *Atlas du Burkina Faso*, *op. cit.*, p. 40.

[707] Cf. *ibidem*, p. 40-45. Selon cette étude, la péjoration du climat burkinabé se traduit par les principaux éléments suivants : la mort massive des ligneux, vraisemblablement consécutive à la baisse du niveau de la nappe phréatique, surtout au nord du pays ; le déclin et le risque de disparition de certaines espèces végétales telles que l'acacia erythrocalix, l'annona senegalensis, le hibiscus gourmssia, etc. ; la transition des aires d'extension de certaines espèces végétales telles que le butyrospermum parkii, l'adansonia digitata, le guiera senegalensis ; la menace de disparition de certaines espèces fauniques telles que l'oryx, l'autruche, le crocodile, l'éléphant, etc. ; l'accélération de l'érosion hydrique et éolienne sur les sols ; les déplacements de populations des zones arides vers les zones humides, ce qui entraîne un bouleversement des structures socio-économiques des zones de départ et un accroissement de la pression humaine dans les zones d'accueil ; les rendements agricoles aléatoires. Selon le ministère chargé de l'environnement, les superficies de formations végétales naturelles classées couvraient 14, 28 % du territoire national en 1971. En 2006, elles

grandes villes et le « péril plastique » rendent les conditions d'existence de plus en plus difficiles[708]. De ce fait, le gouvernement burkinabè a engagé des stratégies de combats qui s'inscrivent dans ce qu'il a dénommé *Cadre stratégique de lutte contre la pauvreté*[709]. Ce document majeur, de la politique de développement du pays, tire ses fondements de la *Lettre d'intention de politique de développement humain durable*[710] (LIPDHD) adoptée depuis 1995. L'ambition du gouvernement était de centrer la stratégie de développement sur la promotion de la sécurité humaine. Il s'agissait d'accroître l'efficacité des politiques publiques afin d'en assurer le maximum d'impact sur les principaux indicateurs sociaux, d'accroître le pouvoir d'achat des populations les plus défavorisées et de leur offrir un meilleur cadre d'épanouissement social.

II. Le « burkĩndlem » comme « norme » d'édification humaine

Peuple soudanais d'origine mandé[711], les Moose n'ont pas toujours habité la région qu'ils occupent aujourd'hui au Burkina Faso. D'après l'hypothèse[712] formulée par M. Izard, l'origine des ancêtres des Moose se situerait dans la région du Lac Tchad. Ils seraient arrivés dans la vallée du fleuve Niger, après une longue migration et une halte dans la région de Zamfra, et se seraient établis d'abord dans le Dallol Bosso sur la rive gauche, puis passèrent sur la rive droite, avant de se disperser dans deux principales directions : le Nord (de l'actuel Burkina Faso) et le Sud (de l'actuel Ghana). Quant aux vieux interrogés, ils répondent tous qu'ils viennent de Gambaga et « *que c'est pour cela que le Moro Naaba Wobgo, détrôné par la conquête française, s'était réfugié à Gambaga ; c'est pour cela qu'à la mort de tout*

---

ne couvraient plus que 12, 5 % du territoire national. En 25 ans, 13,5 % des formations classées ont été détruites. On observe ainsi une baisse croissante des superficies de formations naturelles non mises en réserve, et des formations classées en raison de l'augmentation des besoins d'une population de plus en plus nombreuse.

708 Cf. *ibidem*, p. 26. Cf. aussi KIENTGA, S., *Contribution du SIG à l'analyse des liens déchets-santé en milieu urbain dans les pays en développement, Cas de deux secteurs de la ville de Ouagadougou, Burkina Faso*, Thèse pour l'obtention du grade de Docteur ès sciences, École Polytechnique Fédérale de Lausanne, Suisse, 2008, 213 p.

709 Cf. BURKINA FASO, MINISTÈRE DE L'ÉCONOMIE ET DU DÉVELOPPEMENT, *Cadre stratégique de lutte contre la pauvreté*, 129 p.

710 Cf. « La démarche nationale en faveur du développement humain durable : concept et principaux instruments » in GRÉGOIRE, L.-J., *PNUD/Burkina Faso, Working paper n°1*, Série « Stratégies de développement », août 1998.

711 Les Moose parlent le Moore, langue du groupe linguistique «voltaïque».

712 Propos rapportés par AA. VV., *Trame historique de « l'épopée des Moose »*, Université de Ouagadougou (FLASHS), Département d'Histoire et Archéologie, Ouagadougou, 1994, p. 11.

Moro Naaba, on prévient le Naaba de Gambaga et on envoie en cadeau les savates, le bonnet et le bâton de commandement du défunt qui sont déposés sur la tombe de l'aïeul »[713]. En effet, de leur origine historiquement connue, c'est entre le XIIIe et XVe siècles que les Moose occupèrent, après des guerres de conquêtes, la région s'étendant de la frontière ghanéo-burkinabè (11e parallèle) au Sud, à la frontière malo-burkinabè au Nord, ce qui les situe dans tout le Centre, le Nord-ouest, le Sud-est et une partie de l'est du Burkina Faso[714]. Aujourd'hui, au nombre approximatif de 8 millions sur les 17 millions d'habitants que compte le pays, soit environ 48 % de la population totale du pays, les Moose représentent environ la moitié de la population burkinabè[715]. On estime qu'ils sont un peu plus d'un demi-million à l'extérieur du Burkina Faso, principalement en Côte-d'Ivoire et au Ghana. Au Burkina Faso, l'aire culturelle *moaaga* occupe spécifiquement, sur le plateau central du pays, une superficie d'environ 63 500 km², soit 23, 2 % du territoire national[716]. Le Moogo, ou encore le plateau *moaaga*, ainsi déterminé, se situe au cœur même du domaine soudano-sahélien qui est le

---

[713] MANGIN P. E. (des Pères Blancs Missionnaire d'Afrique à Koupèla), « Essai sur les us et coutumes du peuple mossi au Soudan Occidental » in *L' « ANTHROPOS »*, Revue internationale d'ethnologie et de linguistique, tome IX (1914) p. 98-124 ; tome X-XI (1915), p. 187-217. Les Moose seraient issus des Dagomba, population qui occupe le nord de l'actuel Ghana. Les Dagomba eux-mêmes seraient issus d'envahisseurs originaires du lac Tchad, qui auraient été refoulés par les invasions berbères du Xe siècle.

[714] Les historiens s'accordent pour dire que les Moose ont envahi cette région après avoir refoulé certains des peuples qui y vivaient (les Dogon) et assimilé d'autres : les Nioniose et les Kurumba. L'ethnie moaaga serait le produit d'un « brassage séculaire considérable » réalisé entre les conquérants d'une part et d'autre part les peuples autochtones, qu'on appelle aujourd'hui les populations pré-moose : Nioniose, Kurumba et Dogon. Au Burkina Faso, l'arrivée des Moose est racontée d'une manière légendaire dans la tradition orale faisant de OUEDRAOGO l'ancêtre fondateur et visant à établir leur légitimité. La légende rapporte la rencontre dans la forêt entre Yenenga — fille d'un roi dont les ancêtres remontaient à l'empire du Mali et aux Gourmantché (région située à l'est du Burkina) — et un célèbre chasseur d'éléphants, Rialé. De leur union naît OUEDRAOGO, le fondateur de Tenkodogo, premier royaume *moaaga*. Plus tard se développeront de manière endogène et indépendante deux autres royaumes *moose* comprenant le royaume de Ouagadougou, le plus puissant et le plus étendu qui deviendra la capitale du pays, et le royaume de Yatenga. Les territoires des trois royaumes de Tenkodogo, de Ouagadougou et de Yatenga ont donné ce qu'on appelle aujourd'hui le plateau *moaaga*.

[715] Cf. MINISTÈRE DE L'ÉCONOMIE ET DES FINANCES, SECRÉTARIAT GÉNÉRAL, INSTITUT NATIONAL DE LA STATISTIQUE ET DE LA DÉMOGRAPHIE, *op. cit.*, p. 67. Au niveau des langues nationales, le Moore est de loin la langue la plus utilisée avec plus de la moitié de la population résidante (50,5 %). Si l'on s'intéresse uniquement aux populations qui utilisent les langues nationales, le Moore représente 52, 1 %.

[716] Mais les Moose débordent largement l'aire ethnique qu'on leur reconnaît et sont présents dans presque toutes les régions du pays. On estime à plus de 9 millions les Burkinabè, de l'extérieur y compris, qui parlent aujourd'hui le Moore.

territoire phytogéographique le plus étendu du pays[717]. Avec l'avancée du désert saharien, la région Nord du plateau *moaaga* est aujourd'hui gagnée par le climat sahélien à pluviométrie faible (600mm/an) et dont la principale unité de végétation est la steppe[718]. Les sols, au Moogo, sont principalement de deux types : au nord du plateau *moaaga*, on rencontre des sols minéraux bruts ou lithosols sur roches diverses et cuirasses dont la pauvreté chimique leur confère une valeur agronomique quasi nulle ; et dans la zone Sud du plateau *moaaga*, qui correspond au Centre du pays, on y rencontre des sols peu évolués d'érosion sur matériau gravillonnaire qui couvrent de grandes étendues. Leur profondeur insuffisante, leur réserve en eau faible, et leur pauvreté de matériau originel en éléments nutritifs principaux, en font des sols en grande partie inaptes à la mise en culture.

Les Moose peuplent ainsi un plateau qui, sur le plan géophysique, est globalement aride et pauvre, sans ressources végétales consistantes et viables. Cette déficience géophysique est davantage aggravée par une forte pression démographique que connaît la région. L'étude de la répartition spatiale de l'ensemble de la population nationale montre en effet que la zone de forte concentration humaine au Burkina se confond au plateau central *moaaga*, région historiquement très peuplée, où les densités de population ont les niveaux les plus élevés du pays[719]. Dans ce contexte d'austérité de la nature physique, l'existence humaine se révèle un tissu d'efforts quotidiens pour la survie[720]. Les défis de développement humain durable sur l'ensemble du territoire national burkinabè s'avèrent tout entiers au Moogo. On note

[717] Les précipitations annuelles y varient entre 500 et 1200 mm. Les principales communautés végétales sont : les forêts claires (bois sacrés, forêts classées, zones protégées), les savanes (boisées, arborées, arbustives, herbeuses), les forêts-galeries, souvent tributaires de la présence d'un cours d'eau.

[718] Cette végétation comprend plusieurs types : la steppe arbustive à arborée, la steppe arbustive à fourrée (brousse tigrée), la steppe arbustive à épineux, la steppe herbeuse, etc.

[719] Sur les 13 régions qui subdivisent le pays, 8 régions ont plus de 50 habitants au km². Et sur ces 8 régions à forte densité, à l'exception de la région des Hauts-Bassins (57, 5) qui occupe le 6e rang, toutes les 7 autres régions appartiennent à ce qu'on appelle le « plateau *moaaga* ». La région du Centre (avec une densité d'environ 602,2 habitants au km²) est de loin la peuplée. Viennent ensuite : le Plateau central (80,9 habitants au km²), le Centre-Est (77,0 habitants au km²), le Nord (72, 2 habitants au km²), le Centre-Nord (61,1 habitants au km²), le Centre-Sud (56,0 habitants au km²) et le Centre-Ouest (54,5 habitants au km²). Cf. MINISTÈRE DE L'ÉCONOMIE ET DES FINANCES, SECRÉTARIAT GÉNÉRAL, INSTITUT NATIONAL DE LA STATISTIQUE ET DE LA DÉMOGRAPHIE, *op. cit.*, p. 45.

[720] Pour subvenir à leurs besoins alimentaires, les Moose sont agriculteurs du mil, principale production vivrière et base de l'alimentation quotidienne, les autres plantes cultivées à usage alimentaire étant le maïs, le haricot, le pois de terre et l'arachide. Parmi les produits de cueillette, le plus important est la noix de karité, principale source de matières grasses. Ils cultivent aussi le coton qui est avec l'arachide, la noix de karité et le bétail, les principaux produits d'exportation.

ainsi un développement humain à la fois faible et disparate dans les différentes provinces qui composent le plateau *moaaga*[721]. C'est dire qu'en dépit des efforts de développement, le Moogo demeure une région économiquement pauvre et souvent la production agricole ne couvre pas les besoins nutritionnels. Cela entraîne le départ de migrants vers les plantations des zones forestières (Côte d'Ivoire, Ghana) durant la saison sèche qui, du fait de l'avancée du désert, devient de plus en plus longue (environ 8 mois).

La vie sociale *moaaga* est fortement hiérarchisée et laisse apparaître deux distinctions majeures marquant l'organisation sociale : les Burkĩmba[722] (hommes libres ou intègres) et les Yemse[723] (serviteurs ou esclaves). Ceux-ci, qui sont en général d'origine captive (provenant d'enlèvements et de razzias), constituent diverses catégories[724] : les Dapoore[725], les Kamboêse[726] et les Bâgre[727]. Quant aux Burkĩmba, qui se composent des Nakoùmse[728], des Kug-zîidba[729] et des paysans et artisans, dans le contexte social actuel, ils sont issus de l'union de deux peuplades : des Moose conquérants venus de Gambaaga (Ghana) et des autochtones Yôyôose[730]. Au XIXe siècle, les formations politiques les plus stables de la zone soudanienne étaient celles des Moose qui occupaient déjà la plaine centrale du Burkina Faso avec une population dépassant le million d'habitants. À la veille de la colonisation française (vers 1890), cinq royaumes indépendants

---

721 Selon une étude, par province, effectuée par le PNUD en 2003, alors que le Kadiogo (chef-lieu : la capitale Ouagadougou) possède l'Indicateur de développement humain (IDH) provincialisé le plus élevé du pays (0,388), au Namentenga (chef-lieu : Boulsa) on rencontre la plus faible valeur (0,151). Cf. PNUD, *Rapport mondial sur le développement humain 2003*, p. 235-244.

722 Du pluriel de Burkĩna, concept souvent traduit par « homme intègre ».

723 Du pluriel de Yẽmbga, concept qui signifie « esclave ».

724 AA. VV., *Trame Historique de « l'épopée des Mosse »*, p. 104.

725 Ils sont des descendants d'esclaves, captifs volontaires d'origine kibga (dogon), nînga et gurunga, venus d'eux-mêmes sans doute à la recherche d'une protection, ils cultivaient des champs pour le compte du Moog-naaba ou vivaient dans un quartier (Dapoya) occupant des fonctions dans la domesticité du na-yiri (résidence royale). C'est parmi eux que se recrutaient les bourreaux. D'autres étaient choisis comme eunuques et placés sous la responsabilité du kamsâog-naaba. Ils ne pouvaient contracter de mariage valable avec des filles d'origine moaaga, mais avec les captives. Cf. *idem.*

726 Venus sous Warga (1737-1744), porteurs de fusils, ils lui auraient offert leurs services comme gardes. Ce sont eux qui saisissaient pour le compte du Moog-naaba les biens des personnes qu'il condamnait à mort. Cf. *idem.*

727 Le terme désigne un enclos, un parc à bétail d'où, étymologiquement, l'appartenance des Bâgre à la famille peul. Ils assuraient la garde des troupeaux de la cour. Cf. *ibidem*, p. 105.

728 Ce sont les princes qui dirigent la cavalerie et l'armée.

729 Ils sont les ministres et les conseillers du Moog-Naaba (Chef du royaume).

730 Il est communément admis de nos jours que le peuple *moaaga* est formé de l'union de ces deux peuplades : des conquérants Moose qui exercent le pouvoir politique et des autochtones Yôyôose qui exercent le pouvoir religieux de la terre. Ce partage des pouvoirs est toujours en vigueur aujourd'hui dans l'organisation traditionnelle de la société *moaaga*.

les uns des autres formaient le Moogo : le royaume de Tenkodogo, le royaume de Ouagadougou, le royaume du Yatenga, le royaume de Boussouma et celui de Wargaye[731]. L'ensemble des composantes d'un royaume *moaaga* était sous le commandement d'un chef suprême : le Moog-Naaba[732]. Chaque royaume était divisé en provinces contrôlées par des ministres, la province divisée en cantons gouvernés par des Kombemba et des Rimbi. Les cantons à leur tour étaient constitués par un ensemble de villages dirigés par des chefs de village. Le village (*tenga*) est un regroupement de quartiers ayant en général un chef (*naaba*), détenteur de l'autorité politique, et un maître de la terre (*tengsoba*), en principe autochtone et détenteur de l'autorité spirituelle et rituelle liée à la terre. Le quartier (*saka*) est subdivisé en familles étendues, le *yiiri* ou le *zaka*[733] dont le fondement constitutif, dans le système matrimonial, est le *buudu*[734] (lignée familiale). Le mode de gouvernement de la lignée familiale est la gérontocratie[735]. De ce qu'il sait de l'organisation sociale *moaaga*, A. S.

---

[731] L'origine commune dagomba des Moose, la langue *moore*, la même organisation coutumière et la même manière de vivre sont les principaux liens qui unissent les Moose. Cf. BURKINA FASO, MINISTÈRE DE L'ÉCONOMIE ET DU DÉVELOPPEMENT, *Atlas du Burkina Faso*, *op. cit.*, p. 59.

[732] Le Moog Naaba est toujours choisi parmi les fils et les frères du Moog-Naaba défunt par un collège électoral. Il est le chef de l'administration, de la justice, de l'armée et de la religion. Dans l'exécution de sa tâche, il est soumis au respect de la coutume, contrôlé et assisté par des ministres spécialisés. (Cf. BURKINA FASO, MINISTÈRE DE L'ÉCONOMIE ET DU DÉVELOPPEMENT, *Atlas du Burkina Faso*, *op. cit.*, p. 59).

[733] Aujourd'hui, la famille de type *yiiri* (maison) ou *zaka* (concession) tend à céder la place à une unité familiale de taille plus restreinte, identifiable au ménage polygénique (un homme, ses femmes, leurs enfants non mariés).

[734] L'organisation sociale des Moose a pour fondement le *buudu*. On désigne par ce terme tout groupe de descendance patrilinéaire dès lors qu'il ne se réduit pas à une seule unité locale et, plus communément, le patrilignage exogame, qui intervient comme unité familiale étendue dans la négociation des alliances.

[735] Anatole Niaméogo montre d'une manière significative comment la société des Moose est une société gérontocratique. Pour la sagesse *moaaga*, « *Waoog kasmã yaa fo me na n wa yı kasm beoogo* » (respecter l'aîné parce qu soi-même on sera à son tour aîné demain), ou encore « *Yao yıd kẽem yaa yir wãabo* » (quand le cadet se croit supérieur, c'est la ruine de la famille). Le respect ici sous-entend et implique aussi un certain devoir d'obéissance à l'aîné. Dans le cercle familial, le droit d'aînesse confère un pouvoir certain qui devient un contre-pouvoir comme celui des griots lorsque l'on se trouve en face du pouvoir des chefs ou des rois. Ceux-ci sont obligés quelquefois de se soumettre à la volonté des Anciens, même si l'on reconnaît aussi que l'Autorité n'est pas une affaire d'âge : « *Kãosõng ka bаod kẽoong ye* » (l'autorité ne cherche pas l'ancienneté). Ainsi, en grandissant en âge et en sagesse, le Moaaga voit ses droits s'accroître pendant que ses devoirs se rétrécissent en une peau de chagrin. Les corvées sont ainsi réservées aux plus jeunes alors que les meilleures parts reviennent aux plus âgés lors du partage des fruits du labeur. Le vieillard trône parce qu'il est proche de la tombe, et donc des ancêtres, tant il est vrai que les morts ne sont pas morts. Mieux, ils continuent de rythmer la vie des vivants. Cf. NIAMEOGO, A., « Enjeux anthropologiques : La vision du monde des Moose » in AA. VV., *Grenier à mots MOORE, Gom-biis baoore*, Document de

Balima notera que « *la société moaaga est une œuvre architecturale achevée* »[736]. Hiérarchisée à l'extrême, cette organisation qui avait fait ses preuves dans la protection et même la sécurisation sociales, en était parvenue à instaurer un « *mythe de l'invincibilité moaaga* »[737], lequel mythe s'éteindra définitivement avec la conquête coloniale française[738] (1895-1896). Pendant la période coloniale, le Moogo sera intégré[739] au territoire de la Haute-Volta (actuel Burkina Faso). Aujourd'hui, on peut affirmer avec certitude que les Moose donnent à l'ensemble du pays une cohésion socio-culturelle et politique. La civilisation *moaaga* a su, en effet, se maintenir jusqu'à nos jours grâce notamment[740] : au maintien de l'intégrité de son territoire, même durant la période coloniale et malgré les tentatives de démembrement ; à une organisation politique pérenne, bien structurée, avec un maillage territorial remarquablement articulé, qui a su combiner efficacement « autorité hiérarchique » et « obligations consultatives » ; à un sentiment patriotique élevé, qui exalte une qualité de vie incomparable au pays, quoi qu'en dise le monde extérieur (et par exemple actuellement les statistiques de la pauvreté…) ; à une langue riche, nuancée, et dont le génie propre permet de multiples adaptations aux contextes en évolution, ainsi que le développement de pratiques socioculturelles créatrices de lien social fort (techniques éprouvées de la palabre et de la parenté à plaisanterie en particulier) ; à la référence permanente à la « tradition », dont les anciens et les femmes sont les gardiens respectés, chacun à sa manière ; et enfin, grâce au partage d'un ensemble de valeurs très imbriquées entre elles et qui forment un puissant filet de cohésion sociale.

La valeur cardinale globalisante qui donne consistance et cohésion à la société *moaaga* et qui lui permet de subsister au-delà de l'écoulement du temps, se dénomme « *burkĩndlem* » auquel sont liées les notions d'« humanité », de « liberté » et de « dignité » accomplies[741]. C'est donc principalement à la force d'un idéal humain communément partagé que les Moose doivent le fondement de leur projet socio-anthropologique : le

---

travail de l'Institut interdisciplinaire d'éthique et des droits de l'homme (IIEDH) N° 15.2, Ed. Caroline Bieger-Merkli, Johanne Bouchard, Fribourg, 2008, p. 12.

[736] BALIMA, A. S., *Genèse de la Haute-Volta*, p. 21.

[737] Cf. *Encyclopædia Universal*is France, © 2000, « Moose ».

[738] Sur les péripéties de la conquête du Moogo : les raisons de la colonisation et la résistance sous toutes ses formes, par tous les moyens et toutes les stratégies, voire SALO, S., « Le Moog-Naaba Wobgo de Ouagadougou (1850-1904) » in MADIEGA, Y. G. et NAO, O. (sous la direction de), *op. cit.*, p. 631-660.

[739] On notera toutefois que le système politique *moaaga* survivra, dans une certaine mesure, à la conquête française et les chefs sont toujours en place aujourd'hui.

[740] Claude Dalbera en fait une synthèse remarquable : cf. DALBERA, C., « Présentation du contexte » in AA. VV., *Grenier à mots MOORE, Gom-biis baoore*, p. 8-9.

[741] Cf. *ibidem*, p. 9.

burkĩndlem, considéré comme une « dignité atavique »[742]. De fait, la norme fondamentale traditionnelle à partir de laquelle s'édifient l'homme et la société en milieu *moaaga*, c'est le *burkĩndlem*. Haut lieu de l'éthique individuelle et sociale, le concept réunit au Moogo toutes les valeurs humaines et sociales essentielles : il commande les normes sociales de l'action, détermine les choix, les critères d'appréciation et les motivations à partir desquelles sont fixés les objectifs sociaux. Il signifierait, anthropologiquement et sociologiquement, l'état idéal ou le comportement vertueux par excellence. C'est ainsi que le comportement éthique, conforme aux normes sociales définies par la tradition *moaaga,* est qualifié de *burkĩna.* Et l'homme qui se règle suivant les normes socio-anthropologiques attendues est appelé *Burkĩna*, dénomination dont le Moaaga est plus que fier. Afin de savoir davantage sur la valeur et la signification du *burkĩndlem*, découvrons d'abord, brièvement, la sémantique de la racine du concept « *burkĩna* », et appréhendons ensuite la conception *moaaga* du *burkĩndlem*.

II. A. Analyse sémantique des concepts « *burkĩna* » et «*burkĩndlem* »

Dans le contexte socioculturel *moaaga* actuel, interroger la sémantique des termes « *burkĩna* » et «*burkĩndlem* » peut se révéler une question troublante, voire irritante, pour la simple raison que les concepts sont notoirement usités, mais leur signification sémantique demeure quelque peu obscure. Alors que la quasi-totalité des Moose, en effet, ne doute pas que ces concepts soient les leurs[743], il existe cependant d'aucuns qui y soupçonnent un emprunt dans une langue étrangère. À la question de savoir quelle est l'étymologie de la racine « *burkĩn* », nous n'avons rencontré aucun renseignement satisfaisant. Tous les Moose rencontrés savent pourtant à quoi renvoie le concept, et qu'il est d'une valeur culturelle extrêmement importante, voire la valeur culturelle existentielle par excellence, dans le projet d'humanisation et de socialisation *moose*. Seules les suggestions des linguistes Jules Kinda et Norbert Nikièma[744] nous ont indiqué la piste de la

[742] Cf. SALO, S., *art. cit.*, p. 656.

[743] De fait, à la question de savoir si le vocable *burkĩna* est un mot *moore*, la plupart des Moose s'empressent de répondre par l'affirmative : « *Fo ka wũmd moor la ? Yaa moor kê !* » (Tu ne comprends pas Moore ? C'est vraiment du Moore !). Rétorque Ignace Yaméogo, chef du quartier Burkina de la ville de Koudougou.

[744] Jules Kinda et Norbert Nikièma sont deux auteurs d'un dictionnaire orthographique de la langue Moore. Dans cet ouvrage collectif, ils mentionnent : Songhay (entre parenthèses) en lieu et place de la signification du concept « Burkina ». Ils y suggèrent ainsi d'effectuer la recherche épistémologique dans la langue Songhay. Cf. NIKIEMA, N. et KINDA, J., *Dictionnaire orthographique du Moore*, Sous-commission nationale du Moore, Ouagadougou, 1997, article « burkîna ».

recherche. Selon ces linguistes, le mot aurait été emprunté à une autre langue, et très probablement au Songhay.[745] Des travaux de recherches menés, en milieu Songhay-Zarma du Niger, par Jean- Pierre Olivier de Sardan[746], Yves Bernard et Mary White-Kaba[747], révèlent que dans la langue *songhay-zarma*, le terme « *bùrcĭn* » ou « *bòrcĭn* »[748] correspond au terme « « *burkĩn* »[749] dans la langue *moore*. Olivier de Sardan fait d'ailleurs observer que le terme « *bùrcĭn* » est commun aux langues : Peul, Moore et Songhay-Zarma[750]. À l'analyse, la racine du terme *moore* « *burkĩn* » se révèle être d'origine Songhay-Zarma, deux langues très voisines[751] du Niger qui se rencontrent aussi dans la partie extrême nord-est du Burkina Faso et à l'est du Mali. En Songhay-Zarma, de fait, « *bùrcĭn* » ou « *bòrcĭn* » dériverait de la composition de deux termes principaux : « *bòró* » et « *cìná* », paraissent avoir une signification insoupçonnée.

Chez les Songhay et les Zarma, le vocable « *bòró* »[752] signifie en tout premier lieu : personne, être humain, homme, quelqu'un, celui-ci. Le mot a un sens très voisin de « *homo* » en latin. Pour distinguer le genre, le Songhay-Zarma parle de « *alboro* » (homme dans le sens de « *vir* » en latin) et de « *weyboro* » (femme). L'expression « *kala i te ngey bon boro* » signifie

---

745 Cf. *idem*, article « burkîna ». Selon Jules Kinda, en particulier, le mot « *burkĩna* » ne saurait être un mot *moore*, car sa racine « *burkĩn* » n'obéit pas à la manière ordinaire de construire les mots en Moore. Toutefois, le pluriel du mot qui est « *burkĩmba* » montre qu'il n'est pas traité en mot étranger, car il obéit à un changement lexical fréquent chez les Moose. D'ordinaire en Moore, les mots traités en mots étrangers font leur pluriel selon le schéma suivant : le mot au singulier + « râmba » (ou « dâmba ») au pluriel. Exemple : Môpèr au singulier, fait Môpèr – râmba (ou – dâmba) au pluriel pour désigner Mon Père (le prêtre). Par contre, les mots authentiquement Moore connaissent une modification lexicale au pluriel : Moaaga (en singulier) fait Moose (au pluriel) ; naafo (= bœuf, au singulier) fait niisi (= bœufs, au pluriel) ; et paga (= femme, au singulier) fait pagba (=femmes, au pluriel) ; etc.

746 Cf. OLIVIER DE SARDAN, J.-P., *Encyclopédie des concepts songhay. Concepts et conceptions Songhay-Zarma: histoire, culture, société*, 447 p.

747 BERNARD, Y. et WHITE-KABA, M., *Dictionnaire Zarma-Français (République du Niger)*, 331 p.

748 D'après BERNARD, Y. et WHITE-KABA, M., le flottement dialectal rend parfois difficile la recherche d'un mot. Ainsi au sujet des voyelles, ils font remarquer le passage facile du « a » au « u », du « o » au « u ». Par exemple, on peut entendre *fattu* ou *fottu* (être amer, fort), *bogu* ou *bagu* (briser, casser) comme d'ailleurs dans *bùrcĭn* ou *bòrcĭn*. Il en est de même pour les consonnes f et h, p et b (cf. hu ou fu (maison, case) et *kobto* et *kopto* (feuille d'arbre). Cf. Introduction dans BERNARD, Y. et WHITE-KABA, M., *op. cit.*, p. V.

749 Le terme « *bùrcĭn* » en Songhay-Zarma est de toute évidence le plus proche de la racine « *burkĩn* » du mot *moaaga* « *burkĩna* ». La seule différence notable n'est autre que le « k » mis à la place du « c » parce que l'alphabet *moore* ignore le « c » (cf. BILIMA, P., *Le mooré s'écrit ou Manuel de transcription de la langue Mooré*, Promo-langue, Ouagadougou, 1997, p. 46).

750 Cf. OLIVIER DE SARDAN, J.-P., *op. cit.*, art. « bòrcĭn ».

751 Le Zarma est un des principaux dialectes du Songhay.

752 En ce qui concerne cette définition, voir OLIVIER DE SARDAN, J.-P., *op. cit.*, art. « bòró ». Cf. aussi BERNARD, Y. et WHITE-KABA, M., *op. cit.*, art. « bòró ».

littéralement : ils firent d'eux-mêmes des hommes ; le substantif « *bòrótéérây* » indique une action humaine, et le groupe nominal « *bóró tîmmànté* » désigne une personne accomplie. Par extension, « *bòró* » est employé aussi pour désigner un parent, un dépendant, une relation, un ami, un proche, ou tout simplement quelqu'un avec qui on est en relations. Le terme « *bòrótàrây* » indique l'état humain, le lien qui unit les gens de même race, de même famille large. Quant au vocable « *cìná* »[753], en Songhay-Zarma, il signifie : construire, bâtir, édifier. L'adjectif « *cìnánté* » signifie : construit, bâti. L'expression « *I go ga fuwo cina* » se traduit : ils construisent la maison.

Des deux concepts « *bòró* » et « *cìná* » dérive alors le vocable « *bòrcǐn* » ou « *bùrcǐn* »[754] qui signifie en Songhay-Zarma : « noble », homme libre. La proposition « *a te burcin* » signifie « il est devenu libre ». Le verbe « *bùrcínándì* » a pour sens : rendre libre, affranchir. Ainsi s'affranchir, c'est devenir un homme. Le substantif « *bùrcíntàrây* » signifie : noblesse, comportement digne. À en croire Olivier de Sardan, le sens exact serait « homme franc », libre de toute servitude. Mais « *le parler français du Niger utilise couramment le mot « noble »* ».[755] À ce sujet, on notera que la société traditionnelle Songhay se divise en deux classes principales[756] : les « *borcin* » (nobles, libres), et les « *bănnnyà* » ou « *tăm* » (captif, esclave). Dans cette société, « « *bùrcǐn* » *implique un certain nombre de stéréotypes flatteurs, qui définissent la « personnalité sociale » prêtée aux nobles dont le négatif est celui du captif* ».[757] C'est un des termes utilisés pour évoquer l'état ou le comportement idéal, conforme aux normes dominantes.[758] Cette signification traditionnelle du concept dans les sociétés *songhay* et *zarma* est pleinement partagée dans la tradition *moaaga*, tant et si bien que la plupart des Moose ont la certitude irréductible que le mot « *Burkĩna* » est bien le leur et quiconque y verrait un mot étranger paraîtrait ignorant et ridicule.

---

[753] Le « c » ici a un son proche de : « tch ».

[754] Ce terme est de toute évidence le plus proche de la racine « burkĩn » du mot *moaaga* « burkĩna ». La seule différence notable n'est autre que le « k » mis à la place du « c » parce que l'alphabet *moore* ignore le « c ».

[755] OLIVIER DE SARDAN, J.-P., *op. cit.*, art. « *bòrcǐn* ».

[756] L'histoire nous apprend par ailleurs, comme nous l'avons précédemment noté, que c'est ainsi aussi que se divisait la société traditionnelle *moaaga*. Il fut alors un temps où les Moose comptaient en leur sein des esclaves (Y*emse*) et des hommes libres (*Burkĩmba, Burkĩm-bi*). Les *Yemse* (serviteurs ou esclaves), d'origine captive en général, provenaient d'enlèvements et de razzias : cf. AA. VV., *Trame historique de « l'épopée des Mosse »*, p. 104 ; DAMIBA, F.-X., *op. cit.*, p. 233.

[757] OLIVIER DE SARDAN, J.-P., *op. cit.*, p. 76.

[758] *Ibidem*, p. 75-76.

II. B. La conception *moaaga* du « burkĩndlem » comme norme de liberté

La sémantique du vocable « Burkĩn » indique à merveille la conception *moaaga* du *burkĩndlem.* À la question de savoir qui est « Burkĩna », les réponses, qui sont des plus diverses, témoignent de la complexité que revêt la réalité à laquelle renvoie le terme : c'est l'homme libre, qui se connaît, qui a une maîtrise de lui-même, droit dans le jugement et le comportement, intègre, noble, digne du point de vue moral, etc. À vrai dire, le Moaaga ne tarit pas d'éloges à l'adresse de cet homme. Le *burkĩndlem* est alors le condensé des qualités humaines, sociales et morales positivement voulues et attendues par tout Moaaga. Il est remarquable de constater qu'en milieu social *moaaga*, pour devenir « Burkĩna », des exigences bien définies, voire codifiées par la tradition doivent être observées. Ces exigences qui sont identifiables à des repères de la vertu peuvent être analysées en termes de code anatomique symbolique de la vie individuelle et sociale. En cela, la sagesse *moaaga* privilégie certaines parties du corps humain qu'elle désigne comme éminemment redoutables et qu'il faut surveiller sans relâche : la bouche, le cœur, le ventre, le sexe et le pied.[759] Ces cinq organes, dont la maîtrise des valeurs impliquées édifie l'être humain dans une vie éthiquement bonne et la non-maîtrise est source de vices et de heurts sociaux, représentent, dans la tradition *moaaga*, les hauts lieux de l'éthique individuelle et sociale, et les normes à partir desquelles est envisagé tout projet d'édification de l'homme *burkĩna.* Dans cette mesure, il importe de découvrir les valeurs humaines impliquées dans la maîtrise de ces références anatomiques symboliques.

La bouche (*noore*) qui prononce les paroles bonnes ou mauvaises apparaît, chez les Moose, comme la première référence anatomique symbolique. L'homme *burkĩna* sait garder la parole et quand il doit la dire, il le fait avec réserve et non sans avoir marqué l'attente nécessaire à sa maturation[760], tant il est vrai que selon la tradition *moaaga*, « *ka temb ka gomd ye* » (qui n'a pas sérié ne parle pas). Selon la sagesse des Moose, marquée par une civilisation de l'oralité, « *gomd ka põogd ye* » (la parole ne pourrit pas), car les mots sont opérants et la parole reste vivante, ne s'envole

---

[759] Tandis que François-Xavier DAMIBA., donne cinq organes (bouche, cœur, ventre, sexe et pied : cf. DAMIBA, F.-X., *op. cit.*, p. 112-118), Raogo Antoine SAWADOGO en dénombre quatre (bouche, cœur, ventre et sexe : cf. SAWADOGO, R. A., *op. cit.*, p. 170-171). Interrogé sur le pourquoi de l'omission des valeurs impliquées dans le contrôle du pied, Raogo Antoine Sawadogo répondra qu'il s'agissait pour lui de donner les critères de légitimation du chef traditionnel en milieu *moaaga.* De ce fait, les valeurs impliquées dans le contrôle du pied ne constituent pas en soi une exigence pour le chef *moaaga*, car dans sa tradition, le chef ne se déplace pas.

[760] Cf. DAMIBA, F.-X., *op. cit.*, p. 112.

pas, possède même une puissance susceptible de déclencher une force. N'est-ce pas vrai que la concertation entre acteurs est un préalable indispensable à toute action d'envergure que l'on veut réussir ? Alors, le Burkĩna se rappellera constamment que « *gomd ka kood pʋʋg la a tõe manega yelle* » (le parler ne cultive pas un champ, mais peut arranger une affaire). De la bouche d'un Burkĩna, il ne doit pas donc sortir une parole mal placée, encore moins un mensonge. Le Burkĩna parle juste, poliment, sagement et fermement[761]. Il est cet homme au sang bleu qui ne peut que refléter l'image des Ancêtres – noblesse oblige – d'abord par son intégrité morale : respect de la tradition à tout prix (*a yaa rogẽmmik neda*), et refus d'agir n'importe comment (*a ka nong n tũm yaar ye*). Il doit être remarquable pour son grand amour de la vérité (*a yaa sid soaba*) et son souci de tenir sa parole est comparée à un couteau à un seul tranchant, symbole de la netteté et de l'univocité : « *Burkĩn noor yaa borfo : a ka noey a yiib ye* »[762] proclame le dicton. Il n'a pas plusieurs manières de trancher dans une affaire ; c'est l'homme d'une seule face. Cette exigence consacre le caractère sacré de la parole donnée, car « *noor sẽn yeel n le yet t'a pa yeele, lɩdg n são no-kãnga* » (la bouche qui dit une chose et ensuite se dédit, l'anus vaut mieux que cette bouche). C'est dire qu'il incombe à tout Burkĩna de respecter à tout prix sa parole, et ce, quelles qu'en soient les conséquences. Ce qu'il donne, il ne le retire plus ; son oui comme son non est sans appel, car il a horreur de la duplicité qui ne peut que conduire à la honte. Le proverbe *moaaga* n'énonce-t-il pas : « *Burkĩn pũug sẽ paade, sɑ̃o a gomd sẽ vaande* » (pour le Burkĩna abandonner son champ vaut mieux que manquer à sa parole). Et s'il dit : « *« Attends, j'arrive », tu peux attendre en toute confiance, car il reviendra (burkĩn sɑ̃ yet tɩ f zĩnd bɩ f zĩnd ta na n kẽngame la wa)* »[763]. Ainsi, de toute évidence, ce comportement du Burkĩna est une merveilleuse illustration du proverbe *songhay-zarma* : « *Burcin me sanni, ya garaw no* » (la parole d'un noble est une garantie). Finalement, la parole est en soi révélatrice de qualité d'éducation. C'est tout le corps qui parle et chaque geste du Burkĩna devrait être porteur de sens. Savoir parler ou se taire à bon escient est une des marques constantes du *Burkĩna*. De ce point de vue, on peut comprendre que le silence[764] soit lui-même une parole, parfois plus expressive que la parole articulée. Une telle nécessité ne peut qu'inspirer de la retenue, parfois même le silence, car dans la pratique concrète, sauvegarder le *burkĩndlem* par la maîtrise de la parole est incontestablement

---

[761] Cf. SAWADOGO, R. A., *op. cit.*, p. 170.

[762] Littéralement : « La bouche du burkĩna est analogue à la flûte traditionnelle, elle n'a pas deux ouvertures ». Faite à partir d'une corne, cette flûte ne permet pas le changement de notes musicales.

[763] DAMIBA, F.-X., *op. cit.*, p. 233.

[764] Il s'agit, bien sûr, ici, du silence de celui qui se tait justement parce qu'il connaît, à l'opposé de celui qui ne dit rien parce qu'il ne connaît pas, et a fortiori, du silence du cadavre.

une vertu qui exige un effort quotidien. Pour ce faire, la parole du Burkĩna s'efforcera de porter essentiellement trois qualités : la vérité, le respect, la sûreté[765].

À la gestion de la parole s'adjoint la maîtrise du cœur (*sũuri*) sans laquelle il n'y a ni vertu, ni sagesse, ni burkĩndlem. Damiba énumère une liste des exigences qui incombent au cœur de tout homme *burkĩna* : il doit « *principalement être méfiant, résigné, réaliste, prévoyant, humble, fidèle, patient, précautionneux, respectueux, obéissant et modéré* ».[766] Cette longue liste de recommandations indique toute la difficulté à dompter le cœur humain. Pourtant, sachant que le cœur est le siège des sentiments et de la volonté, le sage ne doute jamais que sa maîtrise est essentielle, au risque de se rendre esclave. L'expérience humaine montre, en effet, que le bon et le mauvais sortent du cœur et s'adressent aux autres cœurs. La paix, l'amour, la fierté, l'orgueil, la colère, la méchanceté, la jalousie, la honte, la vengeance, le pardon… en somme, tout ce qui construit la cohésion sociale ou peut mettre la communauté en péril, prend source dans le cœur[767]. Il est donc d'une impérieuse nécessité, dans l'exercice du burkĩndlem, de savoir contrôler et maîtriser les pulsions du cœur, au risque d'avoir un appétit incontrôlé et de désirer ce qui ne nourrit pas réellement l'être humain.

Pour la sagesse *moaaga*, on est altruiste ou égoïste, gourmand ou sobre, large ou avare, sociable ou asocial, par la capacité qu'on a à maîtriser son ventre[768] *(pùga)*. C'est sans doute pourquoi « *par rapport aux richesses qui échoient entre ses mains durant le laps de temps de sa vie, la tendance du Moaaga n'est pas à la prodigalité, mais plutôt à l'économie* ».[769] L'homme *burkĩna* s'exercera donc à économiser le grain, l'argent, la nourriture, à éviter le gaspillage, et même à savoir se contenter du providentiel, du peu. De tout cela, le plus important pour le Burkĩna reste la maîtrise de soi devant la nourriture, sous peine d'en devenir esclave. La « dignité devant la nourriture » est une qualité chère à la culture *moaaga* si bien que selon cette culture, l'homme se distingue de l'animal par sa capacité à résister à la tentation de l'appétence. L'adage n'énonce-t-il pas que « *riib rita togm togm* » (le repas se prend selon des convenances) ? Et mieux encore, « *pa sẽ ne n rit ye* » (ce n'est pas ce qui se voit qui se mange) ou « *pa sẽ tẽgẽ n rit ye* » (ce n'est pas ce qui est immédiatement à portée de main qui se mange). Il faut attendre d'y être invité. De ce fait, par rapport aux biens de consommation que constituent la nourriture, la boisson, et l'argent qui permet de se les procurer, le *burkĩndlem* proscrit toute échappée vers

---

765 Cf. DAMIBA, F.-X., *op. cit.*, p. 112.
766 *Ibidem*, p. 114.
767 Cf. SAWADOGO, R. A., *op. cit.*, p. 170-171.
768 Cf. *ibidem*, p. 171.
769 DAMIBA, F.-X., *op. cit.*, p. 115.

l'extérieur et recommande le retour au centre. Sur cette tendance enracinée dans la culture *moaaga*, Damiba relève que « *le fait a été suffisamment observé pour qu'on y voie une constante* ».[770] On observera, par ailleurs, que dans la tradition des Moose, la nourriture ne se réduit pas seulement à ce qu'on ingurgite, « *elle est aussi le savoir, le savoir-faire, le savoir-être, qui nourrissent l'esprit, l'âme, la société d'aujourd'hui et de demain* ».[771] En ce sens, la vertu, la sagesse, les us et coutumes, les valeurs humaines et spirituelles… somme toute le burkĩndlem, constituent la meilleure nourriture que les ancêtres ont léguée aux Moose et qu'ils doivent consolider et transmettre aux générations futures à qui ils donneront naissance.

Le sexe humain, dénommé métaphoriquement chez les Moose « *taore* » (devant) est généralement objet de pudeur dans la tradition *moaaga*. D'expérience multiséculaire, la culture *moaaga* admet que cet organe qu'on cache et s'exerce à dompter peut aussi provoquer du désordre et des conflits. Aux fins d'éviter le vagabondage sexuel et d'obliger à la régulation de la sexualité, le sexe est incontestablement chez les Moose un des lieux où la jurisprudence traditionnelle, bien codifiée et sévère, prévoit des sanctions allant de l'exclusion temporaire (avec réparation) au bannissement total de la famille (sans réparation aucune).[772] Dans cette mesure, selon Damiba, deux groupes de recommandations sont à distinguer dans le domaine de la discipline par rapport au sexe[773] :

D'une part, face aux valeurs rattachées à la fécondité, et qui tiennent à la nécessité de perpétuer toujours la communauté, la sagesse *moaaga* prodigue des encouragements par rapport au sexe. Ainsi, il faut savoir lui accorder ses chances sans craindre de le perdre, car il est imprenable : « *Pog-wagdr kôn zuk lande* » (une femme a beau être voleuse, elle ne volera pas le sexe d'un homme). Dans cette optique, la société *moaaga* reconnaît le droit à la polygynie, et la sexualité comme expression de la vie se trouve largement au centre des rites de l'initiation dont le but et la moralité dernière sont de parfaire chaque individu dans son être pour le rendre plus apte à jouer pleinement son rôle dans le processus de la procréation qui demeure une valeur sociale essentielle.

---

[770] *Ibidem*, p. 116.

[771] SAWADOGO, R. A., *op. cit.*, p. 171.

[772] Dans les provinces du boulkièmdé et du passoré où nous avons mené nos enquêtes, une fille qui tombe en grossesse avant le mariage est exclue de la famille jusqu'à ce que réparation s'en suive. Par contre, un homme qui fait la cour à une femme de son clan est, selon la tradition, définitivement banni non seulement de la famille, mais même du village. Et pour cette dernière infraction, la sanction est irrévocable. Dans tous les deux cas, il est interdit aux membres garçons de la famille de garder un quelconque lien avec les fautifs sous peine d'encourir la mort par répression des ancêtres.

[773] Cf. DAMIBA, F.-X., *op. cit.*, p. 116.

D'autre part, beaucoup plus que pour les encouragements, nombreux sont les proverbes qui affichent plutôt le découragement. Dans l'exercice quotidien et exigeant du *burkĩndlem*, la sagesse recommande d'abriter le sexe et de rester humble dans les conquêtes amoureuses, en se rappelant que le sexe est insatiable : « *bôe n ka tigda ? Pag la ligdi* » (de quoi n'est-on jamais rassasié ? De la femme et d'argent) ; qu'il est le lieu d'infidélités, de vices, de caprices, d'ennuis et d'interdits. Certes, les Moose conçoivent que le sexe est tenu pour responsable de la fierté et de l'honneur, de la quiétude et de la paix. Mais l'inconduite sexuelle mène paître sur des chemins incertains, voire des sentiers conflictuels et même mortels.

Que l'usage du pied comporte de graves risques, le Moaaga en a la ferme certitude. C'est pourquoi la règle générale, au Moogo, veut qu'on reste chez soi, dans sa tribu, parce qu'au dehors, au loin, on s'expose à violer des interdits, à rencontrer le danger et bien souvent la mort prématurée, la mort à l'étranger. Telle est sans doute la raison pour laquelle, dans la promotion du *burkĩndlem,* les enseignements de la sagesse *moaaga* sur le pied (*noare / karga*) s'articulent autour de trois préceptes qui peuvent ainsi se formuler : « *Tu peux sortir, mais le mieux est de te retenir. Néanmoins, si tu y es contraint, contrôle tes pas* ».[774] Par culture, les Moose sont convaincus que l'usage du pied a sans nul doute un avantage certain et quelquefois même une utilité indispensable. Qui ne sait, au Moogo, que « *kẽnd n biisd rogem* »[775] (les visites raffermissent la fraternité) ? De plus, on est persuadé que le voyage a un apport instructif. N'est-ce pas vrai que, selon le proverbe, « *pa reng n dog n yãt wobg ye, yaa sẽ n gõoda* » (ce n'est pas le droit d'aînesse qui donne à voir l'éléphant, mais bien celui qui se promène) ? Pour se construire pleinement *burkĩna*, il faut donc savoir quitter le domicile, car à vouloir toujours y demeurer, on finit par se rendre impopulaire, égoïste, inamical et ignorant. Quoi qu'il en soit, le Moaaga sage sait que le pied n'est pas moins dangereux que le sexe, ni que la bouche, ni que les autres éléments homologues, et qu'il mérite son contrôle, surtout quant à son activité, sa destination et sa vitesse.

Ainsi la maîtrise des cinq références anatomiques symboliques, véritables hauts lieux de l'éthique individuelle et sociale chez les Moose, se découvre comme une quête d'accomplissement de la vie humaine, un projet d'édification de l'être humain noble et libre de toutes servitudes dans et par la gestion des contraires. D'après Damiba, on peut reconnaître dans le mouvement de l'analogie des cinq piliers anatomiques symboliques une tentative pour gérer et se libérer des extrêmes[776] : par rapport à la bouche, la

---

[774] *Ibidem*, p. 117.

[775] Proverbe *moaaga* qui signifie littéralement : « C'est la marche qui mûrit la parenté ».

[776] Pour cette analyse, nous nous inspirons de l'analyse faite par Damiba. Cf. DAMIBA, F.-X., *op. cit.*, p. 122-125. Pour le sociologue, la maîtrise de la bouche, du cœur et du ventre se

liberté enjoint de gérer au mieux silence et paroles, par rapport au cœur, la méfiance et la confiance, par rapport au ventre, l'économie et la prodigalité et enfin par rapport au sexe et au pied, la retenue et la libéralité. Finalement, en conjuguant les contraires, le burkĩndlem découvre son intention la plus profonde, celle de retrouver un équilibre dans l'agir quotidien. Dès lors donc que l'homme maîtrise la bouche, le ventre et le sexe, il maîtrise aussi conjointement le cœur et le pied. Et quand on va au fond des choses, on s'aperçoit que, l'objet du ventre et du sexe étant la nourriture (aliment d'un côté, plaisir de l'autre) et celui de la bouche étant la parole, subséquemment, maîtriser la bouche, le ventre et le sexe est réductible à maîtriser la nourriture et la parole. Mais comme la parole est nourriture (immatérielle), nous sommes irrésistiblement conduits au principe unique de toutes choses, la nourriture qui est source de Vie et donc s'oppose à la mort. En définitive, l'exercice du *burkĩndlem* prôné chez les Moose culmine dans une permanente quête de vie humaine noble et libérée de toutes servitudes.

Touchant aux qualités humaines intrinsèques tant au plan moral que social, *le burkĩndlem* exprime l'idée forte chez les Moose qui veut qu'on ne soit jamais totalement ni définitivement un Burkĩna. Le *burkĩndlem* est une qualité de l'humain qui s'acquiert et se consolide en permanence avec, au fond, le principe qu'on puisse la perdre après l'avoir acquise, à un niveau ou à un autre. Autant il y a des niveaux et des degrés d'humanité, autant le *burkĩndlem* peut se perdre. Un homme pourrait être déchu de son *burkndlem* si, à un moment de sa vie d'adulte, il commet certaines « fautes » sociales (l'inceste ; la sorcellerie...), adopte certains comportements qui, de par leur gravité, peuvent menacer la pérennité, l'épanouissement ou l'harmonie de sa société, de sa famille ou de sa lignée. Et il arrive que le *burkĩndlem* d'un homme soit dans un rapport inversement proportionnel avec ses qualités physiques. Ainsi, par exemple, le *ninkẽema* (vieillard) peut être physiquement affaibli, alors qu'il est par ailleurs dépositaire d'un profond *burkĩndlem*. De plus, la mort sociale (en particulier le bannissement et l'exclusion sociale), qui est plus crainte que la mort physique, est une marque d'un *burkĩndlem* refusé, perdu, de la part d'un Moaaga qui ne mériterait plus d'être reconnu comme *Burkina*. La perte du *burkĩndlem* est très souvent irréversible. Elle consacre – comme un verdict de justice – la sanction encourue par le responsable d'une faute abominable en tant qu'elle met à rude épreuve l'existence et la cohésion de l'ensemble de la société. Au Moogo, il est arrivé même qu'à la mort sociale soit associée une mort physique ou, de nos jours, à une émigration définitive forcée et prescrite par

---

réduit à la maîtrise de la bouche, car celle-ci suppose la maîtrise du cœur et du ventre, lieux de mûrissement des paroles et tabernacles des secrets ; et maîtriser le ventre et le sexe suppose non seulement le domptage du cœur d'où viennent les pensées, mais aussi du pied qui peut conduire à la recherche honteuse de la nourriture et des plaisirs salaces (cf. *idem*.).

la famille[777]. Manifestement, c'est ce caractère irréversible de la perte du *burkĩndlem* qui justifierait la rareté et les précautions qui entourent une telle sanction[778]. De ce point de vue, on peut noter que le *burkĩndlem* reste fondamentalement un objectif à réaliser chez chaque individu en fonction de son statut, de son sexe et de son rôle social. Valeur éminemment humaine, ce projet de libération et d'ennoblissement de l'humain ne saurait être poursuivi sans difficulté.

III. Les obstacles traditionnels majeurs au burkĩndlem et les voies de sa promotion

D'emblée, on observera que la sauvegarde et la promotion du burkĩndlem portent la marque de la contingence humaine. Aujourd'hui encore comme au cours de l'histoire des Moose, des difficultés marquant l'exercice du burkĩndlem *moaaga* ne sont pas absentes. Bien au contraire, l'exigence des valeurs impliquées dans la promotion de l'être humain noble et libre suggère que ce n'est pas là une entreprise quelconque, mais une tâche difficile qui requiert à sa réalisation de surmonter des obstacles et d'employer des moyens appropriés et efficaces. Au nombre des multiples obstacles possibles à la pratique du burkĩndlem, la tradition *moaaga* relève la faim et la honte comme des épreuves majeures, voire absolument déterminantes. Cependant, il existe des moyens pour se prémunir contre la faim et la honte afin de promouvoir le burkĩndlem. Alors même qu'il existe au Moogo une conviction selon laquelle la faim et la honte sont sans conteste des obstacles majeurs à la pratique du burkĩndlem, les Moose sont par ailleurs aussi persuadés que, tant qu'il existera des hommes, le burkĩndlem ne disparaîtra pas. Du reste, qu'est-ce que l'homme sans burkĩndlem et que deviendraient les hommes s'il n'y avait plus de burkĩndlem ? La valeur et la dignité humaines, ainsi que la sagesse *moaaga*, interdisent une telle évocation, car

---

[777] Cf. BADINI, A., « L'analyse : Développement du panier à mots moore » in AA. VV., *Grenier à mots MOORE, Gom-biis baoore, op. cit.*, p. 41-42. Selon Anatole Niaméogo, la pire chose qui puisse arriver à un Moaaga, c'est de se voir exclure, pour un comportement indigne, de la famille et donc du groupe et de toute la communauté. Un Moaaga maudit par la famille l'est forcément par toute la communauté à laquelle appartient cette famille. Bien entendu, un tel bannissement n'arrive qu'en cas de fautes graves ou d'infamies susceptibles de déshonorer toute la lignée familiale. Cf. NIAMEOGO, A., « Enjeux anthropologiques : La vision du monde des Moose » in AA. VV., *Grenier à mots MOORE, Gom-biis baoore, op. cit.*, p. 12.

[778] Hormis une catégorie spécifique de fautes (par exemple commettre l'adultère avec une femme de la grande famille), les Moose disposent de traitement de propitiation qui conjure les effets néfastes de la faute (adultère, faire l'amour en brousse et à même le sol…) à travers des sacrifices appropriés.

ce serait signer la déchéance de l'humanité. Dès lors, la société *moaaga* s'ingéniera à rechercher les voies et moyens pour surmonter les obstacles et promouvoir un burkĩndlem authentique.

III. A. Les obstacles traditionnels majeurs au burkĩndlem

Face aux nombreuses exigences du burkĩndlem, les Moose ne doutent pas que de multiples difficultés peuvent survenir dans tout projet de réelle libération humaine. La quasi-totalité des Moose, jeunes ou vieux, femmes ou hommes, riches ou pauvres, reconnaissent qu'aujourd'hui, tout homme n'est pas Burkĩna, et que plus particulièrement au Burkina Faso, même chez les Moose, il y a moins de Burkĩmba que par le passé. On invoque pour cause de cet état de fait, bon nombre de circonstances que la pensée *moaaga* rejette, ne retenant pour seules difficultés dirimantes au burkĩndlem que la faim et la honte. À la question de savoir qu'est-ce qui peut empêcher la sauvegarde du burkĩndlem, le dicton proclame : « *Burkĩn zoeta bõe, ti sâ n pa kom la yãnde !* » (Que craint le Burkĩna, si ce n'est la faim et la honte). Quand on sait que le Burkina Faso est un pays pauvre où le développement économique est sérieusement handicapé notamment par l'enclavement du pays, la pauvreté de son sol latéritique et l'austérité de son climat ; lorsqu'on est informé de ce que la production agricole vivrière du Burkina, et surtout du plateau *moaaga,* ne suffit pas à nourrir la population, et que même l'approvisionnement en eau potable constitue un problème crucial à la fin de chaque saison sèche ; alors on mesure réellement la portée du propos selon lequel la faim (*kom*) est un obstacle majeur à l'accomplissement des exigences du *burkĩndlem.* Et le Moaaga le sait, lui dont un bon nombre de proverbes témoignent de la difficulté à combler les besoins alimentaires.

Il faut bien le reconnaître, « *pùg ka mi ti sûtoog tara a soab ye* » (le ventre ne sait pas que son maître a du chagrin). Autrement, pourquoi quand bien même l'homme souffre, ne cesse-t-il pas de crier et de réclamer ? Il est bien réel que « *pùg zând tiib yaa toogo* » (dresser le hangar du ventre est besogne difficile) ? Il faut travailler bien péniblement pour le nourrir et chaque fois qu'on le remplit, il se vide ; on le remplit de nouveau, et il se vide encore. Le Moaaga en déduit que toute personne est insatiable, car « *pùg ka mi t'a ri zaamê ye* » (le ventre ne sait pas qu'il a mangé hier). Bien plus, « *pùg sâ n ka pusgi, a têed beoogo* » (si le ventre ne s'éclate pas, il espère demain). L'alimentation est ainsi une condition de survie. Au Moogo où on vit parfois des années consécutives de sécheresse et de famine, le Moaaga n'ignore pas que la faim constitue incontestablement une sérieuse entrave à l'épanouissement de la vie. Nul doute que « *kom yõkda biig n sãam a reem, n yõk nikẽem n sâam a yẽsgo* » (la faim empêche l'enfant de jouer et le vieux de deviser). C'est dire que dans la tradition *moaaga*, est présente l'idée d'un seuil d'indigence en deçà duquel tout effort moral devient caduc, où il devient quasiment difficile, sinon impossible de conserver le burkĩndlem ; un seuil en deçà duquel l'homme n'est plus maître de lui-même, ni de ses actes ; un seuil où l'homme en proie à la difficulté est désarticulé en son for interne et perd les repères éthiques. En deçà de ce seuil, l'œuvre de tant de jours s'efface en un jour, seuil fatal à l'honneur humain et comparable à un précipice élevé d'où tombent dignité et noblesse de tout l'homme. Il s'avère que, dans certaines situations, la faim, voire l'indigence ou l'extrême pauvreté, peut conduire inexorablement à des comportements moralement désobligeants (vol, mensonge, compromission, et même parfois le suicide) ou à la recherche honteuse de la nourriture. Car il est d'une évidence première que « *pũg n so kamse* » (c'est le ventre qui possède les bras) et que « *pû viug ka tûb ye* » (ventre creux n'a point d'oreilles). À ce titre, la faim, dont l'extrême pauvreté constitue un présupposé, est bien une cause certaine de la perte du burkĩndlem, et c'est pourquoi la sagesse *moaaga* admet que « *pùg pidyâ, bâong loeyâ* » (ventre plein, point de honte). De leur expérience, les Moose sont persuadés que l'extrême dénuement procure la honte, réalité dont la signification au Moogo n'est pas sans importance particulière.

La honte (*yãnde*) chez les Moose revêt une dimension culturelle tout à fait significative dans l'édification de la personne pleinement humaine. L'évocation du sentiment de honte, affirme Amadé Badini, « *représente, parmi les techniques pédagogiques moosé, l'arme la plus efficace pour convaincre l'individu d'adopter les comportements sociaux attendus. Mais elle est à utiliser avec une grande délicatesse, à cause de la multiplicité de ses origines et pour tout ce qui touche à l'ensemble des valeurs relatives au burkindlem* ».[779] A priori, Badini pense que la honte est liée au sentiment de pudeur qui est rendu par le même terme (*yãnde*) et touche, dans la culture traditionnelle *moaaga*, les parties génitales de l'être humain, homme ou femme[780]. À l'origine, le *yãnde* (la honte) devait être lié à la nudité en général. L'extension que connaît couramment la notion semble coïncider avec celle de la pudeur qui ira de sa dimension physiologique à celle psychologique et sociale où elle semble laisser entrevoir les mauvais aspects de la personnalité individuelle ou collective. C'est dans ces conditions que le sentiment de honte, surtout lorsqu'il est provoqué en public, prendra toute son importance en tant que technique pédagogique. Tessmann note, de fait, que « *l'enfant africain doit apprendre à craindre la honte, tout autant que le jeune européen le bâton* ! »[781] En principe, le Moaaga est très sensible à la moquerie et a un sentiment très aigu de la honte. Dès l'enfance, et ce d'une manière d'abord

---

[779] BADINI, A., *Naître et grandir chez les Moosé traditionnels,* p. 142.
[780] Cf. *ibidem*, p. 144.
[781] G. Tessmann cité par ERNY, P., *L'enfant et son milieu en Afrique noire*, P.B. Payot, Paris, 1972, p. 203.

ludique, son entourage, en l'occurrence sa mère, lui apprend à avoir honte, à « fuir » la honte, à « craindre » la honte. Un enfant vient-il à mentir manifestement, l'interpellation ne tardera pas à « fuser » : « *zoe yãnd koe* ! » (prends garde d'avoir honte !) ou encore « *fo pa zoet yãnde ?* » (n'as-tu pas honte ?). Et il se reprendra immédiatement, sinon la moquerie interviendra comme en « renfort ». Il n'est pas rare, en de telles circonstances, de voir l'enfant se cacher la figure dans les paumes pour signifier qu'il bat en retraite et qu'il couvre « cache » sa honte.

La pudeur est pour ainsi dire, chez les Moose, un élément fondamental de l'éducation. La mentalité communément admise est que peu d'humains, tous âges confondus, peuvent résister à la honte et qu'un homme, qui n'est pas sensible à la moquerie et à la honte, cesse d'être éducable. De fait, les importantes valeurs sociales et individuelles *moose* sont « enseignées » progressivement à l'individu par le biais de la sanction de la honte qui peut, selon les situations, provoquer des conséquences dramatiques tels les suicides ou des départs définitifs du village. La raison essentielle de ce comportement tient au fait que « *la honte – condamnation sociale publique d'une faute – enlève toute dignité à l'individu, sape son honneur ainsi que celui de la famille, et aliène son identité* ».[782] Est couvert de honte tout Moaaga qui faillit à son devoir en ne respectant pas les valeurs léguées par les ancêtres. Vivre digne, c'est donc vivre dans l'honnêteté, en se montrant à la hauteur de son ascendance, la référence aux ancêtres restant une constante, et en étant un exemple pour sa descendance[783]. C'est cela qui justifie que la honte n'est brandie sérieusement qu'à partir du moment où l'individu aura cessé d'être enfant pour devenir une personne responsable, avertie du sens du bien et du mal, consciente enfin, des relations multiples et complexes qui la rattachent au groupe social. C'est principalement cette perspective de la honte, expression d'un « échec social » sans appel, que les parents évoqueront à titre préventif pour convaincre l'adolescent d'adopter les bonnes habitudes, les « savoir-faire » et les comportements qui lui vaudront la considération sociale.

Si les Moose redoutent tant la honte, c'est parce que les multiples origines de celle-ci touchent à l'ensemble des valeurs relatives au burkĩndlem et qu'elle témoigne, par suite, d'une réprobation collective devant un comportement jugé mauvais. C'est ainsi que la peur et la crainte d'être marginalisé, justifient l'efficacité de la honte dans le système éducatif *moaaga*. Le jeune Moaaga a même une extrême sensibilité à la honte, voire une peur maladive de susciter la moquerie de la part des autres. Cette attitude vis-à-vis de la honte, établie comme une donnée profondément culturelle *moaaga*, a fini par susciter les convictions suivantes exprimées dans les dictons et proverbes *moose* notoirement connus : « *Sê yiid yãnd ka ye, sê pa ta yãnd n be* » (ce qui dépasse

782 BADINI, A., *Naître et grandir chez les Moosé traditionnels*, p. 145.
783 Cf. NIAMEOGO, A., *art. cit.*, p. 11.

la honte n'existe pas, ce qui est moins que la honte existe) ou encore « *ra bao yãnd n be* » (ne pas rechercher la honte existe). Cette sentence pour signifier que nul n'est si grand que la honte ne puisse l'atteindre, et que tout ce qui existe est sujet à la honte. C'est dire qu'il appartient à l'homme de ne pas s'exposer à la honte : elle frappe tout « délinquant » quels que soient son statut social, son âge ou son prestige. Or le *burkĩndlem* exclut absolument la honte qui, dans certains cas, est pour le Burkĩna, incontestablement la dernière humiliation qu'il puisse connaître. C'est pourquoi tout Moaaga qui se veut Burkĩna devra éviter à tout prix la honte, jusqu'au péril de sa vie si cela s'avère inévitable. Cela est d'autant primordial que dans la culture *moaaga*, même si la faim est assurément redoutable, elle est préférable à la honte ; et la sagesse enseigne que « *Kom são yãnde* » (la faim vaut mieux que la honte). La faim est préférable à la honte, car, d'ordinaire, la faim passe, mais la honte reste (la honte d'avoir volé par exemple).

Deux dictons bien connus et perçus comme des devises chez les Moose le traduisent sans détour : « *Burkĩn sakda kũum n zoe yãnde !* » (le Burkĩna accepte la mort pour « fuir » la honte !), et aussi : « *kũum são yãnde !* » (la mort vaut mieux que la honte !). Ainsi, « plutôt mourir que vivre dans la honte » est une devise *moaaga*. Peut-être est-il besoin de relever encore que pour les Moose, il y a comme une corrélation fondamentale entre les deux termes « *nedlem* » (fait d'être homme, l'humanité) et « *yãn zoere* » (le fait de fuir, craindre la honte) au point de les rendre presque équivalents. En définitive, « savoir avoir honte » est, pour la sagesse *moaaga*, le propre de l'humain. « Savoir avoir honte » devient pour ainsi dire une vertu humaine cardinale, et donc fortement caractéristique de la nature humaine. Une telle mentalité trouve son fondement dans le sentiment très fort qu'a tout Moaaga, en quête de *burkĩndlem*, non seulement d'éviter tout ce qui affame et honnit la vie en procurant par suite la mort, mais surtout d'éduquer à appartenir, à participer et à se soumettre à l'environnement social[784] aux fins de trouver les voies et les moyens pour promouvoir l'ensemble des valeurs relatives au burkĩndlem.

III. B. Voies et moyens de promotion du burkĩndlem

L'exigence de construire la personne humaine digne, intègre, libre et noble, c'est-à-dire d'édifier l'homme burk*ĩna, nécessite* non seulement d'appréhender à leur juste valeur les obstacles majeurs à un tel projet d'humanisation, mais aussi et surtout de s'imprégner, en contexte, des voies et des moyens fondamentaux de sa pleine réalisation. Dans cette mesure, à travers son système éducatif, la vie socio-culturelle *moaaga* s'emploiera à

[784] Une des fins fondamentales de l'éducation *moaaga,* en effet, est de faire percevoir à l'individu qu'il n'a de valeur que dans et par le groupe social.

communiquer, aux individus et aux groupes, les principales valeurs indispensables à la promotion de la dignité humaine et à l'édification d'une société humainement épanouissante. Pour ce faire, le traditionnel projet d'humanisation en milieu *moaaga* retient comme particulièrement important : la construction plénière de l'homme comme un être soucieux de respect et de politesse à l'égard de ses semblables, observant le droit dans ses rapports avec autrui, ferme de volonté et ne craignant pas l'effort, et enfin, considérant le travail comme une exigence humaine ayant une valeur inestimable, appliqué à la tâche.

La philosophie *moaaga* de l'éducation[785] est fondée sur une conception, quoiqu'encore assez confusément, de l'origine de la personne humaine. L'idée faite de la grossesse indique que l'être humain naissant est un « être autre », différent des hommes à bien des égards : aux niveaux physique, social, psychologique et métaphysique. Il est plutôt plus proche du monde des esprits dont il vient. La pensée communément admise au Moogo est que l'enfant est un *kĩnkirga* (esprit) ou encore un *sãana* (étranger) qui peut être un esprit incarné ou un ancêtre réincarné, et ayant un comportement capricieux, imprévisible, difficile à satisfaire. L'homme possèderait pour ainsi dire une origine qui lui préexiste. Alors, il en portera les stigmates sa vie durant et aura un projet à réaliser s'il veut réellement être homme, en commençant initialement par rompre avec la vie dans le monde invisible. L'être véritablement homme serait, selon la tradition culturelle *moaaga*, le produit d'une rupture. Selon l'étude de Badini, le bébé « *est un hors-la-loi dont il faut à tout prix respecter les désirs, qu'il ne faut jamais contrarier* »[786]. Mais même si l'enfant est considéré comme un être ayant déjà une histoire, une identité, voire une personnalité qui exige respect, il n'est pas encore, selon la tradition socio-culturelle *moaaga*, un véritable homme. Si donc les Moose conçoivent l'individu comme une rupture, il est aussi et fondamentalement un être en devenir. Deux principaux concepts désignent l'idée d'homme chez les Moose : *ninsaala* ou *nindlem* (homme) et *neda* ou *nedlem* (personne). Alors que le terme « *Ninsaala* » désigne l'idée d'homme en général et rappelle davantage le « genre humain », le terme « *Neda* » détermine l'homme de manière plus précise, dans le temps et

[785] Badini note que « *l'observateur de la société moaga et de sa langue (le mooré) est d'abord surpris par la variété considérable des concepts relatifs à l'éducation. Malgré leur synonymie, apparente, chacun de ces concepts n'est en réalité qu'un aspect spécifique de l'éducation considérée dans des perspectives particulières* » : BADINI, A., *Naître et grandir chez les Moosé traditionnels*, p. 30. L'auteur note ainsi, entre autres, les concepts suivants : *wuubri* (élever, nourrir), *gulgo* (engraisser, multiplier, entretenir), *kibligu* (dresser, tenir à l'œil), *nombo* (tanner, assouplir), etc. Cf. *ibidem*, p. 30-38.

[786] *Ibidem*, p. 79. C'est ce qui justifie qu'« *à cette étape-là de la vie, on dirait que c'est plutôt le bébé qui éduque la mère, si l'on retient l'idée qu'éduquer c'est orienter, guider, aider* » (*ibidem*, p. 80).

l'espace. Il signifie précisément un homme, un élément particulier de l'ensemble humain, qu'on peut montrer du doigt, décrire, car il a une figure ou un visage, une identité spéciale, un équilibre établi[787]. Toutes valeurs qui font admettre chez les Moose que l'enfant qui vient de naître n'est pas encore un « neda ». C'est l'éducation qui apparaît d'une manière décisive, aux yeux des Moose, comme ce par quoi on devient véritablement *neda*, et par suite *Burkĩna.* De fait, un dicton relève que « *fo wubda biig t'a wa yi neda* »[788] (tu éduques un enfant afin qu'il devienne homme). Pour réaliser ce projet de l'homme, quand on sait que « *minung pa basda a soab ye* » (l'habitude n'abandonne pas son propriétaire), il convient d'être vigilant très tôt, car « *rao remsdame t'a ketẽ n maasa* » (le bois se dresse alors qu'il est encore humide). L'homme est ici essentiellement, à la fois un être et un devenir. Mais pour les Moose, on ne devient homme et la poursuite du *burkĩndlem* n'est possible, que si certaines conditions favorisent l'apparition de qualités spécifiques parmi lesquelles il faut noter en particulier le respect et la politesse pour ses semblables.

Selon Damiba, dans l'horizon mental de ceux qui observent les Moose, ce qui revient spontanément pour les caractériser, c'est l'image de ces hommes « polis, trop polis » au principe de leur personnalité[789]. D'après l'étude effectuée par le sociologue, « *les témoignages les plus divers et les plus concordants se rencontrent à ce propos, depuis les premiers explorateurs jusqu'aux évangélisateurs, en passant par les femmes missionnaires, et depuis l'Ouest du Burkina jusqu'à la mer…* »[790] Le Moaaga, penserait-on, est caractérisé par son extrême politesse, son respect

---

[787] Par opposition au *ninsaala*, le *neda* attend d'être décrit, d'être reconnu, car, dans la vie pratique, il est comme « le revêtement d'un personnage », une forme particulière de *ninsaala.* Il se connaît ou n'est connu et identifié que par les diverses relations qu'il entretient avec les autres, dans un groupe social défini. Cf. *ibidem*, p. 26-27.

[788] Le terme « *neda* » revêt chez les Moose toute une philosophie. Il faut distinguer deux concepts que les Moose emploient pour parler de l'homme : « *ninsaala* » et « *neda* ». Le *ninsaala*, dérivé de *ninda* (= quelque chose, quelconque) et de *saalga* (lisse, glissant), est insaisissable et intellectuellement incompréhensible parce qu'indéfinissable et insondable. Le mot renvoie plus au concept d'« être humain » en général, de « genre humain », c'est-à-dire l'humanité de l'homme. De ce fait, le *ninsaala* n'existe pas d'une façon matérielle, concrète et déterminée. Quant au terme « *neda* », il désigne une personne, une illustration, matérialisation circonstancielle de *ninsaala. Neda* désigne ainsi un homme (ou une femme) situé ici et maintenant, connaissable (identifiable) ; qu'on peut nommer en le distinguant d'autres *neba* (pluriel de *neda*). On observera, toutefois, que le *neda* n'existe et n'est connu qu'à travers les diverses relations qu'il entretient avec les autres et avec la société. Il n'existe, comme tout acteur, que dans la mesure où il joue un rôle dans le jeu social par rapport auquel il se définit. Dans cette mesure, le Moaaga se refuse de considérer déjà l'enfant qui vient de naître comme un *neda.* Cf. BADINI, A., « L'analyse : Développement du panier à mots moore » in AA. VV., *Grenier à mots MOORE, Gom-biis baoore, op. cit.*, p. 40.

[789] Cf. DAMIBA, F.-X., *op. cit.*, p. 244.

[790] *Idem.*

d'autrui, sa courtoisie, son obéissance et sa gentillesse. Cette grande politesse n'a pas échappé non plus aux observateurs européens qui notent que les Moose sont des gens polis et qu'ils reçoivent toujours très poliment[791]. En vérité, le Moaaga a un profond respect de l'étranger et considère son hôte comme son « obligé ». Tant que l'hôte reste sous son toit, il a droit à tous les égards, il a droit à la protection. Le Moaaga est, en outre, pour le droit à la différence. Fier de lui-même, d'autant plus que « *Moaag bal la neda* » (le Moaaga seul est réellement homme) et traditionnellement peu enclin à se laisser assimiler par les non-Moose, il accepte cependant l'autre dans sa différence et le respecte tel qu'il est[792]. Respect et politesse apparaissent donc des valeurs très chères aux Moose et occupent une place éminente dans la quête du *burkĩndlem*, voire dans leurs habitudes de vie. C'est ainsi un fait que la culture *moaaga* a ces deux vertus en estime. Pour être respecté, qu'est-ce qu'il y a de plus logique que de commencer par respecter ? Cette politesse du Moaaga qui est « *une de ses qualités qui frappe dès l'abord tous ceux qui ont quelques rapports avec lui* »[793] est bien la manifestation d'une préférence désormais établie. Socialement, le respect est considéré comme l'essence de tout pouvoir et le garant du bon fonctionnement social. Celui qui ne sait pas respecter est conduit à humilier, ce qui est la première cause du désordre social. Le devoir de respect serait alors bâti sur le raisonnement suivant : « *tu veux être respecté demain, commence par respecter aujourd'hui ; commence par te respecter toi-même, car qui respecte les autres se respecte, et qui se respecte, respecte les autres par une relation de causalité réciproque* ».[794] La politesse se pose ainsi, non seulement comme un projet de bon sens, mais aussi comme une tactique pour aborder le monde à pas feutrés. En fait, pour la culture *moaaga*, « *ned l'a mi neb woagre* » (ce qui relève de l'ordre de la personne, c'est de respecter les personnes), car « *nif zoeta a to* » (l'œil craint son semblable).

---

[791] Cf. BAUDU, P., *Vieil empire, jeune Église, Monseigneur J. Thévenoud (1878-1949)*, La Savane, Paris, 1956, p. 111 ; BENOIST, J. R. de, *Église et pouvoir colonial au Soudan français. Les relations entre les administrateurs et les missionnaires catholiques dans la boucle du Niger, de 1885-1945*, Karthala, Paris, 1987, p. 79-163.

[792] D'après l'analyse d'Anatole Niaméogo, le Moaaga marque même son étonnement lorsque les non-Moose se comportent comme des Moose. Il est même sceptique devant les mimétismes et les tentatives des autres de vivre autrement pour se conformer à la façon de vivre des Moose. Il dit alors que « *Ragiig kaoosd koome kõn lebg yẽbga* » ; autrement dit « le bout de bois a beau séjourner dans l'eau, il ne deviendra jamais un caïman » ou encore que « *Wĩntoog tar kugr kõ n toeem zĩiga* : même si le soleil chauffe la pierre, elle ne peut changer de place ». L'imitation est cependant possible et le changement aussi. Le Moaaga ne dit-il pas que « *To saog n togsda, to zʋg ka togsd ye* » ; autrement dit, « on imite la danse d'autrui, on n'imite pas sa mauvaise conduite ». Cf. NIAMEOGO, A., *art. cit.*, p. 11.

[793] MANGIN, E. « *Les Mossi. Essai sur les us et coutumes du peuple mossi au Soudan occidental* » (inédit) p. 328.

[794] DAMIBA, F.-X., *op. cit.*, p. 247.

Dans cet ordre d'idées, le respect humain se présente comme la caractéristique commune des humains. De ce point de vue, le Burkĩna se veut calme et discret par égard pour les autres, tout comme il est respectueux des personnes, de leurs biens, de leurs droits.

Que le Moaaga valorise la politesse, c'est là, à en croire Damiba, une conséquence de son amour du droit, car « *le Moaaga est essentiellement un Romain : c'est un homme de droit. Des codes, une législation, des règles de conduite, voilà le Moaaga* ».[795] En perpétuelle quête de *burkĩndlem*, celui-ci fait de la recommandation du proverbe un principe de vie : « *ka so miuusgu, ka yũgd sũk ye* » (qui n'est pas propriétaire de la galette ne mord pas en son milieu) ; en d'autres termes, il faut savoir laisser la priorité, le droit, à chacun dans ses propres affaires. Eu égard à cette instruction, le vol est, en société *moaaga*, une des pires hontes pouvant conduire au suicide et qu'il faut éviter absolument. Au sujet du devoir pour le Burkĩna de respecter les droits d'autrui, Damiba écrit que :

> « (Tous les observateurs Moose et non Moose) *notent en premier lieu son souci de vérité : en bon burkîna, en effet, il ne veut pas qu'on en vienne à douter de sa parole une fois qu'il l'a donnée, et il s'efforce d'être sincère dans tout ce qu'il fait, quitte à garder le silence pour ne pas déroger à cette règle d'or. On note en second lieu qu'il se soucie beaucoup d'avoir raison. Voilà pourquoi il ne provoque jamais le premier sauf exception (razzia, vol, migration...). Voilà aussi pourquoi il refuse de pratiquer la violence pour la violence, pourquoi il reste très patient devant les événements, pourquoi surtout il se méfie des gens connus et inconnus au point de paraître fermé, même à ses propres yeux* ».[796]

Une telle méfiance se justifie du fait que, selon la culture *moaaga*, les droits ne sont pas toujours respectés et il subsiste quelquefois des limites à l'exercice des droits, tel que l'énonce le proverbe : « *Wiug pa reemd zipeedagê, hând b moon ti ned da leb n wê a to ye* » (le gueule tapée ne doit pas se pavaner sur le boulevard sous prétexte qu'il a été décrété de ne plus se frapper). Il faut donc savoir se contenter de ses droits, et ne pas s'aventurer là où le droit propre n'existe pas, car « *satẽnpẽndg gũud niis me, a riib ya sũiya* » (le pique-bœuf a beau garder les bœufs, il ne mange que les criquets). Ce souci de raison, de vérité et de réalisme chez les Moose n'est que la manifestation d'une préoccupation plus profonde : poursuivre dans la persévérance la quête d'un *burkĩndlem* authentique et pertinent dont la fidélité à la coutume reste le test le plus sûr. C'est cela, avons-nous noté, le fondement du projet socio-anthropologique chez les Moose. La politesse et le respect du droit, comme moyens de réalisation de cet objectif, ne font qu'un, à y mieux voir, le premier n'étant que l'épiphanie du second qui ne

[795] Tel est l'avis de DAMIBA Pierre-Claver, cité par DAMIBA, F.-X., *op. cit.*, p. 248.
[796] DAMIBA, F.-X., *op. cit.*, p. 248.

peut que la recommander. « *N maan sê n segda* » (faire ce qui convient), telle est donc la préoccupation de tout Moaaga digne de ce nom (*Moaaga hakika*), la voie souveraine pour ne pas se créer des ennuis dans la société des vivants et dans le monde des ancêtres. Mais la poursuite d'un tel idéal en société implique de nombreuses exigences dont les plus déterminantes, dans la pédagogie éducative *moaaga*, sont primordialement l'effort et la volonté.

Dans une société « pragmatique » avec des conditions de vie difficiles, comme celle des Moose, le vécu quotidien appelle – exigence de survie oblige – une pédagogie de l'effort et de la volonté. Conscients de ce défi majeur dans le contexte géo-démographique de leur société, les Moose, au lieu de toujours compter sur les autres pour avoir ce dont on a besoin, préfèrent se « débrouiller » seuls pour réussir. D'où l'importance qu'ils accordent à la pédagogie de l'effort et de la volonté. Par effort, il faut comprendre, selon la définition de Russ, l'« *activité d'un sujet rencontrant une résistance et rassemblant ses forces pour la vaincre* ».[797] Et par volonté, il faut entendre la « *qualité du caractère, consistant dans l'énergie de la tendance dominante et fixée, avec fermeté dans la décision, constance, etc.* ».[798] L'effort et la volonté impliquent le sentiment et l'acceptation de la peine, la répugnance pour le gain facile ainsi que l'esprit de sacrifice et d'abnégation. À l'adresse d'un jeune paresseux, incapable de fournir de l'effort, sans volonté d'affronter une difficulté ou un obstacle, le Moaaga dira : « *fo na maana bôe ne f yîngâ ?* » (que feras-tu de ton corps ?). Dans une contrée où la vie est synonyme de durs labeurs quotidiens, il va sans dire qu'un enfant, qui n'est pas conduit progressivement et rigoureusement à faire usage de ses potentialités, risque de tout attendre des autres et, devenant un poids social, s'expose à tous les vices et même encourt la mort. Ce n'est donc pas sans raison réelle que, chez l'enfant *moaaga*, « *les brimades, frustrations et autres privations cherchent, entre autres, à réaliser en lui les objectifs à long terme que l'éducation se fixe, mais aussi à amener l'enfant à aguerrir son corps et à « lutter » pour se réaliser en tant qu'homme* ».[799] Ce goût de l'effort cultivé très tôt chez l'enfant *moaaga* transparaît dans chacune de ses activités et donne de la force aux jeux enfantins tout en

---

[797] RUSS, J., art. « Effort » in AA. VV., *Dictionnaire de philosophie*, Larousse Bordas, Paris, 1996.

[798] *Ibidem*, art. « Volonté ».

[799] BADINI, A., *Naître et grandir chez les Moosé traditionnels*, p. 118. On exigera, selon l'auteur, de la mère efficace, « *de laisser à son enfant « la liberté » d'apprendre à se servir de ses forces, afin de pouvoir exécuter par lui-même certaines activités qui sont à sa portée. On estime en effet qu'un individu doit pouvoir, à tel ou tel âge, produire tel ou tel effet physique et l'on se refuse absolument à le faire à sa place. Il s'agit d'une « éducation par la nature », guidée, orientée et surtout évaluée par les adultes à partir des critères définis par eux : « éducation par la nature » comprise comme l'ensemble des exercices que l'enfant, selon son âge, doit déployer pour suppléer à ses carences initiales* » (*idem*).

développant l'esprit de compétition : lutte, course, nage dans les marigots, chasse, endurance de la faim et de la soif, etc., d'autant plus que les conditions géophysiques au Moogo se montrent souvent ingrates, capricieuses et difficiles. C'est dire que la conception *moaaga* de l'effort n'est pas à confondre avec le « *nanzaale* » (peine inutile), une peine absurde qui serait une souffrance indéterminée et sans finalité de promotion humaine[800]. La philosophie *moaaga* de l'éducation à l'effort et à la volonté se révèle plutôt un projet d'humanisation concret, fondé sur le respect de la dignité de la personne humaine. La rigueur de la discipline et des exigences de l'éducation traditionnelle manifeste l'impératif, au Moogo, de cultiver en chaque homme – car *burkĩndlem* oblige – les qualités humaines de dignité, d'honneur, de courage et de liberté sociale. Ce principe de l'effort et de la volonté acquiert une dimension supérieure avec l'initiation précoce au travail considéré comme le moyen d'éducation par excellence.

L'importance que les Moose accordent au travail vient de la conception selon laquelle l'homme serait le produit d'une rupture. Selon la mentalité traditionnelle *moaaga*, bien que l'homme soit l'élément constitutif le plus puissant de l'univers, depuis la rupture avec les dieux (séparation ciel/terre), il acquiert humanité et « liberté » au prix de son engagement à travailler durement.[801] Dès lors, l'existence humaine se révèlera un tissu d'efforts intégrés, tant et si bien que la philosophie *moaaga* de la vie humaine en déduira que « *l'homme vient au monde pour travailler et il la quitte pour un autre monde où il va travailler* »[802]. Le travail va alors représenter, dans la tradition *moaaga*, une valeur suprême, la clef du succès, la dimension humaine fondamentale ; et la vie humaine se confondra avec le travail, compris comme le rapport plus ou moins conflictuel entre l'homme et la nature, pour arracher à cette dernière ce dont il aura besoin. Les Moose ont ainsi la ferme certitude que le travail fonde non seulement l'autonomie et la force de la communauté et de l'individu, mais aussi qu'il est vital par rapport à une nature particulièrement hostile et ingrate qu'est le Moogo. L'on sait que des cas de famines consécutives à de longues périodes de sécheresse jalonnent l'histoire du Moogo et que le fait d'avoir son grenier vide, et donc de connaître la misère, la faim et la honte, représente une des causes essentielles du suicide masculin en milieu social *moaaga*. Dans cette mesure, on comprend alors pourquoi la paresse est considérée conséquemment au

[800] Ce goût de l'effort pour les enfants n'est pas non plus à confondre avec « le travail des enfants » condamné par la Déclaration des droits de l'enfant. Il s'agit au contraire d'« *une pédagogie pratique pour laquelle la société est un laboratoire vivant* » (*ibidem*, p. 120).

[801] Cf. BADINI, A., *Naître et grandir chez les Moosé traditionnels,* p. 26.

[802] DAMIBA, F.-X., *op.cit.*, p. 160. À sa mort, en effet, l'homme est enterré la face tournée vers l'est, car il doit continuer à guetter le lever du jour pour aller au champ ; et la femme, le visage vers l'Ouest parce qu'elle continuera, elle aussi, à surveiller le retour de l'ombre pour préparer le sagbo (le tô ou pâte de mil) bienfaisant.

Moogo comme le « mal » dont procèdent tous les autres : mensonge, délation, couardise, lâcheté, envie, jalousie, vol ; toutes choses qui disqualifient toute aspiration au burkĩndlem. Même si le sage Moaaga conçoit que « *togs sid n gând kom, sâo a yag n diga* » (il est préférable de dire la vérité même s'il faut dormir affamé plutôt que de mentir pour manger), il reste que pour le Burkĩna, la faim peut donner lieu au suicide par suite de la misère et de la honte qu'elle procure, tant il est vrai que « *kûum sâo yandé* » (plutôt mourir que vivre dans la honte) est la devise des Burkĩmba. Afin de se conformer aux exigences du *burkĩndlem* et d'éviter de se confiner à l'inéluctable de la mort, le Burkĩna se devra d'être un grand travailleur en toute circonstance, car le travail est sans conteste le moyen par lequel il se libérera, s'ennoblira et se réalisera. Ainsi, dans l'univers des Moose, le travail constituera une sorte de pratique de la liberté, en tant que dimension fondamentale qui permet le développement des capacités humaines ou de l'épanouissement réel. Instruits et s'efforçant d'observer cette exigence de vie, les Moose sont reconnus pour de grands travailleurs quoique les avis divergent à ce sujet. Damiba rapporte que Monseigneur Thévenoud voyait dans les Moose une race moins laborieuse que les Bissa leurs voisins et que Tauxier trouve moins travailleurs que les Peuhls, alors que Lucien Marc, Paul Baudu, Yamba Tiendrebéogo et Ambroise Zagré pensent qu'il ne fait pas l'ombre d'un doute que le Moaaga se rompt à la tâche, infatigable[803]. Baudu en particulier résume ainsi l'opinion selon laquelle les Moose sont perçus comme courageux au travail : « *la population est très simple, intelligente et, quoi qu'on dise laborieuse* »[804]. Mangin partage sans doute cet avis lorsqu'il écrit : « *on peut même dire qu'en général, il (le Moaaga) aime le travail et les paresseux sont montrés du doigt, on s'éloigne d'eux, on les méprise* »[805]. Le pape Jean-Paul II pour sa part, lors de son voyage à Ouagadougou, saluait encore dans son homélie à Yagma « *le courage dans le travail et la volonté de vaincre qui caractérisent les burkinabè* »[806] qui sont toutefois, comme on le sait, majoritairement Moose. L'incitation au travail utile, dans ce contexte, a donc pour finalité de faire de tous et de chacun, des hommes et des femmes qui se plairont dans la vie et qui seront fiers de contribuer au bien-être et à l'épanouissement individuel et du groupe tout entier. Tel est bien la finalité ultime du

---

803 Cf. *ibidem*, p. 150 ; BAUDU, P., *op. cit.*, p. 21 ; TIENDREBEOGO, Y., *Contes du Larhallé,* Rédigés et présentés par R. Pageard, Presses Africaines, Ouagadougou, 1964, p. 124-125 ; ZAGRE, A., *Le système des valeurs traditionnelles moose face au changement et au développement, tome 1 : Les valeurs des Moose*, Thèse de doctorat d'État en sociologie, Nice, 1982, p. 20.

804 BAUDU, P., *op. cit.*, p. 21.

805 MANGIN, E., *art. cit.*, p. 329-330.

806 JEAN-PAUL II, « Homélie à Yagma » in *L'osservatore Romano*, édition française, n ° 6, 2094 (1990) 12.

burkĩndlem qui est devenu, depuis l'année 1984, un projet d'identification et de promotion de toute la nation burkinabè.

IV. Le burkĩndlem comme projet d'identification et de promotion nationales au Burkina Faso

Le 2 août 1984, les autorités révolutionnaires de la Haute-Volta ont décidé, par Ordonnance du Président du Conseil National de la Révolution[807], le Capitaine Thomas Sankara, du changement d'appellation et des symboles de la nation qui, depuis le 4 août 1984, s'appelle désormais Burkina Faso[808]. Tout est parti de l'idée révolutionnaire selon laquelle, comme beaucoup d'États africains nés de la colonisation d'une façon hasardeuse et arbitraire, la Haute-Volta coloniale et néocoloniale ne pouvait constituer une nation comme cela était en Europe, parce qu'elle n'était ni une entité géographique naturelle, ni une réalité économique historique, mais plutôt « *un assemblage politique de groupes ethniques relevant presque encore du régime de la commune primitive* ».[809] Selon les révolutionnaires de l'époque, elle a été « *créée artificiellement en 1919 par la colonisation française et baptisée ainsi sans respect du contexte social* ».[810] Haute-Volta était pour ainsi dire un nom colonial « *sans la moindre signification* » pour les Voltaïques, et « *dont l'origine remonte au passage (...) d'un certain explorateur italien ou portugais se dénommant « Volta »* ».[811] Bien plus, ce nom représentait pour eux un « *passé dégradant* »[812] relevé dans le « *Di-Taa-Niyè* »[813], le nouvel Hymne national : l'esclavage dénommé « *la férule humiliante* », la colonisation désignée « *la rapacité venue de loin... asservir* » et enfin le néocolonialisme démasqué comme une « *cynique malice métamorphosée* ».[814] En cela, la révolution ne pouvait que remettre en cause l'identification nationale et redéfinir les Voltaïques à partir d'eux-mêmes.

---

[807] C'est l'organe suprême de la Révolution souvent désigné sous le sigle « C.N.R. ».

[808] Cf. SANKARA, T. (Capitaine), « *Ordonnance* n° 84-43 CNR.PRES du 2 août 1984 portant changement d'appellation et symboles de la Nation » in *Journal officiel du Burkina Faso*, 33 (1984) 804.

[809] BAMOUNI, B. P., « La notion de nation et le Burkina-Faso » in *Carrefour africain*, 843 (1984) 6.

[810] *Idem.*

[811] *Idem.*

[812] *Idem.*

[813] Cette expression signifie en Lobiri, une langue du pays : le chant de la victoire, du salut. Cf. SANKARA, T. (Capitaine), « *Ordonnance* n° 84-43 *bis* CNR.PRES du 2 août 1984 portant changement d'appellation et symboles de la Nation », p. 804.

[814] Cf. *ibidem*, p. 805.

D'après l'opinion la plus commune des révolutionnaires, et que partage Babou Paulin Bamouni, il s'agissait d'œuvrer pour que les Voltaïques « *se réconcilient avec eux-mêmes avec tout ce que cela comporte de dignité et de respect* »[815]. Les leaders de la Révolution démocratique et populaire (R.D.P.) se donnèrent alors pour tâche de créer une conscience nationale par un processus de transformation radicale de la société, afin que les Voltaïques recouvrent leur dignité d'homme et leur identité culturelle. Pour ce faire, le Conseil National de la Révolution décida d'opérer un processus de nouvelle identification des citoyens. Même si l'« *Ordonnance portant changement d'appellation et symboles de la Nation* »[816] reste muette sur l'origine linguistique du nouveau nom du pays, il est de la plus grande notoriété populaire que le nom « Burkina Faso » résulte de la conjugaison de deux notions de deux langues nationales. Le premier venant du Moore, « Burkina » qui signifie littéralement « dignité, intégrité, noblesse » ; le second venant du Dioula, « Faso » qui signifie « maison du père » et par extension la « terre des ancêtres » ou la « patrie ». La conjugaison des deux termes qui s'écrit strictement « *Burkina Faso* »[817] s'énonce de ce fait « *la Patrie de l'homme digne, intègre et noble* »[818]. La citoyenneté du Burkina Faso est « burkinabè », un mot « *invariable du point de vue du genre et du nombre* ».[819] Le burkĩndlem devient ainsi, un attribut national, un concept culturel très fort pour la promotion humaine de l'ensemble des citoyens du pays.

IV. A. Thomas Sankara et la revalorisation du *burkĩndlem*

L'avènement de la révolution burkinabè avec le Conseil National de la Révolution (CNR) présidé par le Capitaine Thomas Sankara[820], dont l'ambition politique sera de relever le défi du développement humain durable à partir du socle de l'identité culturelle, marquera donc un nouveau départ pour la revalorisation du *burkĩndlem*, non plus seulement pour la société *moaaga*, mais pour l'ensemble de la nation voltaïque d'alors. Tout

---

[815] BAMOUNI, B. P., *art. cit.*, p. 6.

[816] Cf. SANKARA, T. (Capitaine), « *Ordonnance* n° 84-43 *bis* CNR.PRES du 2 août 1984 portant changement d'appellation et symboles de la Nation », p. 804-805.

[817] Cf. CONGO-KABORE, N., « Circulaire N° 84 -15 CNR.PRES.SGG-CM, *Objet* : problèmes subséquents au changement d'appellation et de symbole de la nation » in *Journal officiel du Burkina Faso*, 33 (1984) 803.

[818] BAMOUNI, B. P., *art. cit.*, p. 6.

[819] CONGO-KABORE, N., *art. cit.*, p. 803. Le mot burkinabé, comme cela se donne à observer, est un mot forgé à partir du terme burkĩna et du suffixe « bè », une forme plurielle de la désinence peule de l'humain (bè). Si la grammaire avait été suivie, le singulier de « burkinabè » serait normalement, selon la pratique grammaticale peule, « burkinadjô ».

[820] De son nom complet Thomas Isidore Noël Sankara, il est né le 21 décembre 1949 à Yako en Haute-Volta et mort par suite d'un coup d'État le 15 octobre 1987 à Ouagadougou au Burkina Faso.

est parti de la conviction révolutionnaire selon laquelle la Haute-Volta était le produit d'une domination coloniale et néo-coloniale séculaire, « *un concentré de tous les malheurs des peuples, une synthèse douloureuse de toutes les souffrances de l'humanité, mais aussi et surtout des espérances de nos luttes* »[821]. Dans son premier Discours d'orientation populaire (DOP), le 2 octobre 1983, le chef de la révolution burkinabè en donne les caractéristiques sociopolitiques :

> « *Par leur essence, la société néo-coloniale et la société coloniale ne diffèrent en rien. Ainsi, à l'administration coloniale on a vu se substituer une administration néo-coloniale identique sous tous les rapports à la première. À l'armée coloniale se substitue une armée néo-coloniale avec les mêmes attributs, les mêmes fonctions et le même rôle de gardien des intérêts de l'impérialisme et de ceux de ses alliés nationaux. À l'école coloniale se substitue une école néo-coloniale qui poursuit les mêmes buts d'aliénation des enfants de notre pays et de reproduction d'une société essentiellement au service des intérêts impérialistes, accessoirement au service des valets et alliés locaux de l'impérialisme* »[822].

Dans cette mesure, il fallait « *travailler à décoloniser les mentalités, à briser ces chaînes d'aliénation culturelle...* »[823]. Pour ce faire, l'avènement de la révolution fut considéré comme le terme ultime d'une insurrection populaire déclenchée ; l'aboutissement de la lutte du peuple voltaïque sur ses ennemis de toujours ; une victoire sur l'impérialisme international et ses alliés nationaux ; une victoire sur les forces rétrogrades obscurantistes et ténébreuses[824]. Thomas Sankara déclarait en effet : « *L'insurrection du 4 août 1983, la victoire de la révolution et l'avènement du CNR sont donc incontestablement la consécration et l'aboutissement conséquent des luttes du peuple voltaïque contre la domination et l'exploitation néo-coloniales, contre l'assujettissement de notre pays, pour l'indépendance, la liberté, la dignité et le progrès de notre peuple* »[825].

L'engagement pour la lutte contre les vestiges coloniaux et pour la régénération des valeurs culturelles nationales sera effectivement donné le 4 août 1984, à l'occasion du changement du nom et des symboles du pays. Sankara s'en explique deux mois plus tard, le 2 octobre 1984, lors d'une exposition d'art burkinabè à Harlem (New York) : « ... *nous avons décidé de changer de nom. Cela correspond à un moment où nous sommes en train de renaître. Nous avons voulu tuer la Haute-Volta pour faire renaître le*

---

[821] GAKUNZI, D. (présenté par), *« Oser inventer l'avenir », La parole de Sankara (1983-1987)*, Pathfinder & L'Harmattan, Paris, 1991, p. 104.
[822] *Ibidem*, p. 49.
[823] Préface à l'édition française par David GAKUNZI dans GAKUNZI, D. (présenté par), *op. cit.*, p. 14.
[824] Cf. SANKARA, T., « Discours d'orientation politique » in GAKUNZI, D. (présenté par), *op. cit.*, p. 46-47.
[825] *Ibidem*, p. 47.

Burkina Faso. Pour nous, le nom de Haute-Volta symbolise la colonisation »[826]. Ainsi, pour Sankara, la nuit du 4 août 1983 a accouché de l'œuvre la plus salutaire pour le peuple burkinabè. Elle a donné au peuple burkinabè un nom et au Burkina Faso un horizon[827]. Dès lors, le régime révolutionnaire fera appel aux valeurs nationales en vue d'en faire des valeurs mobilisatrices. Le défi sera de refonder l'espoir, de ranimer la confiance du peuple en lui-même, en lui rappelant qu'il a été grand hier et donc peut l'être encore aujourd'hui et demain[828]. La conviction en était que, « *irradié de la sève vivifiante de la liberté, les hommes burkinabè, humiliés et proscrits d'hier, ont reçu le sceau de ce qu'il y a de plus cher au monde : la dignité et l'honneur* » [829]. Désormais, il faut proclamer qu'il ne peut y avoir de salut pour les peuples que s'ils tournent radicalement le dos à tous les modèles que les charlatans ont essayé de leur vendre. Il ne saurait y avoir de salut pour les burkinabè en dehors de ce refus-là ; ni de développement en dehors de cette rupture[830]. Selon Sankara, il ne s'agissait pas pour lui de tourner en ridicule les efforts patients des intellectuels honnêtes, mais la crainte qui l'habitait, c'était de voir « *les résultats de tant d'énergies confisqués par les Prospéro de tout genre pour en faire la baguette destinée à nous renvoyer à un monde d'esclavage maquillé au goût de notre temps* »[831]. C'est la raison pour laquelle, déclare-t-il, « *nous jurons et nous proclamons que désormais au Burkina Faso, plus rien ne se fera sans la participation des burkinabè. Rien qui n'ait été au préalable décidé par nous. Il n'y aura plus d'attentat à notre pudeur et à notre dignité* » [832]. Ce faisant, d'aucuns trouvèrent dans sa voix « *l'écho des humiliations quotidiennes contenues, des souffrances tues, de la colère collective, des indignations, du besoin d'émancipation économique et politique, de tous ceux qui viennent des campagnes, des usines, des bidonvilles, des rues...* »[833]. En avant-garde de ce combat pour la promotion des déshérités, des marginalisés de la société, dans le contexte national burkinabè, il y aura la condition féminine.

---

[826] SANKARA, T., « Affirmer notre identité » in GAKUNZI, D. (présenté par), *op. cit.*, p. 90.

[827] SANKARA, T., « La libération de la femme : une exigence du futur » in GAKUNZI, D. (présenté par), *op. cit.*, p. 221.

[828] Dans cette insistance à restaurer et à faire émerger des valeurs endogènes et nouvelles, Sankara reste toutefois ouvert aux courants universels. Burkinabè, il demeure cependant profondément panafricaniste, internationaliste et lié aux luttes du tiers monde. Cf. Préface à l'édition française par David GAKUNZI, dans GAKUNZI, D. (présenté par), *op. cit.*, p. 14.

[829] SANKARA, T., « La libération de la femme : une exigence du futur » in GAKUNZI, D. (présenté par), *op. cit.*, p. 221.

[830] SANKARA, T., « La liberté se conquiert » in GAKUNZI, D. (présenté par), *op. cit.*, p. 99.

[831] *Idem.*

[832] *Ibidem*, p. 102.

[833] Préface à l'édition française par David GAKUNZI, dans GAKUNZI, D. (présenté par), *op. cit.*, p. 7.

Dans un discours à l'occasion de la Journée internationale de la femme, le 8 mars 1987, Sankara donnera les déterminants essentiels de la condition féminine burkinabè[834]. À l'analyse, de nombreux problèmes demeuraient : qu'il s'agisse de l'emploi ou de l'accès à l'éducation, qu'il s'agisse du statut de la femme dans les textes législatifs ou dans la vie concrète de tous les jours, la femme burkinabè demeurait subordonnée à l'homme. Cependant, bien que scolarisées deux fois moins que les hommes, analphabètes à 99 %, peu formées aux métiers, discriminées dans l'emploi, limitées aux fonctions subalternes, harcelées et congédiées les premières, les femmes burkinabè, sous les poids de cent traditions et de mille excuses, continuaient de relever des défis successifs[835]. Il importait donc impérativement, selon le régime révolutionnaire, de libérer la femme afin qu'elle contribue, dans la pleine mesure de ses potentialités propres, au développement socio-économique du pays. Dans cette perspective, le CNR énoncera clairement l'axe principal du combat de sa libération : « *elle sera associée à tous les combats que nous aurons à entreprendre contre les diverses entraves de la société néo-coloniale et pour l'édification d'une société nouvelle. Elle sera associée à tous les niveaux de conception, de décision et d'exécution dans l'organisation de la vie de la nation tout entière* »[836]. Le but final sera de construire une société libre et prospère où la femme sera l'égale de l'homme dans tous les domaines[837] ; et aussi afin que tous deux vivent dans un environnement sain. De cette dernière perspective, le régime révolutionnaire en fera un engagement social particulier.

À la première Conférence pour la protection de l'arbre et de la forêt à Paris, le 5 février 1986, Sankara livra l'expérience révolutionnaire de l'engagement solidaire pour la protection de l'environnement dans le contexte du Burkina Faso, pays qu'il estimait être incontestablement un des rares de cette planète qui est en droit de se voir et de se dire comme le concentré de tous les maux naturels que l'humanité connaît[838]. Historiquement, en effet, les burkinabè ont regardé mourir des mères, des pères, des filles et des fils que la faim, la famine, la maladie et l'ignorance décimaient par centaines ; « *les larmes aux yeux, ils ont regardé les mares et les rivières se dessécher. Depuis 1973, ils ont vu l'environnement se*

---

[834] Cf. SANKARA, T., « La libération de la femme : une exigence du futur » in GAKUNZI, D. (présenté par), *op. cit.*, p. 221-246.

[835] Cf. *ibidem*, p. 232.

[836] Cf. *ibidem*, p. 234.

[837] En cela, Sankara estime qu'« *il ne peut y avoir de façon plus claire de concevoir et d'énoncer la question de la femme et la lutte émancipatrice* » qui attend le pays tout entier. (Cf. *idem*).

[838] Cf. SANKARA, T., « Sauver l'arbre, l'environnement et la vie tout court » in GAKUNZI, D. (présenté par), *op. cit.*, p. 163.

dégrader, les arbres mourir et le désert les envahir à pas de géant »[839]. C'est pourquoi « *le Burkina Faso, situé au cœur du Sahel, saura toujours apprécier à sa juste valeur les initiatives qui coïncident parfaitement avec les préoccupations vitales de son peuple* » [840]. Dans cette mesure, le chef de la révolution burkinabè ne cessera de « *déplorer les rigueurs de la nature* », de « *dénoncer l'homme dont l'égoïsme est cause du malheur de son prochain* », de décrier l'œuvre coloniale qu'il juge avoir pillé et décimé les forêts africaines sans la moindre pensée réparatrice pour les lendemains[841]. De ce fait, le peuple burkinabè, engagé dans le processus révolutionnaire et solidaire de tous ceux qui sont touchés par la destruction de la nature[842], mènera un combat contre la désertification, persuadé que cette lutte est celle de l'équilibre entre l'homme, la société et la nature[843]. Ainsi, en attendant que surgisse le miracle verdoyant d'un Burkina vert, l'eau, l'arbre et la vie, c'est-à-dire la survie, seront des données fondamentales et sacrées de toute l'action du CNR[844]. De multiples et diverses actions seront menées contre la désertification[845] et les plus importantes à cet effet seront appelées les trois luttes révolutionnaires : la lutte contre la coupe abusive du bois[846], la lutte contre la divagation des animaux[847] et la lutte contre les feux de brousse[848].

---

[839] *Idem.*
[840] *Idem.*
[841] Cf. *ibidem*, p. 165.
[842] Cf. SANKARA, T., « La liberté se conquiert » in GAKUNZI, D. (présenté par), *op. cit.*, p. 104.
[843] Cf. SANKARA, T., « Sauver l'arbre, l'environnement et la vie tout court » in GAKUNZI, D. (présenté par), *op. cit.*, p. 166.
[844] Cf. *ibidem*, p. 163.
[845] Afin de lutter contre la désertification, il s'est agi, dans le cadre d'un large Programme populaire de développement (PPD), d'établir un vaste programme de plantation d'arbres avec le slogan : « 8000 villages = 8000 forêts ». Dès lors, outre les cours intensifs d'alphabétisation en matière de gestion économique, d'organisation et d'entretien de l'environnement, il sera instauré une vaste opération nommée « Récolte populaire de semences forestières » et le principe de célébrer chaque événement heureux par une séance de plantation d'arbres. Dans les villages, les vallées aménagées des fleuves, les familles devront planter chacune 100 arbres par an. C'est ainsi que chaque ville et chaque village burkinabé se fera le pari de posséder un bosquet, réhabilitant ainsi une tradition ancestrale (cf. *ibidem*, p. 154-165).
[846] Il s'agira de réduire la consommation du bois de chauffe par une totale réorganisation et une vigoureuse discipline de la coupe et de la commercialisation du bois. Cette discipline ira de l'obligation de détenir une carte de commerçant de bois, de respecter les zones affectées à la coupe, jusqu'à l'obligation d'assurer le reboisement des espaces déboisés.
[847] Contre la divagation des animaux, considérée comme un fléau, l'option fut prise de privilégier l'élevage intensif pour lutter contre le nomadisme sauvage et de débarrasser les centres urbains de tout animal errant. Les agents du Comité de Défense de la Révolution (CDR) procédèrent à l'abattage systématique de tous les animaux rencontrés dans les rues des centres urbains.
[848] Pour lutter contre les feux de brousse, le CNR décida de juger et de sanctionner tous les fautifs par les Tribunaux populaires de conciliation des villages. Ce faisant, une plantation obligatoire d'un certain nombre d'arbres figurera parmi les sanctions de ces tribunaux.

L'objectif en sera de « *sauver l'arbre, l'environnement et la vie tout court* »[849].

L'aspiration à une liberté, à une dignité et à une intégrité retrouvées, somme toute à un *burkĩndlem* recouvré et revalorisé, telle est, à l'examen, la clé de lecture qui permet de comprendre Thomas Sankara et sa politique révolutionnaire. À la bien considérer dans son ensemble, la politique du régime révolutionnaire se réclame d'abord d'une morale nouvelle, une politique d'affranchissement du peuple burkinabè par une révolution des mentalités et l'incarnation de la dignité et de la volonté de vivre fier de son identité africaine en général et burkinabè en particulier. Ainsi peuvent s'expliquer, sous le CNR, la sincérité et la sévérité des condamnations portées à l'encontre du colonialisme, du néo-colonialisme et surtout de l'apartheid, négation de la dignité de l'Africain. Ainsi s'expliquent aussi les axes cardinaux des actions révolutionnaires aux fins de promouvoir le *burkĩndlem* ou l'intégrité comme identité nationale[850] : développement autocentré ou endogène (éducation et santé pour tous), lutte contre la corruption qui se traduit par une conduite irréprochable de l'appareil d'État, émancipation des femmes, sauvegarde de l'environnement, appel constant au civisme de chacun dont la modestie du train de vie du gouvernement en était un signe manifeste, etc. Il s'agissait, pour Sankara, de compter sur les possibilités réelles des hommes et de leur culture, en mobilisant leurs forces sur des actions concrètes. De ce fait, selon le représentant du peuple Samic, lors d'un meeting à Stockholm (Suède), « *du point de vue du peuple indigène, pour lequel la lutte pour la vie, l'indépendance et le développement culturel est un objectif quotidien et à long terme, les paroles et l'action de Sankara sont une référence* »[851]. Mais l'expérience révolutionnaire burkinabè connaîtra un dénouement tragique lors d'un coup d'État, le 15 octobre 1987.

Le bilan critique de la mise en œuvre de la révolution burkinabè est toutefois mitigé. Comme toute révolution, la révolution burkinabè a eu ses sympathisants et ses détracteurs et a suscité une abondante littérature allant des panégyriques les plus excessifs aux critiques les plus virulentes en

---

[849] SANKARA, T., « Sauver l'arbre, l'environnement et la vie tout court » in GAKUNZI, D. (présenté par), *op. cit.*, p. 165.

[850] En témoigne le film de Robin Shuffield : cf. SHUFFIELD, R., *Thomas Sankara, l'homme intègre*, Arte France Cinéma, Zorn Production International et France 3 Production Lille, 2006, 52 minutes ; cf. zorn@zornproduction.com. Sur cette question d'identité culturelle, Sankara reprend à son compte les discours panafricanistes de Cheikh Anta Diop, de Kwamé Nkrumah ou de Lumumba.

[851] Préface à l'édition française par David GAKUNZI, dans GAKUNZI, D. (présenté par), *« Oser inventer l'avenir », op. cit.*, p. 19.

passant par des analyses plus objectives ou nuancées. Pour certains[852], la révolution burkinabè dirigée par le capitaine Thomas Sankara avait soulevé de grands espoirs, tant parmi l'intelligentsia africaine qu'au sein des masses populaires africaines aspirant à un nouveau modèle de développement humain, au point de transformer lentement Sankara en héros mythique, au panthéon d'une jeunesse en quête d'une identité panafricaine. Pour d'autres[853], au contraire, procédant à une déconstruction systématique du mythe de Sankara, le projet révolutionnaire burkinabè aurait été dysfonctionnel, idéaliste, non viable et irrémédiablement voué à l'échec. Opérant ainsi une œuvre révisionniste avec l'ambition de « *s'interroger lucidement, sans céder aux conformismes intellectuels* »[854], les détracteurs de la révolution burkinabè la qualifient de « *populiste d'inspiration, nationaliste, autoritaire, aux contours idéologiques assez mal définis* »[855] . En particulier, ils s'attachent à souligner le décalage existant entre ce projet et la réalité sociale que Sankara prétendait transformer : en définitive, il s'agit de démontrer que « *le projet révolutionnaire sankariste est d'essence totalitaire (et non pas totalisante)* »[856]. Pour les positions plus modérées ou nuancées[857], il faut volontiers convenir que Sankara et son régime, comme chez certains intellectuels, ont souvent péché par absence d'esprit critique dans des analyses où la réalité objective fut parfois occultée par une évidente passion révolutionnaire[858]. Mais pour ceux-ci, en l'occurrence Guy Martin,

---

[852] Cf. MARTIN, G., « Retour au Burkina Faso : la deuxième mort de Thomas Sankara » in *Peuples noirs, Peuples africains*, n° 63-66 (1988) 326.

[853] Cf. MARTIN, G., « Retour au Burkina Faso : la deuxième mort de Thomas Sankara », p. 329.

[854] OTAYEK, R., « Avant-Propos » in *Politique africaine « Le Burkina Faso »* 20 (1985) 4.

[855] OTAYEK, R., « Rectification » in *Politique africaine « Retour au Burkina »* 33 (1989) 2-3.

[856] MARTIN, G., *art. cit.*, p. 327. D'après le *Petit Robert*, une proposition « totalisante » est, en philosophie, une « *proposition universelle dont la vérité se fonde sur l'observation antérieure de chacun des individus qu'on y réunit dans une même assertion* », tandis qu'un régime « totalitaire » est, en politique, un « *régime à parti unique, n'admettant aucune opposition organisée, dans lequel le pouvoir politique dirige souverainement et même tend à confisquer la totalité des activités de la société qu'il domine* » (REY, A., et REY-DEBOVE, J. (rédaction dirigée par), *op. cit.*, art. « Totalisant » et « Totalitaire ».

[857] Voir JACOB, J.-P., « À propos du Burkina Faso : État totalitaire et totalitarisme sans État » in *Genève-Afrique* vol. 24, n° 1 (1986) 155-160 ; JACOB, J.-P., « Tribune des Lecteurs » in *Genève-Afrique* vol. 25, n° 1 (1987) 112-113 ; MARTIN, G., « A propos du Burkina Faso » in *Genève-Afrique* vol. 24, n° 2 (1986) 174-177.

[858] À en croire Guy Martin, les ouvrages et articles suivants souffrent notamment de ce travers : MARTIN, G., « Idéologie et praxis dans la Révolution populaire du 4 août au Burkina Faso » in *Genève-Afrique* vol. 24, n° 1 (1986) 35-62 ; ANDRIAMIRADO, S., *Sankara le Rebelle*, Jeune Afrique Livres, Paris, 1987, 237 p ; BAMOUNI, B. P., *Burkina Faso : Processus de la Révolution*, L'Harmattan, Paris, 1986, 190 p ; RAPP, J.-P. et ZIEGLER, J., *Thomas Sankara : Un nouveau pouvoir africain*, Pierre-Marcel Favre/ABC, Lausanne, 1986, 176 p.

ce qui devrait retenir l'attention de tous les chercheurs africanistes de bonne volonté, c'est la contribution réelle et tangible du régime Sankara à l'amélioration du niveau de vie des masses rurales et urbaines burkinabè, par le combat contre la corruption, la promotion de l'éducation, de la santé, de l'agriculture, et du statut des femmes, objectifs déclarés de la révolution[859].

Par delà les passions de tous bords, l'observateur avisé reconnaîtra lucidement certaines erreurs stratégiques et politiques qui ont, pour une grande partie, joué dans la chute de Sankara : l'embrigadement militariste et abusif qui était la marque des CDR, la création de sortes de milices comme contrepoids à l'armée officielle ; les décisions spontanéistes et imprévisibles ; la rigidité envers la presse ; l'emprisonnement de certains opposants ou syndicalistes, l'interdiction du droit de grève, le licenciement abusif de 2600 instituteurs grévistes qui furent remplacés par de jeunes révolutionnaires, souvent peu ou pas qualifiés du tout ; la marginalisation des pouvoirs traditionnels et des classes moyennes ; les dissolutions annuelles de son gouvernement, justifiées comme étant une formule pédagogique révolutionnaire pour rappeler à ses ministres leur devoir de servir le pays et de se remettre en permanence en question, etc. ; autant d'actes sociopolitiques qui lui valurent d'être taxé de « totalitaire » et d'« unanimiste » et lui attirèrent la méfiance des uns et des autres. Toutes ces décisions, qui ont certes été pensées et appliquées dans une logique de conférer en partie le pouvoir à la population, ont participé à la création d'un réservoir de mécontentement et de frustration[860]. Tous ces facteurs combinés ont sans doute contribué à provoquer le coup d'État sanglant qui emporta le leader révolutionnaire. L'héritage politique et « identitaire » de Thomas Sankara reste cependant considérable auprès de la jeunesse africaine, en mal de modèle reflétant un réel espoir ; ceci en dépit du fait que toutes les actions

---

[859] Cf. MARTIN, G., « Retour au Burkina Faso : la deuxième mort de Thomas Sankara », p. 330. À ce sujet, sont cités à titre d'exemple, les résultats du régime Sankara dans les domaines économique et social tels qu'ils ont été recensés par les « Assises nationales sur le bilan critique des 4 années de révolution » qui se sont tenues à Ouagadougou du 8 au 10 janvier 1988 : Désormais, 2 repas et 10 litres d'eau par jour et par burkinabè ; 32 barrages et retenues d'eau réalisés chaque année contre une moyenne annuelle de 20 auparavant ; 600 puits et 1 100 forages en 1986, 106 kilomètres de routes bitumées par an contre une moyenne annuelle de 59 km au cours des 23 précédentes années ; la création d'un système de transport en commun auquel les burkinabè n'avaient jamais eu droit auparavant ; un taux de scolarisation passé de 16 % à 24 % en 4 ans de révolution, grâce à la multiplication des infrastructures scolaires, à la baisse des frais de scolarité et au déplafonnement des prix des fournitures scolaires ; la mise en place d'un poste de santé primaire dans chaque village (cf. ANDRIAMIRADO, S., *Il s'appelait Sankara : Chronique d'une mort violente*, Jeune Afrique Livres, Paris, 1989, p. 162-163).

[860] Cf. REUTER, L., « Thomas Sankara, 20 ans déjà, Le plus intègre des hommes intègres ? » in *International forum* 272 (2007) 25.

promues par Sankara n'ont pas été couronnées de succès. Sa popularité semble résider plutôt dans son intelligence, son engagement, et surtout son intégrité et sa rigueur morale, qualités dont il a fait preuve pendant l'exercice de ses fonctions[861]. Aujourd'hui encore, son image et son idéal résistent au temps et une galaxie de partis politiques burkinabè s'en réclame[862]. Malheureusement, dans une quête d'unité quasi introuvable, les héritiers et les défenseurs des idéaux de Thomas Sankara s'entre-déchirent dans des luttes intestines, essentiellement pour des raisons de positionnement et de leadership.

IV. B. Nécessités actuelles d'une revalorisation du *burkĩndlem* national

Selon de nombreux observateurs, pendant des siècles, les burkinabè ont été considérés comme des hommes qui se distinguaient par leur sérieux à travailler, à garder leur dignité et leur intégrité morales.[863] Aujourd'hui cependant, comme nous l'avons déjà noté, les défis de développement humain durable qui se posent au Burkina Faso sont nombreux et essentiels. Au surplus, le diagnostic de la société burkinabè révèle un renversement de situation : « *Les hommes « autrefois intègres » sont aujourd'hui interpellés*

[861] D'après l'ouvrage de Valère D. Somé, « *on peut accuser le Président Thomas Sankara d'avoir passionnément voulu et entrepris la libération de son peuple ainsi que sa prospérité dans la dignité. Cela, il l'a tellement désiré que l'on peut aussi l'accuser d'avoir agi avec précipitation, prenant ses rêves pour la réalité* ». Cf. Verso de l'ouvrage SOME, D. V., *THOMAS SANKARA, L'espoir assassiné*, L'Harmattan, Paris, 2000, 230 p.

[862] De l'idéal sankariste, lors de la commémoration du 20e anniversaire du décès de Thomas Samkara, étaient déjà portés sur les fonts baptismaux le Mouvement pour la tolérance et le progrès (MTP) de Nayabtigoungou Congo Kaboré et le Bloc socialiste burkinabé (BSB) d'Ernest Nongma Ouédraogo. Par la suite, les responsables de ces deux partis, tous des proches collaborateurs de Thomas Sankara, et d'autres personnalités du défunt régime du Conseil national de la révolution (CNR) tels Valère Somé du Parti de la démocratie sociale (PDS), Boukari Kaboré dit « Le Lion du Boulkiemdé » du Parti pour l'unité nationale pour le développement (PUND) forment le Front sankariste (FS) dirigé par Nongma Ernest Ouédraogo (NEO). Fidèle Kientéga, l'homme de main de Nongma Ernest Ouédraogo au moment de la scission au sein de la CPS qui a donné naissance à l'UNIR/MS, crée un courant contestataire à la CPS puis fonde le Front démocratique sankariste (FDS). En 2007, lors de la commémoration du 20e anniversaire de la mort de Thomas Sankara, une unification des différents partis sankaristes sera tentée. Les principales forces concernées par cette union sont notamment l'Union pour la Renaissance/Mouvement sankariste (UNIR/MS) et l'Union des Partis sankaristes (UPS). L'UPS a été créée le 12 janvier 2007 avec pour objectif, la fusion de cinq partis sankaristes : le FFS, la CPS, l'Espoir, le PUND et le MSD.

[863] Cf. DUBOIS, F., *1899* (inédit) p. 202 ; ZAGRE, P., *op. cit.*, p. 15 ; ZAGRE, P., « Le pari de l'intégrité et de la rigueur » in *Vivant Univers, Le Burkina Faso*, 425 (1996) 22-28 ; GUISSOU, L. B., *Burkina Faso, un espoir en Afrique*, L'Harmattan, Paris, 1995, 217 p.

sur leur dignité et leur intégrité lâchement bafouées ».[864] Force est en effet de reconnaître que la société burkinabè est plus que jamais affectée dans ses divers domaines : géophysique, sociodémographique, politique, économique, etc. Ce sont là les nouvelles mesures du développement humain durable dont le délitage et la déliquescence au Burkina Faso éprouvent aujourd'hui l'ensemble des burkinabè. D'après un quotidien d'un parti d'opposition : « *Il se passe des choses incroyables dans notre cher Faso, réputé depuis l'ère coloniale comme le pays des hommes travailleurs, conscients et dévoués. À l'époque, on était voltaïque et heureux de l'être, fier de sa pauvreté et de son dénuement matériel. Les tâches administratives étaient exécutées avec dévouement et passion, tout en sachant que la rémunération de la fin du mois n'était pas à la hauteur des tâches abattues. (...) À présent, les choses ont radicalement changé. Les dirigeants de ce pays ont donné l'exemple et le mauvais à travers une course sans frein vers l'enrichissement illicite et éhonté ; et cet exemple est appliqué partout dans le pays. Même dans les secteurs sociaux où les travailleurs doivent, un tant soit peu accorder la moindre attention, ce sont plutôt les mêmes pratiques avec les conséquences désastreuses que l'on connaît* ».[865] Comme pour reconnaître cette déliquescence généralisée, les dirigeants du pays se sont résolus à créer, par décret présidentiel, un Comité national d'Éthique (CNE) dont les membres sont « *choisis pour leur probité et leur sens du devoir* »[866] et dont la mission était d'être « *un observatoire de la société burkinabè* » et de veiller à la « *sauvegarde des valeurs laïques et républicaines aux plans moral, culturel et humain* »[867]. Dès lors, le CNE publie chaque année un rapport sur la situation de l'éthique au niveau national[868]. Le constat résultant de l'analyse de la situation nationale actuelle fait apparaître constamment, dans les

---

[864] Selon Étienne B. Ouédraogo, Président du Mouvement pour la Promotion de la dignité humaine pour le Développement (MPDHD), dont Félix Zounogo Keylem rapporte le témoignage, il ne fait l'ombre d'un doute que la société burkinabé se dégrade et que les Burkinabè ont une intégrité de façade (cf. KYELEM, F. Z., « « La société burkinabé se dégrade. Aujourd'hui, nous avons une intégrité de façade » dixit Étienne B. Ouédraogo, président du MPDHD » in *La Plume du Nord*, 3 (2001) 6.

[865] KANAZOE, M., « A chacun ses problèmes » in *Le Pays*, 2972 (2003) 3.

[866] COMPAORE, B. ; YONLI, P. E., *Décret présidentiel* n° 2001-278/PRES/PM/ portant création, attributions et composition d'un Comité national d'éthique, du 8 juin 2001, article 4.

[867] Les attributions du Comité national d'éthique sont ainsi définies : être un observatoire de la société burkinabé ; veiller à la sauvegarde des valeurs laïques et républicaines aux plans moral, culturel et humain ; proposer et suggérer toutes mesures tendant à la préservation du civisme et à la moralisation de la vie publique et sociale. Cf. COMPAORE, B. ; YONLI, P. E., *Décret présidentiel* n° 2001-278/PRES/PM/ portant création, attributions et composition d'un Comité national d'éthique, du 8 juin 2001, articles 2 et 3.

[868] BURKINA FASO, PRÉSIDENCE DU FASO, COMITÉ NATIONAL D'ÉTHIQUE, *Rapport annuel 2002*, 80 p ; BURKINA FASO, PRÉSIDENCE DU FASO, COMITÉ NATIONAL D'ÉTHIQUE, *Rapport annuel 2003*, 61 p.

différents Rapports, un tableau sombre prioritairement au niveau de l'économie, de l'éducation, de l'administration, du législatif et de la justice.

Dans le domaine économique, le CNE constate, en 2003, que le contexte mondial actuel de la globalisation, où les lois du marché libéral régissent l'univers économique, ne permet pas à l'État burkinabè d'avoir une mainmise totale sur la politique économique du pays. Bien plus, d'aucuns estiment que l'économie burkinabè est entre les mains de quelques groupes privés nationaux et de quelques firmes étrangères. De l'opinion du CNE, « *les richesses nationales, par le biais des braderies suite aux privatisations sauvages des Entreprises Publiques, sont tombées entre les mains de quelques individus, occasionnant ainsi des crimes économiques* ».[869] Ce monopole institué serait à l'origine de forfaits économiques qui portent gravement entrave au développement du pays. À ce titre, il peut être observé que « *la plupart des projets initiés pour la réalisation de nobles objectifs sont en fait des moyens de satisfaction d'intérêt personnel et les fonds alloués servent plus à acheter des véhicules, du carburant et à payer des per diem, qu'à produire des richesses économiques* ».[870] On assiste alors, de ce fait, à une perte des valeurs éthiques[871] dont les conséquences sont entre autres la mauvaise exploitation des potentialités économiques et humaines.[872] Aussi voit-on émerger un nouveau type d'opérateurs économiques utilisant des méthodes désavouant toute recherche de *burkĩndlem* : corruption, faux produits, surfacturation, fausses déclarations douanières engendrant des pertes de recettes à l'État.[873] Du côté des finances

---

[869] Le Comité national d'Éthique constate que ce monopole institué est à l'origine de forfaits économiques qui portent gravement entrave au développement du pays. Cf. PRÉSIDENCE DU FASO, COMITÉ NATIONAL D'ÉTHIQUE, *Rapport annuel 2002*, p. 29.

[870] *Ibidem*, p. 30.

[871] Le député Laurent BONGNESSAN Arsène Yé, alors président de l'Assemblée nationale en 2003, a déclaré à la télévision nationale : « *la morale agonise au Burkina Faso* » (OUEDRAOGO, H., « La cote d'alerte de l'impunité est dépassée » in *L'Observateur Paalga* 5970 (2003) 2-3). Et un quotidien de la place de renchérir sur les faits : « *Il se passe des choses incroyables dans notre cher Faso réputé depuis l'ère coloniale comme étant le pays des hommes travailleurs, conscients et dévoués. (...) Les choses ont radicalement changé. Les dirigeants de ce pays ont donné l'exemple et le mauvais à travers une course sans frein vers l'enrichissement illicite et éhonté ; et cet exemple est appliqué partout dans le pays* » (KANAZOE, M., *art. cit.*, p. 3). La situation fut telle que l'État burkinabè jugea nécessaire la création, par décret présidentiel, de ce qui fut appelé : « Comité national d'éthique » (cf. *Décret présidentiel* n° 2001-278/PRES/PM du 8 juin 2001).

[872] C'est alors que « *la plupart des projets initiés pour la réalisation de nobles objectifs sont en fait des moyens de satisfaction d'intérêt personnel et les fonds alloués servent plus à acheter des véhicules, du carburant et à payer des per diem, qu'à produire des richesses économiques* » : PRÉSIDENCE DU FASO, COMITÉ NATIONAL D'ÉTHIQUE, *Rapport annuel 2002*, p. 29.

[873] Cf. PRÉSIDENCE DU FASO, COMITÉ NATIONAL D'ÉTHIQUE, *Rapport annuel 2002*, p. 30.

publiques, s'il faut reconnaître les efforts des acteurs de l'économie pour mobiliser les ressources de l'État, il importe cependant de déplorer les mauvais comportements[874] de certains qui entravent la participation *burkĩna*, c'est-à-dire libre, noble et digne, au développement économique du pays. En outre, les circuits de recouvrement des recettes publiques (domaines, impôts, trésor, douane, etc.) sont gangrenés par la corruption, où nombre d'agents préfèrent s'entendre avec les contribuables au détriment de l'État. Dans ce système vicié où règnent de façon éhontée la fraude et la duplicité, les agents les plus honnêtes, qui s'efforcent de demeurer Burkĩmba, font l'objet de harcèlements de la part des opérateurs économiques qui leur font des offres malhonnêtes. D'une manière générale, nombreux sont les acteurs de développement qui s'accordent à reconnaître aujourd'hui qu'on ne peut agir efficacement au « Pays des hommes intègres » sans passer par la corruption, et les circuits les plus simples sont compliqués soit par l'attitude incorrecte des agents du milieu administratif, soit par l'ignorance des administrés, majoritairement analphabètes.

Au sujet de l'éducation, outre l'inadéquation des programmes d'enseignement avec les systèmes éducatifs traditionnels des différentes ethnies qui composent la nation burkinabè, ainsi que nous l'avons perçu précédemment, il importe de noter au surplus que ces programmes ne répondent pas aux réalités du terrain. Les observations enregistrées font ressortir les grandes insuffisances et l'inadaptation des ressources ; celles-ci concernent surtout les infrastructures, les ressources humaines, matérielles et financières[875]. De plus, le manque de conscience professionnelle que l'on observe chez bon nombre d'enseignants traduit le manque d'éducation de ces derniers qui exercent un métier pour lequel ils n'ont souvent aucune vocation et où ils sont venus par besoin d'argent. Il en résulte des comportements délictuels. On assiste à « *l'introduction frauduleuse d'autres valeurs que les compétences intellectuelles et le mérite dans le système d'évaluation et de sélection aux examens et concours : la politique, l'argent et le sexe* ».[876] Ces dysfonctionnements constatés au niveau du système éducatif ont pour conséquences des enfants qui, loin d'être de réels Burkĩmba, sont plutôt mal éduqués, ignorant tout de la vie en commun, n'ayant donc aucun sens du bien commun et souffrant d'un manque crucial de repères éthiques. De plus, l'influence d'une presse étrangère véhiculant toutes sortes de déviations, de vices et de violences offerts à la curiosité de la

---

[874] Il a été constaté que les circuits de recouvrement des recettes publiques (domaines, impôts, trésor, douane, etc.) sont gangrenés par la corruption, où nombre d'agents préfèrent s'entendre avec les contribuables au détriment de l'État. Cf. idem.

[875] BURKINA FASO, PRÉSIDENCE DU FASO, COMITÉ NATIONAL D'ÉTHIQUE, *Rapport annuel 2003*, p. 33.

[876] BURKINA FASO, PRÉSIDENCE DU FASO, COMITÉ NATIONAL D'ÉTHIQUE, *Rapport annuel 2002*, p. 24-25.

jeunesse, ne favorise pas la promotion du *burkĩndlem* chez les enfants, le projet d'une édification d'enfants pleinement hommes, nobles et dignes, affranchis de toute servitude. On sait pourtant que l'éducation, dans sa globalité (instructive, culturelle et sociale), est une composante incontournable du développement d'un pays ; et qu'elle est un des éléments dont la gestion affecte le plus profondément la dynamique des autres secteurs sociaux, au point de constituer comme un baromètre pour jauger la crédibilité de toute la stratégie de développement humain.

Au-delà des difficultés du système éducatif, historiquement, il est apparu que « *tout bon observateur objectif et honnête ayant séjourné au pays des hommes intègres reconnaît l'habileté, le courage, le talent et l'acharnement au labeur du burkinabè et ceci depuis des temps immémoriaux* ».[877] Mais à présent, l'examen de la situation administrative burkinabè conduit à des résultats moins positifs : un manque croissant de la conscience professionnelle. Selon le CNE, aujourd'hui, « *la politisation des structures administratives de l'État a pris des proportions inquiétantes : la quasi-totalité des secteurs de l'administration est fortement politisée* ».[878] Les responsables des structures administratives sont nommés en fonction de leur appartenance politique et ils agissent surtout en tant que défenseurs des intérêts de leur parti politique. Pour cette raison, on constate conséquemment une crise du *burkĩndlem* individuel et collectif, se traduisant spécifiquement par une forte réduction de la conscience professionnelle, l'absentéisme notoire, le non-respect des principes de gestion du service et du bien publics. Même le domaine de la santé qui constitue un volet essentiel de la politique sociale du gouvernement est profondément affecté. Alors que les forts taux de morbidité et de mortalité causés par les affections endémo-épidémiques comme le paludisme, le SIDA et la méningite restent des réalités de terrain, des agents fautifs des structures sanitaires publiques mettent à nu la démission de l'État dans l'observation des règles du code de santé publique. Dès lors, s'observent le non-respect de la déontologie et du serment solennellement prêté, la négligence des malades dans les formations sanitaires publiques et privées. Ainsi, face à une administration qui fonctionne dans une logique et une dynamique totalement contraires aux valeurs impliquées dans la promotion du *burkĩndlem*, les détournements et les corruptions se développent à grande vitesse[879]. À ce niveau, l'effritement du pouvoir hiérarchique, la culture de la médiocrité et du clientélisme au détriment de la compétence, de la formation et du grade, le laxisme des

---

[877] ZAGRE, P., *op. cit.*, p. 15.
[878] OUEDRAOGO, H., *art. cit.*, p. 2.
[879] Cf. BURKINA FASO, PRÉSIDENCE DU FASO, COMITÉ NATIONAL D'ÉTHIQUE, *Rapport annuel 2002*, p. 34-35.

responsables et la culture de l'impunité tendent à ériger en vertus ces vices qui peuvent assassiner la société civile et l'État.

Au plan législatif, le Burkina Faso dispose d'un arsenal de textes juridiques susceptibles de réglementer globalement l'ensemble des secteurs de la vie nationale. Cependant, tous ces textes, de l'avis du CNE, n'ont pas réussi à empêcher ou à endiguer les dérives actuelles. La justice, dont le but est de définir le droit positif et de trancher les litiges entre les différents sujets de droit, ne semble pas, au pays des hommes intègres, se référer aux principes moraux et aux valeurs morales. L'institution judiciaire burkinabè, bien qu'ayant fait l'objet d'un certain nombre de réformes structurelles visant à l'amélioration de ses prestations, n'a pas encore fait la preuve de son efficacité. Les causes proviendraient d'abord de l'inadaptation du système judiciaire au contexte économique, social et culturel du pays (complexité du système pour une population à majorité analphabète, coût élevé des prestations des avocats) et du déficit de communication de l'institution judiciaire. Outre ces raisons structurelles, les hommes en charge de l'animation de la justice ont été très fortement mis en cause ces dernières années du fait du mauvais comportement de certains d'entre eux et des dysfonctionnements divers qui en ont découlé : lenteurs, inégalités de traitement, inaction devant des cas patents de violation du droit, etc. Ainsi, « *il a été observé de nombreux cas de non-respect, par les acteurs de la justice, de l'éthique professionnelle* »[880] à laquelle ils sont soumis en vertu du serment qu'ils prêtent ; ce qui a entraîné l'affairisme et la corruption compromettant gravement ainsi la recherche d'une réelle équité sociale, exigence et gage d'une vie pleinement *burkĩna*.

À considérer globalement cette situation généralisée du pays, l'incivisme et la dégénérescence morale[881] apparaissent comme deux ultimes conséquences majeures marquant tous les secteurs de la vie socio-économique et politique. Aussi voit-on se développer la « mal gouvernance », qui semble être un lieu commun, la corruption, la concussion et le favoritisme, toutes choses indignes d'un véritable Burkĩna. De l'avis des observateurs, comme si le pays tout entier s'était engagé dans un processus de négation identitaire, toutes les couches sociales semblent être touchées par le dérèglement éthique, tant et si bien qu'« *il est éminemment reconnu aujourd'hui que le Burkina Faso traverse une période de grave crise par rapport à ses valeurs et aux valeurs morales tout court* »[882],

---

[880] *Ibidem.*, p. 39.

[881] Cf. PRÉSIDENCE DU FASO, COMITÉ NATIONAL D'ÉTHIQUE, *Rapport annuel 2002*, p. 22. S'il y a un fait indéniablement constant qui est revenu comme un leitmotiv dans pratiquement tous les entretiens initiés par le Comité national d'éthique, c'est le manque de civisme.

[882] *Ibidem*, p. 17.

pouvant aller jusqu'à l'indifférence devant le « *simple réflexe naturel de solidarité* »[883]. En cela, il est indéniable que l'image de marque du pays s'en trouve dégradée : les burkinabè ne répondent plus de leur nom, l'intégrité dont ils se réclament se révélant factice ou simple leurre, d'autant plus que le *burkĩndlem* ne semble plus avoir droit de cité au « Pays des hommes intègres ». C'est pourquoi la vie sociale est en proie à de nombreuses difficultés, la vie économique est très précaire et la vie politique est mouvementée. Toutefois, les autorités politiques, administratives, coutumières et religieuses ont pris conscience de cette situation périlleuse et ont entrepris, depuis quelques années, de combattre les maux qui minent la société burkinabè[884] aux fins de l'engager sur les voies d'un développement humain durable, fondé sur une quête permanente de l'intégrité et de la dignité. Pour ce faire, il s'agira de promouvoir le *burkĩndlem* chez tous les burkinabè et de faire de tous d'authentiques Burkĩmba.

IV. C. Le burkĩndlem comme lieu d'une quête identitaire burkinabè

On sait que depuis la révolution avec le capitaine Thomas Sankara, l'idée de faire du *burkĩndlem* un attribut national, voire un projet d'identification et de promotion socio-humaine des burkinabè, se fonde sur la volonté révolutionnaire de redéfinir et de réconcilier, dans le respect et la dignité, les Voltaïques à partir d'eux-mêmes. Dès lors, de la Haute-Volta au Burkina Faso, l'intégrité, forme singulière du *burkĩndlem*, fut adoptée comme politique[885]. En effet, il est notoirement reconnu aujourd'hui, par-delà les dérives actuelles de la société burkinabè, que la révolution conduite par Thomas Sankara avait réussi à opérer un changement des mentalités et une amélioration de l'esprit civique, surtout celui pétri du respect du bien commun. Tout responsable public avait été, dans la plupart des cas, incité, ou à défaut contraint, à observer un strict respect des préceptes civiques et déontologiques[886]. La situation de dégénérescence généralisée dans la gestion éthique des biens publics et privés, de la vie individuelle et collective, que traverse actuellement l'ensemble du pays, questionne alors gravement en direction de qu'est devenue l'identité burkinabè ou la dignité

---

[883] *Ibidem*, p. 26.

[884] Pour ce faire, un certain nombre de réformes ont été opérées afin de parvenir à une plus grande équité sociale. À titre d'exemples, au plan législatif, le Burkina Faso dispose d'un arsenal de textes juridiques susceptibles de réglementer globalement l'ensemble des secteurs de la vie nationale. L'institution judiciaire burkinabée a fait l'objet d'un certain nombre de réformes structurelles visant à l'amélioration de ses prestations.

[885] Selon le titre du chapitre VII de l'ouvrage de Pascal Zagré : « De la Haute-Volta au Burkina Faso : L'intégrité comme politique ». Cf. ZAGRE, P., *op. cit.*, p. 127.

[886] Cf. ZAGRE, P., *op. cit.*, p. 131.

d'être un burkinabè. Qu'est devenu le *burkĩndlem,* fondement de la dignité humaine des Burkĩmba et de l'institution socio-nationale des burkinabè ? Dans un chant, à l'occasion de la Semaine Nationale de la Culture (SNC) burkinabè, l'abbé Robert Ouédraogo, grand chantre de la culture *moaaga,* fait un récapitulatif saisissant de la métamorphose du *burkĩndlem* chez les Moose. Rappelant les hauts faits, chez les burkinabè en général et des Moose en particulier, de leurs ancêtres, de leurs pères et de leurs aînés, le chantre en déduit, en leitmotiv sous forme de refrain, que la conduite des nouvelles générations est devenue problématique et posera question aux femmes et aux hommes[887]. Pourtant, avec la revalorisation du *burkĩndlem* sous la révolution burkinabè, l'espérance en l'avènement d'une terre *burkĩna* a été fortement établie, telle que l'énonce le chantre du *burkĩndlem* :

Bark têng wa yâ	grâce/terre/est venue
Sugr têng sig yâ a yee	pardon/terre/est descendue
Yamleog têng ya a yee	désir/terre/
Burkîn têng ya a	dignité/terre/
Zîig be neere.	place/est/belle

La circonstance fut perçue comme une grâce de Dieu visitant son peuple et une déterminante volonté d'y investir toutes les énergies à bonne fin avait été formellement exprimée :

Burkîn saag niid ma...	/	dignité/pluie/pleut/moi
Burkîn saag niid m ye	/	dignité/pluie/pleut/moi
Ti m siig naa deem peelem	/	et/moi/âme/jouer/blancheur
M na kok wênd Burkîndi	/	moi/vais/recueillir/Dieu/dignité
M bol m têng zânga...	/	moi/recouvrir/moi/terre/entière
Bolg wê... bol burkindi... (6 fois)	/	recouvrir/oui/... recouvrir/dignité
Wa ye ... kils-y ye !	/	Ainsi... /louez/
Kilili... tônd tênga	/	Louange... /notre/terre
Kilili... tônd tênga !	/	Louange... /notre/terre
Kelg kobiib tûumde...	/	Écoute/jeune/travail
M lobda m sûur be	/	Moi/mets/moi/cœur/là
M lobda m pèlg be	/	Moi/mets/moi/courage/là
M lobda m yam be	/	Moi/mets/moi/intelligence/là

[887] Cf. OUEDRAOGO, R., « Kom yoaaba rũnda kẽnde » in OUEDRAOGO, R., *Naaba Sanom*, Herausgeber Caritas der Diözese Innsbruck, 6020 Innsbruck, Autriche.

M lobda m siig be	/	Moi/mets/moi/âme/là
M lobda m noor be	/	Moi/mets/moi/bouche/là
M lobda m yoor be	/	Moi/mets/moi/nez/là
M lobda m pang be	/	Moi/mets/moi/force/là

L'ambition était, comme le stipule le nouvel hymne national considéré comme loi de l'État, de fortifier le peuple et de fertiliser sa lutte à travers les échecs, les succès, la sueur et le sang[888] pour que, la flamme au cœur et avec tous les peuples du monde à la conquête de la liberté et du progrès, le Faso soit légitimement libéré à jamais « *des fers de tous ceux qui çà et là en polluaient l'âme sacrée de l'indépendance, de la souveraineté* »[889] . Bien plus, séant désormais en sa dignité recouvrée, et ayant l'amour et l'honneur en partage avec l'humanité, le peuple burkinabè devra promouvoir le travail libérateur et émancipateur[890]. Ainsi seulement, croyait-on, s'établira une terre réellement *burkĩna*, une terre « *où enfin l'identité nationale a droit de cité, où pour toujours l'injustice perd ses quartiers, et où, des mains des bâtisseurs d'un monde radieux, mûrissent partout les moissons de vœux patriotiques, brillent les soleils infinis de joie* »[891]. C'est dans cette dynamique que s'inscrit désormais la nouvelle devise nationale : « *Unité-progrès-justice* »[892]. Face à la dérive actuelle que connaît l'ensemble de la société burkinabè, dérive sociale qui, dans le cas du Burkina Faso, signifie rupture avec les valeurs traditionnelles propres, voire une crise identitaire, les autorités du pays décidèrent, ces dernières années, de redynamiser les forces citoyennes par des slogans mobilisateurs. Ainsi, observe-t-on aujourd'hui, sur les antennes de la Télévision nationale du Burkina et sur des panneaux publicitaires dans les artères de la capitale du pays, des spots publicitaires avec des mentions telles que : *« Être Burkinabè, ça se mérite »* ou « *Être Burkinabè, c'est être intègre* ». On peut y lire aussi *: « Aucune nation ne se construit dans l'incivisme, la corruption et les abus de biens publics » »* [893] ou encore « *Intégrité = probité, honneur, incorruptibilité, vertu, rigueur, discipline, travail, patriotisme, fidélité, tolérance...* ». À un titre particulier, l'interprétation du slogan « *Être Burkinabè, ça se mérite* » a suscité une vive polémique avec des passions de tous bords dans la presse

---

888 Cf. « *Di-Taa-Niyè* », couplet I. Voir, SANKARA, T. (Capitaine), « *Ordonnance* n° 84-43 *bis* CNR.PRES du 2 août 1984 portant changement d'appellation et symboles de la Nation » in *Journal officiel du Burkina Faso*, 33 (1984) 804.

889 *Idem.*

890 Cf. « *Di-Taa-Niyè* », couplet III.

891 Cf. « *Di- Taa-Niyè* », couplet IV.

892 BURKINA FASO, *Constitution du Burkina Faso*, article 34 ; cf. Loi N° 002/97/ADP du 27 janvier 1997.

893 BAMBARA, A., « « Être Burkinabè, ça se mérite » : Un slogan illégal et dangereux » in *L'Observateur Paalga*, vendredi 23 janvier 2009,

écrite, au point d'obliger, au sein du Conseil Supérieur de la Communication[894], à un réexamen du spot publicitaire par la commission éthique et déontologie et le conseil chargé de la publicité. L'essentiel des débats s'est orienté vers le caractère inconditionnel de l'identité burkinabè.

Pour de nombreux détracteurs[895] qui ont fustigé ces spots publicitaires, il se poserait dans le slogan « être Burkinabè, ça se mérite » un problème grave de l'accès inconditionnel à l'identité burkinabè. Procédant alors à des analyses les plus variées, aussi bien lexicale, grammaticale que logique, les personnes hostiles à ce slogan estiment que son interprétation peut conduire à remettre en cause la nationalité des burkinabè. Car affirmer qu'« être burkinabè, ça se mérite », cela signifierait que la nationalité burkinabè n'est attribuée ou acquise que par des actes de conduite méritoires. De ce point de vue, écrit Alec Bambara, « *une personne incivique ne mérite pas d'être burkinabè* » et « *un burkinabè corrompu mériterait de se voir retirer sa nationalité burkinabè, car il aurait posé un acte indigne d'un burkinabè* »[896]. Examinant cette perspective, d'aucuns s'en défendent : « *faire la promotion de valeurs morales en pointant du doigt l'incivisme, la corruption ou les abus est bien louable, mais pour cela, on n'a nullement besoin d'établir un rapport avec la nationalité* »[897], car « *la loi n'établit aucun rapport entre, d'une part, la nationalité burkinabè et, d'autre part, l'incivisme, la corruption ou quelque mérite* » [898]. De plus, selon un détracteur, « *la Déclaration universelle des droits de l'homme affirme, dans son article 15, que "tout individu a droit à une nationalité". Si la nationalité burkinabè se mérite, ce n'est donc plus un droit inconditionnel. Cette expression pose par conséquent, un grave problème juridique vis-à-vis du droit international* ». Dans cette mesure, de l'opinion d'Alec que partagent de nombreux internautes, « *considérant que l'expression "Être burkinabè, ça se mérite" est illégale, dangereuse, confuse et porteuse de germes de xénophobie* », il a été demandé à toute autorité, tant que cela est de son pouvoir, de faire cesser les insertions et parutions publicitaires sous toutes ses formes[899] de ce slogan.

---

[894] Le Conseil Supérieur de la Communication (CSC) au Burkina Faso est une structure de communication.

[895]Cf. [en ligne] : *http://www.lefaso.net/spip.php?article30319&rubrique2* (page publiée le 23 janvier 2009 et consultée le 12 avril 2011).

[896] BAMBARA, A., « « Être Burkinabè, ça se mérite » : Un slogan illégal et dangereux » in *L'Observateur Paalga*, vendredi 23 janvier 2009.

[897] *Idem.*

[897] *Idem.*

[898] *Idem.*

[899] *Idem.*

Quant aux partisans du spot publicitaire[900], les slogans « être burkinabè, ça se mérite » ou « être burkinabè, c'est être intègre » ne sont pas un code d'attribution de la nationalité burkinabè, car ce n'est pas à un slogan d'attribuer une nationalité[901] ; et ils ne sont pas non plus discriminatoires, mais s'intéressent plutôt aux valeurs morales que chaque burkinabè, digne de ce nom, devrait déployer[902]. Ils sont donc essentiellement des appels à se conformer aux exigences du *burkĩndlem*. Au regard des mutations socioculturelles actuelles du pays, qui se traduisent par une tangible rupture historique avec les valeurs traditionnelles propres, les partisans de ces slogans reconnaissent avec leurs concepteurs, en l'occurrence les gouvernants, qu'il est d'une impérieuse nécessité de revaloriser le *burkĩndlem* national afin de vivre en cohérence avec l'idéal humain et social que le pays tout entier s'est fixé : devenir des Burkĩmba vivant du *burkĩndlem* au Burkina Faso. Ainsi, d'après les gouvernants et les adhérents aux slogans « être burkinabè, ça se mérite » et « être burkinabè, c'est être intègre », la crise de l'épanouissement humain et social que traverse le « pays des hommes intègres » est avant tout une crise identitaire. On sait que ce sont les hommes qui font les sociétés humaines et par conséquent, si la société burkinabè est corrompue et incivique, cela induit la corruption de ses hommes. Dans ces considérations, le Burkina Faso et les burkinabè ne mériteraient plus leur nom, car le *burkĩndlem*, dans ses références anatomiques symboliques de la vie sociale et individuelle, et dans ses voies et moyens de promotion, comporte des exigences éminentes de qualités humaines, sociales et morales. Pour être dignes de leur nom, les burkinabè et toutes leurs structures nationales se devront d'être *burkĩmba*, c'est-à-dire exemplaires dans le travail et l'intégrité, dans l'exercice du droit et de la justice, dans toutes les valeurs humaines qui sont sources de liberté et de dignité. Pour ce faire, le spot publicitaire apparaît aux yeux de ses adhérents, comme une contribution : à éduquer en rappelant sans cesse certains principes fondamentaux de vie commune ; à corriger en chaque burkinabè les comportements incompatibles à l'instauration d'une vie sociale harmonieuse. En cela, insiste Koalaga, « *être BURKINABE sous-entend que cela se défend, donc se MERITE !* »[903].

La polémique qu'a suscitée le spot publicitaire a été d'une si grande ampleur que l'autorité nationale en charge de la régulation éthique de la

---

[900]Cf. [en ligne] : *http://www.lefaso.net/spip.php?article30319&rubrique2* (page publiée le 23 janvier 2009 et consultée le 12 avril 2011).

[901] 24 janvier 2009 9 h 55, par Sek Tallé. « Être Burkinabè, ça se mérite » : Un slogan illégal et dangereux » in *L'Observateur Paalga*, vendredi 23 janvier 2009.

[902] « Être Burkinabè, ça se mérite » : Un slogan illégal et dangereux : 25 janvier 2009 15 h 36, par Hébié (Genève).

[903] « Être Burkinabè, ça se mérite » : Un slogan illégal et dangereux », 26 janvier 2009 15 h 26, par KOALAGA.

communication ne pouvait rester indifférente. Selon Victor Sanou, alors président de la commission éthique et déontologie et conseiller chargé de la publicité au Conseil supérieur de la communication, le Conseil Supérieur de la Communication (CSC) convient que « *cette publicité, telle qu'elle se présente, pose problème* ». Si, en effet, il y a des interprétations différentes, voire opposées, des slogans, à l'analyse, une distinction fondamentale qui serait à l'origine de la polémique devra être faite. D'un point de vue logique, comme toutes les valeurs universelles qui ne peuvent être définies que par des couples dialectiques qui autorisent la diversité d'interprétations[904], une double dimension dialectique caractérise le *burkĩndlem* : une dimension innée (inhérente, inconditionnelle) et une dimension acquise (volontairement ou non). En considérant cette distinction, il est aisé de bien percevoir que poser le principe du caractère inconditionnel de l'identité burkinabè, c'est octroyer la prééminence au caractère inné du *burkĩndlem* sur son caractère acquis ; et concevoir le mérite et l'intégrité, c'est-à-dire la nécessité d'un comportement digne et noble, comme une exigence conséquente et cohérente de la vraie identité burkinabè, c'est accorder la préséance à la dimension acquise du *burkĩndlem*. En effet, déjà dans la tradition *moaaga*, le *burkĩndlem* est considéré comme une qualité inhérente à tout être humain. N'est-il pas vrai que « *Burkĩn ka kʋʋd wa noaag ye* » (On ne tue pas l'homme digne comme un poulet) ? Autrement dit : la vie humaine est sacrée. Pour cette raison essentiellement, « *ned wẽnd wiuug me b kõn ning-a korgẽ ye* » (quelqu'un a beau ressembler à la gueule-tapée, on ne le mettra pas dans un sac). C'est dire que la dignité de chaque personne humaine impose qu'on lui réserve un traitement digne de sa nature quelle que soit sa défiguration. Car, « *ninsaal sẽn zĩndẽ são wobg sẽn gãandẽ* » (là où un homme s'est contenté de s'asseoir, on y trouve toujours mieux que là où l'éléphant a passé la nuit), dans la mesure où le peu que fait l'homme dépasse toujours ce que les autres êtres vivants font en grand. Pensé dans sa dimension innée, le *burkĩndlem* ne relève donc pas d'un mérite personnel, mais apparaît comme une condition inhérente à l'homme, voire une qualité inconditionnelle à tout homme. Dans cette perspective, il s'avère qu'être burkinabè ne relève pas de l'ordre du mérite.

Toutefois, outre son caractère inné, le *burkĩndlem* des burkinabè, fondé sur le *burkĩndlem moaaga*, devra logiquement, et dans la dynamique de celui-ci, comporter un caractère acquis ; car chez les Moose, le *burkĩndlem*

---

[904] Il est admis aujourd'hui que « *les valeurs universelles (lieux communs) ne peuvent être définies par des mots simples, mais plutôt par des couples dialectiques qui autorisent la diversité des interprétations l'intérieur de l'opposition.* (...) *chaque concept universel se compose d'une dialectique ou d'un enchaînement dialectique qui délimite un « espace de recueil » : recueil de l'universalité par l'accueil de la diversité, et recueil de la diversité par l'accueil de l'universalité* » : AA. VV., *Grenier à mots MOORE, Gom-biis baoore*, p. 3.

peut, non seulement se perdre par suite du mauvais comportement, mais surtout sa quête peut devenir quasi impossible par suite d'actes intrinsèquement graves[905]. On sait qu'au sujet du *burkĩndlem* des burkinabè, la sagesse *moaaga* stipule que, « *burkĩndlem sẽn dog ne, ka le bɛ nams n bao ye* » (lorsque l'on naît nanti de la dignité, il n'est plus besoin de la rechercher). Mais il n'en demeure pas moins réel que le burkinabè fidèle à son identité est bien celui qui se donne la peine de conserver sa dignité reçue en héritage. Il devra la faire prospérer par le mérite personnel, tant il est vrai que « *burkĩndlem ka bũmb sẽn daad ye, a yaa bũmb sẽn koode* » (la dignité ne s'achète pas, elle se cultive). Cette exigence capitale de cultiver le *burkĩndlem* chez les burkinabè s'inscrit dans la conception traditionnelle *moaaga* selon laquelle « *Burkĩndlem yaa wĩiri. A sã n kãsge, ka le tõe n tong ye* » (la dignité est une corde, quand elle se casse on ne peut plus la ressouder). Il importe donc, sous peine de vivre dans une totale aliénation identitaire, et donc d'appauvrir sa dignité inaliénable, que celui qui se veut burkinabè comprenne que « *ka lal wẽbg tı pid nug la raood ye* » (ce ne sont pas les gros testicules qui font l'homme) et que la dignité d'être homme, l'intégrité humaine, se mérite par le comportement. Tout homme n'est donc pas, de ce fait, nécessairement *Burkĩna.* L'on sait que dans la culture *moaaga*, l'humanité est une valeur d'acquisition, au prix de l'observance stricte du *burkĩndlem*, c'est-à-dire des lois et valeurs sociales qui fondent et garantissent l'existence de la société *moaaga.* Dans cette perspective du fondement socio-anthropologique du *burkĩndlem*, sans cette observance des lois et valeurs sociales du Burkina Faso, c'est-à-dire la soumission de l'individu à ces valeurs, toute revendication de l'identité burkinabè serait comparable à une simple usurpation d'identité. « Être burkinabè » est ainsi, dans le champ sémantique du *burkĩndlem*, le condensé des qualités humaines, sociales et morales positives attendues et voulues par la nation burkinabè : honnêteté, courage, sens du bien commun, patriotisme, ardeur au travail… et respect des valeurs nationales qui fondent et légitiment la société des burkinabè. Ces qualités qui, comme dans la société *moaaga*, ne devraient pas être négociables, sont les attributs réels des burkinabè authentiques ; de ceux qui, de par leur comportement, répondent indubitablement de ce nom. Ce faisant, ils témoignent qu'en vérité « *wiuug wẽnda a boko* » (le gros lézard ressemble à son trou), car ce qu'ils sont transparaît dans ce qu'ils font. Ce sont eux qui accomplissent d'une manière optimale, non seulement leur nom et celui de leur pays, mais aussi l'obligation personnelle de réussir son passage sur la terre. Il ne suffira donc pas de naître burkinabè pour être « *burkĩn koenga* » (un intègre pur et dur), et on sait que « *burkĩn yal yal pa*

---

[905] Au Moogo, il y a des actes si infâmes que lorsque vous l'avez commis vous êtes couverts de honte tout le reste de votre vie sans espoir de recouvrer votre dignité initiale. L'inceste (père/fille) par exemple fait partie de ces actes ignobles.

burkĩn ye » (un intègre par accommodement n'est pas un intègre) ; ni de chanter à tout vent son intégrité, car « *burkĩn ka moond a Burkĩndlem ye, yaa neb a taabã n gomde* » (L'intègre ne crie pas son intégrité, ce sont les autres hommes qui en parlent) ; mais il faudra plutôt, pour devenir pleinement burkinabè, le mériter, c'est-à-dire s'en rendre digne par la conduite. Dans cette optique, on notera indubitablement que, comme dans la réalisation du burkĩndlem *moaaga*, « être burkinabè » restera fondamentalement un objectif à réaliser chez chaque burkinabè en fonction de son statut, de son sexe et de son rôle social.

Conclusion

Dans ce chapitre, l'herméneutique du burkĩndlem, comme projet d'affranchissement, de libération et d'ennoblissement de l'homme en contexte socioculturel *moaaga*, a révélé que l'archétype humain chez les Moose, c'est-à-dire la personnalité *moaaga* de référence, constitue un fait culturel extrêmement complexe, issu d'un très long processus historique qui a débouché sur la création d'une authentique civilisation. Cette civilisation est née du brassage séculaire de populations conquérantes, venues des régions du Lac Tchad, et des populations autochtones sur l'espace dénommé aujourd'hui le « plateau *moaaga* ». Au stade actuel de nos investigations, il apparaît que c'est au cours de sa longue migration vers le XIIIe siècle que les ancêtres des Moose, les proto-Moose, ont emprunté le concept « Burkina » aux langues Songhay et Zarma du Niger, et ont ensuite forgé le concept de « burkĩndlem », un dérivé du concept Burkina, désormais commun à plusieurs peuples d'Afrique Occidentale : aux Songhaï, aux Zarma, aux Peuhls et aux Moose.

Le concept de « burkĩndlem », dont l'exercice conduit à l'édification du « Burkĩna », c'est à dire l'homme construit selon les normes du projet humain en contexte socioculturel *moaaga*, comporte de multiples exigences. La conception *moaaga* du burkĩndlem comprend d'abord l'observance des valeurs impliquées dans la gestion des cinq organes considérés comme des références anatomiques symboliques et hauts lieux de l'éthique sociale et individuelle : la bouche, le cœur, le ventre, le sexe et le pied. L'examen critique des valeurs sous-jacentes à la maîtrise vertueuse de ces références anatomiques a montré qu'à y scruter en profondeur, il s'agit de savoir se nourrir, de faire croître la vie contre la mort. Pour ce faire, le burkĩndlem préconise ensuite : d'une part, d'éviter les traditionnels obstacles majeurs à la dignité humaine, qui sont la faim et la honte ; et d'autre part, de promouvoir des valeurs essentiellement humaines comme l'éducation, le respect et la politesse, l'observance du droit, la culture de l'effort et de la volonté, l'application au travail. En somme, il s'agira de s'employer à transmettre, à chaque homme aspirant au burkĩndlem, les valeurs cardinales indispensables à la promotion de la dignité humaine et à l'édification d'une société véritablement digne des Burkĩmba.

C'est en considérant et partageant ces valeurs humaines et sociales du contexte socioculturel *moaaga* que les leaders de la révolution burkinabè, conduite par le capitaine Thomas Sankara, ont décidé de changer le nom du pays qui passe désormais de la Haute-Volta à Burkina Faso. Ce faisant, le burkĩndlem se pose dorénavant comme un projet d'identification et de promotion nationale. L'analyse de l'œuvre sankariste témoigne, de fait, que l'aspiration à une liberté, à une dignité et à une intégrité retrouvées, somme toute à un burkĩndlem recouvré et revalorisé, a été le vecteur principal de la politique révolutionnaire du régime de Thomas Sankara qui se réclamait d'une morale nouvelle, d'une politique d'affranchissement du peuple burkinabè par une révolution des mentalités et l'incarnation de la dignité et de la volonté de vivre fier de son identité africaine en général et burkinabè en particulier. Aujourd'hui, s'il est notoirement reconnu par les observateurs que la société burkinabè traverse une grave crise par rapport à ses propres valeurs, en ce que plus que jamais l'incivisme, la corruption, la dégénérescence morale..., affectent ses divers domaines : géographique, socio-éducatif, administratif, législatif, politique, économique, c'est qu'il s'avère fondamental de revaloriser le burkĩndlem en faisant principalement du concept un lieu de quête identitaire pour l'ensemble des burkinabè. L'enjeu sera de faire le « plein de son être » pour être à la fois émetteur et récepteur de valeurs, afin de vivre en cohérence avec le projet identitaire et social fondant l'humain et la société burkinabè. C'est cela, en contexte burkinabè, le sens réel du développement humain durable, en tant que concept signifiant un projet d'accroissement de libertés. Dans cette perspective de déterminante promotion humaine et sociale, on n'exclura pas que, selon la tradition *moaaga*, la liberté, entendue comme capacité à prendre des initiatives positives sur fond de burkĩndlem, est admise et souhaitée, même si l'on se méfie d'en faire l'objet d'une culture systématique. C'est ce qui ressort de la précaution quasi sacrée avec laquelle les Moose accueillent et traitent le Gãndaogo[906]. De ce point de vue, il faudrait, pour une promotion efficiente de l'humain et de la société dans le contexte problématique actuel du Burkina Faso, de véritables Gãndaado, qui,

[906] Gãndaogo : substantif et adjectif singuliers (pluriel : Gãndaado), signifie le rebelle, le courageux, le brave...etc. Le Gãndaogo, pour avoir subi avec succès « l'éducation de base » (il a été initié), possédant donc l'essentiel des caractères et attributs dévolus au burkĩndlem et connaissant les valeurs de la société, choisit de ne pas prendre la « forme du vase qui le contient » (intégration sociale) et d'être « non-conformiste » : il est, plus souvent que les autres, enclin à la désobéissance systématique, refusant a priori les solutions au profit d'autres plus inédites et accepte les risques et l'aventure.

patriotes plus que la moyenne, nourrissent une haute idée pour leur société qu'ils décident, tel le « fou » (wolof) de Nietzsche ou le Prométhée de la mythologie grecque, au risque de choquer ou de faire peur, de participer au meilleur devenir de l'homme et d'en être fier. C'est en effet par des Gãndaado, du fait de leurs actions audacieuses et de leur courage qui frise la témérité, que les exigences traditionnelles du burkĩndlem seront progressivement intégrées aux actuels nouveaux défis sociaux et pourront marquer ainsi l'évolution sociale.

En dernière analyse, l'on sait que toute la philosophie et l'anthropologie *moose* de la vie et du monde s'inscrivent dans une logique unique : l'anthropocentrisme universel relationnel[907]. C'est cette logique qui commande les exigences et les moyens de promotion du burkĩndlem, concept particulièrement instructif sur les valeurs essentielles du développement humain durable comme l'humanisme, la morale, la liberté et la gestion sociale, environnementale et métaphysique de l'univers. Ces valeurs ne sont appréciées chez les Moose, comme dans de nombreuses sociétés africaines, que par rapport au bien qu'elles procurent à l'ensemble de la collectivité à laquelle tout est soumis, à commencer par la vie de l'individu. Cette réalité fondamentale explique en partie la complexité supplémentaire qu'on pourrait éprouver chaque fois qu'il sera question d'apprécier le niveau d'exécution des exigences fondamentales et des défis majeurs impliqués dans la promotion du burkĩndlem, sur le continent africain en général, et en Afrique de l'Ouest en particulier. D'où la nécessaire urgence de s'ouvrir à une approche interculturelle, voire religieuse, dans l'analyse et surtout l'évaluation de l'effectivité des valeurs humaines dans chacune des cultures qui peuplent le monde, en l'occurrence les valeurs humaines et religieuses qui fondent et promeuvent le monde chrétien.

---

[907] L'« anthropocentrisme universel et relationnel » caractérisant la pensée traditionnelle africaine en général, envoie à plusieurs idées liées les unes aux autres en termes de conséquence :

- L'homme est au centre de l'univers à qui d'ailleurs il donne sens et signification. Le monde, ainsi est représenté, vu et géré par l'homme en fonction de lui… et à son service.
- L'individu n'existe pas. Ce qui existe c'est la «relation». L'homme n'existe que par rapport à ses relations avec les autres. Sans la relation qui s'établit entre lui et les autres [société, famille, clan, le monde naturel et le monde surnaturel…) il est un néant absolu. Et souvent le nom, le prénom et le « nom-devise » qu'on attribue à un enfant à sa naissance et plus souvent tard à chacune des étapes fondamentales de sa vie, sont des condensés de ces relations qui sont ou réelles ou virtuelles, c'est-à-dire souhaitées par les parents. L'individu se définit et est reconnu par… son nom.

Chapitre IV

Perspectives chretiennes du développement humain durable

L'histoire de la formation du concept de « développement humain durable » montre que sa notion, telle qu'elle s'appréhende aujourd'hui dans ses éléments constitutifs, s'est opérée à travers des prises de conscience collectives face aux exigences et aux défis contextuels d'une vie humaine et sociale épanouissantes. La culture chrétienne, construite par une société d'hommes concrets, est marquée également par les idées dominantes des différentes sociétés humaines à chaque époque et dans chaque milieu. C'est ainsi que les défis de promotion humaine des sociétés contemporaines deviendront aussi ceux de l'Église. Autrement, le « développement des peuples », observait René Laurentin, « *nul n'en parlait dans l'Église avant la dernière guerre mondiale. (...) Ce problème ne préoccupait que quelques spécialistes parmi les chrétiens. C'est aujourd'hui un des thèmes les plus fréquents, sinon les plus fondamentaux de l'enseignement et de l'action chrétienne, à tous les échelons, de la base au sommet* » [908]. C'est que les situations nouvelles, les conjonctures différentes ont amené l'Église à prendre mieux conscience, progressivement, de nouvelles implications de la Bonne Nouvelle qui la rendront davantage attentive aux exigences inhérentes à sa mission dans le monde d'aujourd'hui. Dès lors, l'action pour le développement humain durable ne sera plus considérée comme un à-côté arbitraire, laissé à la discrétion de chacun ; elle apparaîtra davantage comme une conséquence directe, une dimension essentielle et donc une exigence intimement liée au cœur même de la foi chrétienne.

Fidèle en effet au mystère de Dieu incarné, le Christianisme oriente les hommes vers la valorisation du monde matériel et d'une histoire où Dieu intervient, s'engage et appelle les hommes au cœur de leur liberté, à coopérer avec Lui au développement du monde en général, et singulièrement de leur humanité. L'enjeu sera de glorifier Dieu par la promotion de la vie ; car la « *gloire de Dieu, c'est homme vivant* », et le Christ est venu « *pour que les hommes aient la vie et qu'ils l'aient en abondance* » (Jn 10, 10) ; en d'autres termes, qu'ils accroissent les capacités et potentialités vitales. Le

[908] LAURENTIN, R., *op. cit.*, p. 13.

contexte de la paupérisation humaine et les situations concrètes où se trouvent de nombreux peuples africains amènent à mieux percevoir que l'Évangile concerne tout l'homme et que l'évangélisation implique également l'humanisation. L'Église se sent donc appelée à collaborer intensément à tous les efforts entrepris en vue d'un progrès humain véritable, en révélant le sens plénier de ces progrès collectifs. Par son enseignement social en particulier, elle appelle tous les chrétiens, ainsi que tous les croyants et les hommes de bonne volonté, à œuvrer inlassablement pour la transformation qualitative de la vie des hommes qui, selon la Révélation biblique, sont créés à l'image de Dieu et selon la ressemblance de Dieu. Mais, dans cette entreprise, la visée ne se limite aux seuls aspects socio-économiques et politiques ; l'Église maintient cette « ouverture » vers un au-delà auquel les valeurs et les traditions humaines n'aboutiront jamais par leur seul dynamisme propre. En d'autres termes, l'accomplissement de l'humain sera toujours et partout un dépassement de la dimension terrestre. Dans cette dynamique, nous nous proposons de nous imprégner des éléments fondamentaux de la perspective de l'Église à travers une analyse des textes principaux de l'enseignement social de l'Église sur la question du développement. Nous nous intéresserons ensuite aux sources fondamentales de cet enseignement ; et finalement, nous en découvrirons l'application dans le contexte spécifiquement africain.

I. L'enseignement du Magistère ecclésial en matière de « développement humain intégral »

De prime abord, on peut observer que c'est en vain qu'on chercherait une pensée systématique de l'Église universelle sur le « développement humain durable ». Le concept lui-même n'a pas encore fait l'objet d'un emploi dans un document du Magistère officiel de l'Église. Sans doute parce qu'il est relativement récent (juin 1994) et surtout parce qu'il n'existe pas encore, chez les spécialistes, un accord quant à sa définition et aux composantes qui relèvent de son champ et le constituent. La conséquence en est qu'il demeure jusqu'à ce jour, malgré les efforts de définition et l'attrait qu'il exerce sur l'ensemble du monde contemporain, un concept obscur et lourd d'ambiguïté. Face à ce tâtonnement dans la construction conceptuelle, le Magistère officiel de l'Église opte résolument pour l'appellation « développement humain intégral », concept qui acquiert désormais un caractère traditionnel dans son enseignement social officiel. Mais si toutefois la tradition de l'Église universelle semble se montrer quelque peu méfiante du terme « développement humain durable », on ne peut nier que son enseignement magistériel en matière de développement humain intégral couvre et même dépasse la notion de développement humain durable pour prendre en compte la vocation intégrale de l'humain telle que l'établit la Révelation chrétienne.

I. A. La « vocation intégrale de l'homme » selon *Gaudium et spes*

Dans l'histoire de l'Église contemporaine, le deuxième Concile du Vatican reste l'évènement fondamental qui s'est intéressé aux problèmes du monde de ce temps, et par suite fonde l'enseignement de l'Église sur les questions nouvelles. En ce sens, la problématique du développement humain, qui a constitué une préoccupation nouvelle à partir des années 1945, fera l'objet du document conciliaire *Gaudium et spes*, la *Constitution pastorale sur l'Église dans le monde de ce temps*[909]. Ce document majeur de la pastorale actuelle de l'Église dans le monde traite en effet de la vie de l'homme et de ce qu'il éprouve dans son existence. Déjà dans la bulle d'indiction du Concile (le 25 décembre 1961), le pape Jean XXIII déclarait :

« *L'Église assiste à une grave crise de la société humaine qui va vers d'importants changements. Tandis que l'humanité est au tournant d'une ère nouvelle, de vastes tâches attendent l'Église, comme ce fut le cas à chaque époque difficile. Ce qui lui est demandé maintenant, c'est d'infuser les énergies éternelles, vivifiantes et divines de l'Évangile dans les veines du monde moderne ; ce monde qui est fier de ses dernières conquêtes techniques et scientifiques, mais subit les conséquences d'un ordre temporel que certains ont voulu réorganiser en faisant abstraction de Dieu* »[910].

Et dans son *Message au monde* du 11 septembre 1962, il affirmait de nouveau : « *Le Concile œcuménique pourra proposer, en un langage clair, les solutions que réclament la dignité de l'homme et sa vocation chrétienne* »[911]. Ainsi, les circonstances de l'élaboration de *Gaudium et spes* se rattachent à l'histoire du monde en ce moment-là et le document résulte,

---

[909] Le 7 décembre 1965, par 2309 avis favorables contre 75 et 7 nuls, le Concile votait cet important document d'orientation de la pastorale de l'Église. Il s'agissait de préciser les rapports de l'Église au monde, d'un monde essentiellement mouvant bien plus encore à époque actuelle qu'à aucune autre. C'était un thème nouveau, jamais abordé dans un Concile, et assez peu étudié par les théologiens. C'est une sorte de méditation sur la condition de l'Église dans le monde présent. *Gaudium et spes* comprend deux grandes parties très différentes : l'Église et la vocation humaine, le chrétien face aux problèmes de ce temps. Il est évident que cette perspective anthropologique du Concile n'était pas étrangère aux enseignements précédents. On peut rappeler, à titre d'exemple, le soutien accordé par Pie XI au principe fondamental de la dignité humaine dans *Mit brennender Sorge* (1937) ou sa brève affirmation des droits fondamentaux dans *Divini Redemptoris* (1937) qui seront plus longuement développés par Pie XII dans son Discours de Noël de 1942, ainsi que le très important enseignement de Jean XXIII à ce propos dans *Pacem in terris* (1963).

[910] JEAN XXIII-PAUL VI, *Discours au Concile*, 3e édition, Centurion, Paris, 1966, p. 28.

[911] *Ibidem*, p. 44-45.

par conséquent, de l'observation de la situation d'une humanité marquée par les conséquences de la Seconde guerre mondiale. Le point de départ de la problématique de cette Constitution pastorale sera donc le constat des réalités concrètes du moment : l'inégalité et la justice sociale, les problèmes de relations, les effets de la guerre et le besoin de paix, la famine et la maladie… somme toute les angoisses et les espoirs des humains. Mais cette constatation n'est pas seulement faite à la lumière de la raison, mais, plus fondamentale encore, à la lumière de la foi. Afin d'aider l'humanité à faire face à ses difficultés concrètes, les Pères conciliaires ont examiné quelles appréciations et quelles orientations l'Église est en mesure de formuler. La démarche est parfaitement synthétisée par le concile lui-même : « *sous la lumière du Christ, image du Dieu invisible, premier-né de toute créature, le Concile se propose de s'adresser à tous, pour éclairer le mystère de l'homme et pour aider le genre humain à découvrir la solution des problèmes majeurs de notre temps* » (n° 10, § 2). Dès son préambule de fait, *Gaudium et Spes* énonce que ce qui constituera son objet axiologique, c'est « *l'homme considéré dans son unité et sa totalité, l'homme, corps et âme, cœur et conscience, pensée et volonté* » (n° 3, § 1) ; car c'est bien l'homme qu'il s'agit de sauver, la société humaine qu'il faut renouveler.

Toute promotion humaine, quelles qu'en soient la nature et la dimension, est toujours déterminée par une conception de l'homme. Pour être authentique, une promotion humaine présuppose d'abord une conception authentique de l'homme. Dans cette mesure, s'interrogeant sur la conception chrétienne de l'homme (cf. n° 11), *Gaudium et Spes* note d'abord que « *Croyants et incroyants sont généralement d'accord sur ce point :* ***tout sur la terre doit être ordonné à l'homme comme à son centre et à son sommet*** » (n° 12, § 1). Quant à la conception spécifiquement chrétienne de l'homme, les Pères conciliaires s'en rapportent à la révélation chrétienne et relèvent que le concept théologique fondamental pour parler de l'homme est celui d'« image de Dieu » (cf. n° 12, § 3 ; Gn 1, 26 ; Sg 2, 23). D'après la foi biblique en effet, l'homme, constitué à la fois de matière et d'esprit, de corps[912] et d'âme (cf. Gn 2, 7 ; Sg 1, 4 ; 8, 19-20) dans l'unité de la même personne, a été créé « à l'image de Dieu », parce qu'il a reçu la vie de lui, d'une façon radicalement différente des animaux ; parce qu'il est intelligent, actif, libre, responsable, aimant, capable de communiquer cette qualité exceptionnelle de vie ; parce qu'il est capable de connaître et d'aimer son

[912] Dans cette perspective, c'est à la fois une théologie et une spiritualité du corps qui sont esquissées par le Concile. Le corps qui est « *un résumé de l'univers des choses qui trouvent ainsi, en lui, leur sommet, et peuvent librement louer leur Créateur* » ; le corps, « *qui a été créé par Dieu et qui doit ressusciter au dernier jour* » (n° 14, § 1). Ainsi, une dépréciation du corps humain serait contraire à la foi chrétienne. En cela, pour le christianisme, s'il faut donner au corps son importance dans la vie de chaque homme, il faut cependant éviter de réduire l'être humain à la matière ou de faire de l'esprit un sous-produit de la matière.

Créateur ; et parce qu'il a été constitué seigneur de toutes les créatures terrestres pour les dominer et pour s'en servir, en glorifiant Dieu[913]. Tous ces privilèges lui ont été octroyés librement et par amour par son Créateur, dont il est aussi l'empreinte au creux de l'univers, car, argumente décisivement le Concile, à peine Dieu le fit-il *moindre* qu'un dieu, le couronnant de gloire et de splendeur, l'établissant sur l'œuvre de ses mains et lui soumettant tout. Ainsi, face à toutes les idéologies et à toutes les forces destructrices du monde contemporain, les Pères conciliaires exaltent l'homme et font découvrir son éminente dignité, aux yeux de la foi, afin qu'il se libère de tout ce qui l'opprime, c'est-à-dire de la misère écrasante, de l'exploitation, du désespoir, et surtout du péché, pour atteindre son potentiel, son développement plénier et qu'ainsi il réponde à sa vocation. À considérer globalement le document, on peut affirmer que l'expression *« vocation intégrale de l'homme »*[914] est le cœur même, l'expression clé, de la Constitution *Gaudium et spes* : « *La foi, en effet, éclaire toutes choses d'une lumière nouvelle et nous fait connaître la volonté divine sur la vocation intégrale de l'homme, orientant ainsi l'esprit vers des solutions pleinement humaines* » (n° 11, § 1). Dans cette perspective, l'expression « vocation intégrale de l'homme » signifie une pleine prise en compte de ce que la raison apprend sur la vocation de l'homme, mais que seule la foi permet de découvrir l'intégralité de cette vocation et, d'abord, son contenu fondamental. Il s'agit notamment ici d'un humanisme plénier à promouvoir conformément à la volonté du Créateur. Aussi *Gaudium et spes* se propose-t-il, à la lumière de la foi en Jésus Christ, d'effectuer un discernement critique des valeurs contemporaines les plus prisées et de les relier à leur source divine (n° 11, § 2).

Pour le Concile, les critères suprêmes de la vérité sur l'homme viennent de la Parole de Dieu. L'Église pour sa part, instruite par la Révélation divine, peut « *apporter une réponse où se trouve dessinée la condition véritable de l'homme, où sont mises au clair ses faiblesses, mais où peuvent en même temps être justement reconnues sa dignité et sa vocation* » (n° 12, § 2). Selon les Pères conciliaires, l'homme demeure un mystère qui ne s'éclaire vraiment que dans le Christ, mystère du Verbe Incarné ; et la preuve que tout homme possède en soi une dignité inaliénable et des capacités quasi infinies, c'est le Christ, Homme parfait, « *Image du Dieu invisible* » (Col. 1, 15), qui restaure chez l'être humain la ressemblance divine altérée par le péché (cf.

---

[913] Selon l'Église, « *la reconnaissance de Dieu ne s'oppose en aucune façon à la dignité de l'homme, puisque cette dignité trouve en Dieu lui-même ce qui la fonde et ce qui l'achève. Car l'homme a été établi en société, intelligent et libre, par Dieu son Créateur* » (n° 21, § 3).
[914] L'expression « vocation intégrale de l'homme » rappelle de toute évidence l'« humanisme intégral » de Jacques Maritain : cf. MARITAIN, J. et RAISSA, *Œuvres complètes*, vol. VI., Éditions universitaires / Ed. Saint-Paul, Fribourg / Paris, 1984, p. 290 ss.

n° 22, § 2) ; et qui « *manifeste pleinement l'homme à lui-même et lui découvre la sublimité de sa vocation* » (n° 22, § 1). Toute la première partie du document, utilisant fréquemment des catégories bibliques et théologiques, est une théologie de la création de l'homme et de la nouvelle humanité en Jésus Christ[915], ainsi que de l'histoire présente du monde à la lumière de son mystère. Parce que dans le Christ la nature humaine a été assumée, et non pas absorbée, par le fait même, cette nature a été aussi élevée en chaque homme à une dignité sans égale (cf. n° 22, § 2). Selon *Gaudium et spes*, rationnellement, ce qui fait la grandeur de l'homme, selon le dessein du Créateur, c'est son intelligence, sa conscience morale, sa liberté. Ces valeurs humaines, la foi chrétienne les a toujours reconnues, proclamées et défendues[916]. De ce point de vue, selon le Concile, il importe de rechercher la « sagesse », c'est-à-dire le comportement suivant la conscience et la quête des « valeurs », dans la conviction que l'avenir du monde serait en péril s'il ne donnait des sages (n° 15, § 3). Toutefois, c'est dans le Christ, Sagesse infinie de Dieu, que l'homme est authentiquement un sujet éthique et trouve la pleine liberté en s'affranchissant de tout ce qui l'appauvrit, le défigure ou l'amoindrit, et l'empêche d'atteindre sa plénitude. C'est le Christ qui le libère véritablement de toutes ces formes d'esclavages, le restaure dans sa force et sa liberté humaines. Et le Concile d'insister sur la grandeur de la liberté, notion si chère au genre humain et particulièrement prisée dans le monde de ce temps :

> « *Cette liberté, nos contemporains l'estiment grandement et ils la poursuivent avec ardeur. Et ils ont raison. Souvent cependant ils la chérissent d'une manière qui n'est pas droite, comme la licence de faire n'importe quoi, pourvu que cela plaise, même le mal. Mais la vraie liberté est en l'homme un signe privilégié de l'image divine. Car Dieu a voulu le laisser à son propre conseil (cf. Si 15, 14) pour qu'il puisse de lui-même chercher son Créateur et, en adhérant librement à lui, s'achever ainsi dans une bienheureuse plénitude. La dignité de l'homme exige donc de lui qu'il agisse selon un choix conscient et libre, mû et déterminé par une conviction personnelle et non sous le seul effet de poussées instinctives ou d'une contrainte extérieure. L'homme parvient à cette dignité lorsque, se délivrant de toute servitude des passions, par le choix libre du bien, il marche vers sa destinée et prend soin de s'en procurer réellement les moyens par son ingéniosité. Ce n'est toutefois que par le secours de la grâce divine que la liberté humaine, blessée par le péché, peut s'ordonner à Dieu d'une manière effective et intégrale* » (*Gaudium et spes*, n° 17).

---

[915] Le Christ est ainsi au centre de la conception chrétienne de l'homme. De ce fait, la christologie devient la clé de l'anthropologie chrétienne. Par suite, elle est la clé de toute la réflexion sur l'Église et les défis du monde.

[916] Les Pères conciliaires soutiennent que « *L'Église sait parfaitement que son message est en accord avec le fond secret du cœur humain quand elle défend la dignité de la vocation de l'homme, et rend ainsi l'espoir à ceux qui n'osent plus croire à la grandeur de leur destin* » (n° 21, § 7).

D'après les sources scripturaires, de fait, le péché des origines fut un abus de la liberté (cf. n° 13, § 1), qui a marqué en profondeur la vie humaine, a provoqué sa « dislocation » par rapport au plan divin d'harmonie et de paix, et par suite est cause de mort. Telle est la thèse saisissante des chapitres 3 à 11 du livre de la Genèse, qui montrent une humanité dévoyée du fait de sa rupture avec son Créateur. Dès lors, l'humanisme authentique, selon la perspective chrétienne, se réalise dans l'obéissance à la Parole de Dieu, autrement dit, dans l'union au Christ, Logos divin, qui libère et fait vivre. Finalement l'humanisme chrétien, la vocation intégrale de l'homme, appelé à une bienheureuse plénitude *au-delà des misères du temps présent* (cf. n° 18), c'est la sainteté chrétienne considérée comme l'accomplissement, le plus bel accomplissement d'humanité. Étant, selon le Concile, l'expression d'une adhésion de l'homme à Dieu dans la communion à sa vie divine inaltérable, la sainteté dans le Christ permet d'éclairer l'énigme de la condition humaine dont la mort est le sommet[917], de la délivrer du tourment de la souffrance et de la déchéance progressive, de la libérer de la peur d'une destruction définitive (cf. n° 18, § 1). Ainsi, la profonde aspiration à une vie d'éternité bienheureuse ancrée au cœur de chaque homme trouve dans la foi chrétienne une réponse : la communion à la vie du Christ ressuscité procure la vie véritable (cf. n° 18, § 2), en tant que communion éternelle à une vie divine incorruptible[918]. Telle est l'ultime espérance de chaque être humain, que tous les progrès techniques, si utiles qu'ils soient, sont tout à fait impuissants à féconder et à réaliser par eux seuls[919], d'autant plus que « *le prolongement de la vie que la biologie procure ne peut satisfaire ce désir d'une vie ultérieure...* » (n° 18, § 1). D'après le Concile, cet humanisme particulier, qui est constitutif de la foi chrétienne, ne diminue pas l'homme, mais sert plutôt à son progrès en répandant lumière, vie et liberté, car, en dehors de Dieu, rien ne peut combler le cœur humain (cf. n° 21, § 7), ainsi que le discernait Saint Augustin : « *Tu nous as faits pour toi, Seigneur, et*

---

[917] C'est pourquoi le Concile déclare que « *c'est donc par le Christ et dans le Christ que s'éclaire l'énigme de la douleur et de la mort qui, hors de son Évangile, nous écrase* » (n° 22).

[918] Le Christ inaugure ainsi le nouveau et définitif type d'humanité. Dans la ligne pascale, il est l'homme parfait qui vit et proclame que l'amour est la plus haute qualité de vie en humanité.

[919] Les Pères conciliaires admettent que les progrès techniques peuvent bien fournir la base matérielle de la promotion humaine, mais qu'ils sont tout à fait impuissants, par eux seuls, à la réaliser (cf. n° 35, § 1). D'après l'enseignement traditionnel de l'Église, en effet, « *lorsque manquent le support divin et l'espérance de la vie éternelle, la dignité de l homme subit une très grave blessure, comme on le voit souvent aujourd'hui, et l'énigme de la vie et de la mort, de la faute et de la souffrance reste sans solution : ainsi, trop souvent, les hommes s'abîment dans le désespoir* » (n° 21, § 3).

notre cœur ne connaît aucun répit jusqu'à ce qu'il trouve son repos en toi »[920].

Situé dans la tradition de l'enseignement social de l'Église, ce nouvel humanisme « christo-centré » se propose d'apporter réponse aux interrogations, souvent angoissantes du genre humain, sur l'évolution du monde, sur la place et le rôle de l'homme dans l'univers, sur le sens de ses efforts individuels et collectifs, enfin sur la destinée ultime des choses et de l'humanité (n° 3, § 1). En analysant ces grandes questions de l'humanité, *Gaudium et Spes* reconnaît qu'il s'agit également des grandes questions de la communauté des chrétiens qui « *se reconnaît réellement et intimement solidaire du genre humain et de son histoire* » (n° 1) et s'en fait la servante. Dans cette mesure, il n'est rien de vraiment humain qui ne trouve écho dans le cœur des disciples du Christ. Tous les chrétiens sont, par conséquent, appelés à examiner attentivement les signes des temps, y découvrir les opportunités de la pleine humanisation et, dans leurs engagements sociaux, à œuvrer pour la vraie liberté qui, selon leur foi, est en l'homme un signe privilégié de l'image divine. C'est dire que, dans ce témoignage d'humanisme authentiquement chrétien, l'importance et les exigences des tâches terrestres ne sont ni supprimées ni diminuées (cf. n° 21, § 3), mais sont plutôt soutenues et accomplies dans et par la foi au Christ qui restera le fondement et le vecteur de la construction du progrès social, communiquant lumières et énergies pour assurer la réussite de la conquête du développement et du bonheur de l'homme[921]. Telle est l'orientation fondamentale que le Concile propose pour l'édification de la société contemporaine, centrée sur la personne humaine[922] reconnue comme « *le principe, le sujet et la fin de toutes les institutions* » (n° 25, § 1). Le primat et

---

[920] SAINT AUGUSTIN, *Confessions* I, 1: *PL* 32, 661.

[921] Dans cette perspective, les Pères conciliaires considèrent comme proprement infâme « *tout ce qui s'oppose à la vie elle-même, comme toute espèce d'homicide, le génocide, l'avortement, l'euthanasie et même le suicide délibéré ; tout ce qui constitue une violation de l'intégrité de la personne humaine, comme les mutilations, la torture physique ou morale, les contraintes psychologiques ; tout ce qui est offense à la dignité de l'homme, comme les conditions de vie sous-humaines, les emprisonnements arbitraires, les déportations, l'esclavage, la prostitution, le commerce des femmes et des jeunes ; ou encore les conditions de travail dégradantes qui réduisent les travailleurs au rang de purs instruments de rapport, sans égard pour leur personnalité libre et responsable* » (n° 27, § 3).

[922] En optant officiellement, en 1965, pour un développement social centré sur l'homme, le Concile se trouvait déjà dans une démarche prophétique d'une option qui deviendra mondiale une vingtaine d'années plus tard. On sait que la perspective d'un développement humano-centrique sera, en 1986, l'optique de l'article 2 de la Déclaration sur le droit au développement des Nations Unies, qui stipule que : « *L'être humain est le sujet central du développement et doit donc être le participant actif et le bénéficiaire du droit au développement* ». Et en 1990, la Commission du Sud soutiendra que « *Le vrai développement est centré sur les êtres humains* ».

la centralité de la personne humaine[923] apparaissent ainsi, dans *Gauduim et spes*, comme une optique centrale qui commande toutes les directives dans l'action sociale. Cette optique, requête essentielle de l'Église à l'économie contemporaine, est formulée en termes impératifs : « *Dans la vie économico-sociale ..., il faut honorer et promouvoir la dignité de la personne humaine, sa vocation intégrale et le bien de toute la société. C'est l'homme en effet qui est l'auteur, le centre et le but de toute la vie économico-sociale* » (n° 63, § 1). Si, de fait, la foi chrétienne authentique est un dynamisme qui porte à assumer le monde et à s'efforcer de le transformer à la lumière de l'Évangile, les chrétiens devront être en plein cœur des réalités concrètes des hommes et en avant-garde de l'édification d'une société pleinement humaine. Pour réaliser cet objectif, croyant que l'Esprit de Dieu, par une providence admirable, est présent dans l'évolution du monde, conduit le cours des temps et rénove la face de la terre ; convaincus que le ferment évangélique suscite dans le cœur humain une exigence incoercible de dignité (cf. n° 26, § 4) ; et persuadés, par conséquent, que « *les victoires du genre humain sont un signe de la grandeur divine et une conséquence de son dessein ineffable* » (n° 34, § 3), les chrétiens feront preuve de grandes capacités à travailler au renouvellement des mentalités et à entreprendre de vastes transformations sociales fondées sur la vérité et la justice, et vivifiées par l'amour[924] (cf. n° 26, § 3). C'est au prix de cet engagement qu'ils pourront défendre « *l'éminente dignité de la personne humaine, supérieure à toutes choses et dont les droits et les devoirs sont universels et inviolables* » ; « *rendre accessible à l'homme tout ce dont il a besoin pour mener une vie vraiment humaine* » (n° 26, § 2) ; et ils trouveront dans la liberté un équilibre toujours plus humain[925]. Il s'agira, en définitive, d'une culture[926] de l'humain, car « *c'est le propre de la personne humaine de n'accéder vraiment et pleinement à l'humanité que par la culture, c'est-à-dire en cultivant les biens et les valeurs de la nature. Toutes les fois qu'il est*

---

[923] À ce sujet, le Concile partage pleinement la pensée du Pape Paul VI selon laquelle l'homme vaut plus par ce qu'il est que par ce qu'il a (cf. PAUL VI, *Alloc. au Corps diplomatique*, 7 janvier 1965 : *AAS* 57 (1965), p. 232).

[924] La règle de l'activité humaine est ainsi stipulée : « *qu'elle soit conforme au bien authentique de l'humanité, selon le dessein et la volonté de Dieu, et qu'elle permette à l'homme, considéré comme individu ou comme membre de la société, de s'épanouir selon la plénitude de sa vocation* » (n° 35, § 2).

[925] cf. JEAN XXIII, Encycl. *Pacem in terris* : *AAS* 55 (1963) 266.

[926] Le concept employé ici au sens large « *désigne tout ce par quoi l'homme affine et développe les multiples capacités de son esprit et de son corps ; s'efforce de soumettre l'univers par la connaissance et le travail ; humanise la vie sociale, aussi bien la vie familiale que l'ensemble de la vie civile, grâce au progrès des mœurs et des institutions ; traduit, communique et conserve enfin dans ses œuvres, au cours des temps, les grandes expériences spirituelles et les aspirations majeures de l'homme, afin qu'elles servent au progrès d'un grand nombre et même de tout le genre humain* » (n° 53, § 2).

question de vie humaine, nature et culture sont aussi étroitement liées que possible » (n° 53, § 1). Ainsi s'exprime l'essentiel de l'enseignement de *Gaudium et spes* sur la perspective chrétienne du développement humain ; perspective chrétienne dont le critère directeur central est le service de l'homme et de sa vocation temporelle et éternelle ; critère directeur que reprendront et prolongeront les enseignements futurs du Magistère de l'Église, en tout premier lieu, le pape Paul VI dans *Populorum progressio*, son Encyclique consacrée au thème spécifique du développement intégral de l'homme.

I. B. Le développement intégral et solidaire de l'humanité selon *Populorum progressio*

En 1967, deux ans après Vatican II, Paul VI consacre une nouvelle encyclique sur le thème de la vocation intégrale de l'homme que *Gaudium et spes* avait traité avec ampleur. Il se mit en devoir d'expliciter, de prolonger et même de préciser les enseignements conciliaires en matière sociale. Il fait paraître alors l'encyclique sur « le progrès des peuples », *Populorum Progressio*, dont l'inspirateur aura été le dominicain français L. J. Lebret, un spécialiste en matière de développement. Le contexte historique de l'Encyclique, marqué par l'aspiration profonde à une paix durable et à un mieux-être humain au sortir de la Seconde Guerre mondiale qui fut l'une des plus meurtrières de l'humanité, est celui de la diffusion dans le monde entier de la société industrialisée, avec ses richesses et ses graves problèmes ; à cela vient s'ajouter l'écart de croissance entre les nations et entre les groupes sociaux. Eu égard à cette situation, l'ONU proclame sa première décennie du développement et le Tiers-Monde fait l'objet d'une course assidue des deux camps idéologiques (capitalisme et socialisme) qui se partagent la planète, chacun prétendant avoir trouvé la formule magique du développement, si ce n'est du bonheur des peuples. *Populorum Progressio* paraît alors dans ce contexte mondial qui fut par ailleurs, au plan ecclésial, un moment où l'Église catholique prenait conscience de ce que la majorité des catholiques vivaient désormais dans des pays pauvres : Amérique latine, Afrique… et non plus en Europe et en Amérique du Nord. Dès le début de l'Encyclique, en effet, nous sommes d'emblée situés dans cette perspective planétaire : « *Aujourd'hui, le fait majeur dont chacun doit prendre conscience est que la question sociale est devenue mondiale* » (n° 3). Paul VI, face au défi du développement des peuples, perçoit qu'il s'agit d'un tournant décisif de l'histoire de l'humanité et donc d'un appel à se mettre au service des hommes pour les aider à saisir toutes les dimensions de la grave question du développement ; et les convaincre, en vertu de la commune humanité, de l'urgence d'une action solidaire : ouvrir les voies à une vie fraternelle universelle par l'entraide, l'approfondissement du savoir et l'élargissement du cœur (n° 1). Le problème du « développement », thème spécifique de l'Encyclique, est ainsi immédiatement posé dans une perspective mondiale et dans toute sa vérité humaine et chrétienne. À l'annonce de l'Encyclique dans son message pascal, Paul VI en donnait l'enracinement traditionnel, les motivations, ainsi que l'orientation générale :

> « *Pour Nous disciples d'une tradition doctrinale*[927] *de l'Église qui considère les espérances religieuses également sur le plan concret de la vie humaine, c'est-à-dire sur le plan social, il Nous semble qu'après le récent Concile œcuménique, le moment opportun soit venu de reprendre en un nouveau chapitre l'enseignement sur les questions qui agitent et divisent les hommes dans leur recherche de pain, de paix, de liberté, de justice et de fraternité. (... Populorum Progressio est une) humble et cordiale parole d'espérance non seulement religieuse, mais sociale, non seulement spirituelle, mais terrestre, non seulement pour ceux qui croient au Christ, mais pour tous les hommes, et cette parole est toujours dictée par la lumière qui Nous vient de la foi. Une encyclique sur le progrès des peuples, leur développement et les obligations résultant d'un programme, que nul ne peut négliger aujourd'hui, programme d'équilibre économique, de dignité morale, de collaboration universelle entre toutes les nations* »[928].

Se faisant ainsi l'écho de la réflexion conciliaire, Paul VI présentera l'Église, « experte en humanité »[929] et en dialogue avec le monde, en offrant « *ce qu'elle possède en propre : une vision globale de l'homme et de l'humanité* » (n° 13). Les peuples, voire les personnes humaines, sont donc au centre de la perspective globale de l'Encyclique[930]. Pour le Pape, si l'Église aborde l'épineuse problématique du développement des peuples, c'est pour se « *mettre au service des hommes* » d'une façon désintéressée. Et, à la suite de la perspective de *Gaudium et spes*, elle le fait au nom même

---

[927] Le pape relève que dans leurs grandes encycliques : *Rerum novarum* (cf. *Acta Leonis XIII*, XI, 1892, p. 97-148), de Léon XIII, *quadragesimo anno* (cf. *AAS*, XXIII, 1931, p.177-228), de Pie XI, *Mater et Magistra* (cf. *AAS*, LIII, 1961, p. 401-464) et *Pacem in terris* (cf. AAS, LV, 1963, pp. 257- 304), de Jean XXIII – sans parler des messages au monde de Pie XII – ses prédécesseurs ne manquèrent pas au devoir de leur charge : projeter sur les questions sociales de leur temps la lumière de l'Évangile (*Populorum progressio*, n° 2).

[928] PAUL VI, « Message pascal au monde entier » (26 mars 1967), *AAS*, LIX, 1967, p. 356 ; cf. ABBAYE DE SAINT-MAURICE, *Documents pontificaux de Paul VI, 1967, VI*, Éditions Saint-Augustin, Saint-Maurice, 1970, p. 209. cf. *Populorum progressio*, n° 1 ; 6 ; et 86.

[929] Selon sa célèbre expression à l'ONU : cf. PAUL VI, *Voyage apostolique au Siège de l'Organisation des Nations Unies New York, 4-5 octobre 1965*, Discours du Pape Paul VI, à l'Organisation des Nations Unies, à l'Occasion du 20e Anniversaire de l'Organisation, 4 octobre 1965, n° 1.

[930] L'économiste François Perroux commentera ainsi *Populorum progessio* : « *La lettre encyclique que nous saluons est l'un des plus grands textes de l'histoire de l'humanité ; il rayonne d'une sorte d'évidence rationnelle, morale et religieuse. Il dénonce sans ménagement l'échec actuel des économies, des sociétés et des civilisations considérées à l'échelle de la planète* » : PERROUX, F., *Le pain et la parole*, Cerf, Paris, 1969, p. 281-282.

de sa mission d'évangélisation, comme une « *prise de conscience renouvelée des exigences du message évangélique* » (n° 1). D'une tradition chrétienne de foi bien établie, l'Église croit et proclame en effet que dans le dessein de Dieu, toute vie humaine est une vocation et chaque homme, en tant qu'être humain en devenir, est appelé à se développer. Pour ce faire, « *est donné à tous en germe un ensemble d'aptitudes et de qualités à faire fructifier : leur épanouissement, fruit de l'éducation reçue du milieu et de l'effort personnel permettra à chacun de s'orienter vers la destinée que lui propose son Créateur. Doué d'intelligence et de liberté, il est responsable de sa croissance, comme de son salut* » (n° 15). Cette perspective chrétienne fondamentale, objet d'une expérience spirituelle, humaine et historique, est à l'origine d'une conviction de l'Église que, par grâce, elle détient les clefs de l'humanisme plénier, à la fois l'humanisme fondamental qui concerne toute créature humaine et l'humanisme transcendant en Jésus-Christ. Bien plus, pour la foi chrétienne, c'est principalement par son insertion dans le Christ vivifiant, que « *l'homme accède à un épanouissement nouveau, à un humanisme transcendant, qui lui donne sa plus grande plénitude: telle est la finalité suprême du développement personnel* » (n° 16). Partant de cette conviction principielle, l'essentiel de *Populorum progressio* est d'adresser au monde contemporain un « *appel solennel à une action concertée pour le développement intégral de l'homme et le développement solidaire de l'humanité* » (n° 4) ; mais « *pour être authentique* », le développement « *doit être intégral, c'est-à-dire promouvoir tout homme et tout l'homme* » (14) ; « *c'est un humanisme plénier qu'il faut promouvoir* », c'est-à-dire un humanisme ouvert aux valeurs de l'esprit et à Dieu, leur source. Il n'y aurait donc pas d'humanisme vrai qui ne soit ouvert à l'Absolu, dans la connaissance d'une vocation qui donne l'idée vraie de la vie humaine (cf. n° 42). De ce fait, communiant aux meilleures aspirations des hommes et souffrant de les voir insatisfaites, l'Église désire les aider à atteindre leur plein épanouissement (cf. n° 13). Le développement apparaît de la sorte comme une question de qualité de vie des humains : « *Être affranchis de la misère, trouver plus sûrement leur subsistance, la santé, un emploi stable; participer davantage aux responsabilités, hors de toute oppression, à l'abri de situations qui offensent leur dignité d'hommes; être plus instruits; en un mot, faire, connaître, et avoir plus, pour être plus: telle est l'aspiration des hommes d'aujourd'hui...* » (n° 6). Cependant, un grand nombre d'hommes sont condamnés à vivre dans des conditions qui rendent illusoire ce désir légitime. Ainsi en est-il, précise le Pape, des peuples colonisés par les puissances colonisatrices. Celles-ci ont souvent poursuivi leur intérêt, leur puissance ou leur gloire, et ont parfois laissé à leur départ une situation économique vulnérable, liée par exemple au rendement d'une seule culture dont les cours sont soumis à de brusques et amples variations (cf. n° 7).

C'est pourquoi, selon l'encyclique, il importe de repenser d'une manière globale la croissance économique dans tout un ensemble de promotion culturelle et éthique des personnes et des peuples, en visant la primauté de l'être sur l'avoir, ainsi que la promotion des valeurs de solidarité, de générosité, de dialogue ; car « *la recherche exclusive de l'avoir fait dès lors obstacle à la croissance de l'être et s'oppose à sa véritable grandeur : pour les nations comme pour les personnes, l'avarice est la forme la plus évidente du sous-développement moral* » (n° 19). Si donc le projet de développement a pour défi à relever la promotion d'une authentique croissance d'humanité, son exercice dans le contexte social actuel requiert, insiste le Pape, « *la recherche d'un humanisme nouveau, qui permette à l'homme moderne de se retrouver lui-même, en assumant les valeurs supérieures d'amour, d'amitié, de prière et de contemplation. Ainsi pourra s'accomplir en plénitude le vrai développement, qui est le passage, pour chacun et pour tous, de conditions moins humaines à des conditions plus humaines* » (n° 20). Une telle perspective dans le contexte de la société industrielle est bien à l'opposé des idéologies qui, marquées par la primauté qu'elles accordent à l'avoir au détriment de l'être, enferment l'homme dans son horizon terrestre. À cet égard, au sein de la mutation du monde et comme axe même d'un développement authentique, *Populorum progressio* préconise de contribuer à l'avènement d'un autre type d'humanisme, où la solidarité interhumaine et l'ouverture à Dieu joueront un rôle essentiel.

Pour ce faire, on observera que concevoir le développement comme croissance d'humanité est primordial, certes, mais non suffisant. Ontologiquement (en raison de l'unité de l'espèce humaine) et sociologiquement (par suite de la planétarisation désormais réalisée des relations interhumaines), il faudra aussi l'envisager au niveau mondial pour la simple raison que « *le développement intégral de l'homme ne peut aller sans le développement solidaire de l'humanité* » (n° 43). Dans cette optique, il s'agira de tenir fermement l'objectif final, à savoir : « *Construire un monde où tout homme, sans exception de race, de religion, de nationalité, puisse vivre une vie pleinement humaine, affranchie des servitudes qui lui viennent des hommes et d'une nature insuffisamment maîtrisée ; un monde où la liberté ne soit pas un vain mot ...* » (n° 47). Ainsi donc en conséquence logique de son anthropologie et de sa conception du développement, l'Encyclique affirme le principe essentiel que les peuples eux-mêmes doivent en être les premiers responsables et les premiers acteurs (cf. n° 77). Il s'agira pour chaque peuple de prendre en compte librement ses propres potentialités (culturelles, éthiques, économiques, etc.) et ses aspirations, de penser à partir d'elles un développement qui y corresponde, d'en conduire d'une façon autonome la réalisation et devenir ainsi artisan de son propre développement (cf. n° 65). Le concept de

« développement », considéré dorénavant, selon la célèbre expression forte, comme le « *nouveau nom de la paix* »[931] dans un contexte sociohistorique en quête d'un mieux-être humain, devra permettre non seulement de bannir la violence et la guerre par l'établissement d'un équilibre des forces, mais surtout de construire jour après jour, dans la poursuite de l'ordre voulu de Dieu, une justice plus parfaite entre les hommes afin de parvenir à la paix[932] (cf. n° 65). L'Encyclique formulera alors un certain nombre d'importantes directives pratiques qui intéressent aussi bien les pays dits « développés » que ceux appelés « sous-développés ».

Au sujet des directives concernant en propre les pays économiquement développés, Paul VI recommande des programmes concertés (cf. n° 50), incorporés dans un programme de collaboration mondiale (cf. n° 52) ; la « *constitution d'un grand Fonds mondial, alimenté par une partie des dépenses militaires, pour venir en aide aux plus déshérités* », suivant l'appel

---

[931] Le Pape Paul VI écrit en effet de façon récurrente : « *ce lien étroit et vital entre le développement et la paix Nous a conduit à faire Nôtre cette expression : « le développement est le nouveau nom de la paix* » » : PAUL VI, « Message aux évêques d'Amérique latine » (29 septembre 1966) in ABBAYE DE SAINT-MAURICE, *Documents pontificaux de Paul VI, 1966, V*, Éditions Saint-Augustin, Saint-Maurice, 1969, p. 606. ; PAUL VI, « Allocution aux délégués de l'ONU pour le Programme de développement » (25 juin 1966) ABBAYE DE SAINT-MAURICE, *Documents pontificaux de Paul VI, 1966, V*, p. 412 ; PAUL VI, « Homélie pour la « journée de la paix » » (4 octobre 1966) in ABBAYE DE SAINT-MAURICE, *Documents pontificaux de Paul VI, 1966, V*, p. 622. Déjà, dans sa lettre à Monsieur Thant, secrétaire général des Nations-Unies, le 26 mai 1966, à l'occasion d'une réunion, à Milan, du Conseil d'administration du Programme des Nations Unies pour le Développement (PNUD), note que « *c'est homme en effet, dans son intégralité, que le développement veut promouvoir harmonieusement, et c'est donc une triple faim qu'il s'agit de combler* » : la misère physique, intellectuelle et spirituelle (cf. PAUL VI, « Message au Secrétaire général des Nations-Unies », *AAS*, LVIII, 1966, p. 479 ; cf. ABBAYE DE SAINT-MAURICE, *Documents pontificaux de Paul VI, 1966, V*, p. 349-350). Question existentielle, il s'agit de mobiliser toutes les ressources humaines, il ne suffit pas de donner de son avoir, il faut encore y apporter le meilleur de son être. La paix à laquelle le monde aspire a pour nom le développement (« le développement est le nouveau nom de la paix » : *ibidem*, p. 349-350).

[932] Le pape Paul VI a emprunté l'adage « le développement est le nouveau nom de la paix » aux pionniers du mouvement pour le développement. Déjà le 28 octobre 1960, à Genève, lors du Congrès international de Pax Christi consacré au développement, le cardinal Feltin prononça un discours historique écrit par le père Lalande et il expliquait : « « *Pax Christi est un Mouvement catholique international pour la paix. Or la paix, aujourd'hui, dépend du sous-développement qui est une menace de guerre, et du développement qui, pris dans sa dimension véritable, est le nouveau nom de la paix* ». Quelques années plus tard, en 1967, le pape Paul VI reprendra dans son encyclique *Populorum progressio* la formule : « *Le développement est le nouveau nom de la paix* », sans nommer le cardinal Feltin, ce que feront en revanche le secrétaire général des Nations unies et de nombreuses personnalités. cf. GUEREND, J.-P., « Pax Christi » in COMITÉ CATHOLIQUE CONTRE LA FAIM ET POUR LE DÉVELOPPEMENT, *Faim Développement Magazine – FDM*, 220 (2007) [en ligne] : *http://ccfd-terresolidaire.org/ewb_pages/d/doc_991.php* (page consultée le 15 /12/ 2011).

de Paul VI à Bombay (n° 51) ; une réglementation équitable pour résoudre le si difficile problème des dettes qui accablent les pays du tiers monde (cf. n° 54) ; tout un ensemble de suggestions pour promouvoir l'équité dans les relations commerciales cf. n° 56 – 61) ; l'accueil des jeunes venant des pays sous-développés, notamment des étudiants (cf. n° 67 ; 68) ; l'intégration des travailleurs émigrés (cf. n° 69) ; la promotion de l'indispensable sens social des agents économiques étrangers à l'intérieur des pays sous-développés (cf. n° 70) ; l'activité des experts (cf. n° 71 ; 72) ; l'appel aux jeunes pour un service de coopération (cf. n° 74) ; et l'amélioration des institutions mondiales au service du développement (cf. n° 78). Quant aux directives qui devront s'appliquer aux pays sous-développés, aussi exigeantes qu'elles soient, elles mériteraient toutes d'être retenues : la nécessaire planification, sous l'autorité des pouvoirs publics, avec des programmes précis qui associeront les initiatives privées et les corps intermédiaires, s'efforceront de rendre les hommes responsables et actifs et de les convaincre « *d'opérer eux-mêmes leur propre développement et d'en acquérir progressivement les moyens* » (Cf. n° 33 ; 34 ; 35) ; la fondamentale et vitale éducation de base, en tant que « *premier objectif d'un plan de développement* » et l'effort généralisé d'alphabétisation, car « *un analphabète est un esprit sous-alimenté* », d'autant plus que « *savoir lire et écrire, acquérir une formation professionnelle, c'est reprendre confiance en soi et découvrir que l'on peut progresser avec les autres* » (n° 35) ; la valorisation de « *la famille naturelle, monogamique et stable, telle que le dessein divin l'a conçue* » (n° 36) ; le contrôle de l'accroissement démographique qui respecte les exigences de la morale et la juste liberté du couple (cf. n° 37) ; la tâche éducative des organisations professionnelles (cf. n° 38) ; la promotion des authentiques valeurs de chaque civilisation (n° 40) ; et enfin l'établissement de zones de développement concerté (cf. n° 64 ; n° 77). Une relecture de ces directives dans le contexte des exigences actuelles du développement montre que *Populorum progressio*, bien qu'inévitablement marquée par son époque précise, demeure remarquablement pertinente aujourd'hui.

Dans la dynamique du discours social contemporain de l'Église, qui est celle de Vatican II, *Populorum progressio* apparaît comme l'un des textes majeurs. Sur le thème du développement, elle reste, quoique marquée par son époque, un texte de base toujours actuel : critique, prospectif, prophétique. Difficile, certes, à concrétiser, car, ainsi que se formule, selon Vincent Cosmao, théologien dominicain et fidèle défenseur de l'humanisme dans l'esprit de *Populorum Progressio*, le principal reproche qui lui est souvent adressé, c'est d'être trop optimiste sur la question du développement et surtout de se maintenir au niveau éthique :

> « *Populorum progressio en restait encore à l'énoncé de ce qu'il faudrait faire et à l'appel à le faire, sans s'engager dans la logique du faire, laissant ce soin aux*

laïcs et surtout aux hommes politiques... De ce fait, le discours éthique, s'adressant aux consciences personnelles pour les sensibiliser aux valeurs en cause dans la transformation du monde, reste sans prise sur les structures et les mécanismes par la transformation desquels passe nécessairement la transformation du monde... L'importance de l'éthique est incontestable, en politique comme ailleurs. Mais l'action politique ne peut se réduire à la moralisation des conduites collectives ; ce sont les structures elles-mêmes et les mécanismes qui engendrent le sous-développement et qui, donc, doivent être transformés »[933].

Selon René Coste, Cosmao reprocherait notamment à l'Encyclique de ne pas avoir mis en évidence la logique écrasante de la dépendance « *comme la racine par laquelle il faut attaquer le mal* ». Toutefois, cela ne devrait pas conduire à minimiser les lignes de force de l'Encyclique, mais plutôt à percevoir, dans la logique même du discours, « *un tremplin pour une compréhension plus globale de la réalité en vue de la transformer* » [934]. Aussi, René Coste, pour sa part, n'hésite-t-il pas à affirmer que *Populorum progressio* contient un discours novateur ; elle a ouvert une piste que, « *longtemps encore, les chrétiens et tous ceux qui veulent assumer les grands problèmes de société de l'humanité contemporaine devront continuer à explorer* » [935]. Depuis le second Concile du Vatican en effet, *Gaudium et spes* situait déjà le développement dans une théologie de la création et des valeurs humaines en référence aux aspirations actuelles des hommes, selon leur vocation divine. L'Encyclique *Populorum progressio* vient marquer une première mise au point par rapport à ce courant, relever que la question sociale a pris une dimension mondiale, et en souligner surtout le caractère éthique et culturel. Face à la destruction violente ou à la lente décomposition des sociétés actuelles, « *la mise en œuvre de la planète et la mise en valeur des hommes qui la peuplent* » [936] restent encore aujourd'hui des exigences absolument fondamentales et incontournables pour construire un monde où tout homme jouisse d'une vie pleinement humaine. Dans la perspective de la mission évangélisatrice de l'Église, l'humanisme transcendant demeure, comme toujours, la finalité suprême du processus de développement. En posant de cette manière la problématique de l'authentique développement,

---

[933] Propos du Père Vincent Cosmao que rapporte René Coste : voir COSTE, R., « L'Encyclique Populorum progressio, vingt ans après » in *Nouvelle Revue théologique*, 119e Année, Tome CIX, 1987, p. 178. cf. COSMAO, V., « En relisant «Populorum progressio» dix ans après » in *Dossier Nouvel Ordre Mondial*, Chalet, Lyon, 1978, p. 154-168.

[934] COSTE, R., « L'Encyclique *Populorum progressio*, vingt ans après », p. 178.

[935] *Ibidem*, p. 178-179. Cosmao et Coste donnent pour ainsi dire raison à François Perroux lorsqu'il soutenait quelques années auparavant que « *La doctrine du développement contenue dans l'Encyclique ouvre donc des perspectives nouvelles aux exhortations d'une Église qui a célébré sa première Pentecôte bien avant le Siècle des Lumières et les obscures clartés qui tombent d'A. Smith ou de Karl Marx* » : PERROUX, F., *Le pain et la parole*, p. 290.

[936] PERROUX, F., *Le pain et la parole*, p. 298.

une croissance intégrale de l'être multidimensionnel par essence, l'encyclique en a fourni, selon l'opinion de René Coste que nous partageons, les clefs premières[937], à partir desquelles se prolongera et s'approfondira l'enseignement du Magistère de l'Église, en l'occurrence Jean-Paul II, sur la question sociale.

I. C. Combattre les « structures de péchés » pour le développement humain solidaire, d'après *Sollicitudo rei socialis*

En 1987, à l'occasion du vingtième anniversaire de l'encyclique *Populorum progressio*, le pape Jean-Paul II consacra une encyclique au thème du développement humain et de la notion chrétienne du progrès, *Sollicitudo rei socialis*[938] (sur les questions sociales), avec deux objectifs majeurs : rendre hommage au document historique de Paul VI et réaffirmer la continuité de la doctrine sociale de l'Église en même temps que son renouvellement continuel en matière de progrès et de développement humains. Selon Jean Paul II, un regard sur les deux décennies qui ont suivi la publication de *Populorum progressio* témoigne de certains succès dans le domaine du développement, mais globalement, on s'aperçoit vite que les espérances en un monde plus humain se sont bien éloignées de la réalité tangible (cf. n° 12). Non seulement une multitude immense d'hommes vit encore sous le joug de la misère, mais encore l'écart, voire l'abîme, existant entre le Nord et le Sud ne fait que se creuser, au lieu de se réduire. C'est, du reste, ce que montrent aussi bien les indicateurs économiques du sous-développement, que les indicateurs culturels : illettrisme, répression du droit à l'initiative économique, limitation des droits humains, perte plus ou moins prononcée de la souveraineté nationale, etc. De plus, du fait de l'interdépendance de la société mondiale, les effets du sous-développement atteignent aussi, d'une certaine façon, les nations riches : crise de l'emploi, du logement, etc. Par ailleurs, le monde tout entier est touché par le phénomène du terrorisme ou par celui des migrations des populations et des réfugiés. Reprenant alors et prolongeant l'enseignement de *Populorum progressio*, Jean Paul II réaffirme, d'une part, que la question sociale, devenue mondiale, comporte des problématiques interreliées et apparentées ; et d'autre part, que toutes les consciences sont interpellées et que chacun doit se sentir concerné par la question du développement intégral et solidaire des peuples (cf. n° 9). À ce titre, *Sollicitudo rei socialis* apparaît comme une application de *Gaudium et spes* et une actualisation de *Populorum*

[937] COSTE, R., « L'Encyclique Populorum progressio, vingt ans après », p. 167.
[938] Datée officiellement de décembre 1987, quoique rendue publique seulement en février 1988, cette Encyclique magistrale souligne le vingtième anniversaire de la parution de *Populorum progressio.*

progressio[939] dont elle en accomplit le vœu, dans la mesure où elle porte à son accomplissement l'intention profonde de Paul VI : redéfinir le rapport de l'Église au monde[940]. Elle possède toutefois une originalité, en ce sens qu'elle invite à une nouvelle perception de la situation mondiale.

Avec *Sollicitudo rei socialis*, la réflexion sur la problématique engagée par Paul VI est poussée à fond. Pour Jean-Paul II, une conception étriquée du développement et le fourvoiement dans l'économisme, escamotant de fait les balises humaines fondamentales que sont entre autres la liberté (incluant la liberté religieuse), la justice distributive, le devoir de solidarité, la dimension spirituelle de la personne, seraient à l'origine des insuffisances manifestes des projets de développement[941]. Dès lors, s'inscrivant dans la tradition de l'enseignement social de l'Église officialisé depuis *Rerum novarum*[942] de Léon XIII, il réaffirme que « *ce qui touche à la dignité de l'homme et des peuples, comme c'est le cas du développement authentique, ne peut se ramener à un problème "technique". Réduit à cela, le développement serait vidé de son vrai contenu et l'on accomplirait un acte de trahison envers l'homme et les peuples qu'il doit servir* » (n° 41). À cet égard, pour lui, la cause première du retard et des revers de l'entreprise de développement apparaît d'abord et essentiellement comme un problème moral. Dans l'Encyclique, le diagnostic de l'ordre mondial montre que l'impact d'un mal moral, résultant de nombreux péchés qui produisent des « structures de péché » est à l'origine du sous-développement[943]. Dans cette perspective,

---

[939] En abordant à nouveau le thème du développement, Jean-Paul II souligne, presque à chaque page, combien l'enseignement qu'il développe s'enracine dans l'encyclique *Populorum progressio*. Les médias ont présenté même ce document du Saint-Père comme une « mise à jour » de *Populorum progressio*, voire de la réflexion du Concile Vatican II : « *C'est jusque dans l'ordonnance de ses thèmes que l'encyclique, se situant dans la grande tradition de la doctrine sociale de l'Église, reprend directement la présentation nouvelle ainsi que l'ample synthèse que le Concile a élaborées, principalement dans la constitution Gaudium et spes* » (n° 7 a).

[940] Selon Michel Schooyans, redéfinir les rapports entre l'Église et le monde constitue la pointe de l'Encyclique (cf. cf. SCHOOYANS, M., « Dérives totalitaires et " structures de péché" » in *Nouvelle revue théologique*, Tome CX, Casterman, Paris, 1988, p. 483).

[941] Selon l'Encyclique, il y a une différence entre progrès et développement, et c'est ce dernier qui, au-delà de la possession des biens et des services matériels nécessaires, favorise la plénitude de l' « être » humain. Pour cela, le pape préconise de nouveau la solidarité entre les peuples, allant même jusqu'à affirmer, en évoquant la devise du pontificat de Pie XII, « *Opus iustitiae pax* », la paix est le fruit de la justice : « *Aujourd'hui on peut dire, avec la même justesse et la même force d'inspiration biblique : Opus solidaritatis pax, la paix est le fruit de la solidarité* » (*Sollicitudo rei socialis*, n° 39).

[942] LEON XIII, *Rerum Novarum*, 1891.

[943] Jean-Paul II précise quelle fut son intention : « *J'ai voulu introduire ici ce type d'analyse surtout pour montrer quelle est la véritable nature du mal auquel on a à faire face dans le problème du développement des peuples: il s'agit d'un mal moral, résultant de nombreux péchés qui produisent des «structures de péché* » (n° 37 d). Selon le Pape, « *Péché et structure de péché sont des catégories que l'on n'applique pas souvent à la situation du*

Sollicitudo rei socialis rompt définitivement avec les enseignements très optimistes de ses devanciers, en l'occurrence *Gaudium et spes* et *Populorum progressio*.

La nouveauté particulière de l'Encyclique, c'est que, pour discerner et interpréter la situation globale du monde en matière de développement, le Pape ne se contente pas seulement de recourir aux sciences humaines, mais fonde spécifiquement sa pensée sur une théologie de la création. Déjà, Paul VI avait souligné que pour bien comprendre les « signes des temps », les sciences humaines ne suffisaient pas (cf. n° 8), et que seul l'éclairage propre de la morale chrétienne permettrait de les comprendre. C'est dans cette visée que, à la lumière d'une théologie de la Parole de Dieu, révélée en Jésus-Christ[944], Jean Paul II déploie à fond sa pensée et assigne au développement son véritable fondement : « *l'amour de Dieu et du prochain* » (n° 33 h). Pour *Sollicitudo rei socialis* de fait, la notion de développement selon l'Écriture sainte n'est pas seulement « laïque » ou « profane » ; elle apparaît aussi, tout en gardant son caractère socio-économique, comme « *l'expression moderne d'une dimension essentielle de la vocation de l'homme* » (n° 30 a). Créé dans le temps en tant que reflet du divin, l'homme est inscrit dans un devenir que marquent les exigences de l'*imago dei*. La tâche sera de « dominer » sur les autres créatures, de « cultiver le jardin » ; elle devra aussi « *être accomplie dans le cadre de l'obéissance à la loi divine et donc dans le respect de l'image reçue, clair fondement du pouvoir de domination qui lui est reconnu en relation avec son perfectionnement (cf. Gn 1, 26-30; 2, 15-16; Sg 9, 2-3)* » (n° 30 b). C'est à travers le temps, la succession de ses actes, que l'homme s'accomplit et coopère simultanément à l'éternel dessein du Créateur. D'après M. Nebel qui analyse *Sollicitudo rei socialis*, « *ce double mouvement – l'accomplissement et la coopération – est unifié par Jean-Paul II dans la notion de développement. Le péché, dans ce cadre, y est analysé comme un obstacle au plein et authentique développement de la personne et de la communauté humaine* » [945]. Dans cette perspective originale, la notion

---

monde contemporain. Cependant, on n'arrive pas facilement à comprendre en profondeur la réalité telle qu'elle apparaît à nos yeux sans désigner la racine des maux qui nous affectent » (n° 36 c).

[944] cf. Constitution dogmatique *Dei Verbum*, n° 21-24. Ainsi, la méthode qu'emploie le Pape dans son diagnostic, c'est la règle suprême qui gouverne la vie de l'Église et la source de son enseignement social : la Révélation, l'Écriture, la Tradition (cf. *Dei Verbum*, n° 21).

[945] NEBEL, M., *La catégorie morale de péché structurel, Essai de systématique*, Cerf, Paris, 2006, p. 172-173. Deux phénomènes retiennent l'attention de Jean-Paul II : l'interdépendance croissante propre à nos sociétés hautement organisées et l'existence de mécanismes systémiques, capables de favoriser ou de desservir les conditions de vie de larges communautés humaines (*Sollicitudo rei socialis*, n° 16). Ces phénomènes pointent vers deux présupposés anthropologiques : la dimension sociale de la personne (sa condition de pluralité) et l'inscription de l'homme dans le temps, ce devenir qu'il est appelé à humaniser.

de péché est référée à celle de développement, dont il convient de saisir toute la portée.

Le livre de la Genèse, inépuisable source d'inspiration de Jean Paul II, montre manifestement l'homme comme une « *créature et une image, déterminée dans sa réalité profonde par l'origine et par l'affinité qui le constituent* » (n° 30 b). Cette condition humaine de créature et cette ressemblance au Créateur fondent une exigence, celle de demeurer dans le dessein divin, dans un rapport ordonné au Créateur[946]. Dès lors, la révolte de l'homme et sa désobéissance au Dieu Créateur, qui donnent ainsi lieu à un véritable désordre appelé péché[947], obscurcissent ou appauvrissent en lui l'image divine. La souveraineté, ou la domination, que l'homme est appelé à exercer sur le monde à travers son activité, est elle aussi gagnée par le désordre du péché et compromet tout son devenir : sa relation aux autres, au monde et à lui-même. De ce fait, sa vocation à être indéfiniment plus humain – à réaliser cette ressemblance dont il est porteur à travers son agir (cf. n° 31) – se heurte au désordre du péché (cf. 30 e) qui se découvre, *in fine*, comme la cause première de l'appauvrissement humain et donc du sous-développement en humanité[948]. De ce point de vue, d'après Jean Paul II, « *il est logique de conclure, au moins pour ceux qui croient à la Parole de Dieu, que le « développement » (...) doit être considéré comme un moment de l'histoire qui a commencé avec la création et est continuellement menacée en raison de l'infidélité à la volonté du Créateur* » (n° 30 f). On le perçoit, le fondement d'une telle inférence logique se trouve dans la signification théologique même de la notion de développement : « *se « développer », en son sens proprement théologique, c'est œuvrer à la réalisation d'une vie conforme à l'origine et à l'affinité qui constituent l'homme, pour élever progressivement la condition humaine ; la sienne propre, tout comme celle de l'ensemble de la communauté humaine* »[949]. En cela, le concept de péché, dont la conséquence est la perversion de l'ordre créé, est bien un mal

[946] Ainsi que l'écrit Nebel, « *cet ordre du créé est symboliquement représenté, dans le récit de la Genèse, par l'interdit qui frappe le fruit de l'arbre de la connaissance du bien et du mal et, dans son aspect positif, par la souveraineté accordée à l'homme sur le reste de la création* » (*ibidem*, p. 173).

[947] On se rappelle les définitions, devenues classiques, du péché chez saint Augustin et saint Thomas d'Aquin. Pour le premier, en effet, le péché est « *une action, ou une parole, ou un désir, opposés à la loi éternelle* » (SAINT AUGUSTIN, Contre Fauste, le manichéen, 22, 27: PL 42, 418) ; et pour le second, le péché est « *aversio a Deo, conversio ad creaturam* » (un acte par lequel l'homme se détourne volontairement de Dieu, fin dernière, pour se tourner vers un bien fini) : SAINT THOMAS AQUIN, *Somme théologique*, III, q.86, a.4, ad 1; I-II, q.71, a.6.

[948] Le péché, sur le plan théologal, est une opposition au dessein et à la volonté du Dieu créateur et sauveur ; sur le plan moral, il est une opposition au développement humain authentique.

[949] NEBEL, M., *op. cit.*, p. 174.

profond que Jean Paul dénonce comme étant à l'origine de la misère du monde.

Ce sont des actes « concrets », « personnels » de péché, qui font naître et se « consolider »[950] au niveau social des mécanismes pervers et qui finissent par se constituer en obstacles au développement, non seulement économique ou politique, mais également moral. Ces mécanismes que l'Encyclique désigne par le terme de « structures de péché »[951], sont « *la somme de facteurs négatifs qui agissent à l'opposé du bien commun universel et du devoir de le promouvoir* »[952] (n° 36). Jean-Paul II évoque particulièrement deux attitudes qui semblent favoriser ces structures iniques : « *le désir exclusif du profit et (...) la soif du pouvoir* » (n° 37). Ces attitudes peuvent caractériser non seulement des personnes, mais également des nations, des entités collectives. Les « structures de péché », précise le Pape, s'alimentent du péché personnel qui, résistant aux changements, est à leur origine, les consolide constamment[953]. C'est ainsi qu'elles « *se renforcent, se répandent et deviennent sources d'autres péchés* » (n° 36). Elles marquent ainsi la conduite des hommes par des « *conditionnements et des obstacles qui vont bien au-delà des actions d'un individu et de la brève période de sa vie* » (n° 36). Telle est, selon *Sollicitudo rei socialis*, la racine du mal qui affecte l'homme et l'édifice social, blesse spécifiquement le rapport au prochain auquel le Christ s'est identifié, entrave le développement humain authentique, et s'oppose de toute évidence au dessein de Dieu[954]. Il importe donc de bien examiner les « Structures de péché »[955], c'est-à-dire les

---

[950] JEAN-PAUL II, *Sollicitudo rei socialis*, 36. On note ici la reprise du § 16 de *Reconciliatio et paenitentia.*

[951] cf. SCHOOYANS, M., *art. cit.*, p. 481-502.

[952] Une des caractéristiques de ces mécanismes est de se draper des apparences de la nécessité et de s'imposer, tant aux personnes qu'aux institutions, avec la puissance d'une destinée funeste, d'un sort contraire, qui dépasse les forces humaines.

[953] *Sollidtudo rei socialis* nous offre ainsi une réflexion, un exposé de fond, sur des thèmes peu explorés jusqu'à présent par la théologie morale sociale : la défection, l'isolement égoïste, l'ignorance cultivée, rémission (cf. n° 16 ; 36), la trahison (cf. n° 23 ; 41), l'inefficacité, la corruption (cf. n° 39), l'idolâtrie (cf. 30 ; 37), la crainte, la paresse (cf. 30) l'indécision, la lâcheté (cf. 47). D'après l'analyse de Schooyans, « *ce que propose donc Jean-Paul II, c'est une morale de la décision, une morale prospective au sens strict. Il souligne par ailleurs que la morale chrétienne n'a pas tout dit lorsqu'elle a fustigé le péché, et rappelle que cène morale est mutilée si elle n'alimente pas l'engagement et l'action. Une action dont le Pape précise le sens, le fondement et les requêtes au plan organisationnel* » (SCHOOYANS, M., *art. cit.*, p. 484).

[954] Ce type d'analyse veut surtout montrer la véritable nature du mal « auquel on a à faire face dans le problème du développement des peuples, il s'agit d'un mal moral, résultant de nombreux péchés qui produisent des « structures de péché » (JEAN-PAUL II, *Sollicitudo rei socialis*, n° 37).

[955] Déjà en 1984, dans son Exhortation apostolique *Reconciliatio et paenitentia*, le Pape Jean-Paul II menait le débat sur la question du « péché social » qui permet de mieux comprendre le

systèmes qui dévoient les valeurs humaines et l'amour de Dieu, et de rechercher la voie possible pour s'en libérer (cf. n° 37).

La nécessité de combattre les structures de péché revêt une signification plus urgente chez le croyant chrétien, lorsqu'on en vient à considérer la conception chrétienne de l'homme dans le dessein divin. Dans cette perspective chrétienne, la foi au Christ Rédempteur apporte un éclairage particulier sur les conditions chrétiennes d'un développement humain authentique : l'accueil de la vérité sur l'homme, sur sa qualité d'image de Dieu, sur sa condition de fils dans le Fils Jésus et sur le sens temporel de son action. Si, de fait, le sous-développement humain est une conséquence du péché, la foi de l'Église indique que par sa Croix, le Christ a vaincu le péché et s'est réconcilié le monde (cf. Col 1, 20). C'est pourquoi dans la foi au Christ Rédempteur, le péché qui compromet les réalisations humaines est vaincu et racheté. Bien plus, le Christ, dans sa mort et sa résurrection, a assumé la condition historique de l'homme et l'a menée à son achèvement plénier. Dès lors, toute « *réalisation humaine authentique* » acquiert une valeur permanente, « *en tant que rachetée par le Christ et destinée au Règne promis* » (n° 31). Dorénavant, dans la foi, considérée comme acte-sommet de la liberté humaine et sol où s'enracine toute libération authentique (cf. 15 ; 32 ; 33 ; 42), la condition historique de l'homme ne peut plus être séparée du Christ. La dimension morale du développement humain est ainsi fondamentalement radicalisée dans le Christ : le respect et la promotion des droits et devoirs humains fondamentaux sont une exigence liée à la foi au Christ, « image » parfaite du Dieu invisible et « Premier-né d'entre les morts » (cf. Col 1, 15-18), qui appelle tous les hommes à participer à sa plénitude (cf. Col 1, 19 ; cf. Ep 1, 22-23). C'est dans cette mesure que Jean-Paul II retrouve d'ultimes raisons d'espérer et d'agir : le salut offert par Jésus inclut l'invitation adressée à l'homme de coopérer dès à présent à l'avènement du Règne. La conception de la foi vient, pour ainsi dire, éclairer

---

concept de « structures de péché ». Le Magistère de l'Église maintient que l'acte volontaire et libre qui engage au mal ne peut être que le fait d'une personne. C'est pourquoi il n'y a rien d'aussi incommunicable que le mérite de la vertu ou la responsabilité de la faute. Que peut dès lors signifier l'expression « péché social » ? Pour la théologie morale, le péché, « *au sens propre et précis du terme, est toujours un acte de la personne, car il est l'acte de la liberté d'un homme particulier et non pas, à proprement parler, celui d'un groupe ou d'une communauté* » (NEBEL, M., *op. cit.*, p. 170 ; cf. JEAN-PAUL II, *Reconciliatio et paenitentia*, n° 39). Mais l'on sait que la blessure et le désordre intérieur du pécheur se répercutent sur ses relations avec le reste des hommes. La trame des rapports humains est affectée par le péché. « *C'est pourquoi on peut parler de péché personnel et social : tout péché est personnel d'un certain point de vue ; et d'un autre point de vue tout péché est social en ce que, et parce que, il a aussi des conséquences sociales* » (JEAN-PAUL II, *Reconciliatio et paenitentia*, n° 14). Il y a là une double blessure envers soi-même et envers le prochain. Jean-Paul II accentuera ensuite la causalité de ce rapport : le péché social est de l'ordre des conséquences du péché personnel (cf. *ibidem*, n° 15).

les raisons qui poussent l'Église à se préoccuper de la question du développement, à la considérer comme un devoir de son ministère pastoral, à stimuler la réflexion de tous sur la nature et les caractéristiques du développement humain authentique. Plus largement encore, selon le document pontifical, « *se consacrer au développement des peuples n'est pas seulement un devoir individuel, encore moins individualiste (...). C'est un impératif pour tout un chacun des hommes et des femmes, et aussi pour les sociétés et les nations...* » (n° 32). C'est un devoir de tous envers tous qu'il faut inscrire par ailleurs dans la nécessité pour tout un chacun de développer ses talents et de faire fructifier les dons reçus du Créateur (cf. n° 30 ; Mt 25, 26-28). À considérer cette exigence fondamentale, celui qui renoncerait à cette tâche, difficile, mais exaltante, d'améliorer le sort de tout l'homme et de tous les hommes ne répondrait pas à la volonté du Dieu Créateur et Sauveur.

Pour s'engager résolument dans le processus du développement humain conforme au grand projet divin tel que révélé dans l'histoire du salut, le chemin, long et complexe, est une réelle conversion. S'imposent donc de nouvelles attitudes, un changement de conduite, de mentalité ou de manière d'être, qui conduiront à promouvoir un ensemble de valeurs humaines et morales, indispensables à l'instauration des réformes et des changements qui traceront la voie à une authentique libération des peuples (cf. n° 38). Mais c'est précisément par une redécouverte de l'*interdépendance*[956] des hommes et des nations que passe ce chemin de changement d'attitude spirituelle essentielle. À la lumière de la foi, l'homme est inscrit dans un devenir commun, dont il est l'un des agents et qu'il réalise dans ses actes concrets et singuliers. La norme de ce devenir, ainsi que l'enseignent les récits de la création, c'est Dieu lui-même, qui crée à son image. Au niveau communautaire ou social, cette exigence est celle du bien commun, de l'effort personnel et collectif pour élever la condition humaine (cf. n° 38). Mais, le prochain étant une vivante image de Dieu, cette exigence définit une attitude morale : la solidarité, une « *détermination ferme et constante de travailler pour le bien commun ; c'est-à-dire pour le bien de tous et de chacun parce que tous nous sommes vraiment responsables de tous* » (n° 38). C'est par la vertu de solidarité, comme attitude morale et sociale, que peuvent être combattues et surmontées les structures de péché afin de rendre possible le développement et la libération des hommes et des nations (cf. n° 46). Or, le point d'ancrage de cette solidarité, c'est la relation personnelle de tout homme à Dieu. Considérant cette perspective, on comprend pourquoi, selon l'Encyclique, le développement ne doit pas être considéré comme un processus rectiligne et quasiment automatique de

[956] L'interdépendance dit ici le système nécessaire des relations humaines, dans ses dimensions économique, culturelle, politique et religieuse.

progrès, ni être envisagé dans une conception réductionniste à ce qu'en peuvent dire les sciences humaines, en particulier l'économie ; il est primordialement et essentiellement un problème moral. Persuadé que « *la vraie élévation de l'homme, conforme à la vocation naturelle et historique de chacun, ne s'atteint pas par la seule utilisation de l'abondance des biens et des services, ou en disposant d'infrastructures parfaites* » (n° 33 c), le Pape estime qu'elle se mesure plutôt d'après la réalité de l'homme, sa nature spécifique, capable de subordonner la possession et la propriété des biens et des produits à sa véritable vocation immortelle (cf. n° 29), celle d'image de Dieu[957]. Cette optique, fondement et caractéristique permanents de l'enseignement et de la pastorale de l'Église dans le domaine social, connaîtra une réactualisation, une vingtaine d'années après la publication de *Sollicitudo rei socialis*, avec *Caritas in veritate*, la plus récente des encycliques sociales.

I. D. *Caritas in veritate* pour un développement humain intégral

Plus de vingt ans après *Sollicitudo rei socialis*, et une quarantaine d'années après la publication de *Populorum progressio*, de grands changements sont intervenus, au niveau mondial, sur la problématique du développement humain et justifiaient, en conséquence, un nouveau document majeur du Magistère de l'Église. Les importants changements sociaux opérés, à savoir les questions brûlantes relatives à la mondialisation, à l'environnement, au développement durable, et à la crise financière, économique et sociale, constituent incontestablement les préoccupations essentielles qui ont suscité la rédaction de la nouvelle encyclique : *Caritas in veritate*[958] (L'amour dans la vérité). Celle-ci se présente, en effet, comme une contribution substantielle à un appel prophétique adressé à tous les humains, dans un contexte mondial marqué par les grandes questions[959] de l'heure : crise sociale, économique et financière,

---

[957] L'Église n'offre pas des idéologies alternatives ou des solutions techniques ; mais elle montre, en sa qualité d'experte en humanité, que le développement n'est pas seulement un problème technique. Face à la dimension mondiale de la question sociale, et animée par son amour préférentiel pour les pauvres, l'Église se sent en devoir de souligner les vraies dimensions humaines des problèmes économiques, sociaux et même techniques (cf. n° 42).

[958] BENOIT XVI, *Caritas in veritate, Sur le développement humain intégral dans la charité et dans la vérité,* Paulines, Abidjan, 2009.

[959] À ces grandes questions de l'heure ci-après énumérées, il faut relever particulièrement la crise financière et économique qui s'est manifestée en 2008 et a atteint beaucoup de nos contemporains. À cela s'ajoutent les mutations sociales comme les mouvements migratoires qu'aucune frontière ne peut arrêter tant que des solutions fondamentales ne seront pas apportées pour en supprimer les causes ; la sauvegarde des ressources de la planète au bénéfice de tous ses habitants d'aujourd'hui et de demain (il s'agit ici du climat, dont les changements peuvent avoir de graves répercussions pour des centaines de millions d'hommes et de femmes) ; le respect de la terre et de ses ressources, renouvelables ou non, qui, tous les

environnement, mondialisation et solidarité, travail et communications, droits et devoirs des citoyens de la planète et de leurs gouvernants, etc. Initialement annoncée pour le 1er mai 2008, le jour de la fête de saint Joseph, saint patron des travailleurs, sa publication aura été plusieurs fois reportée[960]. Finalement signée le 29 juin 2009, jour de la fête des saints apôtres Pierre et Paul, elle sera publiée le 7 juillet. D'emblée, *Caritas in veritate* se présente comme inscrite dans la continuité du concile, en particulier de la constitution pastorale *Gaudium et Spes*, et de l'enseignement de l'encyclique sur le développement, *Populorum Progressio*[961] de Paul VI. Elle entreprend de faire un bilan global et réaliste du développement dans le cadre de la mondialisation, avec de nombreuses continuités dans la manière dont se pose la question du développement comme une exigence de promotion de l'homme dans toutes ses dimensions, et d'accueil d'une « vocation » d'origine transcendante, pour tout homme et toute société (cf. n° 11).

Au regard du bilan global qu'elle fait des efforts en matière de développement, projet d'un ordre mondial dans lequel se sont engagées toutes les nations, *Caritas in veritate* constate qu'il y a eu des progrès, mais les fruits souhaités restent en deçà des attentes et des espérances. Si, de fait, il peut être affirmé qu'un certain développement a été réalisé depuis 1967, il reste que, selon Benoît XVI, une multitude d'hommes continuent d'être meurtris par « *des déséquilibres et par des problèmes dramatiques* » ; et des problèmes nouveaux sont apparus, exerçant « *un impact décisif sur le bien présent et futur de l'humanité* », et établissant, pour ainsi dire, des défis mondiaux qui demeurent tout entiers : les inégalités entre les riches et les pauvres se retrouvent dans tous les pays (cf. n° 21) ; le nouveau contexte commercial et financier international pose des limites à la souveraineté des états et des

---

jours, sont exploitées au profit de quelques-uns au détriment de populations entières ; l'immense essor des techniques qui réclament un jugement éthique pour qu'elles servent le vrai bien des vies humaines et n'aboutissent pas à leur déshumanisation, etc. C'est sans doute parce que toutes ces questions sont traitées dans l'Encyclique qu'elle a été publiée la veille de l'ouverture du G8 à l'Aquila en Italie. On pourrait alors en déduire que Benoît XVI a voulu simplement faire connaître, à la veille de cette rencontre des tenants de l'économie mondiale, ses propositions pour la résolution d'une des grandes crises de la planète.

[960] L'Encyclique était attendue dès l'année 2007, car elle devait commémorer le quarantième anniversaire de *Populorum progressio* publiée par Paul VI en 1967 : cf. *Documentation catholique*, 2429 (2009), p. 750-795.

[961] *Caritas in veritate* rend spécialement un hommage appuyé à *Populorum progressio* et enraciné dans la longue tradition de la foi des Apôtres et dans Vatican II. À ce sujet, le pape est sans détour : « *J'exprime ma conviction que Populorum progressio mérite d'être considérée comme l'encyclique Rerum novarum de l'époque contemporaine, qui éclaire le chemin de l'humanité en voie d'unification* » (*Caritas in veritate*, n° 9). Ainsi, par rapport à *Rerum novarum*, l'encyclique *Populorum progressio* (1967) de Paul VI semble-t-elle constituer un nouveau départ puisqu'elle a mérité, elle aussi, une reprise, d'abord par Jean-Paul II, dans *Sollicitudo rei socialis* (1987), puis, avec un certain décalage de calendrier, par Benoît XVI, dans *Caritas in veritate* (2009).

initiatives de la société civile pour une plus grande participation des citoyens à la *res publica* (les affaires publiques) se multiplient çà et là (cf. n° 24) ; on observe par ailleurs un affaiblissement des systèmes de protection et de prévoyance sociales (cf. n° 25). Sur le plan culturel, l'interaction entre les cultures ouvre certes des perspectives au dialogue interculturel, mais il y a les risques d'appauvrissement culturel dû à un certain relativisme ambiant (cf. n° 26). Il importe en outre de bien noter les problèmes de la faim et de l'insécurité alimentaire qui ont pour origine, entre autres : des causes structurelles et la non-implication des communautés locales (cf. n° 27) ; les dérives en bioéthique qui épuisent les motivations et les énergies nécessaires pour œuvrer au service du vrai bien de l'homme (cf. n° 28) ; la négation du droit à la liberté religieuse et l'« indifférence religieuse », qui constituent également une menace et s'oppose au développement des peuples (cf. n° 29). Tous les problèmes socio-économiques sont ainsi passés au crible de la critique du pape.

Face à ces défis qui interpellent la société contemporaine, l'humanité ne semble guère répondre et entretient plutôt des « *situations de sous-développement qui ne sont pas le fruit du hasard ou d'une nécessité historique* » (n° 17). Sur ce constat, la pensée de l'Église garde sa cohérence : les facteurs de résistance au développement ne sont pas d'abord dans les structures, mais dans le cœur de l'homme. Tout part de là, tout y revient, en bien, en mal, corruption de la pensée et déficit de volonté. À la suite de ses prédécesseurs, Benoît XVI estime que c'est l'esprit de l'homme qui maintient le désordre en lui-même et, par voie de conséquence, entre les peuples (cf. n° 19). Plus que les causes matérielles, c'est le péché des hommes qui se révèle comme la cause première du sous-développement. De ce point de vue, l'analyse de *Caritas in veritate* s'inscrit fermement et volontairement dans une tradition de l'enseignement social de l'Église. Toutefois, le pape ne veut pas répéter des lieux communs, mais veut apporter quelques éléments originaux, conformément aux défis contemporains. La crise actuelle est alors une « *occasion de discernement et met en capacité d'élaborer de nouveaux projets*» (n° 21). *Caritas in veritate* se présente sous cet angle, moins comme une exigence doctrinale que comme un outil d'inspiration éthique dans l'approche de la complexité des questions sociales posées par la mondialisation. Benoît XVI ne cherche cependant pas à apporter des solutions pratiques aux grands problèmes sociaux actuels, mais plutôt à rappeler les principes fondamentaux d'un véritable développement humain. Reprenant à *Populorum progressio* le concept de « développement intégral » pour l'actualiser, *Caritas in veritate* aborde la question dans une perspective anthropologique et théologique enracinée dans la longue tradition de l'enseignement social de l'Église.

Si le Pape, dans l'Encyclique, porte en effet l'attention sur de nombreux points concrets, il les enracine d'abord dans une perspective anthropologique qui interroge sur le sens de l'homme et de sa vie. Il porte particulièrement son attention sur la vie de l'homme, élément central de tout véritable progrès. Dans cette démarche, l'être humain est fondamentalement perçu comme source et sommet, principe et finalité, du développement[962]. Mais il ne suffit pas de promouvoir l'homme, encore faut-il bien le penser. Aussi, le Pape invite-t-il à souscrire à une vision anthropologique fondamentale du développement, marquée du signe de la gratuité, du respect de la vie fragile, de la supériorité de la volonté et de la raison humaines sur les mécanismes de l'économie et de la technique. En pensant l'homme comme un être créé à l'image et à la ressemblance de Dieu, et comme un être de relation, l'Encyclique en vient à considérer l'amour, en tant que faculté de relation, comme le fondement où tout homme se découvre lui-même, comme le lieu où l'humanité puise sa force et son engagement dans la vie sociale ; car c'est par la capacité d'aimer que se construisent les relations familiales et d'amitiés. L'accomplissement de la « vocation des peuples au développement » et du « développement intégral de la personne humaine » devra donc se fonder sur cette réalité humaine qui, pour être au service de la liberté, doit s'allier à la vérité. Ainsi, *Caritas in veritate* reprend, de l'enseignement social de l'Église, les valeurs fondamentales de vérité[963], amour[964] et liberté[965] et indique combien la pratique de la charité dit la vérité de l'homme tant celui-ci a besoin d'amour et de liberté. Cette perspective donne à l'ensemble de l'encyclique une vigueur anthropologique originale et révèle combien la question sociale aujourd'hui, celle du développement et de la mondialisation, celle du bouleversement des anciennes solidarités, et les effets de crises, engagent une vision de l'homme, sa dignité et sa transcendance. Certes, l'anthropologie dans *Caritas in veritate* est profondément théologique et présente l'adhésion aux valeurs du christianisme « *comme un élément non seulement utile, mais indispensable pour l'édification d'une société bonne et d'un véritable développement humain intégral* » (n° 4). Elle permet toutefois au Pape de repenser l'être humain à partir du concept de « nature », d'évaluer l'aventure de la société humaine à travers une lecture des signes des temps, de

[962] Pour Benoît XVI, le développement implique une certaine vision de l'homme. En cela, l'absolutisme de la technique trouve son expression la plus forte dans la manipulation de la vie humaine, dans la mesure où, dans les situations humaines de dégradation, il existe une attitude d'indifférence à l'égard de la frontière entre ce qui est humain et qui ne l'est pas (cf. n° 75).

[963] cf. JEAN-PAUL II, *Lettre encyclique Veritatis splendor* (6 août 1993) : *AAS* 85 (1993) ; *DC* 90 (1993).

[964] cf. BENOIT XVI, *Lettre encyclique Deus caritas est* : *AAS* 98 (2006) ; *DC* 103 (2006).

[965] cf. CONGRÉGATION POUR LA DOCTRINE DE LA FOI, « Instruction Libertatis conscientia, La liberté chrétienne et la libération » in *Documentation catholique* 83 (1986) 393-411 ; CONGRÉGATION POUR LA DOCTRINE DE LA FOI, « Instruction Libertatis nuntius, sur quelques aspects de la Théologie de la Libération » in *Documentation catholique* 81 (1984) 890-900.

discerner l'actualité historique et de mettre au clair le fondement de la crise que traverse aujourd'hui la société humaine.

De fait, *Caritas in veritate* fonde à plus d'un endroit son enseignement social sur le concept de « nature »[966]. Reprenant le terme de Jean-Paul II, Benoît XVI parle même de « vocation » de la nature[967]. À cet égard, la terre doit être lue dans la foi comme un don de Dieu, car elle porte la trace d'une bienveillance que l'homme se doit d'honorer à la fois en recueillant ses fruits par toutes les ressources de son esprit, et en partageant ce don entre tous les humains (déjà présents ou encore à venir) à qui ils sont gracieusement destinés. Face à la destruction environnementale et au péril écologique (culture d'organismes génétiquement modifiés, programmes de construction de centrales nucléaires, etc.) les balises de la réflexion sont posées : l'effort du travail, la créativité et l'intelligence technique doivent être mobilisés et la « grammaire » du milieu doit être respectée pour que soit poursuivie, dans l'alliance de la maîtrise humaine et du don divin, la finalité de la nature, c'est-à-dire le bien de l'homme (cf. n° 50). Mais la responsabilité de l'homme à l'égard de la nature ne se limite pas aux questions environnementales, si graves et urgentes soient-elles. Plus importante en effet est la considération de l'homme lui-même[968], d'autant plus que, dans le prolongement de l'enseignement de

---

[966] On peut en effet y trouver des expressions telles que « *vérité naturelle* » (n° 3), « *plan naturel* » et « *ordre naturel* » (n° 18), « *nature* » de l'homme (n° 21), « *nature blessée* » (n° 34), « *normes morales naturelles* » (n° 45), « *milieu naturel* » (n° 48) (p. 749) « *nature humaine* » et « *loi naturelle* » (n° 59), « *fraternité naturelle* » (n° 73). Il aurait été intéressant d'étudier longuement le concept « nature » pour en découvrir la polysémie. Le terme désigne tantôt un principe spontané de développement, tantôt le monde qu'étudie la biologie, tantôt encore l'essence d'un genre ou les caractéristiques d'un individu.

[967] cf. JEAN-PAUL II, « Message pour la Journée mondiale de la paix 1990 » cité dans BENOIT XVI, *Caritas in veritate*, n ° 48. Xavier Dijon estime que l'expression « vocation de la nature » montre que « *la nature, étant appelée par Dieu, n'est pas un dieu elle-même, comme le croit erronément la tentation païenne du naturalisme, mais elle montre aussi que l'homme ne peut procéder à sa technicisation complète* », car le milieu naturel n'est pas seulement un matériau dont nous pouvons disposer à notre guise (DIJON, X., s.j., « Le livre de la nature dans l'encyclique *Caritas in veritate* » in *Nouvelle revue théologique*, 131 / n° 4 (2009), 761. C'est plutôt « *l'œuvre admirable du Créateur, portant en soi une « grammaire » qui indique une finalité et des critères pour qu'il soit utilisé avec sagesse et non pas exploité de manière arbitraire* » (BENOIT XVI, *Caritas in veritate*, n° 48). On sait par ailleurs que la Commission théologique internationale a publié une réflexion de portée générale intitulée « À la recherche d'une éthique universelle : nouveau regard sur la loi naturelle » (Cf. Commission théologique internationale « A la recherche d'une éthique universelle : nouveau regard sur la loi naturelle » in *Documentation catholique*, 2430 (2009), p. 811-844). C'est dire l'importance actuelle du thème retenu.

[968] L'Encyclique note d'ailleurs la réciprocité entre l'écologie environnementale et l'écologie humaine : « *La façon dont l'homme traite l'environnement influence les modalités avec lesquelles il se traite lui-même et réciproquement. (...) Toute atteinte à la solidarité et à l'amitié civique provoque des dommages à l'environnement, de même que la détérioration de l'environnement, à son tour, provoque l'insatisfaction dans les relations sociales. À notre*

Jean-Paul, « *quand l'écologie humaine est respectée dans la société, l'écologie proprement dite en tire aussi avantage* »[969] (n° 51). On sait par ailleurs que la nature, comprise en toute sa richesse comme le premier don que Dieu fait aux hommes constitue à la fois la vérité et la semence de la liberté, exclusivement propre aux humains et que promeuvent et accroissent les différentes cultures.

Dans le contexte global de la mondialisation, la liberté est en outre la référence si chère aux humains et qui leur permet de comprendre leur propre universalité. Il importe donc de bien repenser le rapport dialectique entre nature et liberté. Celle-ci ne peut, sous peine d'être cause de dérives et de perversions telles que la crise économique et financière, et la dégradation de l'environnement, s'affranchir de la nature des choses. Elle devra alors faire preuve de culture de sagesse. L'Encyclique montre bien justement une intrication dynamique entre nature, culture et liberté ; car l'être humain est, fondamentalement, un être de nature, de culture et de liberté :

> « *Réduire complètement la nature à un ensemble de données de fait finit par être source de violence dans les rapports avec l'environnement et finalement par motiver des actions irrespectueuses envers la nature même de l'homme. Étant constituée non seulement de matière, mais aussi d'esprit et, en tant que telle, étant riche de significations et de buts transcendants à atteindre, celle-ci revêt un caractère normatif pour la culture. L'homme interprète et façonne le milieu naturel par la culture qui, à son tour, est orientée par la liberté responsable, soucieuse des principes de la loi morale* »[970] (n° 48).

Dans la ligne de *Populorum progressio*, *Caritas in veritate* note ensuite que la vocation chrétienne au développement concerne le plan naturel comme le plan surnaturel du fait que « *le développement humain intégral sur le plan naturel, réponse à un appel du Dieu créateur, demande de trouver sa vérité dans un humanisme transcendant, qui (...) donne [à l'homme] sa plus grande plénitude* »[971] (n° 18, 29). L'homme apparaît donc comme une nature appelée à se transcender dans un au-delà d'elle-même. Ainsi, à l'heure où le monde entier s'interroge sur les conditions d'une régulation de l'économie mondiale, de la sortie tant de la crise financière que du chômage, sur les chances et limites du

---

époque en particulier, la nature est tellement intégrée dans les dynamiques sociales et culturelles qu'elle ne constitue presque plus une donnée indépendante » (n° 51).

[969] cf. JEAN-PAUL II, *Lettre encyclique Centesimus annus* (1er mai 1991), n° 38: *AAS* 83 (1991), 840-841; *DC* 88 (1991) p. 537-538 ; BENOIT XVI, *Message pour la Journée mondiale de la paix 2007*, n° 8 ; *DC* 104 (2007) p. 57-58.

[970] Cette synthèse dans l'action est possible parce que, d'après Dijon, « *à la source tant de la nature environnementale que de la nature humaine, et tant de la liberté que de la loi morale, se trouve le Don premier du Créateur : la loi ne sera pas écrasante, car elle est inscrite dans la nature par la Volonté aimante qui a voulu que cette nature culmine dans la liberté humaine ; à son tour, la liberté ne sera pas fantaisie ni accaparement ni domination, car elle est donnée à l'homme par ce Tiers qui la veut telle dans la nature qu'il crée* » (DIJON, X., s.j., *art. cit.*, p. 768).

[971] cf. PAUL VI, Lettre encyclique *Populorum progressio*, n° 16.

marché, sur la survie de la planète, sur les rapports Nord-Sud et la complexité des interdépendances entre les nations, sur le respect des droits de l'homme et tant d'autres questions préoccupantes, le pape ne propose pas, en réponse, un modèle économique, politique, juridique ou technique, mais invite plutôt à une ouverture à la transcendance.

L'homme contemporain doit choisir entre une raison et un monde organisés de manière immanente, fermés sur eux-mêmes, et une raison et un monde ouverts à la transcendance et aux valeurs promues par le Christ qui, seules, peuvent garantir un développement intégral respectueux de l'homme. Tel est, selon le pape, l'enjeu décisif de notre époque. Il part donc d'un diagnostic théologique fondé sur un discernement des signes des temps. Il pense qu'à la base des problèmes de justice et d'éthique sociale se pose une question préalable et plus radicale : est-ce que l'homme se considère et se construit tout entier à partir de lui-même ou reconnaît-il qu'il est aimé en vérité par Dieu en Jésus-Christ qui l'invite à le suivre ? Prenant position pour une perspective théologale, l'Encyclique aborde quasiment tous les problèmes socio-économiques contemporains, mais le poids de l'argumentation, toutefois, ne se trouve pas dans l'analyse de ces problèmes, mais bien plutôt dans le rappel à s'ouvrir à l'amour dans la vérité, plus précisément à l'appel du Christ à un développement intégral conforme au dessein de Dieu. La raison de cette option cardinale à l'origine du document, et qu'on retrouve dès les premières lignes de son introduction, c'est la foi que « *l'amour dans la vérité (Caritas in veritate), dont Jésus s'est fait le témoin dans sa vie terrestre et surtout par sa mort et sa résurrection, est la force dynamique essentielle du vrai développement de chaque personne et de l'humanité tout entière* » (n° 1). Le fondement de la pensée théologique du pape est ainsi donné : c'est l'incarnation du Christ, Image parfaite de Dieu, qui déclenche la dynamique d'un vrai développement intégral de l'homme, créé à l'image et à la ressemblance de Dieu. À en croire Édouard Herr, manifestement, cette Encyclique « *tend à montrer que, dans tous les domaines de la vie sociale, ce qui est en jeu, c'est précisément la reconnaissance de cette source transcendante de tout développement* »[972]. Et ainsi que l'a affirmé Mgr Crepaldi, considéré comme l'un des rédacteurs principaux du document, « *le véritable thème de l'encyclique, c'est la place de Dieu dans le monde* » [973]. L'accent est donc plus théologique et spirituel qu'éthique[974]. *Caritas in veritate* voudrait ainsi donner un fondement solide à

---

[972] HERR, E., s.j., « L'encyclique *Caritas in veritate*. Une lecture » in *Nouvelle Revue Théologique*, 131 / n° 4 (2009), p. 730. (728-748).

[973] Mgr Crepaldi, cité par HERR, E., s.j., *art. cit.*, p. 730.

[974] Si on examine le plan et l'organisation du document, on en tire l'impression que celui-ci n'obéit pas à un ordre logique rigoureux, mais que ses rédacteurs visent à illustrer, dans l'ensemble des thèmes d'éthique sociale, la pertinence de l'approche théologique proposée. Les sujets traités sont constamment ramenés au principe théologique de base énoncé par Mgr Crepaldi. On pourra observer que les mots « Amour », « Charité » et surtout « Vérité » sont

l'éthique sociale chrétienne. L'articulation appliquant cette option théologique et spirituelle à tous les domaines sociétaux est le concept de « développement humain intégral » considéré comme une « vocation »[975] (cf. n° 11 et 16) de la part de Dieu, à laquelle l'homme est invité à répondre librement[976]. Somme toute, pour Benoît XVI, le problème social le plus radical, c'est l'absence de Dieu dans la société ; car « *Dieu est le garant du véritable développement de l'homme, puisque, l'ayant créé à son image, Il en fonde aussi la dignité transcendante et alimente en lui la soif d'« être plus* » (n° 29). Aussi, en déduit-il fermement à l'instar de ses prédécesseurs, que « *l'humanisme qui exclut Dieu est un humanisme inhumain* »[977] et que de ce fait, « *la plus grande force qui soit au service du développement, c'est donc un humanisme chrétien qui ravive la charité et se laisse guider par la vérité en accueillant l'une et l'autre comme des dons permanents de Dieu* » (n° 78). Tel est le message d'espérance de *Caritas in veritate* pour une humanité qui a la mission et les moyens de maîtriser et transformer le monde dans lequel elle vit. Pour réussir cette mission de développement socio-humain, selon Benoît XVI, il est fondamental et essentiel que tous les humains méditent sur leur être propre et leur nature. Dans cette optique, on est conduit à observer, avec Dijon, que d'une façon globale, la question sociale sous Léon XIII, devenue mondiale sous Paul VI, est aujourd'hui, sous Benoît XVI, anthropologique[978].

---

massivement présents et repartis sur l'ensemble du texte. C'est bien l'amour dans la vérité qui éclaire la thématique théologique du texte (cf. HERR, E., s.j., *art. cit.*, p. 730). Selon Herr, « *cette Encyclique est la plus théologique des encycliques sociales de l'Église* » (*ibidem*, p. 747).

[975] Le document relève en effet : « *Définir le développement comme une vocation, c'est reconnaître, d'un côté, qu'il naît d'un appel transcendant et de l'autre, qu'il est incapable de se donner par lui-même son sens propre ultime* » (n° 16).

[976] Il s'agit ici d'une orientation traditionnelle de l'Église que Benoît XVI reprend ici, orientation selon laquelle toutes les dimensions humaines sont concernées par le développement, mais aucune ne pourra être déployée en plénitude si l'intégralité – dès lors la dimension transcendante de l'homme – n'est pas respectée (cf. n° 8 et 10). Dans *Caritas in veritate*, le concept de développement est englobant : il concerne la crise aussi bien que les finances. Ainsi la mondialisation et l'économie sont mesurées par lui et reçoivent de lui leur exigence d'intégralité. Il n'est donc pas étonnant que l'Encyclique ne cite pas une seule fois le mot capitalisme, pas plus d'ailleurs que les termes « libéralisme », « socialisme » ou « marxisme », et même pas celui de « développement durable ». C'est certainement de propos délibéré que le Pape refuse de s'engager dans une discussion idéologique (cf. HERR, E., s.j., *art. cit.*, p. 732-733).

[977] PAUL VI, *Lettre Encyclique Populorum progressio*, n° 42 ; DE LUBAC, H., s.j., *Le Drame de l'humanisme athée*, Spes, Paris, 1945, p. 10.

[978] cf. DIJON, X., s.j., *art. cit.*, p. 769.

II. Aux sources fondamentales de l'enseignement de l'Église sur le « développement humain intégral »

À bien considérer, d'après l'analyse que nous venons d'effectuer, l'enseignement de l'Église dans les quatre différents documents majeurs de la pensée du Magistère en matière de développement humain (*Gaudium et spes, Populorum progressio, Sollicitudo rei socialis* et *Caritas in veritate*), il est loisible d'observer qu'à la base de la pensée ecclésiale, existe une conception de l'homme, une vision anthropologique. Pour le Concile, le développement humain authentique consiste dans la promotion de la « vocation intégrale de l'homme » (cf. *Gaudium et spes*, n° 10, § 2) ; et pour ce faire, le concept théologique fondamental pour parler de l'homme est celui d'« image de Dieu » (cf. *idem,* n° 12, § 3). À la suite du Concile, le Pape Paul VI défendra les principes d'un développement intégral et solidaire de l'humanité (Cf. *Populorum progressio*, n° 14), fondés sur un humanisme nouveau (cf. *idem,* n° 20) où la solidarité interhumaine et l'ouverture à Dieu joueront un rôle essentiel. Le défi ultime sera d'atteindre un humanisme plénier (cf. *idem*, n° 42), finalité suprême du développement personnel et de tout développement authentique (cf. *idem*, n° 16). Quelques années plus tard, le Pape Jean-Paul II estimera que la lutte contre des « structures de péchés » (cf. *Sollicitudo rei socialis*, n° 36 ; 39) constitue la condition nécessaire d'une réelle émergence du développement humain solidaire. Selon *Sollicitudo rei socialis*, l'homme, en tant que créature et image du Dieu Créateur, et déterminé dans sa réalité profonde par cette origine et cette finalité qui le constituent, est inscrit dans un devenir marqué par l'exigence de demeurer dans le dessein divin, dans un rapport ordonné au Créateur (*Sollicitudo rei socialis*, n° 30). Or, les structures de péchés, « *somme de facteurs négatifs* » (cf. *ibidem*, n° 36), font obstacle à l'accueil de la vérité sur l'homme, sur sa qualité d'image de Dieu, et donc compromettent la réalisation humaine authentique (cf. *ibidem*, n° 31). Finalement, plus récemment, c'est encore en pensant l'homme comme un être créé à l'image et à la ressemblance de Dieu (cf. *Caritas in veritate*, n° 29), et comme un être de relation, que Benoît XVI invite à souscrire à une vision anthropologique fondamentale du développement. Ainsi, pour *Caritas in veritate*, l'accomplissement de la « vocation des peuples au développement » et du « développement intégral de la personne humaine » devra passer par l'accueil de la vérité sur l'homme (cf. *ibidem* n° 18 ; 29) et la pratique de la Charité (cf. *ibidem*, n° 1 ; 75 ; 78).

Somme toute, on le perçoit sans ambiguïté aucune, le thème de la création de l'homme à l'« image » et selon la « ressemblance » de Dieu traverse tout l'enseignement du Magistère de l'Église en matière de « développement humain intégral » pour en constituer le fondement primordial à partir duquel se développe tous les discours de l'autorité ecclésiale sur le développement. De fait, et cela apparaît comme une constante à travers les siècles d'histoire de l'Église, l'affirmation que l'homme est fait à l'image de Dieu, qu'il est appelé à se parfaire selon la ressemblance divine, est incontestablement une donnée première et centrale pour toute l'anthropologie chrétienne, plus globalement, un thème fondamental dans la doctrine chrétienne et la vie spirituelle. Ainsi que l'affirme Douglas John Hall, « *à chaque fois, au cours des siècles, que des chrétiens se sont sentis obligés par les circonstances historiques de retourner à leurs sources fondamentales avec de nouvelles questions au sujet de la condition humaine, ils ont eu affaire à cette petite expression : « imago Dei », selon la formule latine traditionnelle* »[979]. Très tôt dans l'histoire, l'*imago Dei*, provenant des écritures hébraïques, a commencé à prendre, pour la foi de l'Église, une signification technique, théo-anthropologique. Elle est devenue, pour ainsi dire, une manière abrégée de renvoyer à ce que les chrétiens considéraient comme la condition et la vocation originales de la créature humaine. À en croire le *Dictionnaire de spiritualité*, « *aucun sujet n'a été aussi souvent abordé dans la catéchèse ancienne, comme dans l'exégèse savante et la spéculation théologique* »[980]. L'héritage biblique[981], enrichi par la pensée philosophique gréco-romaine[982], deviendra, au cours de l'histoire, un bien commun que viendront exploiter les écoles théologiques, de spiritualité, d'éthique, etc. Il sera développé selon les possibilités et les exigences de l'expérience religieuse mise en rapport avec la culture à toutes les époques du christianisme. Mais si, au cours de l'histoire du développement de la pensée chrétienne, le thème de la création de l'homme à l'image et selon la ressemblance de Dieu a occupé la réflexion et produit une littérature très florissante, et que pour cela, ce thème paraît aller de soi, du moins chez les chrétiens qui y perçoivent une définition de

---

[979] DOUGLAS JOHN HALL, *être image de Dieu, Le stewardship de l'humain dans la création (*traduit de l'anglais par Louis Vaillancourt avec la collaboration de Jean Desclos et Roland Galibois), Cerf / Bellarmin, Paris / Montréal, 1998, p. 109.

[980] AA. VV., *Dictionnaire de spiritualité, ascétique et mystique : Doctrine et histoire*, Beauchesne, Paris, 1971, art. « Image et ressemblance ».

[981] Plus tard, la Bible aidera la philosophie à enrichir et spiritualiser le contenu du thème de l'image.

[982] La notion d' « assimilation » à Dieu vient de la philosophie grecque, et notamment de Platon. Selon la célèbre formule du *Théétète* (176 ab), le devoir du sage « *est de chercher à s'évader d'ici là-bas au plus vite ; or l'évasion, c'est l'assimilation à la divinité autant que faire se peut, et l'assimilation, c'est devenir juste et saint avec intelligence* ». La ressemblance est ainsi, pour Platon, une exigence spirituelle, et l'ami de la sagesse la réalise par la pratique de la vie vertueuse et l'exercice de la contemplation (cf. PLATON, *République*, VI, 13, 500c, et x, 12, 613 ab ; PLATON, *Lois*, IV, 716 cd). Cette idée devient un lieu commun dans les cercles stoïciens, qui insisteront sur le rapport entre ressemblance à Dieu et béatitude.

l'homme dans une perspective théologique[983] et qui considèrent que tout semble avoir été dit du point de vue biblique, historique, et systématique, etc., aujourd'hui, cependant, comme le note Otto Hermann Pesch, « *rien n'est évident, ni bibliquement, ni historiquement, ni systématiquement....* »[984]. Négligé ou sous-estimé quelque temps en théologie, il suscite de nouveau, depuis des décennies, l'intérêt chez de nombreux théologiens, historiens et biblistes[985]. Dans l'approfondissement actuel de la révélation, le constat est que le thème de l'homme créé à l'image et selon la ressemblance de Dieu continue de se développer, de se préciser et de se renouveler. Au Colloque de l'Académie Internationale des Sciences religieuses, tenu à Fribourg (Suisse) du 1er au 5 septembre 2005, Pesch relevait que « *dans notre décennie, le thème de l'image de Dieu a obtenu une place reconnue dans l'anthropologie théologique. Grâce à l'exégèse*

---

[983] On sait que, si le fait de la création de l'homme à l'image et à la ressemblance divines n'a jamais été contesté en dehors de la gnose, il existe en revanche une telle variété d'opinions sur la nature de cette image et de cette ressemblance, que l'on y a vu parfois, à tort ou à raison, le type de la question byzantine sans profit pour l'âme. Dans ses *Questions-réponses* (cf. *quaest.* 155-172, PG 38, 1108-1137), le pseudo-Césaire se fait, au 6e siècle, l'écho de ces divergences. cf. AA. VV., *Dictionnaire de spiritualité, ascétique et mystique : Doctrine et histoire*, art. « Image et ressemblance ».

[984] cf. PESCH, O. H., « Préface » in PESCH, O. H., VAN CANGH, J.-M. (Sous la direction de), *L'homme image de Dieu, Données bibliques, historiques et théologiques*, Actes du colloque de l'Académie internationale des sciences religieuses (Cité St-Justin et Faculté de théologie de l'université de Fribourg : du 1er au 5 septembre 2005), Cerf, Paris, 2006, p. 15. D'après Pesch, « *dans la Bible, dans l'Ancien Testament comme dans le Nouveau, l'idée de l'image de Dieu se rencontre dans des passages « célèbres », mais elle n'est pas centrale, pas un ceterum censeo. Dans le Nouveau Testament en particulier, elle semble être réservée au Christ. Dans l'histoire de la théologie chrétienne, elle est l'objet, voire la victime d'innombrables interprétations et d'approches. La théologie systématique est confrontée avec un point de départ très déconcertant* » : PESCH, O. H., « Préface » in PESCH, O. H., VAN CANGH, J.-M. (sous la direction de), op. *cit*., p. 16.

[985] À ce sujet, il est assez significatif de citer entre autres productions très récentes : FANTINO, J., *L'homme image de Dieu, chez saint Irénée de Lyon*, Thèse de doctorat en théologie, Cerf, Paris, 1986 ; HAMMAN , A.-G., *L'homme, image de Dieu, Essai d'une anthropologie chrétienne dans l'Église des cinq premiers siècles*, Desclée, Paris, 1987, 348 p ; MOLTMANN, J. *Dieu dans la Création, Traité écologique de la création (*Traduit de l'allemand par Morand Kleiber) Cerf, Paris, 1988 ; DOUGLAS JOHN HALL, *op. cit.*, 336 p ; WESTERMAN, C., *Théologie de l'Ancien Testament* (traduit de l'allemand par Lore Jeanneret), Labor et Fides, Genève, 2002 ; PASQUET, C., *L'Homme, Image de Dieu, Seigneur de l'univers, L'interprétation de Gn 1,26 dans la tradition syriaque orientale*, Thèse présentée pour l'obtention du doctorat conjoint en Histoire des religions et en Anthropologie religieuse (Paris IV) et en théologie (I.C.P.), Paris, 2006, 624 p ; WENIN, A., *D'Adam à Abraham ou les errances de l'humain, Lecture de Genèse 1,1 – 2,4*, Cerf, Paris, 2007, 254 p ; KEHL, M., *« Et Dieu vit que cela était bon », Une Théologie de la Création*, avec la collaboration de Hans-Dieter Mutschler et Michael Sievernich (Traduction de Joseph Hoffmann), Cerf, Paris, 2008, 573 p ; WENIN, A., *L'homme biblique, Lectures dans le premier Testament*, 2e édition revue et augmentée, Cerf, Paris, 2009, 222 p ; etc.

historico-critique, certains malentendus dans la tradition ont pu être résolus »[986]. On peut remarquer par ailleurs que depuis plus d'une cinquantaine d'années, ce thème de l'image divine a été l'objet de monographies, souvent importantes, relatives à l'exégèse, à la patristique, et même à la scolastique[987]. Ce n'est pas le propos de notre recherche de reprendre ou de répéter cette immense œuvre. Nous ne cherchons donc pas à cerner les vicissitudes de cette histoire doctrinale très complexe et bien inépuisable, mais à en dégager des aspects d'originalité, qui nous permettront de rejoindre les interrogations de l'éthique chrétienne au plan social, et plus spécialement, les intérêts les plus actuels de la problématique chrétienne contemporaine du développement humain. Notre objectif sera, dès lors, d'élargir et de prolonger l'éventail des recherches précédentes en présentant, aussi rapidement que possible, un survol biblique et patristique de ce thème et surtout, de nous interroger sur son acception actuelle, sur son contenu anthropologique et doctrinal, et sur ses conséquences et implications en matière de développement humain.

II. A. Les Sources scripturaires du principe chrétien de développement humain : l'« *imago Dei* »

Au sujet de l'homme, la Bible hébraïque nous place toujours devant un organisme psychophysiologique comprenant deux composantes : la *néfèsh* (souvent traduit par « âme », « souffle ») et le *basar* (souvent traduit par « corps », « chair »). La *néfèsh*, c'est le dynamisme même de l'être vivant ; c'est l'être vivant lui-même, la personne[988]. On saisit la *néfèsh* à travers le *basar* et inversement, le *basar* ne se saisit jamais à part de la

[986] PESCH, O. H., « Préface » in PESCH, O. H., VAN CANGH, J.-M. (sous la direction de), *op. cit.*, p. 16. Selon l'organisateur de Colloque, c'est la théologie elle-même qui peut désormais « *mettre en jeu le vrai sens biblique du thème : la relation spéciale et personnelle des hommes avec leur Créateur et leur participation à son pouvoir dans la perfection de la création. Mais simultanément un nouveau fossé s'ouvre du point de vue œcuménique. (...) Selon la tradition protestante, pour l'homme après la chute, l'image de Dieu est un don eschatologique à espérer, tandis que selon la tradition catholique l'image de Dieu est instaurée par la grâce déjà dans cette vie et va vers sa perfection dans la vie éternelle. Quelques théologiens protestants sont enclins à considérer cette différence comme dissension fondamentale entre la conception du salut catholique et protestant, du moins comme une expression significative de cette différence* » : PESCH, O. H., « Préface » in PESCH, O. H., VAN CANGH, J.-M. (sous la direction de), *op. cit.*, p. 16.

[987] PASQUET, C., *op. cit.*, 624 p.

[988] cf. Gn 2, 7 : « Yahvé prit de la glaise du sol, il souffla dessus et elle devint une *néfèsh* ». Pour désigner une personne vivante, l'auteur biblique dit parfois simplement la *néfèsh* (Gn 12, 5). Celle-ci subsiste encore dans le *shéol*, où l'on est complètement affaibli, réduit à l'état d'ombre de soi-même (cf. Nb 6, 6). Mais on dit, dans le cas des habitants du shéol, que leur *néfèsh* est « morte ». La *néfèsh*, c'est donc le centre de conscience, le centre d'unité du pouvoir vital, c'est la personne concrète animée de son dynamisme foncier.

néfèsh dont il est la manifestation concrète. Nous sommes donc placés devant un organisme fortement synthétique, à la fois physique et psychique[989]. Ce qui donne sa consistance au composé *néfèsh-basar*, c'est la *ruah* (esprit) qui est une force vitale prêtée d'en haut (cf. Gn 2, 7) et qui maintient debout l'être humain, le seul être vivant[990] que la tradition biblique dit être créé à l'image de Dieu. En effet, dès qu'on s'engage à examiner le thème de l'« *imago Dei* » (image de Dieu) souvent abordé avec celui de la « *similitudo Dei* » (ressemblance de Dieu) dans la doctrine de l'Église, on s'aperçoit d'emblée qu'il s'agit d'abord d'une affirmation biblique. C'est donc en premier lieu à l'Écriture qu'il faut recourir pour découvrir son enracinement, quoiqu'il faille toutefois reconnaître que l'origine de l'homme à laquelle est lié le thème de l'image n'a pas été une des préoccupations essentielles des textes fondateurs, en l'occurrence, le Livre de la Genèse. Dans le judaïsme, en effet, la foi en Yahvé était d'abord la foi en l'élection. Dans le christianisme cependant, le concept d' « imago Dei », véritable métaphore hébraïque originelle, a atteint une telle prééminence qu'elle a acquis valeur de symbole[991] biblique.

II. A. 1. Aux origines vétérotestamentaires du symbole d' « image de Dieu »

Les textes les plus anciens mentionnant l'homme à l' « image de Dieu » se lisent dans la Genèse. Il y a trois références explicites (Gn 1, 26-28 ; 5, 1-3 ; 9, 6), et elles viennent toutes, selon l'exégèse traditionnelle reconnue[992],

---

[989] Les diverses parties du corps vont être regardées comme correspondant à différentes « facultés » concernant et résumant la *néfèsh*. Ces facultés ne sont autre chose que le *basar* (le corps) concentrant pour un instant toute la personne : le cœur (cf. Mt 15, 19), les reins (2 Ch 6, 9), le foie (Lm 2, 11), etc.

[990] La notion de *ruah* inclut donc, en même temps, quelque chose de surnaturelle. Dans la Bible, la maladie est présentée comme une déperdition de la *ruah* (cf. Ps 51, 13).

[991] P. Tillich fait une différenciation entre signe et symbole. Le symbole, soutient Tillich, désigne la réalité qu'il symbolise tout en faisant partie de celle-ci. À la différence du signe, le symbole n'est pas choisi arbitrairement ; il vient à l'existence quand c'est le temps pour lui, et il cesse d'être un symbole vivant lorsqu'il ne sert plus à mettre les gens en contact avec la réalité transcendante qu'il a pour rôle de désigner. Ainsi le symbole n'est pas strictement un produit de l'ingéniosité et de la rationalité humaines, à la manière de dogmes, de formules ou de préceptes éthiques. cf. P. Tillich, cité dans : DOUGLAS JOHN HALL, *op. cit.*, p. 111. Voire TILLICH, P., *Dynamique de la Foi*, trad. par F. Chapey, Casterman, Paris, 1968, le chapitre 3, «Les symboles de la Foi».

[992] L'exégèse traditionnelle de ces passages varie considérablement suivant les auteurs. DION en donne un résumé clair et assez complet (cf. DION, P. E., art. « Ressemblance et image de Dieu » in *Dictionnaire de la Bible, Supplément*, tome 10, Letouzey et Ané, Paris, 1981, col. 366). À titre d'exemples : « Image » désigne pour certains la faculté ou la partie de l'homme qui le rapproche de Dieu. Elle marque, selon d'autres, une ressemblance physique avec Dieu ou tout au moins elle est en rapport avec le physique (cf. NAGEL, G., « image » in

de la tradition sacerdotale « P » (Prêtre). Historiquement, et de loin la plus importante des trois références, Gn 1, 26-28 est la première référence de l'anthropogenèse dans le récit de la création du monde attribué au rédacteur sacerdotal :

> «[26]*Et Élohîm dit : "Faisons 'adam en notre image, comme notre ressemblance ; qu'ils maîtrisent le poisson de la mer et le volatile des cieux et le bétail et toute la terre, et tout rampant rampant sur la terre".* [27]*Et Élohîm créa ha'adam en son image, en image d'Élohîm il le créa, mâle et femelle il les créa.* [28]*Et Élohîm les bénit et Élohîm leur dit "Fructifiez et multipliez et emplissez la terre et soumettez-la et maîtrisez le poisson de la mer et le volatile des cieux et tout vivant rampant sur la terre"* » [993].

Ce bref récit de la création de *ha'adam*[994], l'être humain ou l'humanité, porte un poids et une valeur prééminents dans le contexte de la révélation biblique sur la vérité de l'homme. D'après Hamman, « *il n'est guère de texte qui ait suscité plus de commentaires et de monographies*[995]. *Toute la tradition chrétienne y cherche le point d'ancrage de son anthropologie* »[996]. Avant d'aborder les explications, il importe d'interpréter le texte, quoique brièvement, à la lumière de l'exégèse contemporaine. D'un point de vue narratif, observons que ce récit est assez répétitif. Selon l'analyse d'André

Vocabulaire biblique, Lausanne, 1969, p. 131). L'image est encore considérée par d'autres comme étant la capacité de dominer les animaux (cf. LAMARCHE, P., art. « Image » in *Vocabulaire de théologie biblique*, Cerf, Paris, 1977, p. 563). Elle exprime, pour d'autres auteurs encore, la relation spéciale qui existe entre l'homme et Dieu et qui permet un dialogue personnel (cf. FANTINO, J., *op. cit.*, p. 8). Tous ces auteurs ont des arguments pour étayer leurs thèses, mais ils n'envisagent pas suffisamment ces textes de la Genèse comme un tout faisant partie du même ensemble.

[993] cf. WENIN, A., *D'Adam à Abraham ou les errances de l'humain, Lecture de Genèse 1,1-2,4*, p. 38. Nous choisissons de suivre ici la traduction du bibliste, spécialiste de l'Ancien Testament et enseignant d'hébreu, André Wénin. Il s'attache, nous semble-t-il, à rester le plus proche possible du texte d'origine hébraïque. Il dit lui-même avoir choisi de ne pas traduire certains termes clés, mais plutôt de les transcrire seulement de l'hébreu. cf. *Ibibem*, p. 17. Une traduction complète de ce texte majeur donnerait : « *Et Dieu dit : "Faisons humain en notre image, comme notre ressemblance, qu'ils maîtrisent le poisson de la mer et le volatile des cieux et le bétail et toute la terre, et tout rampant rampant sur la terre". Et Dieu créa l'humain en son image, en image de Dieu il le créa, mâle et femelle il les créa. Et Dieu les bénit et Dieu leur dit* : *"Fructifiez et multipliez et emplissez la terre et soumettez-la et maîtrisez le poisson de la mer et le volatile des cieux et tout vivant rampant sur la terre"* ». cf. *ibidem*, p. 19.

[994] En hébreu, *'adamâ* désigne le sol cultivable ou l'humus. L'auteur biblique rend ici un jeu de mots entre les termes hébreux *'adamâ* (humus) et *'Adam* (humain) : cf. *ibidem*, p. 19, note n° 9.

[995] On trouvera, dès 1926, une longue bibliographie des seules études (les commentaires exceptés), chez DION, P.E., « Ressemblance et image de Dieu » in AA. VV., *Dictionnaire de la Bible, Supplément*, p. 375-376.

[996] HAMMAN, A.-G., *op. cit.*, p. 12-13.

Wénin, spécialiste en sciences bibliques, dans ce récit, « *la parole divine fait état d'un projet double (v. 26) dont la réalisation partielle (v. 27) est suivie d'une bénédiction où Dieu invite l'humain à réaliser lui-même la seconde partie du projet (v. 28)* »[997]. Une construction en tableau du texte peut mettre en relief le double projet divin et permettre de percevoir en parallèle les répétitions.

1er projet	*Verset 26 :* Et Élohîm dit : "Faisons 'adam en notre image, comme notre ressemblance "	*Verset 27 :* Et Élohîm créa ha'adam en son image, en image d'Élohîm il le créa, mâle et femelle il les créa.	1er projet réalisé
		Verset 28 : Et Élohîm les bénit et Élohîm leur dit :	Bénédiction et invitation
2ème projet	"qu'ils maîtrisent le poisson de la mer et le volatile des cieux et le bétail et toute la terre, et tout rampant rampant sur la terre".	"Fructifiez et multipliez et emplissez la terre et soumettez-la et maîtrisez le poisson de la mer et le volatile des cieux et tout vivant rampant sur la terre".	2ème projet à réaliser exprimé en impératif

Par-delà le parallélisme global entre les projets et leur exécution, on peut observer quelques distinctions, voire des différences sensibles qui, dans une composition aussi précise, sont sans doute significatives. Il serait donc opportun d'envisager une autre lecture du texte, à partir d'un regard attentif. À ce sujet, l'étude d'André Wénin, qui répertorie quatre différences sensibles, nous semble bien originale et fort significative[998] pour fonder une théologie du développement humain dans la perspective de la vocation intégrale de l'homme.

D'emblée, commente le spécialiste en sciences bibliques, le lecteur attentif au texte peut s'interroger sur l'emploi inattendu du pluriel marquant l'agir d'Élohîm : « faisons ». On sait que ce « faisons » a été l'objet de nombreuses interprétations. Les Pères de l'Église y ont vu une trace de la Trinité[999]. Certains modernes y décèlent la trace discrète de l'origine

---

[997] WENIN, A., *D'Adam à Abraham ou les errances de l'humain, Lecture de Genèse 1,1 -2,4*, p. 37-38.

[998] Nous suivons ici principalement l'étude d'André Wénin qui nous semble être d'une originalité singulière dans une perspective du développement humain : cf. *ibidem*, p. 38-40.

[999] Le terme hébreu étant un collectif, Grégoire de Nysse le remarquait déjà. cf. Grégoire de Nysse cité par HAMMAN, A.-G., *op. cit.*, p. 13 ; 209.

mythique du texte : le créateur consulterait sa cour de dieux ou d'anges avant de prendre la décision de créer l'humanité ; et d'autres en font un pluriel de majesté ou de délibération avec soi-même[1000]. Mais « *en hébreu, il existe une forme au singulier pour se donner à soi-même un ordre ou s'encourager à l'action. Le choix du pluriel implique donc normalement un interlocuteur* »[1001]. Qui est-il donc ? Par ailleurs, lorsque le narrateur rapporte l'œuvre d'Élohîm, il recourt au verbe « créer » (*bara'*) qui, dans la Bible hébraïque, n'a pas le sens de « faire de rien » comme le conçoit la traditionnelle doctrine de la création « *ex nihilo* », mais plutôt de « *faire du neuf, du jamais vu, de l'inouï* »[1002] et qui a pour caractéristique unique de n'avoir qu'un seul sujet : Dieu. Finalement le résultat du « faisons », c'est « il créa » quoique le verbe « faire » (*'asah*) aie une acception beaucoup plus large. Alors, pourquoi ici un tel changement de verbe et pourquoi passer du pluriel au singulier ?

Une autre différence sensible à noter, c'est lorsqu'Élohîm évoque le rapport entre lui et l'humain à l'aide de deux mots : « image » (*çèlèm*) et « ressemblance » (*d^emût*). Le texte décrit le rapport entre l'humain et Élohîm au moyen de cette double expression dont la meilleure traduction, selon Otto, est : « *à notre image, nous ressemblant* » [1003]. Ces deux termes ne sont pas des synonymes, en hébreu. Le texte de la Septante commenté par les Pères adopte, pour Genèse 1, 26, une expression coordonnée (« Faisons l'homme à notre image et à notre ressemblance »), alors que l'hébreu dit : « à notre image, selon notre ressemblance », c'est-à-dire positivement une image ressemblante, ou négativement une simple ressemblance[1004]. Selon

---

[1000] cf. WENIN, A., *D'Adam à Abraham ou les errances de l'humain, Lecture de Genèse 1,1-2,4*, p. 37 ; HAMMAN, *op. cit.*, p. 13. Hamman estime qu'ici, « *l'ébauche d'une délibération se trouve en tout cas au second plan, d'autant que le Code sacerdotal ne connaît pas d'intermédiaire entre Dieu et le monde et confesse un monothéisme strict* » (*idem*).

[1001] WENIN, A., *D'Adam à Abraham ou les errances de l'humain, Lecture de Genèse 1,1-2,4*, p. 38.

[1002] *Ibidem*, p. 38, note 29. Selon Wénin, dans des textes apparemment anciens comme Ex 34, 10 et Nb 16, 30 ; il s'agit d'une intervention inouïe de Dieu en Israël ; dans le même sens, des textes comme Is 43, 1.15 ; Ps 51, 12. La création entre évidemment dans ce genre d'actions : voir par exemple : Is 40, 26.28 ou Am 4, 13.

[1003] OTTO, S., « Image » in FRIES, H. (sous direction de), *Encyclopédie de la foi*, Tome II, Espérance – Lumière, Cerf, Paris, 1965, p. 272.

[1004] cf. AA. VV., *Dictionnaire de spiritualité, Ascétique et mystique : Doctrine et histoire*, art. « Image et ressemblance ». La coordination en grec expliquerait en partie pourquoi de nombreux auteurs distinguent image et ressemblance. Le premier à s'être interrogé sur la provenance de cette distinction est Clément d'Alexandrie : « *N'est-ce pas ainsi que, d'après l'interprétation de certains des nôtres, l'homme a reçu aussitôt à la naissance « l'image », nôtres, l'homme a reçu aussitôt à la naissance « l'image », et qu'il va plus tard, à mesure qu'il devient parfait, accueillir en lui la ressemblance ?* » (CLÉMENT (d'Alexandrie), *Stromates* II, 22, 131, 6, PG 8, 1080c, éd. 0. Stählin, GCS 2, 1906, p. 185 ; et traduction C. Mondésert, SC 38, 1954, p. 133). La distinction n'est pas platonicienne, quoi qu'en pense

Wénin, le « *çèlèm* » est concret et désigne une image plastique, en particulier une sculpture (1 S 6,5 ; 2 R 11, 18), y compris des statues de dieux (Ez 7, 20 ; Am 5,26) que la loi interdit (Dt 4,15 – 19). Il s'agit donc d'une représentation, d'un portrait[1005]. Quant au terme abstrait *d^emût*, il dérive du verbe *damah* qui signifie « être comme, ressembler »[1006]. Il désigne la « ressemblance » entre deux réalités comparables par leur aspect (Ez 1, 26 ; 2 ch 4, 3) ou entre une copie et son original (Is 40, 18 ; Ez 23, 15). Lorsque le narrateur raconte ce que Dieu fait, au verset 28, il utilise deux fois le vocable « image », et cette répétition attire l'attention sur la distinction faite entre « image » et « ressemblance » dans le projet initial d'Élohîm (verset 26). Mais alors, où est donc passée la « ressemblance » ?

Une troisième différence entre le projet divin et son exécution est l'introduction par le narrateur de la précision « mâle et femelle »[1007]. Ces deux termes, loin de rapprocher les humains de Dieu dont ils sont censés être l'« image », soulignent plutôt ce qu'ils ont en commun avec les animaux.

Clément (cf. 131, 2, sur la double fin). Mais selon toute probabilité, elle émanerait d'une tradition chrétienne indépendante reposant sur le commentaire de Genèse 1, 26-27 (cf. CLÉMENT (d'Alexandrie), *Pédagogue* I, 13, 98, 2, éd. 0. Stählin, GCS 1, 1905, p. 149 ; CLÉMENT (d'Alexandrie), *Protreptique* XII, 120, 4, p. 85). De toute évidence, Distinguer entre image et ressemblance suppose que l'on explique ce que la ressemblance ajoute à l'image, d'où elle vient, quelles réalités elle atteint. La réponse la plus simple à cette question, comme aussi la plus habituelle, s'appuie sur la différence entre être et agir, entre faculté et activité (δύναμις, ἐνέργεια). Si l'image est, par création ou re-création, le don d'une nature en communication avec Dieu, il est une logique vitale qui pousse cette nature à s'accomplir selon Dieu, à actualiser ses virtualités, à porter à maturité, suivant une comparaison fréquente chez les Pères, les germes déposés en elle. Or, la ressemblance, au sens actif du mot ὁμοίωσις, assimilation, est cet incessant besoin de croissance, cet effort personnel de progrès, dynamisé par la grâce, qui est la loi de tout organisme spirituel. En cela, on affirmerait que l'image est en nous sans nous, la ressemblance ne peut l'être qu'avec nous.

[1005] Comme Wénin (cf. WENIN, A., *D'Adam à Abraham ou les errances de l'humain, Lecture de Genèse 1,1 – 2,4*, p. 38), Humbert estime que le vocable « *çèlèm* » signifie *« uniquement l'effigie extérieure, la représentation plastique* » (HUMBERT, P., *Études sur le récit du paradis et de la chute dans la Genèse*, Mémoires de l'université de Neuchâtel, Neuchâtel, 1940, p. 157). C'est la conception de Jürgen Moltmann pour qui « *çèlèm* » désigne l'image plastique et exprime la relation représentative vers l'extérieur, alors que « *d^emût* » désigne plutôt la ressemblance et exprime davantage la relation réflexive vers l'intérieur. Selon Moltmann, les deux concepts « *çèlèm* » et « *d^emût* » « *ont probablement été empruntés à la théologie royale égyptienne : le pharaon est l'effigie de Dieu régnant sur terre, son lieutenant, son chargé d'affaires, son reflet et son mode d'apparition sur la terre. Le psaume 8 présente également l'homme créé à l'image de Dieu comme un homme royal. D'après la pensée représentative de l'ancien Orient, le pharaon à son tour est présent dans les statues qu'il fait ériger dans toutes les provinces du royaume. De façon analogue l'homme est compris comme le « signe de la grandeur divine » érigé sur la terre, le lieutenant et l'honneur de Dieu sur terre* » (MOLTMANN, J., *op. cit.*, p. 281-282).

[1006] Le terme se retrouve 25 fois dans l'Ancien Testament, chez Isaïe et surtout chez Ézéchiel (15 fois).

[1007] Et non « homme et femme », comme ces termes sont souvent traduits.

« Mâle » et « femelle » s'utilisent, en effet, aussi bien pour les bêtes (Gn 6,19 ; Lv 3, 1) que pour les humains (Lv 12, 2.5 ; Nb 5, 3).

Enfin, un dernier détail, non moins sensible, est remarquable pour qui a lu avec attention le texte, depuis le début du chapitre jusqu'ici (cf. Gn 1, 1-25) : la création de l'humain n'est pas suivie, comme cela l'a été des autres créations précédentes, du refrain avec la formule habituelle : « Et Dieu vit : que c'est bien ! » (cf. Gn 1, 4.10.12.18.21.25).

L'absence de cette formule de refrain à l'issue de la création de l'homme pourrait constituer, soutient Wénin, un bon point de départ pour expliquer les particularités du récit[1008]. Ce détail lui semble rendre possible une comparaison susceptible d'être éclairante. La formule, en effet, manque aussi à la fin du deuxième jour de la création, après la séparation entre les eaux d'en bas et les eaux d'en haut par la voûte du ciel (verset 8). En général, les exégètes admettent cette omission, pour la simple raison que l'installation d'une voûte au milieu des eaux ne suffit pas à rendre l'espace habitable. Encore faut-il que la terre sèche émerge des eaux d'en bas, et ce sera l'œuvre qui sera réalisée le troisième jour et qui sera ponctuellement suivie du constat « que c'est bien ! », la formule étant dès lors répétée deux fois le troisième jour (cf. v. 10 et 12 b). Ainsi donc, quand la formule a été omise la première fois, c'était parce que l'œuvre restait inachevée. N'en serait-il pas de même pour l'être humain ? Pour Wénin, « *cela pourrait en tout cas expliquer la disparition de la « ressemblance » : inachevé, l'humain porte certes en lui l'image de Dieu, mais celle-ci n'est pas (encore) ressemblante. Car l'humain est proche aussi des animaux avec qui il partage une sexualité brute (« mâle et femelle »). Tout se passe comme s'il était mis dans une position médiane entre divinité et animalité...* »[1009] (cf. v. 27). Dans tous les cas, il reste que là où le lecteur attend que, comme dans le projet d'Élohîm, le narrateur parle d'image et de ressemblance, celui-ci répète ce qu'il vient de dire (Élohîm créa *ha'adam* en son image, // en image d'Élohîm il le créa) comme pour attirer l'attention sur l'absence de la ressemblance. De fait, la proposition indépendante juxtaposée et à caractère emphatique (*mâle et femelle* il les créa), qu'apporte avec insistance[1010] le narrateur, pourrait induire une explication : l'humain ne ressemble pas encore à Dieu, parce qu'il vit aussi une proximité avec l'animal. Sur ce sujet, le changement du pronom renvoyant à l'humanité – singulier (le) puis pluriel (les) – pourrait être significatif : à l'image d'Élohîm, l'humanité est une (« il le créa »), mais à l'instar des animaux, elle est aussi plurielle (« il

---

[1008] WENIN, A., *D'Adam à Abraham ou les errances de l'humain, Lecture de Genèse 1,1-2,4*, p. 39.

[1009] *Idem.*

[1010] La construction de la proposition présente une mise en apposition (mâle et femelle) qui appelle le pronom complément d'objet direct « les » du verbe créer. Ce procédé de mise en avant du complément d'objet direct du verbe est dit une emphase, dont l'effet grammatical est d'insister sur le complément d'objet déplacé.

les créa »). Wénin note que « *le terme 'adam au sens singulier ou pluriel, la désigne dès lors très adéquatement* »[1011]. Somme toute, l'humanité sort, pour ainsi dire, inachevée[1012] des mains du Créateur, et de ce fait, est appelée à permettre à l'image de devenir ressemblance par l'humanisation du trait animal de l'humain. Dans cet impératif « faisons », à la première personne du pluriel, Dieu semble ne pas seulement se parler à lui-même, mais s'adresser aussi à tous les humains – et donc aussi, narrativement, aux lecteurs – pour les inviter à coopérer, par leur « faire », à son agir créateur, de manière à porter sa création humaine à son plein accomplissement.

La suite du récit, d'ailleurs, s'oriente dans cette perspective. L'humanité est à peine créée qu'Élohîm, la bénissant, lui indique sans attendre un chemin pour travailler son inachèvement de manière à s'accomplir à l'image du créateur et ainsi lui ressembler. Après l'avoir invitée, comme les animaux du ciel, de la terre et des mers, à fructifier, à se multiplier et à occuper l'espace qui est le sien, Élohîm précise la mission qu'il lui assigne. Il s'agit de maîtriser la terre et tout ce qui l'habite : « *Emplissez la terre et soumettez-la et maîtrisez le poisson de la mer et le volatile des cieux et tout vivant rampant sur la terre* » (v. 28). C'était, du reste, l'intention explicite de Dieu au moment où il formulait son projet de création de l'humain : la subordonnée comparative elliptique du verbe « comme notre ressemblance » y était suivie – peut-être même en tant qu'explicitation[1013] de la « ressemblance » – par le projet de voir l'humanité dominer[1014] les animaux

---

[1011] *Ibidem*, p. 40.

[1012] Pour Wénin, de ce point de vue, on comprend alors les différences entre les verbes qu'Élohîm utilise dans la formulation de son projet (faisons) et ceux qu'emploie le narrateur pour relater ce qu'Élohîm fait ensuite (créa). Lorsque, au verset 27, le narrateur rapporte que Dieu crée l'humanité, il indique avec précision que Dieu réalise la part qui lui revient parce qu'il est le seul à pouvoir faire cela, à être capable de « créer ». Mais une fois réalisée cette « création », tout n'est pas « fait ». Au contraire, quand Dieu a « fait » sa part, il reste à « faire ». Mais qui va le « faire » ? Qui va, par son « faire », travailler à l'accomplissement de celui que Dieu crée à son image ? Ne serait-ce pas l'humain lui-même ? (cf. WENIN, A., *D'Adam à Abraham ou les errances de l'humain, Lecture de Genèse 1,1-2,4*, p. 40).

[1013] Selon Wénin, la forme du verbe « et qu'ils maîtrisent… » peut servir en hébreu à indiquer le but. On pourrait traduire : « à notre image, comme notre ressemblance, pour qu'ils dominent… » (cf. *ibidem*, p. 41, note 31).

[1014] Ce pouvoir de « dominer » ne semble pas toutefois absolu. Après l'ordre de dominer avec force les animaux, en effet, le don d'une alimentation végétale suggère que les humains ont la possibilité de maîtriser l'animal sans le tuer. Le don d'une nourriture végétale apparaît donc comme une discrète invitation à mettre une limite au pouvoir sur l'animal. Élohîm signale ainsi à l'humain la possibilité d'accomplir avec douceur le devoir de maîtriser la terre et les animaux. D'après la note de Beauchamp, « *Ce qui qualifie l'image, ce n'est pas seulement la suprématie, mais, tout autant, la manière dont cette domination s'exerce. Or c'est le régime alimentaire qui suppose une forme pacifique de cet exercice* » (BEAUCHAMP, P., « Création et fondation de la Loi en Gn 1, 1-2, 4 a. Le don de la nourriture végétale en Gn 1, 29s » in *Pages exégétiques* (Lectio Divina 202), Cerf, Paris, 2005, p. 117. Il est donc nécessaire que, comme Dieu, l'humain sache se donner une limite : celle du respect de la vie et de la place de

et la terre (v. 26 b). Mais dans ce projet, la maîtrise de l'ordre créé ne constitue-t-elle pas un trait fondamental de l'Image du Créateur ? Dès lors, en assignant à l'humanité la tâche de dominer la terre, Élohîm semble lui enjoindre, certes implicitement, d'agir comme lui, à son image. Il s'agit là, d'après Wénin, d'un devoir où s'ébauche pour l'humanité la voie de son accomplissement comme image ressemblante de Dieu.[1015]

L'exigence d'accomplissement en humanité dans la perspective vétérotestamentaire apparaît fondamentale pour tout le genre humain, car il existe une transmission intergénérationnelle de l'action créatrice originelle de Dieu, d'après Gn 5, 1-3 :

> « *Ceci est le livre des engendrements d'Humain ('adam). Au jour où Élohîm créa humain, en la ressemblance d'Élohîm il le fit, mâle et femelle il les créa, et il les bénit et il appela leur nom "humain" » (adam) au jour où ils furent créés. Et Humain vécut cent trente ans et il fit enfanter en sa ressemblance, comme son image, et il appela son nom Shét* ».

Le début du chapitre 5 de la Genèse (Gn 5, 1-3) apparaît comme un rappel à la fois bref et brutal du récit de Gn 1, 26-28 auquel il faut adjoindre Gn 4, 25. Ce rappel clair renvoie en effet, et comme dans un prolongement, au récit de la création de l'humain au chapitre 1 ainsi qu'à la finale du chapitre 4, où a déjà été évoquée une première fois la naissance de Seth[1016]. Cette nouvelle évocation[1017] de la naissance de Seth montre qu'une continuité chronologique est assurée avec le récit précédent. Selon Wénin, l'introduction des versets Gn,

---

l'animal. Telle est donc la voie d'achèvement qu'Élohîm propose. Aussi, revient-il aux humains « créés » à l'image d'Élohîm de se donner à « faire » pour apprendre à ressembler à cette image dont ils portent en eux la trace.

[1015] cf. WENIN, A., *D'Adam à Abraham ou les errances de l'humain, Lecture de Genèse 1,1-2,4*, p. 41. Wénin relève, en effet, que les deux verbes qu'Elohîm emploie pour exprimer cette maîtrise de la terre supposent tous deux le déploiement d'une certaine puissance. Le premier, employé à deux reprises (v. 26 et 28), est le verbe *radah*. Son sens concret semble être « fouler aux pieds, écraser » comme on le fait avec le raisin (Jl 4,13), d'où, en contexte d'hostilité entre humains, « dominer » (Lv 26, 17). Le verbe est utilisé par ailleurs pour décrire le pouvoir souverain d'un roi (1 R 5, 4 ; Ps 110, 1). L'autre verbe, au verset 28, évoque la soumission de la terre. C'est *kabash*. Ses connotations sont davantage guerrières, avec des sens comme « assujettir » un vaincu (Nb 32, 29 ; 2 S 8, 11) ou « asservir » des esclaves (Jr 34,11.16). Le pouvoir qu'Élohîm demande à l'humain d'exercer n'a donc rien de mou et n'est certainement pas exempt de force, à l'image par exemple de la puissance qu'il a déployée pour organiser les espaces (cf. *idem*).

[1016] Le lecteur se trouve ainsi devant un flash back qui interrompt le fil du récit. Une certaine continuité est néanmoins suggérée : rapidement, en effet, le narrateur reprend son récit à l'endroit où il l'a laissé en 4,25-26 ; là où il faisait écho à la naissance de Caïn et Abel (4,1-2a). Wénin estimera qu'il s'agit en Gn 5, 1-2, de façon plus précise, d'une reprise assez sophistiquée de Gn 1, 26-27 et de Gn 4, 25. cf. *ibidem*, p. 167.

[1017] Cette relance du récit introduit en réalité une longue séquence narrative dont il est assez difficile de préciser où elle prend fin.

5, 1-2, reliant la liste des générations (la généalogie d'Adam à Noé) qui suivra (Gn 5, 4-32) à la création de l'humain, semble indiquer qu'il importait de rattacher explicitement les générations humaines à une origine qui échappe radicalement à l'histoire[1018]. Des variantes peuvent toutefois être relevées : le terme « image » répété en Gn 1, 27 devient ici « ressemblance » ; et le second verbe « créer » est remplacé par le verbe « faire » que le narrateur évitait en 1, 27. Comment peut-on expliquer ces variations ? Selon Wénin, ces variations qui s'expliquent difficilement[1019], semblent plutôt suggérer que, tant que le caractère inachevé de l'humain sera clairement affiché, peu importera, au fond, les mots pour le dire[1020]. De ce fait, si, en Gn 5, 1-2, l'humain est « fait en la ressemblance » d'Élohîm, l'image cependant fait défaut. L'œuvre divine attend encore ici d'être achevée comme en Gn 1, 26-27. Il est, en outre, sans doute plus important de percevoir qu'une comparaison entre Gn 5, 1 et Gn 5, 3 révèle un contraste. Si, en effet, en Gn 5, 1, le rapport entre l'image et la ressemblance est incomplet entre Elohîm et l'humain, rien ne lui manque, en revanche, entre l'humain et son fils. Si une certaine solution de continuité affecte le rapport de l'humain à Dieu au point qu'une tâche y est liée, il n'en va pas de même entre les humains. Selon Gn 5, 3, le passage d'une génération à l'autre n'entraîne aucun déficit d'humanité : le fils est tout autant humain que le père. Ainsi donc, le rapport d'image et de ressemblance avec Dieu – et la tâche d'achèvement qui l'affecte – vaut donc pour l'un comme pour l'autre, et cela sans perte, de génération en génération. Quant à Adam (humain), il engendre ses descendants en sa ressemblance, comme son image ; et ainsi, l'image et la ressemblance divines sont mises en relation avec la reproduction de la race humaine[1021]. Cela implique, d'après Otto, une affirmation touchant l'histoire de l'humanité : « *accordée à toutes les générations, l'imago se révèle solidaire de l'alliance de Dieu avec les hommes, alliance décisive pour l'histoire du genre humain* » [1022]. En ce sens, interprétant Gn 9, 6, Otto déclare que « l' « *imago Dei* », « *donnée lors de la création, constitue la dignité de l'homme ; c'est ce qui lui confère son rôle de seigneur vis-à-vis de la création*

[1018] cf. *ibidem*, p. 171. On peut observer qu'en Gn 5, 1-2, comme en Gn 1, 27, le narrateur souligne le lien entre Humain et Elohîm (« ressemblance », singulier, v. 1) tout en suggérant sa proximité avec l'animal (« mâle et femelle », pluriel, v. 2).

[1019] Jacques Fantino estime, pour sa part, qu'« *Image et ressemblance sont des termes voisins désignant la même réalité* » (cf. FANTINO, J., *op. cit.*, p. 10).

[1020] cf. WENIN, A., *D'Adam à Abraham ou les errances de l'humain, Lecture de Genèse 1,1-2,4*, p. 171.

[1021] En Gn. 5, 1-3, Adam engendre ses descendants « à son image» (celle d'Adam), ils sont « comme lui ». Ainsi l'auteur de ce passage affirme-t-il la transmission de l'image divine de père en fils, mais il ne suggère pas pour autant que l'image de Dieu en l'homme soit analogue à celle du fils avec son père.

[1022] OTTO, S., « Image » in FRIES, H. (sous direction de), *op. cit.* p. 272.

(Gn. 1, 28) »[1023] ; et aussi, c'est ce qui prohibe toute violence destructrice de l'humain et commande respect, voire promotion de chaque vie humaine individuelle. Tel est bien le sens que suggère la sentence divine : « *Qui répand le sang de l'humain, par/pour l'humain*[1024] *son sang sera répandu ; mais/, car en l'image d'Elohîm il a fait l'humain* »[1025] (Gn 9, 6). La création à l'image de Dieu devient ainsi, pour chaque être humain, le fondement d'une dignité qui oblige à la considération et au respect. Finalement, l'« *imago Dei* » comme concept fondant la dignité humaine comporte de nombreuses significations consécutives[1026] dont les plus essentielles sont particulièrement : la seigneurie (le pouvoir de dominer) sur toutes les créatures terrestres et la faculté de créer, sinon de procréer des êtres vivants[1027]. C'est dire que les concepts d'« image » et de « ressemblance », marquant un certain aspect de force et de puissance, expriment une analogie de l'homme à Dieu et soulignent une certaine proximité de l'homme avec Dieu, lesquelles analogie et proximité n'ont rien à voir avec une ressemblance physique[1028]. Du fait même de la création, tout homme est à l'image de Dieu ; cette propriété est un don naturel qui se transmet par la génération et qui n'est pas affecté par le péché (cf. Gn 9, 1-17).

II. A. 2. Les applications néotestamentaires du symbole d'« image de Dieu »

Comme dans l'Ancien Testament, le concept d'« image de Dieu » occupe peu de place dans le Nouveau Testament. Aucune occurrence du concept ne se trouve ni dans les Évangiles, ni dans les Actes des Apôtres. Les rares occurrences du concept se rencontrent seulement dans quelques épitres de saint Paul (cf. 1 Co 11, 7 ; 15, 49 ; 2 Co 3, 18 ; 4, 4 ; Col 1, 15 ; 3, 10 ; Rm 8, 29.), dans l'Epitre de saint Jacques (cf. Jc 3, 9) et dans la Lettre aux Hébreux (cf. He 8, 5). Il y a ainsi moins d'une douzaine de références explicites du concept et, s'il faut encore être plus précis, à l'exception de la référence

---

[1023] *Idem*. À ce sujet, pour Otto, on devra considérer Ps 8, 6-7 comme le commentaire de Gn 1, 26.

[1024] La préposition peut prendre les deux sens. Le « pour » est à comprendre dans le sens de « en échange de ».

[1025] Traduction d'André Wénin : WENIN, A., *D'Adam à Abraham ou les errances de l'humain, Lecture de Genèse 1,1-2,4*, p. 180.

[1026] cf. FANTINO, J., *op. cit.*, p. 9.

[1027] Dans le couple mâle-femelle, le rôle des genres est de préparer la suite de l'histoire, à savoir la perpétuation de l'humanité et de l'image de Dieu que développe le « livre des générations » en Gn 5.

[1028] La relation de l'homme à Dieu définie par « être créé à l'image » n'est pas totalement analogue à celle existant entre un modèle et son image, un objet ou même un homme et son image. La transcendance divine concrétisée dans le judaïsme par l'interdiction de toutes représentations conduit à comprendre cette relation d'une autre manière, à savoir une relation analogique.

indirecte dans l'Épitre de saint Jacques (3, 9), les autres occurrences se trouvent toutes dans les écrits de l'école paulinienne[1029]. Les premiers chrétiens semblent toutefois avoir été fascinés par la doctrine vétérotestamentaire de l'« *imago Dei* ». La raison en est que, indépendamment de la rareté des occurrences du concept dans le Nouveau Testament, ils ont cru très tôt que : d'une part, en l'homme Jésus de Nazareth leur avait été donné un aperçu décisif de la véritable humanité[1030] ; et d'autre part, dans le Christ, tous les hommes sont appelés à se conformer à la véritable image divine. De fait, ainsi que le relève Douglas John Hall, les références chrétiennes explicites au symbole de l'« *imago Dei* » peuvent se résumer succinctement à deux idées majeures inter-reliées[1031] : tout d'abord, elles affirment que Jésus, en tant que Christ, est lui-même l'image de Dieu ; ensuite, elles soutiennent que ceux qui, grâce à l'écoute, au baptême et au travail de l'Esprit divin, sont en train d'être incorporés à la vie du Christ, en l'occurrence les fidèles chrétiens, sont en voie d'être rendus conformes à l'image telle que révélée et incarnée en Christ, et d'être ainsi renouvelés selon l'intention originelle du Créateur[1032]. C'est sans doute cette foi en la révélation de l'authenticité humaine au cœur de l'histoire, et en la vocation christocentrique de l'être humain qui a entraîné les premiers chrétiens, tout naturellement, à se tourner encore vers la question des origines de l'être humain.

À partir de la lecture de la Genèse, l'Église primitive a appliqué principalement au Christ, le terme d'« image de Dieu ». D'un point de vue global, l'on sait que la foi postpascale (cf. Ac 2, 14-36 ; Jn 1, 1-17) soulignait à la fois le rôle joué par le Fils de Dieu dans la Création de l'homme, le Christ étant Celui qui est au commencement, le Principe en qui toute chose trouve existence, et également Celui par qui la récapitulation et l'accomplissement définitifs de toute la création sont apportés à l'humanité. Parmi les passages néotestamentaires considérant le Christ « image de Dieu », trois passages le mentionnent explicitement et se révèlent alors pertinents[1033] : 2 Co 4, 4 ; Col 1, 15 ; et He 1, 3. Mais si les références explicites de l'expression « image de Dieu » attribuée au Christ ne se

---

[1029] cf. DOUGLAS JOHN HALL, *op. cit.*, p. 131.

[1030] La formule de Chalcédoine devait plus tard rendre cela explicite : cet être humain unique est non seulement «vrai Dieu» (*vere Deus*), mais aussi «vrai homme» (*vere homo*).

[1031] David Cairns identifie un troisième usage, à savoir l'application du symbole à l'humanité en général, comme dans l'Ancien Testament. Il reconnaît lui-même, néanmoins, que celle-ci est marginale. La référence la plus directe, et elle se présente sous forme d'une allusion, est celle de Jc 3, 9. L'idée que l'être humain comme tel soit destiné à « imager » Dieu est, toutefois, implicite dans le second usage du terme dans le Nouveau Testament. cf. CAIRNS, D., *The Image of God in Man*, S.M.C. Press Ltd., Londres, 1953, p. 32.

[1032] cf. DOUGLAS JOHN HALL, *op. cit.*, p. 130-131.

[1033] cf. *Ibidem*, p. 131-137.

trouvent que dans les écrits de l'école paulinienne, l'idée, cependant, n'est pas absente de l'Évangile selon saint Jean[1034]. La plus importante des références explicites est sans doute celle de Colossiens 1,15 dont le contexte (Col 1, 15-19) manifeste l'absolue prééminence du Christ et mérite d'être repris :

15 *Il est l'image du Dieu invisible, Premier-né de toute créature,*

16, *car en lui tout a été créé, dans les cieux et sur la terre, les êtres visibles comme les invisibles, Trônes et Souverainetés, Autorités et Pouvoirs. Tout est créé par lui et pour lui,*

17 *et il est, lui, par devant tout; tout est maintenu en lui,*

18 *et il est, lui, la tête du corps, qui est l'Église. Il est le commencement, Premier-né d'entre les morts, afin de tenir en tout, lui, le premier rang.*

19, *Car il a plu à Dieu de faire habiter en lui toute la plénitude.*

Le caractère très construit de cette péricope paulinienne a été universellement admiré. Les commentaires et les monographies se sont multipliés[1035] pour analyser la teneur de ce texte, en dégager la part rédactionnelle de l'Apôtre et la dépendance éventuelle d'un véritable hymne préexistant, voire d'une liturgie baptismale ou eucharistique. L'hymne, de toute évidence, contemple le Christ dans l'ordre de la création et dans l'ordre du salut : les deux se correspondent et s'éclairent mutuellement. En cet hymne de Col 1, 15-19, les déclarations christologiques synthétisent, dans le contexte néotestamentaire global, les constituants majeurs de l'affirmation du Christ « image de Dieu » et la portent à un très haut niveau. Les déclarations au sujet du Christ traduisent, en effet plus que jamais, les significations essentielles impliquées dans la doctrine traditionnelle de l'« *imago Dei* », à savoir principalement : la seigneurie (le pouvoir de dominer) sur toutes les créatures terrestres et la faculté de créer. La figure du Fils incarné est présentée dans l'hymne comme une force et une puissance certaines, analogues à celles du Dieu de la création, et exprime ainsi une proximité, voire une identité du Fils avec Dieu. Dans l'affirmation du Christ

[1034] Chez l'Apôtre Jean, entre le Christ et Celui qui l'envoie, entre le Fils unique qui révèle son Père et le Dieu invisible (Jn 1,18), l'union est telle (Jn 5,19 ; 7,16; 8,28s ; 12,49) qu'elle suppose quelque chose de plus qu'une simple délégation : la mission du Christ dépasse celle des prophètes pour s'apparenter à celle de la Parole et de la Sagesse divine ; elle suppose que le Christ soit un reflet de la gloire de Dieu (Jn 17,5.24) ; elle suppose entre le Christ et son Père une ressemblance qui est clairement exprimée dans cette affirmation, où l'on retrouve, sinon le mot, du moins le thème de l'image: « Qui m'a vu, a vu le Père » (Jn 14,9).

[1035] À ce sujet, une abondante littérature a été produite. Voir en particulier : HAMMAN, A.-G., *op. cit.*, p. 25 ; GABATHULER, H. J., *Jesus Christus*. Der Christushymnus in der Forschung der 130 letzten Jahre, Zurich, 1965 ; KEHL, N., *Der Christushymnus*, Katholisches Bibelwerk, Stuttgart, 1967 ; PASQUET, C., *op. cit.*, p. 563-564 ; DOUGLAS JOHN HALL, *op. cit.*, p. 131-134 ; etc.

« *image du Dieu invisible* », l'auteur de l'hymne évoque surtout son rôle médiateur à l'aide de deux prépositions : « en lui » et « par lui » qui, selon Colette Pasquet, ont vraisemblablement des valeurs similaires, suggérant aussi bien que le Fils est médiateur de la Création ou archétype de celle-ci[1036]. Par ailleurs, dans l'hymne, des attributs divins, déterminant l'œuvre opérée dans et par le Christ, soulignent également sa divinité en tant que Fils égal au Père. La dénomination « *Premier-né de toutes créatures* » peut être doublement interprétée en lien avec la médiation unique du Fils dans la création : elle indique d'une part l'antériorité du Fils préexistant à tout l'ordre créé, et d'autre part la préséance du Fils incarné sur toute créature[1037]. Dans l'hymne, en effet, le Christ est proclamé Fils préexistant à la création, Celui qui a été glorifié et exalté avec son humanité au-dessus de tout le créé, et conduit à son achèvement l'œuvre de la Création (Col 1,18-20). Telle est la signification de la Seigneurie[1038] du Christ, une seigneurie plénière sur toute la création, celle du Principe à l'origine et à l'accomplissement de toutes choses[1039]. Aussi, la personne vivante du Christ a-t-elle été considérée comme une figure anthropologique unique. De ce point de vue, la déclaration « *il* (le Christ) *est l'image du Dieu invisible* » (*εἰκὼν τοῡ θεοῡ τοῡ ἀοράτου*) en Col 1, 15 est, d'après le théologien Douglas, « *une des affirmations les plus christocentriques de tout le Nouveau Testament* »[1040]. Et Douglas de

---

1036 cf. PASQUET, C., *op. cit.*, p. 563. Voire aussi MURPHY-O'CONNOR, J., « Tradition and Rédaction in Col 1, 15-20 » in *RB* 102/2, 1995, p. 231-241. D'après Pasquet, l'utilisation de l'une ou l'autre de ces prépositions, « en lui » et « par lui », aurait pu répondre à deux lectures théologiques du rôle du Fils dans la Création comme nous l'avons déjà vu pour Jn 1, 3. Pourtant, dans cette hymne, il n'est pas possible de préciser quelle lecture a été choisie, car pour exprimer la même idée, celle de la création du monde, le texte grec a la préposition ἐν au verset 16 et la proposition *διά* au verset 17.

1037 Cette christologie de l'archétype provient probablement de la littérature sapientielle juive. Comme « *image du Dieu invisible* », « *premier-né de toute créature* » et « *premier-né d'entre les morts* », le Christ est le médiateur de la création, le réconciliateur du monde et le Seigneur du royaume de Dieu : Dieu apparaît dans son image parfaite, Dieu règne par son image, Dieu réconcilie et sauve grâce à son image sur terre. Puisqu'avec le Christ commence la création nouvelle et véritable, il doit être déjà le mystère de la création originelle.

1038 Sur la signification de la Seigneurie du Christ, on pourrait lire avec intérêt : PASQUET, C., *op. cit.*, p. 586-617. Pasquet développe particulièrement la Seigneurie du Christ comme archétype de celle de l'homme : manifestation excellente de celle du Créateur, service de l'unité de la création et accomplissement du rôle confié à l'homme dans la création.

1039 La Seigneurie du Christ, manifestation de celle du Fils, Verbe créateur, atteint toute sa plénitude grâce à sa mystérieuse Pâques. La seigneurie donnée par Dieu à l'homme au jour de la Création reçoit donc sa figure définitive de cette Seigneurie du Christ, Seigneurie du Verbe égal au Père, mais aussi Seigneurie du Verbe fait chair qu'il reçoit après son entrée dans la race humaine et l'accomplissement de sa vie d'homme, figure parfaite en qui s'accomplit totalement et définitivement le dessein créateur.

1040 DOUGLAS JOHN HALL, *op. cit.*, p. 131. Pour le professeur de théologie systématique, en Col 1, 15, les déclarations christologiques, qui constituent tout le contexte de

rapporter que le bibliste Charles Francis Digby Moule, pour sa part, résume ainsi ce que l'auteur de la lettre aux Colossiens énonce en Col 1, 15-19 au sujet du Christ :

> « *Nulle part dans les épîtres pauliniennes il n'y a une estimation plus riche et plus exaltée qu'ici du rang du Christ. Son œuvre est en rapport non seulement avec le salut de l'humanité libérée du péché, mais aussi (peut-être avec une référence spéciale à de faux enseignements qui ont cours) à la création de l'univers. Il est associé tant à la création du monde et qu'à la "nouvelle création" de Dieu, l'Église : Il est à la fois "le premier-né de toute la création" (v. 15) et "le premier-né d'entre les morts" (v. 18). Il est le but de la création (v. 16, "tout est créé* [...] *pour lui* [...]"*) et "la tête du corps qui est l'Église" (18). En Lui, "il a plu à Dieu de faire habiter toute la plénitude (plérôma) (v. 19)* [...]" »[1041].

Ainsi identifié au Dieu Créateur, Jésus, par qui et pour qui tout a été fait (cf. Col 1, 16-17.19), se présente bien dans l'Église primitive comme l'*Alpha* et l'*Oméga* de toute la Création. C'est qu'au fondement de la foi chrétienne, c'est en l'humanité de Jésus le Christ que se réalise de manière parfaite ce qui a été donné à l'homme au jour de sa création, d'être à l'image de Dieu : créateur et seigneur. Pour la foi postpascale, de fait, le *Logos* (Verbe ou Parole), qui « *était Dieu...tourné vers Dieu* » (Jn 1, 1-2), est Créateur de tout l'ordre créé, car « *tout fut par lui, et rien de ce qui fut, ne fut sans lui* » (Jn 1, 3) ; et la seigneurie sur la création accordée à l'homme est perçue comme une annonce de manière typologique de la Seigneurie définitive et plénière du Christ, à qui « *tout pouvoir a été donné dans le ciel et sur la terre* » (Mt 28, 18 ; cf. Col 2, 10 ; Ph 3, 21) et en qui toute seigneurie devra trouver son accomplissement.

C'est justement dans la perspective de l'accomplissement des valeurs sous-jacentes à la doctrine vétérotestamentaire de l'*imago Dei*, en l'occurrence l'assomption de la responsabilité de création et de seigneurie, que les deux autres références majeures, considérant Jésus « *Image de Dieu* », mettent en étroit rapport « être image de Dieu » et le thème de la gloire (*δόξα*) . D'après la seconde lettre aux Corinthiens, si la splendeur de l'Évangile est encore voilée, c'est « *pour les incrédules, dont le dieu de ce monde a aveuglé l'intelligence, afin qu'ils ne perçoivent pas l'illumination de l'Évangile de la gloire* (τῆς *δόξης*) *du Christ, lui qui est l'image de Dieu* » (2 Co 4, 4). Cette gloire, le Fils la tient du Père (Jn 1, 14) qui la lui a donnée dès avant la fondation du monde (Jn 17, 24). De ce point de vue, relève Hamman, le meilleur commentaire du titre « image de Dieu » appliqué au Christ semble bien être l'affirmation johannique : « *qui m'a vu a vu le Père* »

---

l'équation « Christ est *Imago Dei* », sont portées à un très haut niveau, et c'est un fait que pour le moins qu'on puisse dire (cf. *idem.*).

[1041] *Ibidem*, p. 132. cf. aussi MOULE, C. F. D., *Colossiens et Philémon, Commentaire de Peake sur la Bible*, révisé par M. Black & H.H. Rowley, Nelson, Londres, 1962, p. 991.

(Jn 14, 9 ; 12, 45). C'est dire que dans le Fils incarné, le Père s'est pleinement dévoilé, comme l'authentique et parfaite expression de Dieu[1042]. Aussi, l'auteur de la Lettre aux Hébreux peut-il déclarer : « *Ce Fils est resplendissement de sa gloire et expression de son être et il porte l'univers par la puissance de sa parole* » (He 1, 3). Ce verset de la Lettre aux Hébreux (1, 3) emploie particulièrement le terme grec de « *χαρακτὴρ* » (empreinte, caractère…) qui était simplement rendu, dans certaines traductions plus anciennes, par « image »[1043]. Dans cette mesure, il est alors permis de comprendre que le Christ Jésus est bien celui qui est, par rapport au Père, le reflet de sa gloire, et l'image même de sa personne. Plus exactement, en tant qu'image divine, il reflète la gloire de Dieu et porte l'empreinte de sa nature même (*χαρακτὴρ τῆς ὑποστάσεως αὐτου*). Mais il importe d'observer, à l'instar de l'Épitre aux Philippiens, que cette gloire reflétée par le Christ, l'éclat même de la splendeur de Dieu, est une gloire qu'il ne peut revendiquer, toutefois, qu'en vertu de son humilité et de son humiliation. C'est en tant qu'image visible du Père invisible, en effet, que le Fils est entré dans l'histoire des hommes, au point de s'identifier à la forme d'esclave[1044] (*μορφὴ δούλου* ; cf. Ph. 2, 6. 7). À en croire Jean Héring, l'hymne à la kénose (Ph 2, 5-11) contient essentiellement la même pensée que 2 Co 4, 4, et dans un contexte similaire, sauf que dans le premier texte (Ph 2, 6) le terme employé n'est pas, *εἰκών* mais *μορφη*[1045], comme si les deux termes étaient synonymes. Il apparaît ainsi, dans la démarche paulinienne en général, et singulièrement en 2 Co 4, 4, une corrélation entre « image divine » et « gloire » ; ce qui suggère, chez l'Apôtre des Gentils, un rapprochement entre Gn 1, 26 (qui consacre la création à l'image de Dieu) et le psaume 8 (qui célèbre la glorification de l'homme) : l'image et la gloire de Dieu sur terre semblent être pour lui une seule et même réalité (*εἰκών* serait identique à *δόξα*). L'Apôtre affirme en effet « *contempler dans le miroir du Christ la gloire de Dieu* » (2 Co 3, 18). Mieux encore, selon la pensée forte de Hamman, « *La gloire de Dieu, communiquée à l'humanité du Christ, la constitue Image* »[1046]. D'après le théologien réformé Jürgen Moltmann, dans cette perspective de la *δόξα*, le Jésus de l'Apôtre n'est pas seulement le Jésus terrestre, ni même le Fils de Dieu incarné, mais bien le Christ ressuscité et

---

[1042] Cf. HAMMAN, A.-G., *op. cit.*, p. 23.

[1043] Le Réformateur Calvin écrit que le χαρακτὴρ « *signifie la forme vivante d'une substance cachée* » : cité dans DOUGLAS JOHN HALL, *op. cit.*, p. 136.

[1044] Otto précisera à ce sujet qu'« *assumer la forme d'esclave ne signifie pas renoncer à sa nature divine, le Christ reste donc, même en tant qu'esclave, le Fils qui reproduit l'essence du Père* » : OTTO, S., *art. cit.*, p. 273.

[1045] Cf. HERING, J., *The Second Epistle of Saint Paul to the Corinthians*, trad. par A.W. Heathcote et P.J. Allcock, The Epworth Press, Londres, 1967, p. 30.

[1046] HAMMAN, A.-G., *op. cit.*, p. 23.

transfiguré dans la gloire divine[1047]. C'est ce Jésus glorieux, véritable « icône » du Dieu invisible, qui est médiateur archétype et premier jaillissement de la création (cf. Col 1, 14-17). En lui est récapitulé, dans l'unité, l'être de toutes les créatures visibles et invisibles, dont celui de l'homme qui, singulièrement, jouit d'une considération spécifique dans la mission du Christ.

Outre l'application du symbole d'« image de Dieu » à la personne de Jésus Christ, le Nouveau Testament, non seulement applique plusieurs fois à l'homme le symbole (cf. 1 Co 11, 7 ; 15, 49 ; 2 Co 3, 18 ; Col 3, 10 ; Rm 8, 29 ; Jc 3, 9), mais, assez souvent, il en utilise et développe le thème. C'est surtout chez l'Apôtre Paul, à l'exception de l'occurrence indirecte de la Lettre de Saint Jacques (Jc 3, 9), que se rencontre la quasi-totalité des occurrences de l'expression « image de Dieu » conférée à l'homme. Mais sur ce thème, Saint Paul insiste davantage sur le rôle du Christ, Adam céleste[1048], comme archétype et prototype de l'être homme à l'image de Dieu. C'est que pour l'Apôtre, l'être à l'image de Dieu de l'homme ne peut être considéré en dehors de la relation avec Celui que l'Écriture appelle « Image de Dieu » (Col 1,15) ; et dont un rapprochement avec la vocation originelle de l'homme à devenir image de Dieu révèle qu'Il possède en plénitude l'être à l'image divine dans la mesure où Il réalise totalement dans sa nature humaine ce que Dieu avait voulu en créant l'homme. À cet égard, le texte le plus important, replacé dans tout le contexte du thème de l'« *imago Dei* » appliqué à l'homme, se trouve sans doute dans la première Lettre aux Corinthiens (1 Co 15, 45-49) :

> 45 *C'est ainsi qu'il est écrit: le premier homme Adam fut un être animal doué de vie, le dernier Adam est un être spirituel donnant la vie.* 46 *Mais ce qui est premier, c'est l'être animal, ce n'est pas l'être spirituel; il vient ensuite.* 47 *Le premier homme tiré de la terre est terrestre. Le second homme, lui, vient du ciel.* 48 *Tel a été l'homme terrestre, tels sont aussi les terrestres et tel est l'homme céleste, tels seront les célestes.* 49 *Et de même que nous avons été à l'image de l'homme terrestre, nous serons aussi à l'image de l'homme céleste.*

[1047] Cf. MOLTMANN, J., *op. cit.*, p. 289. Dans son traité sur *Dieu dans la création*, Jürgen Moltmann soutient que « *L'auteur de la Lettre aux Colossiens a projeté en arrière sur la création cette théologie messianique paulinienne de la résurrection selon laquelle le Christ est le « premier-né d'entre les morts ». Il nomme le Christ « l'image du Dieu invisible, le premier-né de toute créature, par lequel tout a été créé ». Cette christologie de l'archétype provient probablement de la littérature sapientielle juive. Comme image du Dieu invisible, le Christ est le médiateur de la création, le réconciliateur du monde et le Seigneur du royaume de Dieu : Dieu apparaît dans son image parfaite. Dieu règne par son image. Dieu réconcilie et sauve grâce à son image sur terre. Puisqu'avec le Christ commence la création nouvelle et véritable, il doit être déjà le mystère de la création originelle* » : *ibidem*, p. 290.

[1048] Cf. LAMARCHE, P., « Image et ressemblance dans l'Écriture sainte » in AA. VV., *Dictionnaire de Spiritualité, Ascétique et mystique, Doctrine et histoire*, art. « Image et ressemblance ».

Cette péricope épistolaire de Saint Paul fait suite à 1 Co 11, 7 où il avait affirmé, comme il le déclarait du Christ, que l'homme est « *l'image et la gloire de Dieu* »[1049]. L'affirmation de cette conception de l'homme, à la lumière de la Genèse, a conduit ensuite l'Apôtre à établir, dans cette péricope de 1 Co 15, 45-49, un parallèle antithétique Christ – Adam, pour faire saillir à la fois le contraste, la supériorité du Christ, mais aussi une continuité du projet divin de création de l'homme. Considéré comme la perfection unique de l'être « image de Dieu » de l'homme, le Christ Jésus constitue pour l'Apôtre l'explication unilatérale d'Adam et de son histoire. Dans cette optique, comme au chapitre 5 de la lettre aux Romains (Rm 5, 1-21), il esquisse aussi ici, à grands traits, presque une fresque d'une histoire antithétique de l'humanité, ramenée à ce que la tradition chrétienne a dénommé les deux Adam, ici appelés « homme terrestre » et « homme céleste » (cf. 1 Co 15, 48). Ainsi que le relève Hamman, cette péricope apparaît donc comme « *un exposé antithétique dessiné à gros traits, qui forcent au besoin le parallélisme, en oubliant Ève, pour mieux en dégager les lignes essentielles* »[1050]. L'examen de la péricope suggère d'emblée que

[1049] 1 Co 11, 7 est le seul texte où Saint Paul omet d'écrire « selon » ou « à » l'image de Dieu. Dans ce passage, il s'agit de l'homme seul et non de la femme, selon une interprétation rabbinique (cf. JERVELL, J., *Imago Dei*, Vandenhoeck & Ruprecht, Göttingen, 1960, p. 292-312). Comme l'écrit Adalbert-Gautier Hamman, « *la restriction contraste avec ce que Paul dit en Col 3,11 et en Ga 3,28, où semble être niée toute différence entre homme et femme* » (HAMMAN , A.-G., *op. cit.*, p. 29-30). Les textes de la Genèse ne disent pas proprement que l'homme est image ou ressemblance. Être « à l'image de Dieu » et être « l'image de Dieu » ne sont point expressions synonymes : une lecture de la Genèse à la lumière de cette péricope épistolaire de saint Paul suffirait à conclure que le Christ Jésus est l'image authentique de Dieu et que l'homme ne peut prétendre être qu'une « image de l'image ». La nécessité de distinguer entre l'expression « image de Dieu » et celle de « à l'image de Dieu » répond à un souci théologique de clarté. Elle permet de souligner la non-identité de nature entre l'homme (« créé à l'image… ») et Dieu, la différence entre le Christ (image) et l'homme.

[1050] HAMMAN, A.-G., *op. cit.*, p. 30. L'Apôtre, il faut le reconnaître avec Hamman, est en fait « *coutumier de ces grandes fresques historiques, qui embrassent toute la durée du temps, cristallisées autour d'un personnage paradigmatique, Adam, le Christ* » (*idem.*). Sur ce procédé, voir Gustave Thils (cf. THILS, G., *Pour mieux comprendre saint Paul*, D.D.B. Desclée de Brouwer, Paris, 1942, p. 15-26). Les exégètes récents, écrit Hamman, « *se sont beaucoup excités à connaître l'origine du parallélisme des deux Adam. Le pasteur J. Héring écrit un peu rapidement : "Cette doctrine des deux Adam ne se trouve ni dans l'apocalyptique juive, ni dans le talmudisme, ni dans les évangiles, ni dans les spéculations hellénistiques ou mandéennes sur l'anthropos"* » (cf. HERING, J., *La première épitre de saint Paul aux Corinthiens*, Delachaux et Niestlé, Neuchâtel, 1949, p. 148 ; HAMMAN, A.-G., *op. cit.*, p. 30). Pour Hamman, cette opinion de Jean Héring gagnerait à être nuancée ; car, précise-t-il, « *il ne faudrait pas se braquer sur le terme d'anthropos, comme on l'a fait, mais aller à la réalité. Les trois synoptiques présentent, avec une unanimité symptomatique qui reflète la catéchèse primitive, le récit de la tentation de Jésus, comme pendant de la première tentation dont Adam sort vaincu, Jésus victorieux. Si les noms ne s'y trouvent pas, la réalité saute aux*

son auteur s'inspire fortement d'abord du chapitre 2 de la Genèse[1051], qu'il cite quasi littéralement, avant de recourir ensuite au thème de l'image contenu dans le premier chapitre du même livre (cf. Gn 1, 26). Dans son ensemble, la péricope oppose deux hommes typiques à rôle archétypal, voire deux économies antithétiques : celle du « premier Adam » et celle du « dernier Adam » (cf. 1 Co 15, 45) ; ou encore celle de l'« homme terrestre » et celle de l'« homme céleste » (cf. 1 Co 15, 48-49). Mais au-delà de l'opposition entre ces deux types d'humanité[1052], nombreux sont les théologiens qui estiment qu'en réalité l'Apôtre insiste sur une antinomie de deux ères ou de deux temps : le temps sans le pneuma (esprit) et le temps du pneuma qui est une ère eschatologique où l'Esprit est à l'œuvre[1053]. Le temps du Christ est porteur du pneuma sans lequel « *l'homme est réduit à sa stature terrestre, il est non seulement inachevé, mais mutilé, d'autant plus qu'il est dégradé par le péché* »[1054]. Bien plus, dans la foi postpascale, le Christ est Celui qui, par son incarnation, sa mort et sa résurrection, rénove la création tout entière, dont le genre humain qu'il renouvelle singulièrement (cf. 2 Co 3, 18). C'est dire que l'homme descendant de l'Ancien Adam, image imparfaite et pécheresse, a besoin du Christ, image parfaite, pour retrouver et accomplir sa destinée originelle. Pour ce faire, alors qu'il avait revêtu l'image de l'Adam terrestre, il lui faudra dorénavant revêtir l'image de l'Adam céleste (cf 1 Co 15, 49), se transformer toujours plus fidèlement en cette image sous l'action de l'Esprit de Dieu, pour devenir un même être avec le Christ (cf. Rm 6, 3-6 ; Col 3, 9-10), premier-né d'une multitude de frères (2 Co 3, 18 ; Rm 8, 29). Le terme de ce processus d'assimilation à l'image parfaite est, d'après l'Épitre aux Philippiens, la résurrection qui permettra de revêtir définitivement l'image de l'Adam céleste et de se conformer à son corps de gloire (cf. Ph 3, 21). Ainsi, le parallélisme entre les

yeux, l'antithèse est patente » (HAMMAN , A.-G., *L'homme, image de Dieu, Essai d'une anthropologie chrétienne dans l'Église des cinq premiers siècles*, Desclée, Paris, 1987, p. 30).

[1051] Cf. Gn 2, 7 : « *Le Seigneur Dieu modela l'homme avec de la poussière prise du sol. Il insuffla dans ses narines l'haleine de vie, et l'homme devint un être vivant* ».

[1052] Entre ces deux « images », unies dans un seul et même dessein divin (cf. Rm 8, 29 ; Ep 1, 3-14), il existe tout à la fois un lien caché, une cassure provoquée par le péché et une relation dynamique.

[1053] Cf. HAMMAN, A.-G., *op. cit.*, p. 31 ; BONSIRVEN, J., *Exégèse rabbinique et exégèse paulinienne*, Beauchesne, Paris, 1939, p. 269-270. Morissette, pour sa part, dans un article, estimera que l'auteur de la Lettre a noirci à l'extrême l'ère adamique, marquée par l'homme physique, pour mieux faire contraster la supériorité et l'unicité de l'économie du salut apporté par le Christ, l'homme pneumatique. Ainsi, l'homme psychique, l'homme pneumatique correspondent à l'antithèse chair-esprit. La chair, précise Morissette, ne désigne pas le corps, mais l'homme de l'ère ancienne (MORISETTE, R., « L'antithèse entre le "psychique", et le "pneumatique" en I Corinthiens, XV, 44 à 46 » in *Revue des sciences religieuses*, Strasbourg, 46 (1972) 101).

[1054] HAMMAN, A.-G., *op. cit.*, p. 31-32.

deux Adam permet à l'Apôtre de découvrir en profondeur que le Christ, nouvel Adam, est en réalité archétype et centre de l'histoire humaine, prototype de l'être homme à l'image de Dieu. C'est alors dans le Christ, image parfaite du Père, principe (ἀρχη) et fin (*τέλος*) de toute créature, que l'image de Dieu en l'homme trouve sa plénitude (cf. Col 1, 16-19). En définitive, avec le Christ, l'*Imago Dei* s'exprime désormais en *Imago Christi*. Il s'agit ici d'une nouvelle création qui, selon la perspective de l'école paulinienne, se réalise dans la communauté des fidèles du Christ (cf. 2 Co 3, 18) ; communauté de croyants appelés à ressembler à « l'image du Fils » et, en suivant Jésus, à revêtir sa forme messianique (cf. Rm 8, 29). L'implication consécutive d'une telle assertion, c'est que désormais, être image ressemblante de Dieu signifie être configuré au Christ. Dès lors, la signification et les exigences de la doctrine de l'« image » dans la Genèse sont renouvelées dans le Christ, Créateur et Seigneur de l'univers. Dorénavant, être « à l'image et selon la ressemblance de Dieu » signifie être « à l'image et selon la ressemblance du Christ » ; ce qui correspond à la présence du Christ dans sa création. Ces interprétations décisives de la doctrine vétérotestamentaire du concept d'« image de Dieu », déjà présentes dans les communautés postpascales, constitueront, plus encore dans l'Église primitive qu'aujourd'hui, une préoccupation majeure dans la tradition théologique en général, et chez les Pères de l'Église en particulier.

II. B. Développement théologique du symbole « *Imago Dei* » dans la Tradition patristique

Au regard de la Tradition théologique en général, et singulièrement de la Tradition patristique, le thème de l'homme comme image de Dieu a incontestablement occupé une place centrale dans l'anthropologie chrétienne. Si le concept et la doctrine de l'« *imago Dei* » ne sont plus aujourd'hui au centre de la théologie systématique, la Tradition de l'Église nous rappelle qu'au temps de la patristique[1055] et de la scolastique, cette doctrine constituait vraiment un « pilier de la théologie »[1056]. La création de l'homme « à l'image et à la ressemblance » de Dieu, telle qu'elle s'exprime en Genèse 1, 26-27 et dans les autres textes bibliques qui en sont le prolongement, servira, chez les Pères, de pôle de référence à leur réflexion sur les origines de l'homme, et plus encore sur la signification de son histoire et les conditions de sa destinée humaine et spirituelle. On peut

---

[1055] La signification doctrinale du thème de l'image est, chez les Pères, beaucoup moins dépendante de la philosophie hellénistique que des passages de l'Écriture qui parlent, dans des contextes divers, d'image de Dieu, notamment Genèse 1, 26-27 ; Sagesse 7, 24-28 ; Romains 8, 29 ; 2 Corinthiens 4, 4 ; Colossiens 1, 15 ; Hébreux 1, 3 et 1 Jean 3, 2.
[1056] Cf. OTTO, S., *art. cit.*, p. 271-279.

s'interroger toutefois sur les raisons qui ont conduit les Pères à scruter sans relâche ce texte de la Genèse et à donner une telle importance à ce récit de la création, de rédaction sacerdotale et de date tardive, alors que le judaïsme, pourtant, ne le commente guère que dans la littérature sapientielle (cf. Sg 2, 23 ; 7, 24-28 ; Si 17, 1-3, etc.) ? Le Cardinal Léo Scheffczyk, théologien renommé, a même pu parler d'une véritable « fascination » que ce mystérieux texte de la Genèse a exercée sur la recherche biblique[1057]. De toute évidence, il importe de reconnaître que les premiers théologiens ont élaboré une anthropologie, non point à partir de notions philosophiques abstraites, qui d'ailleurs ne seront conceptualisées que des siècles plus tard, mais des paroles mêmes de la révélation. Les critiques montrent que la théologie patristique a principalement germé à partir de la lecture biblique[1058]. C'est l'Écriture que les premiers chrétiens interrogeaient, lorsqu'ils se posaient la question de savoir : « Qu'est-ce que l'homme ? » L'anthropologie chrétienne a ainsi été pour les Pères une théologie de l'homme en tant qu'image de Dieu. À l'instar de l'Apôtre Paul, chez les Pères, le thème intéressait en premier lieu « *la vocation divine de l'être racheté, dont il donne, l'équivalent d'une définition* »[1059] (cf. Col 3, 10), et de ce fait, il a suscité de nombreuses questions et recherches qui ont donné lieu à une florissante littérature[1060].

Lorsqu'on prend connaissance de l'histoire du thème de l'image de Dieu chez les Pères, en l'occurrence le très riche article publié dans le *Dictionnaire de Spiritualité*[1061] sur le sujet, on est conduit à faire la constatation, dans l'ensemble, que le thème est présent presque dans tous les sujets et occupe une place importante dans la théologie des Pères tant grecs que latins. Par ailleurs, une des caractéristiques de ce thème de l'*imago Dei* chez les Pères, véritable doctrine vivante et vitale, c'est, d'une part, sa présence générale, aussi bien dans la tradition grecque que latine, et d'autre part, la variété des interprétations suites aux divers questionnements. De ce

---

1057 Cité par Adalbert-Gautier Hamman : cf. HAMMAN, A.-G., *op. cit.*, p. 6 ; SCHEFFCZYK, L., *Stand und Aufgaben der Imago-Dei-Theologie*, Münch. Theol. Zeit. 20, 1969, p. 3. Le Cardinal Scheffczyk a écrit plus de 80 livres et 500 articles. Il a été consultant du Conseil pontifical pour la famille et de la commission sur la foi de la conférence épiscopale allemande.

1058 Cf. HAMMAN, A.-G., *op. cit.*, p. 7.

1059 AA. VV., *Dictionnaire de spiritualité, Ascétique et mystique : Doctrine et histoire*, art. « Image et ressemblance ».

1060 Pour avoir une idée succincte du large développement chez les Pères de ce thème fondamental, il suffit de se reporter à l'abondante bibliographie que comportent les articles de Jean Kirchmeyer (KIRCHMEYER, J., « Église grecque » in AA. VV., *Dictionnaire de spiritualité ascétique et mystique*) et de Aimé Solignac (SOLIGNAC, A., « Image et Ressemblance » in AA. VV., *Dictionnaire de spiritualité, Ascétique et mystique : Doctrine et histoire*). Il serait donc superflu d'y revenir.

1061 Cf. AA. VV., *Dictionnaire de Spiritualité*, art. « Image et ressemblance ».

point de vue, d'emblée, on peut observer avec le théologien moraliste Servais Pinckaers, que les Pères se sont interrogés entre autres sur le lieu de l'image : « *l'image réside-t-elle dans l'homme, pris dans sa totalité, corps et âme, y compris avec la distinction entre homme et femme, ou dans sa seule nature spirituelle ? Se place-t-elle dans les facultés où se reflètent les relations trinitaires et de quelle manière, ou dans les actes de connaissance et d'amour de Dieu principalement ?* »[1062] De plus, « *faut-il distinguer l'image de la ressemblance ? Si oui, la ressemblance est-elle moindre que l'image ou signifie-t-elle la perfection de l'image ? Quelle est la relation de l'image dans l'homme avec les personnes trinitaires et, en particuliers, avec le Verbe, image parfaite du Père, et ce, dans l'ordre de la création, de la restauration, de la glorification ?* »[1063] Et finalement, l'image de Dieu est-elle propre à l'homme, ou est-elle en fonction de l'évolution de l'âge (à quel moment l'homme acquiert-il sa qualité d'image ?), ou encore se retrouve-t-elle aussi, dans une certaine mesure, dans les êtres moins raisonnables comme les malades mentaux[1064], et même dans la nature non raisonnable ? Est-elle supérieure ou moindre chez les anges ? etc.[1065] Autant de questionnements existentiels auxquels les Pères s'efforcèrent d'apporter des réponses diverses que nous ne pouvons cerner ici ; tant chaque question pourrait à elle seule constituer un sujet important de thèse. Mais cette variété fastidieuse, qui pourrait se révéler décourageante pour toute tentative de synthèse, ne peut occulter l'immense convergence de la théologie patristique dans l'exploitation du thème de l'homme créé à l'image de Dieu, ainsi que la place centrale qui lui est accordée dans la théologie. En vérité, il s'avère tangible que le thème de l'homme à l'image de Dieu est bien un lieu commun de la théologie patristique[1066]. Une représentation caricaturale de l'exploitation du thème chez les Pères serait identifiable à un arbre vivant qui pousse des branches dans tous les sens, dans tous les domaines de la théologie et de la vie chrétienne. D'après Pinckaers, la prolifération même

---

[1062] PINCKAERS, S., « Le thème de l'image de Dieu en l'homme et l'anthropologie » in BÜHLER, P. (sous la direction de), *Humain à l'image de Dieu : la théologie et les sciences humaines face au problème de l'anthropologie; travaux de troisième cycle en théologie systématique des Facultés de théologie des Universités romandes, 1985-1986*, Collection Lieux théologiques, n° 15, Labor et Fides, Genève, 1989, p. 148.

[1063] *Idem.*

[1064] Cf. SAROGLOU, V., « "A son image", mais "à Sa ressemblance " ou comment l'homme façonne Dieu : dynamiques psychologiques » in PESCH, O. H., VAN CANGH, J.-M. (sous la direction de), *op. cit.*, p. 160-169.

[1065] PINCKAERS, S., « Le thème de l'image de Dieu en l'homme et l'anthropologie » in BÜHLER, P. (sous la direction de), *op. cit.*, p. 148.

[1066] Cf. *ibidem*, p. 149.

des interprétations du thème témoignerait en faveur de sa vitalité[1067]. Dans le cadre de la présente démarche, ainsi que cela a déjà été mentionné, notre objectif ne sera pas de nous appesantir sur les abondantes données très complexes et déjà traitées *ex professo* par de nombreux théologiens dont les publications[1068] sont devenues aujourd'hui de véritables classiques du thème chez les Pères. Bien entendu, le thème de *l'imago Dei* ne pourrait être sérieusement évoqué sans référence aucune aux Pères de l'Église qui en ont donné un sens vital et un contenu fondamental. Le thème apparaît notamment, en Occident, chez Tertullien, saint Hilaire de Poitiers, saint Ambroise et saint Augustin ; dans la Patristique grecque, il a été surtout développé entre autres[1069] par saint Irénée de Lyon, Clément d'Alexandrie, saint Cyrille d'Alexandrie, saint Grégoire de Nysse et Origène. Nous voudrions, dans la perspective de la problématique du développement humain, relever ici, singulièrement et brièvement, les contributions historiques de quelques témoins significatifs, à savoir chez les Pères de langue grecque : Saint Irénée de Lyon, Clément d'Alexandrie et saint Grégoire de Nysse ; et dans la patristique latine, les apports de Tertullien et de saint Augustin.

II. B. 1. « Image » et « ressemblance » dans l'anthropologie patristique grecque

Le thème de l'*imago* et de la *similitudo* chez les Pères Grecs a fait l'objet d'importantes recherches dont on peut découvrir une importante bibliographie dans le *Dictionnaire de Spiritualité*[1070]. Dans la théologie de l'école grecque, à une époque où la langue grecque exerçait une influence dans la Littérature religieuse du judaïsme[1071], la résurgence du thème a été favorisée par un recours à un vocabulaire nouveau, riche d'une longue tradition philosophique[1072]. Le premier à jeter les bases d'une véritable

---

1067 Cf. *idem*. Il faut dire que Gn 1, 26 a été diversement interprété par les Pères de l'Église. On trouve chez eux quelques principes fondamentaux d'interprétation qui sont d'un haut intérêt pour l'histoire des dogmes. Cf. OTTO, S., *art. cit.*, p. 271-279.

1068 Sur ce thème de l'*imago Dei* chez les Pères, l'importante étude de Adalbert-Gautier HAMMAN (HAMMAN, A.-G., *op. cit.*, 348 p.) constitue une véritable synthèse qui fait aujourd'hui figure de classique. Voir aussi: FANTINO, J., *op. cit.*, 253 p ; DOUGLAS JOHN HALL, *op. cit.*, 336 p.

1069 Cf. Aimé SOLIGNAC art. « « Image et ressemblance», chapitre II « Pères de l'Église » » *Dictionnaire de spiritualité ascétique et mystique,* Paris, Beauchesne, art., « Image ».

1070 AA. VV., *Dictionnaire de spiritualité ascétique et mystique*, Tome VI, Beauchesne, Paris, 197, art. « Église », col. 812-822 : voir aussi : AA. VV., *Dictionnaire de spiritualité ascétique et mystique*, Tome III, Beauchesne, Paris, 197, art. « Divinisation », col. 1376-1389.

1071 Cf. HAMMAN, A.-G., *op. cit.*, p. 5.

1072 De fait Chez les Pères de l'Église, le thème de l'homme à l'image et à la ressemblance de Dieu remonte, quant à son idée et certainement quant à son vocabulaire, à une double source,

théologie systématique de l'image et de la ressemblance, en ouvrant ainsi la voie à la plupart des Pères grecs et latins, est Saint Irénée de Lyon[1073] († vers 208). Son anthropologie, toutefois, se situe au cœur de l'histoire du Salut ; d'autant plus que sa théologie est une explication du projet de Dieu et de sa réalisation, ce qu'il appelle l'« économie du salut »[1074]. S'opposant à la gnose[1075] qui distinguait en l'homme un élément spirituel, constituant authentique de l'homme appelé au salut, et un élément matériel considéré mauvais et voué à la destruction, Irénée soutiendra, au contraire, que le salut ne consiste pas à faire sortir les hommes de l'univers matériel pour les faire rejoindre le monde spirituel de Dieu. Pour lui, l'homme tout entier, formé au départ à l'image et à la ressemblance de Dieu, ne peut être sauvé qu'en réalisant la ressemblance de l'image à travers l'épreuve du temps, sous l'action de la grâce et de l'Esprit, qui jamais ne s'identifie à lui[1076]. À cet égard, le mystère de l'homme s'éclaire dans l'incarnation du Christ, qui permet de lire en profondeur le sens de l'image et de la ressemblance[1077].

Le Père de l'Église distingue alors l'*imago*, qui consiste en la possession de l'intelligence (ou raison) et de la liberté[1078], de la *similitudo*, qui

---

l'une philosophique, l'autre biblique. La ressemblance est, pour Platon, une exigence spirituelle, et l'ami de la sagesse la réalise par la pratique de la vie vertueuse et l'exercice de la contemplation. Cette idée deviendra un lieu commun dans les cercles stoïciens, qui insisteront sur le rapport entre ressemblance à Dieu et béatitude (cf. PLATON, *République*, VI, 13, 500c, et X, 12, 613ab ; *Lois*, IV, 716cd). Quant au thème de l'image, tel qu'il est exploité par les Pères, il ne présente pas les mêmes attaches platoniciennes. Sa signification doctrinale est, chez les Pères, beaucoup moins dépendante de la philosophie hellénistique que de l'Écriture.

[1073] Cf. OTTO, S., *art. cit.*, p. 274. Saint Irénée de Lyon, de culture et de langue grecques, est né à Smyrne en Asie Mineure vers 120 ou 130. Il aurait été disciple de saint Polycarpe.

[1074] Cette perspective est mise en lumière par André Benoit (BENOIT, A., *Saint Irénée, Introduction à sa théologie*, PUF, Paris, 1960, p. 219-225 ; IRÉNÉE DE LYON, *Contre les Hérésies* (*Adversus haereses*), Collection « Sagesses chrétiennes », Cerf, Paris, 1984, Livre V, 36, 3 ; IRÉNÉE DE LYON, *Démonstrations de la prédication apostolique*, Collection « Sources chrétiennes », Cerf, Paris, 1959, n° 97).

[1075] Selon Hamman, Le véritable titre de l'ouvrage *Adversus haereses* est « Détection et réfutation de la prétendue gnose ». Conditionné par l'analyse et la réfutation des positions gnostiques, qui provoquent la réplique d'Irénée et le cheminement de sa doctrine, *Adversus haereses* nous fournit une pensée drue, complexe, cohérente en définitive, pour qui fait preuve d'esprit de finesse. Plus tard, la *Démonstration de la Prédication apostolique* se dégagera quelque peu de la polémique anti-gnostique, pour fournir un abrégé de la foi chrétienne » (cf. HAMMAN, A.-G., *op. cit.*, p. 49-50).

[1076] Cf. IRÉNÉE DE LYON, *Contre les Hérésies* (*Adversus haereses*), Livre, V, 6, l.

[1077] Parmi les études consacrées au sujet, on notera surtout : FANTINO, J., *op. cit.*, 253 p ; HAMMAN, A.-G., *op. cit.*, p. 49-76.

[1078] Irénée distingue la liberté « physique » de l'âme, qui n'est pas la liberté de l'homme façonné, de la liberté selon l'Esprit divin, qui, elle, est communiquée et à l'âme et à l'homme ainsi façonné. À plusieurs reprises, il présente la liberté comme le fruit d'une libération, le Christ venant mettre fin à la servitude pédagogique de l'ancienne loi et plus spécialement à l'esclavage du péché et de la mort (cf. BERTHOUZOZ, R., *Liberté et Grâce suivant la*

caractérise le don surnaturel de la grâce[1079]. Mais cette interprétation de Gn 1, 27 ne vise nullement à séparer la nature de la grâce. Irénée développe sa doctrine des deux concepts d'« image » et de « ressemblance » dans le cadre de la doctrine du plan du salut qui englobe tous les temps. Pour lui, le *Logos* incarné est le centre de ce plan salvifique, puisqu'il « récapitule » en son être personnel le temps tout entier. Il restitue à l'*imago* la *similitudo* perdue par le péché. C'est dire que l'action du Christ consiste à former tout le genre humain d'après son image[1080]. La venue du Fils, écrit-il en effet, achève pleinement la création première : « *Se rendant semblable à l'homme et rendant l'homme semblable à lui, pour que par la ressemblance avec le Fils, l'homme devienne précieux aux yeux du Père invisible, par le moyen du Verbe désormais visible* »[1081]. Le but et le terme de ce processus de transformation est de rendre l'homme *capax Dei* ou selon une autre formule d'Irénée, capable « de porter son image »[1082], c'est-à-dire de se réaliser jusqu'à la ressemblance de Dieu. Pour ce faire, l'activité de la créature ou du chrétien se modèlera sur celle de Dieu, grâce au don royal de la liberté.

Ainsi la liberté accordée, qui est ancrée dans l'image, et qui caractérise l'homme par rapport au Créateur « libre et maître de sa vie »[1083], doit se développer dans la progression en ressemblance. Chez Irénée, il existe des éléments qui caractérisent l'homme selon trois circonstances fondamentales : sur le plan de sa structure, il est libre et maître de ses actes ; face à la création, il en est le chef et exerce son autorité sur elle ; sur le plan de l'histoire, il est soumis au devenir[1084]. Libre, l'homme doit accepter avec patience le rythme du temps, la loi de progression. C'est alors que s'impose la notion fondamentale du temps. Tout ce qui est créé est par nature inachevé, soumis au devenir, donc appeler à se développer, à grandir. L'homme lui aussi est au départ ontologiquement imparfait, perfectible et

théologie d'Irénée de Lyon, Le débat avec la gnose aux origines de la théologie chrétienne, « Études d'Éthique Chrétienne » 8, Éditions Universitaires / Cerf, Fribourg / Paris, 1980, p. 83-85 ; Chez Irénée, voir IRÉNÉE DE LYON, *Contre les Hérésies* (*Adversus haereses*), Livre IV, 22, 1 ; V, 15, 3 ; IRÉNÉE DE LYON, *Démonstrations de la prédication apostolique*, Collection « Sources chrétiennes », Cerf, Paris, 1959, n° 31). Cette mission du Christ n'infirme en rien la responsabilité de l'homme et ne veut pas dire que la liberté avait cessé d'exister.

1079 Cf. IRÉNÉE DE LYON, *Démonstrations de la prédication apostolique*, n° 97. Le Christ est venu créer de conditions nouvelles, conforter et stabiliser l'exercice de la liberté. La grâce elle-même est un appel à un consentement libre et renouvelé, fondement de la communion nouvelle avec Dieu (IRÉNÉE DE LYON, *Contre les Hérésies* (*Adversus haereses*), Livre IV, 13, 2).

1080 OTTO, S., *art. cit.*, p. 275.

1081 IRÉNÉE DE LYON, *Contre les Hérésies*, Livre, IV, 20, 9, 11.

1082 Cf. *ibidem*, Livre IV, 38, 2 ; V, 2, 3 ; 3, 2.

1083 IRÉNÉE DE LYON, *Démonstrations de la prédication apostolique*, n° 11.

1084 Cf. HAMMAN, A.-G., *op. cit.*, p. 63.

pour cette raison astreint au progrès, à l'apprentissage et à l'usure du temps, à l'épreuve de la liberté. Il est image imparfaite, et ressemblance imparfaite, en mouvement vers l'achèvement ou la perfection dans le *Logos*. La doctrine d'Irénée sur l'image est, conséquemment, une expression de sa doctrine sur le plan du salut. Ressemblance naturelle et ressemblance surnaturelle sont, il est vrai, distinctes chez lui, mais en même temps elles sont reliées entre elles du fait même de la continuité du dessein de salut de Dieu. Cette économie du salut se réalise pour le genre humain tout entier. Si Irénée évoque donc la liberté de l'individu comme une caractéristique de l'être à l'image de Dieu, il ne peut cependant pas lui abandonner le domaine du nécessaire, où se façonne l'histoire. Au demeurant, la distinction établie par Irénée entre *imago* et *similitudo* a un enracinement profondément biblique, quoiqu'elle ne soit pas fondée sur le sens littéral de Gn. 1, 26. Elle restera encore aujourd'hui, à juste titre, la caractéristique de la doctrine catholique de l'image.

Mais cette doctrine irénéenne de l'« économie de l'image », toutefois, perdra par moments du terrain au cours du développement de l'histoire des dogmes. Déjà avec Clément d'Alexandrie[1085] († vers 220), marqué par la philosophie de son temps et soucieux d'ouvrir au message chrétien des auditeurs imprégnés de la culture hellénique, la théologie de l'image et de la ressemblance connaîtra quelques variantes. Clément apparaît bien comme un des premiers théologiens à avoir présenté le christianisme comme une philosophie, en cherchant à réconcilier les prophètes bibliques et les philosophes grecs. Il n'a pas composé de manière systématique une anthropologie chrétienne. Après ses investigations, Hamman affirme de lui qu'« *il ne s'est même pas soucié d'harmoniser ses affirmations sur l'image et la ressemblance. Ce qui complique la tâche de l'analyste. Ses idées se trouvent dispersées à travers ses œuvres (...) nulle part nous ne trouvons une étude méthodique* »[1086]. Ses trois principales œuvres qui abordent en divers passages le thème de l'image et de la ressemblance sont : *Le Protreptique*[1087], *Le Pédagogue*[1088] et *Les Stromates*[1089]. Globalement,

[1085] Saint Clément d'Alexandrie est né à Athènes vers l'an 150. Venu sans doute de la Grèce, en quête de vérité, il est Alexandrin d'adoption, et trouve à Alexandrie un christianisme qui avait déjà solidement pris racine et était marqué en particulier par la pensée de Philon, un philosophe juif hellénisé.

[1086] HAMMAN, A.-G., *op. cit.*, p. 120.

[1087] CLÉMENT D'ALEXANDRIE, *Le Protreptique*, Collection « Sources chrétiennes », Cerf, Paris, 1941, 370 p.

[1088] CLÉMENT D'ALEXANDRIE, *Le Pédagogue*, Collection « Les pères dans la foi », Éditions Migne, Paris, 1991, 352 p.

[1089] CLÉMENT D'ALEXANDRIE, *Les Stromates*, Collection « Sources chrétienne », (édition en plusieurs parties), *Stromates I*, Cerf, Paris, 1951, 322 p. différentes parties des *Stromates* ont fait l'objet de publications différentes à des années différentes.

l'analyse montre que l'anthropologie de Clément est d'abord christocentrique. On pourrait même affirmer qu'elle s'inscrit dans une vision christocentrique de l'histoire. De la Genèse à l'Apocalypse, le Christ est l'objet de toute l'Écriture. Le *Logos* incarné, non seulement accomplit le double projet divin de création de l'homme tel que l'énonce la Genèse, mais encore seul, il en épuise la substance, en perfection et en plénitude[1090]. Dans cette mesure, il apparaît à Clément que l'homme n'est vraiment image de Dieu qu'à travers la médiation du Logos[1091] ; il n'est jamais que l'image de l'Image, c'est-à-dire donc image du *Logos* plutôt que de Dieu. Dans la dynamique de la création nouvelle, le Christ se découvre ainsi comme un Pédagogue parfait, et le Père Alexandrin exhorte à se mettre sous sa conduite, par une vie digne de Lui, pour obtenir le bienfait de l'incorruptibilité.

Dans *Le Pédagogue,* qui passe pour être le manuel du parfait chrétien, placé sous la conduite du *Logos*, Clément d'Alexandrie, comme Irénée de Lyon, distingue l'image de la ressemblance. Seul le Christ, Verbe incarné, réalise pleinement l'homme parfait, pleinement image et pleinement ressemblance, car, seul, il est l'image parfaite et la ressemblance absolue de son Père. Selon Clément, à tous les hommes l'image est universellement accordée, toujours par la médiation du *Logos* comme Archétype. Quant à la ressemblance, elle dépend de l'effort de l'imitation de l'Archétype et de l'assimilation progressive au modèle qu'est le *Logos*[1092]. Il déclare, à cet effet, que « *Le Verbe de Dieu s'est fait homme pour apprendre à l'homme à ressembler à Dieu* »[1093]. Cette ressemblance à Dieu, dont l'Esprit est en vérité l'artisan, se réalise donc en accomplissant les œuvres du *Pédagogue*. Aussi *Le Protreptique* peut-il conclure : « *Seul le chrétien pieux, riche, sensé, bien né, est par là une image de Dieu, selon sa ressemblance* »[1094]. Dans cette perspective, le Christ n'est plus considéré comme le second Adam – par conséquent observé dans sa situation par rapport à l'histoire du salut –, mais comme l'« archétype de l'homme ». Clément d'Alexandrie appelle le *Logos*, « *imago Dei* », et l'homme, « *ad Dei imaginem* ». Il ne concevrait donc pas la distinction *imago-similitudo* dans le même sens que le soutenait Irénée de Lyon[1095]. Selon Clément, en effet, l'*imago* appartient à

[1090] Cf. CLÉMENT D'ALEXANDRIE, *Le Pédagogue*, Livre I, 98, 2.

[1091] Cf. CLEMENTI D'ALEXANDRIE, *Le Protreptique*, 5, 4 ; 98, 4 ; CLEMENT D'ALEXANDRIE, *Le Pédagogue,* Livre I, 4, 2 ; CLÉMENT D'ALEXANDRIE, *Les Stromates*, V, 94, 5 ; VII, 16, 6.

[1092] Cf. CLEMENTI D'ALEXANDRIE, *Le Pédagogue*, I, 9, 1 ; III, 101, 1.

[1093] CLÉMENT D'ALEXANDRIE, *Le Protreptique*, VIII, 4.

[1094] *Ibidem*, XII, 122, 4.

[1095] Cf. IRÉNÉE DE LYON, *Contre les Hérésies*, Livre, IV, 20, 9, 11 ; OTTO, S., *art. cit.*, p. 275. Pour saint Irénée de Lyon, l'action du Christ, comme économie du salut, consiste à

chaque homme en qualité d'*humanum*, alors que la *similitudo* est communiquée uniquement au chrétien par le baptême. Comme on peut bien l'entrevoir, un des points épineux et controversés de la pensée de Clément sera le rapport entre ces deux données théologiques de l'image et de la ressemblance. Le Père d'Alexandrie sera de fait « *souvent accusé d'incohérence, car il lui arrive de confondre comme de distinguer les deux concepts* »[1096]. Il inaugure, cependant, dans l'optique des exigences de la ressemblance au *Logos* par l'imitation et l'assimilation, la mystique de l'« *apatheia* » (apathie) : qualité proprement divine qui fait « *ressembler au Maître* »[1097]. L'apathie, ou encore l'impassibilité, est pour lui une pureté, voire une parfaite liberté par rapport à tous les biens, l'apaisement des tendances désordonnées et la stabilité dans la charité possédée[1098]. Il ouvre ainsi un sillon au grain évangélique qui sera plus tard creusé par certains théologiens, et en particulier par Grégoire de Nysse.

La doctrine grecque de l'image et de la ressemblance atteint, avec Grégoire de Nysse[1099] († 395), sa forme la plus achevée. Historiens et exégètes ont souvent mis en lumière la place centrale que le thème occupe dans sa théologie. Ils y voient entre autres « *la clef de voûte de sa doctrine spirituelle, la pièce maîtresse de sa spéculation théologique* »[1100]. Son ouvrage *La Création de l'homme (De opificio hominis)*, où il traite *ex professo* de l'image et de la ressemblance et formule ses positions personnelles, illustre non seulement que l'Écriture est la source principale de son inspiration, à laquelle il revient sans cesse, avec laquelle il confronte les positions philosophiques de son temps, et permet également d'évaluer sa méthode exégétique. Analysant l'acte de la création de l'homme, Grégoire soutient qu'elle consiste pour Dieu, à faire passer l'homme du non-être à l'être, et donc à le faire participer à ce qui est, ou plus exactement à Celui qui est. C'est en tant que participant à Celui qui est que l'homme est à l'image de Dieu et est *de facto* bénéficiaire de tous les biens sans réserve, en plénitude. En effet, s'interroge Grégoire, « *si la Divinité est la plénitude de tout bien, et si l'homme est à son image, est-ce que ce n'est pas dans cette*

---

former tout le genre humain d'après son image par la restitution de la *similitudo Dei* (perdue par le péché) à l'*imago Dei*.

[1096] HAMMAN, A.-G., *op. cit.*, p. 122.

[1097] CLÉMENT D'ALEXANDRIE, *Les Stromates VI*, VI, 72, 2.

[1098] CLÉMENT D'ALEXANDRIE, *Les Stromates IV*, IV, 152, 1.

[1099] Grégoire de Nysse est né entre 331 et 341 à Néocésarée, actuelle Niksar en Turquie. Ses écrits, en grec, sont nombreux et variés. On peut les classer en ouvrages dogmatiques, exégétiques, ascétiques ou monastiques, auxquels s'ajoutent les Discours, les Sermons et les Lettres.

[1100] LEYS, R. *L'image de Dieu chez Saint Grégoire de Nysse*, Édition Universelle / Desclée De Brouwer, Bruxelles / Paris, 1951, p. 15. Etude fondamentale, qui fournit de nombreux textes, mais dont l'analyse est parfois trop systématique.

plénitude que l'image aura sa ressemblance avec l'archétype ? »[1101] À partir de l'« image » s'ébauche ainsi une véritable anthropologie grégorienne. La référence constante au livre de la Genèse situe sa réflexion au niveau de la Révélation, où l'image ordonne l'homme vers sa fin divine. Pour Grégoire de Nysse, « *la nature... est l'homme véritable, créé dans la vie surnaturelle* »[1102]. L'idée d'une « nature pure » est de ce fait hors de son optique théologique[1103]. L'« image » apparaît chez lui, déduit Hamman, comme « *un élément constitutif de l'homme, qui tient à sa Structure même, ce que Grégoire appelle "sa nature", terme qui désigne l'homme selon la Genèse, pour qui la grâce est impliquée dans l'acte créateur même* »[1104]. Fondamentalement, en tant que participante à l'être de Dieu, « *la nature humaine créée pour dominer le monde à cause de sa ressemblance avec le Roi universel a été faite comme une image vivante, qui participe à l'archétype par la dignité et le nom* »[1105]. C'est dire que, indubitablement, l'*Imago Dei* n'est pas chez Grégoire de Nysse une donnée morte, figée ou statique, mais elle est plutôt une présence dynamique, une façon d'être et de vivre. Elle échapperait, par conséquent, à qui ne la chercherait pas par l'action, voire par une vie engagée ; car elle est comparable à un « *miroir libre et vivant* »[1106]. C'est dire que « *la nature de l'image est essentiellement dynamique comme la ressemblance est essentiellement ontologique* »[1107]. Image de Dieu par participation plénière à tous les biens divins, l'homme est aussi à sa « ressemblance », mais une ressemblance différenciée par l'origine et le mode d'exister : Dieu est incréé et immuable, tandis que l'homme est créé et changeant[1108]. Cette mutabilité est constitutive de la nature créée de

---

1101 GRÉGOIRE DE NYSSE, *La création de l'homme* (*De hominis opificio)*, Cerf, Paris, 2002, 16. PG 44, 184B.

1102 Imitation de Jean Daniélou, reprise par R. Gillet, dans son étude : GILLET, R., « L'homme divinisateur cosmique dans la pensée de Grégoire de Nysse » in *Studia Patristica VI*, Berlin, 1962, p. 74. Roger Leys sollicite les textes et y introduit une problématique occidentale. Cf. LEYS, R. *op. cit.*, p. 99 et 104.

1103 SCHOEMANN, J.B., *Gregors von Nyssa theologische Anthropologie als Bildtheologie*, Scholastik 18, 1943, p. 41.

1104 HAMMAN, A.-G., *op. cit.*, p. 204.

1105 GRÉGOIRE DE NYSSE, *La création de l'homme*, 4. PG 44, 136C.

1106 GRÉGOIRE DE NYSSE, *Homélies sur le Cantique des cantiques*, Cerf Paris, 2008, 15. PG 44, 1096A.

1107 URS VON BALTHASAR, H., *Présence et pensée, essai sur la philosophie religieuse de Grégoire de Nysse*, Beauchesne, Paris, 1988, p. 89.

1108 Sur l'origine, Dieu est incréé (il est l'être) alors que l'homme est créé (il reçoit l'existence par création) ; sur le mode d'exister, Dieu est immuable, tandis que l'homme, au contraire, est en perpétuel devenir, en commençant par le passage du non-être à l'être (Cf. Pour Saint Grégoire de Nysse, la ressemblance de l'homme à Dieu n'est pas une identité. Jean Daniélou a analysé la notion grégorienne de mutabilité (*tropè*), qui est centrale dans sa pensée : DANIELOU, J., *L'être et le temps chez Grégoire de Nysse*, Brill, Leyde, 1973, p. 95-115).

l'homme et rend possible le mal, sans qu'il ne devienne inévitable[1109]. L'aspect positif du changement est le progrès, qui est une dynamique inhérente au devenir. Le progrès humain se réalise dans et par l'exercice de la liberté, qui est le premier des biens de Dieu du fait de la création à son image, et qui consiste « *à être libre de tout déterminisme, à n'être soumis à aucun pouvoir physique, mais à avoir dans ses décisions, une volonté indépendante, libre de ses choix* »[1110]. Selon le Père Nyssène, c'est grâce à la liberté que la vertu de l'homme est le fruit de son vouloir[1111]. La liberté est pour lui le principe même de la ressemblance avec Dieu, en cela même qu'elle caractérise et soutient l'effort dynamique de l'homme vers son accomplissement.

Le Père de l'Église voit l'*imago*, réalité créée de l'être humain, dans la manifestation du *Logos*, qui, en tant qu'archétype, forme l'homme. La création de l'homme est tout entière polarisée par le Christ à venir, ce qui permet à Grégoire, à la suite d'Irénée de Lyon, de placer l'Incarnation, où « *la terre porte son fruit* »[1112], au cœur de l'histoire. Les liens entre l'image de Dieu en l'homme et le *Logos* en tant qu'archétype s'expriment chez lui par divers thèmes, où se manifestent le vocabulaire et les représentations philosophiques. Pour lui, l'image de Dieu en l'homme est fondée sur la parenté avec l'archétype. L'homme est parent de Dieu, puisqu'il porte en lui la ressemblance avec l'archétype. Aussi, « *en se regardant verra-t-il en lui celui qu'il cherche* »[1113]. Grégoire de Nysse développe ainsi, à plusieurs reprises, le thème de la connaturalité avec Dieu. Dans une perspective grandiose, il situe l'homme dans une longue création en marche. Placé au cœur du monde, l'homme est le fruit d'une longue attente, le maître d'un univers qu'il a mission de rassembler et de mener à son Créateur. Sans doute faut-il noter que chez Grégoire de Nysse, l'« *εἰκών* » est essentiellement un don de Dieu, par et dans lequel Dieu se fait présent à l'homme. Tel est le mystère insondable de l'âme humaine qui est le reflet de

---

[1109] Cf. GRÉGOIRE DE NYSSE, *La création de l'homme*, 16. PG 44, 185A. Pour le Père Nyssène, la pauvreté congénitale de créature explique sa fragilité et le choix néfaste qui provoque le péché (cf GRÉGOIRE DE NYSSE, *Homélies sur le Cantique des cantiques*, 15. PG 44, 1092C.).

[1110] GRÉGOIRE DE NYSSE, *La création de l'homme* (*De hominis opificio)*, 16. PG 44, 184B. l. On pourra se reporter à l'étude de Jérome Gaïth : GAÏTH, J., *La conception de la liberté chez Grégoire de Nysse*, J. Vrin, Paris, 1953, 213 p.

[1111] GRÉGOIRE DE NYSSE, *Homélies sur le Cantique des cantiques*, 2. PG 44, 796CD.

[1112] Ce qui fait écrire à Jean Daniélou « (Adam) *n'est pas pour lui un personnage historique, mais une figure du Christ à venir* » : DANIELOU, J., *Platonisme et théologie mystique: Essai sur la doctrine spirituelle de saint Grégoire de Nysse*, Aubier / Montaigne, Paris, 1944, pp. 7.

[1113] GRÉGOIREDE NYSSE, *Les BBéatitudes (*raduit du grec ancien par Jean-Yves Guillaumin, Gabrielle Parent), Collection les Pères dans la foi, nnuméro 0, J.-P. Migne, Paris, 1997, 6, 2. PG 44, 1270C ; Sur la notion de nature, chez Grégoire, cf. DANIELOU, J., *L'être et le temps chez Grégoire de Nysse*, pp. 35.

l'incompréhensibilité de Dieu[1114]. Plus surprenant encore chez le Père Nyssène, c'est qu'à la différence de la conception jusque-là traditionnelle, le symbole d'« image de Dieu » ne caractérise pas seulement l'individu, mais l'humanité ; elle désigne le genre humain tout entier, des « premiers » aux « derniers » hommes, qui portent également l'empreinte divine[1115]. Elle est alors « *la collectivité humaine, dans son achèvement, telle que l'artiste divin la voit, au premier instant. D'où Grégoire tire deux conclusions : un seul homme désigne l'ensemble de l'humanité, une et multiple, et toute l'humanité constitue l'image unique de Dieu* »[1116]. La notion d'« image de Dieu » chez lui est donc globale et globalisante, elle comprend à la fois le *noûs* et l'*arétè*, l'être et l'action ; elle s'applique même en premier lieu au « plérôme de la nature »[1117], à l'universalité, dans la totalité de ses composantes. Mais cette conception nouvelle, Grégoire l'appréhende avec circonspection, en notant lui-même qu'il avance une hypothèse toute personnelle[1118].

II. B. 2. « Image » et « ressemblance » dans l'anthropologie patristique latine

Étudiant distinctement la théologie de l'« image » et de la « ressemblance » chez les Pères Grecs et chez les Pères Latins, il importe de relever d'emblée, qu'il faut se garder de considérer la théologie grecque et la théologie latine comme deux constructions qui se seraient élaborées parallèlement, voire comme deux blocs erratiques, hermétiques l'un à l'autre[1119]. Aussi bien chez les Grecs que chez les Latins, on commentait la Genèse et la création de l'homme, si bien qu'« *on a pu émettre l'hypothèse d'un fonds commun d'interprétations, rassemblé en quelque épitomé* »[1120]. Toutefois, il est évident que l'esprit occidental a quelquefois appliqué et

---

[1114] GRÉGOIRE DE NYSSE *La création de l'homme*, 11. PG44, 183D-156B.

[1115] *Ibidem,* 16. PG 44, 185D.

[1116] Il s'agit ici d'une pensée de Grégoire de Nysse reprise par Hamman : Voir HAMMAN, A.-G., *op. cit.*, pp. 15.

[1117] GRÉGOIRE DE NYSSE *La création de l'homme*, 11. PG 185C. Sur la notion de plérôme, on peut se reporter à LEYS, R., *op. cit.*, 79-92 ; CORSINI, E. « Plérôme humain et plérôme cosmique chez Grégoire de Nysse » in *Écriture et culture philosophique* dans la pensée de Grégoire de Nysse, Actes du Colloque de Chevetogne organisé par le Centre de recherches sur l'hellénisme tardif de la Sorbonne, MM. arl, Leiden, 1971, pp. 11-126.

[1118] GRÉGOIRE DE NYSSE *La création de l'homme*, 16. PG44, 185BC.

[1119] On sait que les échanges étaient fréquents entre l'Orient et l'Occident, dans les premiers siècles. Saint Irénée par exemple est un Oriental venu de Smyrne (en Asie Mineure) et s'est installé à Lyon. Carthage par ailleurs a subi, en premier lieu, l'influence du Levant qui lui a apporté l'Évangile et dont elle continue à se réclamer, dans la liturgie comme dans sa règle de foi.

[1120] HAMMAN, A.-G., *op. cit.*, pp. 7.

exploité son génie propre, dans sa réflexion théologique. Il peut en effet être observé parfois des accents différents et des développements de thèmes distincts ; ce qui est particulièrement vrai du thème de l'image et de la ressemblance qui, d'Alexandrie à Carthage, n'a pas toujours suscité le même intérêt, et n'a pas souvent eu les mêmes résonances, même si l'Occident a subi des influences orientales.

Le premier à se signaler chez les Latins au sujet d'une vraie théologie de l'image et de la ressemblance, c'est Tertullien[1121] († vers 225), qui en est le fondateur. Sa pensée mérite une considération spéciale tant par son ancienneté que par l'originalité de ses idées. Il n'a pas écrit de commentaire sur la Genèse, mais en donne un équivalent dans le second livre de l'*Adversus Marcionem*[1122], œuvre principale qui rend compte de son anthropologie[1123] ; d'autres œuvres exposent sa doctrine spirituelle en relation avec l'image de Dieu[1124]. À l'analyse de *Adversus Marcionem*, son œuvre de controverse la plus vigoureuse, la plus personnelle qu'il ait composée, on mesure l'originalité de sa pensée, face aux mêmes adversaires que Saint Irénée de Lyon. Ses références constantes sont l'Écriture et la règle de foi. Ainsi, dans sa fidélité à l'Écriture et aux données de la révélation, il s'oppose aux gnostiques, et met en lumière l'unité et l'intégrité de la condition humaine dont l'excellence réside dans la création à l'image de Dieu. Dans cette optique, il montre comment la bonté du Dieu Créateur se manifeste d'abord en ce qu'il fait exister un être capable de le connaître, de jouir de lui et qui est digne d'habiter ses œuvres parce qu'il est son image et à sa ressemblance[1125]. Pour le Père de Carthage, le lieu et la nature de l'image de Dieu en homme, c'est l'âme en tant que douée de libre arbitre. Il

---

[1121] Quintus Septimus Florens Tertullianus, dit Tertullien, né entre 150 et 160 à Carthage (actuelle Tunisie) et décédé vers 225 à Carthage, est un écrivain de langue latine issu d'une famille berbère romanisée et païenne. Il se convertit au christianisme à la fin du 22esiècle et devient la figure emblématique de la communauté chrétienne de Carthage. Auteur prolifique, catéchète, son influence sera grande dans l'Occident chrétien.

[1122] Cf. TERTULLIEN, *Contre Marcion* (*Adversus Marcionem*), Livre II, Cerf, Paris, 1991, 242 p.

[1123] Tertullien expose son anthropologie, trop rarement prise en considération, avec vigueur et indépendance d'esprit. Il est le premier, dans l'Église à écrire un *Traité de l'âme*, exalté par les uns (cf. TURMEL, J., *Tertullien, dans La pensée chrétienne*, Librairie Bloud, Paris, 1905, pp. 9), vilipendé par les autres (GUIGNEBERT, C., *Tertullien, Étude sur ses sentiments à l'égard de l'Empire et de la société civile*, Leroux, Paris, 1901, pp. 52) ; il ne laisse jamais indifférent.

[1124] Cf. TERTULLIEN, *Contre les Valentiniens* (Adversus Valentinianos), Tome I, Cerf, Paris, 1980, 160 p. ; Tome II, Cerf, Paris, 1981, 412 p. ; TERTULLIEN, *De anima*, Brill, Rome / Leyde / Boston, 2010.

[1125] Cf. TERTULLIEN, *Contre Marcion*, II, 3, 2, CCL 1. Selon Tertullien, la bonté de Dieu s'applique plus activement à la création de l'homme (*operantior operata est*), puisqu'il ne le crée pas « par une parole de commandement, mais de sa main familière » (cf. Tertullien, *De resurrectione mortuorum*, 5,6, CCL 2).

écrit en effet qu'à la différence des animaux, « *seul l'homme est glorifié, parce que seul il est digne de recevoir de Dieu une loi ; ainsi, comme un animal raisonnable, doué d'intelligence et de savoir, il est contenu par une liberté elle aussi raisonnable, soumis à celui qui lui a soumis toutes choses* »[1126]. La loi apparaît ainsi, selon lui, comme le signe de la dignité de l'homme, en même temps que l'exigence de sa liberté. Avec l'Église grecque, il affirme énergiquement la liberté de l'homme, qui le rend responsable de ses actes. Pour lui, même la faute originelle ne peut priver l'homme de son libre arbitre, qui est essentiel à l'image de Dieu, indéracinable, et le secours divin lui-même ne violente jamais l'homme libre.

Avec un réalisme particulier, il affirme et célèbre la grandeur de la chair, dont la suprême consécration consiste à accueillir le Verbe de Dieu, « *devenu chair et âme comme l'homme, c'est-à-dire Adam* »[1127]. Comme l'avait déjà perçu saint Irénée, Tertullien considère parfois que l'homme est fait à l'image du Christ, Fils de Dieu[1128], mais ne développe pas assez cette pensée, car l'intention de *Adversus Praxean* où il marque cette idée est trinitaire et non pas anthropologique. Comme Irénée encore, il situe l'image et la ressemblance dans l'homme tout entier, car aucune de ses composantes ne peut seule la définir. Mais si Tertullien reprend certaines thèses du Père Lyonnais (par exemple l'économie du salut, le rôle de l'Esprit, la liberté), il se montre néanmoins indépendant par rapport à lui. Il ne reprend pas la distinction irénéenne entre l'image et la ressemblance, mais élabore plutôt une doctrine de l'âme là où Irénée n'était pas allé au bout de sa pensée. De l'étude réalisée par Hamman, trois caractéristiques majeures se dégagent de la doctrine de l'image et de la ressemblance chez Tertullien[1129] : d'une part, elle met en évidence l'unité de l'homme et du composé humain, tout entier frappé à l'effigie divine ; d'autre part, son économie du Salut place, non le péché, mais le Christ, en qui toute chair est transfigurée par la gloire de Dieu, au centre et au sommet de la création et de la ligne du temps ; enfin, l'histoire et la condition chrétiennes sont, selon lui, tendues vers l'achèvement des temps, et cette dynamique de tension constitue la substance de l'image et de la ressemblance. On le perçoit, la pensée du Père Carthaginois se cherche comme à travers une forêt vierge. Premier écrivain chrétien en langue latine, son anthropologie met en lumière l'originalité de sa pensée, qui le situe au carrefour de l'Église ancienne. C'est pourquoi, affirme Hamman, « *Il n'est pas excessif de dire que Tertullien occupe une*

[1126] TERTULLIEN, *Contre Marcion*, Livre II, Cerf, Paris, 1991, II, 4, 5, CCL 1.
[1127] Pensée de Tertullien reprise dans HAMMAN, A.-G., *op. cit.*, pp. 00.
[1128] TERTULLIEN, *Contre Praxéas, ou Sur la Trinité* (*Adversus Praxean*), Traduit par E.-A. de Genoude, 2004, 12, 3, CCL 2.
[1129] Cf. HAMMAN, A.-G., *op. cit.*, pp. 01.

place charnière dans le développement du thème » de l'image et de la ressemblance, entre l'Orient et l'Occident. Il constituera même pour ses contemporains et les générations ultérieures une référence vers laquelle la théologie se tournera, et une source à laquelle elle puisera.

L'enseignement sur l'image de Dieu en l'homme chez Saint Augustin[1130] d'Hippone († en 430), philosophe chrétien, Père et Docteur de l'Église, a fait l'objet de nombreuses études. À considérer globalement sa pensée sur le concept d'« image », l'homme est fait à l'image de Dieu selon son âme, et même selon ce qu'il y a de plus élevé dans l'âme : *mens* ou *intellectus* qui est « *ce qui excelle en elle* », « *comme son visage, son œil intérieur et intelligible* »[1131]. Cette thèse capitale permet au théologien de l'antiquité tardive, d'abord de s'opposer à l'objection manichéenne qui, au nom d'une supposée réciprocité de similitude, accusait les chrétiens d'admettre la corporéité de Dieu[1132] ; ensuite elle situe par ailleurs l'image de Dieu en homme dans ce qui distingue l'être humain des créatures inférieures et fonde son pouvoir sur elles. De plus, et c'est le plus important, elle établit une relation immédiate entre l'homme et Dieu[1133], à la fois quant au mode de sa formation[1134] et quant au mode de sa connaissance[1135]. C'est en vertu de cette relation que l'âme humaine est la meilleure voie d'accès à la connaissance de Dieu[1136]. Saint Augustin revient souvent au récit de la création, tantôt occasionnellement comme dans le *Traité de la Trinité* ou dans la *Cité de Dieu* (*contre les païens*), tantôt *ex professo* comme dans ses commentaires sur la Genèse. Mais l'œuvre capitale demeure le *De Genesi ad litteram*[1137].

[1130] Augustin d'Hippone est né dans le Municipe de Thagaste (actuelle Souk-Ahras, Algérie) le 13 nnovembre 54 et mort le 28 août 30 à Hippone (actuelle Annaba, Algérie). Il est le seul Père de l'Église dont les œuvres et la doctrine aient donné naissance à un système de pensée : l'augustinisme. Son influence est marquée depuis le Haut Moyen Âge jusqu'à la plupart des théologiens chrétiens contemporains.

[1131] SAINT AUGUSTIN, *De diversis quaestionibus 3*, 46, 2, et 51, 1, EÉdition Guérin(dirigée par Poujoulat et Raulx, Bar-le-Duc, 1864-1873) : [en ligne] : *http://www.abbaye-saint-benoit.ch/saints/augustin*. Dans les citations sur Saint Augustin qui vont suivre, nous nous référons aux Œuvres complètes de Saint Augustin –traduites pour la première fois, sous la direction de MM. oujoulat et de M. l'abbé Raulx, Bar-le-Duc, 1864-1872. Cette traduction qui peut être consultée, pour usage personnel, est mise en ligne par l'ABBAYE SAINT BENOÎT DE PORT-VALAIS, Route de l'église 38-CH-1897, Le Bouveret (VS) : *http://www.abbaye-saint-benoit.ch/saints/augustin/*.

[1132] Cf. SAINT AUGUSTIN, *De Genesi contra Manichaeos* I, 17, 27-28 ; *Contra Faustum*, XXIV, 2.

[1133] Cf. SAINT AUGUSTIN, *De diversis qquaestionibus 3*, 51, 2.

[1134] Selon Augustin, comme créature intellectuelle, l'homme n'est pas formé autrement que l'ange. Cf. SAINT AUGUSTIN, *De Genesi ad litteram*, III, 20, 31.

[1135] Cf. SAINT AUGUSTIN, *De diversis qquaestionibus 3*, 51, 2.

[1136] Cf. SAINT AUGUSTIN, *De Genesi ad litteram*, X, 24, 40.

[1137] Publié en 12 livres, la rédaction de ce document important sur la pensée augustinienne de l'image s'échelonne sur les aannées 01 à 415.

Dans ce document majeur surtout, parvenu à la maturité de sa pensée, le Père d'Hippone expose sa conception de l'homme, image de Dieu[1138]. Il élabore sa pensée sur l'image dans une perspective trinitaire, en interprétant, écrit Hamman, « *l'image et la ressemblance dans le texte de la Genèse, en un sens global, comme formant une unité, dès le départ, comme à travers les étapes du devenir* »[1139]. Dans le *Traité de la Trinité*[1140], il affirme que l'image et la ressemblance se développent ou se détériorent ensemble, et donc peuvent, d'après la *Cité de Dieu*[1141], être défigurées, enténébrées, sans toutefois disparaître, offrant ainsi une possibilité toujours ouverte à la participation divine. Pour lui, être « image de Dieu » veut exprimer l'intention de Dieu telle qu'elle se dégage de la Genèse. C'est ce qui constitue l'homme dans sa spécificité et exprime son être et sa vocation, en tant qu'appelé à vivre divinement. En cela, l'image de Dieu en l'homme est un don parfaitement gratuit, une élection divine inscrite dans l'acte créateur, comme un germe, une énergie, une capacité qu'il appartient à l'homme de développer et de mener à son achèvement[1142]. Selon Saint Augustin, si Adam[1143] a été créé « à l'image et à la ressemblance de Dieu », cela signifie deux choses : l'enracinement du mouvement de conversion, au plus intime de l'être humain, et la provocation à l'action, en utilisant le temps imparti, pour développer et parfaire la grâce reçue. Aussi, écrit-il, l'homme « *est comme une matière offerte à l'ouvrier pour qu'il la perfectionne* »[1144]. L'image implique donc deux pôles : création et achèvement, qui se correspondent et s'exigent mutuellement[1145].

Selon Hamman qui fait une esquisse d'une théologie augustinienne de l'image, si l'on considère l'ensemble de la pensée de saint Augustin sur l'« image de Dieu », on peut observer qu'il ne reprend pas la théologie de saint Irénée sur l'Image, axée sur l'économie du salut[1146]. À bien situer la

---

[1138] Il reconnaît par ailleurs dans les *Rétractations* qu'au sujet de la notion d'image de Dieu en l'homme, il y trouve plus de questions que de réponses (cf. SAINT AUGUSTIN, *Rétractations*, II, 24, 1.). Encore dans les *Rétractations*, il corrige une affirmation autrefois avancée, où il disait qu'Adam avait perdu l'image. « *Il ne faut pas entendre ces mots comme s'il n'était plus resté en lui d'image de Dieu, mais en ce sens que cette image était si déformée qu'elle avait besoin d'être reformée* » : SAINT AUGUSTIN, *Rétractations*, II, 24, 2.

[1139] HAMMAN, A.-G., *op. cit.*, pp. 57.

[1140] Cf. SAINT AUGUSTIN, *De Trinitate*, XIV, 4, 6.

[1141] Cf. SAINT AUGUSTIN, *De Civitate Dei contra paganos*, XXII, 24, 3.

[1142] Cf. AGAESSE, P., *L'anthropologie chrétienne selon saint Augustin : image, liberté, péché et grâce*, [Texte en offset], Centre Sèvres, Paris, 1986, pp. 3.

[1143] Adam n'est plus chez Augustin un nom collectif, mais l'appellation d'un personnage historique, dont l'existence fut déterminante pour le reste de l'humanité.

[1144] SAINT AUGUSTIN, *De libero arbitrio*, II, 20, 54.

[1145] Cf. HAMMAN, A.-G., *op. cit.*, pp. 57.

[1146] *Ibidem*, pp. 53-277.

théologie augustinienne de l'image dans l'histoire de la doctrine, il importe de lui reconnaître une radicale originalité. Non seulement Augustin prend du recul par rapport à la tradition grecque et latine, mais encore il forge, en élaboration progressive, surtout dans la Trinité, une doctrine de l'image nouvelle et personnelle[1147]. La nouveauté essentielle chez lui, c'est que l'homme est à l'image du Dieu un et trine. Les notions d'« image » et de « Ressemblance » se réfèrent, chez Augustin, à Dieu et non au seul Fils, en tant qu'image du Père[1148]. D'après Augustin, le Fils en tant qu'image-née et non pas créée, identique au Père, est une image invisible[1149], l'image par essence, et donc absolument semblable. Quant à l'homme, il n'est image que par participation[1150], à la fois semblable et dissemblable[1151]. Il ne se construit donc pas de ressemblance sur le *Logos*. Cette prise de position distincte de la théologie grecque est significative de la théologie d'Augustin, qui établit l'analogie de l'image sur le Dieu un et trine. Il voit dans la liberté de l'intelligence, de la volonté et de la mémoire, une image de la Trinité divine[1152]. Il conçoit aussi un rapport d'image entre la vie intime de Dieu et les actes qui constituent la vie morale et spirituelle de l'homme. Il ne distingue pas les concepts d'« image » et de « Ressemblance », mais c'est surtout pour mieux en nouer l'aspect ontologique et historique, l'être et le devenir, et pour mieux les situer dans le temps comme un appel à coopérer à la grâce de Dieu. Si soucieux qu'il est de la priorité, de la nécessité, de la gratuité de la grâce, saint Augustin ne sous-estime pas pour autant l'action personnelle, émanant de l'exercice du libre arbitre. Il soutient que dès le départ, à la création, se trouve affirmée l'intime compénétration de la grâce et de la liberté. Mieux encore, dans l'homme renouvelé par le baptême, coopèrent la souveraineté de Dieu et l'autonomie de la liberté[1153]. De ce point de vue, on le perçoit, la place centrale qu'occupe l'image de Dieu dans la théologie d'Augustin n'a pas échappé aux théologiens contemporains[1154] ;

[1147] Cf. *ibidem*, p. 277.

[1148] SAINT AUGUSTIN, *De Trinitate*, VII, 6, 12.

[1149] Cf. SAINT AUGUSTIN, *De diversis quaestionibus 3*, 74. La même remarque se retrouve chez Robert Javelet : cf. JAVELET, R., *Image et ressemblance au 112esiècle, de saint Anselme à Alain de Lille*, Letouzey et Ané, Paris, 1967, p. 57, note 238.

[1150] Dieu, présent dans l'Image, n'est encore qu'une ressemblance exprimée, mais non une relation qu'il faut accueillir. Cette présence « *n'est pas nécessairement une participation actuelle de Dieu par l'âme, mais la possibilité toujours offerte de cette participation* » : GILSON, E., *Introduction à l'étude de Saint Augustin*, J. Vrin, Paris, 1929, p. 289-290.) L'âme est simplement *capax Dei*, capacité que le péché lui-même ne peut supprimer.

[1151] Cf. SAINT AUGUSTIN, *De Genesi ad litteram imperfectus liber*, 16, 57- 60.

[1152] Ce qui nous introduit dans la question de l'analogie. Dieu et l'homme, en tant que respectivement Créateur et créature, sont séparés l'un de l'autre par un abîme.

[1153] Cf. HAMMAN, A.-G., *op. cit.*, p. 271.

[1154] Hamman rapporte que J. Heijke a même compté 150 textes, en dehors du *De Trinitate*, qui traitent de l'image : HAMMAN, A.-G., *op. cit.*, p. 253 ; cf. HEIJKE, J., *St.*

et les débats suscités par l'interprétation de l'augustinisme ont contribué aux conceptions modernes de la liberté et de la nature humaine, de la foi, de la raison, etc. La tradition patristique, dans son ensemble, nourrit alors les réflexions contemporaines sur la signification de l'image de Dieu et devient d'autant plus vitale qu'elle sert désormais le processus de réflexions théologiques et spirituelles actuelles. Nous ne sommes donc pas confinés au passé dès lors que nous réexaminons l'importance de ce symbole et sa riche signification dans le contexte socio-anthropologique actuel.

II. C. Synthèse des principales interprétations théologiques actuelles du symbole d'« *imago Dei* »

Il est certain qu'au cours des premiers siècles du christianisme, le thème de l'homme « à l'image de Dieu », qui s'est développé à la charnière entre l'anthropologie philosophique et la théologie, fut au centre des réflexions et de la prédication, tant dans la tradition latine que dans la tradition grecque. Dès lors, il semble extrêmement utile, aujourd'hui, d'examiner de plus près la notion d'*imago Dei,* d'autant plus qu'elle a donné lieu au cours des siècles à des réflexions très riches sur la valeur inhérente à l'être humain. Déjà entre la fin de la période patristique et l'ère des grands scolastiques, et singulièrement entre le 12e et le 13e siècles, l'horizon intellectuel s'est profondément transformé. L'intention des Pères était de prendre conscience, à partir de l'Écriture, de la dignité de l'homme comme image de Dieu et d'en dégager les implications spirituelles sans séparer la spéculation et la vie[1155]. Au 13e siècle, dans le prolongement de la théologie patristique sur l'*imago Dei,* Saint Bonaventure[1156] († 1274) et Saint Thomas d'Aquin († 1274) perfectionneront la doctrine augustinienne de l'image en usant des concepts aristotéliciens[1157]. Saint Bonaventure, pour sa part, clarifie, synthétise et accomplit la doctrine de l'image déjà développée par ses prédécesseurs et lui donne, après Augustin, un

Augustine'Comments on imago Dei, (*An anthology from all his works exclusive of the De Trinitate*), Classical Folia, Suppl. 3, Mass., Worcester, 1960.

[1155] Chez les auteurs du 112esiècle, la tendance à la spéculation s'est accentuée, mais celle-ci est restée encore d'ordre spirituel et mystique : elle était une vie et informait la vie. Avec le 113esiècle, par contre, la spéculation se concentre sur des questions, elle s'élabore à partir de concepts et de propositions pour aboutir à des thèses, au risque d'oublier l'existence concrète. (cf. JAVELET, R., *op. cit.*, p. XIII et 66).

[1156] Les principaux éléments de la doctrine franciscaine sur l'image de Dieu étaient déjà fixés quand Bonaventure devient étudiant en théologie à l'école des Mineurs en 1243. Deux traits principaux caractérisaient l'enseignement des maîtres franciscains sur l'image de Dieu : le fondement de l'image dans la structure de l'âme humaine, une en son essence et triple en ses facultés (la mémoire, l'intelligence et l'amour) ; la tendance à privilégier l'homme sur l'ange, comme sujet de l'image. Mais Bonaventure fait preuve d'une grande maîtrise de pensée et d'un don remarquable, parfois poussé jusqu'à l'excès, pour la systématisation.

[1157]OTTO, S., *art. cit.*, p. 271-279.

second sommet de perfection. Le fondement théologique de sa doctrine est que l'image, qui est similitude expressive, du vestige, manifeste une convenance de proportionnalité[1158] (du fait que l'âme imite à sa mesure la mémoire, l'intelligence et l'amour) et une convenance d'ordre[1159] (du fait que la créature raisonnable est ordonnée immédiatement à Dieu dans la connaissance de la vérité première et dans l'amour de la bonté suprême) qui se réalisent de façon lointaine dans le vestige et de façon prochaine dans l'image. Pour Bonaventure comme pour Augustin, l'homme se définit d'abord par sa relation à Dieu, relation dans laquelle le sentiment de la dépendance est enveloppé et dépassé par l'Action de grâce, la connaissance et l'amour. Alors que l'influence augustinienne restait prépondérante sur les maîtres franciscains, les Dominicains étaient déjà marqués par l'étude des traités d'Aristote[1160]. Le dominicain saint Thomas d'Aquin, s'imprégnant de ces traités, passera peu à peu de l'idée traditionnelle qui situe l'image au plan des trois facultés (mémoire, intelligence et amour) à une conception personnelle de l'image référée à la nature intellectuelle de l'homme[1161]. L'homme est à l'image de Dieu en raison de sa nature intellectuelle : telle est la thèse fondamentale de la doctrine thomasienne de l'image. Ainsi, les créatures raisonnables seules seront, par suite, à l'image de Dieu parce qu'elles imitent Dieu non seulement par l'être et la vie, mais encore par l'intellection. La conception de l'Image chez saint Thomas reste donc au plan de l'analogie ; celle de saint Bonaventure se situe en quelque façon au-delà de l'analogie : l'homme est plus qu'une imitation de Dieu, il en est le miroir vivant par son être même.

Finalement, une relecture de la tradition théologique de l'« *imago Dei* » permet, d'une part, d'affirmer l'importance que la tradition chrétienne accorde à cette notion comme concept central de l'anthropologie chrétienne et, d'autre part, de relever que malgré cette importance historique, ou bien justement à cause de cela, il n'existe pas de consensus, ni de doctrine systématique sur ce concept d'« *imago Dei* ». Les positions des différents auteurs que saint Thomas d'Aquin reprend en bonne partie et synthétise[1162], traduisent des

---

[1158] Convenance de proportionnalité : similitude de rapports : il y a dans l'âme raisonnable une unité d'essence et une trinité des facultés qui sont ordonnées l'une à l'autre, dans un rapport semblable au rapport des Personnes en Dieu

[1159] Dieu a fait l'homme pour sa gloire, alors l'homme est ordonné immédiatement à lui.

[1160] Il s'en est suivi une transformation profonde dans les exposés spéculatifs sur le fondement de l'image de Dieu dans l'homme ; l'âme était toujours considérée comme le lieu de l'image divine. La psychologie aristotélicienne avait accrédité la thèse de la distinction entre l'essence de l'âme et ses facultés, dès lors, le fondement premier de l'image chez saint Thomas d'Aquin devra être cherché dans la nature intellectuelle de l'âme et non dans la structure ternaire de ses facultés.

[1161] La doctrine de l'image chez lui fait l'objet de la Question 3 de la *Somme théologique*.

[1162] SAINT THOMAS D'AQUIN, *Somme théologique. Les origines de l'homme*, I a, questions 0-102, Traduction de Albert Patfoort, avec notes et appendices par Henri-Dominique Gardeil, Cerf, Paris, 1998, p. 79 -139.

approches différentes à la fois en théologie christologique et trinitaire, mais aussi en philosophie. Tentant une schématisation générale, Jürgen Moltmann distingue quatre grandes positions traditionnelles dénommées « analogies » : un point de vue *substantialiste* qui voit dans l'âme, la nature raisonnable et volontaire de l'homme, le siège de l'image de Dieu, car elle est immortelle et semblable à la nature divine ; un point de vue *anthropomorphique* qui considère la constitution physique de l'homme, en l'occurrence sa station debout et son regard dirigé vers le haut, comme expression de l'image divine ; du point de vue de la *proportionnalité fonctionnelle*, c'est la domination de l'homme sur la terre qui manifeste l'image de Dieu, car celle-ci correspond à la domination universelle de Dieu sur le monde ; d'après l'analogie relationnelle enfin, c'est la communion entre l'homme et la femme qui reflète la communauté divine intratrinitaire[1163]. Certes, d'autres catégorisations globalisantes existent[1164], mais entre toutes, deux perspectives, en l'occurrence « substantialiste » et « relationnelle »[1165], retiennent notre attention pour la raison que, non seulement elles semblent être à l'origine des synthèses opérées dans la théologie contemporaine, mais encore, elles apparaissent comme plus que significatives dans le cadre de la réflexion sur les fondements et les exigences du développement humain durable selon une perspective chrétienne
.

II. C. 1. L'interprétation « substantialiste » de l'*imago Dei*

À examiner, dans son ensemble, la longue et influente tradition de la pensée chrétienne, on s'aperçoit que l'*imago Dei* a été souvent considérée

---

1163 Cf. MOLTMANN, J., *op. cit.*, p. 282-283.

1164 Christian Duquoc note, outre la liste de Moltmann, la liberté co-créatrice désignant l'accession à l'autonomie (thème bien développé chez Grégoire de Nysse). Les autres points seraient : 1. La ressemblance gratuite avec Dieu sur l'horizon d'une capacité ontologique (la parenté avec Dieu) ; 2. La capacité dominatrice et transformatrice sous l'égide eschatologique ; 4. La différence et la communication. cf. DUQUOC, C., « Introduction à la problématique théologique de l'anthropologie » in BÜHLER, P. (sous la direction de), *Humain à l'image de Dieu : la théologie et les sciences humaines face au problème de l'anthropologie; travaux de troisième cycle en théologie systématique des Facultés de théologie des Universités romandes, 1985-1986*, Collection Lieux théologiques, n° 15, Labor et Fides, Genève, 1989, p. 20 – 21 ; EICHER, P. (sous la direction de), *Nouveau dictionnaire de théologie*, Cerf, Paris, 1996, art. « Homme/Image de Dieu », p. 419.

1165 Cette démarche suit de près les études de Douglas John Hall, (cf. DOUGLAS, J. H., *op. cit.*, p. 147-184 ; SELARU, S., « Imago Dei fondement de l'anthropologie théologique » in *Journal for Interdisciplinary Research on Religion and Science*, 5 (2009) 105-116 ; Cependant on n'est pas d'accord avec les termes de «rupture » ou «révolution » que ces auteurs essayent de faire passer pour distinguer nettement entre la perspective «substantialiste » et celle «relationnelle». Bien avant les réformateurs, des Pères grecs, et non seulement, développaient sur un fondement trinitaire une vraie doctrine sociale de l'*imago Dei.* Ce qui compte de plus à mes yeux et ce qui fait la différence ce sont les paradigmes sotériologiques avec lesquels ces auteurs opèrent.

comme quelque chose d'inhérent à la constitution de l'homme, à sa nature[1166]. L'humanité à l'image de Dieu, de ce point de vue, signifie qu'en tant que créée par Dieu, l'espèce humaine possède certaines « qualités », des « capacités » ou des « facultés » qui la rendent semblable à l'être divin. Ces caractéristiques ou qualités sont intégrées à l'*άνθρωπος* ; elles sont des aspects de la nature humaine elle-même. Dans cette perspective de pensée, écrit Paul Ramsey, l'*imago Dei* réfère à « *quelque chose à l'intérieur de la forme substantielle de la nature humaine, à une faculté ou à une capacité que l'homme possède »,* qui distingue *« l'homme de la nature et des autres animaux* »[1167]. On remarquera dans l'affirmation de Ramsey, une caractéristique typique des auteurs qui se sont illustrés dans l'interprétation substantialiste de l'*Imago Dei* : s'appliquer à démontrer que c'est précisément cette « image de Dieu » dans la créature humaine qui l'élève au-dessus des autres créatures et qui lui confère un statut privilégié par rapport à la création en général. De fait, précise Douglas,

> « *on peut aisément constater — si l'on suit à la trace l'histoire de l'interprétation de ce symbole — que toute l'entreprise de définition de l'imago Dei est centrée, dans nos conceptions chrétiennes habituelles, sur le besoin évident de montrer que les êtres humains sont différents de toutes les autres créatures. Plus encore, "différent" entraîne presque invariablement "supérieur", "plus noble", "plus élevé", "meilleur" ; car il n'est guère possible d'adopter l'espèce de langage fondamentalement comparatif qu'implique cette approche sans poser un fort jugement de valeur sur les caractéristiques signalées comme constituant le "lieu" (locus) de l'imago dans la créature humaine* »[1168].

Il apparaît donc que le symbole d'*imago Dei* a largement contribué à faire refléter la détermination humaine à s'élever aussi loin que possible au-dessus de l'ordre créé. Dans la doctrine tant catholique que protestante, les associations évidentes avec l'*imago Dei* ont toujours été identifiées aux caractéristiques « spirituelles » de l'humain. Ainsi que le rapporte Douglas de J. S. Whales : « *L'homme est une créature divinement douée de dons qui le placent au-dessus de toutes les autres créatures : il est à l'image de Dieu* »[1169]. Et Harold De Wolf de spécifier exactement ce que sont ces dons, qualités persistantes de la vie humaine, qui font de l'être humain un porteur de l'empreinte (métaphore typiquement substantialiste) de son Créateur : l'être spirituel, le sens de l'obligation morale, le désir impatient de s'unir

---

[1166] DOUGLAS JOHN HALL, *op. cit.*, p. 149.
[1167] RAMSEY, P., *Basic Christian Ethics*, Scribner's and Sons, New York, 1950, p. 250.
[1168] DOUGLAS JOHN HALL, *op. cit.*, p. 149-150.
[1169] *Ibidem*, p. 151: WHALES, J. S., *Christian Doctrine*, University Press, Cambridge, 1941, p. 44.

avec Dieu, et l'aspiration à la bonté[1170]. Mais parmi les éléments caractéristiques de la spécificité de la nature humaine que les théologiens de l'interprétation substantialiste ont distingués comme étant des manifestations par excellence de l'image divine, il y a deux qualités, particulièrement constantes et bien connues, à savoir : la rationalité et la libre volonté. À en croire Douglas, « *l'idée que c'est la raison humaine qui constitue l'*Homo sapiens, *l'*imago *terrestre de Dieu, est si fermement ancrée dans les conceptions chrétiennes habituelles qu'il est à peine possible, pour quiconque fait partie du courant intellectuel de notre culture, de lire Genèse 1, 26-27 sans immédiatement et inconsciemment assumer que l'antique expression de l'auteur hébraïque, "l'image de Dieu", réfère spécifiquement aux capacités rationnelles de la créature humaine* »[1171]. La faculté de penser que produit la raison, en effet, fait la différence entre les hommes et les animaux et c'est justement en cette capacité de l'esprit humain que beaucoup de Pères ont vu se focaliser l'image de Dieu.

La seconde « qualité » ou « capacité » la plus communément mentionnée par les grandes traditions chrétiennes comme lieu de l'*imago Dei* est la volonté humaine. Que l'être humain, à la différence des autres créatures, possède un libre arbitre capable de se déterminer est une caractéristique des auteurs qui présupposent que l'image de Dieu en l'homme réside dans une capacité humaine inhérente et unique. Et cette qualité humaine particulière, souvent citée avec la rationalité, est la libre volonté. Du reste, la liberté n'est-elle pas un présupposé au raisonner ? Cette mise en relation interactive entre la raison et la liberté portera des accents, particulièrement sur la liberté, surtout après la Réforme protestante et spécialement dans la période de la modernité. Ainsi que le rapporte Douglas John Hall de l'Anglican évangélique Handley Carr Glyn Moule : « *l'Image consiste dans le don mystérieux de la Personnalité qui apporte avec lui une capacité non seulement mentale, mais morale, ce qui est beaucoup plus, ainsi que le vrai libre-vouloir et le vrai libre-agir, de sorte que l'homme devient dans sa sphère une Cause qui se guide elle-même, comme Dieu dans la sienne* ».[1172] Dans cette même dynamique et à la même période, le pasteur presbytérien écossais James Orr écrira que « *l'image de Dieu, dans l'intention de l'Écriture, est une image mentale et morale. Elle doit être cherchée dans le fait que l'homme est une personne — un être spirituel, conscient de soi ; et dans les attributs de cette personnalité — sa rationalité et son aptitude à la*

[1170] Cf. DOUGLAS JOHN HALL, *op. cit.*, p. 151; DEWOLF, L. H., *A Theology of the Living Church*, Harper and Bros. Publishers, New York, 1953, p. 205ss.

[1171] DOUGLAS JOHN HALL, *op. cit.*, p. 153.

[1172] Citation de Moule que rapporte Douglas : cf. DOUGLAS JOHN HALL, *op. cit.*, p. 157 ; cf. MOULE, H. C.G., *Outline of Christian Doctrine*, Hodder and Stoughton, Londres, 1905, p. 157.

vie morale, en incluant dans cette dernière la connaissance de la loi morale, la libre autodétermination et les affections sociales »[1173]. James Orr en viendra à introduire le concept de l'image en tant que « potentialité », idée qu'avait déjà énoncée, quelques années plutôt, le luthérien allemand Isaak August Dorner qui, faisant une distinction entre l'*imago* « dotation » (accordée à l'origine) de l'*imago* « destination de l'homme », soutient que « *l'homme est un être convoqué à la liberté et au développement historique [...]. La liberté de l'homme, même de l'homme ordinaire, est en lien essentiel avec le moralement nécessaire, le divin ; et, de ce fait, non par son simple liberum arbitrium, il est potentiellement, de par sa destination propre, l'image du Dieu éthique* »[1174]. Comme on peut se rendre à l'évidence, durant la période de l'âge moderne, et dans une certaine mesure à l'époque contemporaine, les théologiens protestants, pour la plupart, ont intégré le thème de l'*imago Dei* dans leur théologie systématique et les divergences d'opinions ont quelquefois suscité des débats historiques. Hamman note par exemple que « *la ressemblance divine a fait l'objet d'un débat célèbre entre Karl Barth et Emil Brunner, qui soulevait les rapports de nature et de grâce* »[1175]. Face à la tendance quasi généralisée à voir dans des qualités ou dotations humaines (raison, volonté liberté, sens moral, être spirituel, etc.), le lieu de l'image divine en l'homme, certains théologiens contemporains, la plupart protestants, font l'objection selon laquelle l'*imago Dei* ne serait d'aucune manière quelque qualité de l'homme, mais plutôt la conséquence d'une relation.

II. C. 2. L'interprétation « relationnelle » de l'*imago Dei*

Alors que l'interprétation substantialiste de l'image de Dieu la situe en d'éminentes qualités constitutives de la nature humaine, la perspective relationnelle conçoit l'*imago Dei* comme une inclination ou une propension qui s'actualise à l'intérieur d'une relation. Ce qui est présupposé par cette interprétation est la relation entre le Créateur et la créature ; la créature humaine « imageant » son Créateur parce que, et dans la mesure où, elle est

---

[1173] James Orr cité par DOUGLAS JOHN HALL, *op. cit.*, p. 158 ; cf. ORR, J., *God's Image in Man : And Its Defacement in the Light of Modem Denials*, Hodder and Stoughton, Londres, 1905, p. 56-57.

[1174] D'après la pensée de Dorner que cite Douglas, l'« *idée d'homme, telle que conçue dans le plan global du monde de Dieu (...) n'est pas épuisée par le fait que son être soit une unité téléologiquement coordonnée de nature et d'âme. (...) De simples êtres naturels n'ont pas un tel idéal, ni de développement historique propre, parce que n'ayant pas de liberté* » : DOUGLAS JOHN HALL, *op. cit*, p. 159 : cf. DORNER, I. A., *System of Christian Doctrine*, Vol. V, T. and T. Clark, Edimbourg, 1888, p. 79-80.

[1175] HAMMAN , A.-G., *op. cit.*, p. 6 ; cf. BRUNNER, E., *Natur und Gnade*, Zurich, 1934 ; BARTH, K., *Nein ! Antwort an Emil Brunner*, München, 1934.

« tournée vers » Dieu. Dans cette perspective d'interprétation, « être image de Dieu » ne signifie pas « avoir » quelque chose d'apparenté au divin, mais être et faire quelque chose : « imager » Dieu. C'est surtout avec les Réformateurs du XVIe siècle que survient cette forme d'interprétation en rupture avec la conception substantialiste. Déjà, chez Martin Luther, l'image de Dieu était considérée comme « *entièrement déterminée par la réponse de l'homme à Dieu* »[1176]. D'après le Père de la Réforme, après la chute d'Adam, la relation de l'homme avec Dieu a cessé et l'homme ne peut rien pour la rétablir. À la place de l'image de Dieu, c'est plutôt la peur, la concupiscence et d'autres maux semblables qui sont imprimés en l'homme « *comme l'image du diable* »[1177]. Pour Jean Calvin, par ailleurs, qui rejette toute analogie ontique entre Dieu et l'homme, l'*imago Dei* n'est que le « reflet » ou le « miroir » de la gloire divine[1178]. Selon lui, avec le péché d'Adam, l'image aurait été « *perdue* », sinon « *totalement annihilée, effacée (...), du moins (...) si corrompue que ce qui en reste, quelle qu'en soit la nature, n'est qu'une horrible difformité* »[1179]. Se positionnant ainsi à contre-courant de la perspective traditionnelle, certains accents de la théologie de la Réforme soulignent que l'homme ne possède rien qui puisse être identifié à l'image de Dieu. De ce point de vue, Karl Barth affirmera sans détour que « *l'imago Dei n'est pas une qualité de l'homme* »[1180]. D'après Barth, être « à

[1176] LUTHER, M., « Commentaire du livre de la Genèse, chapitres 11 » in *Œuvres*, tome XVII, Labor et Fides, Genève, 1975, p. 72.

[1177] Cf. Martin Luther cité par : BÜHLER, P., « L'être humain – à l'image de Dieu » in BÜHLER, P. (sous la direction de), *op. cit.*, p. 275.

[1178] Selon Jean Calvin, cité par Douglas, la vraie rectitude de l'homme, c'est « *être créé à l'image de Dieu, c'est être en face de Lui, ou Lui répondre d'une manière telle que Dieu peut être capable de se contempler dans l'homme comme dans un miroir* » : DOUGLAS JOHN HALL, *op. cit.*, p. 173 ; cf. CALVIN, J., *Institutes of the Christian Religion*, trad. Par John Allen, Presbyterian Board of Christian Education, Philadelphia, 1936, vol. 1, livre , ch. XV, nn° , p. 208.

[1179] Propos de Jean Calvin rapportés par Douglas : DOUGLAS JOHN HALL, *op. cit.*, p. 175 ; cf. CALVIN, J., *op. cit*, p. 208. De fait, est-ce que l'image de Dieu est anéantie par le péché, comme Paul le laisse entendre dans Rm 3, 23 ou est-ce qu'elle est pervertie comme il semble le penser dans Rm 1, 23, ou est-ce qu'elle est ternie et obscurcie, comme l'a enseigné la tradition théologique ultérieure ? Si en effet l'image de Dieu se « perd » par le péché, alors se perd également l'existence humaine, étant donné que les hommes ont été créés à l'image de Dieu. Alors surgit un dilemme qu'imposent les traditions bibliques, de parler de l'homme comme image de Dieu et comme pécheur en même temps. Cette idée de la corruption de l'image par le péché, très fondamentale chez Calvin et partagée par les Réformateurs dont Luther, a fait l'objet de débats historiques. Pour prendre la mesure des débats et des réponses apportées, voir : MOLTMANN, J., *op. cit.*, p. 294-300 ; cf. aussi les contributions historiques de S. Otto, G. Ladner, L. Hödl, F. Dander, A. Rohner et A. Hoffmann in SCHEFFCZYK, L., *Der Mensch als Bild Gottes*, Wissenschaftliche Buchgesellschaft, Darmstadt, 1969, p. 1133 .

[1180] BARTH, K., *Dogmatique*, « La doctrine de la création », vol. 3, partie 1, Labor et Fides, Genève, 1960. p. 197. Adalbert-Gautier Hamman fait observer, toutefois, que Karl Barth a minimisé l'importance du récit de la création et « *prétend même que les enseignements des*

l'image de Dieu » signifie posséder dans le modèle divin sa raison d'être légitime[1181]. C'est-à-dire que l'*imago Dei* « *ne consiste en rien de ce que l'homme est ou fait* », mais simplement dans le fait d'être humain : « *L'homme ne serait pas homme s'il n'était pas l'image de Dieu. Il est cette image en étant homme* »[1182]. En cela, insiste Barth, la grâce de la création de l'homme consiste en ce que Dieu « *n'a pas seulement élevé l'homme à la communication avec lui-même, en tant que créature existant dans une libre différenciation et dans une libre relation, mais en ce qu'il l'a créé pour être en communion avec lui-même* »[1183]. Dès lors, la qualité divine en l'être humain n'est plus en ses attributs spécifiques, mais plutôt essentiellement dans sa capacité à entrer en relation avec Dieu.

Comme il fallait s'y attendre, l'interprétation de l'*imago Dei* selon la perspective relationnelle, en rejetant celle substantialiste, a fait l'objet de nombreuses critiques. Douglas rapporte que selon David Cairns « *le rejet par Luther des théologies de l'imago qui la situent dans les capacités humaines indélébiles est lié à sa crainte de compromettre son propre enseignement central sur la justification par la grâce seule, à travers la foi seulement* »[1184]. Ainsi, à en croire Cairns, si la créature humaine est comprise comme possédant déjà des qualités — en tant que dimension inhérente à sa physis — qui peuvent sembler avoir une signification religieuse concrète telle que la rationalité et la liberté, cela compromet chez Luther l'exclusivité de la grâce et de la foi. L'historien Jaroslav Pelikan, pour sa part, estime qu'en introduisant le concept d'« *image du diable* » inscrite en l'homme en lieu et place de « *l'image de Dieu* »[1185], Luther entendait s'opposer à la glorification des facultés humaines aux dépens de la grâce et aussi réaffirmer sa doctrine selon laquelle la volonté humaine joue un rôle « purement passif » dans la conversion[1186]. On sait en effet que pour Luther, l'homme est

---

Pères sur "l'image de Dieu" ont été créés de toutes pièces. Mais il n'a recueilli sur ce point qu'un silence réprobateur. Emil Brunner, en revanche, se montre beaucoup plus nuancé. «Ce texte, dit-il, conditionne le sort de la théologie, même s'il ne joue pas un rôle prépondérant dans l'Écriture » : HAMMAN, A.-G., *op. cit.*, p. 6. À en croire Hamman, l'objection de Karl Barth sur l'image n'a recueilli qu'un silence réprobateur (cf. *idem*).

[1181] BARTH, K., *op. cit.*, p. 196.

[1182] *Ibidem*, p. 197.

[1183] *Ibidem*, p. 198. Pour Barth, Dieu a désiré avoir vis-à-vis de lui un être « *qui sans être aucunement Dieu, c'est-à-dire en étant tout différent de lui, serait pour lui un véritable partenaire, avec lequel il puisse parler et se lier, à qui sa propre vie divine ne serait pas étrangère* » : *ibidem* p. 197.

[1184] Cairns David cité dans : DOUGLAS JOHN HALL, *op. cit.*, p. 162-163. Cf. CAIRNS, D., *The Image of God in Man*, S.M.C. Press Ltd., Londres, 1953, p. 12.

[1185] Selon l'expression de Flacius, la *forma divina* a été remplacée par la *forma diaboli.* Cf. Flacius cité dans MOLTMANN, J., *op. cit.*, p. 297.

[1186] Cf. PELIKAN, J., *La Tradition chrétienne. Histoire et développement de la doctrine*, Vol. IV : *La réforme de l'Église et du dogme, 1300-1700*, PUF, Paris, 1994, p. 140.

entièrement pécheur et incapable de contribuer par ses propres œuvres à sa justification devant Dieu. Il n'est justifié que par la grâce, dans la foi, à cause du Christ. À partir de cette conception théologique très caractéristique des auteurs de la Réforme, Flacius développera sa thèse selon laquelle le péché est la *substantia hominis in theologia* (substance de l'homme en théologie). Mais dans une controverse qui l'opposa à Strigel, celui-ci soutint la thèse opposée : le péché est un accident chez l'homme créé par Dieu ; il ne doit donc pas être désigné comme *substantia hominis*, mais seulement comme *accidens*[1187].

Par-delà toutes ces querelles d'écoles et les divergences d'interprétations, force est de reconnaître, à l'analyse même du principe de relation et sans pour autant nier radicalement la subsistance de l'*Imago Dei* en l'homme déchu, que toute la révélation biblique est marquée d'un caractère relationnel. Il est bien reconnu que les catégories principales de la croyance hébraïque et chrétienne apparaissent toutes comme relationnelles. Ainsi que le remarque Douglas, la perspective de l'interprétation relationnelle de l'image de Dieu soutenue par la théologie de la Réforme a ouvert la voie à une redéfinition de chacun des premiers principes de la religion chrétienne : la foi n'est pas un assentiment à des dogmes ou à des propositions objectivables au sujet de Dieu, mais l'assentiment à la personne et à la présence de Dieu ; la grâce n'est pas une substance, mais un acte, un continuel acte-de-don du Dieu vivant aux créatures vivantes[1188]. La perspective de l'interprétation relationnelle se découvre donc comme une autre manière de penser l'humain en tant qu'être créé à l'image de Dieu. Cette perspective, différente de la traditionnelle conception substantialiste, ne renie pas nécessairement la rationalité, la liberté, la spiritualité, la sensibilité morale et nombre des autres qualités humaines traditionnellement considérées comme lieux d'identification par excellence de l'image de Dieu en l'homme. L'interprétation de l'*imago Dei* selon l'analogie de la relation, quoiqu'historiquement minoritaire, reste théologiquement très originale et suggestive, car elle pointe en direction d'une image de l'humain qui présuppose et fait apparaître une disposition différente de la tradition théologique, et introduit à une conception nouvelle de la place de l'humain dans l'univers[1189] : la relation spéciale et personnelle de l'être humain avec son Créateur et sa participation à son pouvoir dans la perfection de la création. Cette conception, quoique quelque peu éloignée de celle des réformateurs, ne manque pas de fondement biblique. Selon la perspective biblique, l'image de Dieu signifie d'abord la relation de Dieu avec l'homme

---

[1187] Cf. Pour le débat controversé entre Flacius et Strigel voir : MOLTMANN, J., *op. cit.*, p. 296-298.
[1188] Cf. DOUGLAS JOHN HALL, *op. cit.*, p. 164.
[1189] Cf. *ibidem*, p. 183-184.

et seulement ensuite la relation de l'homme avec Dieu. Il est évident que si l'on part, comme le déclare Moltmann, « *du rapport de Dieu avec les hommes, la ressemblance de l'homme avec Dieu ne consiste pas seulement dans telle ou telle qualité qui le distingue des autres créatures, mais dans toute son existence* »[1190]. Pourtant, poursuit-il, « *il y a d'après les traditions bibliques manifestement un endroit où la relation de Dieu avec les hommes devient manifeste et peut être reconnue ; c'est le visage de l'homme, qui devient le miroir de Dieu (cf. 2 Co 3, 18)* »[1191]. Finalement, une relecture du développement historique de la définition biblique de l'homme comme un être à l'« image de Dieu », fondement de l'anthropologie chrétienne, révèle qu'il n'existe pas de consensus d'interprétation théologique du thème. Le concept d'*imago Dei* apparaît bien comme un lieu théologique commun, et c'est le signe plus que manifeste de sa complexité et de sa richesse ; et donc aussi de son importance capitale et déterminante véhiculée tout au long de l'histoire au cœur même de l'anthropologie chrétienne. L'étude des interprétations multiformes du concept est révélatrice de nombre d'éminentes conceptions, caractéristiques de la dignité humaine et de l'anthropologie chrétienne, qu'il importe de bien cerner.

II. C. 3. Signification de l'« *imago Dei* » dans la dignité anthropologique chrétienne

Il est notoirement reconnu aujourd'hui, aussi bien en théologie catholique que dans les théologies de la Réforme protestante, que le concept biblique d'« image de Dieu » accordé à l'homme dans le livre de la Genèse (1, 26-27) est plus que significatif pour l'anthropologie chrétienne : il en constitue le fondement primordial. Le principe fondateur de toute l'éthique chrétienne, énonçait Jean-Louis Brugues : c'est le fameux « *Faisons l'homme à notre image et comme notre ressemblance* »; « *c'est la devise gravée au fronton du portique d'entrée à la Parole de Dieu* » ; « *cette affirmation qui contient tout…* »[1192] La tradition chrétienne trouvera que l'auteur sacré a voulu ainsi donner sur l'homme, considéré globalement, comme dans une définition ouverte, une révélation de quelque chose d'absolument essentiel. En considérant, de ce point de vue, la longue histoire du développement de l'*imago Dei*, on s'aperçoit que cette définition biblique de l'humain est tout au moins quadruplement

---

1190 MOLTMANN, J., *op. cit.*, p. 284.

1191 *Idem.*

1192 BRUGUES, J.-L., o.p., *Dictionnaire de morale catholique*, CLD, Chambray -lès-Tours, 1996, art. « Image de Dieu ».

révélatrice[1193] de conceptions fondatrices de l'anthropologie dans une perspective chrétienne :

La création à l'image de Dieu est révélatrice, primordialement, du mystère de l'homme ; désigne sa nature, sa substance, son identité. Créé par Dieu, il n'est pas à confondre avec la nature ou les animaux ; image de Dieu, il est « du côté » de Dieu. Du point de vue de la théologie catholique, tout ce que la Révélation biblique attribue à Dieu se retrouve comme image, participation ou capacité chez l'homme. Parce que Dieu est vérité (Jn 74, 6 ; 16, 13), l'homme est capable de raison, de lire le monde, de déchiffrer « les signes des temps »[1194] de découvrir ce qui se joue de vrai en chacun de ses actes singuliers, de faire la vérité dans sa vie, plus encore, de rechercher la vérité de son être propre. Parce que Dieu est amour (Jn 75, 9 ; 1 Jn 4, 8), l'homme est capable de liberté et de vie en société.

La création à l'image de Dieu est révélatrice, en second lieu, des pouvoirs de l'homme et de sa mission à situer à l'échelle des autres créatures visibles. Occupant le sommet de la création visible, l'humain se voit confier une « seigneurie » sur elle (Gn 2, 19-20). Dieu en fait son « lieu-tenant » et lui demande de dominer la création, en y déployant toutes les ressources de son ingéniosité scientifique et technique. C'est d'ordinaire ce thème de la « seigneurie » de l'homme que développent les textes de l'Ancien Testament (cf. Ps 8 ; Si 17). Par rapport à lui-même et à son espèce, l'homme reçoit le pouvoir, sinon de créer, du moins de procréer avec amour des êtres vivants à l'image de Dieu (cf. Gn 1, 27-28 ; 5, 1 ss). Dieu reste cependant le maître ; « *Il confie tout à la liberté de l'homme, mais celui-ci doit agir comme un intendant prudent et avisé (Mt 25, 14 ss ; Lc 16, 1 ss). Il lui sera demandé des comptes. Il sera jugé sur sa gestion (Mt 25,31-46)* » [1195]. L'humain devra donc exercer sa seigneurie à l'image du Dieu Créateur.

La création à l'image de Dieu est révélatrice, en troisième lieu, de ce qu'est l'éthique chrétienne : une imitation de Dieu lui-même. La vie éthique qui repose sur un exercice humanisé de la liberté invite, dans la perspective chrétienne, à choisir librement Dieu pour modèle ou norme. Être créé à l'image de Dieu signifie proprement avoir Dieu pour fin spécifique, et c'est bien un principe éthique reconnu, dans l'ordre de la téléonomie, que la fin est cause de l'agir. Si l'humain à l'image de Dieu, de par nature, est être de raison et de liberté, la raison éthique commande de

---

[1193] Jean Louis Brugués distingue une triple révélation de la doctrine de l'*Imago Dei* : le mystère de la nature de l'homme, sa seigneurie et sa morale. (cf. *idem*). A cette liste, nous adjoignons, ou plutôt nous distinguons une quatrième dimension particulièrement importante : la vocation relationnelle de l'homme à l'origine de son caractère religieux.

[1194] cf. AA. VV., *Concile Vatican II, Gaudium et Spes*, n° 4.

[1195] BRUGUES, J.-L., o.p., *op. cit.*, art. « Image de Dieu ».

découvrir cette liberté qui lui est inhérente et de la vivre en restant dans la « sphère » du divin. La conséquence immédiate de l'affirmation de l'homme comme créé à l'image de Dieu, c'est qu'il n'a pas à inventer son devenir. Déjà, d'un point de vue logique, l'image n'est réellement « image » que si elle tend à coïncider avec la réalité dont elle est le reflet ou le miroir. C'est dire que pour s'accomplir en tant qu'image de Dieu, l'humain n'a d'autre perspective qu'imiter Dieu lui-même dans la ressemblance. Se dévoile ainsi une des premières bases de la vie morale ou éthique : l'exercice volontaire de la liberté, lieu propre de l'image de Dieu en l'homme, devra développer en chaque être humain la capacité naturelle qu'a l'homme de faire des choix libres posés en actes qui aient qualité de vérité, de bien, et qui l'édifient et le conduisent ainsi vers sa perfection et sa béatitude dans la « *sequi naturam* »[1196] (la conformité à la nature).

La création à l'image de Dieu est révélatrice, enfin, de la vocation relationnelle de l'homme et partant, de sa possible ouverture à Dieu. Il est aisé, en effet, d'observer que le texte de la Genèse voit dans la différenciation sexuelle l'implication la plus immédiate de la création à l'image de Dieu. D'une part, chaque être humain, dans sa condition sexuée[1197], dit Dieu ; et d'autre part, l'union entre l'homme et la femme

---

[1196] Ce fameux « *sequi naturam* » (la conformité à la nature), principe de la philosophie antique si franchement repris et christianisé par les Pères, ne doit absolument pas être entendu « *comme une inclination d'ordre biologique, car il concerne principalement la nature rationnelle, caractérisée par l'aspiration à la jouissance du bien, à la vérité et à la communication avec les autres hommes. Toute la recherche morale a pour but de déterminer ce qui est conforme à la nature humaine : le plaisir, la satisfaction des besoins, les espèces de biens, la vertu, etc.* » : (PINCKAERS, S. (Th.), op., *Les sources de la morale chrétienne, sa méthode, son contenu, son histoire*, Éditions universitaires / Cerf, Fribourg Suisse / Paris, 1985, p. 341). Saint Thomas n'hésite pas à placer la nature à l'origine, à la source de la liberté ; pour lui, nous sommes libres non pas malgré, mais à cause de nos inclinations naturelles ; mais il l'entend d'une nature spirituelle, se manifestant par l'aspiration vers la vérité, vers le bien et le bonheur, par le sens d'autrui aussi qui s'exprime dans l'inclination naturelle à la vie en société et qu'ordonne la justice et l'amitié. Au sujet de cette conception de la liberté, pour Maxime le Confesseur, la liberté humaine s'enracine dans la nature spirituelle. Pour lui, la perfection du libre vouloir consiste dans sa conformité à notre nature, faite par Dieu, et elle s'accomplit dans la participation à la nature divine par la grâce de l'Esprit. (cf. RIOU, A., *Le Monde et l'Église selon Maxime le Confesseur*, Beauchesne, Paris, 1973, p. 235 ; PINCKAERS, S. (Th.), o.p., *op. cit*, p. 359).

[1197] René Heyer, dans la *Condition sexuée*, note que le « *mot "condition" – qui implique clause, charge, obligation –, la langue française le réservait, il n'y a pas si longtemps, à la condition sociale, celle que prescrivait la lignée (personne de condition) ou que circonscrivaient les tâches subalternes de service (être en condition)* » (HEYER, R. *La condition sexuée*, PUF, Paris, 2006, p. 3). On s'accorde, en effet, pour reconnaître que la différence des sexes *« s'impose en arrière des individus, pesant sur eux et les marquant du trait propre de l'humanité. À chaque être humain il est en somme intimé d'être de l'un ou l'autre sexe* » (*ibidem*, p. 10). Ainsi, la « condition humaine » est d'être sexuée, c'est-à-dire de prendre parti face à la différence sexuelle.

représente une autre manière de reproduire l'image divine. Telle est le fondement de la loi relationnelle qui caractérise la « condition humaine », expression dont la reconnaissance de l'emploi témoigne, d'après René Heyer, de « *l'élargissement à l'existence elle-même de déterminations qui jusque-là réglaient les rapports des hommes entre eux, moyennant la remise en cause de leurs finalités établies* » [1198]. Il s'agirait alors, pour Heyer, d'un processus fort complexe, analogue à l'assomption du trait sexué de l'humain, afin de réaliser l'unité sociale[1199]. Les alliances matrimoniales trouveront ainsi leurs fondements dans la création même[1200] et traduiront la vocation originelle de l'humain à la communion relationnelle. « *Être dans-le-monde* », disait Martin Heidegger « *c'est être-avec* ». Car, précise-t-il, « *la mondanéité du monde est telle que l'existence des autres est absolument essentielle à sa facticité, à son seul fait d'"être-là"* »[1201]. Grâce à l'interprétation de l'être comme relation, est désormais possible une meilleure compréhension, non seulement de la relation humaine avec Dieu et avec d'autres humains, mais aussi de la relation humaine avec la nature non humaine. C'est ici l'« ontologie de communion » qui rend l'humain « *capax Dei* »[1202] (capable de Dieu), c'est-à-dire appelé à connaître, aimer et servir le Dieu-Créateur qui s'est manifesté historiquement comme « communion de vie » et « relation d'alliance ». La « création à l'image de Dieu » exprime ainsi notamment la destinée humaine à devenir communion de vie relationnelle à un triple niveau : avec Dieu, son semblable et son environnement.

Ainsi donc, la signification anthropologique de l'*imago Dei* se dégage : le mystère de son identité, ses pouvoirs et sa mission, son éthique de vie chrétienne, et sa vocation relationnelle. Certes la richesse du thème, largement développée tout au long de l'histoire du christianisme, démontre que la création à l'« image de Dieu » comporte de nombreux autres aspects caractéristiques de l'humain qui auraient pu être encore relevés. Mais par-delà toutes ces révélations sur la condition humaine, il y a lieu de bien noter que toutes convergent à manifester, en dernier ressort, la « dignité »[1203] spécifique de l'être humain. Au sens commun, on entend par

---

[1198] *Ibidem*, p. 3.

[1199] cf. *ibidem*, p. 11.

[1200] cf. BRUGUES, J.-L., o.p., *op. cit.*, *art.* « Image de Dieu ».

[1201] STEINER, G., *Heidegger*, Fontana / Collins, Glasgow, 1978, p. 81 ; cf. HEIDEGGER, M., *être et Temps*, traduction française de Emmanuel Martineau, Authentica, Paris, 1985, p. 31.

[1202] SAINT AUGUSTIN, *Traité sur la Trinité*, XIV, 8.

[1203] Le terme « dignité », dérivé du latin « *dignitas* » a connu une longue histoire. La « *dignitas* » romaine désigne à la fois la valeur intrinsèque de quelqu'un, d'une action, et l'estime ou la reconnaissance que mérite cet individu. Sur cette question, voir : PINTO DE OLIVEIRA, C.-J., *Éthique chrétienne et dignité de l'homme*, Cerf, Paris, 1992, p. 5.

ce terme « dignité », la fonction, le titre ou la charge qui donne à quelqu'un un rang éminent ; ou encore le respect, la grandeur, la noblesse, l'honneur…qu'il mérite[1204]. Le thème de la *dignitas humana* (dignité humaine), déclare Carlos-Josaphat Pinto de Oliveira, « *ramasse bien des traits – concernant la liberté, la grandeur, la domination sur le monde – qui se trouvent dispersés dans la compréhension hellénique comme autant de prérogatives de l'homme* »[1205]. Pour la révélation chrétienne, le fondement primordial et essentiel de la dignité humaine se trouve dans la révélation biblique de la création à l'image de Dieu (Gn 1, 27). Créé à l'image de Dieu, tout humain est absolument digne de respect comme partenaire responsable de Dieu. Il apparaît en effet, soutient Pinto de Oliveira, qu'« *il y a une corrélation théologique, une coïncidence substantielle entre ces deux notions : image de Dieu et dignité humaine. La dignité est le versant éthique de l'image divine dans l'homme* »[1206]. Il faudra alors en déduire que la dignité humaine n'est pas conférée par la société, comme semble le postuler la longue histoire du libéralisme politique avec la conquête des droits de l'homme, mais plutôt qu'elle prenne sa source dans le fait de la création inconditionnelle à l'image de Dieu. De ce point de vue, la dignité apparaît comme une propriété intrinsèque de la nature humaine ; c'est-à-dire que l'humain est digne par lui-même, et cette dignité s'impose de manière primordiale à toute autorité terrestre, aux autres humains, mais aussi à lui-même. Elle est ainsi à percevoir comme une exigence de vie, en ce sens que créé digne, chaque

---

[1204] cf. ROBERT, P. (par), *Le Petit Robert*, art. « Dignité ».

[1205] PINTO DE OLIVEIRA, C.-J., *op. cit*, p. 5. L'auteur soutient que la notion de dignité humaine est toutefois empruntée directement aux sources latines et s'enracine dans le système de valeurs les plus typiques de l'esprit romain (cf. *idem*). Kant est sans doute celui qui a exprimé avec le plus de clarté et de rigueur l'importance, capitale à ses yeux, de l'idée de dignité humaine. C'est dans sa conception d'autonomie et de règne des fins que se trouve fondée chez lui la dignité de la personne humaine (cf. KANT, E., *Fondements de la métaphysique des mœurs*, traduction Victor Delbos, Paris, 1912, p. 166-168). Pour la philosophie kantienne, la dignité, prérogative suprême de l'homme, s'enracine dans l'autonomie de la liberté qui, en tant que source rationnelle de la loi morale et de la conformité à cette loi, crée l'univers proprement humain, en déployant les exigences de la grandeur humaine (cf. KANT, E., *Critique de la Raison pratique*, Traduction de F. Picavet, Paris, 1906, p. 156). En définitive, chez Kant, c'est la moralité et elle seule qui manifeste la valeur suprême de la personne, autrement dit sa dignité.

[1206] PINTO DE OLIVEIRA, C.-J., *op. cit.*, p. 20. La notion fondamentale de la dignité humaine, envisagée précisément comme dignité de la personne connaît aujourd'hui un intérêt grandissant en éthique. La doctrine de l'image de Dieu a été largement étudiée. Mais le thème de la rencontre et de la corrélation de l'image et de la dignité est plus restreint et moins labouré (CAMELOT, T., « théologie de l'image de Dieu » in *revue (de) Sciences philosophique et théologique* 40 (1956) 443-471). Sur l'histoire du rapprochement entre ces deux thèmes de l'*imago Dei* et de la *dignitas humana* et leur dissociation, lire : PINTO DE OLIVEIRA, C.-J., *Éthique chrétienne et dignité de l'homme*, Cerf, Paris, 1992, p. 3-32.

humain est appelé à se montrer digne, en quelque sorte, de sa propre dignité.

Dans le développement théologique contemporain, le deuxième Concile du Vatican remettra en valeur la conjonction de l'image de Dieu et de la dignité humaine. À ce sujet, rapporte Mgr Philippe Delhaye, alors qu'un grand embarras avait envahi les Pères conciliaires quant à l'élaboration de la Constitution pastorale sur l'Église dans le monde de ce temps (*Gaudium et spes*), « *un fil de conduite fut trouvé dans la théologie patristique de l'homme image de Dieu* »[1207]. L'intention primordiale du Concile sera alors de redéfinir l'homme par la prérogative de sa dignité, en rejoignant ainsi ce qu'il y a de plus profond, sinon de plus caractéristique, dans la pensée moderne et contemporaine[1208] : l'autonomie de la personne humaine, susceptible de s'harmoniser avec la compréhension de la dignité de l'homme, en tant qu'image de Dieu. C'est dans des questions aussi concrètes que la participation et la coresponsabilité de l'homme au travail dans la vie socio-économique, voire le « développement humain intégral », que la notion d'image de Dieu est invoquée comme l'argument qui fonde, en ce domaine, la liberté et l'autonomie de l'homme (*Gaudium et spes*, n° 68). Telle est la clé herméneutique de la Constitution *Gaudium et spes*, document doctrinal et programmatique et dont l'exécution demeure un vrai défi pour l'Église postconciliaire. Sans doute, la notion biblique d'« image de Dieu », à strictement parler, n'y est-elle pas développée de façon complète ni dans sa problématique théologique, ni même dans sa signification systématique. Cependant, une grande importance intrinsèque lui est accordée. Ainsi que cela nous a été donné de le découvrir, la théologie postconciliaire, en occurrence l'enseignement des principaux documents magistériels de la doctrine sociale de l'Église, ne se dispensera pas de reprendre à nouveau cette vérité de foi et d'en exploiter la richesse. La réflexion sera encore poursuivie dans la direction fixée par le Concile qui, en s'écartant d'une conception statique et ontologique au bénéfice d'une conception dynamique et en rapport avec l'histoire du salut, ouvre

---

1207 DELHAYE, P., *Histoire des textes de la Constitution pastorale,* Série *Vatican II, L'Église dans le monde de ce temps (*Collection Unam Sanctam 65a), Cerf, Paris, 1967, p. 221. L'auteur ajoute en note : « *À l'époque, on attribuait pour une bonne part cette réussite aux RR. PP. Congar et Daniélou, expert de Mgr Garrone* ». Au seuil de la constitution *Gaudium et spes* en effet, on peut observer la formulation d'une série d'interrogations essentielles et épineuses : « *Que pense l'Église de l'homme ? Quelles orientations semblent devoir être proposées pour l'édification de la société contemporaine ? Quelle signification dernière donner à l'activité de l'homme dans l'univers ?* » (*G.S.*, 11, § 3). Et le Concile de répondre sur cette question de la « Dignité de la personne humaine »[1207] : « *La Bible enseigne que l'homme a été créé à l'image de Dieu* » (*Gaudium et spes* 12, § 3).

1208 cf. PINTO DE OLIVEIRA, C.-J., *op. Cit.*, p. 27.

entre autres la voie à une interprétation personnaliste et éthique de ce concept et de sa doctrine.

III. Application socio-anthropologique du symbole d'« *imago Dei* » dans l'enseignement de l'épiscopat africain

L'Église en Afrique, à l'instar de l'Église universelle, s'est fait le devoir d'appliquer au contexte du vieux continent le symbole d'*imago Dei*. Elle a appliqué à l'humain, en Afrique, le symbole d'image de Dieu en se réappropriant, dans le contexte socio-anthropologique du continent, à la fois l'enseignement de la Tradition de l'Église sur le concept et son applicabilité dans l'enseignement du Magistère sur la question sociale. Si de nombreux éléments intéressant les exigences et les implications de la doctrine d'image de Dieu appliquée à l'humain peuvent être lus dans les discours socio-pastoraux de chaque évêque africain et des différentes conférences épiscopales, c'est surtout dans le cadre du « *Symposium des Conférences épiscopales d'Afrique et de Madagascar* »[1209] (S.C.E.A.M.) et des synodes à l'échelle continentale[1210] que nous trouvons une pensée officielle de l'Église d'Afrique sur une réappropriation africaine du symbole d'image de Dieu

---

[1209] En juillet 1969, à KAMPALA (Ouganda), lors de la visite en Afrique du Pape PAUL VI, des Évêques de toutes les Conférences épiscopales d'Afrique et de Madagascar se sont retrouvés ensemble pour la première fois et ont constitué le « *Symposium des Conférences épiscopales d'Afrique et de Madagascar* » (S.C.E.A.M.).

[1210] À l'heure actuelle, deux synodes ont été organisés à l'échelle continentale : La première Assemblée spéciale du synode pour l'Afrique qui s'est tenue à Rome du 10 avril au 8 mai 1994 avait pour objectif d'évaluer les efforts d'évangélisation du continent, d'en déterminer les enjeux et les perspectives et d'en dégager les priorités pastorales majeures. Les Pères ont eux-mêmes défini leur synode comme « *synode de Résurrection, synode d'espérance* » (n° 12). Par un processus de discernement de la situation actuelle et des nouveaux défis, on a pu établir les tâches qui, parmi d'autres, semblent mériter spécialement l'attention du synode. Le résultat des travaux fut la signature, le 14 septembre 1995, à Yaoundé (Cameroun) de l'Exhortation apostolique : « *Ecclesia in Africa* » par le Pape Jean-Paul II. Cette Exhortation fut reçue avec joie comme texte fondamental d'orientation pour l'Église d'Afrique au seuil du 3e millénaire, comme une heureuse actualisation de Vatican II appliquée aux communautés africaines. La deuxième Assemblée synodale des évêques sur l'Afrique, qui s'est tenue à Rome du 4 au 25 octobre 2009, s'inscrivait dans la continuité de la première assemblée et avait pour thème : « *L'Église en Afrique au service de la réconciliation, de la justice et de la paix : Vous êtes le sel de la terre... la lumière du monde* » (Mt, 5,13-14). Le résultat des travaux a été la signature à Ouidah, au Bénin, le 19 novembre 2011, de l'Exhortation apostolique post-synodale « *Africae Munus* » par le Pape Benoît XVI. Cette récente exhortation entend interpeller avec force les chrétiens sur leur responsabilité dans l'avènement d'un monde nouveau en Afrique qui passe inéluctablement par la réconciliation, la justice et la paix en s'inspirant du sermon sur la Montagne.

appliqué à l'humain en Afrique. À cet égard, il importe de saisir d'emblée qu'il ne s'agit pas pour l'Église d'Afrique de faire une étude systématique contextuelle de la doctrine traditionnelle de l'image, mais primordialement et essentiellement de faire une application africaine du discours de l'Église universelle sur la question sociale dont l'*imago Dei* s'en trouve être le fondement. Le S.C.E.A.M. en particulier, à travers son Secrétariat, son Comité permanent et ses Assemblées plénières, a multiplié les recherches et publié un certain nombre de documents de genres fort différents : ils vont de la déclaration officielle à l'exhortation pastorale, en passant par les recommandations et les résolutions, dont la plupart traitent au moins en partie de problèmes sociaux ; ce qui permet de dire aujourd'hui que le S.C.E.A.M. a produit un véritable « Discours socio-pastoral de l'Église d'Afrique »[1211]. Ainsi, avec la constitution du S.C.E.A.M., qui permet de répondre aux nécessités de concertation et de recherche commune, puisqu'« *un grand nombre de problèmes de base sont partout les mêmes, bien qu'ils se situent dans des contextes locaux différents* »[1212], l'Église d'Afrique est devenue une réalité qui peut parler en Afrique et pour l'Afrique, avec la sensibilité de l'Afrique. Un tel organisme continental est également un moyen pour mieux répondre à l'exigence fondamentale que le Cardinal Paul Zoungrana, premier Président du Symposium, précisait en ces termes : « *D'abord, disons-le clairement, notre être propre ne doit pas nous être conféré du dehors ; l'Évangile est un germe de vie, et l'Église d'Afrique doit se développer et se construire elle-même grâce à sa propre vitalité en participation à la vie de l'Église universelle ; c'est à elle-même à se définir ses objectifs et ses priorités apostoliques* »[1213]. Enracinées dans un continent immense et divers, les Églises d'Afrique, certes, ne se ressemblent pas. Il existe cependant des préoccupations communes et des défis propres au continent qui ont permis aux évêques des différents pays de se retrouver au-delà de toutes les barrières linguistiques ou des différences culturelles locales ; et de se concerter pour des recherches menées en commun dont les fruits manifestes sont entre autres les documents du S.C.E.A.M. et les exhortations post-synodales. D'une manière générale, les interventions du Magistère d'Afrique sont construites suivant un plan standard qui peut être

[1211] cf. VANKRUNKELSVEN, J. (présentation de), *Le discours socio-pastoral de l'Église d'Afrique, Documents du SCEAM 1969-1990*, CESAO (Centre d'études économiques et sociales d'Afrique Occidentale), Bobo-Dioulasso, 1991, 160 p. étant donné la représentativité de toutes les Conférences épiscopales d'Afrique et de Madagascar au sein du S.C.E.A.M., il n'est pas excessif de parler d'un discours de « l'Église d'Afrique ».
[1212] Le Discours d'Ouverture de l'Assemblée plénière du « Symposium des Conférences épiscopales d'Afrique et de Madagascar », prononcé par le Cardinal Paul ZOUNGRANA, retrace clairement la genèse et les motifs qui ont abouti à la création de cet organisme. cf. *La Documentation catholique*, 1969, n° 1548, p. 858-861.
[1213] *Idem.*

ainsi schématisé : d'abord une brève évocation des problèmes de promotion humaine tels qu'ils se posent en Afrique, ensuite sont abordés des principes doctrinaux qui éclairent la position fondamentale de l'Église concernant la promotion humaine et la mission évangélisatrice dans l'Afrique d'aujourd'hui, et enfin une proposition de quelques directives pastorales[1214]. L'objectif final sera toujours, au nom de la foi en Jésus Christ, de s'engager dans les tâches de promotion humaine et de travailler à l'avènement d'un monde plus humain et une existence humaine en plénitude pour tous.

III. A. Les préoccupations de base : évolution sociale et questions humaines

En abordant les Exhortations post-synodales et les différents textes rédigés par le Comité permanent ou par les Assemblées plénières du S.C.E.A.M., la première observation à noter est que ce ne sont pas des dissertations théoriques ou abstraites. Quel que soit le genre littéraire propre à chaque document, on y retrouve toujours, de façon déterminante, un souci pastoral majeur : évangéliser[1215]. À partir de ce souci primordial, deux types de préoccupations sont à la base de toutes les réflexions de l'épiscopat d'Afrique et de Madagascar : d'une part, l'évolution du contexte humain en Afrique avec tous les problèmes qui en résultent pour les personnes et les sociétés ; d'autre part, la situation de l'Église et des communautés ecclésiales en Afrique ; les problèmes liés à l'évangélisation, à la transmission du message chrétien, et surtout à son inculturation. Tels sont les deux axes qui orientent toutes les recherches et toutes les prises de position. Ces défis pastoraux majeurs se manifestent tout autant dans la méthode de travail utilisée : au regard attentif porté sur les réalités, succède une réflexion menée sous l'éclairage de la Parole de Dieu, et guidée par l'expérience de l'Église. De fait, l'épiscopat africain le perçoit avec acuité, la nouvelle évangélisation en contexte africain ne peut ignorer ou banaliser les

---

[1214] Ce schéma a été particulièrement suivi dans : S.C.E.A.M., *L'Église et la promotion humaine en Afrique aujourd'hui*, Exhortation pastorale des évêques d'Afrique et de Madagascar (Kinshasa, 15-22 juillet 1984), éditent du Secrétariat du SCEAM, Kinshasa, 1985.

[1215] Le souci d'évangélisation caractérise tous les documents élaborés par le S.C.E.A.M., même ceux qui traitent plus spécialement de questions sociales. Deux thèmes-clés reviennent comme un leitmotiv à travers toutes les réflexions : inculturation et coresponsabilité. Au sujet de l'inculturation du message chrétien pour une incarnation authentique de la foi en terre africaine, les recherches théologiques et pastorales visent toujours la symbiose entre l'Évangile et les valeurs africaines, car c'est au cœur des cultures africaines que les chrétiens doivent vivre leur accueil du Christ. Quant à la coresponsabilité dans l'Église, la volonté de l'accentuer se manifeste sous un double aspect : la nécessité, d'une part, de développer les petites communautés chrétiennes et de renforcer, pour ce faire, une pastorale communautaire ; et d'autre part, la mise en valeur de la place du laïc dans l'Église.

problèmes concrets de vie quotidienne, les injustices de tout genre, les inégalités criantes, les contre-performances socio-économiques, les politiques partisanes et le déferlement des anti-valeurs en défaveur de l'homme intégral. C'est pourquoi les évêques membres du S.C.E.A.M. déclarent : « *pour nous, ce qui est en cause dans les faits évoqués, c'est l'homme..., l'homme africain quels que soient la couleur de sa peau, son ethnie, sa condition sociale, son univers culturel et religieux ; ce sont ses aspirations et ses espoirs, ses luttes et ses souffrances, ses succès et ses échecs... Cet homme, suivant notre foi, le Christ est venu le sauver et le libérer* »[1216]. Dès lors, d'après l'épiscopat africain, la meilleure voie possible pour aider l'homme à grandir et à s'épanouir pleinement, c'est de prendre au sérieux l'Amour de Dieu pour l'humain et de poursuivre l'œuvre de la création. Analysant alors le contexte socio-historique de l'Afrique, et cela constitue une donnée constante dans les documents du S.C.E.A.M et dans les Exhortations post-synodales, le constat est fait que « *la mémoire de l'Afrique garde le souvenir douloureux des cicatrices laissées par les luttes fratricides entre les ethnies, par l'esclavage et par la colonisation. Aujourd'hui encore, le continent est confronté à des rivalités, à des formes d'esclavage et de colonisation nouvelles. La première Assemblée Spéciale l'avait comparé à la victime des bandits, laissée moribonde au bord du chemin* »[1217]. À la première Assemblée synodale, en effet, plusieurs Pères synodaux estimaient que l'Afrique actuelle peut être comparée à l'homme qui descendait de Jérusalem à Jéricho ; il tomba entre les mains de brigands qui le dépouillèrent, le rouèrent de coups et s'en allèrent, le laissant à demi mort (cf. *Lc* 10, 30-37). Le constat des Pères était que « *L'Afrique est un continent où d'innombrables êtres humains — hommes et femmes, enfants et jeunes — sont étendus, en quelque sorte, sur le bord de la route, malades, blessés, impotents, marginalisés et abandonnés* »[1218]. Cette situation de « *crise anthropologique à laquelle le continent africain est confronté* »[1219] résulte de la conjugaison de nombreux facteurs qui font peser sur la vie humaine en Afrique de lourdes menaces[1220].

Par un processus d'un constant examen du contexte socio-anthropologique africain, les évêques du continent n'ont de cesse de relever une situation sociale très préoccupante. En situation de mutation profonde, le continent est confronté à la pauvreté, à l'injustice et à l'oppression

---

[1216] S.C.E.A.M., *Déclaration du Ve Symposium des Conférences épiscopales d'Afrique et de Madagascar*, n° 13 et n° 14, juillet 1978.

[1217] BENOIT XVI, *Exhortation apostolique post-synodale « Africae Munus »*, Libreria Editrice Vaticana, Vatican, 2011, n° 9.

[1218] JEAN-PAUL II, *Exhortation apostolique « Ecclesia in Africa »*, Libreria Editrice Vaticana, Vatican, 1995, n° 41.

[1219] BENOIT XVI, *Exhortation apostolique post-synodale « Africae Munus »*, n° 11.

[1220] cf. *ibidem*, n° 72.

sociopolitique et économique. Ainsi marquée par un cumul de problèmes de survie, la grande majorité des populations africaines vivent de façon aiguë le drame de la famine et de la maladie dont on déplore les pandémies comme le paludisme, le sida et la tuberculose surtout qui compromettent gravement la vie socioéconomique ; les ravages de la drogue et des abus de l'alcool qui détruisent le potentiel humain du continent et affligent surtout les jeunes ; les effets induits de l'ignorance et l'analphabétisme qui représentent l'un des freins majeurs au développement ; la grave crise financière avec le poids de la dette ainsi que les méthodes douteuses de son remboursement ; les conséquences néfastes de la corruption et des détournements des deniers publics, de la soif du pouvoir, des régimes totalitaires et oppresseurs, du népotisme, des flagrantes violations de la dignité et des droits de l'homme, de la tragédie scandaleuse des réfugiés, etc.[1221] Le continent africain apparaît même au Magistère de l'Église d'Afrique comme le terrain favori de luttes d'influence entre les grandes puissances. Les pouvoirs autochtones y sont manipulés par les tenants des grandes idéologies qui maintiennent et développent leurs structures de domination, restreignant toujours davantage l'éventail des choix laissés aux responsables africains[1222]. Certes, les réalités socio-économiques et les situations politiques diffèrent d'un pays à l'autre, mais il n'en demeure pas moins réel que la dépendance des pays africains, par rapport aux idéologies des pays colonisateurs, perpétue en Afrique des situations multiformes de domination. De plus, par-delà les efforts déployés par les institutions internationales en faveur de certains aspects du développement, les Évêques d'Afrique notent avec préoccupation l'existence d'un manque de clarté éthique lors des rencontres internationales, voire d'un langage confus véhiculant des valeurs contraires à la morale traditionnelle africaine[1223]. À cet égard, « *la détérioration constante des termes de l'échange, l'hypocrisie du dialogue Nord-Sud, l'insignifiance du dialogue Sud-Sud, sont autant d'exemples qui montrent que l'Afrique a encore du chemin à faire pour se libérer de toutes les contraintes qui, de l'extérieur, entravent son développement et la promotion humaine de ses enfants* »[1224]. À cette situation déjà périlleuse viennent s'ajouter des maux comme le

---

[1221] cf. VANKRUNKELSVEN, J. (présentation de), *op. cit.*, p. 102-106 ; cf. JEAN-PAUL II, *Exhortation apostolique « Ecclesia in Africa »*, n° 110-113 ; BENOIT XVI, *Exhortation apostolique post-synodale « Africae Munus »*, n° 72-76.

[1222] cf. S.C.E.A.M (Symposium des Conférences épiscopales d'Afrique et de Madagascar), *L'Église et la promotion humaine en Afrique aujourd'hui*, Exhortation pastorales des évêques d'Afrique et de Madagascar (1985), n° 19.

[1223] cf. Deuxième Assemblée spéciale du Synode des Évêques pour l'Afrique, *Message final* (23 octobre 2009), n. 30 : *ORF* 3107 (2009), p. 25; *DC* 2434 (2009), p. 1031 ; BENOIT XVI, *Exhortation apostolique post-synodale « Africae Munus »*, n° 70.

[1224] S.C.E.A.M, *L'Église et la promotion humaine en Afrique aujourd'hui*, Exhortation pastorale des évêques d'Afrique et de Madagascar (1985), n° 21, § 2.

désastre écologique causé entre autres par l'homme et les sécheresses cycliques, la fragilité des systèmes de production et la dégradation des ressources naturelles que sont le terroir et l'environnement (eau, forêt et végétation…). Par ailleurs, on ne peut passer sous silence l'insuffisance et la rareté de la formation humaine et technique des Africains, aggravée encore par ce qu'il est convenu d'appeler la « fuite de la main habile » ou encore l'« immigration choisie », ainsi que l'inadéquation des systèmes éducatifs et leurs contenus, autant de questions et de situations-problèmes dont les réponses restent complexes, mais freinent dangereusement cependant le progrès dans une certaine qualité de vie humaine individuelle et collective[1225].

La conséquence tangible de cette situation sociale sombre, selon les pasteurs d'Afrique, c'est l'installation d'une série de crises aussi bien au plan humain[1226], politique[1227], économique[1228], technique et technologique[1229], structurel[1230], qu'éthique[1231], qui se conjuguent et se

---

[1225] cf. MADJRI, J. D. R., « L'actualité de la "question sociale" en Afrique » in SANON, A.T. (Mgr) et MADJRI, J. D. R., *Autopromotion et solidarité, Une lecture africaine de la question sociale selon Jean-Paul II*, CESAO (Centre d'études économiques et sociales d'Afrique Occidentale), Bobo-Dioulasso, 1990, p. 42.

[1226] Le manque d'idéal de vie et certaines indélicatesses apparaissent comme des données originelles ; la marginalisation (du paysan par exemple), la gabegie, le clientélisme politique et administratif se constituent comme une voie obligée ; les dépenses somptuaires au mépris du pain et de l'eau de la population, le manque d'une attitude morale productive et constructive dans le quotidien et dans la gestion publique et privée et le snobisme semblent marquer la nature d'être africain et à la situation d'ex-colonisés (cf. *ibidem*, p. 42-43).

[1227] La vie politique, excessivement tournée vers l'extérieur, l'adoption d'un modèle de consommation et de style de vie étrangers ainsi que le mimétisme culturel et idéologique bloquent tout esprit critique et toute créativité. L'ambiguïté de l'action politique dans les pays africains, les doctrines sociopolitiques élastiques, les modifications des constitutions à des fins égoïstes dues à la soif de rester éternellement au pouvoir et les pratiques occultes des partis uniques au pouvoir favorisent la domination et la mainmise d'une classe de privilégiés, elle-même « à la solde » des pays occidentaux. Si le contexte géopolitique (opposition Est-Ouest) se détériore, le contexte politique africain n'offre pas une large garantie de sécurité. La politique des clans, le clientélisme deviennent des pratiques qui interrogent (cf. *ibidem*, p. 42-44).

[1228] L'économique est marquée par une baisse croissante de la production et un grave endettement vis-à-vis des partenaires du Nord. Largement à base agricole, elle ne se régénère pas. À cela, il faut ajouter l'insuffisance des ressources financières. L'économie africaine, telle qu'elle est aujourd'hui, n'est ni performante, ni compétitive. Dans la même ligne, sans nier l'effort qui se fait, l'autosuffisance alimentaire est en passe de devenir un slogan creux qui trompe et endort les peuples. Cette crise économique frappe durement de nombreuses entreprises. Celles-ci tombent en faillite et ferment leurs portes (cf. *ibidem*, p. 44).

[1229] La crise technique et technologique montre à quel point l'Afrique s'est laissé démunir. Aux problèmes concrets du continent, les réponses sont toujours timides ou quasi inexistantes. Le savoir-faire technique local et les technologies traditionnelles qui gagneraient à être modernisés sont parfois dévalorisés au profit de ce qu'offre le modèle étranger. Face à cette démission ou presque, l'observateur finit par penser que les Africains ne sont pas

renforcent mutuellement. La résultante en est que, d'après les participants à la concertation de Monrovia portant sur le thème des perspectives de développement et de croissance en Afrique à l'horizon 2000 :

> « *Le continent africain vit plus dramatiquement que les autres régions du monde les contreperformances des stratégies de développement adoptées par la plupart des pays (...). Pour ce qui concerne plus spécialement l'Afrique, en dépit de vastes ressources naturelles et d'efforts méritoires des gouvernements et des populations, on n'observe ni des taux de croissance significatifs, ni des indices de bien-être populaire satisfaisants. Les problèmes du sous-emploi et du chômage s'aggravent. L'utilisation des ressources est largement en dessous des possibilités. La coopération interafricaine ne correspond nullement aux décisions et aux vœux clairement formulés par les hautes autorités des pays concernés* »[1232].

Et alors, on observe sur le continent un gaspillage tragique des ressources naturelles disponibles ; une pauvreté extrême grandissante ; l'instabilité politique et le désordre social ; les familles dépossédées et menacées, les effets négatifs des médias, etc.[1233] Les conséquences de tels désordres ne sont que trop évidentes : la misère, les guerres, le désespoir[1234]. Au milieu de telles situations désespérées, l'évangélisation est définie comme un processus complexe qui comprend aussi bien l'annonce explicite du Christ aux non-croyants que la promotion de l'homme et la transformation des cultures et structures injustes de la société aux fins de combattre tout ce qui

---

suffisamment préparés et techniquement outillés pour orienter la destinée de l'Afrique et prendre en charge leur avenir (cf. *ibidem*, p.45).

[1230] La crise structurelle se découvre dans l'organisation concrète de la vie quotidienne et dans les activités économiques et sociales. Étant donné la situation de mutation des sociétés, on assiste à l'effritement des organisations familiales et claniques. En même temps se développe exagérément la conscience ethnique au détriment de la conscience nationale. À l'image du modèle occidental, l'individualisme prend le pas sur l'esprit communautaire et la dimension culturelle authentiquement africaine cède la place à la culture importée, sans effort de synthèse et d'adaptation. On a l'impression que l'Afrique vit désormais dans un univers éclaté où elle n'a pas encore trouvé son créneau et où elle a perdu ses références (cf. *ibidem*, p. 44).

[1231] Il s'agit de l'attitude morale et spirituelle. Cette crise se manifeste par des perturbations internes aux individus et aux groupes sociaux. Il est à remarquer en effet, au sein des populations, la persistance d'un atavisme africain qui est une mauvaise manière de se référer au passé, et qui dénote une mentalité et des habitudes incompatibles avec une volonté réelle et effective du développement. Cet atavisme finalement est aussi grave que l'imitation servile de l'étranger. Une telle mentalité a un lien étroit avec la hiérarchie des valeurs et avec toute la sphère éthique de la culture africaine et des options chrétiennes : idéal de vie ; valeurs morales et spirituelles ; réponses de foi (cf. *ibidem*, p. 45).

[1232] OUA : *Quelle Afrique en l'an 2000 ?* Rapport final du colloque de Monrovia sur les perspectives du développement de l'Afrique à l'horizon 2000, Monrovia, 12-16 février 1979, p. 13.

[1233] cf. JEAN-PAUL II, *Exhortation apostolique « Ecclesia in Africa »*, n° 76.

[1234] cf. *ibidem*, n° 40.

avilit l'homme, pour l'ennoblir[1235] et assumer les dimensions anthropologiques de la pauvreté, au nom de la vie qu'il est du devoir de l'Église de défendre et de protéger[1236]. L'épiscopat africain réaffirme alors le lien intrinsèque qui existe entre la culture, la foi et le développement, trois facettes de toute réalité humaine. À partir des travaux du S.C.E.A.M., les exigences d'un développement authentiquement humain en Afrique peuvent être dégagées. La pensée théologique et la démarche sociologique s'y harmonisent avec une certaine rigueur pour penser l'œuvre du développement africain à partir de la foi en Jésus Christ. Dans cette optique, la notion de développement y est approfondie et ramenée à la racine du développement humain selon la perspective chrétienne.

III. B. La promotion de la vie humaine selon l'Évangile

Fondamentalement et essentiellement, c'est parce que l'homme est à l'image de Dieu et doit soumettre la terre, qu'il doit se développer en tenant compte du dessein de Dieu inscrit sur sa personne (cf. Gn 1, 26-28). Ainsi, toute une théologie du développement accompagne aujourd'hui l'action de développement pratiquée dans l'Église d'Afrique. Les fidèles ou les acteurs de développement sont invités à être attentifs à toute la dimension du dessein de Dieu sur l'homme, sur le monde. Pour ce faire, « *donner la vie aux hommes, et la donner surabondante* », déclarent les Évêques du S.C.E.A.M., « *c'est la visée fondamentale que le Christ a donnée à sa mission dans le monde, mission confiée aujourd'hui à l'Église* » [1237]. Aussi, insistent-ils, « *le Christ que nous prêchons est venu pour que les hommes aient la vie, et qu'ils l'aient en abondance. L'homme a du prix aux yeux de Dieu : Il l'a créé à son image (Gn 1, 26), et l'a investi d'une dignité exceptionnelle, "le couronnant de gloire et de splendeur" (Ps 8, 6). La gloire de Dieu, c'est l'homme vivant. C'est ce que nous révèle l'histoire du salut* » [1238]. Se réappropriant alors la remarque de saint Irénée de Lyon, selon laquelle « *La gloire de Dieu, c'est l'homme vivant* » mais « *La vie de l'homme, c'est la vision de Dieu* »,[1239] les Pasteurs d'Afrique veulent « *retrouver et promouvoir une conception de la personne et de son rapport à la réalité fondée sur un renouveau spirituel profond* »[1240], convaincus que, selon le second Concile du Vatican, « *le genre humain peut et*

[1235] cf. *ibidem*, n° 51 et 70.
[1236] cf. BENOIT XVI, *Exhortation apostolique post-synodale « Africae Munus »*, n° 73.
[1237] S.C.E.A.M, L'Église *et la promotion humaine en Afrique aujourd'hui*, Exhortation pastorale des évêques d'Afrique et de Madagascar (1985), p. 7.
[1238] *Ibidem*, n° 1.
[1239] cf. IRÉNÉE DE LYON, *Adversus haereses*, IV, 20, 7 : *PG* 7, 1037 ; S.C.E.A.M., *L'Église et la promotion humaine en Afrique aujourd'hui*, n° 1 ; BENOIT XVI, Exhortation apostolique post-synodale *Africae Munus*, n° 15.
[1240] BENOIT XVI, Exhortation apostolique post-synodale *Africae Munus*, n° 11.

doit non seulement renforcer sans cesse sa maîtrise sur la création, mais qu'il peut et doit en outre instituer un ordre politique, social et économique qui soit toujours plus au service de l'homme et qui permette à chacun, à chaque groupe d'affirmer sa dignité propre et de la développer »[1241]. À partir de ce principe universel de base, en l'appliquant au contexte africain, les évêques posent les conditions d'un développement humain qui soit réellement à la fois chrétien et africain. Un tel type de développement, selon eux, présuppose des études et des recherches susceptibles d'enrichir la « *connaissance de l'anthropologie africaine, de la sociologie africaine, des religions traditionnelles, des rites et des cérémonies des Sociétés africaines* » [1242]. Il s'agira d'études et de recherches qui ne soient pas une pure spéculation, ni ne tombent dans le défaut de l'archéologisme, mais qui contribuent à des solutions africaines des problèmes de développement et d'évangélisation. Aussi, persuadés que « *la promotion humaine en Afrique implique le développement et la libération de l'homme qui lui permettent de déterminer lui-même ses objectifs et ses moyens de mieux vivre* »[1243], les premiers pasteurs de l'Église d'Afrique soulignent-ils la nécessité que soit clairement perçu et enseigné le sens chrétien de la croissance et du développement intégral de l'Afrique, ainsi que leur relation nécessaire avec les valeurs africaines[1244]. Dans cette mesure, réunis à Kinshasa du 15 au 22 juillet 1984 pour étudier le thème : « l'Église et la Promotion humaine en Afrique aujourd'hui », les participants de la VIIe Assemblée plénière du S.C.E.A.M. (Cardinaux, Archevêques et Évêques) ont adressé un message, porteur d'« *espérance commune, pour une Afrique et un monde où la dignité de personne humaine et d'enfant de Dieu sera pleinement reconnue à chaque homme et à tous les hommes* »[1245]. Ce message de l'ensemble de l'épiscopat africain réaffirme qu'évoquer la notion de promotion humaine, qui apparaît aujourd'hui comme une exigence fondamentale aux yeux de la grande majorité des peuples du

---

[1241] CONCILE VATICAN II, *Gaudium et Spes*, n° 9 ; S.C.E.A.M., « L'Église et la promotion humaine en Afrique aujourd'hui », Résolutions et Recommandations du VIIe Symposium des Conférences épiscopales d'Afrique et de Madagascar, à Kinshasa in *La Documentation catholique*, 1984, n° 1883,1041 -1043, n° 1.

[1242] S.C.E.A.M., « L'engagement du laïc dans la croissance de l'Église et le développement intégral de l'Afrique », Résolutions finales du IIIe Symposium des Conférences épiscopales d'Afrique et de Madagascar in *La Documentation catholique*, 1972, n° 1618, 921-924, n° 8.

[1243] S.C.E.A.M., « L'Église et la promotion humaine en Afrique aujourd'hui », Résolutions et Recommandations du VIIe Symposium des Conférences épiscopales d'Afrique et de Madagascar (1984), n° 2.

[1244] S.C.E.A.M., « L'engagement du laïc dans la croissance de l'Église et le développement intégral de l'Afrique », Résolutions finales du IIIe Symposium des Conférences épiscopales d'Afrique et de Madagascar (1972), n° 7.

[1245] S.C.E.A.M, *L'Église et la promotion humaine en Afrique aujourd'hui*, Exhortation pastorale des évêques d'Afrique et de Madagascar (1985), n° 2 ; cf. VANKRUNKELSVEN, J. (présentation de), *op. cit.*, p. 99.

monde, c'est exprimer l'aspiration profonde à la vie, à la survie et à l'épanouissement total de chaque homme et de chaque peuple[1246]. Plus que jamais, cette exigence se fait impérative ; elle est même portée par une mystique collective, notamment dans ce qu'on appelle les « pays en voie de développement », où des peuples colonisés ont lutté et continuent de lutter pour leur libération totale. Convenant à l'instar du Pape Paul VI que la question sociale est devenue aujourd'hui mondiale[1247], les pasteurs observent qu'« *en rejetant toute forme de domination coloniale, en luttant contre la misère, la faim, la maladie, l'analphabétisme, les peuples dits du Tiers-Monde revendiquent la plénitude de leur dignité humaine et interrogent ainsi la conscience universelle, faisant de cette quête et de cette revendication une des grandes questions politiques et morales de notre temps* »[1248]. Il se pose ainsi avec angoisse, comme un problème prioritaire des temps actuels, la lutte pour le développement et la paix, sujet sur lequel l'épiscopat africain revient souvent dans ses Déclarations et Exhortations pour en souligner l'urgence et la gravité pour l'Afrique[1249].

Dans la conviction que l'homme est « *la première route et la route fondamentale de l'Église* »[1250] tracée par le Christ dans son incarnation et sa rédemption, le souci de l'Église d'Afrique sera de promouvoir l'homme concret, l'homme saisi selon toutes ses dimensions et toute sa vocation, l'homme dans la pleine vérité de son existence, de son être personnel et communautaire, « *dans sa continuelle inclination au péché et en même temps dans sa continuelle aspiration à la vérité, au bien, au beau, à la justice, à*

[1246] S.C.E.A.M., *L'Église et la promotion humaine en Afrique aujourd'hui*, Exhortation pastorales des évêques d'Afrique et de Madagascar (1985), n° 3.
[1247] PAUL VI, *Populorum Progressio*, n ° 3.
[1248] S.C.E.A.M., *L'Église et la promotion humaine en Afrique aujourd'hui*, Exhortation pastorales des évêques d'Afrique et de Madagascar (1985), n° 4.
[1249] Cf. S.C.E.A.M., « La Déclaration sur la paix en Afrique » in *Actes de la Première Assemblée Plénière du SCEAM*, Kampala, 1969, p. 54 ; S.C.E.A.M., « La Déclaration sur la violation des droits de l'homme » in *Actes de la Ve Assemblée plénière du SCEAM*, Nairobi, 1978, p. 48 ; S.C.E.A.M., « La Déclaration sur la Justice et la Paix » in *Actes de la Ve Assemblée plénière du SCEAM*, Nairobi, 1978, p. 247-250 ; cf. S.C.E.A.M., « Le Message pour promouvoir l'2vangélisation dans la coresponsabilité » in *La Documentation catholique*, 1664 (1974), p. 995 ; S.C.E.A.M., « La Déclaration sur le respect et la promotion de la vie humaine » in *Actes de la VIe Assemblée plénière du SCEAM*, Yaoundé, 1981, p. 184-186 ; S.C.E.A.M., « L'Exhortation à l'adresse de tous les ouvriers apostoliques sur la justice et l'évangélisation en Afrique » in *Actes de la VIe Assemblée plénière du SCEAM*, Yaoundé, 1981, p. 71-87 ; cf. La lettre du Cardinal Paul Zoungrana à tous les membres du SCEAM, le 9 mai 1983.
[1250] S.C.E.A.M., *L'Église et la promotion humaine en Afrique aujourd'hui*, Exhortation pastorales des 2vêques d'Afrique et de Madagascar (1985), n° 34 ; cf. JEAN-PAUL II, Lettre encyclique *Redemptor Hominis*, n° 14, 1.

l'amour »[1251]. Dans le Christ, le Dieu de la vie, de la liberté et de la justice, se solidarise avec son peuple, en particulier avec les pauvres (2 Co 8, 9 ; Ph 2, 7) pour donner la vie en abondance (Jn 10, 10). Dès lors, la mission de l'Église, sacrement du Christ ressuscité, inclut nécessairement, comme partie intégrante, la solidarité avec les hommes et la participation à l'effort de tous ceux qui luttent pour atteindre une libération plénière et un progrès en tout domaine : socio-économique, culturel et spirituel. Consciente de la valeur infinie de la personne humaine créée à l'image de Dieu, il incombe à l'Église un effort sur le changement des esprits et des cœurs ainsi que des conditions de vie, afin d'humaniser les modes d'existence, de travail, de relation, et libérer l'humain des conséquences du péché, que sont les structures injustes, les forces d'oppression, les aliénations de toute sorte[1252]. Dans cette option pastorale du S.C.E.A.M., comme on peut le remarquer, la responsabilité de l'Église d'Afrique ne saurait se limiter à des dons pécuniaires et à des prestations matérielles comme solutions aux problèmes d'appauvrissement de l'humain. Il s'agit plutôt essentiellement d'apporter une inspiration chrétienne à la totalité de l'œuvre du progrès et de la libération de l'homme. Car « *la promotion au plan matériel et social ne sera pleinement humaine que si la dimension spirituelle de l'homme trouve en Jésus-Christ son accomplissement* » [1253]. C'est une véritable œuvre d'évangélisation de toute cette Afrique sur laquelle souffle aujourd'hui un vent de libération, au sens théologique, éthique et social du terme ; une Afrique dont les jeunes nations manifestent aujourd'hui leur plus vif souci de conserver et de garantir la liberté ; de retrouver leur image authentique et de préserver leur identité, libérée de toutes les formes d'aliénation. Rejoignant alors les grandes perspectives ouvertes par le Concile Vatican II dans la Constitution pastorale *Gaudium et Spes* et aussi le pape Paul VI qui a thématisé le lien entre évangélisation et promotion humaine comme étant d'ordre anthropologique, théologique et de charité[1254],

---

[1251] JEAN-PAUL II, Lettre encyclique *Redemptor Hominis*, n° 13 ; S.C.E.A.M., *L'Église et la promotion humaine en Afrique aujourd'hui*, Exhortation pastorales des évêques d'Afrique et de Madagascar (1985), n° 35.

[1252] JEAN-PAUL II, « Discours d'ouverture à la 3e Conférence de l'épiscopat latino-américain » in *La Documentation catholique*, 1758 (1979) 169. Propos du Jean-Paul II repris dans S.C.E.A.M., *L'Église et la promotion humaine en Afrique aujourd'hui*, Exhortation pastorale des évêques d'Afrique et de Madagascar (1985), n° 46.

[1253] S.C.E.A.M., *L'Église et la promotion humaine en Afrique aujourd'hui*, Exhortation pastorales des évêques d'Afrique et de Madagascar (1985), n° 50.

[1254] cf. CONCILE VATICAN II, *Gaudium et spes*, n° 21 et 63 ; PAUL VI, *Evangelii Nuntiandi*, n° 15 et 36 ; S.C.E.A.M., *L'Église et la promotion humaine en Afrique aujourd'hui*, Exhortation pastorales des évêques d'Afrique et de Madagascar (1985), n° 88. Dans cette Exhortation pastorale, le S.C.E.A.M. soutient que le rapport entre l'évangélisation et la promotion humaine est d'ordre anthropologique d'abord, « *parce que l'homme à évangéliser n'est pas un être abstrait, mais sujet des questions sociales et économiques* » (*ibidem*, n° 89) ; il est d'ordre théologique ensuite, « *puisqu'on ne peut pas dissocier le plan*

les évêques d'Afrique perçoivent que la tâche de promotion humaine est une dimension intégrante de leur pastorale : « *notre projet d'évangélisation est un projet de promotion humaine, un projet d'humanisation intégrale, de transformation profonde des personnes et de leur environnement* » [1255]. Dans cette entreprise, le rôle de l'Eucharistie, sacrement où le pain de l'homme devient Pain de vie éternelle, se révèle central, d'autant plus qu'y participer, c'est refuser de voir, dans la communauté humaine des frères et sœurs, croupir dans la misère, souffrir de l'exploitation, de l'injustice, ou de l'ignorance ; et s'engager dans l'urgence et la nécessité de bâtir des structures sociales plus humaines, plus justes, plus respectueuses de la dignité et des droits de la personne humaine[1256]. Pour ce faire, il est nécessaire d'opérer une réorientation de toute la pastorale pour qu'à travers la vie, les activités et les engagements de tous ses membres, l'Église apparaisse vraiment comme sacrement de salut pour les Africains, et comme signe manifestant et actualisant tout à la fois l'amour de Dieu pour l'homme [1257].

III. C. Des orientations pastorales pour le développement humain durable

Finalement, la recherche de l'Église se traduit en exigences d'appels à l'action pour un renouvellement des situations humaines et ecclésiales, ou en résolutions d'engagements pastoraux précis. D'emblée, dans ses orientations pastorales en matière de développement humain, le S.C.E.A.M. s'inscrit dans des exigences déjà formulées par le pape Paul VI et devenues comme une tradition de l'Église, à savoir que le développement n'est humain que s'il est intégral, c'est-à-dire s'il vise « *à promouvoir tout homme et tout l'homme* »[1258]. C'est une perspective qui est conforme, selon les évêques, à la conception africaine qui voit dans l'homme un mystère d'unité et de continuité, unité de corps et d'esprit, du monde visible et invisible, du profane

---

de la création du plan de la Rédemption qui, lui, atteint les situations très concrètes de l'injustice à combattre et de la justice à restaurer » (*ibidem*, n° 90) ; il est de charité enfin, car « *on ne peut proclamer le commandement nouveau sans promouvoir dans la justice et la paix, la véritable et authentique croissance de l'homme* » (*ibidem*, n° 91) ; cf. PAUL VI, *Evangelii Nuntiandi*, n° 31.

1255 S.C.E.A.M., *L'Église et la promotion humaine en Afrique aujourd'hui*, Exhortation pastorales des évêques d'Afrique et de Madagascar (1985), n° 88.

1256 cf. S.C.E.A.M., « L'exhortation sur la "justice et l'évangélisation en Afrique" » (1981), p. 185-186.

1257 cf. S.C.E.A.M., *L'Église et la promotion humaine en Afrique aujourd'hui*, Exhortation pastorales des évêques d'Afrique et de Madagascar (1985), n° 79.

1258 PAUL VI, Lettre encyclique *Populorum progressio*, n° 14 ; S.C.E.A.M., *L'Église et la promotion humaine en Afrique aujourd'hui*, Exhortation pastorales des évêques d'Afrique et de Madagascar (1985), n° 94 ; BENOIT XVI Lettre encyclique *Caritas in veritate*, n° 18 ; BENOIT XVI, Exhortation apostolique post-synodale *Africae Munus*, n° 70.

et du sacré. Dans la pratique, afin de susciter un processus de développement humain intégral considéré essentiellement comme un impératif de créativité, l'Église en Afrique préconise l'éveil et la sensibilisation comme la pierre angulaire. Tâche à la fois personnelle et collective, voire communautaire[1259], les principes du développement humain durable devront s'ouvrir à l'anthropologie africaine dans ce qu'elle a de meilleur : le sens de la personne comme mystère de communion et de solidarité. Ainsi, pour poursuivre une promotion humaine authentiquement africaine, l'engagement communautaire apparaît absolument incontournable. À ce titre, elle devra s'inscrire comme un véritable ministère pour l'Église (cf. Rm 12, 21) et concerner toutes les différentes couches sociales et à tous les niveaux : les laïcs[1260], les religieux et religieuses[1261], les prêtres[1262], les évêques[1263], les familles[1264], les communautés chrétiennes de base[1265] (CCB), les écoles[1266], la collaboration entre les différentes églises chrétiennes[1267], etc. D'autres exigences prioritaires au plan social feront l'objet d'une attention particulière : l'éducation à la vie politique[1268], la lutte pour la santé[1269], l'effort dans l'autofinancement[1270], la solidarité et le partage au sein de l'Église[1271], des sociétés qu'elles soient nationales, internationales ou même intercontinentales[1272]. Tous devront s'impliquer et prendre part activement à cette pastorale ecclésiale qui se découvre comme le plus puissant stimulant pour un travail d'éveil et de sensibilisation en profondeur ; la foi restant la source essentielle et la motivation la plus forte et la plus pure pour l'engagement social qui doit amener à transformer non seulement la conscience personnelle, mais aussi les comportements humains et le milieu social. Le discours socio-pastoral de

---

1259 cf. PAUL VI, Lettre encyclique *Populorum progressio*, n° 17.

1260 CONCILE VATICAN II, *Ad Gentes*, n° 15 ; cf. CONCILE VATICAN II, *Lumen Gentium*, n° 31; CONCILE VATICAN II, *Apostolicam Actuositatem*, n° 31.

1261 cf. CONGRÉGATION POUR LES INSTITUTS DE VIE CONSACREE ET LES SOCIÉTÉS DE VIE APOSTOLIQUE, *Religieux et Promotion humaine*, Plenaria SCRIS 25-28 avril 1978.

1262 CONCILE VATICAN II, *Presbyterorum Ordinis*, n° 9.

1263 CONCILE VATICAN II, *Christus Dominus*, n° 12 ; cf. Ac 20, 28.

1264 cf. S.C.E.A.M., « La Déclaration sur le respect et la promotion de la vie humaine » (1981), p. 185.

1265 SCEAM, *L'Église et la promotion humaine en Afrique aujourd'hui*, Exhortation pastorales des évêques d'Afrique et de Madagascar (1985), n° 104.

1266 JEAN XXIII, Lettre encyclique *Mater et Magistra*, n° 230.

1267 CONCILE VATICAN II, *Apostolicam Actuositatem*, n° 27.

1268 S.C.E.A.M., *L'Église et la promotion humaine en Afrique aujourd'hui*, Exhortation pastorales des évêques d'Afrique et de Madagascar (1985), n° 112-114.

1269 *Ibidem*, n° 115.

1270 CONCILE VATICAN II, *Ad Gentes*, n° 15.

1271 S.C.E.A.M., *L'Église et la promotion humaine en Afrique aujourd'hui*, Exhortation pastorales des évêques d'Afrique et de Madagascar (1985), n° 118-120.

1272 *Ibidem*, n° 121-122.

l'Église en Afrique constitue, en ce sens, un guide de réflexion, une incitation à la recherche, car c'est aux « *communautés chrétiennes de discerner, avec l'aide de l'Esprit-Saint, en communion avec les évêques responsables, en dialogue avec les autres frères chrétiens et tous les hommes de bonne volonté, les options et les engagements qu'il convient de prendre pour opérer les transformations sociales, politiques et économiques qui s'avèrent nécessaires avec urgence en bien des cas* »[1273]. En effet, l'humanisation intégrale en Afrique semble se situer sur un double registre : aspects politiques et économiques d'une part et aspects socioculturels et spirituels d'autre part. Poser des jalons et œuvrer en direction de ce double registre, c'est contribuer à donner une chance à l'Afrique en quête d'elle-même, de performance et d'assurance de progresser. Ce faisant, l'évangélisation bien conçue, bien menée et bien intériorisée ne peut que renforcer cette autopromotion globale et totale des enjeux réels de la vie humaine et sociale.

Conclusion

Dans la perspective chrétienne, l'histoire des hommes prend tout son sens dans l'incarnation du Verbe de Dieu qui est le fondement de la dignité humaine restaurée. Pour l'Évangile et la foi chrétienne, le bien-être et l'accomplissement de la vie humaine est partage de la vie de Dieu ; et Dieu s'est fait Homme pour que les hommes aient la vie, et qu'ils l'aient en abondance (cf. Jn 10, 10). Aussi, une approche anthropologique de la problématique du développement humain durable, comme source de bien-être, d'épanouissement et d'accomplissement humains dans la perspective de la foi chrétienne, se fait-elle nécessairement en référence à Dieu qui révèle à l'homme la vérité de son être et l'appelle à s'accomplir en tant qu'être créé à son image et à sa ressemblance. Partageant les défis contemporains, et solidaire des efforts de l'humanité pour un mieux-être humain exprimé dans les objectifs du développement humain durable, l'Église, tout au long de son histoire, n'a cessé, dans son domaine propre, d'apporter sa contribution à l'édification intégrale de tout homme et de tous les hommes. Dans son enseignement social depuis le second Concile du Vatican, elle réaffirme et précise inlassablement sa conception de toute promotion humaine dont la finalité est et demeure un principe intangible : faire de tout être humain une image ressemblante de Dieu. Ce projet d'humanisation qui est le fondement anthropologique de la foi chrétienne a été porté à sa pleine réalisation historique en la personne vivante de Jésus Christ, image parfaite du Père. Ainsi nous avons compris que le présupposé de l'enseignement du Magistère

[1273] PAUL VI, *Octogesima Adveniens*, n° 4.

ecclésial sur la question du social en général, et en particulier sur la promotion humaine intégrale est l'« *imago Dei* », un véritable symbole qui a particulièrement marqué le développement théologique chrétien, non seulement dans la longue tradition des Pères de l'Église, mais aussi tout au long de l'histoire chrétienne, catholique et des Églises réformées, et cela, jusqu'à la théologie contemporaine. Si aujourd'hui le thème de l'image n'est plus central en théologie comme au temps des Pères, il reste que le riche héritage du développement du concept continue d'inspirer et de fonder le discours théologique contemporain sur toute question relative à l'homme.

Pour la foi chrétienne, il ne suffit pas de promouvoir l'être humain, il importe de bien le penser. En explorant à partir du symbole d'« image de Dieu » les fondements scripturaires et théologiques du développement humain durable dans une perspective chrétienne, nous avons tenté de mieux cerner le sens chrétien de l'homme et de son nécessaire développement. Dans cette optique, nous avons perçu que l'application du symbole d'« *imago Dei* » dans le contexte de l'Afrique s'inscrit dans la logique et la dynamique du discours social de l'Église sur les questions relatives au développement intégral de l'homme. Mieux encore, le discours de l'épiscopat africain sur les questions sociales et le développement durable se présente essentiellement comme une réappropriation contextuelle, appliquée au cas de l'Afrique, du discours du Magistère de l'Église universelle. Dans cette condition, à la suite du Magistère contemporain, l'épiscopat africain ne donne pas sur le symbole d'image un enseignement spéculatif et systématique, mais l'applique simplement, dans le cadre du S.C.E.A.M., au contexte des défis africains. Aussi, l'« *imago Dei* » y est-il perçu à la fois comme une condition et comme un présupposé de toute réflexion sur la promotion intégrale de l'homme en terre africaine. La dynamique d'être, de pensée et d'action, enracinée dans la révélation biblique de l'image de Dieu et articulée sur les défis majeurs de la société africaine, peut, pensons-nous, conduire les Africains vers une promotion fertile d'eux-mêmes et de leur espace de vie.

Conclusion à la deuxième partie

La recherche de fondements culturels et chrétiens du « développement humain durable » en Afrique nous a conduit à examiner, d'une part, la signification et les exigences du burkĩndlem, valeur englobante de l'accomplissement de l'humain chez les Moose, et d'autre part, les fondements et les applications contextuelles du symbole d'« image de Dieu » attribué à l'homme dans la Révélation biblique et la culture chrétienne. Au terme de l'analyse, nous émettons l'hypothèse selon laquelle une rencontre du burkĩndlem de la culture *moaaga* et du symbole d' « image de Dieu » attribué à l'homme par la culture biblique et la foi chrétienne peut permettre de fonder et promouvoir une éthique d'un « développement humain durable » conforme aux exigences chrétiennes de la croissance et de l'accomplissement humains, et répondant aux aspirations des populations africaines. De fait, il est admis, ainsi que nous l'avons noté, que tout processus de développement humain durable doit primordialement partir des contextes réels des sociétés africaines, des besoins et aspirations des Africains. Il nous a paru alors important de percevoir, à partir de la culture du burkĩndlem, que l'homme, sa nature, sa place et son rôle, la signification de son existence, ses espérances et sa capacité dépendent largement de sa culture et de l'environnement dans lequel il vit et progresse. C'est pourquoi, pour être opératoire, la réflexion sur le développement humain durable en Afrique doit nécessairement reposer sur une définition des traits distinctifs, spirituels et matériels, intellectuels et affectifs qui caractérisent chacune des sociétés africaines. Une telle définition anthropologique englobe, outre les modes de vie, les droits fondamentaux de l'être humain, les systèmes de valeurs et des contre-valeurs, les traditions et les croyances, etc. Dans la culture chrétienne, les espérances des hommes, créés à l'image et selon la ressemblance de Dieu, sont portées à leur pleine réalisation historique dans l'incarnation du Christ, Image parfaite du Père. C'est dire que le burkĩndlem chez les Moose, en tant que projet de pleine humanisation dans la noblesse, la liberté et la dignité, peut trouver une perspective de fécondité particulière dans la foi chrétienne. Cette hypothèse vitale, comme exigence de transformation de la condition actuelle des Africains, conduira à poser le problème du développement en Afrique en des termes essentiellement éthiques : comme une quête théorique et pratique du « burkĩndlem » chrétien, c'est-à-dire de l'édification et de l'ennoblissement de l'humain dans la perspective chrétienne. Ce faisant, nous construirions une éthique chrétienne inculturée du développement humain durable au service du bien-être humain en terre africaine.

Troisième partie

Pour une théologie inculturée du « développement humain durable » en afrique

« *Je suis venu pour que les hommes aient la vie*
et qu'ils l'aient en abondance ».

(Jn 10, 10)

« *J'ai la certitude que le christianisme de la Vie*
sera l'humus profond de nos rêves
en Jésus-Christ »[1274].

(Kä Mana)

[1274] KA MANA, *La Nouvelle évangélisation en Afrique*, p. 5.

Introduction à la troisième partie

Si autour des années 1960 la question de la possibilité d'une théologie du développement se posait – et René Laurentin y répondait déjà par l'affirmative – aujourd'hui, la pratique est bien courante dans l'Église et on peut constater une émergence certaine de la théologie du développement[1275], surtout dans les pays en voie de développement. Le Magistère de l'Église s'en est fait une préoccupation majeure, en témoignent les Lettres encycliques régulièrement publiées à la suite de la *Constitution pastorale sur l'Église dans le monde de ce temps*, *Gaudium et spes*, du second Concile du Vatican[1276]. La raison fondamentale, désormais de tradition, est que « *le développement concerne intrinsèquement le salut en Jésus-Christ* » [1277]. C'est à partir de ce qu'il dénomme « eschatologie de continuité » que René Laurentin donne les fondements théologiques du développement : continuité entre le développement temporel et l'accomplissement éternel, entre la nature et la grâce, en tant que celle-ci guérit la nature, la restaure. Il entend par « eschatologie de continuité » l'option selon laquelle le salut s'accomplit dans la texture même du monde, dans la ligne de ce que les hommes, même non croyants, appelaient et appellent encore « le progrès » : économique, scientifique, culturel, etc.[1278]. Aujourd'hui, la théologie du développement, en tant que discours de foi et de raison sur le développement, peut se concevoir comme une herméneutique pratique, fondée principalement sur la Révélation biblique de la création et sur l'anthropologie, pour l'exercice charitable de libération et de bien-être intégral de tout l'homme et de tous les

---

[1275] LAURENTIN, R., *op. cit.*, 240 p ; SARR, B. S., *Théologie du développement et inculturation, Questions de fondements*, L'Harmattan, Paris, 2011, 102 p ; BERTHOUZOZ, R., *Éthique, économie et développement : l'enseignement des évêques des cinq continents 1891-1991*, Éditions universitaires de Fribourg, Fribourg, 1995 ; KA MANA, *Foi chrétienne, Crise africaine et reconstruction de l'Afrique*, 220 p ; AA.VV., *Tradition, spiritualité et développement, Recherches philosophiques africaines*, Actes de la VIIIe Semaine philosophique de Kinshasa, du 05 au 11 avril 1992, Facultés Catholiques de Kinshasa, Kinshasa, 1993, 351 p ; AA.VV., *Conception africaine et conditions humaines du développement*, Actes du 1er Séminaire Interrégional de Mbeo, du 21 au 23 avril 1987, Facultés Catholiques de Kinshasa, Kinshasa, 1989.

[1276] cf. VATICAN II, Constitution pastorale sur l'Église de ce temps, *Gaudium et spes*, 7 décembre 1965 ; PAUL VI, Lettre encyclique *Populorum progressio* n° 64 ; JEAN-PAUL II, Lettre encyclique *Sollicitudo Rei Socialis* (1988) ; BENOIT XVI, *Caritas in veritate* (2009) ;

[1277] LAURENTIN, R., *op. cit.*, p. 73.

[1278] À la limite, l'eschatologie serait le simple achèvement de ce projet qui tendrait, de soi, vers le point Oméga, Jésus Christ. cf. *ibidem*, p. 73.

hommes. Passés les moments de recherche des fondements[1279] que nous considérons comme déjà acquis, nous voulons aller au-delà des questions de possibilité ou de théorisation globale de sens, pour tenter une application concrète dans le contexte de l'Afrique en général et de la culture du burkĩndlem en particulier. Nous ne théorisons donc pas les rapports entre culture du burkĩndlem et Révélation biblique de l'image de Dieu. Nous considérons que la rencontre entre la foi chrétienne et la culture *moaaga* du burkĩndlem a déjà eu lieu – voici un peu plus d'un siècle que l'Évangile a été apporté chez les Moose (en 1900) par les missionnaires d'Afrique – et que les questions qui se posent désormais, ce sont entre autres : qu'est-ce qu'être un chrétien[1280] *burkĩna* ? Comment promouvoir le burkĩndlem chrétien comme fondement et facteur de développement humain durable ?

[1279] René Laurentin depuis les années 1970 et, plus récemment encore, Benjamin Sarr (dans son ouvrage publié en 2011), se questionnent par exemple sur les conditions de possibilité d'une théologie du développement. cf. LAURENTIN, R., *op. cit.*, p. 72-76 ; SARR, B. S., *op. cit.*, p. 7-17.

[1280] Cf. HANS KUNG, *Être chrétien*, Traduit de l'Allemand par Henri Rochais et André Metzger, Seuil, Paris, 1974, 631 p.

Chapitre V

Réappropriation chrétienne du *burkindlem* à la lumière de la Révélation biblique et dans la perspective du développement humain

Le projet de construction d'une éthique chrétienne inculturée du développement humain durable nous a conduit à examiner à la fois les sources fondamentales de l'anthropologie *moaaga* (le burkĩndlem) et de l'anthropologie chrétienne (l'*imago Dei*). Si le concept d'*imago Dei* est, dans la Tradition de la foi chrétienne, au cœur de toute la socio-anthropologie chrétienne, le burkĩndlem constitue, dans le projet d'édification du prototype de l'idéal humain chez les Moose, la mesure et le sommet de toute l'anthropologie sociale *moaaga*. Ainsi qu'il nous a été donné de l'appréhender, la notion de burkĩndlem réunit toutes les valeurs humaines et sociales essentielles au Moogo. Dans cette mesure, l'élaboration d'une « éthique chrétienne inculturée » du développement humain durable dans le contexte du Moogo devrait tenir compte à la fois : d'une part, de la vocation chrétienne de l'homme créé à l'image de Dieu et appelé à devenir, par l'exercice libre de ses choix responsables, une image ressemblante de Dieu ; et d'autre part, des valeurs impliquées dans le burkĩndlem comme projet socioculturel de l'édification contextuelle de l'humain. Il s'agira, nous semble-t-il dans cette démarche, d'informer le burkĩndlem *moaaga* de l'enseignement de la Révélation chrétienne au sujet de l'homme et de sa vocation selon le dessein divin. Pour ce faire, plus concrètement, il sera question de créer une rencontre entre l'*imago Dei* de la foi chrétienne et le burkĩndlem de la culture *moaaga,* dans la perspective du développement humain durable. Tel sera le défi d'une réelle inculturation chrétienne de l'éthique du développement humain dans le contexte social *moaaga*, si tant est que l'inculturation désigne, selon la définition de Pedro Arrupe à laquelle souscrit la majorité des théologiens, « *l'incarnation de la vie et du message chrétiens dans une aire culturelle concrète, en sorte que non seulement cette expérience s'exprime avec les éléments propres à la culture en question (ce ne serait alors qu'une adaptation superficielle), mais encore que cette même expérience se transforme en un principe d'inspiration, à la fois norme et force d'unification, qui transforme et recrée cette culture, étant ainsi à l'origine d'une "nouvelle création"* »[1281]. Afin d'éviter une simple adaptation concordiste dans cette démarche, il importera pour nous d'opérer une réappropriation chrétienne du burkĩndlem sur la base d'une relecture chrétienne de ses traditionnelles exigences et valeurs reconnues par la société *moaaga*, à savoir : ses références anatomiques symboliques, ses essentiels obstacles, ainsi que ses moyens de promotion. Appliqué à la foi chrétienne, le burkĩndlem *moaaga* acquiert des exigences et une signification nouvelles.

I. Expressions chrétiennes des références anatomiques symboliques du burkĩndlem

Dans quelle mesure les traditionnelles valeurs impliquées dans la maîtrise des références anatomiques symboliques du burkĩndlem, c'est-à-dire le contrôle et la gestion de la bouche, du cœur, du ventre, du sexe et du pied, peuvent-elles devenir des lieux par excellence du discernement éthique du chrétien *burkĩna* ?

I. A. Dimensions éthiques chrétiennes de la communication *burkĩna*

D'après la tradition *moaaga*, la première référence anatomique symbolique du *burkĩndlem* est le contrôle de la « bouche » (*noore*). Dans la culture *moaaga*, comme dans toutes cultures humaines dont celle d'Israël et du monde biblique, outre qu'elle est symbole du manger et du boire (Gn 4, 11 ; Ps 141, 7 ; Is 19, 17, etc.), la « bouche » est surtout l'organe de la parole : « ouvrir la bouche », c'est parler (Ez 16, 63) ; « être la bouche de quelqu'un », c'est parler à sa place (Jr 15, 19). Essentiellement, « *l'homme est un animal qui parle : cette définition, après tant d'autres, est peut-être la plus décisive* »[1282], déclare Georges Gusdorf. Esprit incarné, l'homme noue ses rapports humains par le truchement de signes et de gestes. Le plus perfectionné de tous ces moyens de communication est sans nul doute la parole. La « parole » humaine (*gomde*), chez les Burkĩmba promoteurs de *burkĩndlem*, n'est pas un vain son, ni même un simple moyen de communication entre les hommes. Bien plus, elle exprime la personne, participe à son dynamisme, est douée en quelque sorte d'efficacité. En se

---

[1281] ARRUPE, P., « Lettre sur l'inculturation » in CALVEZ, J. Y. (Textes présentés par), *Écrits pour évangéliser*, collection Christus n° 59, DDB-Bellarmin, Paris 1985, p. 169-170. cf. CONCILE VATICAN II, Décret sur l'activité missionnaire *Ad Gentes*, n° 22.

[1282] GUSDORF, G., *La parole*, PUF, Paris, 1952, p. 7.

convertissant au christianisme, le Burkĩna partage bien, d'expérience culturelle, l'importance de la parole dans la conduite de la vie chrétienne[1283] : suivant sa qualité, la parole renferme, pour qui la prononce, honneur ou confusion (Si 5, 13) ; mort et vie sont en son pouvoir (Pr 18, 21) ; pour juger de la valeur d'un homme, elle est comme la pierre de touche qui permet de l'éprouver (Si 27, 4 – 7). C'est pourquoi les maîtres de sagesse en inculquent le bon usage et en dénoncent les défauts. Le Burkĩna chrétien comprend de par sa culture que : de la langue perverse viennent le mensonge, la fourberie, la fraude et la duplicité ; le bavard (Pr 10, 19 ; 29, 20 ; Si 51, 2) peut verser dans la sottise (Pr 10, 8 ; 13, 3) et l'indiscrétion (Pr 20, 19), et se faire détester (Si 20, 5-8) ; le sot peut être reconnu à ses écarts de langage (20, 18ss) ; le faux ami n'offre pour consolation que des « paroles de vent » (Jb 12, 6) ; et, plus grave encore, la parole des méchants est une embûche sanguinaire (Pr 12, 6). Dès lors, la sagesse consistera à se garder de la médisance (Si 5, 14) et de la calomnie (Ps 5, 10 ; 10, 7), car la langue fait plus de victimes que l'épée (Pr 12, 18 ; Si 28, 17ss) et même les paroles des rapporteurs blessent souvent cruellement ; de nombreuses gens en ont souffert. Il importe donc de bien percevoir que veiller sur son langage pour éviter les blasphèmes, les paroles impures (Si 23, 12 – 21), les faux serments, somme toute les écarts de paroles (Jc 3, 2 – 12), est une exigence première tout à la fois du *burkĩndlem* et de la sagesse chrétienne. Contrairement aux pécheurs et aux « Yemse » (esclaves), les chrétiens *burkĩmba* se doivent de régler exactement leurs paroles, sachant que c'est un trésor et une joie qu'une parole dite à propos, une réponse opportune (Pr 15, 23 ; 25, 11), et qu'« *il y a un temps pour se taire et un temps pour parler* » (Qo 3, 7). Ce faisant, ils veilleront à contenir leurs paroles (Si 1, 24), à user dans leur langage de balances et de poids, et à mettre un verrou à la bouche (Si 28, 25 ; Ps 39, 2 ; 141, 3), à être lents à parler (Jc 1, 19). Dans la perspective chrétienne, la parole humaine, en fait, est comme une eau profonde, un torrent débordant, une source de vie (Pr 18, 4 ; cf. Dt 32, 1ss) ; par elle, l'homme communique avec son semblable et exprime à Dieu les sentiments de son cœur[1284]. En cela, être privé de l'usage de sa langue peut être un châtiment divin (Le 1, 20 ; Ps 137, 6) ; rendre son usage aux muets est une œuvre messianique (Is 35, 6 ; Me 7, 33-37) qui leur permet de chanter les louanges de Dieu (Lc 1, 64). Aussi espère-t-on qu'au Jour de Yahvé, parmi le « reste des élus », il n'y aura « plus de langue trompeuse » (So 3, 13). Mais dès à présent, le chrétien qui se veut *burkĩna*, ou le Burkĩna

[1283] cf. FEUILLET, A. et GRELOT, P., in LÉON-DUFOUR, X. (sous la direction de), *Vocabulaire de théologie biblique*, Cerf, Paris, 1991, art. « Parole humaine ».
[1284] cf. DE SURGY, P. in LÉON-DUFOUR, X. (sous la direction de), *op. cit.*, art. « Langue » et art. « Lèvres ».

qui se veut chrétien, est doublement appelé, du fait de sa culture et de sa foi, à faire correspondre ses actes à ses paroles (1 Jn 3, 18 ; cf Jc 1, 26) et, se conformant aux valeurs exigeantes du *burkĩndlem* et de l'être chrétien, il a vocation à célébrer la justice et à proclamer la louange de Dieu (Ps 35, 28 ; 45, 2 ; He 13, 15) en prenant pour modèle la « Parole de Dieu ».

De culture humaine quasi universelle, on sait que la fonction médiatrice de la parole ne se remplit pas automatiquement (cf. Babel : Gn 11, 1-9). Certains hommes ont une bouche pleine de malédictions et d'amertume (Rm 3, 14 ; Ps 10, 7), de leur langue ils sèment la tromperie et la discorde (Rm 3, 13). D'où la nécessité chez les Burkĩmba d'apprendre à bien contrôler la « bouche » en se mettant au service de la vérité, du respect et de la sûreté. Dans la perspective chrétienne, toutefois, Dieu est la source première de la Parole. Pour la foi chrétienne, la Parole de Dieu est la vérité même (2 S 7, 28). Dans l'économie du salut au cœur de la foi chrétienne, cet anthropomorphisme désigne la relation que Dieu établit avec les hommes, relation qui s'achève dans une connaissance, reçue par l'homme, du mystère de Dieu[1285]. De ce point de vue, la « Parole de Dieu » est plus qu'un mot statique ; elle est l'expression même de ce que Dieu projette (Is 5, 19-24). Dans l'Ancien Testament, se rencontrent de nombreuses caractéristiques de la Parole divine : elle se révèle pure (2 S 22, 31), claire (Ps 11, 7), juste (Ps 32, 4), vraie lumière (Ps 118, 130) ; elle est, tour à tour, loi et règle de vie, révélation du sens des choses et des événements, promesse et annonce de l'avenir. Dieu est éternellement fidèle à sa parole (Ps 145, 6) qui est un dynamisme efficace et créateur, car elle est toute-puissante (Sg 18, 15) : « *Je prononcerai une parole et je l'accomplirai* », dit Dieu (Ez 12, 25). Expression d'une puissance toujours suivie d'effet (Ex 9, 6 ; Is 55, 10-11), la Parole divine constitue parfois un réel tourment chez celui qui doit la dire (Jr 20, 8-9). C'est par elle que Dieu a créé (Gn 1 ; Ps 33, 6) ; par elle qu'il guérit (Ps 107, 20) ; elle est objet d'espérance (Ps 119, 147). Elle résonne dans la conscience de l'homme, dans son cœur (Dt 30, 14). Dans le Nouveau Testament, la parole de Dieu est finalement identifiée à une personne : Jésus le Christ (cf. Jn 1, 1-5 ; He 1, 1-3). Celui-ci, en effet, se révèle comme le Verbe de Dieu (la Parole divine personnifiée), plein de vie et de vérité ; et donc Il est Celui qui remplit toutes les exigences et les valeurs relatives à la maîtrise de « bouche » dans le *burkĩndlem moaaga*, car Il transmet la Parole authentique de Dieu, et « *toutes les promesses de Dieu ont trouvé leur oui dans sa personne* » (2 Co 1, 20). Dès lors, il devient un honneur pour le

[1285] D'après la révélation biblique, c'est de diverses manières que Dieu parle à l'homme (He 1, 1) ; par le prêtre qui dit le salut de Dieu (Ps 35, 3) au fidèle suppliant ; surtout, par le prophète, l'intermédiaire officiel de la Parole (Jr 37, 17), l'homme de la Parole (Jr 18, 18), etc.

Burkĩna d'accueillir cette Parole (Ac 17, 11), de la garder avec amour (Jn 14, 23) et de la mettre en pratique (Dt 29, 28) ; car elle est « Parole de salut » (Ac 13, 26), « Parole de vie » (Ph 2,16), et au-delà d'un avenir immédiat, elle révèle ce qui adviendra « aux derniers temps », quand Dieu réalisera son dessein en plénitude (cf. Jn 12, 48).

Étant pleine de vie et de vérité, et de ce fait constituant la norme morale du « vivre bien » et du « dire vrai », la Parole de Dieu n'exige pas seulement que le Burkĩna chrétien soit attentif au concept psychologique de parole vraie (accord de la parole et de la pensée), mais encore qu'il vise le but de la parole conformément à son modèle divin. Ce but, d'après la Révélation chrétienne, est l'édification de la charité dans tout homme soucieux de *burkĩndlem*, dans son prochain et dans la communauté des Burkĩmba. De cette manière, les valeureuses exigences de vérité, de respect et de sûreté que comporte la maîtrise de la bouche si chère aux Burkĩmba se trouvent promues à un rang infiniment plus élevé. En effet, l'expérience montre qu'il ne peut y avoir de communauté spirituelle et morale que dans l'harmonie de la parole et de la charité. On sait, dans cette optique, que la parole qui ne procède pas de l'amour du bien et du prochain est une contradiction, car elle ne peut fonder aucune communauté véritablement *burkĩna*. En cela, on peut avancer que seule est vraie, à l'image du Verbe *burkĩna* lié à l'Esprit *burkĩna*, la parole *burkĩna* qui sert le bien et augmente le capital de charité. Dans l'amour au nom du Burkĩna par excellence, Jésus-Christ, toutes les exigences de vérité, de respect et de sûreté de la parole *burkĩna* se trouvent accomplies : une parole dont le oui est oui et le non est non (cf. Mt 5, 37) ; et lorsqu'elle dit « attends, je reviens, revient inéluctablement » quel que soit le temps d'attente. S'il est vrai, en outre, que « *la source première et l'image suprême de tout langage vrai nous disent qu'il ne doit rien y avoir dans nos paroles qui contredise nos pensées* »[1286], alors, chaque parole du chrétien *burkĩna* doit être guidée par la prudence, le discernement et l'affection fraternelle ; ces vertus disent si telle parole formellement vraie édifie vraiment, jette des ponts, relie les membres du Corps Mystique, bref, sert la vérité totale, ou si, au contraire, elle démolit, divise, oppose. Seule, d'après Bernhard Häring, « *la charité possède ce discernement infaillible. Seul l'amour sait toujours voir comment la vérité peut être mise au service de l'amour* ».[1287] De ce fait, la parole du Burkĩna chrétien doit être au service de la vérité, du respect et de la sûreté dans la charité. Entre toutes les exigences qui en résultent pour les Burkĩmba chrétiens, deux méritent une attention particulière : l'exclusion radicale du mensonge et l'impératif de fermer sa bouche, garder le silence ou le secret en certaines circonstances. En fait, « *tu ne prononceras pas à tort le nom du Seigneur, ton Dieu* » et « *tu ne*

[1286] HÄRING, B., *La loi du Christ*, Tome III, Desclée & Clé, Tournai, 1959, p 209.
[1287] HÄRING, B., *op. cit.*, p. 210.

témoignerας pas faussement contre ton prochain. » (Ex. 20, 7.16) demeurent des commandements qui interpellent toujours et partout. Intrinsèquement mauvais, le mensonge n'est jamais moralement autorisé ; quant à l'exigence de savoir garder le silence ou le secret, il faut simplement noter qu'elle fait partie intégrante des relations humaines. En somme, le Burkĩna véritablement authentique est le chrétien parfait qui sait « manger convenablement » la parole, et pour ce faire, « contrôle » toujours sa « bouche ».

L'importance de la gestion de la « bouche » comme moyen de communication telle que le promeut la perspective chrétienne et du *burkĩndlem*, apparaît encore lorsque l'on considère l'essor actuel du monde de la communication. Jamais dans l'histoire du monde on n'a autant parlé de communication. Elle envahit quasiment tous les champs : l'entreprise[1288], les milieux politiques[1289], la presse[1290], l'audiovisuel[1291], la publicité[1292], etc. Face à cette situation explosive, les exigences et les valeurs impliquées dans la maîtrise de la parole, comme condition de l'être Burkĩna chrétien, inspire de réguler, d'un point de vue éthique, les champs de la communication ; d'autant plus que dans une perspective anthropologique et théologique fondamentale, il ne fait pas de doute que les moyens de communication structurent la vie[1293]. C'est par la communication que le Burkĩna chrétien est ce qu'il est, dans le développement de sa vie corporelle comme dans celui de sa vie spirituelle. C'est encore par elle que le Dieu de la révélation biblique se fait connaître à lui et qu'il peut lui répondre. Suite à la révélation de la Parole de Dieu, l'Église proclame les mystères du Royaume et transmet la foi en Jésus Christ, Parole vivante de Dieu. La communication active et créatrice se découvre donc comme la source et le mobile de toute la vie du chrétien qui vit du *burkĩndlem*, pour faire de lui un vrai disciple du Christ. À cet égard, l'Incarnation, rendant possible la communion avec le Christ[1294],

---

[1288] Dans l'entreprise, le secteur des relations humaines, qui n'était qu'un élément parmi d'autres, est devenu prééminent ; le marketing, qui concernait jadis le produit, travaille aujourd'hui l'image de la firme elle-même.

[1289] Les milieux politiques ne jurent aujourd'hui que par le marketing politique et l'image de marque, et croient désormais qu'une ligne politique sans écho dans les sondages n'est pas comprise.

[1290] Dans la presse, les rubriques « communication » fleurissent.

[1291] L'audiovisuel est objet de toutes les convoitises politiciennes et publicitaires.

[1292] La publicité entend s'honorer elle-même en se nommant « entreprise de communication ».

[1293] cf. GOODALL, N. (présenté par), *Rapport D'Upsal 1968*, Rapport officiel de la quatrième Assemblée du Conseil Œcuménique des Églises, Conseil Œcuménique des Églises, Upsal, 1969, 490 p. ; COSTE, R., *Les dimensions sociales de la foi, Pour une théologie sociale*, Cerf, Paris, 2000, p. 304.

[1294] Selon le théologien néerlandais Johannes de Graaf, en remontant jusqu'au mystère trinitaire on perçoit bien que la communication est « *le fait humain fondamental, parce qu'elle est le fait divin essentiel. La nature du Dieu trinitaire est la communication du Père,*

apparaît comme la norme suggestive par excellence de l'évangélisation des moyens de communication sociale, dont la « bouche » avec ses valeurs et exigences comprises dans la tradition du *burkĩndlem*. L'objectif sera, suivant la mission d'évangélisation constitutive de l'identité chrétienne et de la nature de l'Église, d'amener toute langue à confesser du fond du cœur que Jésus Christ est Seigneur, à la gloire de Dieu le Père (Ph 2, 11). La « bouche », conçoit-on en effet chez les Burkĩmba, est au service du cœur et les lèvres expriment le fond du cœur. Aussi, la révélation chrétienne reconnaît-elle que la « bouche » parle de l'abondance du cœur, de sorte que l'homme bon tire du sien un trésor (cf. Lc 6, 45).

I. B. La dimension cardinale du Burkĩndlem chrétien

Selon la tradition des Moose, le « cœur » (*sõ̃vri*) est la seconde référence anatomique symbolique du burkĩndlem. Les résonances qu'éveille le mot « cœur » ne sont pas identiques dans toutes les cultures. Très souvent le terme français « cœur » évoque la vie (force ou intimité) affective. Dans de nombreuses cultures traditionnelles cependant, en l'occurrence la culture *moaaga* comme la culture biblique, le « cœur » est conçu comme le « dedans » de l'homme en un sens beaucoup plus large[1295]. Dans l'Ancien Testament par exemple, le cœur désigne l'ensemble des puissances de l'âme. Si un homme est misérable, c'est que son cœur l'a abandonné (Ps 40, 13), son cœur se vide (Lm 2, 19). Si on change de décision, si on doute, c'est que le cœur vacille (Ez 21, 20). La révélation prophétique, en même temps qu'elle apporte avec elle son enrichissement religieux, élargit cette notion de cœur. Pour convertir Israël, Dieu, selon Osée (2, 15), va l'emmener au désert et là « *il parlera à son cœur* ». Jérémie, lorsqu'il décrivait l'Alliance nouvelle (31, 31s.), met ces paroles dans la bouche de Dieu : « *je mettrai ma loi au-dedans d'eux et je l'écrirai sur leur cœur* ». Ezéchiel va plus loin et voit dans ce « cœur » une transformation profonde accompagnée de l'effusion intérieure de l'Esprit divin : « *je vous donnerai un cœur nouveau et je mettrai au-dedans de vous un esprit nouveau ; j'ôterai de votre chair le cœur de pierre et je vous donnerai un cœur de chair, je mettrai au-dedans de vous mon Esprit et je ferai que vous suiviez mes ordonnances* » (Ez 36, 26s.). Le Nouveau Testament retiendra cette donnée en la parachevant. Le cœur y est le principe de vie (Ac 14, 17 ; Jc 5, 5), mais c'est le lieu plus intime de l'homme, le centre de la vie spirituelle et affective. Dieu connaît les

---

du Fils et du Saint-Esprit dans cette sainte périchorèse d'amour, d'où résulte la création et dans laquelle la création repose » : cité par WEBB, P., art. « Communication » in AA. VV., *Dictionary of the Ecumenical Movement*, WCC Publications, Geneva, 1991, p. 200.

[1295] cf. DE FRAINE, J. et VANHOYE, A. in LÉON-DUFOUR, X. (sous la direction de), *op. cit.*, art. « Cœur ».

hommes, car il connaît les cœurs (Lc16, 15) et les éprouve (1 Th 2, 4). Jésus, reprenant l'enseignement des prophètes, attire l'attention sur le mal véritable, celui qui vient du cœur : « *Du cœur procèdent mauvais desseins, meurtres, adultères...* » (Mt 5, 19- 30). C'est du mauvais cœur que procèdent les vices (Mt 15, 19) tandis que la béatitude est promise aux cœurs purs (Mt 5, 8). Le cœur est le siège de la charité (Mc 12, 30 ; Lc 5, 27).

En plus des sentiments (cf. 2 S 15, 13 ; Ps 21, 3 ; Is 65, 14), le cœur contient aussi les souvenirs et les idées, les projets et les décisions[1296] : avoir une « largeur de cœur » (1 R 5, 9) évoque l'étendue du savoir ; « donne-moi ton cœur » peut signifier « prête-moi attention » (Pr 23, 26) et avoir un « cœur endurci » comporte le sens d'esprit bouché. Suivant le contexte, le sens du terme peut donc se restreindre à l'aspect intellectuel (Mc 8, 17) ou au contraire s'étendre (Ac 7, 51). C'est dire qu'il faut parfois remonter par-delà les distinctions psychologiques jusqu'au centre de l'être, là où l'homme dialogue avec lui-même, assume ses responsabilités, s'ouvre ou se ferme. De ce point de vue anthropologique, le cœur de l'homme s'appréhende comme la source même de sa personnalité consciente, intelligente et libre, le lieu de ses choix décisifs, de son courage et de sa persévérance. C'est dans cette mesure que la Révélation biblique considérera le « cœur » comme le lieu de la Loi non écrite (cf. Rm 2, 15) et de l'action mystérieuse de Dieu. Mais outre ces considérations singulières, le cœur a longtemps été considéré en particulier comme le principe ou le siège des sentiments, surtout de l'amour, avant d'en devenir une image permanente. Cette métonymie puis cette métaphore, qui peuvent s'autoriser d'un grand nombre de lieux dans l'Écriture[1297], ont été utilisées de façon très diverse, qui vont du sentimentalisme le plus doloriste au volontarisme le plus décidé et de la piété la plus rhétorique à la conceptualisation la plus précise. Pour décrire les phénomènes affectifs, les langues ont eu comme spontanément recours au mot « cœur », et aujourd'hui, on peut affirmer que, chez les Moose comme dans de nombreuses cultures humaines, ce terme et son image se sont même imposés au langage intellectuel ; et dans la foi chrétienne, d'après Nathanaël Yaovi Soédé, le concept « *renvoie à des données de la foi, à des attitudes intérieures et existentielles qui désignent des éléments essentiels de la vie chrétienne* ».[1298] Principalement, c'est par le terme « cœur » que l'Écriture

[1296] Pour le monde biblique, Dieu a donné aux hommes « un cœur pour penser » (Si 17, 6) ; le psalmiste évoque « les pensées du cœur » de Dieu lui-même, c'est-à-dire son plan de salut, qui subsiste d'âge en âge (Ps 33, 11).

[1297] cf. Cf. DE FRAINE, J. et VANHOYE, A. in LÉON-DUFOUR, X. (sous la direction de), *op. cit.*,. art. « Cœur » ; SOEDE, N.Y., « Une éthique du cœur » in ASSOCIATION DES THELOGIENS DU BÉNIN, *Christianisme et humanisme en Afrique, Mélanges en hommage au cardinal Bernardin Gantin*, Karthala, Paris, 2003, p. 23-47.

[1298] SOEDE, N.Y., « Une éthique du cœur » in ASSOCIATION DES THELOGIENS DU BÉNIN, *op. cit.*, p. 23.

désigne le don total de soi et l'engagement humain tout entier qui doivent caractériser la démarche de l'homme vis-à-vis de Dieu : chercher Dieu de tout son cœur (Dt 4, 29), fixer son cœur sur lui (1 S 7, 3). La symbolique du « cœur » est donc, en tant que lieu où l'homme rencontre Dieu, d'une importance essentielle pour le burkĩndlem chrétien.

Déjà dans les rapports entre les personnes, il est légitimement reconnu que le plus important, c'est l'attitude intérieure dont le cœur est le témoin. Mais on sait que le cœur est soustrait aux regards et qu'on ne le connaît qu'indirectement par ce qu'en exprime la face (cf. Si 13, 25), ce qu'en disent les lèvres (cf. Pr 16, 23) et ce qu'en attestent les actes (cf. Lc 6, 44 s). Si la raison éthique suggère que le fort extérieur d'un homme doit manifester son for intérieur, et donc ce qu'il a dans son cœur, il est notoire cependant que les paroles et les comportements peuvent bien dissimuler ce que porte le cœur, tant il est vrai que l'homme a la redoutable possibilité de se faire double ((Pr 26, 23 – 26 ; Si 12, 16). Cette duplicité, qui est à l'origine d'un mal profond dans la relation sociale, est redoutée et prohibée dans la tradition du burkĩndlem, et est vigoureusement dénoncée dans la tradition chrétienne (Si 27, 24 ; Ps 28,3 s). C'est pourquoi le Burkĩna chrétien devra s'efforcer, dans sa foi au Dieu qui « scrute le cœur et sonde les reins » (Jr 17,10 ; Si 42,18) et démasque le mensonge (cf. Is 29,13), de cultiver une relation sincère et vraie ; toute chose qui ne pourra se faire sans une remise en question au plus profond de soi-même, voire sans « risquer son cœur » (cf. Jr 30, 21). Pour pratiquer authentiquement et pleinement un burkĩndlem chrétien, il lui faudra, de toute évidence, en conformité avec l'enseignement de Jésus reprenant les prophètes, se garder du « formalisme des pharisiens » et surtout du mal véritable, celui qui vient du cœur (Mt 15, 19s). Par-dessus tout, l'exigence divine de générosité intérieure se fera impérative : accueillir la Parole de Dieu dans un cœur bien disposé (Lc 8, 15) afin d'aimer Dieu de tout son cœur et aimer son prochain (Mt 22, 37-39).

Siège des sentiments humains et des forces vitales, les Burkĩmba chrétiens mesurent toute la difficulté à dompter le cœur humain. Mais dans la vie de relation existentielle avec Dieu, Israël a appris que c'est seulement dans le rapport avec le Dieu de l'Alliance qu'il connaîtra l'épanouissement du cœur. Dès lors, la promotion du burkĩndlem chrétien passe par l'apprentissage, auprès du Dieu de l'Alliance, des recommandations propres à maîtriser son cœur. Dorénavant, chez les chrétiens *burkĩmba*, les préoccupations humaines essentielles qui sont la méfiance, la résignation, le réalisme, la prévoyance, l'humilité, la fidélité, la patience, la précaution, le respect, l'obéissance et la modération, trouvent en Dieu, dans l'Église et ses sacrements, leur satisfaction plénière et alors la liberté de vie. Car conformément à la foi évangélique, par les sacrements de l'initiation chrétienne, la grâce du Saint-Esprit a été répandue sur le cœur (Rm 5, 5 ; 2

Co 1, 22 ; Ga 4, 6) du Burkĩna chrétien qui devient la demeure de l'Esprit Saint, « *lieu que le Christ investit pour être avec son disciple, demeurer avec lui, en lui et lui faire ainsi demeurer en Dieu son Père* ».[1299] De cette manière, face aux sollicitations et aux séductions trompeuses et parfois perverses de ce monde, les appétits, les sentiments et les projets du Burkĩna, selon le dessein de Dieu, seront animés par la raison et la charité éclairées par la foi, pour que son cœur acquière la sagesse de l'Esprit qui oriente et donne sens à la vie humaine. Fondamentalement, il faudra, pour devenir un authentique chrétien *burkĩna*, opérer, sous l'action de l'Esprit de Pentecôte, un passage d'une vie pécheresse à une vie vertueuse dont le symbolisme dans l'Écriture est le changement de cœur. Pour la piété chrétienne *burkĩna*, comme dans la perspective évangélique, le cœur nouveau[1300] (cf. Ga 4, 6) que le Burkĩna authentique devra accueillir et garder ne désignera pas seulement le changement du mal au bien, mais tous les changements successifs qui marquent les étapes d'une vie intérieure, les progrès de l'âme passant du bien au mieux, du mieux au parfait, du parfait au plus parfait, répondant ainsi à l'appel évangélique : « *vous donc, vous serez parfaits comme votre Père céleste est parfait* » (Mt 5,48). Dans cette perspective de promotion ou de valorisation de l'humain, l'objectif sera de faire en sorte que le cœur du Burkĩna rencontre, dans la vérité, Dieu ; rencontre qui, historiquement, s'est révélée pleinement effective dans le cœur humain du Christ, laquelle est devenue dès lors l'archétype et le prototype de toute plénière rencontre entre Dieu et l'humain. Aussi, par la foi chrétienne, la symbolique du « cœur » dans la tradition du burkĩndlem chez les Moose se charge-t-elle d'une fécondité de signification nouvelle. Désormais, la foi au Christ, qui est adhésion du cœur, procure le renouvellement intérieur, inaccessible autrement pour le Burkĩna chrétien[1301] (cf. Rm 10, 9s). Finalement, il faudrait en convenir, selon Nathanaël Yaovi Soédé, que c'est le Christ « *qui renouvelle de l'intérieur le cœur de l'homme en quête de vie pour lui faire connaître la source de la vie en plénitude. De ce point de vue,*

[1299] *Idem*. Pour Soédé, le cœur est un paradigme pour une lecture de l'histoire du salut, car « *le cœur est ce foyer où tout se tient et se réalise : la connaissance de Dieu, la conversion, l'adhésion à Jésus-Christ, la mise en pratique de ce que dit la confession de foi, la douceur, l'humilité, la pureté, l'engagement à vivre selon la loi d'amour, bref la sainteté (Mt 5, 8 ; 9, 2 ; 11, 29 ; 11, 29 ; 18, 35)* » (SOEDE, N. Y., Une éthique du cœur » in ASSOCIATION DES THELOGIENS DU BÉNIN, *op. cit.*, p. 32).

[1300] cf. DE FRAINE, J. et VANHOYE, A. in LÉON-DUFOUR, X. (sous la direction de), *op. cit.,* art. « Cœur ». Après avoir enjoint : « *Faites-vous un cœur nouveau* » (Ez 18, 31), Dieu promet de réaliser lui-même ce qu'il demande : « *Je vous purifierai. Et je vous donnerai un cœur nouveau, je mettrai en vous un esprit nouveau ; j'ôterai de votre chair le cœur de pierre et je vous donnerai un cœur de chair* » (Ez 36, 25s). Ainsi sera assurée, entre Dieu et son peuple, une union définitive.

[1301] Par la foi, les yeux du cœur sont illuminés (Ep 1, 18) ; par la foi, le Christ habite dans les cœurs (Ep 3, 17).

l'éthique chrétienne devra se faire de plus en plus une éthique du cœur »[1302]. C'est dire que l'éthique du « cœur » dans le burkĩndlem, tournée vers l'accomplissement humain, n'atteint pleinement son objectif que dans la relation au Christ, Verbe de vie. C'est par l'Esprit Saint, qui lui a été donné, que le cœur du disciple du Christ s'unit au cœur de Dieu Trine et Un.

I. C. L'éthique du « ventre » ou l'exigence de renforcement des capacités humaines

Le ventre (*pʋuga*), symbolique de nutrition ou de renforcement des capacités, est, dans la tradition du burkĩndlem, la troisième référence anatomique. Incontestablement, « *comme tous les êtres vivants, l'homme est obligé de se nourrir pour subsister, et cette dépendance à l'égard du monde est un signe essentiel de son inconsistance* »[1303]. Pour les Burkĩmba, le devoir de subvenir inlassablement aux besoins quotidiens du « ventre » symbolise la nécessité vitale pour tout être humain d'entretenir ses forces et d'accroître ses capacités humaines : corporelles, intellectuelles et spirituelles. Toutefois, l'exigence d'un burkĩndlem authentique, facteur de sagesse humaine, maintient que si la nourriture (matérielle comme immatérielle) est une condition de survie et de promotion de l'humain, elle l'est principalement en tant que moyen, et jamais en tant que fin. En ce qui concerne en particulier la nourriture matérielle, l'exercice du burkĩndlem recommande quelques précautions. On sait que, d'ordinaire chez les humains, la lutte pour l'autosuffisance alimentaire, surtout en contexte de pauvreté comme dans le Moogo, manifeste à la fois la dépendance et la quête d'autonomie de l'homme par rapport à la nature sans laquelle il ne peut vivre. Pour conquérir son autonomie, tout homme, et à un titre particulier le Burkĩna comme le chrétien, se sustente du fruit de son travail, de l'œuvre de ses mains, du produit de sa culture. Pourtant, sans les vertus du burkĩndlem, il risque : soit d'user de la nourriture avec excès et tomber dans la gloutonnerie ou l'ivresse ; soit, à l'inverse, d'en faire un usage égoïste et tomber dans la luxure jusqu'à l'exploitation du pauvre. Dans tous les cas, ces deux attitudes peuvent conduire à la misère et au déni des valeurs humaines. Mais lorsque le Burkĩna se convertit au christianisme, son burkĩndlem s'informe des exigences de la foi évangélique et, en devenant ainsi un chrétien, il s'ouvre pour s'enrichir de valeurs nouvelles, relatives à l'impératif de gestion vertueuse de la symbolique du « ventre ». Si, en effet, une solide tradition du burkĩndlem est capable de maintenir l'équilibre et de

---

[1302] SOEDE, N. Y., « Une éthique du cœur » in ASSOCIATION DES THELOGIENS DU BÉNIN, *op. cit.*, p. 23.

[1303] GALOPIN, P.-M. et GUILLET, J. in LÉON-DUFOUR, X. (sous la direction de), *op. cit.*, art. « Nourriture ».

reconnaître à la fois que le « manger » et le « boire », ainsi que le bon temps dans le travail, forment une large part du bonheur humain, le Burkĩna chrétien devra cependant toujours se souvenir que toute nourriture est don de Dieu et que « *mieux vaut une portion de légumes avec l'affection qu'un bœuf gras avec la haine* » (cf. Pr 15, 17 ; 17, 1). D'après l'anthropologie chrétienne traditionnelle, tout être humain, créé à l'image de Dieu et fait seigneur de la création, a reçu pour nourriture « *toute herbe qui porte sa semence sur toute la surface de la Terre et tout arbre dont le fruit porte sa semence* ». (Gn 1, 29 ; cf. Gn 2, 16). Alors, conformément à la règle d'or de l'Évangile, le fidèle chrétien devra, tout en s'appliquant de toutes ses forces dans son travail, s'en remettre au Dieu Provident et demander au Père Céleste, dans sa prière de chaque jour, son pain quotidien (cf. Mt 6, 25 – 33 ; Lc 12, 22 – 31), voire le pain du lendemain.

L'économie du salut chrétien révèle que le Dieu qui établit une Alliance avec son peuple prend aussi en charge l'existence de celui-ci : la manne venue du « ciel » (Ex 16,4 – 15), au cours de la traversée du désert, est le signe de cette prévenance et de la générosité divines. Dieu donne la nourriture en abondance, et comme un berger, guide son peuple vers de « verts pâturages » (Ps 23, 2), le fait paître dans de bons pâturages (Ez 34, 14) et le conduit sur la terre où coulent le lait et le miel (Ex 3, 8 ; Dt 11, 9 ; Si 46, 8). Finalement, il promet de donner un festin pour tous les peuples, un festin de viandes grasses et de vins capiteux, de viandes succulentes et de vins décantés (Is 25, 6). Toutefois, face aux dérives éventuelles liées à la satisfaction des appels du « ventre », l'Écriture tient que la joie du repas doit être pleine et débordante[1304] (Jn 2, 1-10), mais que l'affectation de luxe, qui se révèle être un véritable culte du « ventre », doit être surveillée et maîtrisée (cf. Jdt 1, 16 ; 1 R 10, 5). D'un point de vue sociologique, on sait que le désir de l'homme est infini et que l'abondance peut dégénérer en égarement insensé (Mt 14, 6-11 ; Lc 16, 19) qui, à son tour, peut se retourner en châtiment (Jdt 13, 2). C'est pour cela que la sagesse biblique recommande de se montrer méfiant de l'appétence notoire dont la symbolique dans la quête du burkĩndlem, comme dans l'éthique biblique, voire dans l'éthique universelle, est le « ventre ». C'est le parasite, énonce le sage, « *qui se montre compatissant dans l'intérêt du ventre* » (Si 37, 5). Et l'Apôtre de renchérir : il en est qui font de leur ventre un dieu, mettent leur gloire dans ce qui fait leur honte, et n'ont guère à cœur que les choses de la terre (cf. Ph 3, 19) ; c'est-à-dire qu'ils ne vivent que pour servir leur ventre (cf. Rm 16, 18). De ce point de vue, les Crétois étaient appelés des « panses fainéantes », parce qu'ils aimaient à la fois la bonne chair et l'oisiveté (Tt 1, 12). Mais les trésors de Dieu seront ôtés au ventre de l'impie (Jb 20, 15) qui ne sera plus

[1304] GALOPIN, P.-M. et GUILLET, J. in LÉON-DUFOUR, X. (sous la direction de), *op cit.*, art. « Nourriture ».

rassasié (Jb 20, 20), qui souffrira donc de la disette (Pr 13, 25), et la colère de Dieu sera sa nourriture (Jb 20, 23). Dans la perspective du burkĩndlem chrétien, la nécessité de subvenir aux besoins nutritionnels et de renforcer les capacités humaines devra être perçue comme un appel à se nourrir de Dieu qui seul a consistance. En cela, le Burkĩna chrétien apprendra que sa vraie nourriture, comme celle de son Maître, est avant tout la volonté du Père (cf. Jn 4, 34). C'est pourquoi face à la nourriture, le burkĩndlem réel, à l'instar de la quasi-totalité des sagesses humaines, conseille la tempérance, la modération, la prudence et le discernement. Instruite par l'expérience de la vie, la sagesse de l'Écriture, partageant cette précaution humaine, a tracé des règles pour la conduite dans les repas : simples conseils de tempérance (Pr 23, 20s) ou de prudence (Pr 23, 1ss ; Si 13, 7), préoccupation de rectitude morale (Si 6, 10 ; 40, 29), etc. Le Burkĩna baptisé trouve ainsi dans la perspective chrétienne une réponse à son souci de « *dignité devant la nourriture* ».[1305] Nul doute que, comme pour tout être humain, il demeure dépendant du monde. Mais devant la précarité de la nourriture quotidienne, face aux nombreuses peines et difficultés pour se procurer le repas quotidien, le Burkĩna chrétien apprendra, dans la foi, que Dieu est la source de toute nourriture et qu'il pourvoit à la subsistance de ses créatures (cf. Gn 1, 29-30). Alors, en luttant quotidiennement de toutes ses forces pour sa subsistance, il s'ouvrira au Dieu de l'Alliance, apprendra à s'en remettre à lui afin de comprendre que sa tradition de sagesse, de maîtrise de soi et par suite de liberté devant la nourriture, ne sera capable de maintenir l'équilibre et la vertu, qu'en comptant avec la grâce de Dieu.

Dans l'exigence du traditionnel principe biblique de correspondance « à peuple saint, nourriture sainte » (cf. Dt 14, 21), le burkĩndlem chrétien cultivera primordialement, dans son souci de nutrition et d'accroissement des capacités humaines, le respect de la volonté souveraine de Dieu et l'obéissance à ses préceptes qui procurent vie et allégresse (Jr 15.16). De ce cheminement de foi, le Burkĩna découvrira, avec l'ensemble des chrétiens, combien les commandements divins, quelquefois assimilés à un rouleau à avaler (Ez 3,1ss ; Ap 10, 8ss), sont plus savoureux que le miel (Ps 19,10 s). Bien plus, membres de la Nouvelle Alliance acquise dans le Christ, les Burkĩmba chrétiens s'efforceront de se nourrir des oracles de Dieu (He 5,12ss ; cf 1 Co 3,1 s ; 1 P 2, 2), de manger un aliment et de s'abreuver à un rocher spirituel en vertu de leur appartenance au Christ (1 Co 10, 3s). En s'exerçant, dans l'obéissance à la recommandation du Christ, à « chercher d'abord le Royaume de Dieu (Mt 6, 33), ils s'apercevront que, dans cette optique, ils sont conséquemment invités à rechercher autre chose que « la nourriture périssable « (Jn 6,27 ; cf Rm 14,17) : la vraie nourriture et le vrai

[1305] cf. DAMIBA, F.-X., *op. cit*, p. 115.

breuvage proposés par le Christ lui-même, à savoir sa Chair et son Sang (Jn 6, 55). L'Eucharistie, pain et vin de la terre qui deviennent respectivement Corps et Sang du Christ, rend chaque homme, devenu chrétien *burkĩna*, capable de se nourrir, en toutes circonstances, de Jésus-Christ, de ses paroles, de ses gestes, de sa vie[1306]. Et de même qu'au Moogo la nourriture ne se réduit pas seulement à ce qu'on ingurgite ; elle « *se compose aussi du savoir, du savoir-faire et du savoir-être qui nourrissent l'esprit, l'âme, la société d'aujourd'hui et de demain* »[1307] ; de même, le Burkĩna chrétien, dans sa relation vivante avec Dieu, se nourrira de la Parole divine et des sacrements dans l'Église qui sont sagesse et nourriture (Dt 8, 3 ; Sg 16, 26 ; Mt 4, 4) pour la vie éternelle. Uni au Christ « Pain de vie » (cf. Jn 6, 22-59), il construira désormais son humanité dans la même conviction que celle de l'Apôtre, à savoir que tout lui est permis, mais tout ne lui est pas profitable (cf. 1 Co 6, 13). Ainsi déterminé à ne pas se laisser asservir, il mènera la vraie lutte qui procure un authentique burkĩndlem, et en ce sens, la vertu, la sagesse, les valeurs humaines et spirituelles, les sacrements de l'Église, tout ce qui contribue à l'édification de la personne humaine chrétienne, constitueront pour lui la meilleure nourriture que Dieu octroie à ses fils et filles *burkĩmba* et que ceux-ci devront consolider et transmettre aux générations futures.

I. D. De la nécessaire discipline et intégration sexuelles pour une vie de liberté

C'est un fait que de nos jours, la sexualité[1308] humaine, ensemble des phénomènes vitaux qui gravitent autour du fait de la différence et de la complémentarité des sexes, connaît des crises et des remises en question. Elle apparaît comme un dynamisme diffus à l'œuvre dans tout l'être humain ; elle imprègne chaque faculté, chaque activité personnelle[1309] ; elle est quelquefois interprétée et vécue selon des orientations diverses, voire

---

[1306] cf. GALOPIN, P.-M. et GUILLET, J. in LÉON-DUFOUR, X. (sous la direction de), *op. cit.*, art. « Nourriture ».

[1307] cf. SAWADOGO, R. A., *op. cit.*, p. 171.

[1308] Le mot sexualité vient du verbe latin « secare » qui signifie « couper ». La sexualité apparaît comme une coupure radicale qui instaure, au sein d'une même espèce d'êtres, la fondamentale distinction des genres. Elle est l'ensemble des phénomènes vitaux qui gravitent autour du fait de la différence et de la complémentarité des sexes. La sexualité concerne toutes les formes de la vie, depuis les primaires jusqu'aux plus évoluées.

[1309] Une des conclusions, parmi les plus connues, des recherches anthropologiques actuelles est sans doute que la sexualité de l'être humain ne se réduit pas à sa génitalité. La génitalité pourrait être définie comme la mise en œuvre de ce qui assure le fonctionnement des organes génitaux. Elle s'exerce par exemple dans une relation sexuelle avec un partenaire ou encore dans un acte masturbatoire. Le domaine de la sexualité s'étend, lui, au-delà de ces seuls actes génitaux.

contradictoires[1310]. Domaine très sensible, l'évolution actuelle des mœurs dans la sexualité et l'affectivité détermine le jugement éthique. C'est donc une dimension importante de la personnalité humaine, d'autant plus que les recherches biologiques ont montré que toute cellule humaine est marquée par la sexualité dont est informée toute la réalité de l'individu dès les premiers moments de sa conception, c'est-à-dire bien avant l'apparition des organes génitaux.[1311] Les sciences sociales soulignent par ailleurs que les phénomènes sociaux sont en interaction étroite avec la façon dont les hommes et les femmes assument leur sexualité. Une sexualité mal assumée engendre des frustrations et peut conduire à des esclavages. C'est dire que l'être humain n'existe pas hors d'une détermination sexuelle ; celle-ci constituant même une des manifestations les plus claires de sa finitude. Si donc, de par sa structure biologique, la sexualité semble d'emblée une fonction de reproduction, elle déborde largement cette fonction dans l'être humain ; car elle n'est pas que réalité corporelle ; elle met en œuvre tout le psychisme humain (besoin, désir et affectivité), et par lui elle investit et imprègne toute la personne humaine, ce complexe de corps et d'âme. La conséquence significative de cette considération anthropologique est que toute relation humaine aux choses, aux autres et même à l'Absolu (Dieu) est sexuée[1312]. On comprend alors pourquoi chez les Moose, la vie sexuelle est considérée comme un haut lieu de l'éthique sociale et individuelle. Étant en relation avec la structure de la personne humaine, dont la vocation véritable

---

[1310] Sur des questions importantes comme l'homosexualité, la promiscuité, le sexe en groupe, l'adultère, le coït avec contraception, la bestialité, le déguisement pendant l'acte, la prostitution, la pornographie et la masturbation, le jugement éthique n'est pas évident et il en existe des plus contradictoires (cf. SOBLE, A. in CANTO-SPERBER, M. (publié sous le Direction de), *Dictionnaire d'éthique et de philosophie morale*, QUADRIGE/PUF, Paris, 2004, art. « "Sexualité", La morale de la sexualité »).

[1311] AA. VV., *Sexualité et vie chrétienne*, Centurion, Paris, 1981, p. 17. La sexualité apparaît alors comme un phénomène bien plus complexe que la simple fonction de reproduction, à laquelle la réduisait facilement une vision simpliste des choses ; il serait facile dans ce cas d'en faire abstraction, puisqu'elle ne concernerait que l'aspect animal de l'être humain. Un des mérites de la psychologie moderne a été de nous faire percevoir le lien de la sexualité avec l'ensemble de cet être, dont elle partage alors quelque peu le mystère, d'où la difficulté d'en donner une définition exhaustive. C'est ce que décrit bien Paul Ricœur : « *Finalement, quand deux êtres s'étreignent, ils ne savent pas ce qu'ils font ; ils ne savent pas ce qu'ils veulent ; ils ne savent pas ce qu'ils cherchent ; ils ne savent pas ce qu'ils trouvent. Que signifie ce désir qui les pousse l'un vers l'autre ? Est-ce le désir du plaisir ? Oui, bien sûr. Mais pauvre réponse ; (...) Nous avons la conscience vive et obscure que le sexe participe à un réseau de puissance ...* » (RICŒUR, P., « La sexualité. La merveille, l'errance, l'origine » in *Esprit*, 11 (1960) 1674-1675).

[1312] On peut donc soutenir que toute relation humaine est donc sexuée. Cependant, il faut tout de suite affirmer avec vigueur qu'aucune relation humaine ne se réduit à la sexualité. L'être humain a bien d'autres dimensions. Par exemple, il est marqué aussi par l'agressivité, par sa position dans le processus de production économique, par sa culture, etc. C'est alors réduire une personne que de la désigner par une de ses caractéristiques sexuelles.

est à la fois de croître en richesse et densité humaine (connaissance, responsabilité, autonomie, liberté…), elle nécessite une grande discipline et une saine régulation pour s'humaniser pleinement. C'est pourquoi le burkĩndlem s'inscrit en faux contre certains courants actuels qui voudraient banaliser la sexualité et l'exercice de la génitalité, et déclarer anodins les écarts sexuels ou les échecs relationnels. Toutes les sociétés humaines admettent, en effet, que dans tout projet d'humanisation réelle, les valeurs impliquées dans la maîtrise de la sexualité sont essentielles à chaque homme et à chaque société.

Pour atteindre en plénitude sa triple fonction communément reconnue[1313], à savoir : différencier et attirer pour parer à la solitude et à l'isolement (relationnel et affectif), donner une juste place au plaisir (érotique) très constructif au sein du couple, féconder et reproduire l'espèce (procréatrice), la sexualité a besoin d'être régulée et intégrée. Mais la construction d'une vie sexuelle mature et intégrée semble d'une grande complexité et mérite par conséquent une grande attention. De par sa structure même, elle recèle une profonde ambiguïté et c'est pourquoi, dans les différentes cultures humaines et religieuses, elle est reconnue comme un domaine de haute sensibilité et de possibles perversions et dégénérescences[1314]. Chez les Burkĩmba, comme dans toute culture humaine, on sait qu'une sexualité bien vécue peut contribuer à construire l'homme et la femme, et même devenir un puissant facteur de libération humaine ; mal vécue, elle peut, potentiellement, conduire à un esclavage, être source de conflits sociaux et briser l'harmonie sociale. Du fait que la sexualité affecte la totalité de l'être humain, corps et âme, elle peut aussi bien le corrompre entièrement et, au lieu de libérer, le livre à un esclavage tenace. Dans cette mesure, selon le projet d'humanisation dans le burkĩndlem, il importe de bien gérer la sexualité, en la situant dans le respect de la dignité de la personne, et en l'intégrant dans l'ensemble de la personnalité, car, au même titre que la liberté, elle peut être utilisée pour ou contre l'homme. Pour s'exercer alors à la discipline et à l'intégration responsables de la vie sexuelle, en prenant en compte tout à la fois les exigences du burkĩndlem et de la foi chrétienne, il s'agira avant tout de parvenir à construire une vie de liberté réelle et qualitative. C'est une exigence de valorisation et d'épanouissement humains, voire de quête de burkĩndlem authentique, que partagent pleinement les cultures humaines et religieuses, et à un titre particulier, la foi chrétienne.

1313 Cf. AUBERT, J.-M., *Vivre en chrétien au XXe siècle, Tome II : L'engagement du chrétien, la sexualité, l'économie, le politique*, Salvator, Paris, 1977.

1314 Cet état de situation a donné lieu à une abondante littérature sur la problématique de la sexualité humaine. Alan Soble en établit une liste variée et bien significative qu'on pourrait consulter avec intérêt (cf. SOBLE, A., art. « "Sexualité", La morale de la sexualité » in CANTO-SPERBER, M. (publié sous le Direction de), *Dictionnaire d'éthique et de philosophie morale*, Volume 2, QUADRIGE/PUF, Paris, 2004).

Dans la perspective chrétienne, la sexualité humaine est une réalité mystérieuse et originairement noble, mais il reste qu'elle n'est pas moins une réalité séculière (temporelle) que l'homme peut sanctifier ou au contraire pervertir. Pour la foi chrétienne, la relation sexuelle est une bonne chose, une richesse parce que voulue par le Dieu Créateur ; et la différence sexuelle est perçue comme un trait de l'être homme à l'image de Dieu (cf. Gn 1, 27). Aussi, dans la foi chrétienne, le chrétien se doit-il de vivre sa sexualité en tant que reflet du mystère de Dieu qui est relation[1315]. Cette dignité sexuelle fondée sur la création à l'image de Dieu commande le respect chez chaque homme et chez chaque femme, la reconnaissance et l'acceptation de son identité sexuelle. Certes, les occurrences du concept de « sexualité » sont totalement absentes des Saintes Écritures et celles-ci ne présentent pas de façon construite une éthique sexuelle ; mais la sexualité y est considérée comme une dimension essentielle de l'être humain[1316]. C'est bien connu que pour la Révélation biblique, ce qui fonde originairement la différence sexuelle, c'est la nécessité pour l'homme, selon le dessein du Créateur, de vivre en société. L'écrivain sacré rapporte en effet de Dieu : « *Il n'est pas bon que l'homme soit seul. Il faut que je lui fasse une aide qui lui soit assortie* » (Gn 2, 18). En cela, à la fécondité déjà énoncée (cf. Gn 1, 28) s'adjoint la relation d'altérité des sexes. De fait, ainsi que le note Jean-Marie Aubert, les deux récits de la *Genèse* (Gn 1, 26-28 ; 2, 4-25) sur « *l'origine du couple humain et du sens de la sexualité nous mettent face à deux perspectives fondamentales : celle de la fécondité et celle de l'amour, toutes deux expressions d'un ordre de choses voulu par Dieu, comme vocation de l'homme, ayant valeur permanente, universelle* ».[1317] D'un point de vue socio-anthropologique, ces deux motivations situent l'individu dans la perspective d'une vie en société. Les principaux textes et les grandes orientations bibliques concernant la sexualité sont bien connus. Dès la *Genèse* (Gn 1-3), l'importance du couple « homme-femme » est soulignée avec ses caractéristiques majeures : complémentarité, unité, pouvoir procréateur.

Mais depuis la connaissance du péché, la honte marque désormais la conscience humaine (cf. Gn 3, 6-10) rendant dès lors la relation sexuelle ambiguë. Et alors, quoique la vie sexuelle soit fondamentalement bonne, elle reste cependant sous l'emprise de la division créée par le péché. Au lieu d'être source de joie et d'émerveillement devant la différence irréductible de

---

[1315] La morale sexuelle fait l'objet d'une quantité de prescriptions dans l'Ancien Testament. Il y a là une réaction de défense contre un monde perverti qui voilait souvent son érotisme sous le manteau de la religion. Enfin il ne faut pas oublier le rôle éducateur de la Loi qui se souciait de l'hygiène du peuple de Dieu. (cf. LÉON-DUFOUR, X. in LÉON-DUFOUR, X. (sous la direction de), *op. cit.*, art. « Sexualité »).

[1316] cf. *idem.*

[1317] AUBERT, J.-M., *Vivre en chrétien au XXe siècle*, tome II, p. 42.

l'autre (cf. Gn 2, 23), elle engendre plutôt chez les partenaires le désir de la possession égoïste (cf. Gn 3, 16). Mais avec l'évènement du Christ, et dans le prolongement des exigences déjà présentes dans la conception vétérotestamentaire, la foi chrétienne fait de la pureté sexuelle une exigence caractéristique de la vie du chrétien. La bonté et la valeur de la relation sexuelle dans le mariage ne sont donc pas mises en doute dans l'économie du salut chrétien[1318]. En vertu de la Rédemption réalisée dans le Christ, une mutation s'opère et donne à la condition sexuelle sa vraie dimension. Dans la communauté humaine des croyants rachetés par le Christ Jésus, il est possible de communier avec l'altérité tout en renonçant à l'exercice charnel de la sexualité. Ainsi en est-il des eunuques qui se sont rendus tels en vue du Royaume des cieux (Mt 19,12 ; cf. Lc 14,26). À ce sujet, d'après la foi chrétienne, deux motifs essentiels justifient ce comportement nouveau : le charisme d'un appel particulier (cf. 1 Co 7, 7) et la situation créée par la fin des temps inaugurée en Jésus. Sans doute qu'il s'agit là d'un nouvel ordre de choses, jusque-là encore ignoré de toute culture humaine, et qui invite à dépasser le commandement de la création, afin de donner un sens nouveau à la continence volontaire, et faire du mariage et du célibat consacré deux dimensions nécessaires pour constituer et exprimer de façon complémentaire la plénitude du Royaume des cieux. Dans cette optique, le Burkina qui devient chrétien par le baptême découvre une donnée nouvelle à la traditionnelle exigence éthique de la saine régulation sexuelle.

Dans la perspective de la construction ou de l'édification de la personne humaine, la pratique *burkĩna* prend au sérieux les questions relatives à la sexualité humaine qui n'est donc pas une chose facultative, mais bien un impératif vital. Ce faisant, une évangélisation du burkĩndlem sera fondée sur l'anthropologie biblique et chrétienne de la vie sexuelle. D'emblée, on sait que cette anthropologie, qui insiste sur l'aspect corporel de tout être humain et fait de la transmission de la vie un devoir, mise tout naturellement sur les valeurs de la sexualité (1 Tm 4, 3), en même temps qu'elle cherche à la purifier des vices, de toute compromission idolâtrique (Ex 22, 18-19 ; Dt 23, 18-19) et de toute facilité qui auraient détruit le tissu social et religieux (Ex 20, 14, 17 ; Lv 18, 1-30 ; Mt 19, 4-6). La vie sexuelle n'est donc pas, aux yeux des chrétiens *burkĩmba*, une réalité seconde en surplus d'une nature humaine asexuée. Elle est une dimension radicale de l'existence personnelle

---

1318 Saint Paul, bien que souvent considéré comme un ascète hostile à la vie sexuelle, donne aux époux des orientations toujours valables aujourd'hui (1 Co 7,1-6). Contre les illusoires désirs de continence manifestés par les Corinthiens, il rappelle la voie normale du mariage, le devoir des relations sexuelles : « *Ne vous refusez pas l'un à l'autre, si ce n'est d'un commun accord ['symphoniquement'], pour un temps, afin de vaquer à la prière ; puis reprenez la vie commune* » (1 Co 7,5 ; cf. 1 Tm 4, 3 ; 5, 14). La situation issue de la création est donc ici maintenue et même valorisée. La communauté des époux atteint désormais jusqu'au domaine privilégié de la prière.

et sociale et donc détermine aussi la vie de relation avec le Christ. En cela, l'Écriture nous fait comprendre que, face aux valeurs rattachées à la fécondité en Afrique, la façon de réguler la vie sexuelle est très importante pour construire la personnalité humaine, promouvoir la paix, la quiétude et l'ordre social. Afin de réguler la vie sexuelle de façon « libérante » pour soi et pour les autres, le moyen préconisé est la vertu de chasteté, norme d'exercice de la sexualité, qui suggère, non pas le dépassement ou le déni de la réalité sexuelle, mais le désir de la réguler. Il ne s'agit donc pas pour le Burkĩna chrétien de tenter d'éviter les exigences de la vie sexuelle, mais de les assumer pleinement ; et ceci, quel que soit l'état de vie dans lequel il se trouve et quel que soit l'équilibre humain qu'il atteint ; l'objectif restant de s'édifier pour parvenir à une plus grande liberté, à un burkĩndlem authentique. En ce sens, le principe chrétien fondamental de l'éthique de la vie sexuelle est et demeurera toujours le bien qui existe entre l'activité sexuelle et le mariage, comme cadre légitime. L'effort sera donc de chercher, sainement et sereinement, à user de sa sexualité pour devenir plus homme ou plus femme, pour accroître ses capacités à entrer en relation avec soi-même et avec les autres. Ainsi, l'effort particulièrement difficile et souvent lent d'une vie chaste, dans le cadre de la quête de burkĩndlem chrétien, dépasse la simple continence, affirme et promeut une attitude de respect pour le mystère de la vie, pour la dignité personnelle et celle de tout être humain. En poursuivant avec détermination ce processus d'humanisation, le chrétien *burkĩna* œuvre pour que sa chair ne soit pas avilie par toutes sortes de subtiles manipulations à des fins déshumanisantes, mais accède à l'accomplissement de son humanité selon le dessein divin tel que manifesté dans la Révélation chrétienne : se transfigurer dans la chair du Christ ressuscité comme le Christ lui-même l'a fait pour son Église (cf. Ep 5, 32) et faire de son corps un temple du Saint-Esprit et un membre du Corps mystique du Christ[1319] (cf. 1 Co 6,13). Cette même symbolique exprime la relation d'amour qui unit le fidèle *burkĩna* à Dieu (cf. Ap 14, 4). Dans cette quête longue, patiente et persévérante du burkĩndlem chrétien, la sexualité comme expression de vie, qui ne doit pas être ni dévalorisée, ni survalorisée, est en fait une réalité où se joue fortement la glorification ou la non glorification du Burkĩna parfait, de Jésus Christ. Il convient alors de bien observer les convictions de la foi chrétienne à la source du burkĩndlem chrétien dans le domaine de la sexualité. Même si ces convictions ne sont pas nécessairement propres au christianisme, elles sont tenues fermement par lui. La sexualité du Burkĩna baptisé, et donc mort et ressuscité avec le Christ, peut et doit être un puissant facteur de libération humaine, d'édification de la personne, de perfection et d'ennoblissement de la personnalité. Pour réussir

[1319] LÉON-DUFOUR, X. in LÉON-DUFOUR, X. (sous la direction de), *op. cit.*, art. « Sexualité ».

ce projet d'humanisation dans une perspective chrétienne, l'exigence fondamentale pour le Burkĩna sera de prendre pied et de marcher sur les pas du Christ ressuscité, Norme parfaite du burkĩndlem authentique.

I. E. Le Burkĩndlem chrétien comme exigence d'un « sequi Christum » de liberté humaine

Le « pied » (*Naore* en langue Moore), cinquième et dernière référence anatomique symbolique des valeurs impliquées dans la promotion du burkĩndlem, revêt de multiples symbolismes dans l'expérience humaine : symbole de puissance, de marche, d'empressement, d'engagement, de chemin de conduite bonne ou mauvaise, etc. En ce sens, la symbolique du « pied » comme expression du chemin à emprunter ou de la conduite à tenir, apparaît comme une matérialisation, d'après la conception mise en valeur par saint Thomas d'Aquin, de l'« *habitus* »[1320]. On sait que toutes les exigences des valeurs impliquées dans le contrôle du « pied » chez les Moose reposent sur la problématique de l'acte juste et bon, voire vertueux. Il s'agit de savoir bien poser le pas qui convient, le pas mesuré, le pas juste et finalement qui s'impose. L'usage du « pied » ne s'effectue cependant pas sans comporter des risques, et quelquefois même des risques majeurs ; d'où la nécessité du discernement et de la prudence. L'éthique du « pied » est ainsi une éthique de la conduite humaine, de la gouvernance individuelle et collective, de l'exercice de la vertu. De ce point de vue, les bons pas, comme les *habitus* bons, conduisent à la vie vertueuse qui, dans de nombreuses cultures humaines comme dans le burkĩndlem, a pour objectif et finalité la sauvegarde et la promotion de la vie ; tandis que les mauvais pas, comme les *habitus* mauvais, conduisent aux vices et par suite à la mort. Le « bon pied » du Burkĩna est donc singulièrement identifiable

---

[1320] cf. SAINT THOMAS D'AQUIN, *Somme théologique*, Ia-IIae, q. XLIX-LVI. Saint Thomas présente l'*habitus « comme une chose dont on est maître, qui fait qu'on est maître chez soi »*, constituant dans l'âme *« une sorte de dispositif maniable à volonté, dont on peut graduer le débit et régler l'usage à son gré »* (cf. SAINT THOMAS D'AQUIN, *Somme théologique,* Ia-IIae, q. XLIX, a. 3 ; cf. SAINT THOMAS D'AQUIN, *De virtus*, q. I, a. 1 et ad 12, ad 14). Pour le docteur angélique, l'homme, étant un être en devenir, a une vie morale qui a besoin d'être structurée, renforcée dans sa progression, et cela au sein même de ses actes libres. C'est à ce besoin vital que correspond la notion aristotélicienne d'habitus. L'habitus chez saint Thomas n'est pas une sorte d'habitude, synonyme de passivité devant la répétition routinière des mêmes actes ; il doit plutôt être perçu comme le fruit d'une décision volontaire et ferme ; il s'enracine dans la connaissance lucide d'un but à atteindre et dans la volonté d'y parvenir, indice d'une force intérieure polarisée sur le but. On observera que toute la tradition théologique affirme avec saint Thomas que la vertu est un habitus ; mais tout habitus n'est pas une vertu. Si on appelle « vice » un habitus mauvais, librement engendré par un refus du bien, la vertu morale est l'habitus bon, c'est-à-dire qui perfectionne l'homme.

à la vertu morale[1321], et partant, à la conduite éthique bonne ou à l'agir vivifiant. Avant d'être une science rationnelle qui étudie l'acte humain, on entend par « éthique »[1322] en un sens global ordinaire, l'ensemble des règles ou des préceptes relatifs à la conduite, c'est-à-dire à l'action humaine[1323]. Dans la perspective du burkĩndlem, la gestion éthique du « pied » requiert, non seulement le rejet de toute passivité face à la monotonie ou à la répétition routinière et lassante des mêmes actes, mais surtout le développement de la capacité à prendre des décisions volontaires fermes qui s'enracinent dans la connaissance lucide d'un but à atteindre et dans la volonté d'y parvenir ; ce qui est l'indice d'une force intérieure polarisée sur le but. En ce sens, la symbolique du « pied » chez les Burkĩmba exprime l'idée de stabilité, de sureté et de fermeté dans l'agir ; en même temps, elle manifeste une maîtrise du comportement qui soit mieux adapté à son objectif. Elle est donc finalement une qualité, un

---

[1321] Selon saint Thomas d'Aquin, « *le nom de vertu morale vient de mœurs au sens d'inclination naturelle ou quasi naturelle à une action. (...) L'inclination à l'acte appartient en propre à la faculté d'appétition, puisque c'est à celle-ci de mettre en mouvement toutes nos puissances d'action. Aussi toute vertu n'est pas une vertu morale, mais seulement celle qui réside dans la faculté d'appétition* » (SAINT THOMAS D'AQUIN, *Somme théologique*, Ia-IIae, q. LVIII, a. 1). De là saint Thomas conclut que l'objet de la vertu morale est d'ordonner, selon la raison, les mouvements de nos appétits. Le bien que vise la vertu morale est un bien qui, d'une façon ou d'une autre, engage la destinée de l'homme, et qui revêt de ce fait un caractère global. La vertu morale signifie une qualité et une densité humaine globales. C'est ce caractère de globalité des vertus morales qui explique leur étroite connexion, puisque, par elles, l'homme se perfectionne dans son fond. De fait, les vertus morales principales ne peuvent guère exister l'une sans l'autre : si on distingue plusieurs vertus, il y a l'homme vertueux tout court.

[1322] Sur la question de l'éthique, on pourrait lire avec intérêt le document de référence de Robert Misrahi : MISRAHI, R., *Qu'est-ce que l'éthique ?* Armand Colin, Paris, 1997, 290 p. Il considère que l'éthique n'est pas un système de règles et de principes gouvernant l'action de l'extérieur, mais un système de vie que le sujet a profondément intégré à ses attitudes et à ses activités. Comme philosophie de vie, l'éthique, conduite par l'idée d'une vie humaine riche de sens, cherche méthodiquement, et sans référence ultime à des autorités politiques ou religieuses ou à des traditions vénérables ou éprouvées, à énoncer des propositions universellement valables sur l'action bonne et juste.

[1323] Selon André Lalande, l'une des définitions de l'éthique fait d'elle « *La science de fait ayant pour objet la conduite des hommes* » (LALANDE, A., *Vocabulaire technique et critique de la philosophie*, QUADRIGE/PUF, Paris, 2010, art. « Éthique »). Une des difficultés aujourd'hui quand on traite de l'« éthique » se situe dans la distinction entre les termes d'« éthique » et de « morale ». Ces deux termes ont la même origine étymologique : « éthique » vient du grec « éthos » et veut dire : lieu coutumier, coutume, caractère ; alors que « morale » vient du latin « mos, mores » et désigne : les mœurs, la conduite de la vie, les règles de comportement. Par conséquent, les deux concepts ont le même sens sémantique. Bien qu'aujourd'hui de nombreux auteurs ne s'accordent pas quant à leur contenu et que, malgré les apparences, ces concepts recouvrent des difficultés énormes, il peut être observé que de nombreux théologiens et surtout le Magistère de l'Église catholique s'en servent indistinctement.

enrichissement et une perfection de l'être tout entier qui le rendent capable de se réapproprier sa destinée et de la gouverner jusqu'à son terme. Pour être menée à bonne fin, cette tâche doit s'appuyer sur un sol stable, suffisamment solide pour valoir de fondement ; autrement dit, la promotion du burkĩndlem, à travers l'éthique de la vie, commande primordialement d'avoir de bons pieds et de tenir la bonne route pour éviter de trébucher sur le chemin en foulant au pied des valeurs édificatrices de l'humain. Nul doute qu'ici se pose inéluctablement la qualité du sujet et de sa responsabilité : un être libre, autonome, réfléchi, prudent, courageux, convaincu, etc. La démarche éthique, aux fins d'atteindre les objectifs du burkĩndlem, est alors convoquée à se poser constamment en éthique de l'interrogation, du dialogue et de la discussion[1324]. C'est, nous semble-t-il, incontestablement la condition *sine qua non* pour que le Burkĩna puisse toujours marcher droit et juste, et se conduire parfaitement. Cette exigence de l'éthique du « pied », comme éthique de sens et de gouverne de la vie humaine, s'enrichit de nouvelles perspectives, et donc aussi de nouvelles exigences, lorsqu'elle embrasse la foi chrétienne.

Dans la perspective chrétienne, il faut d'emblée affirmer que la symbolique du « pied » est bien connue de l'homme biblique. Dans l'Écriture, le « pied » est symbole de puissance (cf. Ps 36, 12). C'est pourquoi le vainqueur met le pied sur la nuque du vaincu (Jos 10, 24 ; cf. Ps 110, 1). L'expression « *mettre un objet aux pieds de quelqu'un* » (cf. Ps 8, 7 ; 1 Cor 15, 25.27 ; Ep 1, 22 ; He 2, 8) signifie : soumettre quelque chose à son pouvoir. L'expression « *être assis aux pieds de quelqu'un* »[1325] a pour sens : être son disciple (Lc 8, 35 ; 10, 39 ; Ac 22, 3). Outre ces symbolismes, les « pieds » sont encore dans la Bible l'image de la conduite (Rm 3, 15), de l'homme qui se laisse guider (Lc 1, 79), de l'homme qui marche ou se hâte (Is 52, 7 ; Ac 5, 9), du sage qui développe la vertu[1326] de

---

[1324] Une éthique de l'interrogation, parce que les situations sont souvent inédites et parce que les réponses ne vont plus de soi ; une éthique de discussion et de dialogue, parce que la nouveauté et la complexité des questions quotidiennes exigent l'apport de plusieurs intelligences.

[1325] cf. Lc 8, 35, note « g » de la Traduction œcuménique de la Bible (TOB), édition intégrale.

[1326] Certes, « *la notion abstraite de vertu n'existe pas en hébreu* » (LESETRE, H., art. « Vertu » in AA. VV., *Dictionnaire de la Bible*, Letouzey et Ané, Paris, 1992). En araméen et en hébreux, il n'existe aucun mot pour évoquer la notion abstraite de ce concept. Il apparaît seulement dans la traduction en grec de l'Ancien Testament, la Septante, et est repris par les auteurs de l'Ancien Testament écrivant en grec. D'après l'observation de P. Daubercies, « *le mot lui-même et une bonne partie de ses subdivisions sont quasiment absents de l'Écriture. Par contre ils étaient très présents dans les philosophies grecques et romaines où la place de la réflexion morale a été importante* ». Le terme est donc manifestement emprunté à la philosophie grecque. Seuls les textes grecs nous donnent alors les premiers emplois du concept dans la Bible. Cependant, si la notion abstraite de vertu en général n'est pas bien connue du monde biblique, les exemples d'attitudes et de comportements vertueux traversent

vie. C'est dans cet emploi métaphorique que se découvre dans le monde biblique la signification éthique du « pied », c'est-à-dire du chemin à suivre, de la voie à emprunter. Dès l'origine même de l'histoire du salut chrétien, Abraham, Père d'une multitude de croyants, s'est mis en route à l'appel de Dieu (Gn 12,1-5). Il inaugurait ainsi une immense aventure, dans laquelle la grande question sera de reconnaître les « voies de Dieu » et de les suivre. L'Exode, la longue marche à travers le désert du peuple hébreu, se découvrira plus tard comme l'exemple typique. Cette marche se révèlera fort bien déconcertante, car, déclare le prophète, les voies du Seigneur ne sont pas des voies humaines (cf. Is 55, 8). Le peuple expérimentera en effet ce que c'est que « marcher avec son Dieu » (Mi 6, 8) et entrer dans son Alliance : une marche difficile, un temps d'épreuves, où Yahvé sonde son peuple jusqu'au fond du cœur et le corrige en conséquence (cf. Dt 8, 2-6). Dieu lui-même se met en tête de son peuple pour frayer la route (Ex 13, 21ss) dans la mesure où son chemin se fera long et sinueux (cf. Dt 2, 1ss). Il ne manquera cependant pas d'aboutir : au terme, Israël sera comblé et bénira Yahvé, son Dieu (cf. Dt 8, 7-10). Il devient ainsi manifeste que « *les sentiers de Yahvé sont amour et vérité* » (Ps 25, 10), que toutes ses voies sont le Droit et la justice[1327] (cf. Dt 32, 4). Les écrits sapientiaux proclament que c'est là le chemin de la vie (Pr 2, 19 ; 5, 6 ; 6, 23 ; 15, 24) qui assure longueur et prospérité de l'existence. À l'opposé du bon chemin de vie suivi par les sages, il y a le mauvais chemin, le chemin tortueux (Pr 21, 8) qui est celui que suivent les insensés (Pr 12, 15), les pécheurs (Ps 1, 1 ; Si 21, 10), les méchants (Ps 1, 6 ; Pr 4, 14.19 ; Jr 12, 1). Le mauvais chemin mène à la perdition (Ps 1, 6) et à la mort (Pr 12, 28). Entre ces deux chemins, l'homme est libre de choisir et il porte la responsabilité de son choix (Dt 30, 15-20 ; Si 15, 12). À cet égard, par le baptême, le Burkĩna choisit de devenir chrétien en suivant le chemin de la vie déjà annoncé dans l'Ancienne Alliance et qui s'accomplit dans la Nouvelle Alliance en la personne vivante de Jésus Christ.

Dans les Actes des Apôtres, le christianisme naissant est appelé « la voie » (cf. Ac 9, 2 ; 18, 25 ; 24, 22), et les chrétiens avaient conscience

---

toute la Bible et offrent d'abondants appels à l'agir vertueux (cf. DAUBERCIES, P., art. « Vertu » in AA. VV., *Catholicisme Hier-Aujourd'hui-Demanain* (Encyclopédie dirigée par G. Jacquement), Letouzey et Ané, Paris, 1996).

[1327] De son analyse, André Darrieutort affirme que déjà dans l'Ancienne Alliance, il existait une doctrine de « deux voies », résumant la conduite morale des hommes ; deux façons de se conduire, deux chemins : le bon et le mauvais (Ps 1,6 ; Pr 4,18ss ; 12, 28). Il s'agit du chemin de la vertu, chemin droit et parfait (1 S 12, 23 ; 1 R 8, 36 ; Ps 101, 2.6) qui consiste à pratiquer la justice (Pr 8, 20 ; 12, 28), à être fidèle à la vérité (Ps 119, 30 ; Tb 1, 3), à rechercher la paix (Is 59, 8 ; Lc 1, 79). cf. DARRIEUTORT, A. in LÉON-DUFOUR, X. (sous la direction de), *op. cit.*, art. « Chemin ».

d'avoir trouvé le vrai « chemin »[1328], qui jusqu'alors n'était pas manifesté (He 9, 8). Ce « Chemin », qui n'est plus une loi comme ce fut le fait dans l'Ancienne Alliance, c'est une personne, Jésus-Christ (Jn 14, 6). Aussi, dans la pratique du burkĩndlem chrétien, le Christ est-il désormais Celui qui est à la fois « *le chemin, la vérité et la vie* » (Jn 14, 6) pour ses disciples. De cette autodéfinition du Christ, le chrétien *burkĩna* comprend que sans le Christ, nul ne peut accéder à la vie en plénitude. Bien plus, dorénavant, c'est à la suite du Christ qu'il devra marcher (cf. Col 2, 6), voire courir (cf. Ph 3, 12ss) en suivant la voie de l'amour (cf. Ep 5, 2 ; 1 Co 12, 31 ; Ep 2,18). L'Évangile souligne toutefois l'étroitesse de ce « chemin » qui conduit à la vie, et le petit nombre de ceux qui l'empruntent ; tandis que le grand nombre suit le large chemin qui conduit à la mort (Mt 7, 13s). Pour sa part, en suivant, dans sa recherche de burkĩndlem, le Christ, Chemin vivant, le Burkĩna se souviendra, en toute circonstance, que projet d'édification et de développement humains est essentiellement un appel du Christ à le suivre (Mt 4,19 ; Lc 9, 57 – 62 ; Jn 12, 35ss). C'est pourquoi il s'appliquera à faire de Lui son Guide, son Accompagnateur, son Entraîneur (Lc 24, 15 ; He 3, 5ss ; 12, 2ss), ou encore son Berger qui le « mène au bon pâturage » (cf. Jn 10, 3.9. 11.16). Profondément enracinée dans l'expérience des « Araméens nomades » (Dt 26,5) que furent les patriarches d'Israël au sein d'une civilisation pastorale (cf. Gn 4,2), la métaphore du « berger » menant son troupeau exprime admirablement deux aspects : le Christ est à la fois un chef et un compagnon de ses fidèles qui les conduit aux sources de la vie dans la pleine liberté (cf. Ap 7, 17). Ainsi, avec tout le peuple des fidèles visibles du Christ, constitués en « Église pérégrinante »[1329] en marche vers le Royaume, le Burkĩna s'efforcera d'emboîter les pas de son Maître et Seigneur, Jésus-Christ, qui devient désormais sa norme de conduite. Une existence nouvelle se crée donc pour lui, voire un burkĩndlem nouveau, dont l'exigence de gouverne consistera à suivre et imiter une personne vivante, le Christ, dans sa Parole, ses actes, ses attitudes, ses sentiments, somme toute dans sa vie, même jusqu'à la Croix, clé de la rédemption du monde (cf. Mt 16, 23 ; Lc 24, 26 ; 9, 23 ; Jn 16, 28). Créé à l'image de Dieu et devenu « *imago Christi* » dans et par le baptême, le Burkĩna chrétien apprendra, en cheminant avec le Christ, quels sont désormais la vraie religion et le vrai chemin de vie : aimer Dieu et son prochain, à la manière du Christ lui-même. En ce sens, la perfection de la sagesse *burkĩna* consistera à chercher Dieu, à marcher sur le chemin où Jésus a marché, à suivre les pas du Ressuscité, sachant que ce chemin de salut,

---

[1328] Cf. *idem*.

[1329] cf. NICOLAS, J.-H., *Synthèse dogmatique*, *De la trinité à la Trinité*, Éditions universitaires/Beauchesne, Fribourg Suisse /Paris, 1991, p. 553-555.

c'est le Christ lui-même qui fonde et oriente désormais toute réelle et pleine existence humaine.

Ce faisant, la traditionnelle mesure de prudence, nécessitant une éthique de l'usage du « pied » dans la quête d'un authentique burkĩndlem, se trouve exprimée en de plus hautes exigences. Le burkĩndlem chrétien se pose comme un chemin nouveau dont les exigences nouvelles ne se réduisent pas simplement aux traditionnelles précautions tout humaines. Dorénavant, tout en se battant quotidiennement pour que son chemin ne soit dévoyé, que sa marche ne devienne incertaine (Pr 5, 1), et que ses pieds ne descendent à la mort (Pr 5, 5), le chrétien *burkĩna* s'en remettra à Dieu qui sait garder du faux pas (Ps 116, 8) ou du filet (Ps 25,15) et peut porter de peur qu'on ne trébuche (Ps 17, 5). Et lorsqu'il s'apercevra s'être désorienté pour avoir emprunté le chemin du péché, c'est-à-dire de « *yembdo* » (esclavage), il s'en détournera aussi promptement que possible, parce qu'il est convaincu, d'après la métaphore, qu'il vaut mieux « *entrer dans la Vie manchot ou estropié que d'être jeté avec tes deux mains ou tes deux pieds dans le feu éternel* » (Mt 18,8). Cela est d'autant fondamental que d'un point de vue principiel, dans l'imitation du Christ, le Burkĩna parfait « *n'est pas celui qui s'applique à devenir tel, c'est celui qui cherche Dieu et qui, pour y parvenir, suit le chemin que Dieu lui trace* ».[1330] La fidélité à suivre le chemin du Seigneur est alors la vertu fondamentale, le burkĩndlem normatif dont chaque Burkĩna devra faire sien et qu'il apprendra aux Burkĩm-bi[1331] (cf. Gn 18, 19). Le burkĩndlem chrétien authentique consistera conséquemment, outre le contrôle du « pied » quant à son activité, à sa destination et à sa vitesse, à éviter de fouler au pied les préceptes de l'éthique chrétienne, en marchant avec Dieu (Dt 6, 5 ; Mi 6, 8) qui est Chemin, Vérité et Vie (Jn 14, 6) dans la charité (cf. Jn 15, 9-17 ; 1 Jn 4, 7-10). Toutes les valeurs que les Burkĩmba recherchent dans le contrôle du « pied », autrement dit, dans l'exercice humanisé de la liberté, trouvent une ultime voie par excellence de réalisation : celle de l'amour (1 Co 12, 31-13, 1 - 13). Norme splendide de l'agir chrétien, l'« amour » est, pour le chrétien *burkĩna*, la nouvelle mesure de l'usage du « pied » au quotidien de la vie sociale, économique, politique et religieuse. À ce titre, le burkĩndlem chrétien, en tant que projet d'amour dont la visée objective est l'édification et le développement de l'humain dans la liberté selon le dessein du Créateur, a besoin, pour subsister et être promu, d'abord d'être sauvegardé face aux défis de compromission.

Une relecture chrétienne de l'éthique des références anatomiques symboliques du burkĩndlem, ainsi qu'il nous a été donné de nous en

[1330] LACAN, M.-F. in LÉON-DUFOUR, X. (sous la direction de), *op. cit.*, art. « Vertus et vices ».

[1331] Jeunes ou petits Burkĩmba.

apercevoir, l'élève indubitablement à de plus hautes exigences évangéliques. Dans la perspective chrétienne, une considération approfondie de toutes ces exigences importantes, dont les symboliques sont exprimées dans l'éthique des différentes références anatomiques, révèle qu'elles trouvent, toutes, une réalisation particulièrement plénière en une personne historique : Jésus Christ, le Verbe de Dieu fait chair. L'examen des valeurs impliquées dans la quête du burkĩndlem manifeste, en effet, que les espérances portées dans le burkĩndlem ont été accomplies dans le Jésus de l'histoire, qui se donne désormais à connaître à la fois comme archétype et prototype du Burkĩna accompli, c'est-à-dire la norme incontestable de tout projet d'édification de l'humain dans la liberté, l'intégrité et la noblesse. On sait par ailleurs, avec François Xavier Damiba[1332], que toutes les exigences qui constituent les hauts lieux de l'éthique du burkĩndlem tendent, en dernière analyse, à promouvoir une gestion vertueuse de la nourriture, principe d'accroissement des forces et des capacités humaines, voire de renforcement de la vie individuelle et sociale. Dans cette mesure, la pratique du burkĩndlem chrétien, en tant que burkĩndlem parfait accompli dans le Christ, se découvre comme la source véritable de vie, enracinée dans le Christ « pain » de vie éternelle (Jn 6, 26-58) et qui se donne pour la vie du monde (Jn 6, 51). Bien plus, en tant que Verbe éternel « *au commencement tourné vers Dieu* » (Jn 1, 2), et étant Celui par qui tout fut, et rien de ce qui fut, ne fut sans lui (Jn 1, 3-4), le Christ se définit lui-même comme la Vie, principe fondamental et essentiel de toute démarche de burkĩndlem. Le Burkĩndlem du Christ se révèle ainsi Principe unique de toutes choses, Source de Vie, vraie Nourriture qui ne périt pas, Burkĩndlem de Vie pour la vie du monde. Dans le Christ, les espérances humaines en la possession et promotion de la vie acquièrent l'assurance d'une pleine réalisation, tant au niveau individuel que communautaire et social. Dorénavant, l'exercice du burkĩndlem chez les Burkĩmba chrétiens, sera une imitation de l'authentique Burkĩna, Jésus-Christ, venu libérer tous les hommes des obstacles majeurs au burkĩndlem, et leur montrer la vraie voie de la promotion du burkĩndlem réel. Sans doute, comme dans toute société humaine marquée par la finitude, la sauvegarde et la promotion de ce burkĩndlem comme valeur socio-culturelle et chrétienne ne se feront pas sans difficulté et sans la prise en compte d'un certain nombre de valeurs humaines et spirituelles qui sont comme des moyens humains et spirituels par lesquels le burkĩndlem chrétien se réalise. De ce fait, une promotion chrétienne du burkĩndlem devra s'accompagner d'une sérieuse considération, dans la perspective chrétienne, des obstacles majeurs, à savoir : la faim et la honte.

[1332] DAMIBA, F.-X., *op. cit.*, Tome I, p. 122-125.

II. Conceptions chrétiennes des obstacles majeurs à la sauvegarde du burkĩndlem

Dans la quête de burkĩndlem, c'est-à-dire d'une vie humaine intègre, noble et libérée de toute servitude, l'examen socioculturel du concept a révélé que le Burkĩna considère d'emblée la faim et la honte comme des obstacles majeurs. Ainsi que le stipule le dicton notoirement bien connu et si spontanément énoncé : « *Burkĩn zoeta bôe ti sâ n pa kom la yãnde ?* » (Que craint le Burkĩna sinon la faim et la honte ?). Il s'agit là d'une perception socio-anthropologique qui s'enracine dans une mentalité solidement établie, produit d'une expérience culturelle multiséculaire. De ce fait, il apparaît important de découvrir la signification chrétienne de ces deux réalités humaines que sont la faim et la honte.

II. A. Le burkĩndlem chrétien face au défi de la « faim »

De manière générale, lorsqu'on évoque la question de la faim dans la société humaine aujourd'hui, ce qui, intuitivement, vient d'emblée à l'esprit, c'est, d'une part, sa médiatisation planétaire, et d'autre part, sa prépondérance quasi exclusive en Afrique, voire en Afrique subsaharienne. Selon les récentes estimations publiées par les Rapports de l'Organisation des Nations Unies pour l'Alimentation et l'Agriculture (FAO), « *le nombre de personnes sous-alimentées dans le monde en 2008 atteignait 915 millions, soit le nombre le plus élevé estimé au cours des trois ou quatre dernières décennies* »[1333]. En 2009, le nombre de personnes souffrant de faim chronique dans le monde aurait passé à un milliard et 20 millions[1334]. La FAO et le Programme alimentaire mondial (PAM) estiment que 24 000 personnes meurent de faim et de pauvreté chaque jour. Le défi brûlant de l'heure serait alors « *de garantir la sécurité alimentaire de ce milliard de personnes qui ont faim et aussi de multiplier par deux la production alimentaire afin de nourrir une population qui devrait atteindre 9,2 milliards d'âmes d'ici à 2050, selon les projections* »[1335]. Mais les crises alimentaires et économiques actuelles mettent à mal les efforts déployés « *pour réaliser l'Objectif du Millénaire pour le développement (OMD) consistant à réduire de moitié la proportion des personnes qui souffrent de la faim d'ici à*

[1333] ORGANISATION DES NATIONS UNIES POUR L'ALIMENTATION ET L'AGRICULTURE, Rapport sur *La situation mondiale de l'alimentation et de l'agriculture*, © FAO 2009, Rome, 2009, p. 120.
[1334] *Ibidem*, p. vii.
[1335] *Idem*.

2015 »[1336]. La première observation à faire, toutefois, dans cette manifestation de la faim, c'est que la quasi-totalité des personnes sous-alimentées de la planète vit dans les pays en développement[1337]. L'Afrique en particulier apparaît comme le continent le plus frappé par les méfaits de la faim. Alors que depuis 2008, le nombre de personnes sous-alimentées est resté quasiment constant en Asie (une augmentation de 0,1 %), il a cependant augmenté, en 2011, de 8 % en Afrique[1338] ; et l'Afrique subsaharienne constitue la région où la proportion des personnes sous-alimentées par rapport à la population totale est la plus élevée[1339] (32 %). Dans le contexte socio-économique de l'Afrique actuelle en effet, marqué par une pauvreté de tout ordre, affirmer que la nourriture est essentielle à la vie apparaît comme un réel truisme ; tant les conséquences de la faim, multiples et variées, sont patentes et se lisent à chaque détour du chemin. Cette situation qui met en péril la santé et hypothèque le développement du potentiel humain, est à l'origine de graves insuffisances ou de manques qui compromettent la vie humaine : des difficultés de croissance, déséquilibres hydro-électrolytiques, traumatisme psychologique, risques accrus de maladies mortelles, perte du sens social, privations de capacités… et finalement, indifférence et parfois cruauté envers les plus faibles, aggravation de la mortalité. D'après les experts, en Afrique, « *la malnutrition est la cause majeure de mortalité et d'invalidité. Toutes les six secondes, un enfant meurt de faim ou de causes liées à la faim* ».[1340] C'est

---

[1336] *Ibidem*, p. 4. Il s'agit du troisième Rapport réalisé conjointement par l'Organisation des Nations Unies pour l'Alimentation et l'Agriculture (Food and Agriculture Organization of the United Nations : FAO) et le Programme alimentaire mondial (PAM) et, pour la première fois, avec la collaboration du Fonds international de développement agricole (FIDA).

[1337] Environ : 642 millions de personnes en Asie et le Pacifique ; 265 millions en Afrique subsaharienne ; 53 millions en Amérique latine et les Caraïbes; 42 millions au Proche-Orient et en Afrique du Nord ; et 15 millions au total dans les pays développés.

[1338] *Ibidem*, p. 8.

[1339] De fait « *d'après la Commission économique pour l'Afrique (CEA) et la Banque africaine de développement (BAD) et comme l'a expressément reconnu la quatrième réunion annuelle conjointe de la Conférence des ministres de l'Économie et des Finances de l'Union africaine et de la Conférence des ministres africains des Finances, de la Planification et du Développement économique de la CEA, il est de plus en plus manifeste dans l'ensemble du continent qu'en dépit de la croissance dynamique qui connaissent de nombreux pays, la réduction de la pauvreté et la création d'emplois marquent le pas. En outre, la faim s'est étendue et intensifiée dans de plusieurs zones* » : NATIONS UNIES, CONSEIL ÉCONOMIQUE ET SOCIAL, COMMISSION ÉCONOMIQUE POUR L'AFRIQUE et COMMISSION DE L'UNION AFRICAINE, *Le coût de la faim en Afrique : incidences socioéconomiques de la dénutrition infantile*, Rapport de réunion du Comité d'experts, E/ECA/COE/31/22 et AU/CAMEF/EXP/22(VII), Addis-Abeba, 2012, p. 1.

[1340] *Ibidem*, p. 3. D'après l'Organisation mondiale de la santé (OMS), plus de 50 millions d'enfants en Afrique souffrent de malnutrition chronique et 40 % des femmes du continent sont sous-alimentées. Soixante pour cent des décès d'enfants de moins de cinq ans et jusqu'à 50 % des cas de mortalité maternelle sont imputables à la malnutrition. En outre, une grande

dire que la famine menace non seulement la vie des personnes, mais aussi leur dignité[1341]. Plusieurs causes importantes de cette situation de fait ont été identifiées. Au Burkina Faso comme dans la plupart des pays ouest-africains, et même plus globalement encore en Afrique subsaharienne, on note principalement comme causes de la faim des facteurs naturels et humains : la rareté des pluies, des sources et des cours d'eau, la pauvreté des sols, l'austérité du climat ; mais aussi et surtout des vices humains comme la paresse, l'ignorance des méthodes de culture, la mauvaise exploitation des sols, la gestion malheureuse de la nature, etc. Ainsi, outre les facteurs climatiques ou physiques et les cataclysmes de toutes sortes (les catastrophes imprévues comme une sécheresse, un ouragan, un tremblement de terre, un volcan, un gel, une inondation, les typhons, les attaques de prédateurs comme les insectes), il y a surtout les facteurs structurels et conjoncturels considérés de loin comme les causes les plus importantes de la famine. Celles-ci peuvent être économiques[1342], socio-culturelles[1343] ou politiques[1344]. C'est dire, en définitive, que la faim entrave sérieusement le développement des nations africaines en réduisant leur productivité et leur croissance à tous les niveaux ; elle entraîne ainsi une perte considérable de potentiel humain, social, culturel, économique et politique. C'est de ce point de vue que, chez les Moose, la faim est un handicap majeur à la sauvegarde et à la promotion du burkĩndlem.

---

partie de la population africaine n'a pas accès à des aliments contenant les vitamines et les minéraux essentiels à une santé et à une productivité optimale.

[1341] C'est à juste titre que, selon le Conseil Pontifical « Cor Unum », « *la famine constitue un scandale* » : CONSEIL PONTIFICAL « COR UNUM », *La faim dans le monde, un défi pour tous : le développement solidaire*, Cité du Vatican, Rome, 1996, n° 5.

[1342] La faim provient tout d'abord de la pauvreté. La sécurité alimentaire des personnes dépend essentiellement de leur pouvoir d'achat, et non pas de la disponibilité physique de nourriture. La faim résulte de politiques économiques non optimales, des structures et habitudes peu efficaces et même franchement destructrices de la richesse des pays, des comportements regrettables au plan moral, etc. cf. *ibidem*, n° 10.

[1343] Certains facteurs socioculturels accroissent les risques de famine et de malnutrition chronique. Les tabous alimentaires, le statut social et familial de la femme (qu'il faut envisager en fonction des structures familiales), son influence réelle dans la famille, la carence de formation des mères aux techniques de la nutrition, l'analphabétisme généralisé, les maternités précoces et parfois trop rapprochées, la précarité de l'emploi ou le chômage, sont entre autres de réels facteurs qui peuvent se cumuler et entraîner la malnutrition en même temps que la misère. cf. *ibidem*, n° 13.

[1344] La privation de nourriture fut utilisée au cours de l'histoire comme arme politique ou militaire. Dans ce cas, il s'agit d'un véritable crime contre l'humanité. Selon la *Déclaration mondiale sur la nutrition* : « *L'aide alimentaire ne peut être refusée pour des raisons d'obédience politique, de situation géographique, de sexe, d'âge ou d'appartenance à un groupe ethnique, tribal ou religieux* » : FAO et OMS, *Conférence internationale sur la nutrition, Déclaration mondiale sur la nutrition*, Rapport final de la Conférence, Cité du Vatican, Rome, 1992, n° 15 ; *ibidem*, n° 16.

Mais dans la culture *moaaga*, la faim est plus que l'insuffisance matérielle de nutrition, elle est aussi et surtout symbole de manque, voire du mal, qui appauvrit et détruit la qualité de vie humaine. De même que la symbolique du « ventre » désigne le renforcement qualitatif des capacités et des potentialités humaines, de même la symbolique de la faim en exprime l'appauvrissement ou l'altération. Cette même conception de la faim, caractéristique des cultures traditionnelles des sociétés humaines, est pleinement partagée par la culture biblique. On sait que la famine et la sécheresse étaient des phénomènes fréquents chez la plupart des peuples anciens, comme ce l'est encore aujourd'hui singulièrement en Afrique subsaharienne. En parcourant la Bible, on découvre maintes situations où l'homme est en proie à la faim. C'est ainsi qu'au temps d'Abraham, une famine sévit dans la terre de Canaan et obligea le patriarche à se rendre en Égypte (Gn12, 10). Des famines pouvaient survenir en Égypte comme en Canaan, par suite de l'irrégularité des saisons. C'est ce qui arriva au temps de Joseph (cf. Gn 41, 53-57). Au désert, les Hébreux se plaignent d'avoir été tirés d'Égypte, où abondaient la viande et le pain, et ils reprochent à Moïse de vouloir les faire mourir de faim. C'est alors que le Seigneur leur envoie les cailles et la manne (Ex 16, 3 ; Dt 8, 3). Dans le Nouveau Testament, les Apôtres du Christ ont faim un jour de sabbat et se mettent à manger des épis dans le champ qu'ils traversent (Mc 2, 23-26 ; Mt 12, 1 – 3). Le Christ lui-même a faim après son jeûne de quarante jours au désert (Mt 4, 2 ; Lc 4, 2). Il a encore faim, quand il cherche des fruits sur le figuier stérile (Mt 21, 18 ; Mc 11, 12). Saint Pierre a faim quand il a sa vision à Joppé (Ac 10, 10). Dans la culture biblique, la faim et la soif, parce qu'elles expriment un besoin vital, revêtent une certaine ambivalence et révèlent le sens de l'existence humaine devant Dieu (Pr 30, 9). Avoir faim et soif peut y devenir une expérience positive qui devra ouvrir à Dieu[1345]. Mais l'état d'affamé y est considéré comme un mal dont Dieu ne veut pas et qu'il faut chercher à supprimer ; s'il prend les proportions d'un événement collectif (la famine, par exemple), la mentalité biblique y voit une calamité, le signe d'un jugement divin[1346]. Mais plus profondément encore que les besoins physiques, la perspective biblique veut qu'Israël sache découvrir un besoin plus vital encore, celui de Dieu. La manne qui vient du ciel évoque justement ce qui sort de la bouche de Dieu, c'est-à-dire sa Parole, la Loi, en qui le peuple doit trouver la vie (Dt 30, 15ss ; 32,46 s). Mais le peuple semble

---

[1345] Au désert, Dieu a fait passer son peuple par la faim pour éprouver et connaître le fond de son cœur (Dt 8,1ss). Israël devait apprendre que, dans son existence, il dépendait totalement de Yahvé, qui seul lui donne sa nourriture et sa boisson.

[1346] cf. BRIÈRE, J. in LÉON-DUFOUR, X. (sous la direction de), *op. cit.*, art. « Faim & soif ».

s'attacher aux besoins matériels de nutrition[1347]. Il a fallu que Dieu ramène son peuple au désert (Os 2,5) pour que, mourant de soif, pleurant son blé perdu et ses vignes dévastées (2, 11.14), le cœur d'Israël se réveille (2, 16) et ressente la faim et la soif essentielles, celles d'entendre la parole de Yahvé[1348]. Finalement, la faim et la soif se découvrent être une véritable épreuve de la foi.

Dans cette optique de la foi biblique, le défi de la faim et de la soif pour le burkĩndlem chrétien n'est pas seulement d'ordre matériel ou physique, mais primordialement d'ordre spirituel, dans la mesure où celui-ci se révèle plus vital, en cela même qu'il conditionne l'accès au salut, la participation à la vie qui n'a pas de fin. On sait que, comme bon nombre de personnages bibliques, ils sont nombreux, les Burkĩmba chrétiens qui ont une conscience douloureuse de ce que c'est qu'avoir faim ou soif. Sachant que faim et soif expriment un essentiel besoin vital de chaque être humain, et que dans la vie chrétienne, plus qu'un défi physique, elles symbolisent surtout une épreuve morale et spirituelle qui peut donc hypothéquer la pleine communion à la vie de Dieu, c'est-à-dire la vocation essentielle de l'être humain créé à l'image de Dieu. Les Burkĩmba devront, à la suite du Christ dont ils sont les disciples, s'engager, jusqu'à la dernière énergie, à en relever tous les défis sous toutes leurs formes, qu'elles soient physiques, morales ou spirituelles. S'il est vrai que d'ordinaire, à la racine de tous les désirs de l'homme, il y a son indigence essentielle et son besoin fondamental de posséder la vie dans la plénitude et l'épanouissement de son être[1349], le burkĩndlem chrétien, à un titre particulier, partage pleinement cet idéal humain. Les Burkĩmba chrétiens savent que ce désir de vivre[1350], qui constitue une donnée de nature, a été consacré par le Christ qui a sacrifié sa vie pour que ses brebis « *aient la vie et l'aient en abondance* » (Jn 10, 10). Mais si le burkĩndlem *moaaga* veut le bonheur de la vie par la quête de valeurs terrestres et l'affranchissement de toute servitude humaine et sociale, le burkĩndlem chrétien toutefois n'ignorera pas que Jésus a dénoncé l'ambiguïté d'une représentation terrestre du bonheur. Dès lors, devenu chrétien, le Burkĩna est appelé à croire que les

---

[1347] Le peuple ne comprend pas et ne songe qu'aux viandes de l'Égypte : « Ah ! quel souvenir ! » (Nb 11,4 s) et Dieu, au lieu de l'épreuve salutaire de la faim, est réduit à gorger Israël de viande « jusqu'à ce qu'elle lui sorte par les narines » (11, 20 ; cf cf Ps 78, 26-31).

[1348] BRIÈRE, J. in LÉON-DUFOUR, X. (sous la direction de), *op. cit.*, art. « Faim & soif ».

[1349] GALOPIN, P.-M. et GUILLET, J. in LEON-DUFOUR, X. (sous la direction de), *op. cit.*, art. « Désir ».

[1350] Le langage de l'Écriture confirme cette valeur positive du désir. Bien des comparaisons évoquent les désirs les plus ardents : « *Comme languit une biche après l'eau vive* » (Ps 42,2), « *comme les yeux d'une servante sur la main de sa maîtresse* » (123,2), « *plus qu'un veilleur n'attend l'aurore* » » (130, 6) « *rends-moi le son de la joie et de la fête* » (51,10). cf. GALOPIN, P.-M. et GUILLET, J. in LEON-DUFOUR, X. (sous la direction de), *op. cit.*, art. « Désir ».

heureux de ce monde ne sont plus les riches, les repus ou ceux qu'on flatte, mais plutôt ceux qui ont faim et qui pleurent, les pauvres et les persécutés (cf.1 P 3,14 ; 4,14 ; Mt 5, 1-12). Ce renversement des valeurs est rendu possible par celui qui est la source et le sommet de toute valeur, le Christ Jésus lui-même.

De fait, si l'eau et le pain sont sources et puissances de vie[1351], et que sans eux tout être humain est victime de soif et de faim, et est ainsi privé de capacités et de potentialités humaines, les Burkĩmba ne peuvent oublier que les exigences du burkĩndlem avertissent que leur abondance et leur usage excessifs peuvent conduire tout aussi bien au dévoiement de la vie, à sa perversion et finalement à la mort. Considérant cette expérience humaine ambivalente, la foi chrétienne retiendra que c'est Jésus Christ qui apporte aux humains la vraie boisson et la vraie nourriture vivifiantes déjà promises par les prophètes, et réalisées dans sa personne vivante[1352]. Déjà dans l'Ancienne Alliance, les prophètes et les sages en recueillaient les leçons[1353]. Le besoin et le désir des biens que Dieu réserve à ceux qui l'aiment s'exprimaient constamment en termes de « repas », de « pain », d'« eau », du « vin » : on a faim du festin que Yahvé sur sa montagne prépare pour tous les peuples (Is 25,6) ; on a soif de la sagesse qui désaltère (Pr 5, 15 ; 9, 5), du vin enivrant qu'est l'amour (Ct 1, 4 ; 4, 10) ; on court recevoir de Dieu, « sans payer », la boisson qui étanche la soif et la nourriture qui rassasie (Is 55, 1ss). Mais c'est de l'eau la plus pure qu'on a soif, du seul vin dont l'ivresse soit la vie de Dieu (Ps 42, 2) ; et Dieu lui-même se tient prêt à combler ce désir : « Ouvre large ta bouche, moi, je l'emplirai » (Ps 81,11). Dans la Nouvelle Alliance accomplie en Jésus Christ, les témoins des paroles, des faits et gestes de Jésus de Nazareth montrent comment, en sa personne, les valeurs et les exigences d'un authentique burkĩndlem ont été portées. Le Nouveau Testament révèle en effet que Jésus le Christ est l'authentique Rocher qui, frappé (cf. Jn 19,34), laisse couler de son flanc les eaux capables de désaltérer ses fidèles dans leur pèlerinage sur la terre vers le Royaume (1 Co 10,4 ; Jn 7, 38 ; cf. Ex 17,1-7). Il est également le « Temple » (cf. Jn 2, 19ss) d'où, par l'Esprit Saint, s'échappe pour féconder la vie des humains les eaux des grâces divines, puissances vivifiantes du Dieu créateur (Jn 7,39) et symbole du bonheur sans fin des élus, conduits

---

[1351] cf. BOISMARD, M.-E. in LEON-DUFOUR, X. (sous la direction de), *op. cit.*, art. « Eau ».

[1352] Comme Dieu jadis au désert, Jésus apaise et suscite faim et soif : il soulage la faim du peuple qui le suit (Mc 8, 1ss) et il se préoccupe aussi de susciter le désir de la Parole de Dieu, du vrai Pain qu'il est lui-même (Jn 6), le désir de l'eau vive qui est son Esprit (Jn 7, 37ss). Il en suscite la soif chez la Samaritaine (Jn 4,1-14), comme il invite Marthe à désirer sa parole, unique nécessaire (Lc 10, 39-42).

[1353] cf. BRIÈRE, J. in LEON-DUFOUR, X. (sous la direction de), *op. cit.*, art. « Faim & soif ».

vers les plantureux pâturages (Ap 7,17 ; 21,6 ; cf. Is 25,8 ; 49,10). En refaisant l'expérience du jeûne au désert (Mc 4, 1-4), Il se montre victorieux, et donc affranchi et libre, de toute faim et de toute soif. Ce n'est pas qu'il méprise la nourriture et la boisson[1354], mais en Burkĩna parfait, il a voulu manifester que sa véritable nourriture est de faire la volonté de Dieu son Père (Jn 4, 34). Bien plus, pour montrer qu'Il est lui-même maître de toute faim et de toute soif, Il multiplie les pains pour combler la faim[1355] (Mt 15, 32) et change l'eau en vin pour, non seulement donner à boire, mais encore à boire du meilleur vin (Jn 2, 1-12). Par ces miracles, Il montre que le Père, protecteur des oiseaux du ciel (Mt 6, 26), prend soin davantage encore de ses enfants ; mais Il veut surtout enseigner qu'Il est, Lui Jésus, « *le pain de Dieu, celui qui descend du ciel et qui donne la vie au monde* » (Jn 6, 32s). Dans la logique de cette dynamique, le burkĩndlem chrétien admettrait que l'épreuve de la faim et de la soif reste exceptionnelle, pour la simple raison que si avoir faim et soif peut être une expérience positive qui ouvre à Dieu, l'état d'affamé demeure fondamentalement un mal dont Dieu ne veut pas et qu'il faut combattre.[1356] La sagesse biblique reconnaît d'expérience que les effets de la faim sont perverses : celui qui a faim rêve qu'il mange, mais se réveille l'estomac vide (Is 29, 8) ; la faim est une mauvaise conseillère, elle fait murmurer contre Dieu et le maudire (Is 8, 21) et porte à voler (Pr 6, 30). Aussi faut-il réaliser qu'une certaine pauvreté matérielle mène à la révolte et détourne de Dieu ; elle est bien une situation économique et non une vertu ni humaine, ni spirituelle ; elle ne saurait donc constituer une condition suffisante pour une béatification. D'ailleurs, la pratique même du Maître et Seigneur Jésus constitue un vivant appel à la charité chrétienne. Les chrétiens *burkĩmba* devront donc percevoir que c'est un vrai mal, voire réel manque de burkĩndlem, que de refuser son pain aux affamés[1357]. Bien plus, ils devront faire un de leurs devoirs primordiaux l'exigence de donner du pain et de l'eau à son frère (Ex 23,11), à quiconque en a besoin (Tb 4,16 s), et même à son ennemi (Pr 25,21) ; car le Christ tient pour faite à lui-même la charité exercée envers celui qui a faim (Mt, 15, 35-44). Ainsi, le devoir pour

---

[1354] Il mange comme ses disciples (Jn 4,31), il accepte les invitations aux repas qui lui sont faites (Mt 11,19), il recommande à ses disciples de prendre tout ce qu'on leur offre (Lc 10,8).

[1355] D'un point de vue biblique, la providence de Dieu ne laisse pas le juste souffrir de la faim (Pr 10, 3 ; Ps. 33, 10) et l'en délivre (Ps 32, 19 ; 36, 19 ; 106, 9 ; Jb 5, 20 ; Lc 1, 53).

[1356] cf. BRIÈRE, J. in LÉON-DUFOUR, X. (sous la direction de), *op. cit.*, art. « Faim & soif ».

[1357] C'est là pratiquer la justice (Ez 18,7.16) et rendre son jeûne agréable à Dieu (Is 58,7.10). À la fin, Yahvé interviendra lui-même en faveur des affamés pour les convier au festin qui comblera leur faim et leur soif (Is 25, 6 ; cf 65, 13) tant au niveau physique que spirituel. Jésus-Christ, Messie des pauvres (Lc 1, 53), proclame le rassasiement pour ceux qui ont faim et soif (Lc 6, 21). Il inaugure sa mission en prenant sur lui la condition de l'affamé et de l'assoiffé. cf. BRIÈRE, J. in LÉON-DUFOUR, X. (Sous la direction de), *op. cit.*, art. « Faim & soif ».

les Burkĩmba chrétiens de nourrir les affamés devient plus exigeant que jamais : la soif torturante dans la géhenne attend celui qui n'a pas vu l'affamé à sa porte (Lc 16, 19-24) ; la récompense est pour celui qui a donné un verre d'eau à l'un des disciples de Jésus (Mt 10, 42). Dorénavant, c'est sur la charité, à l'exemple du Christ, que le jugement se fera, car nourrir l'affamé, désaltérer l'assoiffé, c'est apaiser, à travers ses frères, la faim et la soif de Jésus (Mt 25, 35.42). C'est de cette charité que tout Burkĩna chrétien devra toujours avoir faim et soif, car elle ouvre toutes les âmes assoiffées et affamées de la vraie vie à une « nourriture » et à une « boisson » impérissables : le Corps et le Sang du Christ (Jn 6, 27 ; cf Rm 14,17), qui sont vraie nourriture et vrai breuvage pour la vie du monde (Jn 6, 55). Les Burkĩmba, baptisés et devenus enfants de Dieu, découvriront alors que l'Eucharistie, dans laquelle le pain et la boisson de la terre deviennent le Corps et le Sang du Christ, les rend capables de se nourrir, en toutes circonstances, de Jésus-Christ, de ses paroles, de ses gestes, de sa vie[1358]. C'est à la seule condition de demeurer en Jésus qu'ils pourront, sous peine d'avoir honte lors du jugement de Dieu, sauvegarder et promouvoir un authentique burkĩndlem chrétien. Sans la communion réelle à la vie du Christ en effet, déclare le Maître lui-même, ils ne pourront rien faire (Jn 15, 5) pour éviter toute honte.

II. B. Le burkĩndlem chrétien face au défi de la « honte »

La honte, dont on trouve la trace dans toutes les sociétés connues, présentes et passées, et dont les expressions faciales sont distinctes, a été étrangement très peu étudiée dans l'histoire de l'humanité. L'*Encyclopédia Universalis* ne la mentionne qu'indirectement ; les études psychologiques ne lui ont guère accordé qu'une place très secondaire ; le mot est quasi absent du vocabulaire de psychanalyse ; *Le Petit Robert* la définit comme « *le sentiment pénible de son infériorité, de son indignité ou de son humiliation devant autrui, de son abaissement dans l'opinion des autres* »[1359]. D'après ce que rapporte Vincent de Gaulejac, même Sigmund Freud n'évoque le terme qu'à propos de « parties dites honteuses » ou plutôt de pensées les concernant : « *pour lui, la honte trouve son origine dans la honte sexuelle du petit enfant face à l'adulte* »[1360]. Vincent de Gaulejac, sociologue et éducateur, a analysé pour sa part les liens entre le sentiment de honte et la situation sociale de pauvreté, et il écrit à ce sujet : « *la honte, on préfère ne*

[1358] cf. BRIÈRE, J. in LÉON-DUFOUR, X. (sous la direction de), *op. cit.*, art. « Faim & soif ».
[1359] ROBERT, P. (par), *Le Petit Robert*, art. « Honte ».
[1360] GAULEJAC, V. de, « Honte et pauvreté » in *Santé mentale au Québec*, vol. XIV, n° 2, 1989, p. 129. (p. 128-137). cf. *http://id.erudit.org/iderudit/031522ar*.

pas en parler, la passer sous silence. Peu d'études lui sont consacrées alors que les romans, les histoires de familles, les récits de vie... suintent de la souffrance qu'elle provoque »[1361]. Mais dans la pensée contemporaine, on peut observer que de plus en plus des voix se prononcent sur la problématique de la honte, surtout dans sa dimension sociale[1362]. Les travaux menés par Frédéric Chauvaud suscitent des réflexions quant à la « *dimension intime, personnelle, mais parfois aussi collective, qu'est la honte d'être ce que l'on est, de vivre ce dont on est victime, d'être assimilé à un groupe, d'être étiqueté dans une catégorie dénigrée, réprouvée, exclue* »[1363]. Et l'histoire sociale offre de multiples exemples du sentiment de honte éprouvé par les « petits » ou les plus déshérités[1364]. Une considération de l'expérience

---

1361 *Idem.*

1362 Cf. VIMONT, J.-C., « La honte sociale et l'historien » in *Histoire@Politique. Politique, culture, société*, n° 7, janvier-avril 2009, p. 4. D'après Jean-Claude Vimont, l'histoire sociale s'enrichit de la sociologie clinique qui, elle-même, ne néglige pas les références à la littérature et à ses représentations. La honte est en effet au cœur de bien des œuvres littéraires, chez Albert Camus, Jean Genet, Jean-Paul Sartre et Annie Ernaux par exemple. En 1943, Jean-Paul Sartre, dans *L'Être et le Néant* (cf. SARTRE J.-P., *L'Être et le Néant*, Gallimard, Paris, 1966, 722 p.) indiquait que la honte permet à l'individu d'effectuer une réflexion sur son être même, par le biais d'un médiateur. Un colloque à Cerisy en 2003, publié par les Presses universitaires de Lyon sous la direction de Bruno Chaouat, avait pour titre *Lire, écrire la honte* (cf. CHAOUAT, B. (sous la direction de, *Lire, écrire la honte*, Actes du colloque de Cerisy-La-Salle, juin 2003, Presses universitaires de Lyon, Lyon, 2007, 420 p.). Il réunissait des chercheurs en littérature et l'écrivaine Annie Ernaux dont l'œuvre est parcourue par le sentiment de honte, honte sociale non pas « en soi » de l'univers de boutiquiers de ses parents, de l'inculture de ses ascendants, mais rejet « par comparaison » avec son statut d'enseignante. Elle revient dans plusieurs livres sur le profond malaise que suscite cette difficulté à trouver sa place dans la hiérarchie sociale et sur la honte personnelle d'avoir eu honte de ses parents. Dans *La place*, roman consacré à son père, elle écrit : « *Je me suis pliée au désir du monde où je vis, qui s'efforce de vous faire oublier les souvenirs du monde d'en bas comme si c'était quelque chose de mauvais goût* » : ERNAUX, A., *La Place*, Gallimard, Paris, 1983, p. 73). En 1997, Annie Ernaux publia *La honte* (cf. ERNAUX, A., *La honte*, Gallimard, Paris, 1999, 141 p.) et établit un lien entre sa honte sociale et des souffrances psychiques plus profondes et personnelles. La honte sociale est donc pour elle un marquage intime du psychisme d'individus par des facteurs sociaux. Alain Corbin, pour sa part, évoque ces clients honteux tentant de dissimuler cette longue maladie aux commérages du voisinage, désespérés au point de se suicider (cf. CORBIN, A., *Les Filles de noces*, Flammarion, Paris, 1982, p. 367).

1363 VIMONT, J.-C., *art. cit.*, p. 2. cf. CHAUVAUD, F. (dirigé par), *Histoires de la souffrance sociale, XVIIe-XXe siècles*, Presses universitaires de Rennes, Rennes, 2007, 241 p ; CHAUVAUD, F. et GAUSSOT, L. (dirigé par), *La Haine, Histoire et actualité*, Presses universitaires de Rennes, Rennes, 2008, 309 p. Les contributions réunies dans ces deux derniers ouvrages ont grandement fait avancer l'histoire des émotions grâce au croisement de perspectives individuelles, intimes, privées et d'itinéraires collectifs, ceux de certains groupes sociaux, victimes d'une vie désespérante ou sujets d'une vindicte collective.

1364 Il suffit, pour s'en convaincre de se reporter, à titre d'exemple, aux publications de : SANSOT, P., *Les Gens de peu*, Presses universitaires de France, Paris, 1991, 223 p ; BANTIGNY, L., *Le plus bel âge ? Jeunes et jeunesse en France de l'aube des Trente Glorieuses à la guerre d'Algérie*, Fayard, Paris, 2007, 498 p ; BANTIGNY, L., *Le CRI des*

humaine ordinaire, souvent exprimée dans la littérature[1365], permet à Vincent de Gaulejac de faire le constat selon lequel la misère, les difficultés familiales, le monde de la rue, peuvent produire le sentiment de honte qui interfère continuellement dans le rapport à autrui et en particulier avec les institutions éducatives, sociales ou thérapeutiques[1366]. Les travaux de Vincent de Gaulejac mettent véritablement en lumière l'idée que la honte est un sentiment dont la genèse est fondamentalement sociale, liée au regard d'autrui, au sentiment d'être différent des autres, à la sensation d'être invalidé au plus profond de son être[1367]. Dans ses ouvrages, il décrypte les effets de l'ascension sociale, des changements de positionnement social et le sentiment de honte à l'égard du milieu d'origine. Il parvient ainsi à déduire que « *La honte est un sentiment éminemment social, puisqu'elle naît sous le regard d'autrui dans la confrontation du sujet au monde, elle s'enracine dans ce qu'il y a de plus intime, dans le sentiment d'exister comme être unique, différent des autres, ayant une singularité propre. Elle s'inscrit dans la recherche de cohérence entre soi et soi, entre soi et le monde* »[1368]. À en croire Julien A. Deonna, en psychologie évolutionniste ou dans certaines traditions de l'anthropologie et la psychologie contemporaines, « *le consensus qui émerge est que la honte constitue un obstacle – par contraste*

---

travailleurs, n°33, septembre-octobre 2008 ; GAULEJAC, V. de, *Les Sources de la honte*, Desclée de Brouwer, Paris, 1996, 315 p ; GAULEJAC, V. de, *La névrose de classe : trajectoire sociale et conflits d'identité*, Éditions Hommes et groupes, Paris, 1987, 306 p.

[1365] La littérature semble à Vincent de Gaulejac comme le lieu par excellence d'une lecture sociale de la honte. Sigmund Freud affirmait en effet que « *les poètes et les romanciers sont de précieux alliés, et leur témoignage doit être estimé très haut, car ils connaissent, entre ciel et terre, bien des choses que notre sagesse scolaire ne saurait encore rêver. Ils sont dans la connaissance de l'âme, nos maîtres à nous, hommes du commun, car ils s'abreuvent à des sources que nous n'avons pas encore rendues accessibles à la science* » : FREUD, S., *Délire et rêves dans la gravida de Jensen*, Coll. Idées, Gallimard, Paris, 1971, p. 127. Cf. GAULEJAC, V. de, « Honte et pauvreté » in *Santé mentale au Québec*, vol. XIV, n° 2, 1989, p. 128.

[1366] Cf. MURY, G., et GAULEJAC, V. de, *Les jeunes de la rue*, Privat, Toulouse, 1977, 233 p ; cf. aussi GAULEJAC, V. de, *Les Sources de la honte*, 315 p.

[1367] Le sentiment de la honte parcourt les ouvrages de Vincent de Gaulejac, notamment *Les Sources de la honte* (GAULEJAC, V. de, *Les Sources de la honte*, 315 p.), *Qui est "je"?* (GAULEJAC, V. de, *Qui est "je"? : Sociologie clinique du sujet*, Seuil, Paris, 2009, 211 p.), *L'histoire en héritage* (GAULEJAC, V. de, *L'histoire en héritage : roman familial et trajectoire sociale*, Desclée de Brouwer, Paris, 1999, 222 p.) ; mais aussi des livres plus anciens comme *La Névrose de classe* (GAULEJAC, V. de, *La névrose de classe : trajectoire sociale et conflits d'identité*, 306 p.), ou *La Lutte des places* (TABOADA, I., et GAULEJAC, V. de, *La Lutte des places*, *Insertion et désinsertion*, Collection Sociologie clinique, Desclée de Brouwer, Paris, 1994, 286 p.). Directeur du laboratoire du Changement social à l'université de Paris VII, sociologue clinicien, Vincent de Gaulejac analyse les effets des inégalités sociales sur les individus, sur leur psychisme et leurs comportements.

[1368] GAULEJAC, V. de, *Les Sources de la honte*, p. 142.

avec la culpabilité - aux comportements pro sociaux en général »[1369]. C'est dans ces considérations que l'anticipation de l'expérience honteuse et sa phénoménologie désagréable, l'appréhension des conséquences qu'un épisode de honte peut avoir sur son entourage, auraient souvent pour conséquence indirecte l'inhibition du comportement altruiste. Chez les Moose par exemple, l'exigence de conserver son burkĩndlem au sein du groupe et la pression à se conformer aux normes sociales bloqueraient des comportements qui potentiellement peuvent mener à la honte ou à l'humiliation. En ce sens, la « fuite » de la honte apparaît comme une attitude affective qui peut être comprise comme une forme d'attachement ou d'engagement : attachement à ou engagement vis-à-vis de valeurs et de normes sociales.

D'après l'étude réalisée par Vincent de Gaulejac, la réalité de la honte se situe à l'articulation du psychique et du social[1370] : c'est un sentiment pénible causé par une blessure narcissique profonde, un effondrement face à l'idéal du Moi (avoir honte de soi-même) ; un sentiment négatif qui renvoie l'individu à son abjection, sa bassesse, son indignité, son invalidation : être « moins que rien », être « plus bas que terre », être « un pauvre type », « un minable » ; un sentiment dont l'émergence est liée à une situation sociale (l'image négative renvoyée par un autre engendre la honte). On en déduit que la honte renvoie toujours l'individu à une incapacité totale, à une impuissance radicale, voire au dégoût, à l'abject ou à l'indignité, à la nullité (ou encore nudité) de noblesse et d'intégrité, toutes choses déniant les valeurs essentielles au burkĩndlem chrétien. Finalement, la honte serait liée à toute forme d'appauvrissement de l'humain. Parmi les différentes raisons (personnelles, morales, sociales…) d'avoir honte, en effet, il existe une qui apparaît radicale, en particulier dans une société qui promeut les valeurs humaines : c'est la pauvreté. « *La pauvreté, c'est la honte !* »[1371], s'exclamait Vincent de Gaulejac. La pauvreté (matérielle et surtout morale) est de fait véritablement honteuse parce que dégradante, et c'est pourquoi elle a souvent donné lieu à des revendications de dignité, d'honnêteté, de respect, de propreté, de noblesse et de considération. Richard Hoggart souligne dans *La culture du pauvre*[1372], combien il est essentiel de garder au moins son

---

[1369] DEONNA, A. J., « Évolution, émotion et morale, Les exemples de la honte et la culpabilité », Swiss Center for the Affective Sciences, Université de Lausanne, p. 11 ; [En ligne] « La perspective évolutionnaire concernant la honte » : *www.affective-sciences.org/.../Évolution,...* (pages consultées le 02/03/2012). Cf. GILBERT, Paul (2003), *Evolution, Social Roles and the difference in Shame and Guilt*, Social Research, Winter 2003, Vol. 70, Issue 4, p. 1224.

[1370] Nous suivons ici le diagnostic élaboré par le psychologue et l'éducateur dans son article « Honte et pauvreté ». Cf. GAULEJAC, V. de, « Honte et pauvreté », *art. cit.*, p. 129.

[1371] *Ibidem*, p. 132.

[1372] HOGGART, R., *La culture du pauvre*, Seuil, Paris, 1970, 420 p.

amour-propre, le respect de soi-même, tout ce qui peut redonner fierté. Quand on sait que l'exigence sociale traditionnelle du burkĩndlem est sans compromis (le burkĩndlem est pur et dur ou ce n'en est pas un), alors on peut comprendre que tout Burkĩna éprouve une peur bleue de la honte, car elle signifie toujours perte de l'estime de soi, de sa dignité, de sa valeur, du respect de soi-même, son amour-propre. Et cette perte de dignité humaine constitue indubitablement une souffrance réelle, une blessure au sens profond du terme, chez tout chrétien *burkĩna* en quête de noblesse et de liberté qualitative. Il est en effet trivial que, fondamentalement, l'expérience même de la honte est si douloureuse chez les Burkĩmba que son évocation seule suffit à réprouver ou redresser les écarts de comportements selon les normes sociales. Dans la perspective chrétienne, en particulier, le vocabulaire biblique de la honte va au-delà des notions ordinaires de pudeur ou d'indignité, de crainte ou de dégoût, de mépris ou d'abject, de remords... et touche de près les notions de frustration, de déception. Tomber par terre, être nu, reculer, être inutile, sont pour l'homme de la Bible des situations typiques où il éprouve le sentiment de honte (Ac 27, 17 ; Gn 3, 10-11 ; Lc 9, 62 ; Mt 25, 30 ; etc.). S'appuyer, au su de tous, sur un secours extérieur, un plan, une arme qui se dérobent ou se révèlent inopérants ; perdre la face en tombant, prêter à rire... sont tout autant des situations de honte.

Essentiellement, la notion de honte chez l'homme biblique est reliée de manière antithétique à celle d'appui (Ps 22, 4ss), d'espoir, de foi confiante, ce qui explique son extension. Elle s'étend à toute souffrance et l'épreuve même d'une famine (cf. Ez 36, 30) sera formulée en termes d'opprobre (cf. Gn 41, 27-57). Dans cette mesure, partageant cette conception biblique, le Burkĩna, désireux d'un authentique burkĩndlem chrétien, devra conséquemment tendre à éviter à tout prix toute situation susceptible de le confronter à la honte, d'autant plus qu'il sait que « *sak kʋ̃ʋm n zoe yɑ̃nde* » (plutôt mourir que vivre dans la honte) est une devise vitale des Burkĩmba. Dès lors, la conscience du danger de la honte peut devenir le lieu d'un défi existentiel à relever, d'un impératif de redressement de comportement pour sauver la dignité, la noblesse et l'intégrité humaines. On sait d'emblée que l'humiliation, le mépris, l'invalidation dont un être humain peut être objet et qui sont la cause de la honte, produisent de nombreuses réactions psychiques, des mécanismes de défense et de dégagement[1373] pour éviter l'effondrement d'images idéales et de valeurs sociales : outre la dénégation[1374], la résignation[1375], le sadomasochisme[1376], l'isolement[1377], la

[1373] Cf. GAULEJAC, V. de, « Honte et pauvreté », *art. cit.*, p. 131.

[1374] Par la dénégation le sujet en nie la situation et espère supprimer le mal. Il fait comme si rien ne s'était passé. Mais dans ce geste d'ensevelissement, la honte est enfouie avec l'image idéale et risque à tout moment de ressurgir.

vengeance[1378] et la sublimation[1379] qui sont, entre autres, des réactions possibles de défense contre les aliénations honteuses et destructrices de la dignité humaine sociale, la valeur éducative de la honte dans le burkĩndlem vise à susciter plutôt l'ambition. Il est admis que chez tous les peuples, et dans toutes les cultures, l'expérience de la honte est structurante pour bon nombre d'individus qui bâtissent leur vie comme une revanche et que de nombreuses personnalités de grandes capacités se sont construites contre la honte[1380]. Résolument engagée dans cette perspective, la culture de l'évitement de la honte dans la poursuite du burkĩndlem chrétien aura pour objectif d'inciter à coopérer avec la grâce de Dieu en investissant toutes les énergies dans le développement des valeurs humaines et spirituelles, voire faire fructifier tous les talents reçus afin qu'ils portent des fruits qui demeurent pour la gloire de Dieu (cf. Mt 25, 14-30 ; 7, 16-20 ; Lc 3, 8 ; 2 Tm 2, 6 ; Tt 3, 14 ; etc.). Il s'agit là d'une condition nécessaire et incontournable à tout Burkĩna chrétien, aux fins de répondre dignement à sa vocation propre par la production responsable, en son être, d'une image ressemblante de Dieu, puissante, inattaquable, imposante. Ainsi donc, pour se prémunir contre la honte, l'humiliation et le mépris, le burkĩndlem chrétien, par l'exercice humanisé de la liberté, promouvra et développera l'ambition de la dignité, de la noblesse et de l'intégrité humaines chrétiennes.

1375 La résignation est un moyen de désamorcer la charge agressive par un désinvestissement narcissique. Le sujet accepte l'image négative qui lui est renvoyée sans chercher à la nier ou à lutter contre.

1376 Dans le sadomasochisme, il s'agit de transformer le mal en plaisir, la blessure en jouissance, soit en s'identifiant à l'agresseur et en projetant le mépris sur une victime prête à endosser la honte, soit en recherchant sa satisfaction dans l'abject, la souffrance, l'humiliation.

1377 L'isolement, le repli sur soi, l'enfermement sont autant de moyens pour éviter toute situation sociale, toute relation, tout contact avec autrui qui risquerait de « dévoiler » la honte. En se soustrayant au regard d'autrui, le sujet de la honte pense éviter d'être renvoyé à une image négative de soi.

1378 La vengeance est un moyen de neutraliser les effets internes de la honte. Il s'agit de retourner la violence vers l'extérieur, mais de façon différée. Au moment de l'humiliation, le sujet ne peut réagir parce que la situation de pouvoir lui est par trop défavorable. Mais plutôt que de retourner la charge agressive contre lui-même, il la garde intacte en « gelant sa colère » (la vengeance est un plat qui se mange froid !) et en élaborant le projet de retourner la situation en sa faveur: le fantasme selon lequel l'agresseur sera à son tour humilié permet de différer ses réactions.

1379 La sublimation est un moyen pour restaurer l'image idéale cassée par le regard d'autrui. Elle consiste à en imaginer une qui soit inattaquable : la libido narcissique est réinvestie sur un objet d'amour supra humain (Dieu, l'humanité, le peuple élu...) qui permet d'inverser les données du problème : celui qui est humilié sera glorifié, celui qui humilie sera damné.

1380 Cf. GAULEJAC, V. de, « Honte et pauvreté » in *Santé mentale au Québec*, vol. XIV, n° 2, 1989, p. 131.

La valeur éducative de la prohibition de la honte dans la promotion de burkĩndlem chrétien chez les chrétiens *burkĩmba* acquiert ainsi un surcroît d'exigence. Désormais, pour construire son humanité sur la base des valeurs d'un burkĩndlem authentique, il ne suffira plus seulement d'éviter le mépris, l'humiliation, l'indignité ou toute autre forme de frustration ou de déception en pratiquant les normes sociales attendues ; mais il s'agira aussi et surtout de relever les épreuves de la foi en manifestant la capacité à s'appuyer sur le Christ, Médiateur du Dieu vivant, et en comptant avec sa grâce opérante qu'Il communique à tous ceux qui croient en Lui. Ce faisant, les valeurs humaines et sociales, qui sont chrétiennement inséparables des valeurs spirituelles, s'en trouveront aussi prises en compte, car il s'agira de promouvoir l'être humain tout entier, constitué à la fois de corps et d'âme. Poursuivant de ce fait, dans la foi chrétienne, les exigences d'un développement humain intégral et plénier, l'objectif sera, non seulement de lutter contre toutes les formes d'appauvrissement de l'humain, mais surtout de l'enrichir et de l'ennoblir, voire le porter à son plein accomplissement. C'est en s'accomplissant selon le dessein du Créateur dont il est porteur de l'image, que le Burkĩna s'enrichira de valeurs divinement nobles, et par conséquent : d'une part, se prémunira durablement contre toute abjection, toute déchéance, toute pauvreté et toute honte ; et d'autre part, réalisera ses espérances de liberté, de dignité, d'intégrité et de noblesse. Il se souviendra en toute circonstance que, baptisé dans le Christ, Burkĩna par excellence, il a été justifié et sauvé par Lui de la véritable honte qui est le péché (Gn 3, 7 – 10). Cause de toute forme de mort selon la foi chrétienne, le péché est ainsi à la source de toutes les formes d'appauvrissement, d'aliénation et de destruction de la vie humaine. Sauvé du péché par le baptême au nom du Christ ressuscité, le chrétien est conséquemment libéré du dernier des opprobres, de la véritable honte. Non pas que toute honte soit désormais exclue pour lui (cf. Mt 5, 11), mais parce que, vécue et assumée dans le Christ et à cause de Lui, sa honte prend un autre sens et une orientation nouvelle ; elle peut devenir dans le Christ, lieu de relèvement et de résurrection, et donc aussi cause d'allégresse victorieuse et raison de la récompense céleste (cf. Mt 5, 12). Le chrétien *burkĩna* devra donc comprendre qu'« *il y a une honte qui conduit au péché et il y a une honte qui est gloire et grâce* » (Si 4,21). C'est pourquoi il ne rougira pas de Jésus ni de sa parole (cf. Lc 9, 26) qui sont principes de vie digne et noble, sources de vie éternelle. Pour autant que sa vie restera conforme à l'Évangile et l'engagera dans une volonté active de croire, il pourra agir et parler sans craindre la honte. Il s'agit ici notamment, selon Paul Beauchamp, de « *l'assurance ou la fierté de langage et d'action chez l'homme libéré de la honte par la foi* ».[1381] Dorénavant, puisque c'est la foi et l'Évangile qui libèrent de la vraie honte, la pratique des valeurs évangéliques sera pour les chrétiens *burkĩmba* la garantie de toute dignité, de tout honneur individuel, familial et social, bref, la sauvegarde et la promotion de tout burkĩndlem chrétien authentique.

Humainement toutefois, le chrétien *burkĩna* demeure un sujet de la honte. Comme les Juifs de l'Ancien Testament, et comme les Burkĩmba non chrétiens, il ressentira encore l'aspect social de ses épreuves (1 Co 4, 13), sans toutefois permettre que la honte provoque chez lui les mêmes conséquences dramatiques qu'on rencontre dans son milieu de vie : les suicides, la peur maladive, la résignation, l'isolement, la vengeance, etc. C'est ici précisément que devra se jouer la charité fraternelle entre croyants, pour sauver tout chrétien en proie à la honte, parce que l'Église est bien, selon l'enseignement de l'Apôtre, un corps dont aucune partie ne doit « rougir » d'une autre (1 Co 12, 23). De même que le Christ a porté l'opprobre des hommes et ne « rougit » pas de les appeler frères (He 2, 11), de même toute la communauté chrétienne, animée de l'Esprit de Jésus Burkĩna, se devra de porter tous ceux qui seront confrontés à la honte. Cette conception de la charité servira de règle envers tous ceux qu'on serait tenté de juger, de mépriser (Rm 14, 10). En mettant sa gloire, non pas dans ce qui fait sa honte (cf. Ph 3, 19), mais dans les vertus évangéliques qui font son honneur et sa fierté, tout chrétien *burkĩna* en proie à la honte devra pourvoir compter sur toute la communauté et expérimentera la charité de ceux qui ne « rougiront » pas du Christ (Ga 4, 14). Il comprendra alors que la honte à cause du Christ ne signifie plus pour lui déshonneur, perte de dignité, ou aliénation d'identité, mais plutôt expression d'une fidélité à un burkĩndlem plus éminent, source de fière noblesse, de valeureuse dignité et d'humanisme plénier. Dans cette mesure, afin de s'engager pleinement dans l'ordre social à promouvoir et à faire croître son burkĩndlem chrétien, il ne négligera pas de se réapproprier chrétiennement tous les traditionnels moyens et voies sociaux de sa promotion.

III. Réappropriation chrétienne des nécessaires moyens et voies sociaux de promotion du burkĩndlem

Tout au long de son histoire, à travers l'engagement des fidèles chrétiens et, en particulier, depuis 1891 avec *Rerum Novarum*[1382], l'Église n'a jamais cessé de dire le mot qui lui revient sur les questions de la vie sociale. Aux

[1381] BEAUCHAMP, P. in LEON-DUFOUR, X. (sous la direction de), *op. cit.*, art. « Honte ».
[1382] LÉON XIII, Lettre encyclique *Rerum Novarum* (1891).

hommes et aux femmes de notre temps, à tous les peuples et à toutes les nations, elle offre un enseignement qui a une profonde unité, jaillissant de la Foi en un salut intégral, de l'Espérance en une justice pleine et de la Charité rendant tous les hommes vraiment frères dans le Christ. À en croire le pape Jean-Paul II, le service que l'Église rend à la société à travers l'engagement chrétien « *est avant tout un service de formation des consciences : proclamer la loi morale et ses exigences, dénoncer les erreurs et les atteintes à la loi morale, à la dignité de l'homme sur laquelle il se fonde, éclairer, et convaincre* »[1383]. Dans cette optique, le chrétien *burkĩna* sait que dans l'enseignement social de l'Église, dont les sources essentielles sont l'Évangile et la Tradition, et le fondement et l'objet primaire sont la dignité de la personne humaine[1384], il peut trouver les principes de réflexion, les critères de jugement et les directives d'action sur la base desquels il se devra de promouvoir un humanisme intégral et solidaire. La raison pour laquelle il est un devoir pour le chrétien d'agir dans le domaine social, c'est que celui-ci détermine l'accès au salut, du fait même que tout être humain est un être social, vivant en société. Cela étant considéré, dans la perspective de l'engagement pour un « développement humain intégral », il s'avère nécessaire de prêter pleinement attention aux conditions d'une appropriation réelle des voies et des moyens à l'origine de la promotion du burkĩndlem chrétien. Parmi les nombreux moyens par lesquels le burkĩndlem peut être promu, il y a principalement, selon les exigences reconnues dans la culture *moaaga*, le projet de l'éducation humaine, la culture de la volonté et de l'effort, la promotion de la politesse et du respect du droit humain, ainsi que du travail. En tant qu'instruments de valorisation et de promotion de burkĩndlem chrétien, ces exigences doivent être revisitées à la lumière de la Révélation et de la foi chrétiennes, afin d'en saisir chrétiennement toute la signification et la porté dans leur mise en application en contexte de burkĩndlem.

III. A. Fondements chrétiens d'une éducation humaine aux valeurs du burkĩndlem

L'éducation, estime-t-on, « *est un facteur décisif de l'émancipation, du développement harmonieux politique, économique, social et culturel de la*

[1383] JEAN-PAUL II, « Allocution à Salvador de Bahia » (6 juillet 1980), in *Documentation catholique*, n° 1791, col. 777.

[1384] JEAN-PAUL II, Allocution *Esta hora* à la IIIe Conférence générale de l'épiscopat latino-américain à Puebla (28 janvier 1979), Partie I, n° 9 : AAS 71 (1979) 195. Selon le Pontife, le fondement et l'objet primaires de la doctrine sociale de l'Église avec ses droits inaliénables qui forment le noyau de la « vérité sur l'homme ».

personne humaine et des sociétés »[1385]. Dans une perspective chrétienne par ailleurs, on convient aujourd'hui qu'une éducation véritable doit avoir pour objectif la formation intégrale de la personne humaine ; laquelle formation sera déterminée à la fois par la fin dernière de l'homme et par le bien commun de la société. Dans cette mesure, le Droit de l'Église stipule que « *les enfants et les jeunes seront formés de telle façon qu'ils puissent développer harmonieusement leurs dons physiques, moraux et intellectuels, qu'ils acquièrent un sens plus parfait de la responsabilité et un juste usage de la liberté, et qu'ils deviennent capables de participer activement à la vie sociale* »[1386]. Pour ce faire, il apparaît évident qu'il est un devoir qui convient au plus haut point à l'époque contemporaine : celui de travailler avec acharnement à faire reconnaître, partout et pour tous, en harmonie avec la dignité de la personne humaine, le droit à une culture porteuse des valeurs humaines et d'en assurer la réalisation. Aussi, pense-t-on qu'il est évident de procurer à chaque homme une quantité suffisante de biens culturels, surtout de ceux qui constituent la culture dite de base, pour qu'un très grand nombre ne soit pas empêché, par le manque d'initiatives, de coopérer de manière vraiment humaine au bien commun. En conséquence, énonce la Constitution pastorale conciliaire au sujet des enfants, « *il faut tendre à donner à ceux qui en sont capables la possibilité de poursuivre des études supérieures ; et de telle façon que, dans la mesure du possible (...) ils rendent des services dans la vie sociale, qui correspondent soit à leurs aptitudes, soit à la compétence qu'ils auront acquise* »[1387]. Aujourd'hui, la question de l'éducation est devenue une préoccupation mondiale, planétaire. On s'accorde pour dire que la société contemporaine connaît une crise éducative. En ce qui concerne l'Afrique en général, et l'Afrique de l'Ouest en particulier, ainsi qu'il nous a

---

[1385] KAMBIRE, M. A., « Le système éducatif traditionnel, facteur de respect des droits universels de l'homme » in MAUGENEST, D. et HOLO, T. (sous la direction de), *Quelle contribution de l'Afrique de l'Ouest à la tradition universelle des droits de l'homme ?* Institut de la dignité et des droits humains, Colloque d'Abidjan (13,14 et 15 mars 2006) (Centre de Recherche et d'Action pour la Paix) CERAP, Abidjan, 2006, p. 107.

[1386] JEAN-PAUL II (promulgué par), *Code de droit canonique*, Rome, le 25 janvier 1983, can.795.

[1387] PAUL VI, Constitution pastorale *Gaudium et Spes*, Rome, 7 décembre 1965, n° 60. Entre tous les moyens d'éducation, l'école revêt de fait une importance particulière ; elle est spécialement, en vertu de sa mission, le lieu de développement assidu des facultés intellectuelles ; en même temps, elle exerce le jugement, elle introduit au patrimoine culturel hérité des générations antérieures, elle promeut le sens des valeurs, elle prépare à la vie professionnelle ; entre les élèves d'origines sociales et de caractères différents, elle fait naître un esprit de camaraderie qui forme à la compréhension mutuelle. De plus, l'école « *constitue comme un centre où se rencontrent pour partager les responsabilités de son fonctionnement et de son progrès, familles, maîtres, groupements de tous genres créés pour le développement de la vie culturelle, civique et religieuse, la société civile et enfin toute la communauté humaine* » (CONCIL VATICAN II, Déclaration sur l'éducation chrétienne, *Gravissimum educationis momentum*, 28 octobre 1965, n° 5).

été donné de le mesurer, la crise éducative est grave dans cette partie du continent à majorité analphabète, confronté au changement brutal de société. Le naufrage de l'éducation en Afrique compromet ainsi l'édification d'une humanité riche de capacités et de potentialités, gage d'une participation efficace et responsable à la construction d'une société humaine épanouie. Eu égard à l'inadéquation des systèmes éducatifs avec les valeurs contextuelles, la fracture entre l'instruction et l'éducation, ainsi que nous l'avons relevé plus haut, a pour conséquence de faire de l'école un lieu où l'on apprend un savoir, où l'on acquiert un diplôme, mais où le savoir-vivre et le savoir-être sont laissés de côté. Face à cette crise aux conséquences humaines essentielles, il importe de revenir aux principes et à la finalité de toute œuvre éducative. L'homme a une nature et une destinée qui ne viennent pas se superposer en lui ; elles expriment plutôt le mystère de son être.

La destinée humaine se révèle comme un devenir, et par conséquent, elle ne se comprend que par son terme. Nous avons noté précédemment que dans la culture du burkĩndlem, le projet éducatif est de faire du Ninsaala (être lisse) un Neda (quelqu'un, une personne). Autrement dit, c'est faire de l'enfant une personne au sens d'une unité psychologique de l'homme. Seul le Neda, l'être humain doté de toutes les qualités humaines propres, peut devenir Burkĩna, la qualité humaine par excellence. Dans cette optique, toute éducation est orientée, de façon globale, par une intention, une fin, et selon la fin que l'on se donne, l'éducation change. Pour atteindre la fin, l'éducateur doit user de pédagogie : l'art d'affranchir de la dépendance à la nature primaire. C'est pourquoi l'œuvre éducative est perçue comme un art, « *l'art qui nous fait libres* »[1388], disait Michel de Montaigne ; mais un art très particulier, car la matière sur laquelle elle agit, c'est l'homme[1389]. En ce sens, le burkĩndlem se dévoile comme un art particulier, l'art de rendre *burkĩna*, c'est-à-dire d'édifier l'humain en développant ses capacités et ses potentialités, et ce, conformément aux normes sociales attendues, afin d'en faire un homme libre, noble, affranchi de toutes servitudes.

Dans la perspective chrétienne, la fin de l'éducation humaine est appelée à s'ordonner selon le dessein même de Dieu sur le l'homme. Et l'approche chrétienne de la question du dessein de Dieu, ainsi que nous l'avons examiné à travers le développement dans la longue tradition théologique du concept d'« *imago Dei* », conduit à une définition théologique sur la vraie destinée

---

[1388] MONTAIGNE, M. de, *Les Essais (*1580) I, XXV.

[1389] À la différence d'une pierre ou d'une chose, l'homme n'est pas entièrement donné dans son extériorité, il a une intériorité. Si on ne s'arrêter qu'à l'extériorité, on n'éduque plus, on ne fait que discipliner une personne comme jadis où l'on se contentait d'apprendre à l'enfant les « bonnes manières ». On se souvient de l'Occident, l'image du père qui veut absolument faire de son enfant un médecin et choisit pour lui les études qu'il aura à faire. Cela a conduit à des situations désobligeantes : des déconvenues, des relations conflictuelles entre parents-enfants, des crises d'identité chez des enfants.

de l'homme, en tant qu'humain créé à l'image de Dieu, selon sa ressemblance (cf. Gn 1, 26-27). La notion de création qui court à travers toute la Bible comporte celle d'une fin des êtres créés, d'un pourquoi de leur appel à l'existence. À ce titre, tout être humain est habité par une vocation, celle de connaître Dieu, de le voir et de communier à sa propre vie : « *nous lui serons semblables, parce que nous le verrons tel qu'il est* » (1 Jean 3, 2) déclare l'Apôtre. Inspiré par cette révélation, le Concile Vatican II affirmera que : « *l'aspect le plus sublime de la dignité humaine se trouve dans cette vocation de l'homme à communier avec Dieu* » (*Gaudium et spes*, n° 29, 1). La fin de l'homme, c'est donc Dieu ; son salut, c'est de communier à la vie de Dieu. Tel est le sens ultime de la vie humaine, que proclame la foi chrétienne et qui porte pleinement les espérances des Burkĩmba, voire de toute l'humanité. Ainsi que le formule le *Catéchisme de l'Église Catholique* :

> « *la dignité de la personne humaine s'enracine dans sa création à l'image et à la ressemblance de Dieu ; elle s'accomplit dans sa vocation à la béatitude divine. Il appartient à l'être humain de se porter librement à cet achèvement. Par ses actes délibérés, la personne humaine se conforme, ou non, au bien promis par Dieu et attesté par la conscience morale. Les êtres humains s'édifient eux-mêmes et grandissent de l'intérieur: ils font de toute leur vie sensible et spirituelle un matériau de leur croissance* »[1390].

Cependant, cet idéal que fixa le Créateur, et auquel tout homme doit sans cesse se référer ne peut plus être atteint. L'image de Dieu en l'homme a été défigurée par le péché et le chrétien aspirant à s'accomplir en tant qu'homme ne peut donc plus trouver en lui-même le sens de son être et de son existence. Étant un être pécheur, et alors corrompu, en quête d'humanité intégrale, il se sent incapable de réaliser par ses « propres forces » son désir d'infini et de vivre la communion à la vie divine qui seule peut le « sauver » de la véritable honte (le péché et la mort) et combler sa faim et sa soif de bonheur éternel. Seule sa foi peut offrir à son espérance vitale une ouverture possible : Jésus-Christ, Fils de Dieu vivant, s'est fait homme pour que l'homme devienne fils de Dieu (Ga 4, 4-7). Tel est le « *fondement de la dignité humaine restaurée* »[1391] ; dignité de l'homme qui « *se laisse guider intérieurement par un esprit renouvelé, adoptant le comportement de l'homme nouveau, créé saint et juste dans la vérité, à l'image de Dieu* » (Ep 4, 23-24). Telle est aussi la perspective nouvelle du burkĩndlem authentique, plénier et définitif. Le Christ se révèle ainsi au chrétien *burkĩna*, comme Celui qui est au centre du dessein de Dieu sur l'homme, réalisant à la

[1390] JEAN-PAUL II, *Catéchisme de l'Église Catholique*, Libreria Editrice Vaticana, Rome, 1992, n° 1700.
[1391] JEAN-PAUL II, Exhortation apostolique *Ecclesia in Africa*, n° 69.

perfection les exigences et les valeurs au cœur de l'accomplissement humain dans la liberté, la noblesse et la dignité. Ce faisant, sa mission aura été non seulement de renouveler, mais surtout de créer un nouvel ordre de burkĩndlem, le burkĩndlem chrétien. Son témoignage de vie, en effet, a mis en évidence que la vraie dignité de l'homme se trouve dans un esprit libéré du mal et renouvelé par sa grâce rédemptrice. Il faudrait même affirmer que, désormais, « *l'histoire des hommes prend tout son sens dans l'Incarnation du Verbe de Dieu qui est le fondement de la dignité humaine restaurée* »[1392]. Sur la dignité humaine, l'Évangile contient de fait, et ce, de façon claire, quelques vérités fondamentales qui ont façonné profondément la pensée sociale de l'Église dans son cheminement à travers les siècles. D'après le pontife, « *instruite par les paroles du Maître, l'Église croit que l'homme, fait à l'image du Créateur, racheté par le sang du Christ et sanctifié par la présence du Saint-Esprit, a comme fin ultime de son existence d'être « à la louange de la gloire » de Dieu (Ep 1,12), en faisant en sorte que chacune de ses actions soit le reflet de sa splendeur* »[1393]. C'est dire que les actes humains ont un retentissement et un aboutissement, et c'est sagesse de prévoir où ils conduisent : à la vie ou à la mort, et d'orienter ainsi les intentions qui président à la conduite. On peut alors marcher dans « les voies de Dieu » ou s'engager dans « la voie des impies » (cf. Ps 1).

Dans l'optique du burkĩndlem chrétien, si l'homme est à l'image de Dieu et a Dieu pour fin ultime, la conséquence immédiate en est qu'il n'a pas à inventer le sens à donner à sa vie, mais à assumer librement l'ordre inscrit dans son être. Telle est le fondement de la téléonomie de la morale chrétienne, c'est-à-dire la norme concrète qui oriente l'agir chrétien. C'est par rapport à cette Fin (Dieu) que devra alors se mener l'œuvre éducative dans une perspective chrétienne, de sorte que par la pratique du burkĩndlem chrétien, tout chrétien *burkĩna* se réalise selon le projet divin de l'être homme à l'image de Dieu. Mais il est bien connu que la situation de la crise éducative que connaît l'Afrique en général, et sa région ouest en particulier, est occasion d'appauvrissement de l'humain et donc aussi, conséquemment, un appauvrissement de l'« image de Dieu » dont tout humain est porteur. D'aucuns ont estimé que la cause de ce dysfonctionnement du système éducatif africain est imputable à l'absence d'un projet d'éducation authentique et endogène en vue d'une entrée maîtrisée et consciente dans le

---

[1392] JEAN-PAUL II, Exhortation apostolique post-synodale, *Ecclesia in Africa,* n° 69. L'Évangile, en effet, montre avec abondance de textes que Jésus n'a pas été indifférent ni étranger au problème de la dignité et des droits de la personne humaine, ni aux besoins des plus faibles, des plus nécessiteux et des victimes de l'injustice.

[1393] JEAN-PAUL II, Lettre encyclique *Veritatis Splendor*, n° 10.

concert des Nations[1394]. C'est pourquoi du point de vue du système éducatif, l'Afrique donne l'impression d'être un continent de bricolage et de colmatage de brèches, un continent de la débrouillardise. Mais quand on sait que dans la perspective chrétienne la dignité personnelle est une propriété indestructible de tout être humain, et qu'il est fondamental de noter toute la force explosive de cette affirmation qui se base sur l'unicité irremplaçable de toute personne, il en découle que tous les chrétiens marqués du sceau d'un authentique burkĩndlem chrétien doivent résister de façon absolument irréductible à toute tentative de dépersonnalisation, d'annihilation, d'écrasement ou d'anéantissement de la personne humaine. L'enfant africain, comme tout être humain dans son individualité, et en tant que reflet divin, n'est ni un numéro, ni un anneau dans une chaîne. Et alors, pour la foi chrétienne, l'affirmation la plus radicale et la plus exaltante de la valeur de tout être humain, et donc aussi de l'enfant africain, a été établie par le Fils de Dieu lorsqu'il s'est incarné, s'est fait homme[1395] et s'est révélé posséder un burkĩndlem parfait. Dès lors, l'authentique dignité de la personne humaine se manifeste dans tout son éclat quand on en considère l'origine et la destinée : créé par Dieu à son image et selon sa ressemblance, et racheté dans le burkĩndlem du Christ, le chrétien est appelé à vivre et à promouvoir le burkĩndlem parfait, celui du Christ, qui le destine à la communion béatifique avec Dieu. Pour ces raisons, toute violation de la dignité personnelle d'un être humain crie vengeance en présence de Dieu (cf. Gn 9, 6) et devient une offense à son Créateur[1396]. Désormais, ce qui fonde et justifie l'éducation aux valeurs du burkĩndlem chrétien, c'est primordialement la conception selon laquelle tout homme est créé à l'image et selon la ressemblance de Dieu.

Pour l'éducateur africain chrétien, la dignité de la personne humaine comme critère inconditionnel d'une éthique universelle repose sur le fait que, quelle que soit la situation de pauvreté, de dérive et d'annihilation humaines, l'homme porte toujours en lui quelque chose de divin, c'est-à-dire, l'indélébile image de Dieu dont il est ontologiquement marqué et qui est constitutive de son burkĩndlem. Il est donc uni à son Créateur par une relation de dépendance vitale : se réaliser, en s'édifiant en Dieu en tant que son image et sa ressemblance, à travers tout ce qui compose son existence sociale, culturelle, économique, politique, religieuse, etc. Cela étant considéré, il apparaît que tout homme doit vivre à « hauteur d'homme ». Pour ce faire, dans le christianisme, c'est la foi en Jésus-Christ qui est le

---

[1394] Cf. KI-ZERBO, J., *éduquer ou périr*, p. 61-62 ; KI-ZERBO, J., *Perspectives de l'éducation*, p. 4 ; NDONGMO, M., *op. cit.*, p. 8 ; LOT, F., *art. cit.*, p. 148 ; MVENG, E. ; LIPAWING, B. L., *op. cit.*, p. 32.

[1395] Cf. JEAN-PAUL II, Exhortation apostolique *Christifideles laici*, 30 décembre 1988, n° 37.

[1396] Cf. *idem.*

vecteur essentiel de cette ambition. Parce que le Christ s'est fait homme, et qu'en tant qu'homme parfait il est l'« image par excellence » du Dieu vivant, il est le Burkĩna authentique qui révèle « *à l'homme sa dignité inaliénable* »[1397], son véritable burkĩndlem. C'est pourquoi, à la fois théologiquement et à partir de l'expérience chrétienne, il ne faut pas hésiter à poser l'axiome suivant : la foi au mystère de l'Incarnation constitue, pour tous les chrétiens *burkĩmba*, l'appel le plus fondamental à l'éducation de tout homme et de tous les hommes aux valeurs du burkĩndlem chrétien. Indubitablement, le chrétien *burkĩna* est un projet appelé à se réaliser. Appliquée à l'Afrique, s'il y a une exigence éthique de l'éducation humaine aux valeurs de dignité, de noblesse et d'intégrité, somme toute aux valeurs du burkĩndlem, elle est dans la signification même de l'éducation comme processus de libération par rapport à toutes les pesanteurs, à tous les esclavages dont souffrent la société et les hommes du vieux continent. Cette exigence éthique consiste, pour chaque éducateur africain chrétien, dans l'accomplissement du projet éducatif de l'humain tel que la parole de Dieu le manifeste et l'institut comme tâche. Sans nul doute, il s'agit ici, dans une certaine mesure, d'une tâche d'« engendrement » humain au niveau social ; mais cet « engendrement » de l'homme à la vérité de son être en Dieu ne se réalise pas en dehors du monde ou de l'environnement partenaire et solidaire de sa vie. C'est dire que le mouvement d'accomplissement humain qui s'opère dans la dynamique de la vérité de l'être en Dieu enclenche un processus qui inclut à la fois la promotion de la vie de l'homme et de son environnement. L'enjeu sera toujours de donner aux hommes et aux nations des ressources nécessaires en vue de la promotion de la vie et de l'édification du Royaume de Dieu. Pour l'Église, à savoir l'ensemble des fidèles chrétiens *burkĩmba*, il s'agira, au terme, de réaffirmer avec saint Irénée de Lyon que « *la gloire de Dieu c'est l'homme vivant, et la vie de l'homme c'est la vision de Dieu* »[1398]. Telle est, sans doute, l'expression la plus saisissante de l'éminente dignité et de la parfaite noblesse de l'homme portée par le burkĩndlem chrétien et qui commande, entre autres, le respect des droits humains.

III. B. Du principe chrétien de la justice et du respect des droits humains

La promotion de la personne humaine dans ses valeurs spécifiques, fondée sur la conception selon laquelle la vie humaine est sacrée, a conduit à l'élaboration des droits humains. Dans les cultures traditionnelles comme

---

[1397] JEAN-PAUL II, Exhortation apostolique *Ecclesia in Africa*, n° 69.

[1398] SAINT IRENEE, *Adversus Haereses*, IV, 20, 7.

celle du milieu d'émergence du burkĩndlem, le principe du respect du droit d'autrui émane d'une mentalité caractéristique communément partagée : l'homme apparaît être la valeur essentielle et le but suprême du système social. Le politologue Jacques Tshibwabwa Kuditshini déclare en effet, que « *La valeur de l'homme, mieux les droits et devoirs de l'homme trouvent leur intelligibilité et leur fondement dans l'épanouissement de la société ou de sa collectivité* » [1399]. Dans nombre de cultures traditionnelles, la nécessité du respect des droits humains découle de la volonté de voir ses propres droits respectés. Chez les peuples Moose, Peuhls, Songhays et Zarma en Afrique de l'Ouest par exemple, la sagesse veut que chaque homme sache laisser à autrui la priorité ou le droit dans ses propres affaires ; et que chacun sache se contenter de ses propres droits[1400]. Si le concept contemporain de « droits humains » est quasi-inexistant dans les sociétés traditionnelles, la réalité n'en était pas moins présente. Au demeurant, il faut bien le reconnaître, l'idée même des « Droits de l'Homme », née de la philosophie[1401] et qui s'est souvent imposée après des révolutions, n'est entrée que récemment en droit international[1402]. Aujourd'hui toutefois, l'idée mène le monde, et le recours à la dignité humaine est devenu une idée référentielle, normative, pour toutes les sociétés membres de la société mondiale[1403]. C'est dire que la problématique des droits humains est bien une question très actuelle, à dimension universelle. Fondé sur l'actualité du discours sur les Droits de l'Homme, « *l'universalisme s'articule autour de l'idée que toute personne humaine est dotée de certains droits qui conditionnent sa survie et son avenir, droits ne se concevant pas en dehors de l'État* »[1404]. Fondamentalement, « *tous les êtres humains naissent libres et égaux en dignité et en droit. Ils sont doués de raison et de conscience et doivent agir les uns envers les autres dans un esprit de fraternité* »[1405]. Cette

---

[1399] TSHIBWABWA KUDITSHINI, J., « Culture africaine et tradition universelle des droits de l'homme : regard sur les droits économiques et sociaux à travers le socialisme africain en Afrique Occidentale » in MAUGENEST, D. et HOLO, T. (sous la direction de), *op. cit.*, p. 36.

[1400] Cf. DAMIBA Pierre-Claver, cité par DAMIBA, F.-X., *op. cit.* p. 248.

[1401] BUERGENTHAL, T. et KISS, A., *La protection internationale des Droits de l'Homme*, Précis, Editions N.R Engel, Kehl /Strasbourg, Arlington, 1991, 261 p.

[1402] TALL, S. N., « La problématique du respect des Droits de l'Homme en période de conflit armé » in MAUGENEST, D. et HOLO, T. (sous la direction de), *op. cit.*, p. 65.

[1403] Cf. MAUGENEST, D., « Déclaration universelle… Tradition universelle… » in MAUGENEST, D. et HOLO, T. (sous la direction de), *op. cit.*, p. 15.

[1404] TALL, S. N., *art. cit.*, p. 65. Saïdou Nournu Tall, Agrégé en droit public et sciences politiques, estime que « *Cette acception permet de comprendre la constitutionnalisation des Droits de l'Homme, plaçant sur un piédestal, la reconnaissance de la dignité inhérente à la personne humaine et le respect de sa valeur* ». *idem*. Pour lui, dès lors qu'on parle de droits universels de l'homme, on part du principe que ces droits sont communs à tous les individus.

[1405] Tel est le 1er article consigné dans la Déclaration universelle des Droits de l'Homme adoptée par l'Assemblée générale des Nations Unies, le 10 décembre 1948, c'est-à-dire à une

universalisation des droits humains se traduira par l'adoption de la Déclaration universelle des droits de l'homme de 1948 complétée en 1966 par les deux Pactes sur les droits civils et politiques et sur les droits économiques, sociaux et culturels[1406].

De nos jours, l'avènement de la question du développement humain durable, avec ses présupposés comme la démocratie et la bonne gouvernance, *« recentre le débat des droits de l'homme sur un nouvel universalisme à partir des cultures du monde »*[1407]. À la lumière du projet mondial global en matière de « développement humain durable », concept structurant le présent et le devenir des sociétés contemporaines, la nécessité de repenser le futur des institutions sociales comme un enrichissement progressif avec les apports d'autres cultures s'impose. C'est l'occasion, estime Gustave Aboua, *« de refonder l'universalisme des droits de l'homme sur une approche acceptant le multiculturalisme et célébrant l'apologie du pluralisme et de l'altérité, dans le domaine juridique et politique »*[1408]. Désormais conçue comme un processus qui dépasse le cadre conceptuel pour réussir une conciliation entre le social, l'économique, le politique, le culturel et l'écologique, la notion de développement humain durable est devenue un moyen de formulation et de mise en œuvre des choix et des capacités humains[1409]. Elle entend donc promouvoir la bonne gouvernance, la démocratie participative, et rénover l'approche citoyenne par la sensibilisation aux droits de l'homme. À cet égard, il importe de saisir que la promotion des droits humains fait partie intégrante des composantes du développement humain durable ; ils en constituent une articulation fondamentale, renchérit Gustave Aboua[1410]. S'invitant ainsi au cœur des débats sur la promotion humaine intégrale, surtout dans un contexte mondial marqué par des crises multiformes et des violences de toutes sortes, le respect et la promotion des droits humains interrogent l'ensemble de l'humanité en général, et surtout l'homme en contexte africain qui vit sur un continent qui, pour plusieurs raisons, dont le manque de démocratie véritable et la pauvreté, se présente de manière flagrante comme hostile aux droits humains[1411]. Mais si globalement la question de la violation des droits de

---

époque où la quasi-totalité des États d'Afrique, et particulièrement ceux d'Afrique Occidentale, à l'exception du Libéria, sont encore sous le joug colonial ; la déclaration proclame l'idéal commun à atteindre par tous les peuples et toutes les nations.

[1406] Cf. TALL, S. N., *art. cit.* p. 65.

[1407] ABOUA, G., PhD, « Quelles traditions africaines des droits de l'homme pour un développement durable en Afrique ? » in MAUGENEST, D. et HOLO, T. (sous la direction de), *op. cit.*, p. 21.

[1408] *Ibidem*, p. 22.

[1409] Cf. *ibidem*, p. 23.

[1410] Cf. *ibidem*, p. 28.

[1411] Cf. KAMBIRE, M. A., *art. cit.*, p. 93.

l'homme est une préoccupation majeure en Afrique, l'Afrique de l'Ouest semble détenir le record des crises locales et régionales, et donc aussi des violations massives et continuelles des aspirations légitimes des populations. Le contexte politico-social particulièrement tendu et explosif, au sein duquel des revendications et aspirations prennent rapidement des proportions considérables, est marqué de façon constante par une bipolarisation des violences[1412] : la violence exercée par les mouvements sociaux de revendications et la violence étatique exercée sur les populations au nom du principe de l'État régulateur de l'ordre public et de la sécurité des personnes et des biens. Dans l'ensemble, la négation des droits de l'homme dans des crises multiformes, les guerres civiles, avec leurs corollaires de drames humanitaires, les réfugiés et les déplacés à l'intérieur des États (comme le Libéria, la Sierra Leone, la Guinée-Bissau, la Côte d'Ivoire et le Mali) etc., le phénomène des enfants soldats, privés d'éducation et de formation, tout comme les autres enfants restés dans les zones de combats..., autant de méfaits qui ont contribué à déséquilibrer toute la sous-région et commandent la mise en place d'actions préventives. Par ailleurs, soutient Jacques Tshibwabwa Kuditshini,

> « *La violation, par divers acteurs, des droits économiques et sociaux des populations africaines, et celles des pays de l'Afrique de l'Ouest en particulier est l'une des évidences largement partagées aujourd'hui. Elle se ressource d'abord dans l'incohérence des politiques publiques élaborées et mises en route par les États de l'Afrique de l'Ouest, ensuite dans les phénomènes de prédation et de corruption institutionnalisées qui affectent non seulement les pouvoirs publics, mais aussi les corps sociaux dans des régimes monocentrés où, pendant près de deux décennies, la dictatorialisation des pouvoirs et le recours aux techniques de contrôle social dures ont été érigés en norme de gouvernance politico-économique* »[1413].

Même en temps de paix, les libertés politiques restent prioritairement à être conquises et défendues ; les droits économiques, sociaux et culturels, la situation de la femme et de l'enfant sont un peu partout déplorables. Jacques Tshibwabwa Kuditshini répertorie les conséquences qu'a entraînées, dans la sous-région, la conjonction de production des violations des droits économiques et sociaux ci-dessus identifiés :

> « *la pauvreté extrême, la carence en alimentation, la prolifération du VIH/sida, l'inaccessibilité aux soins de santé à cause de la vétusté des équipements médicaux et de la destruction des institutions sanitaires, l'accroissement du taux de chômage dans la sous-région, la discrimination liée aux rapports sociaux de*

[1412] Ces violences, qu'elles proviennent des revendications syndicales, corporatistes, collectives et individuelles ou qu'elles soient d'origine étatique sont encouragées par le laxisme, l'impunité et l'injustice sociale.

[1413] TSHIBWABWA KUDITSHINI, J., *art. cit.*, p. 31.

sexe en matière d'attribution d'emplois, des migrations forcées, l'enrôlement des enfants comme soldats, la dégradation de l'environnement, de la faune et de la flore »[1414].

En outre, avec les constantes mutations sociales, dues principalement aux effets de la colonisation ou de la modernité, la tradition africaine du respect des droits de l'homme s'en trouve contrariée par un ensemble de textes, de décisions et de pratiques fondés sur la logique ethnocentriste de la transformation de l'autre[1415]. Cela a occasionné l'affaiblissement des structures traditionnelles et désorienté les mécanismes communautaires qui aidaient à régler habituellement les litiges et à maintenir la cohésion sociale.

Face à cette situation de dégradation et d'appauvrissement de l'humain et de son environnement que connaît l'Afrique tout entière, le chrétien africain, plus encore, s'il est promoteur du burkĩndlem, ne peut pas rester indifférent. Il est doublement invité, à la fois par sa foi et les exigences d'un burkĩndlem réel, à se mettre en avant-garde de la défense des droits des personnes défavorisées, marginalisées ou victimes des injustices et de la discrimination sociales. Pour mener conséquemment sa lutte pour le respect des droits humains, il a la possibilité, voire la contrainte morale, de conjuguer ses valeurs et principes religieux (chrétiens) et culturels (*burkĩmba*), aux fins de relever les défis contextuels. C'est un appel d'autant impérieux que la promotion humaine intégrale en Afrique ne saurait avoir lieu « *sans une évolution conséquente des droits de l'homme qui ne sont pas du tout un invariant universel. Les vrais droits de l'homme sont ceux qui traduisent les vérités locales et sont acceptés et estimés par tous* »[1416]. Par conséquent, le chrétien devra saisir que la vraie culture des droits de l'homme suppose, certes, une conception commune et un idéal commun à atteindre progressivement par tous les peuples et toutes les nations, mais aussi qu'une réappropriation culturelle, et donc contextuelle, des valeurs et défis humains est incontournable. C'est la raison pour laquelle, tout en participant au courant universaliste, la Charte africaine des droits de l'homme et des Peuples[1417] introduit une bonne dose d'originalité[1418] ; preuve de singularité,

---

1414 *Ibidem*, p. 32.

1415 Cf. ABOUA, G., PhD, *art. cit.*, p. 25.

1416 *Ibidem*, p. 28.

1417 Adoptée par la 18e Conférence des Chefs d'État et de gouvernement de l'OUA à Nairobi le 27 juin 1981 et entrée en vigueur le 21 octobre 1986. Voir OUGUERGOUZ, F., *La Charte Africaine des Droits de l'Homme et des Peuples : une approche juridique entre tradition et modernité*, Paris, PUF, 1993.

1418 Boris-Ephrem Tchoumavi relève quelques traits originaux de la Charte africaine des droits de l'homme et des Peuples : « *La Charte africaine a ceci de spécifique qu'elle traite non seulement des droits de la personne, mais aussi des droits des peuples, ainsi que l'indique son nom. L'inclusion de droits des peuples dans la Charte africaine semble être la réponse à l'histoire spécifique du continent africain, histoire marquée par la colonisation et*

d'une volonté de « *privilégier les spécificités de l'ensemble humain auquel elle doit s'appliquer* »[1419]. Dans le contexte de l'Afrique de l'Ouest en particulier, il est reconnu que les sociétés « *sont nanties de valeurs culturelles assorties de notions des droits sociaux et économiques basés sur une réelle solidarité et sur une base communautaire* »[1420]. Il en est ainsi du burkĩndlem chez les Moose du Burkina Faso dont les droits gravitent autour des valeurs fondatrices telles que l'édification de l'humain pour en faire un être libre et affranchi de toute servitude, un être noble, intègre et accompli. Dès lors, le partage des valeurs du burkĩndlem par le chrétien en Afrique le conduit, au nom de sa foi au Christ et des valeurs culturelles locales, à s'engager plus que quiconque en première ligne de la défense et de la promotion des droits humains.

---

la domination étrangère. Mais au-delà de la colonisation, l'inclusion du principe d'égalité entre les peuples dans l'article 19 de la Charte africaine participe également d'une volonté de répondre à des situations de conflits entre communautés, comme l'apartheid ou les discriminations sur des bases ethniques ou religieuses qui avaient cours dans certains pays africains. De même, l'importance accordée à l'auto-détermination des peuples et à leur droit à l'existence (article 20) est un trait caractéristique de la Charte africaine. C'est aussi une solution à la colonisation et même au néocolonialisme, puisque l'expression « domination étrangère » employée laisse la voie libre à de multiples interprétations, notamment parce que la Charte considère que ladite domination peut être politique, économique ou culturelle. Le droit des peuples à la libre disposition de leurs richesses leurs ressources naturelles s'inscrit dans la même ligne. Les droits au développement et à un environnement sain sont aussi traités comme droits des peuples. Cette approche représente également une caractéristique de la Charte africaine qui semble avoir voulu insister sur le caractère communautaire de la vie en Afrique. La Commission a rappelé. Dans l'affaire SERAC, qu'elle était soucieuse de replacer un développement de type coopératif au cœur de la société africaine » : TCHOUMAVI, B.-E., « Traduire l'universel en régional : la pertinence de la Charte africaine des droits de l'homme et des peuples » in MAUGENEST, D. et HOLO, T. (sous la direction de), *op. cit.*, p. 365.

[1419] Ainsi « *s'est traduite par la proclamation concomitante de droits et de devoirs, la codification des droits de l'Homme, mais aussi des droits des peuples et la garantie simultanée de droits civils et politiques, mais également de droits économiques, sociaux et culturels. Cet imposant assemblage normatif est porteur d'une ambition : l'attachement des États africains à leurs valeurs positives de civilisation en dépit des assauts réitérés de la modernité, du pluralisme ethnoculturel, des problèmes socioéconomiques et des conflits internes.* Il en résulte que l'une des particularités de la Charte est le contraste saisissant entre les droits proclamés et l'affirmation de droits et devoirs spécifiques, prolongement des réalités africaines, car les sociétés traditionnelles africaines du fait de la "*croyance à la cosmogonie de l'au-delà attachent une importance vitale à l'être humain qui doit vivre en harmonie avec son groupe, l'esprit communautaire l'emportant sur l'individualisme*" (TEMPELS, R.P., *La philosophie bantoue*, Présence Africaine, Paris, 5e édition, 1965) : TALL, S. N., *art. cit.*, p. 66 ; voir aussi TALL, S. N., « Diversité culturelle et Droits collectifs : la Charte Africaine des Droits de l'Homme et des Peuples » in PLLARD, H. et TZITZIS, S., *Minorités, culture et droits fondamentaux*, L'Harmattan, 2001, p. 16-23.

[1420] TSHIBWABWA KUDITSHINI, J., *art. cit.*, p. 32.

Certes, on sait indiscutablement que le concept de « droit de l'homme » ou encore de « droits humains » a été au départ évité, voire condamné par l'Église[1421]. Mais aujourd'hui, les chrétiens savent que l'Église, dans ses différentes structures à travers le monde est bien en première ligne dans la défense des droits de l'homme et aussi de ses devoirs[1422]. Pour l'Église, essentiellement, les droits de l'homme sont nés avec l'homme ; ils sont inscrits comme lui dans l'ordre de la création, l'ordre naturel des choses tel que Dieu l'a voulu et sont indissociables des droits de Dieu[1423]. Dans l'histoire des idées politiques et de la conquête des droits de l'homme, l'idée fondatrice tient dans la volonté d'écarter des abus blessant la dignité de l'homme, soit entre citoyens, soit de la part des pouvoirs publics. Dans ce sens, il est bien entendu que l'idée centrale des droits de l'homme est parfaitement au cœur de la lutte de l'Église pour la sauvegarde et la promotion de la dignité de l'homme et du baptisé. C'est pourquoi en s'engageant en faveur des droits de l'homme, le chrétien ne nie pas sa foi, mais au contraire, il s'ordonne selon la source ecclésiale des droits humains. Cette source en effet, dans la Tradition chrétienne, s'enracine dans la compréhension chrétienne de la dignité de l'être humain émanant de la

---

[1421] La Déclaration des droits de l'homme et du citoyen de 1789 a été condamnée par le pape Pie VI, dans son Encyclique *Adeo nota*, du 23 avril 1791, mais le Pape ne s'étend pas sur les raisons pour lesquelles il la condamne, se contentant de dénoncer des droits « *si contraires à la religion et à la société* ». Le Magistère ecclésial précisera plus tard ces raisons, si bien qu'aujourd'hui l'Église, quand elle parle des droits de l'homme, ne se réfère pas à la Déclaration de 1789, mais plutôt à la Déclaration universelle de 1948. Il faut dire que dans son esprit même, la Déclaration de 1789, qui n'envisage que les droits de l'homme sans faire mention des devoirs qui leur sont liés, est contraire à l'enseignement traditionnel du Magistère. L'Église ne saurait non plus se reconnaître dans l'esprit purement individualiste qui caractérise cette déclaration, comme si la société n'était qu'un assemblage d'individus, comme si l'homme ne vivait pas en société, etc. En cela, cette déclaration est le reflet d'une idéologie matérialiste et individualiste qui, méconnaissant les corps intermédiaires, aboutit à isoler l'individu face à l'État. Dans son Encyclique *Redemptor Hominis*, Jean-Paul II s'oppose à ce tour d'esprit (cf. n° 17 et 21). Le bien de l'homme ne peut être que celui de la personne dans la communauté, ce n'est jamais le bien de l'individu isolé.

[1422] Que l'on songe, par exemple, s'il est besoin de s'en convaincre, à la longue et patiente lutte de l'Église contre l'esclavage, à sa défense de la dignité de la femme, à sa volonté d'éducation des plus humbles, à la création que nous lui devons de lois de la guerre pour en limiter les ravages, etc. L'inlassable proclamation de l'Évangile a permis, tout au long des siècles chrétiens, de dégager et de faire respecter ces droits de l'homme que d'ostentatoires déclarations viennent nous rappeler aujourd'hui sans doute parce qu'ils sont bafoués à peu près partout dans le monde.

[1423] C'est dire que pour l'Église, les droits de la personne humaine sont antérieurs à la société et à l'État qui ont l'obligation de les reconnaître. Une erreur tragique de notre siècle consisterait précisément à considérer que les droits de la personne humaine dépendent de la volonté collective des hommes. Car si les droits de l'homme dépendent de la volonté exprimée, à un moment donné, par un État ou une institution internationale, alors l'arbitraire est effectivement possible et ces droits peuvent être niés, déformés ou remis en cause à tout moment.

doctrine de la Création. Ainsi que cela nous a apparu assez tangible, l'étude du long développement historique du concept d'« *imago Dei* » attribué à l'homme révèle que la dignité de la personne humaine comme critère inconditionnel d'une éthique universelle de respect et de promotion repose sur le fait que l'homme porte toujours en lui l'indélébile image de Dieu dont il est ontologiquement marqué. À partir de cette conception doctrinale, considérant que l'homme est capable de pécher, en l'occurrence, il peut ne pas accomplir ses devoirs, l'Église reconnaîtra que la dignité de l'homme lui donne des droits et des devoirs. L'institution ecclésiale ne cessera pas par ailleurs de rappeler cet enjeu crucial pour l'avenir de l'humanité[1424]. À la suite de l'Église universelle dont elle fait partie, l'Église d'Afrique ne devra donc pas avoir peur de reprendre à son compte le patrimoine chrétien qui est celui de la défense de la dignité de la personne humaine dans l'esprit de la Révélation chrétienne. Dans la foi en un Droit transcendant ayant des exigences imprescriptibles, un ordre supérieur à l'ordre positif et qui se présente comme une requête d'une volonté divine, et croyant en un système de valeurs qui est comme une exigence essentielle de la nature humaine à laquelle le réel a le devoir de se conformer le plus possible, l'Église qui se veut Famille en Afrique devra se convaincre que les droits de l'homme lui sont beaucoup plus chers qu'ils ne le sont aux incroyants, car il s'agit pour elle, essentiellement, d'obéir à la volonté de Dieu. C'est pourquoi face aux multiples et diverses violations des droits humains, cause d'appauvrissement

[1424] Le ton sera donné, dès le départ en 1963, par le Pape Jean XXIII dans son Encyclique *Pacem in terris* (cf. JEAN XXIII, Lettre Encyclique *Pacem in terris*, Centurion, Paris, 1963). Mais l'enseignement de l'Église se développera davantage dans les documents du Concile Vatican II. Le concile définira donc, document après document, la position de l'Église catholique sur le concept de « droits humains » ainsi que sur la plupart des droits énumérés dans la Déclaration des Nations Unies. Il a, tout au long des documents, tenté d'expliquer ce qu'il faut pour que l'homme arrive à réaliser cette dignité qu'il a reçue de Dieu quand il a été créé. Le document le plus important quant aux droits humains est *Dignitate humanæ* (PAUL VI, *Déclaration sur la liberté religieuse, Droits des personnes et des communautés, à la liberté sociale et civile en matière religieuse*, Rome, 7 décembre 1965), le dernier document approuvé par le Concile, où y est identifiée en mots clairs la base des droits humains. La pensée y est une ligne de partage dans la compréhension catholique de la liberté de conscience, la liberté qui est un des plus importants droits humains et à laquelle l'église rattache tous les autres droits. Ainsi, le concile fonde les droits humains sur la révélation biblique et sur la loi naturelle. Plus tard, le Pape Jean-Paul II, dès sa première encyclique, *Redemptor Hominis* (cf. JEAN-PAUL II, Lettre encyclique *Redemptor hominis*, Typographia Polyglotta Vaticana, Roma, 1979) rappelle que les droits de l'homme ont pour fondement la dignité de la personne humaine, créée à l'image et à la ressemblance de Dieu et rachetée par le sang du Christ. C'est une idée sur laquelle Jean Paul II insistera souvent surtout son livre *Entrez dans l'espérance* (JEAN-PAUL II et MESSORI, V., *Entrez dans l'espérance*, Plon, Paris, 1994) où il montre que les droits de l'homme ont été inscrits dans l'ordre de la création par le créateur lui-même. Il en découle que les institutions humaines n'expriment que ce que Dieu a inscrit dans l'ordre qu'il a lui-même créé.

humain généralisé à l'échelle du continent, l'Église d'Afrique est interpellée dans sa capacité à relever les grands défis humains, à repenser les droits humains comme normes d'une société pacifiée où les hommes vivront heureux. Pour ce faire, les différentes nations africaines, avec les chrétiens *burkĩmba* en tête, devront instaurer une culture de paix, une culture à l'éducation citoyenne, une éducation aux droits de l'homme afin d'amener tout un chacun à adopter une attitude positive, aboutissant à un comportement juste de l'homme vis-à-vis d'autrui. Cela est d'autant nécessaire qu'il est bien reconnu aujourd'hui, que les textes juridiques ne valent que ce que les hommes en charge de leur application valent, et que l'intention favorable à l'application des droits fondamentaux dépend de la valeur intrinsèque des hommes[1425]. Il apparaît donc que c'est au niveau de l'éducation et de la formation aux valeurs humaines qu'il conviendrait d'intervenir pour parvenir à une socialisation des droits de l'Homme fondée sur l'héritage socioculturel africain. Aussi, importe-t-il de tenir compte des besoins et des schémas de représentation mentale dans l'univers africain. Dans cette mesure, pour que la défense et la promotion des droits humains en Afrique soient effectives selon la perspective chrétienne, l'éducation aux valeurs du burkĩndlem chrétien apparaît comme éminemment suggestive dans le contexte africain.

De fait, l'éducation aux exigences du burkĩndlem chrétien, à savoir aux valeurs et exigences de construction chrétienne d'une humanité libre, noble, intègre et accomplie, repose essentiellement sur la conception selon laquelle toute vie humaine est sacrée et inspire respect et promotion, pour la simple raison qu'elle est, à la différence des autres créatures, créée à l'image et selon la ressemblance de Dieu. Cette conception, nous semble-t-il, fonde magnifiquement la dignité du burkĩndlem chrétien et de son nécessaire respect. L'homme, écrit René Coste, « *est bien plus grand que ce que la raison livrée à ses seules forces peut penser. L'homme dépasse l'homme* ».[1426] Il faudrait donc apprendre, avec le philosophe chrétien Blaise Pascal, que « *l'homme passe infiniment l'homme* »[1427]. À cet égard, adepte de la foi chrétienne, le chrétien *burkĩna* se souviendra en toute circonstance qu'à l'aune de l'Évangile, l'incarnation du Christ est à la fois la valeur et le dynamisme englobants de la vie chrétienne. Portant, l'image de Dieu étant gravée au plus profond de tout homme, chaque être humain est, en quelque

---

[1425] Cf. KAMBIRE, M. A., *art. cit.*, p. 95.

[1426] COSTE, R. in AA. VV. *Dictionnaire de Spiritualité*, *op. cit.*, art. « Respect de l'homme ».

[1427] PASCAL, B., *Pensées*, Édition Brunschicg, Paris, 1897, 434. Blaise Pascal exprime en outre son étonnement et son incompréhension au sujet du mystère de l'être humain : « *Quelle chimère est-ce donc l'homme... Quel sujet de contradiction. Quel prodige ! Juge de toutes choses, imbécile ver de terre, dépositaire du vrai cloaque d'incertitude et d'erreur, gloire et rebut de l'univers* ». Perdu dans « *le silence éternel des espaces infinis* » qui « *l'effraie* », « *il ne peut arriver à se comprendre* ». *Ibidem.*

sorte, le reflet même de Dieu au sein de l'univers. La conséquence d'une telle assertion chez les chrétiens *burkĩmba*, c'est que : si selon la tradition du burkĩndlem « *nif tog n zoeta a to* » (l'œil doit avoir peur de son semblable), si le respect et la politesse doivent être des valeurs essentiellement humaines au point de devenir un lieu commun des humains, c'est fondamentalement parce que, dans le Christ, les hommes sont tous images de Dieu que, par conséquent, il existe une fraternité et solidarité humaine chrétienne entre tous les hommes[1428]. Cela permet de garantir, à tous, bon nombre de droits qualifiés aujourd'hui de programmatiques. C'est sans doute dans ce sens qu'il faut comprendre l'interjection de René Coste : « *Quel respect et quel amour ne dois-je pas à quiconque est revêtu d'une telle dignité : tout être humain, mon frère !* ».[1429] Pour la foi chrétienne, c'est de l'Évangile que jaillit chez les chrétiens l'appel le plus chaleureux à un engagement en faveur des droits de l'homme en tant que conditions concrètes décisives du respect de tout être humain et de la nécessaire solidarité universelle. Afin de répondre instamment à cet appel qui comporte une exigence décisive, de nombreuses vertus apparaissent comme incontournables, notamment celles de l'effort et de la volonté.

III. C. Regards chrétiens sur la culture *burkĩna* de la volonté et de l'effort

Le projet d'édification de la personne humaine libre et affranchie de toutes servitudes, digne et accomplie, quelque beau et noble qu'il soit, ne se fait pas sans difficulté et sans contraintes. C'est, du reste, la raison pour laquelle dans la culture du burkĩndlem, pour sauvegarder les exigences et les valeurs essentielles d'humanité par la maîtrise des références anatomiques

---

[1428] On sait qu'en Afrique, l'épanouissement de l'individu s'exerce à condition de ne point nuire à celui de la collectivité. En effet, solidaire et cohérent y garantissent un développement psychologique harmonieux de l'individu. Sans nul doute, la solidarité et le communautarisme atténuent de quelques manières les frustrations individuelles. Le caractère communautaire des sociétés africaines a été considéré par certains auteurs comme relevant d'une logique totalitaire marginalisant les droits des individus et les subordonnant, même par la violence, à ceux de la communauté. Ce débat entre l'individualisme de la personne et solidarité communautaire par rapport à leur impact sur la liberté et l'épanouissement de l'homme est important. Transposé sur le champ des droits de l'homme, il pourrait conduire à croire que les sociétés occidentales, libérales et individualistes seraient enclines à générer et à protéger les droits de l'homme à cause de l'importance qu'elles accordent à l'individu, tandis que les sociétés traditionnelles africaines, basées sur une solidarité communautaire, seraient plutôt portées à étouffer la liberté individuelle. C'est ici l'occasion de rappeler peut-être quelques évidences qui s'inscrivent dans la bonne logique : tout individu dépend originellement d'un environnement culturel sans lequel il ne serait rien, il fait partie d'une société dont il est nécessairement acteur (cf. TSHIBWABWA KUDITSHINI, J., *art. cit.*, p. 37).

[1429] COSTE, R. in *Dictionnaire de Spiritualité*, *op. cit.* art. « Respect de l'homme ».

symboliques, et surmonter les obstacles, la sagesse préconise la culture de l'effort et de la volonté. Il faudrait, suggère-t-on, une volonté ferme et ne pas craindre l'effort pour réussir l'édification d'une humanité noble et épanouie. De fait, dans un contexte humain marqué par la contingence de l'homme et la précarité environnementale, une pédagogie de l'effort et de la volonté se révèle de toute évidence nécessaire et incontournable, pour résister opiniâtrement et avec abnégation à toutes forces d'aliénation, d'appauvrissement et de destruction d'humanité. Mieux, le refus ferme et durable de la paresse et de la facilité devrait avoir pour objectif une culture du caractère, de la mobilisation pérenne des énergies humaines, intellectuelles et spirituelles, pour construire de façon déterminée, selon les normes sociales attendues dans chaque société, une humanité qui porte les espérances contextuelles. En fait, il s'agit ici de bien percevoir que cette exigence de l'effort et de la volonté découle tout simplement de la condition humaine ; car depuis Aristote, c'est bien une « lapalissade », voire un truisme, que d'affirmer l'importance de l'effort et la volonté comme conditions *sine qua non* d'effectivité des actes nobles, dignes des humains ; tant il s'avère réel que la contemplation ou la connaissance du bien ne suffit pas à le réaliser. Fondamentalement, soutiendra le philosophe, « *l'homme est le principe de ses actes* »[1430]. Prenant en compte cette exigence de l'agir humain, la quasi-totalité des traditions humaines, comme dans la culture du burkĩndlem, accorde une place significative à une pédagogie de la volonté et de l'effort, car, face aux difficultés de toutes sortes toujours présentes dans la trame des jours, seule une culture de la volonté (en tant que qualité du caractère ou fermeté et constance dans la décision) et de l'effort (en tant qu'activité de résistance et de combat) peut permettre de relever les défis incontournables.

D'une manière générale, chez les Moose, l'image du Burkĩna qui fait socialement force d'autorité est celle d'un homme qui se « connaît », qui se « maîtrise » ou se « possède » lui-même, et maîtrise toute chose lorsqu'elle doit entrer en rapport pour lui. Dans la culture *moaaga*, à la question de savoir qui est le Burkĩna, la réponse qui se prête d'emblée, c'est qu'il est « *ned sẽ n mi a menga* » (une personne qui se connaît elle-même) ou « *ned sẽ n so a menga* » (une personne qui se possède elle-même). En tant qu'unité psychologique de l'homme, le *neda* (personne ou quelqu'un), à la différence

---

[1430] ARISTOTE, *Éthique à Nicomaque*, III, III, 15 ; voir aussi : *ibidem*, III, I, 6 ; III, V, 5. Selon le philosophe, même s'il existe chez l'homme des actes par eux-mêmes involontaires, il importe de reconnaître que dans une certaine mesure, la cause d'effectivité des actes de l'homme, même pour ceux qui sont déterminés par les circonstances, la violence ou l'ignorance, réside en lui-même. Cela est davantage réel lorsqu'il s'agit d'actes motivés en vue de grands et beaux résultats pour relever des défis comme la fuite de la honte (cf. *ibidem*, III, I, 7 et 20). Chez Aristote l'analyse de l'action humaine est très développée, mais les commentateurs sont loin d'être unanimes sur son interprétation.

du *ninsaala* (quelque chose de lisse ou homme quelconque), se caractérise fondamentalement comme une conscience de soi, qui obéit à l'injonction socratique du « *connais-toi toi-même* »[1431], dans la mesure où il s'affirme dans l'autodétermination la plus réussie. Le projet éducatif d'homme accompli selon les exigences et les valeurs du burkĩndlem suppose donc nécessairement l'autodétermination, autrement dit la volonté comme propriété de la personne, enracinée dans l'auto-maîtrise et l'auto-possession. Tel est chez les Burkĩmba la voie de la sagesse, qui s'inscrit dans un ordre dynamique de l'investigation de soi et de la prise de conscience de son ignorance, afin d'aboutir à un agir conscient et objectif. Pour ce faire, il est de toute évidence qu'une culture de la volonté et de l'effort ne saurait être seulement utile ; bien plus, elle est indéniablement incontournable. C'est pourquoi dans le cadre de la sauvegarde et de la promotion du burkĩndlem, le principe de la volonté et de l'effort, perçu comme siégeant dans la symbolique du « cœur », est à la racine même de l'être *burkĩna*. Sociologiquement en effet, les manquements aux exigences de liberté, d'intégrité, de noblesse et de dignité, et surtout la subordination ou la résignation à toutes formes d'esclavage, sont imputés, en dernière analyse, à l'absence de « cœur ». Il s'agit là d'une métaphore pour désigner le manque d'une culture de volonté et d'effort. Ce nécessaire et indispensable exercice de la volonté et de l'effort apparaît bien, toutes considérations faites, comme vital à toute entreprise humaine, surtout lorsque celle-ci a pour ambition la patiente et endurante édification d'une humanité noble et accomplie. Ce n'est donc pas une exigence exclusive au burkĩndlem.

D'aucuns[1432] ont examiné la place et le rôle de la volonté et de l'effort dans la vie humaine en général et la vie chrétienne en particulier. À ce sujet,

---

[1431] Sur le fronton du temple de la pythie de Delphes consacré à Apollon était placée cette inscription très célèbre : « *Connais-toi toi-même, laisse le monde aux Dieux* », formule contradictoire puisqu'elle signifiait d'une part qu'il fallait penser à se connaître... et, d'autre part, que tout était décidé par les Dieux. Les prêtres du Temple répondaient d'ailleurs à ceux qui venaient les consulter qu'il fallait satisfaire les Dieux. Socrate ne retint que « *Connais-toi toi- même* » et fit figure de contestataire. Cette devise delphique, qu'on attribua donc à tort à Socrate, n'était pas un encouragement à une connaissance psychologique de soi, mais un rappel à l'ordre. Elle avait pour but de remémorer aux individus qu'ils n'étaient que des mortels ; elle invitait les voyageurs à la prise de conscience de leurs propres limites. Selon Platon, disciple de Socrate de quarante-deux ans plus jeune, « *Connais-toi toi- même* » signifiait qu'il faut atteindre la connaissance et la maîtrise de soi et s'affranchir des spéculations idéologiques et des explications théologiques. Le philosophe eut alors le sentiment de la complexité profonde de l'homme. Cf. PLATON, *Charmide ou De la sagesse*, Traduit par Emmanuel Chauvet, Traduction Révisée par Cyril Morana, Fayard/Mille et une nuits, Paris, 2002, 96 p.

[1432] Cf. à titre d'exemple : SOLIGNAC, A. in AA. VV., *Dictionnaire de spiritualité*, *op. cit.*, art. « Volonté » ; VERNAY, R. in AA. VV., *Dictionnaire de spiritualité*, *op. cit.*, art. « Effort » ; PAYOT, J., *L'Éducation de la volonté*, PUF, Paris, 1947, 272 p. ; WOJTYLA, K., *Personne et acte*, Traduction française : GWENDOLINE JARCZYK, Collège des Bernardins/Éditions Parole et Silence, Paris, 2011, 358 p.

la célèbre œuvre du philosophe et universitaire Jules Payot, *L'éducation de la volonté*[1433], a fait école en sciences de l'éducation[1434], comme ce fut le fait dans le burkĩndlem chez les Moose. Considérant les conditions physiologiques de la maîtrise de soi, Jules Payot estimera que la volonté et sa forme la plus haute, l'attention, sont inséparables du système nerveux. Succinctement, selon le philosophe, « *l'énergie de la volonté, de la volonté persévérante, implique la possibilité de longs efforts* » ; plus précisément, « *la volonté est faite de menus efforts réitérés* »[1435]. À cet égard, il importe de bien saisir, ainsi qu'essaie de le caractériser Karol Wojtyla, dans la dynamique intégrale de la volonté, que « *la pleine découverte de la volonté ne se ramène pas au seul moment du vouloir, au vécu "je veux", qui comprend le moment de la liberté identifiable au vécu "je peux, je ne suis pas contraint". Même si ces vécus sont essentiels pour l'acte de même que pour la valeur morale, la volonté et la liberté intérieure de l'homme possèdent cependant encore une autre dimension d'expérience* »[1436]. Certes, de nos jours, on peut conjecturer que, par-delà une expression qui suscite de nombreux questionnements et des remises en cause, à savoir si l'on peut réellement éduquer la volonté, il faut reconnaître que la notion même de « volonté » semble ne plus servir de référence. Elle constituait pourtant dans les sociétés dites traditionnelles, sous la formule d'autonomie de la volonté, la finalité même de toute éducation rationnelle. Une grande partie de ce qui faisait la raison d'être des institutions socio-éducatives des sociétés traditionnelles (en l'occurrence, l'éducation morale, l'éducation de la volonté, des sentiments, du caractère, etc.) semble aujourd'hui désuète ou sujette au relativisme. On sait toutefois que la culture de la volonté, à l'instar du burkĩndlem, s'inscrivait dans une logique psychologique du développement qui envisageait l'éducation comme un processus continu. Dans une perspective spécifiquement chrétienne, les études sur l'apport de la volonté humaine dans l'agir humain sont rarissimes ; pour la simple raison que la tendance acquise depuis les Pères de l'Église, c'est de donner à la volonté de Dieu (ou du Christ) une importance beaucoup plus grande qu'à la

---

[1433] PAYOT, J., *op. cit.*, 272 p. Parmi les œuvres les plus célèbres de l'auteur, *L'éducation de la Volonté* sera publiée pour la première fois en 1893 et à partir de 1909, elle connaîtra au moins 32 éditions et sera traduite en plusieurs langues. Même si aujourd'hui l'ouvrage est complètement oublié, il connut, en son temps, un véritable succès, notamment du point de vue commercial.

[1434] Cf. BARBEY, L., *Les fondements éthiques et psychologiques de l'éducation de la volonté selon M. Jules Payot,* Librairie universitaire, Fribourg (Suisse), 1933, 110 p ; PELAZ, A., *De la réforme du caractère à la lumière de l'Évangile*, Delachaux & Niestlé S. A., Neuchâtel (Suisse), 1932, 23 p ; (rééditer en 2003).

[1435] PAYOT, J., *op. cit.*, Livre III, chapitre IV, § VII.

[1436] WOJTYLA, K., *op. cit.*, p. 127.

volonté de l'homme[1437]. C'est Saint Augustin surtout qui apportera le premier, sur la volonté, une réflexion proprement théologique[1438]. Chez lui, le concept de volonté présente des aspects psychologiques et philosophiques exprimés par le concept de liberté. C'est dans le don de la volonté à Dieu que réside la liberté ; mais celle-ci reste avant tout un combat[1439]. Saint Thomas[1440], pour sa part, attribue la volonté à Dieu dont elle est l'image, puisqu'elle va de pair avec l'intelligence (consequitur intellectum). En Dieu, le *velle* (vouloir), comme l'*intelligere* (intelligence), est identique à l'*esse*

1437 Cf. SOLIGNAC, A. in AA. VV., *Dictionnaire de spiritualité*, *op. cit.*, art. « Volonté ». Selon Aimée Solignac, la notion de « volonté » jouera en particulier dans les controverses christologiques du 4e siècle et, plus tard, aux 6e – 8e siècles dans la controverse autour de la double volonté du Christ (cf. idem).

1438 La théologie de saint Augustin sur le concept de « volonté » affectera l'anthropologie philosophique jusqu'à Emmanuel Kant (1724 -1804). À partir de l'appréhension aristotélicienne de la volonté comme infinie, la *voluntas* (volonté) se révèle, avec Saint Augustin, dans sa grandeur terrible, dans l'expérience du mal et du péché ; la volonté a le pouvoir de nier l'être, de décliner et de défaillir, de se « détourner *de* » Dieu et de se « tourner *vers* » les créatures. Ce pouvoir redoutable de faire défection – ce *posse peccare* – est la marque même de l'infini dans la volonté. En s'efforçant de conceptualiser le « péché originel », sur la base des symboles de la chute et de la captivité, la pensée augustinienne fera avancer la réflexion sur une dimension cachée, à la fois de l'infini et du fini, du vouloir humain. Cette spéculation théologique marquera l'anthropologie : infinie, la volonté humaine l'est à l'image de Dieu en tant que pouvoir de dire oui ou non ; finie, la volonté l'est aussi en tant que mal éclairée par une intelligence bornée et mal obéie par un corps aux forces limitées, infirmes ou rebelles. C'est ainsi que l'anthropologie de la volonté s'est peu à peu précisée et enrichie, à la fois par emprunt au modèle divin auquel la créature participe, et par contraste avec ce qui n'est pour elle que le concept limite de son existence. En dernière analyse, la réflexion théologique a permis d'approfondir le pouvoir même de la volonté humaine. Autrement dit, l'homme peut-il être l'auteur et le maître de ses actes ? On sait que ce débat, amorcé par saint Paul et par saint Augustin, renouvelé par Luther et par Calvin, a alimenté les controverses les plus violentes au XVIIe et au XVIIIe siècle. Une telle réflexion, à laquelle n'ont pas dédaigné de participer Pascal, Malebranche, Leibniz, a donné accès à une méditation sur le pouvoir même du vouloir et approché les paradoxes les plus centraux de l'existence que toutes les expériences de création vérifient, qu'elles soient esthétiques, intellectuelles ou morales ; ce paradoxe est celui-ci : l'homme n'est maître de ses actes qu'à partir d'un apport d'existence et de force qu'il ne domine pas, qui n'est pas son œuvre et qui ne s'appréhende que sous la métaphore du don. Cette articulation de l'être et du restera est en jeu dans les discussions scolastiques sur la prédestination et la grâce. Cf. RICOEUR, P., art. « Volonté » in AA. VV., *DVD Encylopaedia universalis 2012*, © 2012, Encyclopædia Universalis France S.A. ; Cf. SAINT AUGUSTIN, *Le libre arbitre* (De libero arbitrio) in *Le Maître*, Institut d'études augustiniennes, Paris, 993, 300 p ; SAINT AUGUSTIN, *Nature du bien* (De natura boni) in *La distinction et la nature du bien et du mal*, Slatkine, Genève, 1970, 2 parties en 1 vol. ([XXX]-184-98-[17] p.

1439 Cf. SOLIGNAC, A. in AA. VV., *Dictionnaire de spiritualité*, *op. cit.*, art « Volonté ».

1440 Cf. SAINT THOMAS D'AQUIN, *Somme théologique*, Ia q. 19, a. 1 ; cf. aussi idem., Ia, q. 1, a. 8 ad.

(être). Mais c'est particulièrement chez saint François de Sales[1441] qu'une perspective chrétienne de l'apport de la volonté dans l'agir humain semble plus suggestive. Il considère en effet la volonté dans le cadre des conditions personnelles et sociales où elle s'exerce.

En devenant chrétien par le baptême, le Burkĩna, qui sait de par sa culture que la volonté est une faculté essentielle de l'esprit humain, celle dans laquelle se résume le moteur de l'acte humain, se devra de s'approprier les exigences du burkĩndlem chrétien afin de toujours tendre vers la parfaite conformité de sa volonté humaine à la volonté divine, conformité de ses valeurs humaines terrestres aux valeurs divines célestes. Pour ce faire, il éduquera sa volonté à rechercher avant tout les « réalités d'en haut » (cf. Col 3, 1-2 ; Jc 3, 15-17) ; car mort au péché et vivant pour Dieu en Jésus Christ (cf. Rm 6, 11), il doit apprendre, par la pratique de l'Évangile, à devenir, dans le quotidien de sa vie, ce qu'il est réellement : un fils de Dieu (cf. Jn 1, 12). Sachant que la volonté est la faculté de son action, chaque chrétien qui se voudra un authentique Burkĩna, percevra qu'il n'y a de liberté réelle que dans la coopération à la grâce de Dieu et par l'exercice d'un esprit qui, pour être pleinement responsable, assume en contexte dans le Christ, dont il est l'image, sa personne en sa totalité. Si de fait, comme le manifestait saint Thomas d'Aquin, « *l'action est la fin de la créature* »[1442] (*operatio est finis rei creatae*), en ce sens qu'elle donne un sens à l'existence, le chrétien *burkĩna* veillera prudemment sur ses actes, et particulièrement sur sa volonté qui les fait naître ; car il est admis qu'il suffit parfois d'une action unique pour changer, en bien ou en mal, l'orientation d'une vie tout entière. Cette précaution ne devrait pas toutefois l'entraîner dans l'indécision ; et face aux enjeux vitaux qui se posent à lui, il éduquera sa volonté à compter avec la grâce du Christ. Certes, l'action de la grâce de Dieu sur la volonté humaine reste, et doit rester, enveloppée dans le mystère de Dieu lui-même et de la libre relation qu'il noue avec l'homme ; mais dans la foi, le chrétien a l'assurance que la grâce, entre autres effets, lui apporte un supplément de lumière et de force à sa volonté (cf. 2 Co 4, 16 ; 6,1 ; 10, 3-5 ; 12, 7-11 ; Ph 2, 13 ; 4, 13). C'est dans ce mystère de foi que l'Apôtre Paul a pu confesser : « *je puis tout en celui qui me fortifie* » (cf. Ep 3, 13-21 ; 5, 10-13). Aussi, pour autant que le « vouloir » du chrétien s'enracine dans la volonté de Dieu, dans le dessein divin sur chaque homme, et qu'il est fortifié par la puissance divine, la grâce du Christ opérera-t-elle à tous les moments de ses actes « volontaires » et « responsables », pour qu'il se réalise ou s'accomplisse pleinement, c'est-à-dire conformément à l'image

[1441] Cf. SAINT FRANÇOIS DE SALES, *Traité de l'amour de Dieu : Livres I à VI*, Seuil, Paris, 1997, 415 p ; voir aussi : VINCENT, F., *Saint François de Sales, directeur d'âmes, l'éducateur de la volonté*, Beauchesne, Paris, 1923.
[1442] SAINT THOMAS D'AQUIN, *Somme théologique*, Ia, q. 106, a. 5.

divine dont il est ontologiquement marqué. Plus concrètement, la perspective chrétienne admet que l'existence humaine trouve sa pleine réalisation dans l'amour de Dieu et l'amour des hommes (perspective chrétienne qui peut être acceptée aussi, à leur manière, par des non-chrétiens), ce double et unique amour sera donc, chez les chrétiens *burkĩmba*, la fin générale que doit se proposer toute volonté humaine à travers toutes ses décisions particulières. Dès lors, la grâce divine, loin d'éliminer la volonté, lui permet seulement d'aller jusqu'au bout de ses capacités, ainsi que le déclarait le docteur angélique : « *la grâce ne supprime pas la nature, mais la parfait* »[1443]. C'est dire que dans ce long processus d'édification d'humanité à l'image et selon la ressemblance de Dieu, l'effort n'est pas absent, si tant il est vrai que la volonté à l'échelle humaine est faite de menus efforts réitérés[1444].

Le projet de pleine, libre, noble et digne humanisation de l'être homme à l'image de Dieu, ainsi que nous l'avons reconnu, se révèle être évidemment un long processus continu et jamais achevé – il couvre en effet la totalité de chaque vie humaine individuelle – et au cas échéant, l'effort y trouve toute sa place. La tâche d'humanisation réelle, la croissance ou le développement à réaliser en chaque être humain fait bien l'effet d'une entreprise ardue qui nécessite l'endurance et la persévérance. Le caractère, l'ampleur, la durée d'une telle entreprise, la perspective même de progrès continus à y réaliser réclament, indubitablement, une suite d'efforts qu'il y aura à maintenir et renouveler. Pour le chrétien, cette exigence qui s'autorise de nombreuses références évangéliques semble inscrite au cœur même de sa vie de foi. Le chrétien est appelé à comprendre que le Royaume de Dieu souffle violence et que ce sont les violents qui s'en emparent (cf. Mt. 11, 12 ; Luc 16, 16). Pour y enter, il faudra s'efforcer de passer par la porte étroite (Luc, 13, 24) et persévérer jusqu'à la fin malgré les persécutions (cf. Mt 10, 22). De même que le fruit se rapporte à force de persévérance (cf. Lc 8, 15), de même, c'est par la persévérance qu'on gagnera la vie (cf. Lc 21, 19). Il est particulièrement remarquable d'observer que c'est des termes du champ sémantique d'effort, de lutte ou de combat, dans leur dure signification, qui reviennent sans cesse sous la plume de l'Apôtre Paul lorsqu'il évoque des labeurs de son apostolat, de celui de ses collaborateurs, ou de la simple conduite chrétienne[1445]. D'après Robert Vernay, la comparaison des coureurs et des pugilistes tendus vers la conquête de couronnes quoique périssables (cf. 1 Co 9, 24-27 ; Ga 2, 2), et l'image même de celui qui, oublieux de ce qu'il laisse derrière lui, s'élance de toute sa vigueur vers ce qui est devant et

---

[1443] SAINT THOMAS D'AQUIN, *Somme théologique*, Ia, q. 1, a. 8 ad 2 ; cf. SOLIGNAC, A., art. « Volonté » in AA. VV., *Dictionnaire de spiritualité*, Beauchesne, Paris, 1994.
[1444] Cf. PAYOT, J., *L'Éducation op. cit.*, Livre III, chapitre IV, § VII.
[1445] Cf. VERNAY, R. in AA. VV., *Dictionnaire de spiritualité*, *op. cit.*, art. « Effort ».

court au but pour remporter le prix céleste (cf. Ph 3, 13-15 ; He 12, 1-4), sculptent en haut-relief les attitudes d'un effort poussé jusqu'aux limites extrêmes[1446]. Dès lors, vivre du burkĩndlem chrétien, c'est être à un double titre, culturel et religieux, appelé à mener un combat pour vaincre à la suite du Maître et Seigneur crucifié. De ce point de vue, marcher à la suite du Christ crucifié pour le chrétien *burkĩna* impose le renoncement à soi-même et la croix quotidienne (cf. Lc 9, 23-25). En outre, l'authentique charité qui englobe la pratique de toutes les vertus morales auxquelles l'Évangile confère leur perfection (Mt 5, 17-47), la prescription de l'amour même des ennemis, l'impératif de perfection à l'image du Père céleste (Mt. 5, 48), toutes ces exigences d'excellence ou de performance de qualités humaines ne peuvent s'accomplir sans effort[1447]. Et la grâce n'en dispense pas ; car si elle donne de vaincre (cf. Rm 7, 14-25), elle n'exempte cependant pas de la lutte. C'est pourquoi être chrétien *burkĩna* dans l'ordinaire de la vie et la marche générale des affaires du monde, surtout dans le contexte africain marqué par une pauvreté humaine prépondérante, c'est, par-delà la crainte instinctive de défaillir, parvenir à remporter de réels succès au sein d'une faiblesse perçue comme telle.

Face à la paupérisation humaine caractéristique du contexte africain, et à considérer la tâche colossale ou titanesque de promotion humaine à réaliser, le chrétien *burkĩna* devra être habité, en vertu de sa foi en la suffisance de la grâce du Christ (cf. 2 Co 12, 9), par l'espérance de triompher de ses flagrantes faiblesses personnelles. Il comprendra alors que ses propres réussites ne sont pas à vrai dire les siennes ; celles-ci viennent du Christ qui vit en lui (cf. Ga 2, 20). Ainsi soutenu par la grâce du Christ dans ses faiblesses et ses efforts quotidiens, il découvrira, à la suite de l'Apôtre Paul, la paradoxale assurance qu'avec le Christ, lorsqu'il est faible, c'est alors qu'il est fort (2 Co 12, 7-10). Sans nul doute découvrira-t-il, surtout dans sa vie de foi, que si sa pratique d'une religion du cœur et son progrès spirituel requièrent des efforts soutenus, nombreux, inévitables, plus ou moins rudes selon les moments, et exigent des exercices gradués, des forces, des capacités, et des aptitudes en tout genre, appelées au meilleur service dans la

---

[1446] Cf. *idem*.

[1447] C'est ici qu'il faut rappeler la position significative de Robert Vernay pour qui « *Les obstacles, les résistances, les oppositions, prendront ici la forme de tentations... celle de renoncements, oublis de soi, fatigues, sacrifices qu'imposent les devoirs d'état et le don de soi dans l'apostolat ; celle du caractère ardu des vices à corriger et des vertus à perfectionner. Celle des contradictions du dehors. Et dans l'intime : celle des répugnances et de l'ennui, des sentiments de déception et de découragement causés par les échecs et les insuffisances, par la critique, par l'ambiance ; celle des dépressions et des doutes, de la lassitude et de la mollesse, de la crainte de l'effort lui-même devant les conditions onéreuses d'une marche vers l'idéal dont on voit qu'elle entraînera exigence après exigence, sans répit et jusqu'à la fin. L'ascèse n'est pas seule à faire appel à l'effort ; la mystique tout autant qu'elle* » : *idem*.

diversité des tâches de notre vie, tout cela reste limité. Lorsqu'il aura accompli toutes les exigences inhérentes à son plein épanouissement selon le dessein divin, il se considèrera encore comme un serviteur inutile (cf. Lc 17, 10). En fait, dans l'ordre chrétien, on sait que toute initiative et toute efficience créées doivent demeurer subordonnées à l'initiative et au don divins, car « *sans moi, déclare le Christ, vous ne pouvez rien faire* » (Jn 15, 1-5). C'est une vérité essentielle, en convient Robert Vernay, « *dans l'ordre de la nature aussi bien que dans celui de la grâce* »[1448]. Chez le chrétien, l'effort n'est donc pas, en tant que tel, la mesure du mérite ni de la perfection. Une telle réserve ne signifie pas toutefois que l'effort dans la longue et patiente édification de l'humain conformément aux exigences du burkĩndlem chrétien ne soit pas indispensable et ne contribue pas hautement et excellemment au progrès humain. Il s'inscrit, avec la grâce divine, au cœur même des défis humains à relever, en l'occurrence le travail considéré comme la clé du succès productif.

III. D. La conception chrétienne du travail *burkĩna*

Perçu comme la condition essentielle pour acquérir humanité et « liberté », et représentant alors, dans la culture du burkĩndlem comme dans toute culture humaine, une valeur suprême, la clef du succès, le travail se révèle être, par conséquent, une dimension humaine fondamentale, pour tout le devenir humain en général, et à un titre particulier, pour le devenir chrétien *burkĩna*. Du fait qu'il exprime une dimension humaine fondamentale, il fait l'objet de considérations particulières dans toutes les cultures humaines, sociales, politiques ou religieuses. Ses définitions, encore plus ses notions et conceptions, sont multiples et variées. À la question de savoir concrètement ce qu'il en est, *Le Petit Larousse* le définit comme étant « *la peine que l'on prend à faire quelque chose* »[1449]. Quant au *Petit Robert*, il mentionne d'emblée que c'est l'« *état de celui qui souffre, qui est tourmenté ; activité pénible* », avant de déclarer que c'est l'« *ensemble des activités humaines coordonnées en vue de produire ou de contribuer à produire ce qui est utile ; état, situation d'une personne qui agit avec suite en vue d'obtenir un tel résultat* »[1450]. En sciences sociales, le travail peut se définir, d'après Alain Birou, comme étant « *l'action de l'homme qui, par l'intervention de tout son être et grâce à sa capacité d'anticipation rationnelle, maîtrise la nature pour la faire servir à ses fins et lui permettre*

[1448] *Idem.*
[1449] AA. VV., *Le Petit Larousse Illustré 2012*, Larousse, Paris, 2012, art. « Travail ».
[1450] REY, A. et REY-DEBOVE, J., *Le Petit Robert*, art. « Travail ».

aussi de se réaliser lui-même »[1451]. Et l'auteur de s'empresser d'apporter la précision selon laquelle « *aucune définition du travail n'est totalement satisfaisante, car elle implique une conception de l'homme et de sa place dans le monde, et ne saurait rallier tous les suffrages* » [1452]. Lorsqu'on examine ces différentes approches du concept, il est loisible d'en discerner deux tendances majeures : celle du travail comme peine, souffrance, labeur ou même un tourment ; et celle du travail comme œuvre, production, accomplissement de soi. Du point de vue de l'analyse historico-critique de la conception du travail, ces deux tendances majeures peuvent être observées. À ce sujet, selon de nombreuses traditions humaines, le travail a d'abord été considéré comme la punition d'une faute. Alors que dans de nombreuses traditions orales africaines, comme celle du milieu d'émergence du burkĩndlem, il existe des mythes[1453] selon lesquels le travail est la conséquence d'une rupture (entre le ciel et la terre par suite de la faute d'une femme), dans la révélation biblique, le travail aurait pour origine une punition d'une faute : « *le sol sera maudit à cause de toi. C'est dans la peine que tu t'en nourriras tous les jours de ta vie* » (Gn 3, 17) ; ce qui laisse comprendre que le labeur est la condition de l'homme pécheur et déchu[1454]. Mais à côté de cette conception pessimiste et négative, il existe, dans la quasi-totalité des traditions humaines, une conception optimiste et positive du travail, sans doute la plus importante. Dans cette tendance dominante, d'une part la valeur du travail est mise en lien avec la création de l'univers

---

[1451] BIROU, A., *Vocabulaire pratique des sciences sociales*, Économie et civilisation, éditions Économie et humanisme, Paris, 1969, art. « Travail ».

[1452] BIROU, A., *Vocabulaire pratique des sciences sociales*, Économie et civilisation, éditions Économie et humanisme, Paris, 1969, art. « Travail ».

[1453] Cf. BADINI, A., *Naître et grandir chez les Moosé traditionnels,* p. 26. Chez les Moose, il existe deux mythes décrivant l'origine du travail. Tous les deux mythes disent qu'à l'origine, l'homme n'avait pas besoin de travailler parce que le ciel était proche de la terre et que les hommes se nourrissaient d'éléments nutritifs compacts comme de la viande dont le ciel était constitué. C'est au niveau de la faute qui a occasionné l'élévation si haute du ciel que les deux récits divergent : pour l'un c'est une femme qui a coupé une partie interdite de la matière nutritionnelle, chose qui était défendue ; pour l'autre, c'est une femme qui, en pilant dans son mortier, a trop élevé son pilon et l'instrument a touché une partie défendue, en l'occurrence le cœur de la matière nutritionnelle. Dès lors, le ciel est parti si haut que les hommes sont désormais obligés de travailler pour se nourrir.

[1454] On sait que chez les Grecs, traditionnellement, le travail manuel était la peine de l'esclave, tandis que l'activité intellectuelle et politique était réservée à l'homme libre. Chez les Latins, le « tripalium » d'où vient le mot « travail » désignait un instrument d'immobilisation à trois pieux dont on se servait pour immobiliser les chevaux rétifs afin de les ferrer ou les soigner. Il désignait aussi le trépied qui aidait les femmes à accoucher (en obstétrique), mais c'est aussi un instrument de torture. Il a été étendu ensuite aux occupations nécessitant des efforts pénibles, celles des "hommes de peine", puis à toutes les activités de production. Au XIXe siècle, avec la révolution industrielle, le mot travail exprimait la misère du prolétariat.

par Dieu et avec la condition naturelle et sociale de l'homme ; et d'autre part, la peine d'un travail est appelée à libérer, affranchir l'homme de toute forme de servitude. Dans cette conception du travail, celui-ci est simplement considéré comme une catégorie anthropologique, voire « *un invariant de la nature humaine, donc à valeur universelle, permettant à l'homme la réalisation de soi et lui fournissant le principal fondement du lien social* »[1455]. Cette tendance humaine positive est largement partagée par la plupart des traditions religieuses, dont en particulier la tradition chrétienne, qui y voient une valeur éminemment positive, basée sur le concept de l'« appel » divin au travail[1456]. Dans cette optique, trois dimensions typiques se dégagent de toute activité humaine : personnelle (réalisation de soi), sociale (en tant que pont entre les individus et la société) et spirituelle ou transcendantale (moyen d'atteindre l'état de béatitude avec l'univers, le Royaume de Dieu ou le nirvana). Ce qu'il a été convenu d'appeler « travail décent » peut être perçu, d'après Dominique Peccoud, comme toute activité humaine, qu'elle soit physique, intellectuelle, artistique ou spirituelle, qui préserve le lien entre ces trois dimensions[1457].

La foi chrétienne souscrit à la dignité et à la noblesse du travail à travers lequel l'être humain s'inscrit dans la dynamique de la volonté du divin Créateur et devient ainsi collaborateur de Dieu à l'œuvre dans sa création. Dans son enseignement social, l'Église, se fondant sur la Révélation, sa Tradition, la recherche théologique et l'expérience humaine, accorde une attention particulière au travail humain[1458] en tant qu'expression

---

[1455] PUEL, H. in AA. VV., *Catholicisme, hier, aujourd'hui, demain, op. cit.*, art. « Travail ».

[1456] Cf. PECCOUD, D. (sous la direction de), *Le travail décent : Points de vue philosophiques et spirituels*, (traduit de l'anglais par Sophie Dufour, Bureau international du Travail, Genève, 2004, p. 29.

[1457] Cf. *idem*. Selon Peccoud, les différentes traditions religieuses défendent « *la composante éthique du travail qui peut être définie comme la responsabilité de l'individu dans son travail et envers les autres sur le lieu de travail, envers la famille et la communauté plus élargie, comme cela est souligné dans l'Agenda pour le travail décent* » : *ibidem*, p. 33. L'Agenda pour le travail décent semble, pour lui, être construit sur une triple approche des valeurs, droits et politiques à travers ses objectifs stratégiques : la promotion de la Déclaration des principes et droits fondamentaux au travail (1998) se fonde sur des valeurs universellement reconnues devant être mises en œuvre dans des droits ; le développement de l'emploi et de la sécurité et santé au travail est un exemple de valeurs qui inspire des politiques ; le dialogue tripartite est la meilleure manière d'articuler la relation entre, d'une part, les individus ou leurs représentants dans des sous-groupes (gouvernants, employeurs et travailleurs) et, d'autre part, la communauté tout entière afin de promouvoir des droits à travers des politiques adaptées. Cf. *idem*.

[1458] Sur le travail humain, on peut observer la production d'une littérature abondante dont les principales sont entre autres : CHENU, M.-D., *Pour une théologie du travail*, Seuil, Paris, 1965, 119 p. ; PAUL VI, *Conception chrétienne du travail*, Audience générale, Mercredi 1er mai 1968 ; JEAN-PAUL II, *Laborem exercens*, Libreria Editrice Vaticana, Vatican, 1981. Ce

fondamentale de la dignité humaine intrinsèque, qui a des dimensions à la fois spirituelle et matérielle. Pour la tradition chrétienne enracinée dans la révélation biblique, en dépit du préjugé courant de nos jours, « *le travail ne vient pas du péché : avant la chute, Yahweh Dieu prit l'homme et l'établit dans le jardin d'Éden pour le cultiver et le garder* »[1459] (cf. Gn 2, 15). De plus, si le Décalogue prescrit le Sabbat, c'est au terme de six jours de travail (Ex 20, 8-11) ; en formant l'homme à son image (cf. Gn 1, 26), Dieu a voulu l'associer à son dessein et après avoir mis l'univers en place, il l'a remis entre les mains de l'homme, avec le pouvoir d'occuper la terre et de la soumettre (cf. Gn 1, 28). Dès lors, le travail apparaît comme une loi de la condition humaine (cf. Dt 5, 13), et s'impose à tout homme. C'est pourquoi l'homme biblique est sévère pour l'oisiveté, au nom de la simple raison : le paresseux n'a rien à manger (Pr 13, 4) et risque de mourir de faim (Pr 21, 25) ; rien ne vaut la faim pour stimuler au travail (Pr 16, 26), et saint Paul n'hésite pas à utiliser cet argument pour montrer leur aberration à ceux qui refusent de travailler : « *Qu'ils ne mangent pas non plus* » (2 Th 3, 10). Davantage, l'oisiveté est une déchéance (Pr 31, 27) et l'on raille le paresseux : « *Sur ses gonds tourne la porte, et sur son lit, le paresseux* » (Pr 26, 14). Ce n'est plus un homme, c'est « *une pierre crottée* », « *une poignée d'excréments* » (Si 22, 1-2) qu'on rejette avec dégoût. Par contre, est alors apprécié le travail bien fait, l'habileté et le cœur à l'ouvrage du laboureur, du forgeron ou du potier (cf. Si 38, 26.28.30). Dans la perspective de la tradition chrétienne, le devoir et l'exigence de travailler traduisent simplement le jugement d'une conscience saine et droite à la suite du Maître. En entrant dans le monde, Jésus-Christ le Nouvel Adam, permet à l'humanité de remplir la mission de dominer le monde (He 2, 5-8). Après avoir travaillé et sauvé l'homme, Il donne au travail sa pleine valeur et rend son obligation plus pressante, en la fondant sur les exigences concrètes de l'amour surnaturel[1460].

Dans le christianisme dorénavant, le travail humain sera moins vu comme une suite nécessaire du péché, comme un châtiment, comme une humiliation, que comme une possibilité de libération personnelle et sociale, et comme une obligation morale[1461]. Le second Concile du Vatican en magnifiera la valeur transcendantale : « *Pour les croyants, une chose est certaine : considérée en elle-même, l'activité humaine, individuelle et collective, ce gigantesque effort par lequel les hommes, tout au long des siècles,*

dernier document, publié à l'occasion du 90e anniversaire de l'Encyclique *Rerum Novarum*, est tout entier centré sur l'éthique chrétienne du travail humain.

[1459] DE SURGY, P. et GUILLET J. in LEON-DUFOUR, X. (sous la direction de), *op. cit.*, art. « Travail ».

[1460] *Idem.*

[1461] Cf. QUACQUARELLI, A. in AA. VV., *Dictionnaire de spiritualité*, *op. cit.*, art. « Travail ».

s'acharnent à améliorer leurs conditions de vie, correspond au dessein de Dieu. L'homme créé à l'image de Dieu, a en effet reçu la mission de soumettre la terre et tout ce qu'elle contient, de gouverner le cosmos en sainteté et justice et, en reconnaissant Dieu comme créateur de toutes choses, de Lui référer .son être ainsi que l'Univers : en sorte que, tout étant soumis à l'homme, le nom même de Dieu soit glorifié par toute la terre » (*Gaudium et Spes*, n° 34). Dans cette dynamique du concile, le pape Paul VI en prolongera la réflexion et redéfinira la conception chrétienne de l'activité humaine lors d'une audience générale :

> « *Le travail est l'expression normale des facultés physiques, morales et spirituelles, du talent du génie de l'homme, génie de la production et de la perfection. Il exprime sa pédagogie fondamentale, le niveau de son développement. Il obéit au dessein primitif du Dieu créateur qui a voulu que l'homme explore, conquière, domine la terre, avec ses trésors, ses énergies, ses secrets. Le travail n'est donc pas en soi un châtiment, une déchéance, un esclavage comme le pensaient même les meilleurs parmi les anciens. Il est l'expression du besoin naturel chez l'homme d'exercer ses forces et de les mesurer avec les difficultés des choses, pour les réduire à son service. Il est l'expression libre et consciente des facultés humaines, des mains de l'homme guidées par son intelligence. Le travail est donc noble, et, comme toute honnête activité humaine, il est sacré* »[1462].

Quelques années plus tard, Jean-Paul II éprouvera la nécessité, au plan doctrinal, de consacrer toute une encyclique à la pensée de l'Église sur la problématique du travail humain. Cette encyclique reprend, dans un contexte nouveau, les fondements doctrinaux pour les actualiser au regard des nouveaux défis mondiaux. Il déclare à cet effet que :

> « *Fait à l'image, à la ressemblance de Dieu lui-même dans l'univers visible et établi dans celui-ci pour dominer la terre, l'homme est donc dès le commencement appelé au travail. Le travail est l'une des caractéristiques qui distinguent l'homme du reste des créatures dont l'activité, liée à la subsistance, ne peut être appelée travail ; seul l'homme est capable de travail, seul l'homme l'accomplit et par le fait même remplit de son travail son existence sur la terre. Ainsi, le travail porte la marque particulière de l'homme et de l'humanité, la marque d'une personne qui agit dans une communauté de personnes; et cette marque détermine sa qualification intérieure, elle constitue en un certain sens sa nature même* »[1463].

Cette forte déclaration touche le cœur même de la conception chrétienne du travail. C'est en tant qu'activité de l'homme que le travail a sa dignité.

[1462] PAUL VI, *Conception chrétienne du travail*, Audience générale, mercredi 1er mai 1968.

[1463] C'est ainsi que dès son ouverture l'Encyclique rappelle les fondements chrétiens du travail humain. Voir JEAN-PAUL II, *Laborem exercens*, les bénédictions à l'ouverture de l'Encyclique.

D'où la dénonciation dans la doctrine sociale de l'Église, de tout ce qui vient perturber la véritable hiérarchie des valeurs[1464].

Dans cette mesure, tout Burkĩna baptisé, participant de la nature divine par grâce, est conduit à cultiver au quotidien « *la conviction qu'il existe un lien essentiel entre le travail de chaque homme et le sens global de l'existence humaine* ».[1465] Aspirant légitimement à une vie de véritable exercice de liberté humanisée, le travail décent lui apparaîtra « *comme l'instrument d'une récompense et d'une rédemption* »[1466], comme le lieu où s'exercent une unité et une solidarité communautaire et de toute l'humanité en quête d'un mieux-être, d'un développement humain réellement durable. De ce fait, quand bien même le travail demeure chez lui une peine, il sera pleinement convaincu qu'« *il a une finalité libératrice* »[1467], condition incontournable d'un burkĩndlem réel. Sachant que, sauvé par Dieu dans tout son être total, l'homme *burkĩna* ne peut plus vivre dans des conditions de vie sociale, économique, culturelle, politique… infrahumaines[1468], les chrétiens *burkĩmba* seront persuadés que, par leur travail, ils sont collaborateurs de Dieu à l'œuvre dans la création, pour la parfaire. Cette vocation humaine au travail, le burkĩndlem chrétien doit l'appréhender en union avec l'humanité entière, non pas comme une humiliation, mais comme un chemin d'ennoblissement et d'accomplissement humains. Dans le contexte de pauvreté dont souffre le continent africain, les chrétiens *burkĩmba* sont particulièrement appelés à rendre la terre féconde et à l'organiser : entre autres, lutter contre les intempéries et la sécheresse, améliorer les cultures pour l'autosuffisance alimentaire, tracer des routes, construire des ponts, des barrages et des ports, dévier le cours des fleuves, creuser des mines et percer les montagnes, etc., tout en veillant à la protection de la nature. En effet, le travail de l'homme en contexte de pauvreté généralisée ne doit ni s'arrêter, ni cesser d'inventer, pour faire face aux nécessités contextuelles, et aux défis nouveaux qui se posent dans un contexte social africain en perpétuelle mutation. L'inertie ou la paresse d'un seul peut se répercuter sur la société tout entière. Il est donc nécessaire que chacun ait le sens de sa responsabilité et donne le meilleur de lui-même. Tous doivent travailler, à la suite du Créateur, et chacun à sa place, au bien-être social et contribuer par la charité à subvenir aux besoins des plus pauvres. Tout chrétien *burkĩna* comprendra

---

[1464] Il en est ainsi dans la pensée économique et matérialiste, si le travail est considéré comme un simple instrument de production, selon sa valeur marchande. Par le travail, l'homme non seulement transforme la nature, mais il se réalise lui-même et construit la société familiale et nationale ; trois sphères de valeurs où il est impliqué. Cf. JEAN-PAUL II, *Laborem exercens*, n° 6.

[1465] JEAN-PAUL II, *Message à la conférence internationale du travail (*1982) n° 7, 1.

[1466] PUEL, H. in AA. VV., *Catholicisme hier – aujourd'hui – demain, op. cit.*, art. « Travail ».

[1467] *Idem.*

[1468] Cf. Jean-Paul II, Exhortation apostolique *Ecclesia in Africa*, n° 69.

alors que dès le commencement il est appelé au travail, et qu'en Dieu dont il est image, son travail exprime son burkĩndlem réel, et est devenu son allié et celui de toute l'humanité, qui l'aide à vivre dans la vérité, la noblesse, la liberté, la dignité, l'intégrité : somme toute, un burkĩndlem construit sur Dieu qui lui permet de mener, en plénitude, une vie digne de l'humain. Créé à l'image de Dieu et appelé à devenir une image ressemblante de son Créateur, il est essentiel pour l'humain d'être persuadé que son travail apparaît singulièrement comme un moyen efficace de prendre ses responsabilités, de réaliser ses choix en mettant en œuvres ses capacités et potentialités au service de son épanouissement réel. Bien plus, dans un contexte mondial nouveau, il importera de bien saisir que les valeurs traditionnelles du travail, comme discipline éducative, tout en restant importantes, ne suffisent plus. Il faut encore découvrir le sens de la transformation qualitative du travail humain et de la rencontre imprévue de l'homme et de la nature. Ainsi que l'estime Marie Dominique Chenu « *le travail aujourd'hui n'a plus seulement pour but de nous faire gagner notre pain : il crée en quelque sorte l'énergie sociale, immédiatement au service de l'entière humanité* »[1469]. C'est dire que l'activité humaine ne consiste pas simplement à assurer un salaire minimum pour survivre. Il est admis que l'être humain, reflet du divin, est une entité globale ayant ces besoins matériels, sociaux, psychologiques et spirituels[1470]. Le travail aura donc pour vocation de permettre à chaque être humain de se réaliser en tant qu'« être intégré » pour exprimer et développer ses compétences, sa personnalité, sa sagesse, son potentiel et capacité, et, selon les situations, élever une famille, éduquer des enfants et participer à la vie sociale, etc. Il s'agira, en fait, de cultiver le sens chrétien du travail productif et de promouvoir une spiritualité du travail participatif et solidaire dans un contexte mondial qui prône le développement humain durable comme horizon d'une humanité en quête de mieux-être et marquée par une nouvelle sensibilité écologique. En mettant en œuvre son intelligence, son imagination, son sens critique, ses capacités et ses potentialités au service d'un monde où tous les hommes trouveront leur place et la possibilité d'être à leur tour créateurs, c'est-à-dire être acteurs, le chrétien se construit selon les valeurs du burkĩndlem chrétien et réalise ainsi, avec la grâce de la Rédemption, sa configuration au Christ, authentique Burkĩna, qui a libéré son peuple de toute servitude. L'enjeu sera alors celui

[1469] CHENU, M.-D., *Pour une théologie du travail*, p. 20-21. Dans cette mesure, la question du profit est dépassée par celle de la création collective : « *Le travail est facteur d'humanisation en devenant le pivot d'une "socialisation » grâce à laquelle l'humanité franchit une étape décisive dans sa démarche collective"* (*idem*, p. 22). Cela va même jusqu'à une intériorisation qui est présence spirituelle à la construction d'une œuvre commune.

[1470] Cf. PECCOUD, D. (sous la direction de), *Le travail décent : Points de vue philosophiques et spirituelles*, traduits de l'anglais par Sophie Dufour, Bureau international du Travail, Genève, 2004, p. 36.

de la fidélité à sa vocation chrétienne. Au regard de l'évolution du monde en effet, c'est la tâche de tout chrétien et de l'ensemble de toute la communauté des chrétiens, s'ils veulent vivre pleinement leur foi dans l'histoire, de redéfinir périodiquement, en fonction des défis et des exigences contextuels, leur façon de vivre le message toujours neuf du Christ.

Conclusion

En essayant de comprendre chrétiennement les valeurs et les exigences du « burkĩndlem », nous avons aussi appréhendé ses nécessaires implications dans le développement humain durable selon la perspective chrétienne. Il s'est agi de considérer le « burkĩndlem » avec sérieux et de nous approprier chrétiennement ses moyens de promotion. L'analyse de la signification du « burkĩndlem chrétien », dans la perspective du « développement humain durable » en Afrique, nous fait percevoir que l'édification de la personne humaine libre, noble, intègre et accomplie n'est pas une mince affaire face aux besoins vitaux dont le manque procure la honte. Pourtant, créé à l'image et à la ressemblance de Dieu, chaque Africain, comme tout homme, a une vocation : faire de l'image de Dieu en lui une image ressemblante. Ce projet peut prendre chez les Africains la forme culturelle de Burkĩna que le Christ, dans son incarnation, porte à des exigences chrétiennement plus fécondes. En Jésus Christ, il ne s'agit plus simplement de sauvegarder le burkĩndlem, de « *zâ burkĩndlem* » (garder l'intégrité), mais bien plus, de l'assumer authentiquement selon le dessein de Dieu. Figure authentique du burkĩndlem vrai, Jésus Christ, parfaitement Burkĩna, est désormais source et cause exemplaire des Burkĩmba. Fils de Dieu fait homme et premier-né des Burkĩmba, il a construit pleinement son humanité sur des normes plus exigeantes ; et en lui, l'homme nouveau est né, libre de toute servitude, noble de la grâce de Dieu, digne de la vie divine. Il s'agit ici, de quelque manière, une divinisation de l'homme. On se rappelle dans cette optique que Maître Eckhart, à la suite des Pères de l'Église, indique l'axe central de l'anthropologie chrétienne, dans son interprétation de la péricope de Luc 9, 12 : « *Notre Seigneur nous enseigne combien noble fut créé l'homme en sa nature, et combien divin est ce qu'il peut obtenir par grâce et aussi comment l'homme doit y parvenir* »[1471]. La condition pour parvenir à la noblesse divine, selon Maître Eckhart, c'est prendre et puiser « *tout son être et toute*

[1471] GANDILLAC, M. de (traduction, introduction et notes de), « Le sermon de l'homme noble et le premier sermon allemand » in ZUM BRUNN, E. (Textes et études réunis par), *Voici Maître Eckhart*, Éditions J. Millon, Grenoble, 1998, p. 81 ; cf. MAITRE ECKHART, *De l'Homme Noble*, Aubier/Montaigne, Paris, 1942, p. 105.

sa vie, toute sa béatitude, uniquement de Dieu, par Dieu et en Dieu seul »[1472] et devenir « *l'expression de celui qui vit tout entier en Dieu, qui connaît la filiation divine* »[1473]. Ainsi, la figure de l'« homme noble », chez Maitre Eckhart, n'est donc pas l'homme arrivé à la perfection par ses seules forces, mais « *celui du Fils, c'est-à-dire de l'homme qui n'est plus aliéné et vit désormais de l'infinie joie de l'esprit* »[1474] ; celui « *en qui est imprimée l'image de Dieu et semée la semence de Dieu* »[1475], c'est-à-dire le Fils même de Dieu. Se révélant par conséquent archétype et prototype de noblesse divine et donc de burkĩndlem divin, le Christ est désormais celui sur qui doit être misé tout agir et toute attitude authentiquement *burkĩna*. C'est pourquoi dorénavant, le burkĩndlem chrétien, pour être authentique, sera une participation à l'unique burkĩndlem du Christ, Figure authentique du burkĩndlem vrai. Une telle perception comporte des implications dans la vie quotidienne des chrétiens *burkĩmba*, dans la perspective de leur développement intégral. Si donc la culture du burkĩndlem promeut des valeurs humaines indispensables à la promotion de chaque homme et de la société, combien plus cela est davantage engageant pour le burkĩndlem chrétien ! Mais dans le contexte sociopolitique, économique et environnemental de l'Afrique, tous les chrétiens *burkĩmba*, et tous ceux qui partagent les valeurs impliquées dans le burkĩndlem chrétien, pourront-ils travailler à sortir de la paupérisation humaine par l'édification d'une humanité et d'une société selon le dessein du Créateur ? Ils auront montré la pertinence du burkĩndlem chrétien comme facteur de développement humain où l'âme motrice sera incontestablement l'Esprit de justice et de charité, car c'est lui qui conduit les peuples à la vérité tout entière[1476] (Jn 16, 13).

[1472] MAITRE ECKHART, *De l'Homme Noble*, p.111.

[1473] Cf. MAITRE ECKHART, *Commentaire sur le Prologue de Jean*, Cerf, Paris, 1989, n° 1.

[1474] VANNINI, M., « La justice et la génération du Logos dans le Commentaire eckhartien à l'Évangile selon saint Jean » in ZUM BRUNN, E., *op. cit.*, p. 143.

[1475] MAITRE ECKHART, *De l'Homme Noble*, p. 108.

[1476] Cf. JEAN-PAUL II, Exhortation apostolique post-synodale, *Ecclesia in Africa*, n° 78.

Chapitre VI

Pertinence du *burkindlem* chrétien comme norme éthique du développement humain durable en Afrique

En situation de mutation profonde, il est bien reconnu, ainsi que nous l'avons perçu plus haut, que l'Afrique tout entière est aujourd'hui confrontée à diverses formes de pauvreté humaine et matérielle. Les Rapports mondiaux du PNUD[1477] et de la Banque Mondiale[1478] mettent en évidence les éléments fondamentaux qui caractérisent la situation problématique que vit l'ensemble du continent en général, et sa partie subsaharienne en particulier, par rapport au développement. Les études montrent en effet le continent berceau de l'humanité dans la catégorie des pays les moins avancés du monde[1479]. Il reculerait même dans le domaine économique puisque le revenu moyen par habitant est plus faible aujourd'hui qu'il ne l'était dans les années 1960, années des indépendances. Il devient ainsi la région qui présente « une part croissante des victimes de la pauvreté absolue du monde[1480] » qui sont, de ce fait, mises hors du circuit du développement, en devenant même un frein. Pour Zacharie Béré, « *parler de crise africaine aujourd'hui est une "lapalissade". La situation critique que vit l'Afrique est évidente et s'impose à tout observateur même distrait* »[1481]. Nous avons discerné, dans la présente étude, que selon de nombreuses recherches actuelles, cette situation dramatique s'explique par de nombreux facteurs, dont le plus essentiel largement reconnu, chez les Africains eux-mêmes, est la paupérisation humaine ou anthropologique, un appauvrissement de l'être humain dans sa confiance en lui-même et ses capacités créatives. Après plus de cinquante ans d'indépendance, le constat en matière de développement est décevant : les

[1477] PNUD, *Rapport sur le développement humain 2011,* 194 p.
[1478] BANQUE MONDIALE, *Rapport sur le développement abrégé, 2012 : Égalité des genres et développement*, The International Bank for Reconstruction and Development / The World Bank, Washington DC, 2011, 62 p.
[1479] BANQUE MONDIALE, « L'Afrique peut-elle revendiquer sa place dans le 21e siècle ? » in *Banque internationale pour le développement*/Banque mondiale, Washington, 2000, 330 p.
[1480] *Ibidem*, p. 1.
[1481] BERE, Z., *art. cit.*, p. 23.

crises sociales, politiques, économiques et culturelles sont persistantes, et la misère s'éternise entre autres dans les endémies, les famines, les guerres et les divisions ethnocides, les coups d'État, le tribalisme ou régionalisme, l'égoïsme et la débrouillardise. René Dumont pouvait alors écrire, sous toutes les formes et à raison, dès l'accès même aux indépendances en 1962 : « *L'Afrique noire est mal partie* »[1482]. Et maintenant, « *En attendant le vote des bêtes sauvages* »[1483], nous sommes là avec nos questionnements et nos inquiétudes, dans l'apprentissage maladroit d'une vie de véritable liberté et de promotion noble de la personne et de la société, dans une culture qui cherche encore son visage et ses capacités. On pourrait alors légitimement s'interroger avec Kä Mana : « *L'Afrique va-t-elle mourir ?* »[1484] Ou encore et sous le voile de l'espérance, avec le Professeur Joseph Ki-Zerbo, « *A quand l'Afrique ?* »[1485]

Lorsqu'on prend conscience des repères fondamentaux qui doivent régir toute vie humaine individuelle, communautaire et sociale, il devient alors possible de saisir le caractère particulier des principes de base qui structurent l'imaginaire social et le champ des comportements en Afrique. Disons-le tout de suite, ainsi que nous l'avons appréhendé dans l'analyse de la paupérisation humaine africaine, ces principes apparaissent avant tout comme relevant « *d'un imaginaire malade* »[1486], pour reprendre les termes du théologien éthicien. Sans conteste, l'Afrique se trouve dans une position de malaise, une situation préoccupante même qui perdure, donnant raison aux afro-pessimistes. Souvent, on ne voit que la crise économique sous-jacente au sous-développement. Mais d'après l'estimation de Zacharie Béré que nous partageons pleinement, « *la crise africaine dépasse le marasme économique. Elle atteint tous les domaines de la vie : économique et culturel, social et moral, politique et psychologique, spirituel et pédagogique* »[1487]. Dans le processus de développement humain durable engagé en Afrique depuis l'avènement des indépendances, force est de remarquer que les planificateurs, les praticiens et les organismes de développement n'ont pas toujours suffisamment insisté sur la dimension humaine authentique de l'œuvre de promotion de tout homme et de tous les hommes. Pourtant, il est d'une évidence actuelle, quoique cela soit venu tardivement, que les aspects humains, spirituels et éthiques sont aussi vitaux que la croissance économique et matérielle dans l'amélioration des conditions de vie humaine. Les obstacles opposés au développement intégral de l'être humain, déclarait le Pape Jean-Paul II, « *ne sont pas seulement d'ordre économique, mais aussi d'attitudes*

[1482] DUMONT, R., *L'Afrique noire est mal partie*, Seuil, Paris, 1962, 287 p.

[1483] KOUROUMA, A., *En attendant le vote des bêtes sauvages*, Seuil, Paris, 1998, 384 p.

[1484] KA MANA, *L'Afrique va-t-elle mourir ?, Bousculer l'imaginaire africain. Essai d'éthique politique*, Cerf, Paris, 1991, 226 p.

[1485] KI-ZERBO, J., *A quand l'Afrique ? Entretien avec René Holenstein*, 202 p.

[1486] KA MANA, *Christ d'Afrique, Enjeux éthiques de la foi africaine en Jésus-Christ*, p. 190.

[1487] BERE, Z., *art. cit.*, p. 23.

plus profondes s'exprimant pour l'être humain, en valeurs de nature absolue ».[1488] Dans ces conditions, la recherche de fondements culturels d'une éthique du développement, parce que conforme aux exigences d'une meilleure existence communautaire des populations en contexte, est nécessaire et urgente. Pour l'Afrique, notre hypothèse est que le burkĩndlem chrétien apparaît comme une valeur éthique appropriée pour une promotion humaine conforme aux valeurs et normes culturelles africaines et s'inscrivant dans la perspective des exigences chrétiennes propres. Le choix même du concept de « burkĩndlem » ne comporte-t-il pas déjà deux indices de pertinence ? La notion en effet est, au stade actuel de nos investigations, d'une part commune à quatre cultures de la sous-région ouest-africaine (*moaaga, peulh, zarma et songhay*) ; et d'autre part, elle constitue un projet d'identification nationale et de développement humain au Burkina Faso, une nation en plein cœur de l'Afrique Occidentale. Informée des valeurs et exigences de foi chrétienne en matière de développement humain, une herméneutique du burkĩndlem peut imprégner chrétiennement à la fois la vie sociale, économique et politique, pour se découvrir finalement comme un véritable levier d'un développement humain intégral. Dans le contexte actuel de l'Afrique, le développement humain durable se révèle donc comme une œuvre utile et vitale. Il s'agira, nous semble-t-il primordialement, d'enrichir ou de reconstruire une humanité appauvrie pour que celle-ci, enrichie de ses potentialités et capacités propres, apporte remède à une vie sociale en déliquescence, à une vie économique en déconfiture et à une protection environnementale et écologique désastreuse. Pour relever dans une perspective chrétienne les défis majeurs du développement humain durable en Afrique, une reconstruction identitaire nous semble prioritaire. À cet égard, le burkĩndlem chrétien nous apparaît comme éminemment significatif en contexte africain et comme plus que suggestif pour amplifier les effets positifs et réduire, ou contenir, les impacts négatifs des principales tendances humaines observées sur le continent. L'objectif sera, en tant que chrétien, de « *"faire le plein" de sa capacité en tant qu'être humain pour être un émetteur et un récepteur de valeurs* » et c'est cela, précise Joseph Ki-Zerbo, « *le progrès, ce qu'on appelle le développement* »[1489].

Dans la foi chrétienne, c'est fondamentalement le Christ Rédempteur qui « *révèle pleinement l'homme à lui-même* », de telle sorte qu'en s'approchant du Christ, il peut « *se retrouver soi-même* »[1490], dans sa dignité. Ce mystère du Christ constitue la vie même de l'Église, qui ne saurait donc demeurer insensible à tout ce qui touche au bien véritable de l'homme. De ce fait, ce que les chrétiens *burkĩmba* peuvent apporter aux hommes de notre temps, c'est la

---

[1488] JEAN-PAUL II, Lettre Encyclique *Sollicitudo Rei Socialis*, n° 38.
[1489] KI-ZERBO, J., *A quand l'Afrique ? Entretien avec René Holenstein*, p. 183.
[1490] JEAN-PAUL II, Lettre Encyclique *Redemptor hominis*, n° 10.

vérité sur le mystère et sur la vocation de l'homme créé à l'image de Dieu comme base d'une libération, d'un enrichissement et d'un ennoblissement authentiques[1491]. Historiquement, l'enseignement social de l'Église est né de la rencontre entre le message évangélique et les problèmes qui se présentent dans la vie de l'homme et de la société. Quand bien même l'Église ne propose pas une idéologie socio-politique, ou encore des solutions techniques, elle se penche toutefois sur les aspects éthiques de la vie et examine les aspects techniques pour évaluer leur conformité aux enseignements de la Révélation sur l'homme et sur sa dignité, et orienter les exigences d'un développement humain intégral. Globalement, l'ordre temporel est une condition pour le salut et cela est une raison suffisante pour que les chrétiens, citoyens du ciel et de la terre, se penchent sur les déterminants chrétiens des conditions de vie humaine. Ce dernier chapitre tentera alors de répondre à la question suivante : au regard de la situation de paupérisation humaine en Afrique, dans quelle mesure une éthique chrétienne des valeurs et des exigences du « burkĩndlem », informée des enseignements de la Révélation biblique de l'homme créé à l'image et selon la ressemblance de Dieu, est-elle pertinente dans la promotion d'un authentique « développement humain durable » sur le continent ? Nous voulons apporter un appui ferme aux valeurs anthropologiques fondamentales aux sources de l'éthique chrétienne inculturée du développement humain durable. Pour ce faire, nous rechercherons ici les implications et les significations suggestives de cette éthique chrétienne inculturée dans trois dynamiques essentielles du développement à savoir : chez le sujet responsable, dans le renforcement des capacités et des potentialités, et finalement dans les politiques des supports fondamentaux du développement humain en contexte social africain.

I. De la responsabilité éthique du chrétien *burkĩna* dans le développement humain en Afrique

D'après l'exigence bien connue, énoncée par le pape Paul VI qui stipule que « *Pour être authentique, le développement doit être intégral, c'est-à-dire promouvoir tout homme et tout l'homme* »[1492], nous comprenons que la perspective chrétienne du développement humain vise l'homme dans toutes ses composantes et tous les hommes dans leurs déterminants sociaux. L'humain, avons-nous notamment perçu, est au cœur même des enjeux de la démarche du développement : « *la fin du développement est l'homme. Le*

[1491] Cf. JEAN-PAUL II, « Discours d'ouverture à la 3e Conférence de l'épiscopat latino-américain » in *La Documentation catholique*, 1758 (1979) 169.

[1492] PAUL VI, Lettre Encyclique *Populorum progressio*, n° 14.

développement, c'est la création de conditions matérielles et spirituelles qui permettent à chaque homme et à toute l'humanité d'atteindre le meilleur de soi-même »[1493], déclarait Julius Nyéréré. Le développement humain est ainsi indubitablement un développement humano-centré. Dans cette optique, nous avons fait le constat que, loin de se réduire à une simple croissance, à un pouvoir politique, à un avoir économique ou à un être culturel, le développement humain apparaît comme un processus complexe qui devra avoir pour tâche de faire appel à toutes les forces de chaque homme, de tous les hommes et de l'ensemble de la société afin de coordonner toute l'activité humaine en vue du bien de l'humanité. Fondamentalement, le développement humain est l'œuvre de l'homme pour l'homme. Si donc le développement humain a l'être humain pour finalité, on ne peut oublier que celui-ci en est aussi l'initiateur, l'agent, le promoteur. Pour atteindre les espérances de bien-être humain, il nous semble crucial de porter un regard sur les moyens. D'un point de vue éthique, exigence propre des humains, la dialectique entre la fin et les moyens postule un principe idéal : à une fin axiologiquement bonne, il importe d'ordonner des moyens proportionnellement bons. Dans le processus du développement humain, l'homme lui-même apparaît comme un moyen, mais un moyen particulier parce que décisif : tout est par lui et pour lui. Il est donc éminemment un sujet responsable. Pour réussir l'œuvre du développement authentique et intégral, il s'avère incontournable, voire sous peine d'un échec, de s'intéresser à la qualité éthique du sujet ou de l'agent, avant d'aborder celle de son action. Cela est d'autant plus plausible qu'il nous est apparu dans notre analyse que : d'une part, le vrai moteur dans un processus de développement, c'est l'homme lui-même ; et d'autre part, la paupérisation humaine est, en conséquence, principalement à l'origine du sous-développement en Afrique.

I. A. Axiomatique de l'éthique du burkĩndlem chrétien dans le processus de développement humain

À l'occasion de la XIIIe Semaine Philosophique des Facultés Catholiques de Kinshasa, tenue à Kinshasa du 05 au 11 avril 1992 sous le thème de « Tradition, spiritualité et développement »[1494], le rôle de l'éthique dans le processus du développement a été largement débattu. Dans de nombreuses communications[1495], les participants ont scruté avec ardeur la place de

[1493] NYERERE, J.K. in *Pirogue* n° 7, p. 32.
[1494] Cf. AA. VV., *Tradition, spiritualité et développement*, *op. cit.*, 352 p.
[1495] On peut citer entre autres articles : MVUMBI, N. T., « Culture, Morale et Développement » in AA. VV., *Tradition, spiritualité et développement*, *op. cit.*, p. 65-70 ; MUNDAYA, B., « Tradition, rationalité et développement » in AA. VV., *Tradition,*

l'éthique dans la pratique du développement en Afrique et ont par suite soutenu son caractère essentiel. Dans sa contribution, le Père Jésuite Jean-Marie Van Parys, théologien chercheur en développement, donne dès son introduction un témoignage personnel qui mérite d'être rapporté, du fait de son éloquence :

> « *Nous avons mené, de nombreuses années, une réflexion sur le Développement. Nous avons tenu des colloques et des congrès. Nous sommes témoins d'expériences. Nous avons fait des constats, heureux et malheureux, sur un grand siècle de changement, positifs et négatifs, sur ce qui a été réalisé en matière de développement, et sur les efforts vains et les espoirs déçus. Après tout cela, j'en suis venu, pour ma part, comme d'autres, à la conclusion que le Développement de l'Afrique noire est beaucoup moins, à l'heure actuelle, une question de compétences et de capitaux, qu'une question de Moralité et d'Éthique. Et j'en viens à penser qu'une fidélité, non tant à des pratiques anciennes, vues dans leur matérialité, qu'à l'esprit qui les animait, peut jouer un rôle positif dans le redressement des égarements moraux actuels, et dans le Développement* »[1496].

Pour notre part, examinant dans une perspective chrétienne les causes et les conditions d'un développement humain efficient en Afrique, nous sommes parvenus à la conclusion que la cause primordiale des échecs de développement est imputable à une paupérisation humaine dont les traits manifestes sont essentiellement la mentalité d'assimilation, de révolte ou de démission. Il s'agit ici d'une crise de l'être homme et de la confiance à soi et donc d'une question éminemment éthique. C'est ce que Kä Mana a dénommé « *maladies spirituelles de l'imaginaire africain* » [1497] et c'est pourquoi il appelle de tous ses vœux, de la part de la foi chrétienne, « *une éthique articulée sur des valeurs de rationalité créatrice et d'engagements en profondeur pour la transformation sociopolitique* » [1498]. Diagnostiquant le

---

spiritualité et développement, op. cit., p. 119-127 ; NGIMBI, N., « Mystique et spiritualité comme âme du développement » in AA. VV., *Tradition, spiritualité et développement, op. cit.*, p. 289-300 ; VAN PARYS, J.-M., « Foi chrétienne et développement » in AA. VV., *Tradition, spiritualité et développement, op. cit.*, p. 57-64 ; NGOMA-BINDA, « Culture traditionnelle et sous-développement de l'Afrique… La position viciée d'une question de pouvoir » in AA. VV., *Tradition, spiritualité et développement, op. cit.*, p. 81-102 ; MUSUA, M., « Le concept de développement comme invention culturelle » in AA. VV., *Tradition, spiritualité et développement, op. cit.*, p. 153-160 ; NGWEY, N. N., « Le spirituel dans la culture traditionnelle africaine » in AA. VV., *Tradition, spiritualité et développement, op. cit.*, p. 257-266 ; NDUMBA, Y'O. L'I., « La tradition comme lieu herméneutique du développement » in AA. VV., *Tradition, spiritualité et développement, op. cit.*, p. 113-118 ; DJONGONGELE Otshudi, « La récupération épistémologique de la tradition : un préalable pour le développement de l'Afrique » in AA. VV., *Tradition, spiritualité et développement, op. cit.*, p. 103-112 ; SISWA, S., « Spiritualité comme facteur du développement et de paix en Afrique » in AA. VV., *Tradition, spiritualité et développement, op. cit.*, p. 311-322.

[1496] VAN PARYS, *art. cit.*, p. 57.

[1497] KA MANA, *Christ d'Afrique, Enjeux éthiques de la foi africaine en Jésus-Christ*, p. 183.

[1498] *Ibidem*, p. 184.

mal africain, il saisit les principes de base qui structurent l'imaginaire social, le champ des comportements dans le christianisme africain et y découvre, lui aussi, « *l'incohérence de l'ossature éthique dans l'imaginaire du christianisme africain* »[1499]. Le drame de l'Afrique, renchérit Alphonse Quenum, « *c'est que, d'une part, elle n'arrive pas à progresser, de façon évidente, dans l'accumulation d'un avoir susceptible d'être réparti au bénéfice du plus grand nombre ; d'autre part, elle donne l'impression d'une régression morale qui bloque l'émergence d'une conscience collective éclairée juste et inventive* »[1500]. L'éthique ou la morale[1501] apparaît en effet, selon de nombreux chercheurs, comme le sol ferme sur lequel doit s'édifier tout projet de développement véritablement humain. Elle joue, note le philosophe Jean Ladrière, un rôle vraiment central dans le système des valeurs d'une culture, car c'est elle qui commande les normes de l'action et donc détermine en définitive « *les modèles de comportement, les principes de choix, les critères d'appréciation et les motivations à partir desquelles sont fixés les objectifs concrets à court et à long terme* »[1502]. Elle est, précise Ngolu Tsasa Mvumbi, « *en tant que totalité, de l'ordre de la culture* »[1503]. Dans le domaine de l'anthropologie culturelle, l'éthique se définit dans un sens large comme : « *un ensemble donné d'institutions considérées à la fois*

[1499] *Idem.*

[1500] QUENUM, A., « Construire l'humanité, condition du développement » in *RUCAO, Construire l'Afrique, Relation au monde et à Dieu,* RUCAO, Abidjan, 19 (2003) 23.

[1501] Une des difficultés aujourd'hui lorsqu'on traite de l' « éthique » ou de la « morale » se situe dans la distinction entre les termes. Ils ont la même origine étymologique : « éthique » vient du grec « *éthos* » et veut dire : lieu coutumier, coutume, caractère ; alors que « morale » vient du latin « *mos, mores* » et désigne : les mœurs, la conduite de la vie, les règles de comportement. Par conséquent, les deux concepts ont le même sens sémantique. Bien qu'aujourd'hui de nombreux auteurs ne s'accordent pas quant à leur contenu et que, malgré les apparences, ces concepts recouvrent des difficultés énormes, il peut être observé que de nombreux théologiens et surtout le Magistère de l'Église catholique s'en servent indistinctement. Nous admettons cette synonymie, et nous les employons indifféremment. Comme discipline philosophique, l'éthique remonte à Aristote qui reprend des éléments et des problématiques antérieures (Homère, sophistes, Socrate, Platon). Là où les modes de vie et des institutions perdent leur validité évidente, l'éthique philosophique, conduite par l'idée d'une vie humaine riche de sens, cherche méthodiquement, et sans référence ultime à des autorités politiques ou religieuses ou à des traditions vénérables ou éprouvées, à énoncer des propositions universellement valables sur l'action bonne et juste. Chez Aristote et dans la tradition qui s'y réfère, l'éthique, outre sa signification stricte, a aussi une signification large qui englobe l'économie et la politique (philosophie du droit, philosophie politique, morale sociale). Éthique est alors l'équivalent de « philosophie pratique ». Plus tard, le sens d'éthique se restreint à la philosophie morale qui se préoccupe avant tout de l'aspect personnel de l'action juste ou bonne. Depuis Aristote, le terme « éthique » a un double sens. Il désigne à la fois la science qui traite de la moralité de l'agir et cette qualité elle-même.

[1502] LADRIERE, J., *Les enjeux de la rationalité. Le défi de la science et de la technologie aux cultures*, Aubier-Montaigne, Paris, 1977, p. 137.

[1503] MVUMBI, N. T., *art cit.*, p. 65.

dans leur aspect fonctionnel et dans leur aspect normatif (institutions) en lesquelles s'exprime une certaine totalité sociale et qui représentent pour les individus qui y appartiennent le cadre obligatoire qui façonne leur personnalité, leur prescrit leurs possibilités et trace en quelque sorte à l'avance le schéma de vie en lequel leur vie pourra s'insérer, par lequel elle pourra prendre une forme effective »[1504]. En ce sens, l'éthique constitue indubitablement un moteur réel de vie sociale et est par conséquent susceptible de promouvoir le développement dans la mesure où « *en tant qu'instance ordonnatrice des désirs et légiférante des actes des individus pour assurer un certain ordre, un mode d'être du rapport des hommes entre eux, elle jette les bases de l'ordre et de la tranquillité, facteurs indispensables pour la promotion d'un ordre social dont chaque membre de la société doit profiter* » [1505]. À considérer cet apport dans le processus de promotion humaine en société, l'éthique apparaît comme un ensemble de valeurs qui sont elles-mêmes source d'autres valeurs constitutives des critères et des motivations de conduite ou de comportement[1506]. Ayant ainsi un caractère axiologique dans le processus de développement social, l'éthique, d'une part se présente comme une instance instauratrice de la loi, une capacité de donner des principes directeurs, un principe de valorisation, mieux, une source d'inspiration des valeurs ; et d'autre part, elle est considérée comme source des raisons de validité et d'acceptabilité des valeurs. Sous cet angle, l'éthique désigne l'ensemble des valeurs, des connaissances ou des principes qui doivent guider l'homme dans son action pour autant qu'ils sont conformes au bien, à ce qui est licite ou permis[1507]. Dans ce contexte d'usage, l'« éthicité » (le caractère éthique) signifiera, d'une manière générale, la conformité de la conduite aux critères qui doivent régir l'agir humain. En ce sens, un développement humain durable est éthiquement viable lorsqu'il est opéré dans la conformité aux critères ou aux normes qui régissent, en contexte, l'agir et le bien-être humains, c'est-à-dire dans la conformité aux valeurs qui font forces de loi, guident et orientent les idéaux humains. En examinant les conditions d'un développement humain

---

[1504] LADRIERE, J., *op. cit.*, p. 77.
[1505] MVUMBI, N. T., *art. cit.*, p. 65.
[1506] Cf. LADRIERE, J., *op. cit.*, p. 137.
[1507] De façon générale, dans les jugements de valeur, le critère utilisé pour évaluer l'action accomplie n'est rien d'autre que « la valeur » comme but de l'action à accomplir. Critère et valeur sont donc étroitement liés, et tous deux ont leur signification dans l'orientation future qu'on souhaite assigner à l'action. La question est de savoir ce que signifie « une valeur éthique », aussi bien comme but pour l'action que comme critère pour le jugement. Pour juger moralement, il faut nécessairement comparer *ce qui est* avec une représentation de *ce qui devrait être*. Dans une perspective chrétienne catholique, les principes d'évaluation de l'acte éthiquement bon, comme lois régulatrices de la vie individuelle et sociale, s'enracinent dans des valeurs fondamentales inhérentes à la personne humaine qui sont particulièrement : la vérité, la liberté, la justice, la paix et la charité ou l'amour, etc.

durable dans une perspective chrétienne en Afrique, il nous est apparu que l'éthique du burkĩndlem chrétien est très suggestive, dans la mesure où, non seulement elle porte les valeurs humaines éminemment significatives pour l'Africain, mais encore elle est susceptible d'inspirer, motiver, orienter et stimuler tout projet d'édification humaine conforme aux normes et valeurs sociales africaines.

Nous admettons, avec les défenseurs du concept de « pauvreté anthropologique » en Afrique, que la rencontre de la culture occidentale avec l'Afrique, notamment dans les faits historiques majeurs que sont l'esclavage et la colonisation, a certes déstructuré[1508] la rationalité et les valeurs traditionnelles africaines, a provoqué, dans le monde africain, une lutte de culture, un conflit des rationalités, mais cela n'a pas détruit complètement la culture africaine et le moins qu'on peut noter, c'est que les Africains restent anthropologiquement riches de leurs valeurs culturelles. C'est alors au-delà du conflit entre la culture et la rationalité occidentale et africaine qu'il nous semble opportun d'envisager en Afrique une éthique qui soit susceptible de faire atteindre à la culture africaine sa finalité première, celle d'assurer l'épanouissement authentique de l'homme africain, de réaliser un développement humain intégral et durable en terre africaine. La réflexion sur l'éthique du burkĩndlem chrétien est donc axée sur une triple thèse :

il n'y a pas et il ne peut y avoir de développement humain durable authentique et harmonieux en Afrique en dehors du support et des acquis de la culture ;

la culture du développement humain durable ne peut être épanouissante en Afrique que si elle répond aux exigences d'une rationalité qui humanise plus, qui garantit la liberté, la dignité et la noblesse humaines par la promotion des valeurs impliquées dans les références anatomiques symboliques du burkĩndlem : la maîtrise de la communication (éthique de la bouche), la dimension cardinale de la vertu (éthique du cœur), le renforcement des capacités humaines (éthique du ventre), la discipline et l'intégration sexuelles, et finalement une saine conduite de vie (éthique du pied) ;

pour être authentiquement intégral, le développement humain durable doit être celui de tout l'homme et de tous les hommes, ouvert à une dimension universelle et solidaire, et pas seulement réservé à quelques hommes ni quelques cultures humaines. Informé et éclairé par les enseignements de la Révélation biblique du concept d'« *image de Dieu* » attribué à l'homme (cf. Gn 1, 26-27), le burkĩndlem devenu chrétien est élevé à des exigences d'un ordre nouveau, voire divin, susceptible d'assumer

[1508] Cf. THOMAS, L.V. et LUNEAU, R., *La terre africaine et ses religions. Traditions et changements* (Coll. Sciences humaines et sociales), L'Harmattan, Paris, 2008, 336 p.

pleinement les limites humaines, physiques et spirituelles pour un développement humain durable de tout l'homme et de tous les hommes.

Dans cette mesure, pour une efficacité réelle des projets, des théories, des politiques ou des volontés de développement humain en Afrique, selon une perspective chrétienne, le primat devrait être accordé à la rencontre transformatrice des valeurs sous-jacentes aux concepts de « burkĩndlem » et d'« *imago Dei* ». Le burkĩndlem chrétien deviendra alors un pôle de tradition et de culture, qualitativement ouvertes, que l'on transmettra à travers les générations dans l'ordre de la vie surtout sur les plans spirituel, intellectuel et moral, afin de définir le mode d'être des Africains dans leur lutte vitale contre la servitude de la faim et de la honte, pour la promotion de l'éducation, du respect du droit, la culture de la volonté et de l'effort, et la valorisation humaine du travail. Du point de vue de son caractère normatif ou de régulation, le burkĩndlem chrétien jouera le rôle d'une instance de légitimation en s'identifiant à la vie même des baptisés en contexte, en se constituant en sol nourricier de l'être individuel et collectif, en se posant constamment comme un facteur ou une norme de perpétuelle promotion de valeurs. Il forgera ainsi chez chaque Africain chrétien, et chez tout Africain de bonne volonté, une mentalité propre à sa communauté de vie et vaudra comme source et horizon non seulement de sens, mais aussi de toute créativité. Deux exigences majeures devront être cependant observées : la connaissance et la revalorisation perpétuelle du burkĩndlem chrétien par une herméneutique profonde, et son ouverture maîtrisée et autonome de la modernité. Mais ces exigences ne peuvent être pleinement observées que sur la base de la mentalité et des valeurs qui définissent l'être Africain *burkina* et chrétien, c'est-à-dire un être fondamentalement appelé à devenir une image ressemblante de Dieu par une vie éthique qui se construit dans la rencontre transformatrice de ses valeurs culturelles africaines avec l'Évangile et la foi chrétienne. C'est en ce sens que le burkĩndlem chrétien pourra assurer la médiation des cultures africaines, l'intégration d'éléments nouveaux qui participeront de la nécessaire réorganisation d'une vie socio-culturelle en continuelle mutation, en vue d'une vie humaine affranchie de toute servitude, plus libre, plus noble, plus digne et plus épanouissante.

Dès lors, le projet de développement humain durable en Afrique devra consentir et assumer le primat de l'éthique du burkĩndlem chrétien dans sa vertueuse ouverture aux autres cultures. Enracinée dans les valeurs culturelles promues dans et par le burkĩndlem, idéal d'édification humaine de liberté, de dignité et de noblesse et éclairé par le dessein du Créateur qui crée l'humain à son image et selon sa ressemblance, l'éthique chrétienne inculturée du développement humain durable devra constituer, chez tous les Africains chrétiens, l'instance à partir de laquelle ils pourront équilibrer les excès du progrès moderne et assumer une ouverture sélective face aux valeurs des autres cultures humaines, en l'occurrence la culture occidentale dont ils sont, par le fait colonial, historiquement marqués. Il est reconnu aujourd'hui que « *la mise en pratique des Éthiques chrétiennes, pour le progrès des peuples progressivement christianisés des différents continents, a fait historiquement ses preuves. Non en apportant des techniques, mais en apportant un esprit* »[1509]. C'est pourquoi la pensée et la pratique chrétiennes, en dépit des imperfections parfois graves de certains chrétiens, nous semblent aptes à restaurer et promouvoir le plus efficacement possible une éthique des valeurs et des qualités culturelles africaines, nécessaires à l'éclosion d'un esprit engagé pour le développement humain contextuel. L'éthique chrétienne inculturée du développement humain durable, à partir de la culture du burkĩndlem, permet à de nombreux peuples ouest-africains (Peuhls, Zarma, Songhay et Moose) de se révéler à eux-mêmes et permet à la sous-région ouest-africaine, voire à l'ensemble du continent, de s'affirmer dans tout processus de développement, en organisant leurs pensées d'hier et d'aujourd'hui en réponse aux problèmes de leur existence historique, de leur libération et de leur promotion intégrale, face aux signes avant-coureurs de l'avenir. On sait d'emblée que toute culture humaine « *est une fonction globale de la vie sociale et personnelle, une dimension omniprésente qui informe toute la vie sociale et individuelle. En cela, elle est un facteur important dans le processus de développement. Elle peut être un stimulant, un canal favorable et catalyseur ou un frein, une résistance, un goulet d'étranglement* »[1510]. En ce sens, l'intérêt majeur de l'éthique fondée sur les valeurs et les exigences du burkĩndlem n'est plus à démontrer. On pourrait toutefois s'interroger sur ce que vaut cette éthique inculturée devant la situation indigente, la paupérisation humaine ou anthropologique que connaissent les hommes et les sociétés en Afrique, fascinés par la modernité et cherchant leur salut. À en croire Bénezet Bujo, des études actuelles, en l'occurrence celle réalisée par le Père Nathanaël Yaovi Soédé, montrent avec évidence que « *les réflexions éthiques en Afrique n'ont plus rien à envier aux autres disciplines théologiques en matière d'inculturation et de systématisation. Avec elles, la morale africaine entre en profondeur dans le processus théologique de l'inculturation* »[1511]. L'éthique inculturée du burkĩndlem chrétien voudrait donc s'inscrire dans le sillage de ces recherches qui enrichissent la question de la spécificité de l'éthique chrétienne africaine et, dans la perspective chrétienne du développement humain durable, se présenter comme un grenier de réflexions et d'informations sur la praxis libératrice et de digne ennoblissement de

---

[1509] VAN PARYS, J.-M., *art. cit.*, p. 61.

[1510] BERE, Z., *art. cit.*, p. 27.

[1511] BENEZET, B., « préface » in SOEDE, N. Y., *Sens et enjeux de l'éthique, Inculturation de l'éthique chrétienne*, Collection : Églises d'Afrique, L'Harmattan, Paris, 2007.

l'homme africain selon le dessein divin, tel que le promeuvent la foi et la tradition chrétiennes. Dans cette optique, l'exigence du discours éthique chrétien sur le développement humain *burkĩna* s'avère déterminante. Car, la recherche de lucidité pour comprendre avant d'agir afin de définir une action efficace et juste impose aux Africains, s'ils se veulent chrétiens *burkĩmba* par surcroît, d'aller jusqu'au bout du paradoxe et de la radicale contradiction qui minent les sociétés africaines actuelles. Il importe alors de restaurer les valeurs éthiques dans la gestion *burkĩna* de l'ensemble de la société. Pour ce faire, l'exigence incontournable est sans nul doute de reconstruire une humanité vertueuse, soucieuse de burkĩndlem chrétien, engagée à observer les exigences éthiques de la maîtrise de la bouche, du cœur, du ventre, du sexe et du pied. À cet effet, un cadre éthique intégré à l'action publique ou privée est essentiel pour orienter les actions vers la recherche du bien commun au sens le plus large et déterminer les responsabilités de tous les acteurs de développement. Il faut donc redonner au burkĩndlem, en tant que véhicule de l'héritage des valeurs culturelles, une place de choix. S'il est vrai que « *le développement n'est pas une révolution qui se coupe du passé, ni une fermeture dans le passé, c'est une évolution qui s'enracine dans le passé, embrasse le présent et s'élance sur l'avenir* »[1512], alors sa « rampe » d'accès et de lancement ne peut être que la culture, et à un titre particulièrement significatif la culture du burkĩndlem, pour autant que celle-ci s'efforce de donner à l'homme des outils épistémologiques, éthico-spirituels et praxiques, pour la réalisation de sa destinée[1513]. La visée ultime du burkĩndlem chrétien est la participation au bonheur et au salut de l'homme par son affranchissement ou sa libération de toute forme de servitudes humaines, par la sauvegarde de sa dignité et de sa noblesse selon les normes socioculturelles conformes au dessein divin sur l'homme révélé dans le christianisme. Pour cette visée, « *il faudrait que l'Afrique moderne, tout en continuant le dialogue synchronique avec les autres cultures, se ressource dans la profondeur de sa diachronie, se laisse instruire par ses traditions ; tant dans la raison théorique et la raison pratique que dans la raison praxique* »[1514]. Telle est l'ambition du burkĩndlem chrétien qui voudrait forger les mentalités contextuelles pour devenir, en tant qu'instance de régulation et d'intégration des valeurs culturelles en Afrique, le terrain privilégié où puisse éclore un véritable développement. En réussissant ce projet, c'est l'être africain lui-même qui se trouvera enrichi de ses propres valeurs. Son savoir et son savoir-faire, du reste, ne devraient-ils pas reposer

---

[1512] MUNDAYA, B., *art. cit.*, p. 123.
[1513] Cf. NKOMBE, O., *Pour une axiomatique du développement. Essai de logique existentielle dans une vision africano-chrétienne du développement* (Collection Geste et Concept, 1), Ed. Noraf, 1986, p. 73.
[1514] *Ibidem*, p. 58-59.

sur son savoir-être, son savoir-exister propre et authentique, sous risque de n'être pas lui-même, de s'aliéner et donc aussi de biaiser dans tout réel élan de développement humain durable en Afrique ?

I. B. Le burkĩndlem chrétien comme lieu de reconstruction de l'Africain au service du développement

Lorsque dans son enseignement social l'Église prône, à la suite de nombreux autres chercheurs et praticiens de développement, le caractère central de l'homme pour un développement humano-centré, elle n'envisage pas seulement l'être humain comme fin du développement, mais encore elle l'appréhende en tant qu'acteur déterminant et irremplaçable de toute entreprise de développement humain. À considérer les causes de la crise développementale de l'Afrique, notre analyse de la situation contextuelle nous a révélé la paupérisation humaine ou anthropologique comme la cause radicale à partir de laquelle se greffent, dans une certaine mesure, toutes les causes. Partageant ce point de vue, d'aucuns estiment, en effet, que « *la crise qui secoue l'Afrique a trait à l'homme africain : dans son être intime, dans son être-avec et dans son être-au-monde. Il est question de ce centre intime qui donne sens et signification à l'existence et détermine l'agir de la personne* »[1515]. C'est pourquoi de nombreux auteurs[1516] invitent les fils et les filles du continent à une prise de conscience de leurs propres responsabilités dans le sous-développement de leur continent : « *Une prise de conscience d'ordre éthique parce qu'elle exige des Africains de faire face à la vérité ; la vérité des défis moraux à assumer. Cette vérité doit habiter l'homme, sa mentalité, sa culture, sa réflexion, son analyse critique de la crise, pour qu'il devienne un sujet et un agent dont les modes d'être et d'action libèrent individus et sociétés* »[1517]. On sait aujourd'hui que toute réussite d'un projet de développement humain, loin d'être simplement le résultat d'un processus mécanique et technique, est le fruit d'une constellation de facteurs ou de conditions, dont le plus évident est l'homme lui-même. Conçu par l'homme, dirigé par lui et ordonné à son épanouissement, le développement humain est bien une œuvre humaine et l'humain en constitue la richesse essentielle, voire sa raison d'être. Dans ces conditions, une attention particulière doit être portée sur l'éducation de l'humain en tant qu'acteur ou agent de

[1515] MARQUES I COLL, X., « Sortir de la crise africaine : l'urgence d'une conscience christologique » in *RUCAO, Personne humaine et crise de la société en Afrique, Sortir de la crise*, RUCAO, Abidjan, 18 (2003) 94.
[1516] Cf. en particulier : DIAKITI, T., *L'Afrique est-elle malade d'elle-même ?* Karthala, Paris, 1986, 162 p ; KABOU, A., *op. cit.*, 208 p ; KA MANA, *L'Afrique va-t-elle mourir ?* 226 p ; MAMDOU, L., *Les Africains sauveront-ils l'Afrique ?* Karthala, Paris, 1996, 152 p.
[1517] MARQUES I COLL, X., *art. cit*, p. 93.

développement ; car la réussite d'une entreprise, aussi complexe que le développement humain durable, dépend pour une grande partie de la qualité de son sujet ou agent, tant il est vrai que l'œuvre est le reflet de l'ouvrier et que l'ouvrage porte les traces de son maître. Dans le contexte socioculturel africain marqué par la paupérisation humaine ou anthropologique, le burkĩndlem chrétien peut devenir le lieu de l'affirmation de soi, d'une réelle revalorisation des compétences humaines au service d'un développement humain qualitatif. Après la prise de conscience qu'a eue l'Afrique, d'après Augustin Kouadio Dibi, « *de cheminer sur une route qu'elle n'a pas tracée, de vivre des significations prêtées ou imposées* » [1518], de connaître une forme d'exil d'elle-même, une sorte de refus de son propre visage, aliénée dans son ipséité, dans la sphère de l'être ainsi que dans celles du croire, du penser et de l'agir, toutes choses qui ont conduit à une quête entêtée et jalouse d'un sens propre[1519], à une lutte pour la restauration de la conscience noire[1520], il est plus que jamais impérieux aujourd'hui, de lutter contre toute forme de paupérisation humaine africaine. Pour ce faire, il faudra, ainsi que l'affirme Alphonse Quenum, reconstruire l'humain en Afrique, en tenant compte des valeurs et des normes socioculturelles pour « *faire de chaque Africain un agent de son propre développement, le rendre capable de se prendre en charge par la préoccupation de son éducation permanente et de la protection de son corps et de son environnement* »[1521]. Face au problème de déshumanisation progressive que vit le continent, il semble trivial que la solution ne peut se trouver que dans les Africains qui sont en cause et qui doivent eux-mêmes reconquérir leur humanité par l'éducation des mentalités[1522]. Déjà on sait que dans le burkĩndlem, exigence d'édification d'une humanité noble et intègre, comme dans la foi chrétienne, « chemin » de transfiguration divine de l'humain, l'impératif de l'éducation occupe une place de choix. Mais s'agissant d'éducation, de reconstruction d'humanité et de mentalités, on ne peut obtenir d'impact réel que si c'est une œuvre commune de rigueur, de constance et de patience, incluant même la sanction qui est d'une efficacité certaine quand elle s'applique à tout le monde, sans exception.

Dans la perspective chrétienne, lorsque dans son enseignement social l'Église prône, comme une charte de l'humanisme chrétien, la nécessité du

---

[1518] DIBI, K. A., *L'Afrique et son autre : la différence libérée*, Strateca diffusion, Abidjan, 1994, p. 18.
[1519] Cf *idem*.
[1520] Cf. NKRUMAH, K., *Le Consciencisme* (1976) ; DIOP, C. A., *Nations nègres et culture, De l'antiquité Nègre-égyptienne aux problèmes culturels de l'Afrique noire d'aujourd'hui* (1955) ; SENGHOR, L. S., *Liberté III. Négritude et civilisation de l'universel* (1977) ; TOWA, M., *Léopold Sédar Senghor. Négritude ou servitude ?* (1971).
[1521] QUENUM, A., « Construire l'humanité, condition du développement », p. 30.
[1522] ETOUNGA-MANGUELLE, D., *op. cit.*, 180 p.

développement de l'homme, de tout homme et de tout l'homme, elle se fonde sur sa dignité inconditionnelle de reflet du divin qui commande respect, promotion intégrale. S'inscrivant dans la dynamique de cette perspective, l'éthique du burkĩndlem chrétien voudrait, en tant que projet socioculturel chrétien d'édification de l'humain, opérer chez chacue Africain une transformation toujours plus visible d'esprit et de mentalité qui conduit à un changement de manière d'être au monde et à soi. S'il est vrai que l'homme est fondamentalement un être culturel, qu'il se fait par la culture, que ce qui touche à la culture atteint sa personne et par là son identité, alors la crise culturelle et éthique en Afrique, et par suite la crise d'identité africaine, deviennent des défis essentiels pour la foi chrétienne qui entend apporter dans le Christ, Image parfaite de Dieu (cf. 2 Co 4, 4 ; Col 1, 15), la pleine réalisation des espérances en l'accomplissement intégral de l'humain selon le dessein du divin Créateur (cf. Jn 1, 12). Il s'agira concrètement, sous l'éclairage des enseignements de la foi chrétienne sur la vocation de l'homme à devenir image ressemblante de Dieu et à communier pleinement à la vie divine, d'amener les chrétiens africains, ainsi que tous les Africains qui partagent les valeurs chrétiennes, à se situer en tant que sujets éthiques, face au devenir de leur personne et de leur continent. La conscience étant « *d'une part, le lieu de la présence de la personne à elle-même, de la présence de la personne au sens et à la signification du réel ; et d'autre part, ce qui détermine l'agir* » [1523], la paupérisation humaine africaine pose alors la problématique des conditions d'une éthique de restauration humaine, d'enrichissement humain à partir des valeurs et normes africaines. Pour y répondre pleinement, l'éducation au burkĩndlem chrétien apparaît alors comme un défi essentiel à relever dans toute action qui vise à construire l'Africain, libre de toute forme de servitudes et d'aliénations, pour lui redonner confiance, fierté et dignité en conformité avec ses normes socioculturelles. Il est admis qu'on juge le degré de l'humanisation d'une personne ou d'un baptisé à la qualité de son être au monde et de son action pour que cette terre se construise dans la perspective du Royaume de Dieu afin qu'advienne la Jérusalem Céleste[1524]. Le burkĩndlem chrétien devra ouvrir davantage le champ à une réelle et authentique humanisation en Afrique et à une construction des sociétés africaines reposant sur des valeurs éthiques et spirituelles libératrices de l'homme total. Dès lors, créés à l'image et à la ressemblance de Dieu, et en quête de la vie et d'humanité en plénitude, les Africains baptisés devront émerger de la confrontation de ce qu'ils sont et ce qu'ils sont appelés à être [1525] : des chrétiens sauvés dans la Rédemption du Christ. Ils s'engageront alors à coopérer à l'accomplissement

[1523] MARQUES I COLL, X., *art. cit.*, p. 94.
[1524] Cf. *ibidem*, p. 93.
[1525] Cf. *ibidem*, p. 94.

de leur être de baptisés et à la naissance de leur conscience en Jésus Christ, l'unique Image parfaite de Dieu, le Burkĩna parfait. Ayant accompli à la perfection les exigences éthiques du devenir humain, le Christ est, dorénavant pour l'Africain, l'accomplissement parfait de l'être humain à l'image et selon la ressemblance de Dieu[1526]. Et comme dans toute société humaine, la culture véhicule l'héritage traditionnel et la mentalité sociale, porte l'âme de l'homme, définit son identité, mène le jeu et soulève les enjeux de la vie, l'éthique chrétienne inculturée à partir du burkĩndlem peut devenir le lieu où se constituent, s'acquièrent et s'accroissent, au contact des valeurs chrétiennes et étrangères, la connaissance et l'être à la fois de son savoir, de son savoir-faire et de son savoir-être.[1527]

On sait qu'un des premiers défis, auxquels l'humanité d'aujourd'hui est confrontée, est celui de *la vérité même de l'être-homme*. Pour l'Église, Jésus Christ, Dieu fait homme, est celui en qui et grâce à qui l'Africain et tout homme peuvent puiser leur vérité pleine et authentique. À la lumière de cette révélation, l'éthique du burkĩndlem chrétien bénéficie, outre tous les apports des valeurs et exigences socioculturelles du burkĩndlem, de la connaissance du dessein divin sur l'homme, « *pour mieux incarner l'unique vérité concernant l'homme dans des contextes sociaux, économiques et politiques différents et en continuel changement...* »[1528] Elle prendra donc à son compte les différentes dimensions du mystère de l'homme, qui requiert d'être approché « *dans la pleine vérité de son existence, de son être personnel et en même temps de son être communautaire et social* »[1529]. Par-dessus toute chose, il importera, dans cette démarche d'humanisation selon la Révélation chrétienne et les valeurs du burkĩndlem, de bien saisir qu'« être humain » est une vocation, car tout homme est appelé à un avenir promis par Dieu qui sera plénitude et constitue dès maintenant le pôle qui oriente toute promotion de l'humain. Autrement dit, le modèle de développement humain durable en Afrique et la transformation des mentalités et des habitudes sociales africaines qu'il implique ne devront plus être considérés comme des préalables ou une condition indispensable pour l'équité sociale, l'efficacité économique et la durabilité écologique ; ils constituent le véritable objectif[1530]. Essentiellement, puisque Jésus-Christ s'est révélé l'archétype et le prototype de l'homme pleinement accompli, du Burkĩna parfait et que sa vie a rempli à la perfection toutes les exigences du burkĩndlem chrétien, tous les chrétiens africains qui se réclament des valeurs sous-jacentes au burkĩndlem se devront de construire désormais leur humanité sur cet

---

[1526] Cf. *ibidem*, p. 95.
[1527] MUNDAYA B., *art. cit.*, p. 119.
[1528] JEAN-PAUL II, Encycl. *Centesimus annus*, 59.
[1529] JEAN-PAUL II, Encycl. *Redemptor hominis*, 14.
[1530] GOFFAUX, J., *op. cit.*, p. 189.

archétype et, à sa suite, œuvrer à l'avènement d'un monde plus humain. À la suite du Christ, Homme parfait et Image parfaite de Dieu, les Africains chrétiens devront comprendre que la portée anthropologique de leur création à l'image et selon la ressemblance de Dieu les oblige à promouvoir leur dignité personnelle et à combattre tous les systèmes et méthodes d'appauvrissement ou d'aliénation de leur humanité. Les principes à partir desquels ils édifieront leur être personnel trouveront leur source dans l'Évangile et s'articuleront autour des valeurs culturelles de la vision de l'homme, de sa nature et de sa dignité, en occurrence du burkĩndlem chrétien.

C'est dire que la responsabilité des Africains chrétiens et *burkĩmba* est grande. En révélant pleinement aux hommes leur vocation dans le monde, Jésus Christ fait de la responsabilité dans le burkĩndlem chrétien, une responsabilité christique, à la fois personnelle et communautaire, sociale, universelle et ecclésiale. C'est en assumant une telle responsabilité que les options et les orientations de développement et de promotion humaine au sein de l'Église continentale prises dans le cadre du SCEAM, deviendront des préoccupations réelles, non seulement dans les petites Communautés chrétiennes de base (CCB) ou Communautés ecclésiales de base (CEB), mais aussi pour chaque chrétien participant de la même Église-Famille. Au regard de la situation de l'Afrique actuelle, l'éthique de la responsabilité dans le burkĩndlem chrétien invite tous les Africains baptisés, et tout Africain de bonne volonté, à adopter les attitudes qu'exige le relèvement du continent. Être chrétien *burkĩna* aujourd'hui, en Afrique, c'est non seulement s'adonner aux œuvres de piété, mais surtout s'engager aux côtés de ceux qui luttent pour donner à l'homme africain des signes concrets du salut apporté par le Christ. Les peines des pauvres et de tous ceux qui souffrent en Afrique et ailleurs sont aussi celles de tout baptisé Africain[1531]. Pour qu'advienne une qualité de vie digne de l'être humain et qui honore le Créateur, le Burkĩna baptisé est appelé à être un véritable responsable dans l'Esprit du Christ, un réel combattant de tous les mythes, de toutes les mentalités et de toutes les pratiques qui empêchent l'épanouissement de l'homme en Afrique. Ce faisant, il lui faudra par ailleurs adopter les attitudes évangéliques, promotrices de la vie-victoire sur le péché, les structures de péché et sur toutes les formes de mort ; s'engager résolument, avec la grâce et à la suite du Christ Rédempteur, dans les œuvres de reconstruction du continent, à commencer par son être personnel et communautaire qui constitue la condition essentielle et primordiale de toute initiative de développement humain durable. C'est réellement, ainsi que le soutient le professeur Joseph Ki-Zerbo, « *par son "être" que l'Afrique pourra vraiment accéder à*

[1531] Cf. CONCILE VATICAN II, *Gaudium et Spes*, n° 1.

l'avoir »[1532]. S'il est vrai, d'après le professeur, que « *l'identité, c'est le rôle assumé* »[1533], alors, la reconstruction de l'imaginaire africain restera la condition *sine qua non* pour gagner les batailles d'aujourd'hui et du futur en terre africaine[1534].

I. C. De la spiritualité du développement chrétien *burkina*

D'après la célèbre devise du Centre de Recherche pour le Développement endogène (C.R.D.E), organisation non gouvernementale à base interafricaine et interdisciplinaire : « *On ne développe pas, on se développe* »[1535]. En effet, en tant que « *processus complexe et continu de transformation durable des structures politiques, administratives, juridiques, économiques, sociales, de la culture, des structures mentales et des visions du monde correspondantes, des relations interpersonnelles et intergroupes dans le sens où elles vont de plus en plus se trouver libérées de l'esprit de domination et marquées par l'esprit de respect mutuel, d'égalité, de justice pour tous, d'interdépendance*

[1532] KI-ZERBO, J., *A quand l'Afrique ? Entretien avec René Holenstein*, p. 8.

[1533] *Idem.*

[1534] KA MANA, *Foi chrétienne, crise africaine et reconstruction de l'Afrique*, 220 p. Kä Mana est l'un des pionniers de la théologie de la reconstruction. Dans le contexte de la crise africaine, à l'heure des bilans et face aux nouvelles exigences théologiques, les réflexions de la théologie de la reconstruction partent d'une Afrique déjà chrétienne. C'est de là que, confronté à l'afro-pessimisme, Kä Mana critique l'imaginaire du collectif africain et les théologies de l'identité et de la libération. Sa préoccupation est celle d'intégrer les problématiques de ces deux orientations théologiques dans un projet théologique global qui répondra mieux, selon lui, aux exigences chrétiennes de l'Afrique et de son avenir. Dans la problématique de la reconstruction, il pense qu'il ne faut pas uniquement s'arrêter sur la critique de la période coloniale et sur le néocolonialisme dans la période post-coloniale, mais qu'il faut s'engager concrètement dans la tâche de la reconstruction de l'Afrique. Il ne s'agit pas seulement de s'arrêter sur le passé, mais il faut maintenant s'engager dans un projet concret de construction. Dans cette optique, le problème de l'Afrique n'est pas uniquement celui de l'identité culturelle ou celui de la libération, il est celui de la reconstruction. Avec ce courant de la reconstruction, l'éthique est mise au cœur de la théologie africaine. Avec la théologie de la reconstruction se pose de nouveau en Afrique, en d'autres termes, le problème du rapport entre la foi en Jésus-Christ et la responsabilité morale des chrétiens africains. Cf. KA MANA, Théologie africaine pour temps de crise, Christianisme et reconstruction de l'Afrique, Karthala, Paris, 1993, 205 p.

[1535] KI-ZERBO, J. (sous la direction de), *La natte des autres, pour un développement endogène en Afrique*, Préface, p. VI. Les principes fondateurs du C.R.D.E. sont les suivants : la recherche fait partie intégrante du développement, comme une des dimensions du droit au développement, mais aussi comme étape structurelle de tout changement positif. Sans recherche endogène, il n'y a pas de développement endogène. Il n'y a pas de progrès, même matériel, sans réflexion théorique, sans science et conscience de la pratique. Les statuts du C.R.D.E précisent aussi qu'il s'agit d'appréhender les contradictions, les enjeux, les risques et les chances du non-développement actuel dans tous les domaines ; de mettre à jour, par des études concrètes, la dynamique des facteurs internes et externes du mal africain, singulièrement par l'analyse de leurs articulations.

et de coopération »[1536], le développement humain durable ne peut être réel que lorsqu'il est endogène, c'est-à-dire un auto-développement. À ce sujet, le grand historien, penseur des questions africaines en matière de développement, est sans détour : « *Le développement africain sera endogène ou ne sera pas* »[1537]. Un développement humain peut être qualifié d'endogène, définit un tenant du concept :

> « *lorsqu'il est pensé, élaboré, mis en œuvre, dirigé, contrôlé et maîtrisé principalement par les forces intérieures ou qu'il se réalise grâce au dynamisme propre au peuple concerné et en conformité avec son propre projet de société. Un tel peuple (...) est lui-même le moteur ou l'artisan numéro un de son développement, c'est-à-dire de sa progression vers son idéal de société, tout en entretenant des échanges enrichissants avec les autres peuples* »[1538].

Tel a été le développement de tous les pays aujourd'hui prospères, qui gouvernent le monde selon leurs intérêts. Or, à observer la situation propre de l'Afrique marquée par la paupérisation humaine qui s'est traduite dans les prototypes majeurs d'aliénation mentale, de mimétisme, de révolte et d'indécision[1539], il apparaît que c'est cette dimension d'un esprit ou d'une volonté de réappropriation décisive de sa destinée qui semble manquer. De fait, remarquera le philosophe Augustin Kouadio Dibi :

> « *dans la vie d'une communauté, un peuple qui renie ses attaches au passé, la mémoire de lui-même, est en proie à tous les vents, et ne peut rien envisager puisque son existence, en l'absence de tout centre, ne connaîtra d'autre réalité que l'éparpillement. Ne jouissant d'aucun sentiment de lui-même, il n'aura ni présent ni avenir, et ne fera que perpétuellement subir les assauts de l'extériorité, se vouant ainsi au déclin et à la mort. Coupé du breuvage spirituel que lui assure une antique escorte, ne risque-t-il pas en effet, dans une modernité de plus en plus trouble, de se trouver sans défense contre les cavaliers de la bêtise et de la médiocrité ?* »[1540].

[1536] TEZO LUBAKI, M., « Renaissance culturelle et développement endogène » in KI-ZERBO, J. (sous la direction de), *La natte des autres, pour un développement endogène en Afrique, Actes du Colloque du Centre de recherche pour le développement endogène (C.R.D.E.) Bamako 1989*, CODESRIA, Dakar, 1992, p. 74.

[1537] KI-ZERBO, J. (sous la direction de), *La natte des autres, pour un développement endogène en Afrique, Actes du Colloque du Centre de recherche pour le développement endogène (C.R.D.E.) Bamako 1989*, CODESRIA, Dakar, 1992, préface, p. VI.

[1538] TEZO LUBAKI, M., *art. cit.*, p. 74.

[1539] Voir à ce sujet les études sur les prototypes d'aliénation mentale dans la littérature africaine dont les témoins significatifs sont : Camara Laye (CARAMA, L., *L'enfant noir*, 1997), Chinua Achebe (ACHEBE, C., *Le monde s'effondre*, 1972), Cheikh Hamidou Kane (cf. KANE, C. H., *L'aventure ambiguë*, 1961).

[1540] DIBI, K. A., *L'Afrique et son autre : la différence libérée*, p. 56.

Il est bien prouvé aujourd'hui que, chez tous les peuples, pour se situer et se forger une âme qui nourrisse et accompagne chaque initiative de développement, la conscience du passé est d'une grande importance.

Considéré au niveau d'une société, le développement humain *burkĩna* est une totalité organique de nature spirituelle ; car ce qui est en développement, n'est-ce pas la relation d'une société humaine au monde comme quête intense d'une vie sensée, comme désir d'un visage permettant de respirer le burkĩndlem dans la liberté, la dignité, la noblesse et l'intégrité ?[1541] Recherche d'un équilibre où s'effectue la vie même de la liberté, le développement *burkĩna* est une réalité plurielle qui ne doit négliger aucun aspect de l'être-au-monde. Mais l'esprit de stagnation chez de nombreux Africains, ce que Meinrad Pierre Hebga a appelé « *une mentalité atavique résistante* »[1542], est néfaste à la construction d'une humanité africaine libre, ouverte et épanouissante. Il a raison sur le futur et l'avenir, et son immobilisme l'emporte sur l'initiative productive et la liberté d'action et de pensée[1543], sur l'esprit de créativité et de construction. Pourtant, il faut se rendre à l'évidence, avec le professeur historien, qu'« *il n'y a pas de développement "clés en main". Le seul développement viable et valable est le développement clé en tête* »[1544]. L'Afrique et les Africains ne peuvent connaître une voie de burkĩndlem réel et de salut authentique qu'en affrontant le présent pour l'assumer, en faisant de sorte que la nécessité devienne liberté, que son existence soit libre, quoique nécessaire. Une telle transfiguration ne vient au jour qu'en se pensant soi-même intégralement. Et lorsque, comme en Occident, l'idéal de la vie se découvrira comme abandon au vertige du quantitatif, ou comme course effrénée à l'accumulation croissante, forme de gestion décrétant en vue d'une utilité, ne faut-il pas, là encore, pouvoir penser ? Il est nécessaire de toujours penser le développement, le penser toujours par rapport à l'« être » et au « faire », par rapport au « savoir-être » et au « savoir-faire », et par suite, par rapport au « devoir-être » et au « devoir-faire » en contexte socioculturel. S'il est vrai que l'être humain *burkĩna* ne se maîtrise et ne maîtrise son environnement qu'en donnant fondement aux réalités de la vie quotidienne, alors il faudra renouer avec la volonté, l'effort et le courage de la pensée comme la puissance authentique de l'esprit. La pensée n'est-elle pas, s'interrogeait Augustin Kouadio Dibi, « *l'instant sublime où l'esprit, descendant en lui-même, se sent chez soi, parce qu'il a donné satisfaction à son intériorité la*

1541 *Ibidem*, p. 68.

1542 HEBGA, M. P., *op. cit.*, p. 79.

1543 Cf. ELUNGU, P. .E. A., *Tradition africaine et rationalité moderne*, L'Harmattan, Paris, 1987, p. 83-89.

1544 Ki-ZERBO, J., « Le Développement clés en tête » in KI-ZERBO, J. (sous la direction de), *La natte des autres, pour un développement endogène en Afrique*, p. 1.

plus haute pour ainsi parvenir au sentiment pur de soi, sans mélange ? »[1545] Ce faisant, même dans la paupérisation humaine la plus sévère[1546], dans

---

[1545] DIBI, K. A., *L'Afrique et son autre : la différence libérée*, p. 69.

[1546] Parmi les nombreux éléments témoignant de la paupérisation humaine en Afrique, le théologien luthérien Kä Mana relève comme conséquences spirituelles significatives et majeures :

1 - La divinisation du ventre (cf. KA MANA, *Christ d'Afrique, Enjeux éthiques de la foi africaine en Jésus-Christ*, p. 190) : Il s'agit ici d'une attitude que le politologue français Jean-François Bayart appelle « la gouvernementalité du manger » (cf. BAYART, J.-F., *L'État en Afrique, la politique du ventre*, Paris, Fayard, 1989). Elle consiste à placer au cœur de toute activité sociale et politique, comme son moteur et sa motivation fondamentale, l'impératif de « brouter là où on est attaché ». Dans cette perspective, on en vient à déifier le « ventre », entendons ici tout ce qui procure jouissance et plaisir. Si tel est le statut du ventre, il n'est pas surprenant qu'on lui « sacrifie » tout, comme on sacrifie à une divinité féroce et implacable. Sacralisé, absolutisé, adoré, il devient la mesure de toute chose : le sens de l'être et de la vie. En son nom, on ment, on trahit, on détourne, on pille, on tue, on corrompt, on met sur pied des structures de pouvoir corporatistes et de clientélistes, ethniques ou simplement familiales. On s'intègre ainsi à une philosophie sociale que Fabien Eboussi Boulaga a superbement décrite comme la philosophie sociale de nos pays aujourd'hui : le jeu des « positions » et des « relations » favorables (cf. EBOUSSI EBOULAGA, F., *Les conférences nationales en Afrique*, Karthala, Paris, 1993, p. 53-54).

2 - La « déréglementation » du système de désir (cf. KA MANA, *Christ d'Afrique, Enjeux éthiques de la foi africaine en Jésus-Christ*, p. 192) : Si le ventre a pu ainsi imposer sa « gouvernementalité » en Afrique, c'est parce que l'ensemble de l'imaginaire des Africains souffre d'une dislocation interne du système africain du désir. N'étant lié fondamentalement à rien d'autre qu'à la « gouvernementalité » du ventre, le pouvoir comme gestion du champ social global et de l'espace public se dévoie. Il n'a plus d'autre intérêt que le court terme, le domaine privé, sans aucune perspective de solidarité qui puisse faire croire aux autorités publiques et aux agents de développement qu'ils sont responsables des générations futures et de la destinée historique de leurs peuples.

3 - La désarticulation de la raison : Dans une société où le système du désir est en folie, les structures de la raison ne peuvent qu'être démantelées au point que les trois domaines où celle-ci exerce les plus essentielles de ses prérogatives : le penser, le juger et le vouloir soient dans une crise profonde.

- a) Le penser, comme possibilité de cohérence entre le privé, le social et le public dans un projet collectif de réflexion et d'action, souffre du déterminisme du ventre, de sa « gouvernementalité » foncière. Les êtres ici ont perdu le sens du destin public, de leur destinée historique et de leur propre profondeur comme êtres de valeur.

- b) Le juger, comme possibilité de distance critique et capacité d'évaluation vraie de soi, perd toute son énergie dès que l'état général de la société détruit les préoccupations autres que celles de l'ici et du maintenant.

- c) Le vouloir, comme capacité de faire advenir du nouveau, de mettre en œuvre des utopies radicales où un peuple se mesure à la plus haute idée qu'il peut avoir de lui-même et au plus grand dessein qu'il peut projeter comme horizon d'un futur à créer. Pour parler comme Kä Mana, dans les sociétés africaines, on est plongé « *dans cette léthargie de la raison, dans cette déstructuration du penser, du juger et du vouloir qui sont le cœur de la vie de l'esprit* » (KA MANA, *Christ d'Afrique, Enjeux éthiques de la foi africaine en Jésus-Christ*, p. 195). Dans cet immense contexte de pauvreté anthropologique, sans en constituer une justification exhaustive, un certain désarroi moral face à un monde désorienté et une certaine absence de références éthiques satisfaisantes ne sont pas étrangers.

l'aliénation humaine la plus radicale en apparence, où tout semble perdu, peut retentir encore en tout homme, en quête de burkĩndlem chrétien, l'appel à réaliser un sursaut, à se ressaisir, à demeurer fidèle à ce qui constitue sa vocation propre : devenir davantage image ressemblante de Dieu par la pratique du burkĩndlem chrétien[1547]. La Révolution burkinabè proposait à chacun de libérer son « génie créateur », c'est-à-dire de cultiver l'esprit d'initiative et d'aventure pour le développement intégral du pays. Une certaine mentalité africaine, en effet, met en avant la lenteur et la prudence comme vertus d'« attendre pour voir», au lieu de cultiver le goût du risque et de l'audace[1548].

Si donc l'obstacle au développement humain durable en Afrique est primordialement un manque d'esprit approprié[1549], il est évident que pour le réaliser, il importe d'accorder le primat au spirituel par rapport aux autres instances vitales. C'est sur ce plan que se forgera la mentalité ouverte aux valeurs et exigences de la foi chrétienne et de la culture du burkĩndlem. On sait d'emblée que personne ne peut changer l'esprit des autres. Dans cette condition, le développement humain durable ne peut commencer que par une conversion spirituelle que nul ne peut faire pour un autre ; conversion à un esprit de travail, de service, d'humanisation chrétienne inculturée. Dans la foi chrétienne, développer le spirituel dans l'homme, affirmait Ngwey Ngond'a Ndenge, « *c'est le libérer de toutes les forces négatives et de la peur qui l'enchaînent* » [1550] et par suite le rendre apte à s'arracher courageusement de la passivité et à s'ingénier dans la créativité. C'est précisément dans cet horizon nouveau que s'inscrit la responsabilité du chrétien *burkĩna*. Il s'agira de puiser dans les dernières énergies, pour prendre à bras le corps la réalité plurielle et polymorphe afin d'inventer demain. Une vraie conversion de l'esprit et du cœur à l'Évangile et un réel engagement dans l'apostolat devront amener les Burkĩmba chrétiens à participer activement et consciencieusement à l'édification d'une société humainement digne et noble. Il y aura là un devoir pour chacune des

---

[1547] Dibi, pour sa part, estime que « *L'homme n'est homme que s'il dépasse la vie qu'il ne fait que trouver, afin de la transfigurer, et ce dépassement passe par la connaissance et la pensée* » : DIBI, K. A., *L'Afrique et son autre : la différence libérée*, p. 69.

[1548] « Cf. DAMIBA, F.-X., *op. cit. (*1992).

[1549] Selon Jean-Marie Van Parys, les Africains « *manquent d'esprit démocratique, d'esprit d'égalité, d'esprit de service et de désintéressement. Et ils en manquent, non parce que cet esprit leur serait étranger, mais parce qu'ils ont perdu l'esprit qu'ils avaient. Ils manquent de l'esprit qui préside aux laborieuses définitions des droits de l'Homme et des droits des Peuples. Ils manquent de cet esprit dans lequel chacun travaille, non pour lui-même ou pour le petit groupe dont il fait partie, mais pour le bien commun. Il manque de cet esprit évangélique dans lequel chacun ne "trouve" sa vie qu'à condition de la donner* » (VAN PARYS, Jean-Marie, *art. cit.*, p. 62). Cf. Mc 8, 35 ; Mt 16, 25 ; Lc 17, 33.

[1550] NYEME TESE (Abbé), « Discours d'ouverture » in AA. VV., *Tradition, spiritualité et développement, op. cit.*, p. 6.

consciences, car ce qui est en jeu, c'est la question de la fidélité à la vocation d'être humain à l'image du divin Créateur. En effet, un chrétien *burkĩna*, digne de ce nom, de son identité, ne pourrait s'abstenir de lutter de toutes ses forces pour l'élévation du niveau de vie, et le bonheur humain et spirituel, aussi bien pour lui-même, pour les membres de sa communauté, que pour tout être humain dont il partage une même origine et la destinée commune : le Dieu révélé dans la personne vivante de Jésus Christ. S'il y a donc une exigence éthique du burkĩndlem chrétien pour le développement africain, elle est dans la signification même du développement comme processus de libération par rapport à toutes les pesanteurs, à toutes les formes d'esclavages et d'assujettissements dont souffrent la société et les hommes du vieux continent. Pour la communauté des Burkĩmba chrétiens cette exigence éthique consiste dans l'accomplissement du projet de l'humain tel que la parole de Dieu le manifeste et l'institut comme tâche. Ainsi, face à l'iniquité sociale, au manque d'assises économiques solides, à la destruction insouciante des ressources naturelles et écologiques, aux choix idéologiques paralysants et aux méthodes politiques incohérentes, le burkĩndlem chrétien suggère de rénover les énergies de créativité qui peuvent résister à toute dérive. Le chrétien *burkĩna* sait d'instinct que « tout homme doit vivre à hauteur d'homme » et que dans le christianisme, la foi en Jésus-Christ peut devenir le vecteur essentiel de cette ambition. Le développement humain et le mal du sous-développement devront être alors repensés, dans ce cadre, face aux défis du devenir de la vie sur la planète. L'enjeu sera toujours, d'après la pensée de Nathanaël Yaovi Soédé, de contribuer à donner aux hommes, aux nations et aux Églises, des ressources en vue de la promotion de la vie et de l'édification du Royaume de Dieu, source et facteur de l'accomplissement authentique de l'être-vie en Dieu-Vie[1551].

II. Le burkĩndlem chrétien comme source et facteur de renforcement des capacités et des opportunités humaines africaines

L'étude de l'émergence historique du « développement humain durable » nous a révélé que le concept, multidimensionnel et intégrateur, signifie essentiellement l'accroissement du potentiel et des capacités de l'humain, l'élargissement de ses possibilités. Pour atteindre ces objectifs, nous avons perçu que pour les experts en développement, les nombreuses exigences en la matière peuvent se synthétiser ainsi qu'il suit : promouvoir un

[1551] SOEDE, N. Y., « présentation » in *RUCAO, Environnement et développement humain*, 25 (2005) 6.

développement socialement équitable, économiquement efficace et écologiquement durable ; l'objectif ultime de toute la démarche du développement humain durable étant d'offrir plus de libertés aux hommes. À ce titre, nous avons noté que la perspective du développement humain rejoint celle du burkĩndlem chrétien dont la caractéristique majeure est la pleine libération humaine dans le Christ. Appliquées dans le contexte de l'Afrique, les notions de développement humain durable et de burkĩndlem chrétien mettent en évidence la situation de pauvreté vécue sur le continent. À la considération de cette situation, les réflexions et études sur la vie en contexte, afin de poser de nouvelles bases pour ressaisir le sens de cette vie, ne manquent pas. On peut toutefois se demander dans quelle mesure le burkĩndlem chrétien est-il susceptible de contribuer au renforcement des capacités et des opportunités humaines africaines pour le développement humain durable des Africains. Cela suppose de reconsidérer l'apport du burkĩndlem chrétien dans la promotion des trois dimensions essentielles du développement humain durable que sont l'équité sociale, l'efficacité économique et la durabilité écologique.

II. A. De l'équité socio-*burkĩna*

À considérer objectivement la société africaine actuelle, ainsi que nous l'avons appréhendée, le moins que l'on puisse affirmer, c'est qu'elle est en proie à de graves crises à tous les niveaux. Les injustices qui sont régulièrement commises défraient les chroniques. Les tenants du pouvoir utilisent tous les moyens pour s'y maintenir au détriment des codes éthiques ; tandis que les conquérants s'emploient par tous les moyens pour y accéder. De part et d'autre, tous les coups sont permis : les mensonges politiques, les assassinats, les arrestations arbitraires, les calomnies ou dénigrements publics, les privations de la liberté d'association, les répressions des mouvements de protestation, la confiscation de la liberté de la presse, l'exclusion des opposants, les fraudes massives aux élections, etc. Sur le plan économique, on peut noter entre autres : les attributions des marchés publics aux parents et amis, les mauvais paiements des salaires et des indemnités aux fonctionnaires quelquefois irréguliers ou même absents ; l'implantation régionaliste des sociétés d'État et des grandes infrastructures; l'attribution arbitraire des bourses et le recrutement dans la fonction publique par affinités ou encore contre des « dessous de table »; les rackets sur nos routes; les contrebandes, etc. Toutes choses qui ont fait naître et entretiennent la corruption, véritable gangrène des sociétés africaines. La bonne gouvernance semble ne pas avoir droit de cité : les lenteurs administratives dans le traitement des dossiers sans que l'usager ne sache pourquoi ; le favoritisme, le laxisme, le clanisme, le tribalisme dans les promotions des uns et des autres à des postes de responsabilité dans les administrations, etc. De telles pratiques regrettables bloquent des énergies humaines et empêchent la prise en compte du mérite, de l'éthique, des capacités de créativité, réels déterminants d'un développement humain durable. Même la justice qui devrait garantir la vérité et la liberté est corrompue. Les droits sont bafoués et la qualité du verdict correspond au poids ou à la dimension de l'enveloppe financière versée. Dans ce contexte qui présente un sombre tableau, les violences sont multiples et multiformes. Elles sont verbales et physiques, sociales, morales, religieuses, politiques, etc. Cette situation du continent « *si dramatique que l'on ne peut admettre l'indifférence ni le refus de s'engager* »[1552], interpelle le chrétien *burkĩna* à la responsabilité. Il revient aux baptisés africains, au nom de leur foi et de leur burkĩndlem, d'influer sur leur destinée humaine en s'engageant pour l'édification d'une humanité digne, noble et prospère sur l'ensemble du continent.

À l'heure où le tissu social africain se disloque dans de multiples crises, où les systèmes d'éducation et de formation se détériorent, où l'ensemble des sociétés africaines ne semble plus fonctionner selon des repères rationnels et éthiques impliqués dans la promotion du burkĩndlem chrétien, il est du devoir des chrétiens *burkĩmba* de réfléchir sur les moyens nécessaires à l'édification d'une société pleinement humaine. Le défi est, tel que nous l'avons appréhendé dans la culture du burkĩndlem, de construire une société nouvelle, organisée selon une logique de fécondité d'esprit créateur et novateur, structurée sur des valeurs d'éducation et de travail, de solidarité et de justice, de volonté et d'effort, de liberté et de vérité, etc. Il s'agit, pour les chrétiens *burkĩmba*, de faire triompher, à l'échelle de toute l'Afrique, ces valeurs dans des espaces de vie concrète capables de faire tache d'huile sur l'ensemble du continent[1553]. On sait que ces valeurs opérant singulièrement dans des références anatomiques symboliques (la "bouche", le "cœur", le "ventre", le "sexe" et le "pied"), ainsi que dans leurs moyens de promotion traditionnelle d'éducation, de respect du droit, de la culture de l'effort, de la volonté et du travail, permettent non seulement de combattre la faim et la honte, mais aussi ont pour objectif d'affranchir l'humain de toute servitude d'injustice, de corruption, de violence, voire de tous les vices et de toutes les vicissitudes qui minent les sociétés africaines, pour le rendre plus libre, digne et noble, selon la ressemblance à Dieu. Toutes ces valeurs et exigences, caractéristiques des sociétés traditionnelles, sont susceptibles, dans une culture de burkĩndlem chrétien, d'être reprises et récupérées en tant que valeurs d'aujourd'hui. Elles constituent de pressants appels à maîtriser la

---

[1552] JEAN-PAUL II, Exhortation apostolique post-synodale, *Ecclesia in Africa*, *n*° 120.

[1553] Cf. KA MANA, *Christ d'Afrique, Enjeux éthiques de la foi africaine en Jésus-Christ*, p. 60.

vie humaine dans toutes ses composantes et dimensions. Elles peuvent donc permettre l'amélioration de l'équité sociale, comprise comme la satisfaction des besoins essentiels des communautés humaines présentes et futures. Pour ce faire, il nous semble qu'en observant, à la suite du Christ, les exigences fondamentales et cardinales du burkĩndlem chrétien (éducation humaine chrétienne aux valeurs du burkĩndlem, principe chrétien du respect des droits humains, la culture chrétienne *burkĩna* de la volonté, de l'effort et du travail) on puisse accroître les choix et les possibilités, et ainsi apporter des réponses crédibles aux urgences sociales africaines de l'emploi, de l'éducation, de la santé et des services sociaux. Le progrès de la qualité de vie s'en trouverait donc promu par l'exercice chrétien et *burkĩna* d'une éducation pleinement humaine, du respect des droits et des libertés de la personne, de la solidarité et de la participation dans la vie sociale.

Dans cette perspective, l'exercice du burkĩndlem chrétien apparaît comme un combat sur le front social, un combat au cœur de l'esprit, de l'intelligence, et de l'imagination individuelle et sociale. Il peut produire ses fruits, si les chrétiens *burkĩmba* montrent leurs capacités à inspirer, susciter et conduire une nouvelle forme de civilisation et de culture dans les sociétés africaines : une civilisation et une culture où le sens de la volonté, de l'effort, de la novation et de la créativité, sera guidé et éclairé par l'humain tel que la parole de Dieu nous le donne comme tâche et comme projet en Jésus Christ[1554]. S'il est inscrit dans cette dynamique chrétienne, le burkĩndlem chrétien est capable d'inspirer, de susciter et d'orienter les réponses globales à donner aux enjeux décisifs du destin des sociétés et des hommes en Afrique, parce qu'il prend en compte d'une part, les significations essentielles et fondamentales de la révélation chrétienne sur l'humain en tant qu'être créé à l'image de Dieu, et d'autre part, les conditions et les exigences capitales de l'édification humaine en contexte africain. C'est en cela précisément que le concept promeut un ensemble de valeurs, de conditions et d'exigences sociales et religieuses qui permettent et favorisent dans les êtres humains, en contexte africain, le développement intégral de l'homme. Ces valeurs, ces conditions et ces exigences sociales et religieuses contenues dans le burkĩndlem chrétien peuvent être considérées, selon la perspective définie dans l'Enseignement social de l'Église, comme un « bien commun »[1555] aux chrétiens *burkĩmba* au service de leur

---

[1554] Cf. *idem*.

[1555] D'après Roger Berthouzoz, « *le bien commun peut être défini, en première approche, comme l'ensemble des conditions et des institutions économiques et socio-politiques qui permettent et favorisent le développement de tout l'homme et de tous les hommes* » : BERTHOUZOZ, R. op, *Théologien dans le dialogue social*, présenté par Anto Gavric Op, Academic Press Fribourg, Fribourg (Suisse), 2006, p. 302. Le grand développement de cette thématique d'origine aristotélicienne, reprise par les stoïciens, est l'œuvre de Thomas d'Aquin. Elle se prolonge à l'époque moderne prenant en compte l'évolution constitutionnelle

développement plénier selon la culture du burkĩndlem et l'anthropologie chrétienne de l' « *imago Dei* ». Ainsi constitué, l'exercice du burkĩndlem chrétien peut permettre, entre autres, d'accroître l'espérance de vie par l'accès aux soins de santé, de résoudre la crise éducative africaine par l'application de programmes inspirés des valeurs culturelles contextuelles, de respecter et promouvoir la dignité de la personne et de ses droits fondamentaux selon les exigences et les normes socioculturelles. Dès lors, considérant que le concept est comme une valeur de service et d'organisation de la vie sociale, les baptisés *burkĩmba* mettront en relief leur sens humain et leurs aptitudes à animer toutes leurs structures sociales. C'est par ce biais qu'ils pourront, ainsi que le déclare Léonard Santedi Kinkupu, « *inventer une manière adéquate d'annoncer l'Évangile, de proclamer un Évangile qui soit bonne nouvelle de salut et de libération* ». En effet, s'interroge-t-il, « *quelle parole annoncer à des hommes et des femmes qui se demandent du matin au soir comment survivre et demeurer homme ou femme au milieu d'une pauvreté harassante, humiliante et dévalorisante où la satisfaction du plus élémentaire besoin s'obtient avec tant de peine ?* »[1556]. Vivre du burkĩndlem chrétien devient ainsi pour le Burkĩna, un chemin d'une compréhension nouvelle de lui-même et des autres membres de sa communauté, une voie nouvelle d'action et d'engagement pour la reconstruction et la promotion des sociétés africaines dans les perspectives de la vie en abondance ; cette vie dont il faut comprendre, soutient Kä Mana, qu'« *elle n'est pas un simple besoin de prospérité économique ou de sécurité matérielle dans un champ social spirituellement tranquille, mais une réorientation globale de nos combats pour que l'humain en devienne réellement l'enjeu.* » [1557] L'épiscopat burkinabè semble être du même avis lorsqu'il déclare :

> « *il y va de la fidélité au commandement d'amour donné par le Seigneur. Comment un chrétien digne de ce nom pourrait-il s'abstenir de lutter de toutes ses forces pour l'élévation du niveau de vie, et le bonheur humain et spirituel de son prochain ? Bien au contraire, il lui faut se trouver au premier rang de ceux qui travaillent dans ce but, surtout lorsque les ressources du territoire ne sont pas abondantes* ».[1558]

De ce fait, à la suite du Christ, parfaitement Burkĩna, les chrétiens *burkĩmba* travailleront à réhabiliter, sur le plan social, les valeurs impliquées dans le burkĩndlem chrétien : l'amour du travail bien fait, la politesse, le

---

et démocratique de l'État et en accentuant sa composante économique. Cf. MARITAIN, J., *La personne et le bien commun*, Desclée, Paris, 1947.

[1556] KINKUPU, L. S., *Les défis de l'évangélisation dans l'Afrique contemporaine*, Karthala, Paris, 2005, p. 44.

[1557] KA MANA, *Christ d'Afrique, Enjeux éthiques de la foi africaine en Jésus-Christ*, p. 102.

[1558] Lettre des évêques à l'occasion du 75e Anniversaire de l'évangélisation en Haute-Volta, Presses Africaines, Ouagadougou, 1975, p. 28.

respect du droit humain et du devoir civique, le sens aigu du bien commun, la probité, l'impartialité, la solidarité, la justice, la dignité, etc. Ils entreprendront une restauration des valeurs éthiques dans la gestion administrative et politique de la cité en opérant un sursaut éthique dans le sens d'une meilleure prise en compte de l'intérêt à la fois général et particulier. Au nombre des comportements éthiques attendus des agents de développement figureront les exigences de loyauté, de discipline, d'une saine gestion des biens publics, d'égards et de diligence à l'endroit des frères. Aussi la lutte contre la corruption et la volonté ferme et durable de promouvoir l'intégrité dans le secteur public, devront-elles constituer des éléments essentiels pour la construction d'un véritable développement économique, social et humain. En maintenant librement un degré d'exigence chrétienne d'un burkĩndlem de haut niveau, ils favoriseront un développement social intégral de l'homme et de tous les hommes, où l'efficacité et la durabilité économique, entre autres, occuperont une place de choix.

II. B. De l'efficacité d'une économie *burkĩna*

L'« économie »[1559], manière spécifiquement humaine de satisfaire les besoins fondamentaux, de vivre, de mieux assurer matériellement les bases vitales, de se multiplier et de se développer, tant sur le plan de l'individu que sur le plan de la société, est en crise en Afrique. L'étude de la situation économique de l'Afrique en général, et de l'Afrique Occidentale en particulier, nous a fait découvrir que les économies africaines sont précaires et souffrent de plusieurs maux. Elles vivent et subissent les lois de l'économie de marché au sein de laquelle elles sont constituées avant tout comme les fournisseuses des produits de base, minéraux et agricoles, et sont incapables de transformer ces matières premières en produits manufacturés. Les conséquences d'une telle situation de précarité économique dans l'Afrique contemporaine sont connues : la misère, la faim, la maladie, les injustices, l'ignorance, le chômage, l'évasion dans l'hyper religiosité, etc.

1559 Une définition « classique » de l'économie, empruntée à un ouvrage qui jouit d'une grande autorité scientifique énonce que : « *La science économique est la science de l'administration des ressources rares. Elle étudie les formes que prend le comportement humain dans l'aménagement de ces ressources ; elle analyse et explique les modalités selon lesquelles un individu ou une société affecte des moyens limités à la satisfaction de besoins nombreux et illimités* » : BARRE, R., et TEULON, F., *Économie politique*, PUF, Paris, 1997, Tome I, p. 13. François Perroux, dans son livre magistral *L'Économie du XXe siècle*, propose une interprétation significative : « *L'économie peut être interprétée comme l'ensemble des savoirs contrôlés par les sciences qui concerne la formation de l'homme par l'homme grâce à l'emploi rationnel des choses comptabilisables* » : PERROUX, F., *L'Économie du XXe siècle*, p. 523.

Dans ce contexte, l'éthique du burkĩndlem chrétien devrait peser de tout son poids, pour imprimer le primat effectif de l'éthique sur l'économique partout en Afrique. En recherchant les causes de la précarité économique africaine, il nous est apparu qu'entre toutes, il y a la paupérisation humaine qui est primordialement la plus déterminante, dans la mesure où elle s'exprime en termes d'inertie, de manque d'imagination, de volonté, de confiance en soi, de démission. Pour Kakule Waswandi, cette situation de paupérisation humaine, voire de l'humiliation du sous-développement,

> « *crée des situations inhumaines dans un pays et démolit tout un peuple. Le culte de la débrouillardise avec ses corollaires d'escroquerie, de corruption, de délinquance juvénile, d'enrichissement malhonnête, d'irresponsabilité, de jalousie sociale, de découragement et d'improductivité corrode les mœurs et les valeurs qui ont toujours été à la base de la prospérité d'une société, en l'occurrence il ridiculise l'honnêteté, la justice, l'esprit de sacrifice et de travail. Il généralise l'insouciance déontologique et engendre l'incohérence et la confusion sur les critères de moralité (discernement du bien et du mal) où la tendance est de donner raison à la majorité même si elle est fautive avec comme postulat : "tout le monde fait comme ça, donc c'est vrai et juste"* »[1560].

La solution à cette tendance socio-économique globale aboutit, d'après Waswandi, « *à la recherche de l'homme africain idéal, vertueux, constructeur d'une société plus juste et créateur de valeurs. Cette tendance part du postulat selon lequel à toutes les époques chaque peuple a toujours un projet d'homme et de société, une image idéale de l'homme réussi* »[1561]. Il est alors préconisé une morale d'action qui privilégie l'étude des vertus et la critique des vices pour donner sens à l'économie. La recherche du sens de l'économie est en effet un processus qui, indiscutablement, se situe dans la dimension éthique. Institution créée par et pour l'homme, l'économie a pour première finalité le service de la vie. Elle ne saurait, par conséquent, se justifier par sa seule essence telle que le fait l'économisme, mais uniquement en relation avec l'homme et avec ses besoins fondamentaux et existentiels. Pour y parvenir, elle doit nécessairement pouvoir satisfaire les besoins vitaux élémentaires de l'homme, qui, pour leur part, ne restent jamais les mêmes ; ils grandissent, liés à la culture induite par et pour l'homme, et dépendent par conséquent de l'évolution de l'histoire. Ce défi requiert l'efficacité, comprise

---

[1560] WASWANDI, K., « Éthique africaine et morale chrétienne ou inculturation de l'éthique chrétienne » in AA. VV., *Théologie africaine, Bilan et perspectives*, Actes de la Dix-septième Semaine théologique de Kinshasa, 2-8 avril 1989, Facultés Catholiques de Kinshasa, Kinshasa, 1989, p. 291. Cf. Déclaration des évêques du Zaïre : « Le mal zaïrois. Appel au redressement de la Nation » in *La Documentation catholique* du 5 novembre 1978, n° 1751, p. 936-939.

[1561] WASWANDI, K., *art. cit.*, p. 289.

comme un processus de rationalisation et d'organisation capable d'accroître la productivité du travail de l'homme, facteur de production de base de l'économie. Pour ce faire, au regard des exigences et conditions de promotion du burkĩndlem chrétien, il nous semble que celui-ci peut être en Afrique un lieu privilégié de ce processus de rationalisation et d'organisation aux fins d'accroître efficacement la productivité, et ce, au service de l'homme[1562].

De fait, pour affranchir les chrétiens *burkĩmba* de la misère, de la faim, de la maladie et de l'injustice… qui caractérisent tant leur milieu de vie, le burkĩndlem chrétien peut, dans ses exigences et ses valeurs propres, et singulièrement par la promotion du travail décent, être facteur d'accroissement de la productivité, base de l'économie. Pour réussir l'efficacité escomptée, il est nécessaire que l'économie soit imprégnée des valeurs socioculturelles d'exigences humaines et de solidarité africaine authentiques. Il est bien réel que « *la soif du développement et la volonté de promotion, de libération et d'émancipation sont toujours nécessaires pour sortir du marasme éthique, pour échapper à la faim, à la misère, aux maladies et à l'ignorance, pour mettre en valeur plus activement ses qualités humaines et pour participer plus largement aux fruits de nouvelles découvertes technologiques* »[1563]. À cet égard, le burkĩndlem chrétien peut devenir, pour l'Africain baptisé, un lieu de prise de conscience de responsabilité de sa seigneurie, de son pouvoir de domination reçu du Dieu Créateur, qui crée à son image et appelle à être un vrai intendant gestionnaire de la création. C'est la tâche de l'Église d'Afrique de rendre les Africains chrétiens capables de bien construire l'ordre temporel et l'orienter vers Dieu par le Christ venu les libérer de leurs relations personnelles et sociales. On sait d'emblée que pour exister en tant que substance harmonieuse, toute communauté d'hommes doit disposer des ressources humaines, des moyens financiers et matériels et d'une loi commune, présidant au minimum de son organisation et de ses structures requises[1564]. Afin d'y répondre pleinement, le burkĩndlem chrétien, en se fondant sur d'essentielles valeurs et de fondamentales exigences socioculturelles africaines de l'édification pleine de l'humain, peut devenir le lieu où se jouera en Afrique, comme partout ailleurs dans le monde entier, le sort du progrès et du salut humains. Ne conçoit-on pas que « *la vie humaine est culture en ce sens que l'homme se distingue et se différencie à travers elle de tout ce qui existe par ailleurs*

[1562] Lorsque la finalité première de l'économisme disparaît, elle devient synonyme de maximisation du produit national. Dès lors, ce qui devrait être un moyen devient *ipso facto* une finalité. Dans ce cas, l'homme lui-même, avec ses besoins vitaux élémentaires, risque fort de devenir simplement un moyen.

[1563] WASWANDI, K., *art. cit.* p. 292.

[1564] Cf. *ibidem*, p. 305.

dans le monde visible », que « *l'homme vit d'une vie vraiment humaine grâce à la culture* », et que pour cela « *l'homme ne peut se passer de culture* » [1565] ? La culture étant « *ce par quoi l'homme en tant qu'homme devient davantage homme* »[1566], il est nécessaire que l'activité économique en vue du développement humain durable s'inspire de la culture et soit déterminée de bout en bout par elle.

Bien plus encore, on peut observer que l'activité économique est elle-même essentiellement une invention culturelle. De ce fait, dans le contexte social africain, aucune économie au service chrétien de l'humain n'est possible que si elle prend à son compte les valeurs et les exigences socioculturelles qui président, en contexte, au projet d'édification et de promotion de l'humain. Il faudra donc établir la responsabilité éthique du burkĩndlem chrétien dans la rentabilité économique. Le rapport entre l'efficacité et la productivité pose sans conteste la question de la gestion éthique du temps. Il est reconnu qu'en Afrique, l'une des difficultés qui compliquent la situation socio-économique, c'est bien le manque de gestion du temps. L'expression « l'heure africaine » ou « *Africa Time* » pour qualifier les retards presque congénitaux à l'Africain nous semble un abus de langage. Dans ce monde de compétitivité, existe-t-il réellement un temps d'exactitude pour certains et un autre de retard et d'imprévision pour l'Africain ? Certes, il ne s'agit pas de mener une course outre mesure, car cela comporte aussi des conséquences néfastes, mais l'expérience humaine témoigne toutefois qu'une bonne gestion du temps favorise la planification, l'organisation et même la créativité tant dans les activités humaines que dans celles relatives au développement. Il s'agit alors, en observant la qualité de mesure, d'apprendre à organiser son temps (calendrier et agenda) afin d'être performant et efficace. Sachant que seule une bonne gestion du temps permet de garder un certain équilibre dans la vie quotidienne (travail, repos, loisirs, prière, etc.) le chrétien *burkĩna* apprendra à gérer le temps, exigence fondamentale de l'autopromotion. Ainsi, on comprend que l'efficacité de l'économie de type *burkĩna* devra alors aller au-delà du fait de fonctionner légalement et de fournir les rendements les plus élevés possible, aux propriétaires ou aux actionnaires. L'histoire du développement économique enseigne que les exigences de la rentabilité peuvent, en effet, entrer en conflit avec les exigences de l'éthique chrétienne du travail et de la productivité, et peser lourdement sur les personnes. Aussi sera-t-il nécessaire, dans une course raisonnée à l'efficacité économique, comprise comme la capacité à optimiser la productivité, à atteindre ses objectifs, de

---

[1565] JEAN-PAUL II, « Discours à l'UNESCO » in *La Documentation catholique*, 1783 (1980) 604.
[1566] *Idem.*

fonder l'activité économique sur l'éthique du burkĩndlem chrétien afin de l'ordonner réellement au service noble et digne de l'homme et de la société.

Dans ce grand projet d'humanisation réelle, les baptisés *burkĩmba*, ainsi que tous les Africains désireux des valeurs du burkĩndlem, pourront répondre à leur vocation d'êtres créés à l'image de Dieu et faits seigneurs pour « cultiver » et « dominer » la création. En développant, par leur travail d'hommes de valeur, une économie qui promeuve efficacement la condition humaine, ils pourront relever les défis de l'accroissement du niveau de revenu et du développement de ses ressources humaines et de son potentiel productif.[1567] Dans le Christ, parfaitement *Burkĩna*, les chrétiens *burkĩmba* savent « *que le mauvais état du corps peut entraver toute manifestation de la vertu humaine* ».[1568] Le bien-être matériel a donc une part non négligeable dans la lutte contre la honte et la faim, dans la maîtrise des références anatomiques symboliques ou dans la pratique de toute vertu.[1569] Dans la béatitude imparfaite, déclarait saint Thomas, « *des biens extérieurs sont requis, non comme faisant partie de l'essence de la béatitude, mais comme des instruments au service de cette béatitude, qui consiste dans l'opération de la vertu* ».[1570] Les chrétiens africains, sous peine de manquer aux exigences d'affranchissement des maux qui minent durablement la société africaine, devront donc travailler de toutes leurs forces pour un développement économique harmonieux, d'autant plus qu'ils savent que la précarité économique est indubitablement un frein à la satisfaction des besoins humains vitaux et à l'éradication des vices. Faisant leur la devise caractéristique des Burkĩmba, à savoir « *plutôt mourir que vivre dans la honte* », ils pourront, aux fins d'éviter toute honte ennuyeuse, comprendre qu'il s'agit ici, non pas de courir au trépas, mais de relever des défis périlleux, en l'occurrence ceux du dépouillement et de la mort sociale, de la liberté, de la noble et digne humanité, de la vie. Si de fait, l'indigence pour le chrétien *burkĩna* est synonyme de « *yembdo* » (esclavage) qui se trouve être l'antonyme du burkĩndlem, alors le burkĩndlem chrétien engage à combattre toute misère et toute pauvreté qui sont foncièrement des situations contre-nature pour l'humanité. Comme facteur d'efficacité économique, il engage à faire sien l'impérieux devoir de combattre toutes les formes de paupérisation humaine, de misères, et de former les consciences et les hommes afin qu'ils soient aptes à améliorer eux-mêmes leurs conditions d'existence. Le nécessaire équilibre en ce domaine invite le chrétien *burkĩna* à aider tout

---

1567 Cf. Source : « La démarche nationale en faveur du développement humain durable : concept et principaux instruments », GRÉGOIRE, L.-J., *PNUD/Burkina Faso, Working paper n° 1*, Série « Stratégies de développement », août 1998.

1568 SAINT THOMAS D'AQUIN, *Somme théologique*, Ia - IIae q. IV a. 6.

1569 Cf. *ibidem*, Ia - IIae q. IV a. 6 – 7.

1570 *Ibidem*, *Somme théologique*, IIa – IIae q. IV, a. 7.

homme à s'auto-promouvoir, à la fois matériellement et spirituellement. Le Maître n'avait-il pas ordonné : « *donnez-leur vous-mêmes à manger* » ? (Mc 6, 37). Il s'agira d'aider les acteurs de développement humain à initier toujours des actes, des démarches de promotion humaine où les égoïsmes, les soifs de pouvoir, de jouissance et d'avoir, ne seront plus les seuls critères du développement. Les chrétiens *burkĩmba* auront à cœur de promouvoir les valeurs qui, selon l'observation de Arthur Rich[1571], se trouvent derrière les finalités principales de l'économie : la prospérité qui constitue la notion même de la satisfaction des besoins matériels fondamentaux, l'humanité qui règne dans les relations concrètes de travail, l'ajustement en matière de répartition des situations et enfin le respect de la nature lors de l'exploitation des biens qu'elle fournit. Ils seront acquis à l'idée que « *le mépris d'une seule de ces valeurs a des conséquences graves et remet en question le sens global de l'économie* » .[1572] C'est dans ces conditions que le burkĩndlem chrétien se révèlera pertinent pour susciter et atteindre les objectifs de la croissance et de l'efficacité économiques. Aujourd'hui en Afrique, une telle perspective est d'autant plus urgente à promouvoir que tout Africain clairvoyant aura compris que la croissance économique, quantitative du moins, bute contre les limites de l'écologie.

II. C. De la durabilité *burkĩna* de l'environnement et de l'écologie

Si le développement d'une économie efficace au service des humains est une des préoccupations essentielles actuelles des sociétés humaines à l'échelle planétaire, celui-ci appelle, note avec insistance René Coste, « *la prise en compte de l'écologie comme une interface indispensable de sa propre vitalité et de sa durabilité* »[1573]. La raison en est que la gravité et la complexité des risques encourus pour l'humanité, présente et future, sont telles que l'efficacité économique tant recherchée ne peut être pleinement élaborée et atteinte qu'en assumant les requêtes de l'éthique environnementale et écologique. François Perroux, dans une sévère mise en garde, fait remarquer en effet :

> « *L'économie standard n'a même pas su embrasser tout l'univers des choses ; elle y a fait un tri d'ignorant et de myope, retenant cet aménagement particulier et limité des choses dont elle attendait une rentabilité privée en courte période. Elle est humiliée aujourd'hui par la pollution, les nuisances, l'épuisement et la*

[1571] RICH, A., *Éthique économique (*Le champ éthique n° 24), Labor et Fides, Genève, 1994, p. 281.
[1572] *Idem.*
[1573] COSTE, R., *Les dimensions sociales de la foi, pour une théologie sociale*, p. 487.

destruction des ressources naturelles ; c'est qu'elle a méconnu que l'acheteur-vendeur est d'abord un vivant en symbiose avec la nature »[1574].

Ce constat est pleinement partagé par Hans Jonas qui, pour empêcher le pouvoir de l'homme de devenir, selon son expression, « une malédiction », en appelle à la responsabilité humaine[1575]. Dans son essai sur *Le Principe responsabilité*[1576], le philosophe éveille à la conscience du danger que la soumission de la nature, « *qui s'étend maintenant également à la nature de l'homme* », représente pour l'être humain « *le plus grand défi (...) que son faire ait jamais entraîné* »[1577]. De ce fait, Hans Jonas est conduit à la formulation d'un impératif éthique qu'il estime susceptible de répondre à ce grand défi : « *Agis de façon que les effets de ton action soient compatibles avec la permanence d'une vie authentiquement humaine sur la terre* » [1578]. Selon Jean Greisch, présentant l'ouvrage, ce principe responsabilité émane d'une exigeante méditation et « *tente de dégager avec toute la rigueur du concept l'impératif catégorique et les normes rationnelles valables pour l'agir éthique dans une situation aussi inédite* »[1579]. Préoccupation planétaire du fait de la forte pression économique, la crise environnementale et écologique n'est guère moins dramatique en Afrique, malgré le faible développement économique du continent. Les études récentes sur la durabilité du développement humain en Afrique de l'Ouest révèlent plutôt

---

1574 PERROUX, F., *L'Économie du XXe siècle*, p. 528-529.

1575 JONAS, H., *Le Principe responsabilité, une éthique pour la civilisation technologique*, Traduction et présentation de Jean Greisch (traduction de *Das Prinzip Verantwortung*, 1979), Cerf, Paris, 1990, p. 12.

1576 Hans Jonas est un grand tenant de l'éthique écologique, en témoignent ses nombreuses publications : cf. JONAS, H., *Pour une éthique du futur*, Traduction de S. Cornille et Ph. Ivernel, Payot & Rivages, Paris, 1992 ; JONAS, H., *Nature et responsabilité*, J. Vrin, Paris, 1993 ; JONAS, H., *Une éthique pour la nature*, Traduction de S. Courtine-Denamy, Desclée de Brouwer, Paris, 2000 ; JONAS, H., *Le phénomène de la vie. Vers une biologie philosophique*, Traduction de D. Lories, De Boeck Université, Paris, 2001.

1577 JONAS, H., *Le Principe responsabilité, une éthique pour la civilisation technologique*, p. 13.

1578 *Ibidem*, p. 30. Cet impératif, adapté au nouveau type de l'agir humain et qui s'adresse au nouveau type de sujets de l'agir, comporte des variantes : « *Agis de façon que les effets de ton action ne soient pas destructeurs pour la possibilité future d'une telle vie* » ; ou : « *Ne compromets pas les conditions pour la survie indéfinie de l'humanité sur terre* » ; ou encore, positivement : « *Inclus dans ton choix actuel l'intégrité future de l'homme comme objet secondaire de ton vouloir* ». Cf. *ibidem*, p. 30-31. Le « Tu » ici, qui rappelle le Décalogue, a pour but, d'après René Coste, « *de responsabiliser chaque être humain directement (et non pas seulement à travers la responsabilité collective de la société) et de le convaincre de penser sur le long terme, et cela, non seulement en faveur de ses propres descendants, mais pour l'humanité entière* » : COSTE, R., *Les dimensions sociales de la foi, pour une théologie sociale*, Cerf, Paris, 2000, p. 497.

1579 PREISCH, J., « Préface » in JONAS, H., *Le Principe responsabilité, une éthique pour la civilisation technologique*, p. 12.

une exploitation abusive de l'environnement africain, ce qui occasionne une vulnérabilité et des incertitudes quant aux ressources naturelles et aux écosystèmes. La transition démographique, économique et climatique, la gestion de la biodiversité, la protection de l'environnement et des cours d'eau, l'évolution de la désertification avec le recul des zones forestières, la dégradation accélérée des sols, autant de situations qui font que l'environnement et l'écologie sont d'année en année moins porteurs d'opportunités en Afrique.

En dépit des efforts, de nombreux pays ressentent de graves difficultés environnementales et écologiques. Et selon le *Rapport du PNUD 2011*, les progrès constants accomplis par les différents pays du continent en matière de développement humain durable « *risquent de stagner, voire de s'inverser, si des mesures audacieuses ne sont pas prises pour réduire les risques environnementaux et les inégalités au sein de la région et à l'échelle planétaire* » [1580]. C'est pourquoi il est nécessaire de bien percevoir que l'évolution de l'humanité ne doit pas se situer exclusivement au niveau de la transformation abusive de la nature, mais aussi dans l'impérieuse nécessité de sa préservation. Dès lors, tout homme devra prendre conscience qu'il ne peut pas adopter une attitude d'exploitation envers la nature, ses forces, ses trésors et ses biens vitaux, mais qu'il importe de la traiter comme un partenaire, de la respecter et de la ménager[1581]. En sa qualité de créature, de membre de la création, chaque homme est également une partie du cycle écologique de la nature, lui-même caractérisé par l'interconnexion et l'interdépendance de tous les phénomènes. Il faudra alors se convaincre, selon Arthur Rich, spécialiste de l'éthique économique et sociale, que « *la responsabilité éthique envers l'environnement commence par la conscience que nous avons de rencontrer l'environnement en quelque sorte comme un partenaire, c'est-à-dire en rendant justice à l'écologie* »[1582]. Pour être productive et efficace, cette prise de conscience de la responsabilité, en tant qu'attitude envers l'environnement naturel, devra se fonder, non pas sur un comportement passager ou sporadique, mais sur une conversion réelle des

---

[1580] PNUD, « Le progrès en Afrique dépend de la lutte contre le changement climatique et les inégalités, d'après le Rapport sur le développement humain » in PNUD, *Rapport sur le développement humain 2011*, p. F-3 -1. Un scénario de « catastrophe écologique » plus pessimiste, envisagé dans le Rapport, conclut au ralentissement du progrès, voire à l'inversement de la tendance, d'ici 2050.

[1581] Cf. RICH, A., « Éthique économique » in AA. VV., *Le champ éthique* N° 24, Labor et Fides, Genève, 1994, p. 80. Le pape Jean-Paul II, dans son encyclique *Redemptor hominis*, rappelle que « *la volonté du Créateur était que l'homme entre en communion avec la nature comme son "maître" et son "gardien" intelligent et noble, et non comme son "exploiteur" et son "destructeur" sans aucun ménagement* » / JEAN-PAUL II, Encyclique *Redemptor hominis*, n° 15.

[1582] RICH, A., *art. cit.*, p. 80.

mentalités à des comportements nouveaux, voire sur une mission socioculturelle nouvelle de la société et de chaque homme. En ce qui concerne les chrétiens africains en particulier, Kä Mana rapporte que « *L'une des convictions de base qui avait animé les participants au Colloque de Batié* [Cameroun] *sur l'éthique écologique et la reconstruction de l'Afrique, et au Colloque de Porto-Novo* [Bénin] *sur Écologie et évangélisation était la suivante : Il est urgent pour chaque Église, pour chaque communauté chrétienne et pour chaque mouvement d'action civique ou politique d'inspiration évangélique de se créer des lieux d'espoir visibles et féconds, à partir desquels l'Évangile se répandra dans la société comme un ferment pour une vie nouvelle* »[1583]. Dans cette dynamique, nous pensons que le burkĩndlem chrétien est susceptible d'être un lieu d'espoir visible et fécond à partir duquel la durabilité ou l'intégrité de l'environnement et de l'écologie peut être préservée et ordonnée au service de la construction d'une société humainement prospère, digne de noblesse et d'intégrité humaine. Il s'agira d'amener les chrétiens *burkĩmba* à comprendre que la promotion du burkĩndlem de l'homme, si cher aux humains, passe nécessairement par la sauvegarde du burkĩndlem (intégrité), en quelque sorte, de l'environnement et de l'écologie.

La toute première observation à relever dès lors qu'on évoque le rapport entre le burkĩndlem chrétien et la durabilité de l'environnement et de l'écologie, c'est que le milieu traditionnel de la culture du burkĩndlem ne l'ouvre pas à la perspective d'une éthique environnementale et écologique. Dans le milieu *moaaga* en effet, la conception du burkĩndlem n'est pas d'emblée ouverte à une dimension environnementale et écologique. Ne faut-il pas d'ailleurs reconnaître que ce souci environnemental et écologique, ainsi que nous l'avons perçu, est une préoccupation récente dans l'histoire de l'humanité, puisqu'il n'apparaît que dans le milieu du XXe siècle ? Hans Jonas nous l'a succinctement bien fait remarquer : aucune éthique du passé, sauf la religion, ne nous a préparés à assumer une telle responsabilité[1584]. Dans la perspective du développement humain durable à partir du burkĩndlem chrétien, c'est la dimension chrétienne de la création de l'homme à l'image de Dieu, et non la culture propre du burkĩndlem, qui peut permettre de faire une telle ouverture. Toutefois, il est possible de se faire une idée de ce que représentent l'environnement et l'écologie en Afrique. Les premières descriptions connues de l'environnement naturel en Afrique viennent de la littérature occidentale. On sait que la géographie romanesque dans la littérature exotique sur l'Afrique a joué un rôle important dans les romans coloniaux et postcoloniaux. L'Afrique y était représentée comme un

[1583] KA MANA, *La nouvelle évangélisation en Afrique*, p. 211.
[1584] Cf. JONAS, H., *Le Principe responsabilité, une éthique pour la civilisation technologique*, p. 27.

« enfer » et un « continent maudit », non pas à partir des fonctions narratives que le milieu naturel africain joue dans ces romans, mais parce que les croyances populaires européennes l'avaient toujours conçu ainsi[1585]. Le regard sur le cadre spatial africain et sur les Africains n'était donc pas un circonstant neutre. Il relève d'une véritable stratégie narrative, dans les rapports du cadre spatial avec les protagonistes qui y évoluent ; et aide à produire un discours idéologique très cohérent. Ce qui ressort sans ambiguïté de cette littérature occidentale évoquant le milieu naturel africain, c'est une absence totale de domestication de l'environnement par les Africains eux-mêmes. Ce qui n'est pas sans causer une lourde conséquence idéologique, car cela induit de quelque manière une incapacité chez l'homme du milieu à affirmer son humanité, à soumettre et à dominer son environnement[1586]. Et selon Alphonse Quenum, « *l'incapacité à gérer sainement son environnement comme un milieu dont la propreté assure un mieux-être pour soi et pour les autres est aussi un déficit humain* »[1587]. Pour notre part, même si nous n'en concluons pas à un « déficit humain », il reste cependant que cette situation est, de fait, tout au moins un appauvrissement. Le rapport de l'Africain à l'environnement devrait alors être reconsidéré. À cet effet, plusieurs raisons sont à l'origine du manque de volonté en Afrique à transformer l'environnement au service de l'humain. Outre les raisons de compétence humaine, technique et technologique, ce qui semble le plus déterminant à y annihiler toute volonté de transformation de l'environnement, ce sont des raisons religieuses.

Dans de nombreuses cultures africaines, comme chez les Moose du Burkina Faso, la terre et la nature sont sacrées ; et l'environnement est peuplé, en plus des êtres visibles, d'une multitude d'êtres invisibles qui influent sur la vie des hommes. Dans ce contexte, il est certain que, d'après le témoignage de Nathanaël Yaovi Soédé,

> *« Parmi les acteurs de la construction d'une Afrique nouvelle beaucoup de jeunes et d'adultes restent attachés à des croyances et des pratiques qui ne leur permettent nullement de développer l'esprit critique, cette force de la raison qui seule rend le sujet maître de son devenir, dans le temps et l'espace. Devant les*

[1585] Cf. OGAWIN, A. K., « Le milieu naturel africain et le mythe de l'Afro-pessimisme dans les romans français » in *RUCAO, Environnement et développement humain*, 25 (2005) 10 ; CHEVRIER, J., « Les romans coloniaux, enfer ou paradis ? » in *Notre librairie*, 90 (1987) 62.
[1586] Cf. OGAWIN, A. K., *art. cit.*, p. 18.
[1587] QUENUM, A., « Construire l'humanité, condition du développement », p. 31. À en croire Quenum, pour se convaincre de cet appauvrissement humain, il suffit de « constater avec quelle rapidité les structures immobilières, héritées de la colonisation ou construites après l'indépendance, se délabrent en Afrique, dès lors qu'aucune loi n'oblige les propriétaires d'un immeuble à obéir aux exigences des charges communes. Pourtant, assurer la protection du patrimoine commun que constitue l'immobilier est un acquis pour le développement » : QUENUM, A., « Construire l'humanité, condition du développement », p. 31.

> *réalités attribuées aux effets des forces occultes, des Africains scolarisés et intellectuels affirment, de manière quasi instinctive, la toute-puissance du monde invisible avant même d'avoir soumis à l'analyse rationnelle ou scientifique les phénomènes qu'ils ne comprennent pas. Il apparaît ici que dans les milieux scolarisés, comme dans toutes les autres couches de la société, beaucoup d'Africains ne se montrent pas toujours critiques face aux phénomènes paranormaux »* [1588].

On assiste ainsi à l'établissement d'« *une véritable culture de croyances et de pratiques qui ne favorisent guère la réflexion critique ni le discernement parce que le divin et les forces occultes occupent un même champ. Le monde de l'invisible devient un espace ambigu où la religion traditionnelle, appelée à être un cadre de communion enrichissante avec le divin, devient le théâtre et l'objet de manipulations humaines* » [1589]. C'est une situation que Daniel Etounga-Manguelle dénomme « *l'enflure de l'irrationnel* »[1590], et que Alphonse Quenum décrit comme étant « *l'inflation d'un spirituel désocialisé* »[1591]. S'il est vrai que les religions, de fait, ont pour mission d'éveiller la conscience de leurs adeptes à leurs droits et devoirs sociaux, alors, il incombe à l'Africain de démystifier le domaine magico-religieux afin d'établir avec le monde invisible une relation qui lui permette de s'affirmer, de donner à son esprit d'être, au sein du monde invisible, principe de transcendance, d'intelligence créatrice et moteur de l'action qui construit et transforme tout ce qui existe sur la terre. Il s'agirait d'amener tous les Africains et tous les acteurs de développement en Afrique, à rechercher la vie en plénitude dans le rapport avec le réel. C'est un appel, insiste Soédé, « *à continuer la création au lieu de s'y arrêter dans l'interprétation passive du paranormal ou de l'être dont le visible est le voile* » [1592]. Pour remplir pleinement cette mission dans une perspective chrétienne, une gestion éthique de l'environnement, confié par le Créateur pour être cultivé et gardé (cf. Gn 2, 15 ; 1, 28-30), s'impose à tout Africain en général, et à titre particulier, aux chrétiens *burkĩmba*.

1588 SOEDE, N. Y., « Construire l'Afrique : un rapport au monde invisible » in *RUCAO, Afrique, continent en construction*, n° 30 (2007) 11.

1589 *Ibidem*, p. 19. Cf. SOEDE, N. Y., « Sorcellerie collective, développement et christianisme en Afrique » in *RUCAO, Sorcellerie et enjeux du développement en Afrique*, 29 (2007), p. 129. 135.

1590 ETOUNGA-MANGUELE, D., *op. cit.*, p. 60-74. Ramsès L. Boa Thiémélé, explorant les conditions théoriques et pratiques d'une renaissance africaine, estime que l'enflure de l'irrationnel et le terrorisme de l'esprit fétichiste et magique enchaînent les Africains ; l'initiative individuelle, victime de cette enflure se terre dans la sécurité communautaire ; et la déstructuration de l'énergie d'affirmation de soi par le conformisme social brise l'élan créateur. Cf. BOA THIEMELE, R. L., *Nietzsche et Cheikh Anta Diop*, L'Harmattan, Paris, 2007, p. 165.

1591 QUENUM, A., « Construire l'humanité, condition du développement », p. 27.

1592 SOEDE, N. Y., « Construire l'Afrique : un rapport au monde invisible », p. 22.

S'il est admis que la responsabilité de l'environnement et de l'écologie incombe à toute l'humanité, comment les chrétiens *burkĩmba* n'en seraient-ils pas concernés au plus haut point ? Comment une Église des Burkĩmba, communauté d'hommes aspirant au salut et s'identifiant en ce qui est digne et noble chez les humains, ne ferait-elle pas sienne la mission d'accompagner et de contribuer au salut de l'humanité qui est aussi la leur ? Bien au contraire, la lourde responsabilité qui est celle de toute l'humanité doit se situer au cœur même de la démarche de foi appelée à éveiller les consciences vis-à-vis des devoirs sociaux et à déterminer les comportements et les attitudes quotidiens. Une telle exigence chrétienne éclaire la culture du burkĩndlem et fait du burkĩndlem chrétien un lieu d'interprétation et de construction d'une éthique chrétienne inculturée de l'environnement et de l'écologie[1593]. Créé à l'image et selon la ressemblance de Dieu, l'homme est appelé à communier à la vie de Dieu, à partager la béatitude divine[1594]. Pour cette raison, tout humain possède une dignité unique et un burkĩndlem radical qui lui sont attachés, ce qui lui confère aussi une responsabilité unique. Telles sont là des bases sûres pour une perspective chrétienne de l'éthique de l'environnement et de l'écologie. Dès lors, le chrétien *burkĩna* ne peut se contenter de consommer les biens naturels au service de la vie. En tant que personne humaine, qui se veut maître de sa vie et douée de la capacité de faire des choix libres, il est gravement responsable de la préservation de l'environnement et de ses ressources, notamment en fonction du bien-être des générations futures[1595]. Il devra alors veiller à les entretenir, à en prendre soin, et à les développer, car, déclare Jean-Paul II, « *la protection de l'environnement constitue un défi pour l'humanité tout*

[1593] René Coste propose quelques points de repère pour une éthique écologique dans le cadre de l'éthique de la Création : le principe de la justice et de la solidarité interhumaines sur le plan planétaire ; le principe de la destination universelle des ressources terrestres et du droit de chacun à en bénéficier ; le principe du droit à l'intégrité de l'espèce humaine ; le principe du droit des générations futures et celui de l'option préférentielle pour les pauvres. À cette énumération, il adjoint d'autres principes éthiques qui trouvent dans l'éthique de la Création leur champ particulier : le principe de l'impératif écologique au cœur de l'économie ; le principe de la responsabilité personnelle et collective pour le présent et l'avenir de l'Homme et de la Terre ; le principe d'une éthique du futur ; le principe de prévoyance et de précaution ; le principe d'harmonie avec la nature ; le principe de diversité ; le principe d'économicité dans l'utilisation des ressources terrestres ; et enfin, le principe du pollueur-payeur (cf. COSTE, R., *Les dimensions sociales de la foi, pour une théologie sociale*, p. 506-511). On le voit bien, l'éthique environnementale et écologique est un lieu certain des questionnements et de considérations bien étendus et divers.

[1594] Les Pères du Concile l'ont réaffirmé en ces termes : « *Dieu nous prépare une nouvelle demeure et une nouvelle terre où régnera la justice et dont la béatitude comblera tous nos désirs de paix qui montent au cœur de l'homme* » cf. 2Co 5, 2 ; 2 P 3, 13 ; 1 Co 2, 9. Voir aussi : CONCILE VATICAN II, *Gaudium et Spes*, n° 39, § 1.

[1595] JEAN-PAUL II, *La paix avec Dieu créateur, la paix avec toute la création*, Message pour la Journée mondiale de la paix, 1990, n° 15 : AAS 82 (1990) 152.

entière : il s'agit du devoir, commun et universel, de respecter un bien collectif »[1596]. Dans cette dynamique, seront exclus désormais du burkĩndlem chrétien des attitudes et des actes destructeurs et honteux comme les feux de brousse, la coupe abusive du bois, l'exploitation anarchique des sols, l'insouciance dans l'entretien des cadres de vie et des sols cultivés, etc. Comme le suggère John D. R. Madjri[1597], une attitude évangélique et *burkĩna* face à l'exploitation de la nature dans les rapports de production et d'échange, dans les devoirs d'état, balise les chemins de la libération vraie des Africains, les sentiers d'une édification noble de l'homme et de la société chrétienne *burkĩna*. En ce sens, dans sa démarche globale pour maîtriser la vie, le burkĩndlem chrétien suggère fortement de maîtriser aussi l'environnement sans lequel toute vie humaine serait dangereusement compromise. Il importera alors de développer une éthique chrétienne de la durabilité *burkĩna* de l'environnement et de l'écologie qui sera fondée à la fois sur la Révélation chrétienne de l'homme et sur la culture du burkĩndlem.

Nous estimons que ce projet d'éthique inculturée peut être pertinent en matière de développement humain durable en Afrique, dans la mesure où elle s'enracine d'abord dans un cadre d'édification de l'humain, une forme d'écologie humaine selon une anthropologie socio-culturelle et chrétienne. En ce sens, la pertinence du burkĩndlem chrétien pour le développement humain durable se fonde sur le postulat selon lequel toute éthique environnementale et écologique présuppose une écologie humaine, ainsi que le fait remarquer le pape Jean-Paul II : « *La société actuelle ne trouvera pas de solution au problème écologique si elle ne révise sérieusement son style de vie. (...) Comme je l'ai déjà fait observer, la gravité de la situation écologique révèle la profondeur de la crise morale de l'homme. Si le sens de la valeur de la personne et de la vie humaine fait défaut, on se désintéresse aussi d'autrui et de la terre* »[1598]. Il semble bien commun, en effet, que le respect et le soin de l'ensemble de l'ordre créé, auxquels l'homme est appelé pour rendre gloire à Dieu, se fondent globalement sur le respect pour la vie et pour la dignité de la personne[1599] (cf. Ps 148 et 96). Ainsi, du fait même que le burkĩndlem chrétien est un projet d'identification et de construction chrétiennes de l'humain dans la liberté et la noblesse, l'intégrité et la dignité, il se pose *de facto* comme une possibilité offerte à la promotion de l'intégrité environnementale et écologique telle que l'Écriture, la foi chrétienne et la culture du burkĩndlem la définissent et l'enseignent. L'engagement du

---

[1596] Cf. JEAN-PAUL II, Encycl. *Centesimus annus*, 40.

[1597] Cf. MADJRI, J. D. R., « Promotion des hommes : une démarche éthique » in *Autopromotion et solidarité*, CESAO (Centre d'études économiques et sociales d'Afrique Occidentale), juin 1990, p. 120.

[1598] JEAN-PAUL II, *La paix avec Dieu créateur, la paix avec toute la création*, Message pour la Journée mondiale de la paix, 1990, n° 13 : AAS 82 (1990) 152.

[1599] Cf. *ibidem*, n° 16.

croyant *burkĩna* en faveur d'un environnement sain en Afrique découle donc de sa foi au Dieu créateur, de sa culture et de sa certitude, dans le Christ, d'être racheté du péché, de la honte, de la faim, de tout ce qui avilit, dénature et détruit[1600]. Au demeurant, les chrétiens *burkĩmba* apprendront que, pour une durabilité *burkĩna* de l'environnement et de l'écologie dans tout projet de développement humain durable en Afrique, comme dans toute société humaine, leurs capacités créatrices ne seront réellement fécondes que si, d'une part, elles respectent la capacité de régénération de la nature établie par le Créateur, et d'autre part, elles sont inscrites et médiatisées dans une politique sociale appropriée.

III. Burkĩndlem chrétien et conditions majeures des politiques de développement humain durable en Afrique

On conçoit aujourd'hui que tout être humain peut être pensé en tant qu'être de raison et de liberté, mais aussi en tant qu'être social et de relation[1601]. Par suite d'induction, Aristote conclura qu'« *il est manifeste (...) que la cité fait partie des choses naturelles, et que l'homme est par nature un animal politique, et que celui qui est hors cité, naturellement bien sûr, et non par le hasard, est soit un être dégradé soit un être surhumain* »[1602]. Saint Thomas d'Aquin à la suite du philosophe soutient que « *la nature de l'homme veut qu'il soit un animal social et politique, vivant en collectivité. Cela lui appartient beaucoup plus qu'à tous les autres animaux et la simple nécessité naturelle le montre clairement* »[1603]. Au-delà de toute spéculation sur la nature sociale de l'homme[1604], il est une certitude irréductible :

[1600] D'après Roger Berthouzoz, « *les problèmes actuels de l'environnement ne nous renvoient pas seulement à des péchés individuels, mais à ce que, dans le domaine politique et social, nous désignons comme des structures de péché* » : BERTHOUZOZ, R. Op, *Théologien dans le dialogue social*, p. 214.

[1601] Cf. NYEME TESE, J.-A., « Morale africaine et projet de société » in AA. VV., *Théologie africaine, Bilan et perspectives*, *op. cit.*, p. 328.

[1602] ARISTOTE, *Les Politiques*, I, 2, 1252 a § 2, trad. P. Pellegrin, Paris, Garnier-Flammarion, 1990, p. 90.

[1603] SAINT THOMAS D'AQUIN, *De Regno* (*Du gouvernement royal*), Traduction française de Claude Roguet avec la collaboration de l'abbé Poupon, Éditions de la Gazette, Paris, 1926, I, 1. Le Docteur angélique part du fait qu'un seul homme ne suffit pas à préparer tous ses besoins, et que du fait de sa solitude, il ne pourrait s'assurer à lui-même les biens qui lui permettraient d'entretenir sa vie. Il s'ensuit que, de sa nature, l'homme doit vivre en société.

[1604] Thomas Hobbes et Jean Jacques Rousseau s'opposent quant à l'existence d'un « état de nature » avant l'instauration de l'état social. Pour tous les deux, l'homme naturel est un être isolé et cherchant avant tout à contenter ses besoins. Mais si l'opposition de Rousseau envers la thèse de la socialité naturelle de l'homme le rapproche de Hobbes, il s'en distingue

l'homme est un être qui vit en société, et donc tout au moins sociable. La politique est dès lors, déclare Jean-Adalbert Nyeme Tese, « *cet art et en même temps cette science du possible, dont le but est de permettre aux hommes vivant en société d'engendrer un climat d'un mieux-être social et une réalisation soutenue des aspirations et des projections individuelles et collectives. Elle est ainsi une sagesse visant à tirer le maximum éthiquement admis des ressources et des situations en présence* »[1605]. En tant qu'art de vivre ensemble dans la promotion et la réalisation des libertés, la politique se trouve intimement liée à l'éthique dont les valeurs, qui touchent les comportements humains au plus profond, sont nécessaires pour une société politique viable. En ce sens, on peut affirmer avec Shangema T. Kahudi, qu'« *une éthique sans politique est insuffisante ; une politique sans éthique c'est la jungle* »[1606] et que tous deux (éthique et politique) s'enracinent dans l'action humaine. Au regard de la situation de faible développement humain des sociétés africaines, leur devenir historique et existentiel se découvre comme un appel pressant à reconsidérer et à repenser les conditions d'une réelle politique de développement humain sur le continent. Ayant la liberté et le bonheur de l'homme comme finalités, l'éthicité de la politique questionne donc l'espace sociopolitique africain en proie à de multiples impasses. L'action de l'homme en effet, en tant que politique et morale, y est expressive d'un divorce entre l'éthique et la politique. La paupérisation humaine de l'Africain se déploie jusque dans l'espace public, offrant ainsi un espace socio-politique désintégré. Plusieurs auteurs l'ont relevé[1607], la

---

cependant, au sujet de la nature bonne ou mauvaise de l'humain à l'état de nature. Tandis que pour Hobbes, l'état de nature est un état de guerre permanente de tous contre tous et l'homme devient, selon l'expression de Plaute, « *un loup pour l'homme* » (cf. HOBBES, T., *Léviathan*, Introduction, traduction et notes par F. Tricaud, Sirey, Paris, 1971, chapitre XIII), Rousseau affirme, au contraire, que l'humanité dans sa condition primitive est exempte de perversité ou de vice ; l'homme naît naturellement bon et c'est la société qui le corrompt ((cf. ROUSSEAU, J. J., *Émile ou de l'éducation*, Garnier-Flammarion, Paris, 1966).

[1605] NYEME TESE, J.-A., *art. cit.*, p. 328.

[1606] KAHUDI, S. T., « Le rôle de l'éthique dans l'émergence de la politique au Zaïre » in AA. VV., *Crise morale et vie économique au Zaïre, Actes de la deuxième rencontre des moralistes zaïrois*, du 11 au 16 novembre 1985, édition Association des Moralistes Zaïrois, Kinshasa, 1986, p. 167. Dans la tradition philosophique du reste, la politique a toujours été conçue en relation avec une cité, une communauté ou un vivre-ensemble (*politeia*). C'est dans la relation avec l'altérité que se pense la politique. Dans cette même optique, pour Rousseau, l'on ne peut parler de politique ou encore de rapport de moralité que lorsque les hommes entrent en commerce les uns avec les autres. La politique et la moralité sont donc liées. Cf. Rousseau, J. J., *Du contrat social*, Flammarion, Paris, 2006, p. 60.

[1607] La question de la politique aujourd'hui en Afrique apparaît comme un lieu commun. Une abondante littérature sur les questions sociopolitiques africaines a vu jour depuis les indépendances et ne cesse d'être étoffée d'année en année. On pourrait consulter avec intérêt les publications suivantes : HAZOUME, A. et HAZOUME, E., *Afrique, un avenir en sursis*, L'Harmattan, Paris, 1988, 215 p ; BAYART, J.-F., MBEMBE, A., TOULABOR, C., *La*

politique sociale africaine en général, et en matière de développement humain durable en particulier, qui devrait porter les espérances d'un mieux-être humain est encore loin de combler les attentes des populations. On a même le sentiment qu'au lieu d'être une solution à la crise africaine, l'ordre politique en constitue le problème. Depuis les années 1990 surtout, l'Afrique est secouée par de grands mouvements sociopolitiques. Outre les régimes totalitaires, autocratiques ou oligarchiques, même les tentatives démocratiques semblent faire des populations africaines des êtres abusés et désabusés. Certains dirigeants parfois dénommés « pères de l'indépendance » ou « pères de la nation » ont voulu refonder les espoirs par la démocratisation de la vie politique et institutionnelle.

Mais, *En attendant le vote des bêtes sauvages*[1608], tout semble vouloir convaincre, à l'évaluation des cinquante années d'exercice de pouvoir par les Africains eux-mêmes, que les procédures et les modalités de mise en œuvre de l'idéologie démocratique restent contestables[1609]. La participation

---

politique par le bas en Afrique noire, contribution à une problématique de la démocratie, Karthala, Paris, 1992, 268 p ; BAYART, J.-F., *La Politique africaine de François Mitterrand*, Karthala Paris, 1984, 154 p ; BAYART, J. F. ; ELLIS, S. ; HIBOU, B., *La criminalisation de l'État en Afrique*, Complexe, Paris, 1997, 168 p ; BAYART, J. F., *L'État en Afrique. La politique du ventre*, Fayard, Paris, 2006, 439 p ; MBEMBE, A., *Afriques indociles. Christianisme, pouvoir et État en société postcoloniale*, Karthala, Paris, 1988, 222 p ; SAWADOGO, R. A., *L'État africain face à la décentralisation : la chaussure sur la tête*, Karthala, Paris, 2001, 278 p ; AFAN, M. R., *La participation démocratique en Afrique*, éditions universitaires / Cerf, Fribourg / Paris, 2001, 376 p ; AFAN, M. R., *Les masques du pouvoir politique en Afrique*, L'Harmattan, Abidjan, 2010, 216 p. Cf. aussi la *revue Politique africaine*, fondée depuis 1980 par Jean-François Bayart qui en fut le premier directeur. Publiée par les éditions Karthala, *Politique Africaine* est une revue pluridisciplinaire d'analyse du politique en Afrique. Créée en rupture avec les approches dominantes, elle s'est imposée en France et à l'étranger, comme une publication de référence pour l'ensemble de la communauté « africaniste » internationale.

[1608] KOUROUMA, A., *En attendant le vote des bêtes sauvages*, 380 p. Ahmadou Kourouma dénonce dans ce roman des régimes infâmes par la description d'un État fictif, la République du Golfe, gouverné après un coup d'État par un tyran bestial du nom de Koyaga. Ce « président-dictateur », après plusieurs décennies d'exercice impitoyable du pouvoir, demande à un sora (un chantre) de déclamer pendant plusieurs veillées son histoire, que celle-ci soit en sa faveur ou à ses dépens. Le chantre dispose d'une totale liberté d'expression comme le veut la tradition. C'est ainsi que le conteur retrace les origines de Koyaga issu d'une tribu aux mœurs violentes, en passant par ses services rendus pour la France dans les guerres d'indépendance. Mais ce qui est central dans ces propos, c'est la manière dont le tyran Koyaga a conservé sa qualité de « président à vie » après trente années d'exercice émaillé de plusieurs coups d'État.

[1609] La plupart des hommes politiques africains considèrent l'État comme une vache laitière qu'il convient de traire à outrance ou comme une poule aux œufs d'or qu'il faut cacher et entretenir pour le bien exclusif de son propriétaire et, par rigueur, celui de ses parents les plus proches. Une observation de la situation politique dans nombre de pays africains vient corroborer cette perception de Jean François Bayart que reprend Kä Mana : c'est la « politique du ventre » ou encore « la gourvernementalité du manger » qui préside aux comportements des politiciens Africains. Leur attitude consiste à placer au cœur de toute

individuelle et communautaire au développement humain durable manque encore de dynamisme pour enclencher des actions mobilisatrices des forces, des capacités et des potentialités en vue de l'édification de sociétés plus humaines. Et, en dépit des efforts, la paupérisation humaine et matérielle continue de s'étendre, les comportements délictueux et conflictuels, tenaces, sont toujours perpétrés, hypothéquant ainsi la cohésion sociale et la construction de nations véritablement démocratiques, de justice, de réconciliation et de paix où se vivent une solidarité et une charité exemplaires. Ce sont là pourtant toutes des conditions nécessaires pour entreprendre et réussir toute initiative de promotion humaine intégrale. Étudiant à partir du burkĩndlem chrétien, les conditions d'une éthique inculturée du développement humain durable en Afrique, il s'impose pour nous, légitimement, une réflexion sur l'apport et la pertinence du burkĩndlem chrétien dans la politique sociale africaine, en l'occurrence les conditions majeures actuelles de toute poursuite, en Afrique, du développement humain que sont : la participation démocratique, la justice, la réconciliation et la paix, et enfin, la solidarité et la charité chrétiennes.

III. A. Pour une participation chrétienne *burkĩna* au processus démocratique africain

En tant que cadre de l'organisation et de la gestion du bien commun, la politique a toujours embrassé tous les domaines de la vie d'un peuple. Elle ne concerne plus seulement, écrit Nathanaël Yaovi Soédé, « *ceux qu'on appelle communément les hommes politiques, les dirigeants de la cité ou de l'espace territorial d'un État ou d'une nation sur le plan administratif et gouvernemental* »[1610]. Tout citoyen d'une nation, et donc aussi le chrétien, est concerné par l'ordre politique. C'est pourquoi face aux tâtonnements et aux dérives politiques en Afrique, en ce sens précis que les décisions et les orientations des responsables politiques sont parfois néfastes pour les masses africaines, réduites plutôt à la misère et à la dépersonnalisation, chaque chrétien africain et tous les chrétiens africains doivent prendre leurs responsabilités dans la gestion de la chose publique, sous peine de manquer à une mission essentielle de la vie citoyenne. Ainsi, la situation des sociétés africaines révèle que l'Afrique politique dans une perspective chrétienne a

---

activité sociale et politique, comme son moteur et sa motivation fondamentale, l'impératif de « brouter là où on est attaché ». Dans cette perspective, on en vient à déifier le « ventre », entendons ici tout ce qui procure jouissance et plaisir. Cf. KA MANA, *Christ d'Afrique, Enjeux éthiques de la foi africaine en Jésus-Christ*, p. 190 ; BAYART, J. F., *L'État en Afrique. La politique du ventre*, 439 p.

[1610] SOEDE, N. Y., « Éditorial » in *RUCAO, Évangile et politique*, RUCAO, Abidjan, n° 26 (2006) p. 5.

bien besoin de l'éthique du burkĩndlem chrétien, d'autant plus que celle-ci prône sans ambiguïté l'édification d'une humanité selon les exigences et les valeurs socioculturelles et chrétiennes, et se veut une tentative d'expression du message chrétien eschatologique, en fonction de circonstances spécifiques en Afrique. Sans doute qu'une contribution du burkĩndlem chrétien dans les politiques sociales contextuelles demandera de « *déterminer un nouveau genre de rapport entre la religion et la société, entre l'Église et la réalité politique, entre la foi eschatologique et la pratique sociale* »[1611], afin que la politique africaine, éclairée par le burkĩndlem chrétien, tende vers sa pleine réalisation en instaurant de vraies démocraties au sein desquelles les citoyens se prendront réellement en charge et participeront efficacement à l'édification de leurs sociétés. À l'heure où s'élève, dans la quasi-totalité des pays africains, une soif irrépressible de démocratie et de pluralisme politique, et où les appels à l'engagement pour la démocratie sont nombreux et insistants, il appartient aux communautés chrétiennes africaines d'éclairer ces aspirations humaines de la lumière du dessein de salut de Dieu dans le Christ, afin que leur foi en la rédemption du monde porte les espérances humaines, surtout en contexte de pauvreté et de péril de la vie. Alors, à la lumière du projet chrétien de l'homme et de la conception chrétienne du monde, les chrétiens comprendront que la démocratie et le pluralisme sont exigeants, et ils se feront le devoir de professer et de témoigner des valeurs évangéliques pour que la démocratie ne soit pas une simple mascarade, mais plutôt une réelle éthique de l'être ensemble, d'après les termes de Kä Mana : « *une vision du monde dont la logique est d'assurer la parole dans le dialogue, le débat, la confiance réciproque, la recherche commune de l'humain* » [1612]. Pour ce faire, par rapport au monde politique, les chrétiens africains montreront que l'Évangile demeure la Parole de Vie qui fera éviter à l'agir politique des baptisés, et des croyants en général, la compromission des vices qui minent les sociétés sur le continent, notamment la culture de l'ignorance, le culte du pouvoir, de l'argent, de l'avoir au mépris des aspirations et de la vocation au bien-être humain intégral, solidaire et transcendantal. Dans le contexte propre de l'Afrique où les tendances sociales offrent à tout observateur le spectacle désolant de partis politiques fondés sur des présupposés ethniques ou régionaux, et donc sans programme social crédible ; et où les affrontements violents donnent l'impression que les Africains s'accommodent mal de la démocratie pluraliste[1613], le burkĩndlem chrétien apparaît comme

[1611] METZ, J.B., « Théologie politique et liberté critico-sociale », *Concilium*, 36 (juin 1968), p. 13.

[1612] KA MANA, *Christ d'Afrique, Enjeux éthiques de la foi africaine en Jésus-Christ*, p. 58.

[1613] QUENUM, A., « L'Afrique, une terre d'avenir. Quelques considérations générales » in *RUCAO, Afrique, continent en construction*, n° 30 (2007) 131.

éminemment suggestif pour féconder une expression politique visible et repérable, qui soit à la fois une instance au cœur de la société africaine et un processus qui donne forme à une nouvelle manière de vivre la politique en Afrique. Qu'elle devienne une idéologie d'un parti politique ou non, d'une organisation militante ou non, nous estimons que l'éthique du burkĩndlem chrétien peut permettre d'assumer, de vivre et de pratiquer une politique féconde, dans la mesure où elle peut prendre la forme d'un mouvement porté par des valeurs fondamentales sans lesquelles la politique n'a aucun sens : les valeurs nécessaires à l'édification pleine et intégrale de l'humain selon les normes socioculturelles et religieuses conformes au dessein du divin Créateur sur l'humain, tel que l'Écriture l'enseigne et le promeut. Si l'on en considère l'application dans les démocraties africaines actuelles, l'intérêt du burkĩndlem chrétien n'en est que plus que jamais pertinent.

De nombreuses études ont été menées sur la pratique de la démocratie en Afrique[1614]. Mawuto Roger Afan par exemple, traitant de la démocratie représentative en Afrique, axe sa recherche sur la notion de participation en démocratie qui, comme une traînée de poudre, a gagné aujourd'hui presque la totalité des régimes politiques du continent noir. L'ensemble de l'ouvrage s'inscrit dans une perspective d'inculturation chrétienne au croisement de la modernité et de la tradition africaine des peuples aja-ewé du Togo et du Bénin. Pour Afan, et cela nous semble nécessaire, « *il est essentiel et possible d'analyser l'expérience actuelle de la démocratisation dans un double horizon d'interprétation : celui de la participation des populations à la gestion de la chose publique comme objectif politique, social et culturel, et celui plus particulier de la participation des communautés chrétiennes dans ce processus* »[1615]. Pour réaliser cette double perspective, le concept de burkĩndlem chrétien, qui conjugue à la fois l'anthropologie socioculturelle *moaaga* et l'anthropologie chrétienne, nous semble approprié. Comme projet politique qui prône la liberté et l'autogestion des peuples, la démocratie[1616]

[1614] On pourrait entre autres, consulter avec intérêt : *RUCAO, Afrique, continent en construction*, n° 30 (2007) 131, 376 p ; SAWADOGO, R. A., *op. cit.*, 278 p ; BEAUCHAMP, C. *op. cit.*, 363 p ; MUTOMBO-MUKENDI, F., Jean-Pierre MBELU, J.-P. et RUBINGA, J. P., *Théologie Politique Africaine, Exégèse et Histoire*, L'Harmattan, Paris, 2011, 342 p ; BAYART, J.-F., « La problématique de la démocratie en Afrique noire. La Baule et puis après » in *Politique africaine* 43 (1991) 5-20.

[1615] M. R. AFAN, *La participation démocratique en Afrique*, p. 285.

[1616] Selon Georges Burdeau, « *le mot démocratie souffre d'un excès de signification* ». cf. BURDEAU, G., « Démocratie » in *Encyclopédia Universalis*, France, S. A., 1968, vol 5, p. 408. Ainsi, donner une définition de la démocratie se révèle une entreprise peu évidente, car cela laisserait penser qu'il y a un modèle démocratique imposable à tout le monde. Or le sens du mot varie selon le milieu et la période dans laquelle il est employé. Il n'y a donc pas un « schéma abstrait » de démocratie apte à fournir des recettes d'organisations politique et sociale universellement valables (BURDEAU, G., « Démocratie » in *Encyclopédia Universalis*, France, S. A., 1968, vol 5, p. 409). Le sens général et large que *Le Petit Robert*

s'inscrit bien dans la perspective chrétienne de l'autopromotion humaine et dans le projet de développement humain selon le burkĩndlem. La liberté, propriété distinctive de l'humain et qui lui confère la qualité d'image de Dieu, de reflet du divin, est bien au cœur de la Révélation chrétienne de l'homme et de l'enseignement social de l'Église. Dans la perspective chrétienne, en effet, écrit François Varone, « *la relation à Dieu ne distille pas la soumission et la résignation, mais la liberté et la provocation dynamisante d'une existence pleinement confiée à l'homme* »[1617]. On sait que l'histoire du salut montre que Yahvé s'est révélé d'abord comme un Dieu libérateur (cf. Ex 13-15), avant de se faire connaître comme le Dieu Créateur (Gn 1-2). Ainsi, l'événement fondamental qui a marqué les origines du peuple élu, c'est sa libération par Dieu de la servitude d'Égypte. Dès lors, « être appelé à la liberté » (Ga 5, 13) est un des aspects essentiels de l'Évangile du salut[1618]. Pour la doctrine chrétienne, le Christ est venu « *annoncer aux captifs la délivrance, rendre la liberté aux opprimés* » (Lc 4,18). Son intervention est efficace pour tous : païens de jadis, qui se sentaient régis par la fatalité, Juifs qui refusaient de s'avouer esclaves (Jn 8,33), et aussi les hommes d'aujourd'hui, qui aspirent confusément à une libération définitive (Rm 8, 20-21). C'est dire que la liberté humaine, selon la foi chrétienne, est à la fois un don de Dieu et une œuvre à réaliser. Croître ensemble dans la liberté à la suite de Jésus et favoriser la croissance de tous, telle est la vocation commune à tous les humains. Pour les baptisés, l'homme ne peut tendre au bien que dans la liberté que Dieu lui a donnée comme signe sublime de son image : « *Dieu a voulu le laisser à son propre conseil pour qu'il puisse de lui-même chercher son Créateur et, en adhérant librement à lui, s'achever ainsi dans une bienheureuse plénitude* »[1619]. Au niveau social, la réalisation de cette vocation commune ne peut se réduire à une dimension strictement privée. Les baptisés *burkĩmba* sont appelés à concrétiser dans le champ social et les événements historiques le message de

---

donne au concept est : « *Doctrine politique d'après laquelle la souveraineté doit appartenir à l'ensemble des citoyens ; organisation politique (souvent, la république) dans laquelle les citoyens exercent cette souveraineté* » (cf. ROBERT, P. (par), *Le Petit Robert*, art. « Démocratie »).

[1617] VARONE, F., *Ce Dieu absent qui fait problème*, Cerf, Paris, 1986, p. 132.

[1618] La libération d'Israël ne faisait que préfigurer la rédemption chrétienne. C'est le Christ, en effet, qui instaure le régime de la parfaite et définitive liberté pour tous ceux, Juifs et païens, qui adhèrent à lui dans la foi et la charité. Le croyant est libre en ce sens que, dans le Christ, il a reçu le pouvoir de vivre désormais dans l'intimité du Père, sans être entravé par les liens du Péché, de la Mort et de la Loi. Paul et Jean sont les principaux hérauts de la liberté chrétienne. Le premier la proclame surtout dans l'épître aux Galates : « *C'est pour que nous restions libres que le Christ nous a libérés... Frères, vous avez été appelés à la liberté* » (Ga 5,1.13 ; cf 4, 26.31 ; 1 Co 7, 22 ; 2 Co 3,17). Quant à Jean, il insiste sur le principe de la vraie liberté, la foi qui accueille la Parole de Jésus (cf. Jn 8, 32.36).

[1619] CONCILE ŒCUMENIQUE VATICAN II, Const. Past. *Gaudium et spes*, n° 17.

libération et de rédemption du Christ. Pour ce faire, les politiques démocratiques apparaissent comme des opportunités à travers lesquelles il est possible d'insuffler dans le cœur des hommes toute la force de sens et de libération de l'Évangile, de façon à promouvoir des sociétés à la mesure de l'homme créé à l'image de Dieu.[1620].

L'œuvre de libération dont l'humanité tout entière a été bénéficiaire dans le Christ devrait s'incarner dans tous les domaines qui mettent la vie en péril. Ainsi, concrètement, la liberté acquise dans la rédemption du Christ devrait pouvoir signifier pour l'Africain baptisé, pour les burkĩmba chrétiens et pour tout croyant africain : liberté par rapport au non-sens de la vie, liberté par rapport à la honte et à la faim, qu'occasionnent la pauvreté, la misère, les injustices, les violences, etc. ; somme toute, liberté par rapport à l'économique, au politique, au social et au culturel. La mise à l'œuvre d'un tel processus de développement humain *burkĩna*, c'est-à-dire affranchi de toute servitude sociale et libre par rapport à toutes formes de facteurs d'aliénation, présuppose des hommes authentiquement chrétiens et *burkĩmba*, qui auront la charge de concevoir et de diriger toute action politique. À cet égard, les références anatomiques symboliques (éthique de la bouche, du cœur, du ventre, du sexe, et du pied) et les moyens de promotion (éducation, respect des droits, culture de l'effort et de la volonté, travail) du burkĩndlem chrétien pourront devenir des critères de légitimation des responsables politiques. Il sera alors demandé un degré de burkĩndlem de haut niveau pour être candidat aux postes de responsables politiques. À considérer les dérives politiques connues sur le continent, il nous semble que ce dont l'Afrique politique a plus que jamais besoin aujourd'hui, ce sont des hommes intrinsèquement *burkĩmba*, éprouvés et confirmés dans une vie foncièrement *burkĩna*, afin que cessent entre autres sur le continent : la *« crise de l'action, et du même coup la crise de la parole comme lieu de rencontre pour l'avènement de la liberté »*[1621], les discours démagogiques, les promesses électorales jamais tenues, la spoliation des biens des populations et les sacrifices sur les autels des intérêts égoïstes, les violences et les oppressions politiques et les violations des droits humains, le clientélisme, l'hypertrophie des pouvoirs, les esclavages destructeurs de la liberté et donc de toute moralité, etc. Mais, par contre, qu'advienne une société authentiquement *burkĩna* pour que chaque humain fasse le plein de sa personne et soit force dynamique au service du développement humain

---

[1620] Selon le Pape Jean XXXIII, la valeur de la liberté est respectée quand il est permis à chaque membre de la société de réaliser sa vocation personnelle y compris la capacité de refuser ce qui est moralement négatif. La plénitude de la liberté consiste dans la capacité de disposer de soi en vue du bien authentique, dans la perspective du bien commun universel. cf. JEAN XXIII, Lettre encyclique *Pacem in terris* : AAS 55 (1963) 289 – 290.

[1621] KA MANA, *L'Afrique va-t-elle mourir ? Essai d'éthique politique*, p. 24-25.

intégral. Dans cette optique, les valeurs impliquées dans la promotion du burkĩndlem chrétien se révèlent ainsi comme des préalables pour que toute force politique démocratique soit efficacement opératoire. L'Afrique des « bêtes sauvages »[1622] ne saurait être un espace sociopolitique approprié à l'instauration d'une démocratie efficiente. D'où la nécessité d'éduquer aux valeurs de burkĩndlem réel, lieu éthique viable, nous semble-t-il, de toute volonté politique démocratique. Ce sera une éducation de l'humain pour qu'il devienne non seulement maître de lui-même, mais aussi maître de son être-au-monde, un instrument de vie politique ; car c'est l'éducation, écrit Raymond Polin, « *qui donne à la raison son efficacité la plus évidente, non seulement en formant les individus à une réflexion raisonnable et à un jugement autonome, en faisant d'eux des citoyens avertis, mais en assurant la formation de l'opinion et des gouvernants, lorsque se posent des problèmes décisifs* »[1623]. Il importera par ailleurs d'établir un système d'encadrement éthique, un accompagnement permanent de la vie démocratique par des normes éthiques, des règles qui expriment les nobles valeurs de la société, afin d'éviter que les classes politiques africaines ne continuent de s'enliser dans des pratiques déshonorantes comme notamment le non-respect de la parole donnée, les promesses électorales non tenues, le nomadisme politique, la démobilisation des masses, le mépris de la déontologie politique et l'absence de programmes conséquents et consistants. De tels avatars de la vie politique sont loin d'être l'expression d'un burkĩndlem authentique.

Les acteurs chrétiens *burkĩmba* de la classe politique devront comprendre tout d'abord que toute vraie autorité vient de Dieu (cf. Pr 8, 15-16 ; Jn 19, 11), que « *la communauté politique et l'autorité publique trouvent donc leur fondement dans la nature humaine et relèvent par là d'un ordre fixé par Dieu* »[1624], et que c'est en son nom que tout pouvoir doit s'exercer. La conséquence en est que l'exercice de l'autorité politique, soit à l'intérieur de la communauté comme telle, soit dans les organismes qui représentent l'État, devra toujours se déployer dans les limites de l'ordre moral, en vue du bien commun.[1625] De ce fait, à la suite du Christ parfaitement Burkĩna, les chrétiens *burkĩmba* devront sauvegarder et développer avec fierté en eux les valeurs rattachées au burkĩndlem chrétien de sorte que dans la parole et l'agir, ils évitent la recherche malhonnête de la promotion politique qui est, au regard du burkĩndlem chrétien, honte et « *yembdo* » (esclavage). Ils éviteront d'être simplement des hommes d'un moment dont les œuvres sont synonymes de démagogie et de simple populisme. Ils feront leurs et

---

[1622] KOUROUMA, A., *En attendant le vote des bêtes sauvages*, p. 183.
[1623] POLIN, R., *Éthique et politique*, Sirey, Paris, 1968, p. 136-137.
[1624] CONCILE VATICAN II, *Gaudium et Spes*, 1965, n° 74.
[1625] cf. *idem*.

veilleront davantage à contrôler en eux-mêmes les exigences des références anatomiques symboliques, comme des chemins de libération réelle. Sincères envers eux-mêmes et avec les populations dont ils sont membres, cultivant en eux les principes de bonne gouvernance, ils seront capables, selon l'expression de Raogo Antoine Sawadogo, « *d'actions et de paroles synergiques* ».[1626] Le primat de l'action politique des chrétiens *burkĩmba* sera ainsi de préserver leur identité culturelle et chrétienne : le burkĩndlem chrétien. Ils prendront conscience du rôle particulier et propre qui leur échoit dans la communauté politique, et s'appliqueront à « *donner l'exemple en développant en eux le sens des responsabilités et du dévouement au bien commun* ».[1627] Ils montreront ainsi par les faits comment on peut harmoniser la politique avec le respect de la dignité humaine, le sens de l'honneur et de la vérité ; l'initiative personnelle avec la solidarité et les exigences de tout le corps social ; les avantages de l'unité avec les diversités fécondes.[1628] Toutefois, étant donné la complexité de la politique dont l'exercice est un art très difficile, les chrétiens *burkĩmba*, sous peine de compromettre leur burkĩndlem et de manquer à la charité chrétienne, devront s'y préparer avec zèle, luttant « *avec intégrité et prudence contre l'injustice et l'oppression, contre l'absolutisme et l'intolérance, qu'elles soient le fait d'un homme ou d'un parti politique* ».[1629] Pour finir, il importera d'avoir toujours à l'esprit que la participation juste, proportionnée et responsable de tous les membres sociaux au développement reste la voie assurée pour promouvoir le développement humain durable, comme voie de libération, d'ennoblissement et d'épanouissement humains. Les chrétiens *burkĩmba*, ainsi que tous les hommes de bonne volonté, trouveront en ce principe de participation, qui assure la réalisation des exigences éthiques de la justice, de la réconciliation et de la paix sociale, une motivation permanente pour favoriser le progrès de la qualité de vie individuelle et collective.

III. B. Justice, réconciliation et paix pour un développement humain

L'actualité africaine nous propose quotidiennement des faits tragiques de violences et de conflits. Des personnes issues d'une même tribu, d'un même peuple, ou descendant d'un même ancêtre engagent parfois une lutte d'opinions qui se transforme en rancune, allant jusqu'à dégénérer en combats sanglants. Des cas patents de violation affreuse des droits de l'homme se multiplient çà et là sans que les dirigeants des nations aient l'air

---

[1626] *Ibidem*, n° 73.
[1627] *Ibidem*, n° 75.
[1628] cf. *idem*.
[1629] *Idem*.

de s'en émouvoir. Même des personnes qu'on appelle encore des « honnêtes gens » finissent par s'y habituer, tant les faits sont devenus ordinaires. Indubitablement, l'un des tableaux les plus sombres de la situation actuelle de l'Afrique est celui de la justice et de la paix. Le spectacle des divisions en Afrique et l'étalage de tous les égoïsmes qui s'affrontent dans une lutte insensée dont personne ne peut prévoir le dénouement, montrent bien que la justice, la réconciliation et la paix, en tant qu'expressions qualitatives des liens entre les hommes, ne sont pas encore de taille à assurer un espace sociopolitique favorable aux initiatives en matière de développement humain durable. Lors de la première assemblée synodale pour l'Afrique, tenue à Rome du 10 avril au 8 mai 1994, les Pères synodaux, en évaluant les efforts d'évangélisation du continent, en ont déterminé les enjeux et les perspectives, et dégagé les priorités pastorales majeures. Ce faisant, ils ont par ailleurs dénoncé sans ambages la corruption et la subtilisation des deniers publics, le népotisme, la soif du pouvoir, les haines fratricides provoquées par des intérêts politiques (cf. les génocides au Rwanda et au Burundi), l'intolérance religieuse et d'opinions, les flagrantes violations de la dignité et des droits de l'homme, les méthodes douteuses de remboursement des dettes, la famine, les maladies, la tragédie scandaleuse des réfugiés, etc.[1630] Autant de dérives et de méfaits qui accentuent la paupérisation humaine chez les personnes, dans les familles, les nations et sur l'ensemble du continent. Considérant l'extrême gravité de cette situation, le pape Jean-Paul II, dans l'Exhortation post-synodale *Ecclesia in Africa* qu'il signe le 14 septembre 1995 à Yaoundé (Cameroun), invite l'Église, à la suite du Fils de Dieu incarné, à se faire « la voix des sans voix », à combattre par son ministère prophétique l'injustice et tout ce qui avilit l'homme, pour l'ennoblir[1631]. Cette Exhortation fut reçue avec joie comme un texte fondamental d'orientation pour l'Église d'Afrique au seuil du 3e millénaire, et comme une heureuse actualisation de Vatican II appliquée aux communautés africaines. Le thème de la justice et de la paix a été un des cinq grands axes[1632] *d'Ecclesia in Africa*. Une quinzaine d'années plus tard, en raison de la situation du continent gangrené par la violence et les

[1630] cf. JEAN-PAUL II, *Exhortation apostolique post-synodale « Ecclesia in Africa »*, n° 110-113.

[1631] cf. JEAN-PAUL II, *Exhortation apostolique post-synodale « Ecclesia in Africa »*, n° 70.

[1632] Par un processus de discernement de la situation actuelle et des nouveaux défis, on a pu établir les tâches qui, parmi d'autres, semblent mériter spécialement l'attention du synode. Le texte revient sur 5 grands sujets déjà mis en relief par les documents préparatoires (*Instrumentum laboris*) : « *l'évangélisation, l'inculturation, le dialogue, la justice et la paix, les moyens de communication sociale* » (JEAN-PAUL II, *Exhortation apostolique post-synodale « Ecclesia in Africa »*, n° 8). Ces 5 grands axes théologiques et pastoraux ont été étudiés dans la perspective du grand projet du synode : faire de l'Église d'Afrique une famille de Dieu pour les années à venir.

injustices, le deuxième Synode pour l'Afrique revient sur ce thème, s'y focalise et surtout insiste sur l'engagement concret des chrétiens. Cette deuxième Assemblée, tenue à Rome du 4 au 25 octobre 2009, a eu pour thème : « *L'Église en Afrique au service de la réconciliation, de la justice et de la paix : "Vous êtes le sel de la terre... Vous êtes la lumière du monde"* » (Mt 5, 13.14). Dans l'Exhortation post-synodale *Africae Munus*[1633] qui est signée le 19 novembre 2011 à Ouidah (Bénin), le pape Benoît XVI invite à redonner une « *nouvelle impulsion à l'évangélisation, à la consolidation et à la croissance de l'Église, à la promotion de la réconciliation et de la paix sur le continent africain* »[1634]. C'est pourquoi *Africae Munus* veut interpeller la responsabilité des chrétiens (évêques, prêtres, diacres, religieux et religieuses, et tous les fidèles laïcs) dans l'avènement de la paix, de la justice et de la réconciliation en Afrique.

Face à cette crise des relations interpersonnelles et à la désaffection relationnelle que vit l'Afrique, nous voudrions, dans la perspective de la foi chrétienne, percevoir dans quelle mesure le burkĩndlem chrétien peut être source d'un renouvellement de la justice, de la réconciliation et de la paix en Afrique ; surtout que cette situation conflictuelle y compromet dangereusement à la fois la qualité de vie humaine et de la protection environnementale. Il est reconnu que les Églises d'Afrique sont sensibles aux rapports entre l'évangélisation et la promotion humaine. Églises des pauvres, les questions socio-économiques et politiques ont pour elles un lien nécessaire et vital avec l'évangélisation : car le salut concerne tout l'homme dans son intégralité, corps et âme. Dans cette optique, et pour promouvoir l'unité de tous les peuples, être baptisé et être *burkĩna* commandent d'abord d'observer la justice dans les relations sociales. Selon sa formulation la plus classique, elle « *consiste dans la constante et ferme volonté de donner à Dieu et au prochain ce qui leur est dû* ».[1635] Du point de vue subjectif, la justice[1636] se traduit dans l'attitude déterminée par la volonté de reconnaître

---

[1633] BENOIT XVI, *Exhortation apostolique post-synodale, « Africae Munus »*..

[1634] BENOIT XVI, lors de son Audience générale du 22 juin 2005, cité par SEPE, Cardinal Crescenzio, « postface » in NDI-OKALLA, J. et NTALOU, Mgr A. (sous la direction de), *D'un synode africain à l'autre : Réception synodale et perspective d'avenir : Église et société en Afrique*, Karthala, Paris, 2007, p. 161.

[1635] JEAN-PAUL II, *Catéchisme de l'Église Catholique*, n° 1807 ; cf. Saint Thomas d'Aquin, *Summa theologiae*, II-II, q. 58, a.

[1636] La justice (en grec : *dikê*, en latin : *justitia*), comme concept éthique (et non pas au sens théologique), la justice a deux significations corrélatives. Selon une compréhension « objective » (institutionnelle, politico-sociale), la justice est le principe normatif fondamental de la vie en commun : l'idéal et le critère supérieur de l'action individuelle, des institutions, voire de l'ordre fondamental d'une communauté politique. La justice concerne plus expressément le domaine du droit : législation, jurisprudence et pouvoir judiciaire. Selon une compréhension « subjective », la justice est, dans les relations à autrui, l'attitude morale qui ne repose ni sur une libre inclination, ni ne dépasse dans l'action ce qui est dû à autrui.

l'autre comme personne, tandis que, du point de vue objectif, elle constitue le critère déterminant de la moralité dans le domaine inter-subjectif et social[1637]. Elle apparaît donc particulièrement importante dans le contexte social actuel de l'Afrique, où la valeur de la personne, de sa dignité et de ses droits, est sérieusement menacée par la tendance diffuse de recourir exclusivement aux critères de l'utilité et de l'avoir. Ainsi que nous l'avons appréhendé, aussi bien dans la tradition chrétienne que dans la culture du burkĩndlem, la justice et le respect du droit constituent des exigences sociales impératives, du fait même de ses défis sociaux. Attribut spécifiquement divin selon la révélation chrétienne[1638], Dieu se montre juste en ce qu'il est un modèle d'intégrité. L'ordre que Dieu veut faire régner dans sa création, donne à la justice un sens plus large et une valeur plus immédiatement religieuse. Selon la conception biblique, l'intégrité de l'homme n'est jamais que l'écho et le fruit de la justice souveraine de Dieu, de la merveilleuse délicatesse avec laquelle il conduit l'univers et comble ses créatures. Dès lors, le chrétien *burkĩna* devrait observer la justice, d'après la pensée de Roger Berthouzoz, comme « *une valeur qui se fonde sur un droit immédiatement attaché à l'existence et à la dignité de l'autre et de la communauté dans laquelle il est engagé* »[1639]. Dans ce cas, elle exprimera une qualité des relations humaines dans la société et entre les sociétés elles-mêmes.

Quant au droit de l'homme, il faut reconnaître que, comme premier motif de l'exigence de justice, il est complexe : « *Il s'exprime tout d'abord, et dans une longue tradition de la culture grecque et romaine, en terme de liberté comme dimension constitutive de l'être humain et comme radicale possibilité de choix et d'initiative dans l'activité et les projets des personnes comme des groupes humains* »[1640]. En ce sens, au regard de la paupérisation humaine, de l'appauvrissement des sociétés africaines et de la violence qui les déstructure, et face aux défis d'augmentation ou d'accroissement des

---

[1637] cf. JEAN XXIII, Lettre Encyclique *Pacem in terris* : AAS 55 (1963) 282-283.

[1638] L'Écriture célèbre la justice divine, au sens concret : tantôt jugement punitif contre les ennemis d'Israël (cf. Dt 33, 21), tantôt comme délivrances accordées au peuple élu (cf. Jg 5, 11 ; 1 S 12, 6s). D'autre part, la justice de Dieu est aussi le jugement favorable, la délivrance de l'ayant droit (c Jr 9, 23 ; 11, 20 ; 23, 6). La doctrine chrétienne pose le fondement biblique de la justice et de la paix sur l'amour de Dieu et celui des hommes (cf. Lc 10, 25-28 ; Is 61,1-2) : cet amour prend sa source en Dieu qui aime la justice (cf. Ps 36, 28), qui rend toute justice (cf. Pr 8, 15), et invite l'homme à chercher la justice (cf. Dt 16, 20), à la pratiquer (cf. Is 56, 1 ; 1 Jn 2, 29) ; cet amour prend encore sa source en Dieu qui conclut avec l'homme une alliance gratuite de paix (cf. Ez 34, 25), une alliance éternelle (cf. Is 54, 10) ; cette justice de Dieu pour l'homme a connu sa réalisation plénière et définitive en Jésus Christ (cf. Mt 26, 27-28). Aussi Dieu, en Jésus Christ, peut-il promettre le bonheur aux persécutés pour la justice (cf. Mt 5, 9-10).

[1639] BERTHOUZOZ, R. O.p., *Théologien dans le dialogue social*, p. 163.

[1640] cf. *idem*.

capacités et des choix humains dans le développement humain durable, l'appel à la justice et au respect des droits de l'homme est plus que pressant. Selon la perspective de Berthouzoz, les chrétiens *burkĩmba* se devront d'en être des témoins sans cesse en alerte, se fondant sur la foi qu'il n'est pas de relation juste à Dieu, Créateur et Sauveur, qui ne soit simultanément source d'engagement pour la justice dans la société et entre les sociétés[1641]. À la suite des premiers prophètes qui l'ont manifesté avec force et lucidité (cf. Am 2, 6-11 ; 5, 10-15 ; 8, 4-7 ; Os 6, 6 ; Is 5, 1-7 ; Jr 6, 13.20 ; 7, 3-11), les baptisés *burkĩmba* d'aujourd'hui, qui sont les prophètes des temps actuels, ont mission de réaffirmer avec le Christ (cf. Mt 5, 17 ; 22, 15-22 ; Lc 16, 19-31 ; Rm 13, 1-7, etc.) l'impérieuse nécessité de respecter la dignité inconditionnelle de chaque personne humaine créée à l'image de Dieu. La pratique du burkĩndlem chrétien doit les empêcher de céder à la honte qui déshumanise, et les entraîner à lutter contre toute misère humaine qui avilit, à défendre les pauvres, les démunis, les marginalisés et les plus petits. L'Évangile, en effet, écrit Berthouzoz, non seulement « *nous éclaire sur l'enjeu moral de nos relations aux autres, mais surtout il promet un soutien, celui de la grâce, à ceux qui s'engagent résolument dans la réflexion et la lutte pour établir, dans la solidarité et la liberté responsable, des conditions de vie et de développement humain pour tout homme et pour tout l'homme* » [1642]. On observera toutefois que, fondamentalement, la pleine et authentique justice n'est pas une simple convention humaine. Disciple du Christ, qui dans sa Rédemption rétablit l'humain dans la dignité d'enfant de Dieu, le chrétien *burkĩna* devra apprendre de l'enseignement social de l'Église, que ce qui est « juste » n'est pas originellement déterminé par la loi ou le droit[1643], mais par le burkĩndlem de l'être humain, son intégrité et sa noblesse en tant que reflet du divin Créateur. C'est pourquoi toute observance de la justice sociale devrait toujours se faire primordialement dans le respect de la dignité humaine.

Toutefois, l'édification d'une société *burkĩna*, où la justice et le droit seront respectés, ne doit faire oublier, ni les blessures historiques des sociétés africaines, ni la dimension pécheresse de l'humanité. Si en effet, « *la mémoire de l'Afrique garde le souvenir douloureux des cicatrices laissées par les luttes fratricides entre les ethnies, par l'esclavage et par la colonisation* », si « *aujourd'hui encore, le continent est confronté à des rivalités, à des formes d'esclavage et de colonisation nouvelles* »[1644], et si les

---

[1641] *Ibidem*, p. 165.

[1642] *Idem*.

[1643] Cf. JEAN-PAUL II, Encycl. *Sollicitudo rei socialis*, n° 40.

[1644] BENOIT XVI, Exhortation apostolique post-synodale *Africae Munus*, n° 9. La première Assemblée Synodale avait comparé l'Afrique à la victime des bandits, laissée moribonde au bord du chemin (cf. Lc 10, 25-37). C'est pourquoi on a pu parler de la « marginalisation » de l'Afrique.

populations africaines restent finalement enclines à la paupérisation humaine, accablées d'une multitude de blessures, de craintes, de désirs, de colères, de chagrins et de mensonges, alors, la raison éthique commande d'une impérieuse nécessité d'intervenir et d'apporter remède pour panser les plaies, guérir les blessures et redonner l'espérance et la joie de vivre. C'est pourquoi suite à la deuxième Assemblée synodale pour l'Afrique, *Africae Munus* est adressée, affirme le pape, « *à l'Afrique d'aujourd'hui qui a connu les traumatismes et les conflits* »[1645]. Il est reconnu que l'homme est pétri par son passé, mais il vit et chemine aujourd'hui. Dans cette mesure, à considérer le choc culturel que vivent les Africains et qui porte atteinte aux fondements millénaires de la vie sociale africaine, au regard de la paupérisation humaine à laquelle le continent est confronté et qui compromet les chances d'accomplissement de l'humain, la perspective du burkĩndlem chrétien éveille la conscience éthique à la responsabilité de trouver des chemins d'espérance en instaurant un dialogue entre les composantes de la société. Il faudra alors « *retrouver et promouvoir une conception de la personne et de son rapport à la réalité fondée sur un renouveau spirituel profond* »[1646]. Dans l'ordre socio-anthropologique, la réconciliation et la paix se découvrent comme des présupposés, voire des conditions essentielles, d'un tel projet de renouveau humain, de réel burkĩndlem chrétien. Mais encore faut-il observer et réaliser que, compte tenu de la nature pécheresse de l'humain, « *l'esprit de dialogue, de paix et de réconciliation est loin d'habiter le cœur de tous les hommes* »[1647]. Aussi est-il nécessaire et indispensable, outre la pastorale de justice, de mener aussi une pastorale de la réconciliation et de la paix. De toute évidence, une pastorale de réconciliation et de paix, dans le contexte social actuel de l'Afrique marqué par la crise humaine, devra contribuer à susciter des initiatives, à encourager la formation aux mécanismes des conflits et de la paix, pour éviter les discours simplistes qui ignorent la complexité des faits. Il s'agira également, au nom de la défense des valeurs du burkĩndlem chrétien, d'investir la cure des séquelles de la violence tant pour les victimes que pour les agresseurs[1648]. Et *Africae Munus* d'indiquer quelques chantiers que les Pères synodaux ont identifiés pour la mission actuelle de réconciliation et de paix sur le continent afin de l'aider à s'émanciper des forces qui la paralysent : l'attention à la personne humaine dans une authentique conversion, vivre dans la vérité du sacrement de la pénitence et de la réconciliation,

[1645] BENOIT XVI, Exhortation apostolique post-synodale *Africae Munus*, n° 11.
[1646] *Idem*.
[1647] BENOIT XVI, Exhortation apostolique post-synodale *Africae Munus*, n° 12.
[1648] Cf. POUCOUTA, P., « Échos du Deuxième Synode Africain sur la Réconciliation, la justice et la paix » in *Centre d'Études Africaines et de Recherches interculturelles*, mai 2008, Ceafri, © www.ceafri.org. [En ligne], page consultée le 20 mai 2012.

développer une spiritualité de communion, inculturer l'Évangile et évangéliser la culture.

Traditionnellement, les cultures africaines, en l'occurrence la vie quotidienne, sociale et politique, ne sont pas étrangères aux concepts de justice, de réconciliation et de paix. Dans les pratiques religieuses traditionnelles, il existe des cérémonies avec des sacrifices pour demander pardon et restaurer la paix et la dignité ou pour rendre justice et réconcilier afin de préserver l'intégrité humaine. C'est ce souci de justice, de réconciliation et de paix qui fonde dans les religions traditionnelles africaines le caractère obligatoire des funérailles dont les célébrations sont d'une valeur vitale pour les cultures africaines. De plus, la souplesse de la juridiction traditionnelle africaine n'a d'autre objectif que d'assurer une justice concertée, une réconciliation à l'amiable pour une paix durable. Par ailleurs, l'« arbre à palabre », un véritable symbole de concertation qu'on retrouve dans la quasi-totalité des traditions socioculturelles de l'Afrique subsaharienne, est un style particulier de jeu politique qui permet d'aller à la paix par la négociation et la discussion[1649]. Ce sont là des pratiques africaines ordinaires qui font de la réconciliation en Afrique, selon la pensée de *Africae Munus*,

> « *un concept et une réalité pré-politiques qui, précisément pour cette raison, est de la plus grande importance pour la tâche politique elle-même. Si l'on ne crée pas dans les cœurs la force de la réconciliation, le présupposé intérieur manque à l'engagement politique pour la paix. Les membres du Synode se sont engagés en vue de cette purification intérieure de l'homme qui constitue la condition préliminaire essentielle à l'édification de la justice et de la paix. Mais cette purification et cette maturation intérieure vers une véritable humanité ne peuvent exister sans Dieu* »[1650].

De ce point de vue, la réconciliation sociale en vue de la paix et la dignité humaine apparaît comme un phénomène assez complexe qui doit tenir compte, primordialement, à la fois de la grâce de Dieu, de l'homme intérieur et de l'engagement politique. Dans le contexte de la paupérisation humaine africaine, toute politique de réconciliation réelle et durable des personnes, des groupes et des situations en conflits nécessite une action frondeuse. L'Afrique « *a besoin d'être réconciliée avec elle-même et avec le monde entier* » ; « *les règlements de compte entre adversaires-ennemis politico-ethniques et entre mégalomanes orgueilleux, la démagogie, la complotite, le ressentiment, les rancœurs des uns et des autres et le désir de*

[1649] Cf. SYLLA, L., *Anthropologie de la paix, De la contribution de l'Afrique à la culture de la paix*, Les Éditions du CERAP, Abidjan, 2007, p. 105-163.

[1650] BENOIT XVI, *Discours à la Curie romaine à l'occasion de l'échange des vœux* (21 décembre 2009) : AAS 102 (2010) 37 ; *La Documentation catholique*, 2439 (2010) 109. Cf. BENOIT XVI, Exhortation apostolique post-synodale *Africae Munus,* n° 19.

vengeance ne la sauveront pas ».[1651] La question, lancinante, est de savoir comment faire de la réconciliation et de la paix des réalités dans des communautés qui ont connu des blessures séculaires. La réponse demande de la sensibilité, des connaissances et des aptitudes profondes des hommes en présence et de leur histoire. Au milieu de la peur la plus profonde, de la suspicion et de la culture de la violence qui dominent, quelle attitude adopter et quelle action poser ? Du point de vue pastoral, une grande créativité s'impose, comme une capacité d'imaginer de nouvelles relations sociales. Ainsi que l'affirmait le pape Jean-Paul II :

> « *Personne n'a l'illusion de croire que la simple absence de guerre soit synonyme de paix durable, comme on pourrait le souhaiter. Il n'y a pas de paix véritable si elle ne s'accompagne pas d'équité, de vérité, de justice et de solidarité. Est voué à l'échec tout projet qui tend à séparer deux droits indivisibles et interdépendants : le droit à la paix et le droit à un développement intégral et solidaire* ».[1652]

La paix et le développement humain intégral et solidaire sont donc, de fait, intimement liés comme deux aspects d'une même réalité : l'épanouissement humain. En ce sens, l'herméneutique du burkĩndlem chrétien nous semble susceptible de promouvoir les valeurs fondamentales d'une réconciliation réelle et d'une paix durable en Afrique. En tant qu'exigence d'édification de l'humain libre, noble et digne selon les normes sociales d'une culture africaine et ouverte au fondement originel de l'anthropologie chrétienne, le burkĩndlem chrétien peut permettre d'acquérir un haut niveau de sensibilités, de connaissances et d'aptitudes profondes des Africains, conditions essentielles pour mener toute politique de réconciliation, de justice et de paix au service du développement humain durable. Il peut permettre aux chrétiens africains de se réconcilier avec eux-mêmes, avec leur histoire, leur culture et avec leur environnement, tout en s'ouvrant à une plus large réconciliation avec les peuples et les cultures des autres continents. Ce faisant, les chrétiens *burkĩmba* pourront initier et réaliser un projet d'humanisation pleine qui puisse, tout à la fois, correspondre à leurs valeurs propres, et s'ouvrir aux valeurs des autres peuples. Telle a été, du reste, la motivation qui a présidé au choix du concept de burkĩndlem comme projet d'identification et de promotion nationales au Burkina Faso : permettre au peuple burkinabè de se réconcilier avec lui-même, avec son histoire, avec tous les autres peuples du monde, et avec tout ce que cela comporte de dignité et de respect[1653].

[1651] ASSEMIEN, F. A., *La Côte d'Ivoire et ses étrangers*, éditions black stars, Abidjan, 2002, p. 22

[1652] JEAN-PAUL II, *Message pour la Journée mondiale de la paix 2000*, n°13.

[1653] Cf. BAMOUNI, B. P., *op. cit.*, p. 6.

Le fondement de la pastorale chrétienne de réconciliation pour la paix et le développement humain en Afrique, comme dans tout espace culturel chrétien, sera le Burkĩndlem du Christ. Fils de Dieu et parfaitement homme, le Christ se découvre comme celui qui peut permettre de surmonter les obstacles majeurs ; et l'amour des Burkĩmba pour celui qui s'est révélé comme parfaitement Burkĩna pourra aider à réconcilier ce qui semble impossible, pour rendre le monde plus humain et même plus que purement humain, mais surtout chrétien. Pour parvenir à une réconciliation authentiquement *burkĩna*, c'est-à-dire qui prenne en compte l'intégrité de l'humain, il sera indispensable que tous les chrétiens *burkĩmba* soient disposés à partager avec les autres ce qu'ils sont et ce qu'ils ont, et à participer, dans la mesure des possibilités, à la création de structures sociales, économiques et politiques qui, conformément au plan de Dieu, favorisent l'épanouissement de tous. En cela, depuis la fin des années 1980, l'Église d'Afrique a participé à la mise en place de laborieuses tentatives pour guider de manière directe la transition des états africains vers la démocratie. Ce fut le fait de figures de proue de l'épiscopat africain, représentées entre autres par le Cardinal Laurent Monsengwo Pasinya à la République Démocratique du Congo (RDC), Monseigneur Anselme Titiama Sanon au Burkina Faso et Monseigneur Nicodème Barrigah-Benissan au Togo. Dans les « Commission Vérité, Justice et Réconciliation » de nombreux pays, et plus encore dans ses propres « Commissions Justice et Paix », l'Église d'Afrique a participé à la formation civique des citoyens et à l'accompagnement des processus électoraux en différents pays[1654]. Elle a ainsi contribué, reconnaît *Africae Munus*, « *à l'éducation des populations et à l'éveil de leur conscience et de leur responsabilité civiques. Ce rôle éducatif particulier est apprécié par un grand nombre de pays qui reconnaissent l'Église comme un artisan de paix, un agent de réconciliation, et un héraut de la justice* »[1655]. Pour devenir de crédibles artisans de justice, de réconciliation et de paix, dans le contexte de la paupérisation humaine africaine, cela suppose le courage de refuser les comportements nocifs, même s'ils sont devenus habituels, comme la corruption, le laisser-aller,

---

[1654] Les « Commissions Justice et Paix », que l'on pourrait désormais appeler « Commissions Réconciliation, Justice et Paix », peuvent aider à cette formation. Pour cela, elles ne doivent pas être récupérées par des partis politiques. Elles doivent être le fer de lance de la mise en œuvre du programme du synode. Il convient alors d'étendre leur action à l'ensemble des communautés chrétiennes. Elles pourront travailler par exemple avec les Caritas (Secours catholique), les groupes de santé, de lutte contre le SIDA, contre la corruption… Elles encourageront le dialogue œcuménique et interreligieux, principalement avec les Religions traditionnelles africaines, l'Islam, etc.

[1655] BENOIT XVI, Exhortation apostolique post-synodale *Africae Munus*, n° 23.

l'oisiveté ; cela suppose aussi la formation sur le rôle de la famille[1656], des femmes[1657], des hommes[1658] et des jeunes[1659] dans la construction d'une société saine sur la base des valeurs éthiques[1660] du burkĩndlem chrétien telles que l'enseigne la doctrine sociale de l'Église. Puisque tout Burkĩna chrétien a été racheté dans sa dignité par l'incarnation et la Rédemption du Christ et qu'il ne peut plus vivre dans des conditions infrahumaines[1661], c'est par l'engagement quotidien à la pratique des valeurs impliquées dans le burkĩndlem chrétien que l'Église d'Afrique restera le signe et la sauvegarde de la transcendance de la personne humaine et que les baptisés, tous les croyants et tous les hommes de bonne volonté, pourront aider à changer la société. Dans le ferme engagement à poursuivre les objectifs du développement humain durable, une tâche importante ne devrait pas, par ailleurs, être négligée : l'éducation et la formation à la paix pour prévenir les futurs conflits. Dans la perspective du burkĩndlem chrétien, la paix est avant tout un attribut de Dieu (cf. Jg 6, 24) avant d'être son don à l'homme et un projet humain conforme à son dessein. Comme préalable à toute pratique du développement humain durable, la paix apparaît comme l'objectif de la réconciliation et de la coexistence sociale. On sait que pour la foi chrétienne, l'action pour la paix n'est jamais dissociée de l'Évangile qui est précisément la « Bonne Nouvelle » de la paix (Ac 10, 36) adressée à tous les hommes. Le Magistère de l'Église enseigne que la paix est une valeur[1662] et un devoir

---

[1656] La famille, souvent marquée par la violence, est le premier lieu de réconciliation. L'ecclésiologie de l'Église-Famille de Dieu doit amener à rappeler que la famille est l'Église domestique. La famille doit redevenir le premier lieu d'évangélisation, de prière, d'apprentissage des valeurs de réconciliation, de justice et de paix. Pour cela, les parents doivent être formés à leur mission.

[1657] Dans les conflits armés, les femmes sont souvent les principales victimes de la violence. Cela est également vrai dans les foyers. Parfois, les femmes elles-mêmes sont actrices de la violence à l'encontre d'autres femmes, surtout au moment des deuils. Sans céder aux modes, il faut réaffirmer plus fermement et défendre la dignité des femmes.

[1658] Les hommes sont souvent les principaux acteurs de la violence, surtout dans les conflits armés. Il leur est demandé de prendre leurs responsabilités, avec beaucoup de courage et de détermination pour résister à la violence familiale et sociale, et promouvoir la réconciliation. Ils doivent assumer leurs responsabilités dans la famille et dans la société. Pour remplir cette mission, il est bon qu'ils travaillent en groupements d'action catholique ou chrétienne.

[1659] Aujourd'hui, l'enfant a perdu le statut de roi qu'il avait dans la tradition africaine. Les enfants et les jeunes sont souvent instrumentalisés dans les conflits. Ils sont victimes d'injustice. Aujourd'hui, ils subissent de nombreux sévices sous l'accusation de sorcellerie. Des filles sont exploitées comme « domestiques » et des garçons dans les plantations. D'où l'importance de l'école comme lieu d'émancipation. Il s'agit de former des hommes aptes à se mettre au service de la réconciliation, de la justice et de la paix. Les jeunes frustrés sont souvent à la merci des fauteurs de violence.

[1660] Cf. JEAN-PAUL II, *Exhortation apostolique post-synodale Ecclesia in Africa*, n° 111.

[1661] Cf. *ibidem*, n° 69.

[1662] Cf. JEAN-PAUL II, *Message pour la Journée mondiale de la paix 1986*, 1 : AAS 78 (1986) 278-279.

universel[1663] ; qu'elle trouve son fondement dans l'ordre rationnel et moral de la société dont les racines sont en Dieu lui-même. C'est pourquoi en recherchant de la paix, dans la pratique du burkĩndlem chrétien authentique au service du développement humain intégral, la tâche de l'Église africaine ne devrait pas se limiter simplement à la résolution des conflits armés, ni même à la promotion d'un équilibre stable entre des forces adverses[1664] ; mais elle devrait surtout se fonder sur une conception de la personne humaine[1665] *burkĩna* et chrétienne, qui requiert l'édification d'un ordre social solidaire et charitable.

III. C. Solidarité et charité, normes splendides du développement humain *burkĩna*

La perspective du grand projet de la première Assemblée synodale pour l'Afrique était de faire de l'Église d'Afrique une famille de Dieu pour les années à venir. Selon l'Exhortation apostolique qui en a émané, les Pères synodaux ont vu dans le concept d'« Église-Famille de Dieu » une « *idée-force* », « *une expression particulièrement appropriée de la nature de l'Église pour l'Afrique* ». L'image en effet, reconnaît le Pape Jean-Paul II, « *met l'accent sur l'attention à l'autre, la solidarité, la chaleur des relations, l'accueil, le dialogue et la confiance* ». Pour le pontife, « *la nouvelle évangélisation visera donc à édifier l'Église Famille, en excluant tout ethnocentrisme et tout particularisme excessif, en prônant la réconciliation et une vraie communion entre les différentes ethnies, en favorisant la solidarité et le partage en ce qui concerne le personnel et les ressources entre Églises particulières, sans considérations indues d'ordre ethnique* »[1666]. Dans ces conditions, la poursuite, dans une perspective chrétienne, des objectifs du développement humain dur en terre africaine devra s'inscrire dans la dynamique de ce grand projet de l'Église

[1663] Cf. PAUL VI, *Message pour la Journée mondiale de la paix 1969* : AAS 60 (1968) 771.
[1664] VATICAN II, Constitution pastorale *Gaudium et spes*, 78.
[1665] Cf. JEAN-PAUL II, Lettre encyclique *Centesimus annus*, 51.
[1666] JEAN-PAUL II, Exhortation apostolique post-synodale *Ecclesia in Africa*, n° 63. Lors de l'assemblée synodale, il a été vivement souhaité que les théologiens élaborent la théologie de l'Église-Famille avec toute la richesse de son concept, en dégageant sa complémentarité avec d'autres images de l'Église. Suite à ce vœu, les recherches ont donné lieu à de nombreuses publications. On peut consulter entre autres : RAMAZANI BISHWENDE, A., *« Église-famille-de-Dieu ». Esquisse d'ecclésiologie africaine*, L'Harmattan, Paris, 2001, 214 p ; RAMAZANI BISHWENDE, A, *Ecclésiologie africaine de Famille de Dieu*, L'Harmattan, Paris, 2007, 194 p ; APPIAH-KUBI, F., *Église, famille de Dieu : un chemin pour les Églises d'Afrique*, Karthala, Paris, 2008, 334 p ; HOUNGBEDJI, R., *L'Eglise-Famille de Dieu en Afrique : selon Luc 8, 19-21 : problèmes de fondements*, L'Harmattan, Paris, 2009, 316 p ; YANOOGO, B.-D., *Église famille de Dieu au Burkina Faso, Contribution théologique et perspectives pastorales*, Imprimob, Abidjan, 2005, 453 p.

continentale. Si de fait, la finalité ultime du développement humain est la construction d'une société où l'humain, libre, noble et digne trouvera son épanouissement, alors les valeurs fondatrices de la famille, composante essentielle de l'édifice social, devront faire l'objet d'une attention particulière. Car, à y bien voir, les caractéristiques d'une société humainement épanouie ne sont rien d'autre qu'une amplification à l'échelle sociale de ce qu'est une cellule familiale épanouie. De ce point de vue, de même que la relation familiale met l'accent particulièrement sur la solidarité et la charité fraternelle comme sa raison d'être et la condition de sa viabilité, de même la pratique du développement humain durable considérera la solidarité et la charité comme des vecteurs essentiels, voire des normes splendides de toute action en faveur de l'humain. L'expérience montre que la solidarité et la charité, surtout dans le contexte de paupérisation humaine et matérielle en Afrique, sont des besoins profondément humains, ordonnés au service social du bien-être individuel et collectif. S'inscrivant dans cette dynamique de satisfaction des besoins de l'homme, la perspective de la durabilité du développement humain, dont la visée originaire et fondamentale est la satisfaction des besoins des générations présentes et futures, devra nécessairement s'approprier, outre l'exigence de justice, les valeurs de solidarité et de charité. Il importe alors de reconsidérer ces deux valeurs universelles dans l'optique du développement humain durable en Afrique.

C'est une pensée traditionnellement connue qu'en Afrique l'intérêt communautaire prévaut sur l'intérêt individuel. Joseph Thiam décrit ainsi cette situation : « *La clé de la société nègre, l'explication de la conduite de l'Africain, réside, dans la plupart des cas, dans l'effacement plus ou moins prononcé de l'individu devant la collectivité. Le Noir, en effet, est moins une individualité qu'une relation à son milieu social. Pour lui, exister, c'est vivre dans le groupe, voire pour le groupe. Ses actes, ses engagements sont en référence constante avec la collectivité* »[1667]. Il faut bien le reconnaître, dans un contexte social de pauvreté matérielle ambiante, donc aussi de vulnérabilités des hommes, il est évident que l'individu devra sa survie à la solidarité communautaire. Pour relever les défis vitaux qui se posent à toute société humaine, la détermination et le salut viendront de l'unité communautaire, car dit le dicton, l'unité fait la force. Chez les Moose par exemple, savoir que « *nug bi yẽng pa wvkt zom ye* » (un seul doigt ne ramasse pas la farine), ou que « *ha ya ha ya n rikt sugri* » (c'est l'interpellation réciproque qui permet de soulever la toiture), relève tout simplement d'une conscience immédiate de la raison en acte dans le réel. En tout état de cause, l'expérience contextuelle montre que « *rita m ye kiida m*

[1667] THIAM. J., « Du clan tribal à la communauté chrétienne » in AA. VV., *Des prêtres noirs s'interrogent,* Seuil, Paris, 1956, p. 42.

ye » (qui mange seul, meurt seul). Ainsi la nécessité de la solidarité communautaire est-elle affirmée sans détour, comme une donnée vitale, parce que nécessaire à la survie de chaque membre. Mais l'affirmation de la solidarité comme nécessité vitale n'est pas sans engendrer parfois des attitudes et des comportements déviants. Ils sont aujourd'hui nombreux, les Africains qui dénoncent certaines déviances comportementales qui procèdent de la solidarité africaine[1668]. D'après le constat de Joseph Thiam, constat partagé par Jean-Placide Keza, « *le sens familial du Noir entretient parfois de vrais pensionnats de chômeurs qui sucent le parent venu travailler en ville et que l'on croit fortuné* »[1669]. C'est dire que la solidarité familiale africaine, sous couvert de nombreux prétextes, fait parfois le nid de vices comme la paresse ou ce qu'il est convenu d'appeler aujourd'hui, en contexte africain, le « parasitisme social » ou la « mentalité saprophyte »[1670]. Dans cette logique de comportement parasitaire, la culture de la solidarité, si caractéristique des sociétés africaines, semble par avance vouer à l'échec le moindre effort d'épanouissement personnel, tant dans les structures mentales communautaires, fortes, la personnalité et le peu d'initiative peuvent être étouffées, car l'emprise du groupe empêche l'individu de s'épanouir librement et limite drastiquement les possibilités d'action[1671]. Mais outre

---

[1668] CELIS, G. R., *La faillite de l'enseignement blanc en Afrique noire*, L'Harmattan, Paris, 2000, p. 59 ; THIAM. J., « Du clan tribal à la communauté chrétienne » in AA. VV., *Des prêtres noirs s'interrogent, op. cit.*, p. 41-56.

[1669] THIAM. J., « Du clan tribal à la communauté chrétienne » in AA. VV., *Des prêtres noirs s'interrogent, op. cit.*, p. 45.

[1670] Au nom de la solidarité familiale, on va s'installer chez « un parent », sans contrepartie, dormant, mangeant, buvant et menant la « belle vie ». Le parasitisme ou la mentalité saprophyte, qui est une exploitation de l'homme par l'homme, apparaît bien comme une fuite de ses responsabilités d'homme engagé dans la société et dans l'histoire, et comme un frein au développement.

[1671] Cf. THIAM. J., « Du clan tribal à la communauté chrétienne » in AA. VV., *Des prêtres noirs s'interrogent, op. cit.*, p. 44-45. À ces entraves néfastes au développement humain, il faut ajouter le manque d'émulation au sein du clan, l'absence du goût de se dépasser et d'accroître ses potentialités, du besoin de perfectionner le legs ancestral, etc. (Cf. THIAM. J., « Du clan tribal à la communauté chrétienne » in AA. VV., *Des prêtres noirs s'interrogent, op. cit.*, p. 45). Dans la culture traditionnelle africaine, le complexe de dépendance fait que l'individu s'attache foncièrement au groupe et s'y soumet totalement. Il en résulte une personnalité caractérisée par le conformisme, l'insuffisance d'initiative personnelle, l'absence d'esprit de compétition, etc. Ce complexe peut dégénérer parfois en un sentiment d'impuissance vis-à-vis du groupe et dont les manifestations sont : la confiance que l'on place au groupe, la tendance à s'attendre à recevoir l'aide des autres, la fuite de responsabilité personnelle que remplace la tendance à rechercher la coresponsabilité, etc. Cet état d'esprit renforce et confirme la situation de dépendance culturelle et économique. Il sera donc nécessaire de former à l'autonomie, à compter aussi sur ses propres forces et en même temps sur l'esprit d'entraide de manière à éviter le développement des égoïsmes (cf. MUNGALA, A. S., « L'éducation traditionnelle en Afrique et ses valeurs fondamentales » in *Tropiques,*

cette tendance à se laisser absorber par le groupe, entretenue de quelques manières par ce qu'on pourrait dénommer « la fierté de mourir dans les autres », il peut être paradoxalement observé, dans l'Afrique contemporaine, une tendance à l'égoïsme et à l'individualisme[1672] forcenés ; ce qui suscite et pousse la corruption à un point d'accoutumance inadmissible, problème que Alphonse Quenum qualifie de « *manifestation d'une faillite de la raison et du cœur* » et qui « *mérite d'être d'autant plus souligné que ceux qui bloquent le système ne sont pas forcément ceux qui se trouvent au bas de l'échelle sociale* »[1673]. Dans le contexte social contemporain, marqué par le goût du gain ou du profit, l'acceptation de l'autre différent de soi est de plus en plus difficile chez de nombreux Africains[1674]. Finalement, dans l'Afrique contemporaine, afin de permettre à l'humain de déployer toutes ses énergies, ses capacités et ses potentialités pour le développement du bien-être commun et individuel, on devra impérativement veiller à garder l'équilibre nécessaire entre la promotion humaine communautaire et le bien-être individuel. Il s'agira d'œuvrer en sorte que l'individu vive correctement en vue du bien de toute la communauté et que la communauté vive honnêtement en vue de l'épanouissement de l'individu[1675]. Afin d'atteindre cet objectif, nous pensons que la solidarité entre humains, dans une ouverture chrétienne à l'altérité, peut permettre l'intégration des pays africains pour tout développement humain selon la perspective du burkĩndlem chrétien.

Dans l'enseignement social de l'Église, il est connu que la solidarité[1676] est avec la subsidiarité[1677] deux principes importants, régulateurs de la vie

---

Revue négro-africaine de littérature et de philosophie, n° 29, février 1982 [en ligne] : *http://ethiopiques.refer.sn/spip.php?article838* (page consultée le 19/04/2012).

1672 À titre d'exemple, on sait que la culture africaine est une culture où l'on cultive le secret. D'emblée ce n'est pas un défaut. Mais, pratiquée dans certains domaines, cette façon de faire devient un manque à gagner. C'est le cas par exemple du domaine de la connaissance et de sa transmission. Les connaissances et les savoir-faire sont ésotériques en Afrique, se transmettent dans le cadre d'un groupe d'initiés et non pas d'une façon ouverte et expérimentable. Le savoir se révèle sacré et n'est pas accessible à tous. Il se transmet en mode mystique et circule au niveau d'un cercle fermé. Il semble même, dans certaines circonstances, comme une chasse gardée prisonnière d'une minorité close, sans horizon et sans avenir. Cf. *idem*.

1673 QUENUM, A., « Construire l'humanité, condition du développement » , p. 30.

1674 N'est-il pas choquant de voir le spectacle d'Africains chassés d'Afrique parce qu'ils seraient des étrangers, mi-étrangers ? On sait cependant que dans la mentalité africaine, le terme étranger a une valeur noble. Dans certaines cultures, comme chez les Fons et les Minas, l'étranger est celui que l'on désire (*amèdjro*) ou celui pour lequel on tue le veau gras pour faire la fête (*djonon*).

1675 Cf. NYEME TESE, J.-A., *art. cit.*, p. 324.

1676 Selon le principe de la solidarité, chaque personne, comme membre social, est indissolublement liée au destin de la société elle-même et, dans la perspective chrétienne, au destin de salut du genre humain. La solidarité est à la fois une vertu humaine et chrétienne.

sociale[1678]. Le concept de « solidarité », en particulier, a d'abord appartenu au vocabulaire juridique et philosophique avant d'entrer plus récemment dans celui de la théologie. Dès l'origine, la notion de « solidarité » a désigné le sentiment et la valeur dans et par lesquels une personne ou un groupe se sent uni et se fait un devoir de partager les intérêts et les idéaux du groupe. Elle signifiait, dans le droit romain, le caractère collectif d'une responsabilité du groupe tout entier, ou au contraire le groupe tout entier pouvant être chargé de la responsabilité d'un seul. Au XIXe siècle, la solidarité fut comprise comme une appartenance objective à une lignée biologique ou historique, et en est venue à connoter la solidarité sociale. Dès lors, elle a été considérée non plus comme un fait, mais comme une valeur, objet d'un devoir et substitut séculier de la charité chrétienne[1679], puis comme à la base de la morale[1680]. La foi chrétienne, dans sa perspective propre, donne sur le mouvement et l'exigence de solidarité un éclairage nouveau, en révélant la profondeur insoupçonnée de la solidarité interhumaine. Pour elle, selon le

---

Ainsi toute personne humaine sociale, chrétienne ou non, doit participer à la gestion de toutes les activités de la vie sociale.

[1677] La subsidiarité protège contre la perte de la légitime autonomie et est considérée comme un complément de la solidarité. L'Église est attentive à la l'application de ce principe à cause de la dignité de la personne humaine, du respect du caractère humain de l'organisation sociale et des droits des peuples.

[1678] Cf. Depuis Pie XII (*Summi Pontificatus*), Jean XXIII (*Mater et Magistra*), Vatican II, qui en a fait un thème important de la Constitution Gaudium et Spes (cf. 31, 2 ; 32 ; 46 ; 57 ; 85, 1), et Paul VI (*Populorum Progressio*). Le Concile souligne que le Christ a voulu entrer dans le jeu des solidarités humaines par tout son genre de vie (Gaudium et spes n° 32, 2 et 5).

[1679] Cf. DELVOLVE, J., *Réflexions sur la pensée comtienne*, Alcan, Paris, 1932, p. 332 ; DAVID, M., *La solidarité comme contrat et comme éthique*, Berger-Levrault, Paris, 1982, 138 p. Anne-Marie Alcolea-Bureth rapporte que Pierre Leroux, dans son ouvrage *La grève de Samarez* (1859), rappelle qu'il a été le premier à introduire le terme « solidarité » dans la philosophie et qu'il a voulu remplacer la charité du christianisme par la solidarité humaine. Il dénonce, dans son ouvrage *De l'humanité*, l'imperfection de la charité chrétienne. Selon lui, l'erreur du christianisme proviendrait du fait qu'il n'a pas su concilier l'amour de soi et l'amour de l'autre. De plus, la charité chrétienne resterait trop idéale ; Dieu ordonnerait un amour général. Cf. ALCOLEA-BURETH, A.-M., *Pratiques et théories de l'économie solidaire, un essai de conceptualisation*, L'Harmattan, Paris, 2004, p. 73 ; cf. LEROUX, P., *La grève de Samarez*, Éditions Dentu, Paris, 1859, p. 254 ; *De l'humanité*, Éditions Perrotin, Paris, 1848, p. 162. Pour notre part, dans toute cette démarche, Leroux ne semble pas bien saisir que la charité chrétienne, n'est pas une simple idéologie spéculative, ni même une simple doctrine, mais s'enracine dans une personne vivante, concrète, en l'occurrence le Christ Jésus. Selon la foi chrétienne, la véritable loi d'amour, c'est l'homme Jésus de Nazareth. En lui, le précepte d'amour auquel les croyants sont appelés à vivre pour Dieu, pour autrui et pour le monde, trouve sa parfaite réalisation dans le témoignage de vie de Jésus lui-même. Dès lors, vivre de charité signifie pour le chrétien, imiter d'une manière, non pas servile, mais féconde, la vie du Christ telle qu'il en a laissé le commandement : « *Comme je vous ai aimés, aimez-vous les uns les autres* » (Jn 13, 34).

[1680] Cf. AUDIER, S., *Léon Bourgeois. Fonder la solidarité*, collection « Le Bien commun », Éditions Michalon, Paris, 2007, 126 p.

principe de la solidarité, chaque personne, comme membre de la société, est indissolublement liée à une destinée de la société elle-même et, dans la force de l'Évangile, à la destinée de salut de tous les humains. En raison de l'unité ontologique de l'espèce humaine et de la forte interdépendance de fait qui caractérise les relations interhumaines, la solidarité apparaît comme une exigence directe de fraternité humaine et chrétienne[1681]. Étant donné que tout être humain est appelé à devenir fils adoptif de Dieu, il devient le sujet d'une mutation essentielle : ce n'est plus à une simple solidarité naturelle qu'il est appelé, mais à la solidarité en Jésus Christ, celle du burkĩndlem chrétien, dont le ciment est l'amour même de Dieu et l'amour du prochain. Aussi, dans la perspective d'un christianisme *burkĩna*, la solidarité de Dieu, avec les Burkĩmba et toute l'humanité, manifestée et réalisée dans le Burkĩndlem de Jésus Christ, crée-t-elle une solidarité nouvelle entre les hommes. À la suite du Christ qui, « *de condition divine, ne retint pas jalousement le rang qui l'égalait à Dieu. Mais il s'anéantit lui-même, prenant condition d'esclave, et devenant semblable aux hommes (...) s'humilia plus encore, obéissant jusqu'à la mort* » (Ph 2, 6-8 ; cf. He 2, 17 ss ; 14, 15 ; 12, 2), la solidarité dans le burkĩndlem chrétien sera fondée sur la solidarité parfaitement *burkĩna* du Christ avec Dieu, d'une part, et avec tout le genre humain, d'autre part. Si alors on est fondé à poser la nécessité du caractère inconditionnel de la solidarité interhumaine des baptisés *burkĩmba*, cela n'est possible qu'en Dieu, comme imitation et participation de l'amour inconditionnel de Dieu pour chaque être humain. En cela, la solidarité des chrétiens *burkĩmba* s'inscrit dans le mouvement même qu'a adopté Celui qui s'est révélé comme parfaitement Burkĩna, le Christ. C'est dans la logique et la dynamique des mystères de son Incarnation et de sa Rédemption qu'il faut trouver les bases d'une possibilité d'existence et d'une solidarité nouvelles entre les hommes et avec Dieu. D'après la pensée de Walter Kasper que nous partageons, la nécessité d'une justification théologique de la solidarité entre les hommes apparaît avec une netteté particulière si on ne se contente pas de porter un regard plein d'espérance sur un Royaume futur de liberté, de justice et de paix, mais si on se souvient aussi des générations passées pour leur être solidaire[1682]. De fait, soutient-il, « *sans la solidarité avec les morts et leur souffrance muette, toute solidarité entre les hommes et toute foi en la Rédemption ne seraient pas seulement incomplètes, mais elles resteraient abstraites et seraient en fin de compte cyniques* » [1683]. C'est pourquoi dans le contexte historique de l'Afrique, la solidarité entre les Africains dans le Christ devra nécessairement embrasser, non seulement les

[1681] JEAN-PAUL II, *Catéchisme de l'Église Catholique*, n° 1939.
[1682] KASPER, W., *Jésus le Christ*, traduit de l'allemand par J. Désigaux et A. Liefooghe, Cerf, Paris, 1991, p. 339.
[1683] *Idem*.

générations présentes et futures, mais aussi toutes les générations passées, y compris toutes celles qui ont souffert, dans la chair et dans l'âme, de l'esclavage et de la colonisation. Plus généralement encore, unis au Christ dans sa Mort et par sa Résurrection, les chrétiens *burkĩmba* apprendront aussi avec Lui à entrer dans une solidarité réelle avec tous les hommes, passés, présents et futurs, du continent et d'ailleurs, au-delà des accidents et de la contingence de l'histoire, par-delà les déterminants de l'espace et du temps. Une erreur, aujourd'hui largement répandue, rapporte du pape Pie XII le *Catéchisme de l'Église Catholique*, « *est l'oubli de cette loi de solidarité humaine et de charité, dictée et imposée aussi bien par la communauté d'origine et par l'égalité de la nature raisonnable chez tous les hommes, à quelque peuple qu'ils appartiennent, que par le sacrifice de rédemption offert par Jésus-Christ sur l'autel de la Croix à son Père céleste, en faveur de l'humanité pécheresse* »[1684]. C'est dire, en définitive, que dans la perspective chrétienne, la solidarité entre les hommes devra se fonder sur la solidarité historique de Dieu exprimée dans le burkĩndlem de Jésus Christ. Dans un monde interdépendant comme celui de la société humaine africaine, la pratique de la solidarité universelle apparaît comme une exigence vitale de croissance pour tous[1685]. On sait que dans la foi chrétienne, la croissance communautaire en noble humanité, comme en burkĩndlem réel, est la matière même de la croissance communautaire de la grâce de Dieu, dans le Christ, premier-né de la société des Burkĩmba, tête de ce « corps » où la « matière » même devra être digne de porter et communiquer la vie divine. Telle est la révélation de la dimension sociale du Royaume de Dieu, tel devra être aussi le principe d'édification d'une société humainement épanouie, et donc de la pratique *burkĩna* du développement humain durable. Dans l'Afrique d'aujourd'hui, la vertu de solidarité devra s'exercer à tous les niveaux de la société, étant donné son importance que soulignait particulièrement l'encyclique *Sollicitudo rei socialis*, la qualifiant d'humaine et de chrétienne[1686]. Mais les exigences éthiques de solidarité chrétienne *burkĩna* requièrent que tous les hommes, les groupes et les communautés locales, les associations et les organisations, les nations et les continents, participent à la gestion de toutes les activités de la vie économique, politique et culturelle, en dépassant toute conception éthique purement individualiste[1687]. Il y va de la traduction au quotidien de la grande exigence évangélique, celle de l'amour et de la charité.

[1684] PIE XII, *Encyclique « Summi Pontificatus »*, cité dans JEAN-PAUL II, *Catéchisme de l'Église Catholique*, Libreria Editice Vaticana, Vatican, 1992, n° 1939.

[1685] COSTE, R., *Les dimensions sociales de la foi, pour une théologie sociale*, p. 466-467.

[1686] JEAN-PAUL II, *Sollicitudo Rei Socialis*, n° 85.

[1687] *Ibidem*, n° 86.

Le but premier de l'existence humaine, estime Jean-Adalbert Nyeme Tese, « *est de vivre l'amour de Dieu. D'où l'effort spirituel consiste dans la tension qui ouvre le cœur de l'homme au Créateur et le convie à participer au dialogue trinitaire entre le Père, le Fils et l'Esprit. C'est ici que l'homme apprend à vivre de l'amour qui est appelé à inspirer son comportement dans la vie sociale, politique et économique* »[1688]. Dès lors, une société développée sera celle « où des citoyens libres s'engagent à vivre la grande et merveilleuse aventure de la vie en commun en se respectant les uns les autres et en se complétant les uns les autres et surtout en s'aimant les uns les autres » [1689]. La situation de paupérisation humaine que vit l'Afrique aujourd'hui appelle donc à reconsidérer l'exigence des valeurs fondatrices d'une société humaine pleinement épanouie. À cet égard, dans la perspective du burkĩndlem chrétien, l'amour de Dieu révélé dans le Christ (cf. 1 Jn 4, 8) nous apparaît pertinent pour le renouvellement d'une fraternité africaine au service du développement burkĩna. Pour la foi chrétienne, en effet, la loi fondamentale de la perfection du burkĩndlem est le nouveau commandement de l'amour révélé dans le Christ (cf. 1 Jn 4, 7-21 ; 1 Co 13 ; Ga 5, 13-22). Si l'on recherche des traits spécifiques de l'amour de Dieu révélé en Jésus Christ (αγάπη), on les trouve dans son caractère immotivé, c'est-à-dire spontané, gratuit, indépendant de la valeur de son objet. À ce titre, l'« αγάπη » est le premier exemple d'un amour désapproprié, d'un amour qui n'a plus rien d'égocentrique. C'est une idée neuve et quelque peu bouleversante qui, humainement, peut être perçue comme subversive. Face à l'appauvrissement de l'humain en Afrique, et donc à la défiguration de l'image de Dieu en l'homme, les caractéristiques particulières de l'« αγάπη » suggèrent fortement un renouvellement en profondeur de la vie sociale africaine. S'il est vrai que la personne même de Jésus Christ peut être considérée, selon l'expression de Jean Sinsin Bayo, comme l'« *engagement historique de l'Amour de Dieu en faveur des hommes* »[1690], la leçon à tirer de cette révélation est manifestement la suivante : Dieu dit à l'Africain ce qu'il est en lui-même et l'invite à faire un dépassement des obstacles contextuels pour aimer à son tour. Bien plus, l'exigence radicale de l'amour de Dieu, qui a aimé l'humanité le premier, consiste à donner ce que l'on n'a pas : être pour autrui comme le Christ a été envers ses disciples. Cela n'est possible que si l'Esprit (Jn 14, 16.26) crée en l'homme des potentialités nouvelles. C'est dans cette mesure que la charité christique peut devenir l'avenir de l'Afrique ; elle « *est là où la volonté est ouverte au tout ; être frère du Christ, c'est avoir une mentalité "catholique", vouloir entrer en relation*

[1688] NYEME TESE, J.-A., *art. cit.*, p. 5.
[1689] *Ibidem*, p. 6.
[1690] BAYO, J. S., « Église et Etat : pouvoir ou service de l'homme ? » in *RUCAO*, 20 (2004) 53.

avec tous, et non pas s'enfermer dans le groupe, dans la partie »[1691]. Pour s'identifier aux exigences de l'amour divin, la promotion du burkĩndlem chrétien et la pratique du développement humain intégral en Afrique devront donc être fondées sur l'amour (αγάπη) comme : choix divin et initiative divine, communion, dessaisissement ou don de soi, commandement ou norme, et ainsi porter des fruits qui demeurent. Il s'entend que dans le contexte de la paupérisation humaine africaine, la charité doit animer non seulement les rapports privés d'homme à homme, mais aussi les rapports sociaux. En contexte de paupérisation humaine, respecter les strictes exigences de justice ne suffit pas. Il faut oser aller plus loin dans le partage, l'entraide à l'effort, à la culture de la volonté et du travail, et le secours à porter aux frères en situation de dénuement.

L'exhortation apostolique post-synodale *Ecclesia in Africa* affirme que « *l'obligation de se consacrer au développement des peuples n'est pas seulement un devoir individuel, encore moins individualiste, comme s'il était possible de le réaliser uniquement par les efforts isolés de chacun* ».[1692] Pour relever ce défi, le développement *burkĩna* en terre africaine devra reposer sur un désir de fraternité humaine et surnaturelle qui se bâtirait selon trois dimensions : le devoir de solidarité, de justice, de charité universelle. La justice elle-même, note Mgr Anselme Titiama Sanon, « *est le premier pas de cette charité, car le premier bien qu'on peut faire à quelqu'un, c'est de lui reconnaître ce qui lui revient. Mais la charité animera cet esprit de solidarité et en un mot, elle animera les valeurs de justice, et de paix, qui sont indispensables à tout vrai développement* ».[1693] Ces orientations éthiques sont au cœur même du burkĩndlem chrétien, car accéder aux valeurs impliquées dans la maîtrise des références anatomiques symboliques du burkĩndlem, témoigne d'un souci réel d'harmoniser la vie individuelle et collective. Essentiellement, l'éthique des références anatomiques du burkĩndlem veut faire de la vie humaine une totalité harmonieuse dans la conformité à la fin visée : édifier des hommes dignes, libres et nobles, c'est-à-dire d'authentiques Burkĩmba au sein d'une société pleinement humaine. Or cette fin ultime qui, par définition, dépasse l'expérience du quotidien, peut prendre le visage de l'amour infini dans les exigences de la politesse et du respect humains, du respect du droit de l'homme, de la culture de l'effort, de la volonté et du travail bien accompli. En cela, le burkĩndlem devient chrétien dès lors qu'il se fonde sur la priorité de la charité. Et alors,

---

[1691] RATZINGER, J. in AA. VV. *Dictionnaire de spiritualité, ascétique et mystique, op. cit.*, art. « Fraternité »

[1692] JEAN-PAUL II, *Exhortation apostolique post-synodale Ecclesia in Africa*, n° 109.

[1693] Mgr SANON, A. T., « Appel au développement solidaire » in *Autopromotion et solidarité*, CESAO (Centre d'études économiques et sociales d'Afrique Occidentale), juin 1990, p. 43.

le burkĩndlem chrétien se révèlera, en dernière analyse, comme le processus par lequel les Burkĩmba, soutenus et guidés par la grâce du Dieu d'Amour, s'humanisent et réalisent le dessein de Dieu sur eux : devenir d'authentiques images *burkĩmba* du Divin Créateur, c'est-à-dire de parfaits et intègres fils de Dieu. La vie de charité devient spécifiquement ici un critère d'identification des disciples du parfaitement Burkĩna, Jésus-Christ. Ainsi la source, la mesure et la fin du burkĩndlem vrai, c'est l'Amour de Dieu pour les hommes manifesté en Jésus-Christ. Dorénavant, pour promouvoir le burkĩndlem vrai, il faudra se mettre à l'école de Jésus-Christ, parfaitement Burkĩna qui, en sa personne, a réalisé bien au-delà de toute espérance, toutes les exigences d'être pleinement humain. Désormais, pour devenir authentique Burkĩna, c'est-à-dire atteindre la finalité du développement humain durable, il faudra suivre le chemin que Jésus lui-même a tracé : l'amour pour soi et l'amour pour tous les hommes, tous deux fondés et éclairés par l'amour pour et de Dieu. Cette loi nouvelle au cœur du burkĩndlem chrétien embrasse l'humanité tout entière, fonde la nécessité de la promotion humaine intégrale entre tous les hommes et se découvre comme l'instrument le plus puissant à changer ou transformer au niveau personnel et social. Comme valeur authentiquement humaine, et critère suprême et universel de l'éthique sociale tout entière, la charité dans le burkĩndlem chrétien devra être présente dans tous les rapports sociaux, imprégner tout processus de développement humain durable, féconder toute action en faveur de l'édification d'une humanité et des sociétés *burkĩmba*, c'est-à-dire affranchies de toutes servitudes, et donc réellement libres, dignes et nobles selon le dessein du Créateur.

Conclusion

Sur la problématique de la pertinence du burkĩndlem chrétien comme norme éthique du développement humain durable en terre africaine, nous nous sommes attaché à examiner, en trois moments, les significations et les implications suggestives du concept et de la notion dans trois dynamiques essentielles du développement humain durable : tout d'abord le sujet ou l'agent responsable du développement, ensuite l'exigence de renforcement des capacités et des opportunités, et enfin, dans le domaine du politique, en tant qu'art de gestion de la société. Il est ressorti que le chrétien *burkĩna* qui a l'obligation, du fait même des exigences de sa foi et de son appartenance au Christ, d'être acteur de développement, ne peut tricher sur les dynamiques de développement. Bien au contraire, disciple du Christ dans la poursuite du burkĩndlem authentique, il devra y apporter un éclairage, une orientation, un dynamisme et une exigence nouveaux, conformes au projet de Rédemption du monde réalisée dans le Christ. Il faut souhaiter que les Africains eux-mêmes prennent conscience de leurs chances et de leurs limites et se déterminent en fonction de leurs intérêts. Rien n'est définitivement gagné pour aucun peuple et rien n'est non plus définitivement perdu pour personne. C'est la détermination des hommes et des peuples qui créent l'histoire. L'Afrique dispose encore de ressources minières, elle recèle aussi d'énergies spirituelles encore mal exploitées. Son avenir et l'avenir du monde en dépendent. Notons toutefois que le burkĩndlem chrétien, cet ensemble de règles de conduite qu'on doit placer au cœur de la gestion des personnes et de la société, doit être animé avant toute chose de l'Esprit de charité. Finalement le burkĩndlem chrétien, qui n'est rien d'autre que le burkĩndlem de charité, doit, de manière permanente, être l'épine dorsale du « penser » et de l'« agir » des Africains burkĩna dans la lutte incessante pour le développement humain durable.

Conclusion à la troisième partie

Cherchant à fonder à partir du burkĩndlem chrétien une théologie inculturée du développement humain durable en Afrique, nous avons d'abord tenté une réappropriation chrétienne du burkĩndlem dans la culture *moaaga* à la lumière de la Révélation biblique. C'est sur la base de la signification chrétienne des valeurs et exigences du burkĩndlem que nous nous sommes interrogé sur la pertinence du burkĩndlem chrétien au service du développement humain durable sur le continent africain. Au terme de l'analyse, nous estimons qu'une théologie inculturée du développement humain durable est non seulement possible, mais encore il est absolument incontournable que les chrétiens *burkĩmba* ne se sentent pas étrangers à leur foi aux prises avec les réalités contextuelles qui sont les leurs. Si en effet, l'objectif du développement humain durable est d'atteindre le progrès qui libère l'homme et accroît ses capacités et potentialités, la pertinence de l'éthique chrétienne inculturée du développement humain fondée sur le burkĩndlem chrétien, en tant que projet de libération et d'ennoblissement de l'humain selon le dessein divin, dépendra de la responsabilité éthique du sujet à œuvrer pour le renforcement des capacités et des potentialités humaines des Africains, et à imprégner les dimensions politiques du développement non seulement des valeurs démocratiques, de justice, de Réconciliation et de paix, mais aussi des valeurs solidarité et de charité. Ce sera essentiellement une exigence d'éducation au développement humain, où s'élaboreront des pédagogies éducatives qui soient qualitativement ouvertes aux priorités du développement intégral de la personne humaine à la lumière de la foi et de l'Évangile. À cet effet, il sera sans doute nécessaire de mettre en place des dynamiques de réflexion, de débats ouverts, de recherches et d'actions de terrain, qui soient au service de l'éducation supérieure en Afrique. Pour ce faire, cela suppose qu'on prenne en compte les spécificités de l'homme africain comme lieu d'expression de soi et des valeurs culturelles de l'environnement naturel dans lequel l'homme vit et se développe.

Le christianisme, en ses principes fondateurs, s'est défini comme catholique, c'est-à-dire universel, et les grands conciles qui en ont régulé la vie et les structures se sont désignés comme œcuméniques, c'est-à-dire mondiaux, de la terre habitée. Dès lors, l'exigence d'humanisme intégral qui est au cœur des multiples questionnements provoqués par la mondialisation et ses défis pourrait donc se laisser approfondir dans l'Église en Afrique.

C'est une exigence de la catholicité de l'éducation supérieure africaine. De nombreux penseurs, africains ou non, « *ont souligné l'importance en Afrique de cette valeur qu'est la vie. Faire naître la vie, la faire grandir, la partager, la protéger, la fortifier, voilà, a-t-on dit, ce qui est de première importance pour l'Africain* » [1694]. Dans cette logique, le « culte » de la vie devrait inéluctablement déboucher sur l'effort de développement, qui en serait sans doute l'expression la plus caractéristique de l'époque contemporaine[1695]. Si l'on considère, par ailleurs, que la Tradition chrétienne souligne, elle aussi, l'importance majeure de la vie qui est, pour elle, partage de la vie de Dieu, le chrétien *burkĩna* ne peut vivre tranquillement dans le contexte de la paupérisation humaine africaine. Il vivrait, d'après l'idée bien connue de Kä Mana, « *politiquement parlant (...) un christianisme somnifère ; socialement, un christianisme corbillard ; moralement, une foi ambulance ; et culturellement, une castration spirituelle en profondeur* »[1696]. Mais baptisé dans le Christ, le chrétien *burkĩna* sait que l'amour radical au cœur de l'être est une révélation divine qui appelle, lui et tous les Africains à une conversion et à un engagement réel pour la défense de la dignité humaine. Il sait que l'amour de Dieu pour les hommes et pour toute la création trouve son expression la plus éloquente dans le fait unique de l'Incarnation du Fils bien-aimé, Jésus Christ, sommet et centre du dialogue d'amour entre Dieu et l'homme. Dès lors, dans l'aventure terrestre, la fraternité et l'entre-aide humaines ne sont pas facultatives et l'engagement pour le bien-être, pour le développement humain individuel et collectif détermine le salut en Jésus Christ.

1694 VAN PARYS, J.-M., *art. cit.*, p. 63.
1695 *Idem.*
1696 KA MANA, *Christ d'Afrique, Enjeux éthiques de la foi africaine en Jésus-Christ*, p. 129.

Conclusion générale

La question du salut de l'homme africain étant dramatique, au regard de la situation de paupérisation humaine caractéristique de l'Afrique en général, et singulièrement de l'Afrique Occidentale, quel type d'homme et quelle valeur d'être humain promouvoir pour l'émergence d'un développement humain durable ? Si l'Évangile du salut en Jésus Christ le concerne réellement, dans quelle mesure Celui-ci, qui se proclame Rédempteur du monde et de l'homme peut-il aider chaque homme africain à sortir du désespoir, afin d'assumer son humanité à hauteur d'homme ? Questions fondamentales et existentielles auxquelles nous tentons d'apporter réponse, dans le cadre de cette étude sur la problématique de la paupérisation anthropologique et de l'éthique chrétienne inculturée du développement humain durable à partir d'une herméneutique du burkĩndlem chez les Moose du Burkina Faso.

La notion de « développement humain durable » constitue indubitablement aujourd'hui, sur le plan international, un lieu commun. Devenu depuis 1994, un concept qui détermine la pratique actuelle du développement, l'analyse de son émergence historique nous a fait découvrir qu'il signifie essentiellement renforcement de capacités et de potentialités, accroissement de libertés, et se compose de trois grands piliers, à savoir l'équité sociale, l'efficacité économique et la durabilité écologique. Un développement est humainement durable lorsqu'il est socialement équitable, économiquement efficace et écologiquement durable. Il est donc un idéal, dirait Mbolokala Imbuli, « *en sa qualité de recherche permanente d'un mieux-être, d'un plus avoir tant matériel que spirituel et d'un mieux exister, qui s'opère par un processus dynamique de transformation des structures mentales, économiques, politiques et sociales d'une société* »[1697]. Ainsi conçu, il se révèle comme un concept à la fois englobant et évolutif qui, du fait de la multi-dimensionnalité toujours évolutive de l'homme, sujet essentiel concerné par le développement, milite pour une meilleure qualité de la vie humaine[1698]. Mais dans la pratique en Afrique, en général, et en Afrique de l'Ouest, en particulier, les résultats restent bien en deçà des attentes. Et alors, la condition des populations, d'après Kä Mana, dans l'ordre actuel du monde, est d'être vraiment pauvre : « *économiquement*

[1697] MBOLOKALA IMBULI, « Le proverbe Ekonda et le concept de solidarité : témoignage d'une tradition servant de base au développement » in AA. VV., *Tradition, spiritualité et développement*, p. 51.
[1698] Cf. *idem*.

marginalisée, politiquement sans force, socialement à la dérive et culturellement en ménopause, l'Afrique représente aujourd'hui la pauvreté dans ce qu'elle a de plus inhumain et de plus humainement intolérable »[1699]. L'aspiration à la liberté totale pour une nouvelle vie, avec des principes nouveaux, des valeurs de liberté, de solidarité, de dignité et la capacité de faire toutes choses nouvelles, selon le projet même de Dieu, se font ardentes et engagent à rechercher les causes des insuffisances, voire des échecs, dans la pratique contextuelle du développement humain.

L'examen de la situation sociale en Afrique, dans le domaine du développement humain durable nous a révélé que la cause principale du sous-développement africain s'enracine dans une paupérisation humaine que d'aucuns, à la suite du théologien Mveng, dénomment « pauvreté anthropologique », concept à dimension historique (esclavage et colonisation) et philosophique (ontologie) et qui est devenu aujourd'hui un lieu commun d'explication de la situation sociale africaine. À la lumière des recherches actuelles, une relecture de l'histoire africaine à partir du contexte particulier de l'Afrique de l'Ouest, surtout en ses aspects sociodémographiques, économiques et politiques, nous a paru nécessaire. Nous tentons de cerner les conséquences psycho-mentales de la paupérisation anthropologique, historique et culturelle, ainsi que leur perpétuation actuelle chez des Ouest-Africains. Par ailleurs, il nous a semblé important de relever à titre d'exemple, quelques grands courants de pensée relatifs à la réhabilitation de la culture africaine, en Afrique Occidentale notamment : la « négritude » de Léopold Sédar Senghor, la « restauration de la conscience noire » de Cheikh Anta Diop et le « panafricanisme » de Kwamé Nkrumah. Dans un contexte marqué par une paupérisation humaine comme celui de l'Afrique Occidentale, nous estimons qu'il est primordial et essentiel, pour toute recherche en matière de développement humain durable, de redonner dignité et valeur à l'Africain. C'est pourquoi nous nous intéressons aux facteurs anthropologiques de la promotion humaine intégrale.

Pour notre part, nous avons voulu penser, à partir de la conception du « burkĩndlem » chez les Moose du Burkina Faso, les bases d'une éthique chrétienne inculturée du « développement humain durable ». Nous avons perçu dans le burkĩndlem, la valeur culturelle cardinale et englobante à partir de laquelle s'édifient l'homme et la société chez les Moose. Le Burkĩna est l'homme qui se règle suivant les valeurs et les exigences du burkĩndlem, projet d'affranchissement, de libération et d'ennoblissement de l'homme. La conception *moaaga* de ce projet comprend d'abord l'observance des valeurs impliquées dans la gestion des cinq organes considérés comme des

---

[1699] KA MANA, *Christ d'Afrique, Enjeux éthiques de la foi africaine en Jésus-Christ*, p. 49.

références anatomiques symboliques et hauts lieux de l'éthique sociale et individuelle : la bouche, le cœur, le ventre, le sexe et le pied. Pour réaliser ces exigences, le *burkĩndlem* préconise : d'une part, d'éviter de traditionnels obstacles à la dignité humaine que sont la faim et la honte ; et d'autre part, de promouvoir des valeurs essentiellement humaines comme l'éducation, le respect et la politesse, l'observance du droit, la culture de l'effort et de la volonté, et l'application au travail. C'est en considérant et en partageant ces valeurs humaines et sociales du burkĩndlem que le Burkina Faso en a fait un projet d'identification et de promotion nationales.

Dans la perspective chrétienne, le fondement anthropologique à la base du développement humain durable se trouve dans le symbole d'« *imago Dei* » attribué à l'homme dans la Révélation biblique. Le thème de la création de l'homme à l'« image » et selon la « ressemblance » de Dieu traverse tout l'enseignement des Pères et du Magistère de l'Église, ainsi que des théologiens, en matière de « développement humain intégral » pour en constituer le fondement primordial et essentiel. Appliquée au contexte socio-anthropologique de l'Église d'Afrique, la théologie de l'« *imago Dei* », à l'instar de l'Église universelle, s'inscrit dans la logique des fondements de la nécessaire promotion humaine en temps de crise. Le discours socio-pastoral de l'Église en Afrique, dans le cadre du S.C.E.A.M., réaffirme alors le lien intrinsèque qui existe entre la culture, la foi et le développement, trois facettes de toute réalité humaine. La pensée théologique et la démarche sociologique africaines s'y harmonisent avec une certaine rigueur pour penser l'œuvre du développement africain à partir de la foi en Jésus Christ. C'est dire qu'une théologie inculturée du développement humain durable est non seulement possible pour l'Afrique, mais surtout nécessaire et vitale. Il faudrait même reconnaître avec Jean-Marc Ela que « *toute problématique du développement qui n'intègre pas le défi de l'"interculturel", et ses contraintes spécifiques, s'apparente à un système de violence déguisée* »[1700]. Il est bien réel que quand on vit dans une société de pénurie et de dérives politiques, dans un continent marginalisé par l'ordre économique mondial, faible dans ses forces sociales, déstructuré dans ses ressorts culturels profonds et souvent enclin à survivre de mendicité et d'aumône reçue, « *on ne peut pas être homme et chrétien de la même manière que ceux qui vivent dans une situation d'abondance relative, dans un cadre organisé par des lois crédibles, dans des États de droit régis par des règles collectivement*

[1700] ELA, J.-M., « Culture, pouvoir et développement en Afrique » in BEAUCHAMP, C. (sous la direction de), *op. cit.*, p. 18. Pour le sociologue et théologien, « *il faut bien identifier les freins au développement qui sont liés aux systèmes sociotraditionnels ainsi qu'à l'ensemble des modèles de comportements, des normes, des conduites et des modes de représentations imposés aux individus par les processus de socialisation* » (*idem*).

admises »[1701]. Vivre de la foi en Jésus Christ devient, pour les Africains, un chemin d'une compréhension nouvelle d'eux-mêmes, une voie d'action et d'engagement pour la reconstruction de leur continent, selon les perspectives de la vie en abondance. Car, avec des méthodes politiques déshonorantes, le manque d'assises économiques solides et des comportements sociaux vicieux, tout cela érigé comme en principes de prédation éhontée de richesses pour la bouche, le cœur, le ventre et le sexe, faisant alors trébucher le pied sur le chemin des valeurs édificatrices de l'humain, l'Afrique est bien partie pour détruire d'année en année les énergies de créativité qui peuvent résister à sa dérive. S'il y a donc une exigence éthique du développement humain intégral des chrétiens *burkĩmba*, elle est dans la signification même du développement chrétien et *burkĩna* comme processus de libération par rapport à toutes les pesanteurs, à tous les « *yembdo* » (esclavages) dont souffrent la société et les chrétiens *burkĩmba*.

Dans cette optique, nous faisons, à partir de l'Écriture sainte et de la foi au Christ, une réappropriation chrétienne des valeurs et des exigences du burkĩndlem. Devenu chrétien, le burkĩndlem acquiert des exigences plus hautes et des significations nouvelles. L'herméneutique du burkĩndlem chrétien au service du développement humain durable, dans le contexte de la paupérisation humaine africaine, voudrait être un essai d'une éthique chrétienne inculturée du développement. Son élaboration tient compte : d'une part, de la vocation chrétienne de l'homme créé à l'image de Dieu et appelé à devenir, par l'exercice libre de ses choix responsables, une image ressemblante de Dieu ; et d'autre part, des valeurs impliquées dans le burkĩndlem comme projet socioculturel de l'édification contextuelle de l'humain. Pour être pertinent, face aux défis actuels du développement humain durable en Afrique, le burkĩndlem chrétien comme norme éthique, doit, primordialement, permettre de reconstruire une humanité riche de ses potentialités et capacités propres, afin d'apporter remède à une vie sociale en déliquescence, à une vie économique en déconfiture et à une protection environnementale et écologique désastreuses. C'est dire que pour relever dans une perspective chrétienne africaine les défis majeurs du développement humain durable, une reconstruction identitaire nous semble prioritaire. À cet égard, le burkĩndlem chrétien nous apparaît comme éminemment significatif en contexte africain et comme plus que suggestif pour amplifier les effets positifs et réduire, ou contenir, les impacts négatifs des principales tendances humaines observées sur le continent.

S'il est vrai que « *le développement, même dans son acceptation minimale, est essentiellement le produit d'un tour d'esprit créatif...* »[1702], il faut observer que personne ne peut changer l'esprit des autres. On ne

---

[1701] KA MANA, *Christ d'Afrique, Enjeux éthiques de la foi africaine en Jésus-Christ*, p. 188.
[1702] KABOU, A., *op. cit.*, p. 24.

développe pas, on se développe, dit-on. Après une cinquantaine d'années d'exercice du pouvoir politique par les Africains eux-mêmes, tout porte à convaincre que l'Afrique noire est réellement mal partie[1703], car les conditions majeures, préalables à toute politique de développement, sont encore loin d'être atteintes : la mobilisation des forces, des capacités et des potentialités pour la participation individuelle et communautaire se révèle bien difficile ; la cohésion sociale est hypothéquée par les violences et les conflits récurrents, et la construction de nations véritablement démocratiques, de justice, de réconciliation et de paix où se vivent une solidarité et une charité exemplaires, tarde à venir. C'est pourquoi nous estimons qu'un recours aux politiques et aux valeurs culturelles d'échange et de dialogue, de justice et de réconciliation, de paix et de charité, est absolument indispensable à promouvoir pour redonner cohésion et solidité à l'édifice social, terrain d'effectivité et d'accueil de tout processus de développement humain durable.

Au demeurant, il est admis que la condition *sine qua non* de tout décollage de développement est liée à la volonté farouche de tout un peuple, et non point du seul appareil étatique[1704]. Dans cette condition, la principale richesse de l'Afrique, susceptible d'engager un développement efficient, c'est d'abord la qualité des hommes. C'est pourquoi au regard des dérives que connaît le continent, et de la difficulté quasi permanente à y amorcer un développement viable, Alphonse Quenum a pu en déduire : « *Aujourd'hui, ce n'est pas d'un déficit d'avoir que souffre l'Afrique, mais d'un déficit cruel d'humanité. C'est pour cela que bien des choses tombent en ruine sur le continent à cause des Africains eux-mêmes* » [1705]. Pour ennoblir l'homme et libérer les potentialités humaines en Afrique, nous avons voulu retourner aux valeurs culturelles, en l'occurrence, aux valeurs du burkĩndlem dans la culture des Moose. Revenir aux valeurs culturelles, sans toutefois nous y enfermer, mais, d'une manière créatrice, les projeter plutôt sous forme d'utopies et mobilisatrices des défis actuels du développement. Notre désir est de réanimer et de raviver l'authenticité africaine tout en l'ouvrant aux défis contemporains et aux exigences chrétiennes du développement. Ce faisant, en recourant aux valeurs culturelles du burkĩndlem, nous avons voulu dégager des pratiques émancipatrices, susceptibles d'orienter dans la construction d'une vie de réelle qualité aujourd'hui, et d'un avenir radieux. Dans cette vision de l'authenticité africaine, des réalités comme la traite négrière, la colonisation et la foi chrétienne ne sont plus à considérer comme des éléments étrangers à notre être, mais plutôt comme faisant partie

[1703] D'après le titre de l'ouvrage de l'agronome et écologiste français, René Dumont : cf. DUMONT, R., *L'Afrique noire est mal partie*, 254 p.
[1704] Cf. HEBGA, M. P., *Afrique de la raison, Afrique de la foi*, p. 79.
[1705] QUENUM, A., « Construire l'humanité, condition du développement », p. 30.

intégrante de notre histoire et donc de notre tradition. Finalement, une meilleure approche de l'être *burkĩna* et chrétien au service du développement humain durable doit être envisagée comme un *kairos*, un moment opportun à l'occasion duquel l'homme africain doit prendre l'initiative dans les projets qui engagent son avenir. Nous avons la conviction, ainsi que l'énonce Alphonse Quenum, qu'« *aucune part de notre commune humanité n'est vouée à la fatalité du mal faire. Il n'y a donc pas de fatalité invincible sur le continent africain si tous ceux qui ont une mission morale d'éveil des consciences prennent à cœur leur devoir d'éducation et d'ensemencement pour un changement présent et futur des mentalités et des comportements* »[1706]. Il est, par conséquent, une nécessité, d'après Dibi Kouadio Augustin :

> « *parce qu'elle est une figure de l'humanité, l'Afrique révèle en son actualité qu'elle ne saurait échapper à cette tension vers l'unité exprimant la nécessité de rassembler, comme en un faisceau, les particularités plurielles de sa réalité. Sur le chemin, cette nécessité incontournable rencontre la récalcitrance du réel. Cette circonstance, qui pourrait conduire à renoncer à la tâche, en confessant qu'elle est vaine, n'est-elle pas plutôt le signe que construire est une œuvre de longue haleine, et que "devenir homme est un art" ?* »[1707]

Dans cette mesure, quelque difficile que soit l'effort en vue du développement, il constitue un objectif impérieux pour tous ceux qui se soucient d'une transformation pacifique des sociétés, et à un titre singulier, pour l'Église qui est porteuse d'une espérance pour tous les hommes : le salut en Jésus Christ qu'elle actualise et célèbre. On ne cessera donc jamais de le rappeler : la perspective d'une évangélisation conséquente, dans le contexte actuel de l'Afrique, devra nécessairement passer par ce qui peut être considéré comme le signe des temps actuels : la promotion intégrale de l'homme et de son environnement dont il est partenaire. L'enjeu sera de faire le plein de sa capacité en tant qu'être humain pour pouvoir s'engager entièrement dans un élan toujours renouvelé de sainteté et rester ouvert au salut qu'apporte, par grâce, le Christ, Fils de Dieu et parfaitement homme.

[1706] QUENUM, A., « Construire l'humanité, condition du développement », p. 29.

[1707] DIBI, K. A., « Unité et développement de l'Afrique, L'épreuve de l'autre et de sa différence » in *RUCAO, Intégration régionale, Union africaine et Développement de l'Afrique*, RUCO, Abidjan, 21 (2004), p. 103-104.

Bibliographie

I. Encyclopédies et Dictionnaires

AA. VV., *Catholicisme Hier-Aujourd'hui-Demanain* (Encyclopédie dirigée par G. Jacquement), Letouzey et Ané, Paris, 1996.

AA. VV., *Dictionary of the Ecumenical Movement*, WCC Publications, Geneva, 1991.

AA. VV., *Dictionnaire de la Bible*, Letouzey et Ané, Paris, 1992.

AA. VV., *Dictionnaire de la Bible, Supplément*, tome 10, Letouzey et Ané, Paris, 1981.

AA. VV., *Dictionnaire de spiritualité, Ascétique et mystique* : Doctrine et histoire, Beauchesne, Paris, 1971.

AA. VV., *Le Petit Larousse*, Larousse, Paris, 2004.

AA. VV., *Nouveau Dictionnaire Etymologique et Historique*, Larousse, Paris, 1964.

AA. VV., *Vocabulaire Biblique*, Lausanne, 1969.

BATIONO, A., *Dictionnaire biographique des députés du Burkina Faso de 1992 à 1997, Analyse historico-critique*, Découverte du Burkina, Ouagadougou, 2007.

BERNARD, Y. et WHITE-KABA, M., *Dictionnaire Zarma-Français* (République du Niger), Imprimerie Tareya du Niger, Niamey, 1994.

BIROU, A., *Vocabulaire pratique des sciences sociales, Économie et civilisation*, Éditions Économie et humanisme, Paris, 1969.

BRUGUES, J.-L., o.p., *Dictionnaire de morale catholique*, CLD, Chambray -lès-Tours, 1996.

CANTO-SPERBER, M. (Publié sous le Direction de), *Dictionnaire d'éthique et de philosophie morale*, QUADRIGE / PUF, Paris, 2004.

CAPUL, J.-Y., GARNIER, O., *Dictionnaire d'Economie et de sciences sociales*, édition Hatier, Paris, 1999.

EICHER, P. (Sous la direction de), *Nouveau dictionnaire de théologie*, Cerf, Paris, 1996.

CDROM, Encyclopædia Universalis France, © 2000.

FRIES, H. (sous direction de), *Encyclopédie de la foi*, Tome II, Espérance – Lumière, Cerf, Paris, 1965.

LALANDE, A., *Vocabulaire technique et critique de la philosophie*, QUADRIGE / PUF, Paris, 2010.

LEON-DUFOUR, X. (Sous la direction de), *Vocabulaire de Théologie Biblique*, Cerf, Paris, 1977.

NIKIEMA, N. et KINDA, J., *Dictionnaire orthographique du Moore, Sous-commission nationale du Moore*, Ouagadougou, 1997.

OLIVIER DE SARDAN, J.-P., *Concepts et conceptions songhay-zarma*, Nubia, 1982.

REY, A., et REY-DEBOVE (Rédaction dirigée par), *Le Petit Robert, Dictionnaire alphabétique et analogique de la langue française*, Le Robert, Paris, 1984.

II. Documents du Magistère

BENOIT XVI, « Message pour la Journée mondiale de la paix », 2007 ; *La Documentation Catholique*, 104 (2007) 57-58.

BENOIT XVI, *Caritas in veritate*, Sur le développement humain intégral dans la charité et dans la vérité, Paulines, Abidjan, 2009.

BENOIT XVI, « Discours à la Curie romaine à l'occasion de l'échange des vœux » (21 décembre 2009) : AAS 102 (2010) 37 ; *La Documentation Catholique*, 2439 (2010) 109.

BENOIT XVI, Exhortation apostolique post-synodale *Africae Munus*, Libreria Editrice Vaticana, Vatican, 2011.

BENOIT XVI, Lettre encyclique *Deus caritas est* : *AAS* 98 (2006) ; DC 103 (2006).

CONCILE VATICAN II, *Apostolicam Actuositatem*.

CONCILE VATICAN II, *Christus Dominus*.

CONCILE VATICAN II, Constitution dogmatique *Dei Verbum*.

CONCILE VATICAN II, Déclaration sur l'éducation chrétienne, *Gravissimum educationis momentum*, 28 octobre 1965.

CONCILE VATICAN II, Décret sur l'activité missionnaire *Ad Gentes*.

CONCILE VATICAN II, *Gaudium et Spes*.

CONCILE VATICAN II, *Presbyterorum Ordinis*.

CONFERENCE EPISCOPALE DU BURKINA, Lettre des évêques à l'occasion du 75e Anniversaire de l'Evangélisation en Haute Volta, Presses Africaines, Ouagadougou, 1975.

CONGREGATION POUR LA DOCTRINE DE LA FOI, « Instruction Libertatis conscientia, La liberté chrétienne et la libération » in *Documentation Catholique* 83 (1986) 393-411.

CONGREGATION POUR LA DOCTRINE DE LA FOI, « Instruction Libertatis nuntius, sur quelques aspects de la Théologie de la Libération » in *Documentation Catholique* 81 (1984) 890-900.

CONGREGATION POUR LES INSTITUTS DE VIE CONSACREE ET LES SOCIETES DE VIE APOSTOLIQUE, *Religieux et Promotion humaine*, Plenaria SCRIS 25-28 Avril, 1978.

Déclaration des Evêques du Zaïre : « Le mal zaïrois. Appel au redressement de la Nation » In *La documentation Catholique* du 5 novembre 1978, n° 1751, p. 936-939.

Deuxième Assemblée spéciale du Synode des Évêques pour l'Afrique, Message final (23 octobre 2009) in *La Documentation Catholique*, 2434 (2009), p. 1031.

JEAN XXIII, Lettre encyclique *Mater et Magistra* (1961).

JEAN XXIII, Lettre Encyclique *Pacem in terris*, Centurion, Paris, 1963.

JEAN XXIII-PAUL VI, *Discours au Concile*, 3ème édition, Centurion, Paris, 1966.

JEAN-PAUL II, *Laborem exercens*, Libreria Editrice Vaticana, Vatican, 1981.

JEAN-PAUL II (promulgué par), *Code de droit canonique*, Rome, le 25 Janvier 1983.

JEAN-PAUL II, « Discours à l'UNESCO » in *La Documentation Catholique*, 1783 (1980) 604.

JEAN-PAUL II, « Allocution à Salvador de Bahia » (6 juillet 1980), in *La Documentation Catholique*, n° 1791.

JEAN-PAUL II, « Discours d'ouverture à la 3e Conférence de l'Episcopat latino-américain » in *La Documentation Catholique*, 1758 (1979) 169.

JEAN-PAUL II, « Homélie à Yagma » in *L'osservatore Romano*, édition française, n° 6, 2094 (1990) 12.

JEAN-PAUL II, Allocution Esta hora à la IIIe Conférence générale de l'Episcopat latino-américain à Puebla (28 janvier 1979), *Partie* I, n° 9 : *AAS* 71 (1979) 195.

JEAN-PAUL II, *Catéchisme de l'Eglise Catholique*, Libreria Editrice Vaticana, Rome, 1992.

JEAN-PAUL II, Encyclique *Redemptor hominis*, Libreria Editrice Vaticana, Vatican, 1979.

JEAN-PAUL II, Exhortation apostolique *Ecclesia in Africa*, Libreria Editrice Vaticana, Vatican, 1995.

JEAN-PAUL II, Exhortation apostolique *Christifideles laici*, 30 décembre 1988.

JEAN-PAUL II, Exhortation apostolique post-synodale *Ecclesia in Africa*, Libreria Editrice Vaticana, Vatican, 1995.

JEAN-PAUL II, Lettre encyclique *Centesimus annus* (1er mai 1991), n° 38: AAS 83 (1991), 840-841; *La documentation Catholique* 88 (1991) p. 537-538.

JEAN-PAUL II, Lettre encyclique *Sollicitudo Rei Socialis* » (Sur la question sociale) in Documentation Catholique, 1957 (1988) 234-256.

JEAN-PAUL II, Lettre encyclique *Veritatis splendor* (6 août 1993) : AAS 85 (1993).

JEAN-Paul II, Message pour la Journée Mondiale de la paix 1986, 1 : *AAS* 78 (1986) 278-279.

JEAN-PAUL II, *Reconciliatio et paenitentia*, 2 Décembre 1984.

La lettre du Cardinal Paul Zoungrana à tous les membres du SCEAM, le 9 mai 1983.

LEON XIII, *Rerum Novarum*, 1891.

PAUL VI, « Homélie pour la « journée de la paix » » (4 octobre 1966) in ABBAYE DE SAINT-MAURICE, *Documents pontificaux de Paul VI, 1966, V*, Editions Saint-Augustin, Saint-Maurice, 1969.

PAUL VI, « Message au Secrétaire Général des Nation Unies » in *AAS*, LVIII, 1966.

PAUL VI, « Message aux évêques d'Amérique latine » (29 septembre 1966) in ABBAYE DE SAINT-MAURICE, *Documents pontificaux de Paul VI*, 1966, V, Editions Saint-Augustin, Saint-Maurice, 1969.

PAUL VI, « Message pascal au monde entier » (26 mars 1967), *AAS*, LIX, 1967.

PAUL VI, Allocution au Corps diplomatique, 7 janvier 1965 : *AAS* 57 (1965).

PAUL VI, *Conception chrétienne du travail*, Audience générale, Mercredi 1er mai 1968.

PAUL VI, *Déclaration sur la liberté religieuse*, Droits des personnes et des communautés, à la liberté sociale et civile en matière religieuse, Rome, 7 décembre 1965.

PAUL VI, *Evangelii nuntiandi*, Vatican Polyglot press, Rome, 1975.

PAUL VI, Lettre Encyclique *Populorum progressio*, Libreria Editrice Vaticana, Vatican, 1976.

Paul VI, Message pour la Journée Mondiale de la paix 1969 : *AAS* 60 (1968) 771.

PAUL VI, *Octogesima Adveniens*.

S.C.E.A.M., « L'Eglise et la promotion humaine en Afrique aujourd'hui », Résolutions et Recommandations du VIIe Symposium des Conférences Episcopales d'Afrique et de Madagascar, à Kinshasa in *La Documentation Catholique*, 1984, n° 1883,1041-1043.

S.C.E.A.M., « L'engagement du laïc dans la croissance de l'Eglise et le développement intégral de l'Afrique », Résolutions finales du IIIe Symposium des Conférences Episcopales d'Afrique et de Madagascar in *La Documentation Catholique*, 1972, n° 1618, 921-924.

S.C.E.A.M., « L'exhortation sur la "justice et l'évangélisation en Afrique" » in *Actes de la VIe Assemblée Plénière du S.C.E.A.M*, Secrétariat du S.C.E.A.M., Yaoundé, 1981.

S.C.E.A.M., « La Déclaration sur la Justice et la Paix » in *Actes de la Ve Assemblée Plénière du SCEAM*, Naïrobi, 1978.

S.C.E.A.M., « La Déclaration sur la paix en Afrique » in *Actes de la Première Assemblée Plénière du SCEAM*, Kampala, 1969.

S.C.E.A.M., « La Déclaration sur la violation des droits de l'homme » in *Actes de la Ve Assemblée Plénière du SCEAM*, Naïrobi, 1978.

S.C.E.A.M., « La Déclaration sur le respect et la promotion de la vie humaine » in *Actes de la VIe Assemblée Plénière du SCEAM*, Yaoundé, 1981.

S.C.E.A.M., « Le Message pour promouvoir l'Evangélisation dans la coresponsabilité » in *La Documentation Catholique*, 1664 (1974).

S.C.E.A.M., *Actes de la Première Assemblée Plénière du S.C.E.A.M*, Kampala, 1969.

S.C.E.A.M., Déclaration du Ve Symposium des Conférences Episcopales d'Afrique et de Madagascar, n° 13 et n° 14, juillet 1978.

S.C.E.A.M., *L'Eglise et la promotion humaine en Afrique aujourd'hui*, Exhortation Pastorale des Evêques d'Afrique et de Madagascar (Kinshasa, 15-22 juillet 1984), Editions du Secrétariat du SCEAM, Kinshasa, 1985.

VANKRUNKELSVEN, J. (présentation de), *Le discours socio-pastoral de l'Eglise d'Afrique, Documents du SCEAM 1969-1990*, CESAO (Centre d'Etudes Economiques et Sociales d'Afrique Occidentale), Bobo-Dioulasso, 1991.

ZOUNGRANA, P., « Discours d'Ouverture de l'Assemblée plénière du "Symposium des Conférences Episcopales d'Afrique et de Madagascar » in *La Documentation Catholique*, 1969, n° 1548, p. 858-861.

III. Les Ouvrages

AA. VV. *Le Sillon de Marc Sangnier et la démocratie sociale*, Colloque tenu à Besançon, les 18 et 19 mars 2004, PUF, 2006.

AA. VV., *Des prêtres noirs s'interrogent*, Seuil, Paris, 1956.

AA. VV., *Autopromotion et solidarité*, CESAO, La savane, Bobo-Dioulasso, 1990.

AA. VV., *Combats pour un christianisme africain*, Faculté de théologie catholique de Kinshasa, Kinshasa, 1981.

AA. VV., *Crise morale et vie économique au Zaïre*, Actes de la deuxième rencontre des moralistes zaïrois, du 11 au 16 novembre 1985, Edition Association des Moralistes Zaïrois, Kinshasa, 1986.

AA. VV., *De la traite à l'esclavage*, Actes du Colloque International sur la traite des Noirs, Nantes 1985, L'Harmattan, Paris, 1988.

AA. VV., *Economie du développement*, 2e édition, Traduction de la 4e édition américaine par Bruno Baron-Renault, De Boeck Université, Bruxelles, 1998.

AA. VV., *Foundations of African Philosophy : A Definitive Analysis of Conceptual Issues in African Thought*, Ibadan University Press, Ibadan, 1993.

AA. VV., *Histoire générale de l'Afrique*, traite négrière, Unesco, Paris, 1985.

AA. VV., *Le développement intégré* (groupe de synthèse de Louvain), Louvain-la-Neuve, CIACO, 1987.

AA. VV., *Pauvreté, Progrès et développement*, L'Harmattan / UNESCO, Paris, 1990.

AA. VV., *Philosophie africaine : rationalité et rationalités*, Actes de la XIVè Semaine Philosophique de Kinshasa (du 24 au 30 avril 1994), Facultés Catholiques de Kinshasa, Kinshasa, 1996.

AA. VV., *Philosophie africaine, Bilan et perspectives*, Actes de la XVe Semaine Philosophique de Kinshasa, du 21 au 27 avril 1996, Facultés Catholiques de Kinshasa, Kinshasa, 2002.

AA. VV., *Sexualité et vie chrétienne*, Centurion, Paris, 1981.

AA. VV., *Stratégies du développement endogène*, Unesco, Paris, 1984.

A.A. VV., *Théologie africaine, Bilan et perspectives*, Actes de la Dix-septième Semaine Théologique de Kinshasa, 2-8 avril 1989, Facultés Catholiques de Kinshasa, Kinshasa, 1989.

AA.VV., *Conception africaine et conditions humaines du développement*, Actes du 1er Séminaire Interrégional de Mbeo, du 21 au 23 avril 1987, Facultés Catholiques de Kinshasa, Kinshasa, 1989.

AA.VV., *Histoire générale de l'Afrique, La Traite négrière du XVe au XIXe siècle*, Etudes et documents 2, UNESCO, Paris, 1979.

AA.VV., *Tradition, spiritualité et développement, Recherches philosophiques africaines*, Actes de la VIIIe Semaine philosophique de Kinshasa, du 05 au 11 Avril 1992, Facultés Catholiques de Kinshasa, Kinshasa, 1993.

ACHEBE, C., *Le monde s'effondre*, Traduit de l'anglais (Things fall apart) par Michel Ligny, Présence africaine, Paris, 1972.

ADEDEJI, A. ; GREEN, R. ; JANHA, A., *Rémunération, productivité et fonction publique : priorités pour le relèvement de l'Afrique Subsaharienne*, UNICEF-PNUD, New York, 1995.

ADJI, B., *L'Afrique à la croisée des chemins, Problématique du développement*, Editions Eburnie, Abidjan, 2003.

ADOTEVI, S., *Négritude et négrologues*, Collection 10/18, Union Générale d'Editions, Paris, 1972.

AFAN, M. R., o.p., *La participation démocratique en Afrique, Ethique politique et engagement chrétien*, Editions Universitaires / Editions du Cerf, Fribourg / Paris, 2001.

AGAESSE, P., *L'anthropologie chrétienne selon saint Augustin : image, liberté, péché et grâce*, [Texte en offset], Centre Sèvres, Paris, 1986.

AJALA, A., *Panafricanism : evolution progress and prospects*, St. Martin's Press, New York, 1974.

ALCOLEA-BURETH, A.-M., *Pratiques et théories de l'économie solidaire, un essai de conceptualisation*, L'Harmattan, Paris, 2004.

ALESSANDRI, B., *L'Ecole dans le Roman Africain : Des Premiers Ecrivains Francographes à Boubacar Boris Diop*, L'Harmattan, Paris, 2004.

AMIN, S., *La faillite du développement en Afrique et dans le Tiers-monde, une analyse politique*, L'Harmattan, Paris, 1989.

ANAND, S., et SEN, A., *Sustainable Human Development: Concepts and Priorities*, UNDP- Inédito, 1994.

ANDRIAMIRADO, S., *Sankara le Rebelle*, Jeune Afrique Livres, Paris, 1987.

APPIAH-KUBI, F., *Eglise, famille de Dieu : un chemin pour les Églises d'Afrique*, Karthala, Paris, 2008.

ARFWEDSON, A., « Peut-il y avoir développement sans culture ? » in Guichaoua, A. (sous la direction de), *Questions de développement, Nouvelles approches et enjeux*, L'Harmattan, Paris / Montréal, 1996.

ARISTOTE, *Éthique à Nicomaque*, Traduction Jules Tricot, Vrin, Paris, 1994.

ARISTOTE, *Les Politiques*.

ASSEMIEN, F. A., *La Côte d'Ivoire et ses étrangers*, éditions Black stars, Abidjan, 2002.

ASSOCIATION DES THELOGIENS DU BENIN, *Christianisme et humanisme en Afrique, Mélanges en hommage au cardinal Bernardin Gantin*, Karthala, Paris, 2003.

AUBERT, J.-M., *Vivre en chrétien au XXe siècle, Tome I* : Le Sel de la terre, Salvator, Mulhouse, 1976.

AUBERT, J.-M., *Vivre en chrétien au XXe siècle, Tome II* : L'engagement du chrétien, la sexualité, l'économie, le politique, Salvator, Paris, 1977.

AUDIER, S., *Léon Bourgeois. Fonder la solidarité*, collection « Le Bien commun », Editions Michalon, Paris, 2007.

BADINI, A., *Naître et grandir chez les Moosé traditionnels*, SEPIA / A.D.D.B, Paris / Ouagadougou, 1994.

BAIROCH, P., *Le Tiers-Monde dans l'impasse. Le démarrage économique du XVIIIe au XXe siècle*, 3e éd., Gallimard, Paris, 1992.

BALIMA, S. A., *Genèse de la Haute-Volta*, Présence Africaine, Ouagadougou, 1969.

BALIMA, S.-A., *Légendes et histoire des peuples du Burkina Faso*, J. A. Conseil, Paris, 1996.

BAMOUNI, B. P., *Burkina Faso : Processus de la Révolution*, L'Harmattan, Paris, 1986.

BANTIGNY, L., *Le plus bel âge ? Jeunes et jeunesse en France de l'aube des Trente Glorieuses à la guerre d'Algérie*, Fayard, Paris, 2007.

BARBEY, L., *Les fondements éthiques et psychologiques de l'éducation de la volonté selon M. Jules Payot*, Librairie universitaire, Fribourg (Suisse), 1933.

BARRE, R., et TEULON, F., *Économie politique*, PUF, Paris, 1997.

BARTH, K., Dogmatique, « *La doctrine de la création* », vol. 3, partie 1, Labor et Fides, Genève, 1960.

BAUDU, P., *Vieil empire, jeune Eglise, Monseigneur J. Thévenoud (1878-1949)*, La Savane, Paris, 1956.

BAYART, J.- F., *L'État en Afrique, la politique du ventre*, Fayard, Paris, 1989.

BEAUCHAMP, C. (Sous la direction de), *Démocratie, culture et développement en Afrique noire*, Harmattan Inc. / L'Harmattan, Montréal / Paris, 1997.

BEHNAM, D., *L'enjeu culturel du développement*, UNESCO, Paris, 1986.

BENOIST, J. R. de, *Eglise et pouvoir colonial au Soudan français. Les relations entre les administrateurs et les missionnaires catholiques dans la boucle du Niger*, de 1885-1945, Karthala, Paris, 1987.

BENOIT, A., *Saint Irénée, Introduction à sa théologie*, PUF, Paris, 1960.

BERTHOUZOZ, R. op, *Théologien dans le dialogue social*, présenté par Anto Gavric Op., Academic Press Fribourg, Fribourg (Suisse), 2006.

BERTHOUZOZ, R., Ethique, économie et développement : l'enseignement des évêques des cinq continents 1891-1991, Editions Universitaires de Fribourg, Fribourg, 1995.

BERTHOUZOZ, R., *Liberté et Grâce suivant la théologie d'Irénée de Lyon, Le débat avec la gnose aux origines de la théologie chrétienne*, « Etudes d'Ethique Chrétienne » 8, Editions Universitaires / Cerf, Fribourg / Paris, 1980.

BIROU, A., HENRY, P. M., *Pour un autre développement, Une enquête du Centre de Développement de l'Organisation de Coopération et de Développement Economiques*, PUF, Paris, 1976.

BOA THIEMELE, R. L., *Nietzsche et Cheikh Anta Diop*, L'Harmattan, Paris, 2007.

BOAHEN, A. A. (Directeur du Volume), *Histoire générale de l'Afrique*, Volume VII, *L'Afrique sous domination coloniale, 1890-1935*, Unesco / NEA, Paris, 1987.

BONSIRVEN, J., *Exégèse rabbinique et exégèse paulinienne*, Beauchesne, Paris, 1939.

BUERGENTHAL, T. et KISS, A., *La protection internationale des Droits de l'Homme*, Précis, Editions N.R Engel, Kehl / Strasbourg, Arlington, 1991.

BÜHLER, P. (Sous la direction de), *Humain à l'image de Dieu : la théologie et les sciences humaines face au problème de l'anthropologie* ; travaux de troisième cycle en théologie systématique des Facultés de théologie des Universités romandes, 1985-1986, Collection Lieux théologiques, n° 15, Labor et Fides, Genève, 1989.

BWEMBA-BONG, *Quand l'Africain était l'or noir de l'Europe, L'Afrique : actrice ou victime de la « Traite des Noirs » ?,* Menaibuc, Paris, 2005.

CAIRNS, D., *The Image of God in Man*, S.M.C. Press Ltd., Londres, 1953.

CALVIN, J., *Institutes of the Christian Religion*, trad. Par John Allen, Presbyterian Board of Christian Education, Philadelphia, 1936.

CAMPBELL, B., CREPEAU, F., et LAMARCHE, L., (Sous la direction de), *Gouvernance, reconceptualisation du rôle de l'État et émergence de nouveaux cadres normatifs dans les domaines social, politique et environnemental*, Centre d'études sur le droit international et la mondialisation (CEDIM), Montréal, 2000.

CAMARA, L., *L'enfant noir*, Librairie Plon, Paris, 1997.

CESAIRE, A., *Cahier d'un retour au pays natal*, Présence Africaine, Paris, 1993.

CESAIRE, A., *Discours sur le colonialisme*, Présence Africaine, Paris, 2000.

CHAOUAT, B. (sous la direction de), *Lire, écrire la honte, Actes du colloque de Cerisy-La-Salle*, juin 2003, Presses Universitaires de Lyon, Lyon, 2007.

CHAUVAUD, F. (dirigé par), *Histoires de la souffrance sociale XVIIe-XXe siècles*, Presses Universitaires de Rennes, Rennes, 2007.

CHAUVAUD, F. et GAUSSOT, L. (dirigé par), *La Haine, Histoire et actualité*, Presses Universitaires de Rennes, Rennes, 2008.

CHENU, B., *Théologies chrétiennes des tiers mondes*, Centurion, Paris, 1987.

CHENU, M.-D., *Pour une théologie du travail*, Seuil, Paris, 1965.

CLEMENT D'ALEXANDRIE, *Le Pédagogue*, Collection « Les pères dans la foi », Editions Migne, Paris, 1991.

CLEMENT D'ALEXANDRIE, *Le Protreptique*, Collection « Sources Chrétiennes », Cerf, Paris, 1941.

CLEMENT D'ALEXANDRIE, *Les Stromates*, Collection « Sources Chrétiennes », (édition en plusieurs parties), Stromates I, Cerf, Paris, 1951.

COQUERY-VIDROVITCH, C., *Afrique noire, permanences et ruptures*, L'Harmattan, Paris, 1992.

COSTE, R., *Les dimensions sociales de la foi, Pour une théologie sociale*, Cerf, Paris, 2000.

CROWE, S. E., *The Berlin West African Conference, 1884-1885*, Londres, Longmans Green, 1942.

DAMAS, L.-G., *Pigments*, Présence Africaine, Paris, 1937.

DANIELOU, J., *L'être et le temps chez Grégoire de Nysse*, Brill, Leyde, 1978.

DANIELOU, J., *Platonisme et théologie mystique: Essai sur la doctrine spirituelle de saint Grégoire de Nysse*, Aubier / Montaigne, Paris, 1944.

DAVID, M., *La solidarité comme contrat et comme éthique*, Berger-Levrault, Paris, 1982.

DE BOSSCHERE, G., *Les deux versants de l'histoire, Autopsie de la colonisation*, Albin Michel, Paris, 1967.

DE MEDEIROS, F., *L'Occident et l'Afrique (XIIIe-XVe siècle)*, Karthala, Paris, 1985.

DELHAYE, P., *Histoire des textes de la Constitution Pastorale*, Série Vatican II, L'Église dans le monde de ce temps, (Collection Unam Sanctam 65a), Cerf, Paris, 1967.

DEMAISON, A., *Diato, roman de « l'homme noir qui eut trois femmes et en mourut »*, Albin Michel, Paris, 1923.

DENIEUIL, P.-N., LAROUSSI, H., *Le développement social local et la question des territoires*, L'Harmattan, Paris, 2005.

DESCLOS, J., *Libérer la morale*, Editions Paulines & Médiaspaul, Montréal / Paris, 1991.

DEWOLF, L. H., A *Theology of the Living Church*, Harper and Bros. Publishers, New York, 1953.

DIAKITI, T., *L'Afrique est-elle malade d'elle-même ?*, Karthala, Paris, 1986.

DIBI, A. K., *L'Afrique et son autre : la différence libérée*, Collection penser l'Afrique n° 1, Edition Strateca Diffusion, Abidjan, 1994.

DIOP, C. A., *L'Afrique Noire Pré-coloniale*, Présence Africaine, Paris, 2000.

DIOP, C. A., *Antériorité des civilisations nègres – mythe ou vérité historique ?*, Présence Africaine, Paris, 1967.

DIOP, C. A., *Nations nègres et culture, De l'antiquité Nègre-Égyptienne aux problèmes culturels de l'Afrique noire d'aujourd'hui*, 2e édition, Présence africaine, Paris, 1955.

DIOP, C. T., *L'Afrique en attente ?*, L'Harmattan, Paris, 2006.

DOUGLAS JOHN HALL, *Etre image de Dieu, Le stewardship de l'humain dans la création,* (Traduit de l'anglais par Louis Vaillancourt avec la collaboration de Jean Desclos et Roland Galibois), Cerf / Bellarmin, Paris / Montréal, 1998.

DUMONT, R., *L'Afrique noire est mal partie*, Seuil, Paris, 1962.

EBOUSSI BOULAGA, F., *La crise du Muntu*, Présence Africaine, Paris, 1977.

EKANZA, S.-P., *L'Afrique au temps des Blancs (1880-1935)*, Les Editions du CERAP, Abidjan, 2005.

ELA, J.-M., *L'Afrique des villages*, Karthala, Paris, 1982.

ELA, J.-M., *Le cri de l'homme africain, Questions aux chrétiens et aux églises d'Afrique*, L'Harmattan, Paris, 1980.

ELA, J.-M., *Quand l'État pénètre en brousse. Les ripostes paysannes à la crise*, Karthala, Paris, 1990.

ELUNGU PENE ELUNGU, *L'éveil philosophique africain*, L'Harmattan, Paris, 1984.

ELUNGU, P. .E. A., *Tradition africaine et rationalité moderne*, L'Harmattan, Paris, 1987.

ERNAUX, A., *La honte*, Gallimard, Paris, 1999.

ERNAUX, A., *La Place*, Gallimard, Paris, 1983.

ERNY, P., *L'enfant et son milieu en Afrique noire*, P.B. Payot, Paris, 1972.

ETOUNGA-MANGUELLE, D., *L'Afrique a-t-elle besoin d'un programme d'ajustement culturel ?*, Nouvelle du Sud, Paris, 1989.

FAGE, J. D., « The Effect of the Export Slave Trade on African Populations » in MOSS, R. P. et RATHBONE, R. J. A., *The Populations Factor in African Studies*, Londres, 1975.

FANOUDH-SIEFER, L., *Le mythe du Nègre et de l'Afrique noire, dans la littérature française, de 1800 à la 2e Guerre Mondiale*, Les Nouvelles Editions Africaines, Abidjan / Dakar / Lomé, 1980.

FREUD, S., *Délire et rêves dans la gradiva de Jensen*, Coll. Idées, Gallimard, Paris, 1971.

FREYSSINET, J., *Le concept du sous-développement*, Mouton, Paris, 1966.

GAÏTH, J., *La conception de la liberté chez Grégoire de Nysse*, J. Vrin, Paris, 1953.

GAKUNZI, D. (présenté par), *« Oser inventer l'avenir », La parole de Sankara (1983-1987)*, Pathfinder & L'Harmattan, Paris, 1991.

GAULEJAC, V. de, *L'histoire en héritage : roman familial et trajectoire sociale*, Desclée de Brouwer, Paris, 1999.

GAULEJAC, V. de, *La névrose de classe*, Editions Hommes et groupes, Paris, 1987.

GAULEJAC, V. de, *Les Sources de la honte*, Desclée de Brouwer, Paris, 1996.

GAULEJAC, V. de, *Qui est "je"? : Sociologie clinique du sujet*, Seuil, Paris, 2009.

GEFFRE, C., *Un nouvel âge de la théologie*, Cerf, Paris, 1987.

GILSON, E., Introduction à l'étude de Saint Augustin, J. Vrin, Paris, 1929.

GOFFAUX, J., *Problèmes de développement, Quêtes de chimères, voies de lucidité*, C.R.P., Kinshasa, 1986.

GRANGER, G. G., *Méthodologie économique*, PUF, Paris, 1955.

GREGOIRE DE NYSSE, *Homélies sur le Cantique des cantiques*, Cerf, Paris, 2008.

GREGOIRE DE NYSSE, *La création de l'homme (De hominis opificio)*, Cerf, Paris, 2002.

GREGOIRE DE NYSSE, *Les Béatitudes*, (traduit du grec ancien par Jean-Yves Guillaumin, Gabrielle Parent), Collection les Pères dans la foi, numéro 10, J.-P. Migne, Paris, 1997.

GUICHAOUA, A. (sous la direction de), *Questions de développement, Nouvelles approches et enjeux*, L'Harmattan, Paris / Montréal, 1996.

GUICHAOUA, A. et GOUSSAULT, Y., *Sciences sociales et développement, collection Cursus Sociologie*, Editions Armand Colin, Paris, 1993.

GUIREL, A., *Le Virus noir, roman colonial*, Émile Larose, Paris, 1931.

GUISSOU, L. B., Burkina Faso, un espoir en Afrique, L'Harmattan, Paris, 1995

GUSDORF, G., *La parole*, PUF, Paris, 1952.

HAINARD, R., *Et la nature ? Réflexions d'un peintre*, Jacques Hesse, Blois, 1994.

HAINARD, R., *Le Miracle d'être. Science et nature* (réédition de Nature et mécanisme, Sang de la terre, Paris, 1997.

HAMMAN, A.-G., *L'homme, image de Dieu, Essai d'une anthropologie chrétienne dans l'Eglise des cinq premiers siècles*, Desclée, Paris, 1987.

HAUT CONSEIL DE LA COOPERATION INTERNATIONALE, *Les non-dits de la bonne gouvernance*, Karthala, Paris, 2001.

HEBGA, M. P., *Afrique de la raison, Afrique de la foi*, Karthala, Paris, 1995.

HEIDEGGER, M., *Être et Temps*, traduction française de Emmanuel Martineau, Authentica, Paris, 1985.

HEIJKE, J., *St. Augustine'Comments on imago Dei*, (An anthology from all his works exclusive of the De Trinitate), Classical Folia, Suppl. 3, Mass., Worcester, 1960.

HENRY, P.-M. ; KOSSOU, B. T., *La dimension culturelle du développement* : Une étude conjointe CEE / UNESCO, UNESCO / Nouvelles éditions africaines, Paris / Lomé, 1985.

HERING, J., *La première épitre de Saint Paul aux Corinthiens*, Delachaux et Niestlé, Neuchâtel, 1949.

HERING, J., *The Second Epistle of Saint Paul to the Corinthians*, trad. par A.W. Heathcote et P.J. Allcock, The Epworth Press, Londres, 1967.

HEYER, R. *La condition sexuée*, PUF, Paris, 2006.

HOBBES, T., *Léviathan*, Introduction, traduction et notes par F. Tricaud, Sirey, Paris, 1971.

HOGGART, R., *La culture du pauvre*, Seuil, Paris, 1970.

HOPKINS, A. G., *An economic history of West Africa*, Longman, Londres, 1973.

HOUNGBEDJI, R., *L'Eglise-Famille de Dieu en Afrique : selon Luc 8, 19-21 : problèmes de fondements*, L'Harmattan, Paris, 2009.

IRENEE DE LYON, *Contre les Hérésies (Adversus haereses)*, Collection « Sagesses chrétiennes », Cerf, Paris, 1984.

IRENEE DE LYON, *Démonstrations de la prédication apostolique*, Collection « Sources chrétiennes », Cerf, Paris, 1959.

JAVELET, R., *Image et ressemblance au 12e siècle, de saint Anselme à Alain de Lille*, Letouzey et Ané, Paris, 1967.

JEANROND, W. G., *Introduction à l'herméneutique théologique, Développement et signification*, (Traduit de l'anglais par Pierre-Loup Lesaffre), Cerf, Paris, 1995.

JERVELL, J., *Imago Dei*, Vandenhoeck & Ruprecht, Göttingen, 1960.

JONAS, H., *Le phénomène de la vie. Vers une biologie philosophique*, Traduction de D. Lories, De Boeck Université, Paris, 2001.

JONAS, H., *Le Principe responsabilité, Une éthique pour la civilisation technologique*, Traduction et présentation de Jean Greisch (traduction de Das Prinzip Verantwortung, 1979), Cerf, Paris, 1990.

JONAS, H., *Nature et responsabilité*, J. Vrin, Paris, 1993.

JONAS, H., *Pour une éthique du futur*, Traduction de S. Cornille et Ph. Ivernel, Payot & Rivages, Paris, 1992.

JONAS, H., *Une éthique pour la nature*, Traduction de S. Courtine-Denamy, Desclée de Brouwer, Paris, 2000.

KA MANA, *Christ d'Afrique, Enjeux éthiques de la foi africaine en Jésus-Christ*, Karthala / Ceta / Clé / Haho, Paris / Nairobi / Yaoundé / Lomé, 1994.

KA MANA, *Foi chrétienne, Crise africaine et reconstruction de l'Afrique, Sens et enjeux des théologies africaines contemporaines*, Ceta / Haho / Clé, Nairobi / Lomé / Yaoundé, 1992.

KA MANA, *L'Afrique va-t-elle mourir ?, Bousculer l'imaginaire africain. Essai d'éthique politique*, Cerf, Paris, 1991.

KA MANA, *La nouvelle évangélisation en Afrique*, Karthala / Clé, Paris / Yaoundé, 2000.

KA MANA, *Théologie africaine pour temps de crise : Christianisme et reconstruction de l'Afrique*, Karthala, Paris, 1993.

KABOU, A., *Et si l'Afrique refusait le développement ?*, L'Harmattan, Paris, 1991.

KANE, C. H., *L'aventure ambiguë*, Collection Domaine étranger 10/18, Julliard, Paris, 1961.

KANT, E., *Critique de la Raison pratique*, Traduction de F. Picavet, Paris, 1906.

KANT, E., *Fondements de la métaphysique des mœurs*, traduction Victor Delbos, Paris, 1912.

KASPER, W., *Jésus le Christ*, Traduit de l'allemand par J. Désigaux et A. Liefooghe, Cerf, Paris, 1991.

KEHL, M., *« Et Dieu vit que cela était bon », Une Théologie de la Création*, Avec la collaboration de Hans-Dieter Mutschler et Michael Sievernich (Traduction de Joseph Hoffmann), Cerf, Paris, 2008.

KEHL, N., *Der Christushymnus, Katholisches Bibelwerk*, Stuttgart, 1967.

KELLERMANN, L., *La dimension culturelle du développement.* Bibliographie sélective et annotée, 1985-1990, L'Harmattan/UNESCO, Paris, 1992.

KEZA, J.-P., *Valeurs culturelles et échec de l'aide au développement*, L'Harmattan, Paris, 2005.

KIMONI, I., Destin de la littérature négro-africaine ou problème d'une culture, PUZ, Kinshasa, 1975.

KING, A., *Rereading Camara Laye*, University of Nebraska Press, Lincoln, 2002.

KINKUPU, L. S., *Les défis de l'évangélisation dans l'Afrique contemporaine*, Karthala, Paris, 2005.

KI-ZERBO, J. (Sous la direction de), *La natte des autres, Pour un développement endogène en Afrique*, Karthala, Paris, 1992.

KI-ZERBO, J., *A quand l'Afrique ?, Entretien avec René Holenstein*, Editions de l'Aube / Editions d'en bas, Quetigny, 2003.

KI-ZERBO, J., *Éduquer ou périr*, L'Harmattan, Paris, 1990.

KI-ZERBO, J., *Histoire de l'Afrique Noire d'Hier à Demain*, Hatier, Paris, 1978.

KI-ZERBO, J., *Perspectives de l'éducation*, CODIAM – Promotion collectives, Paris, 1973.

KI-ZERBO, J., *Repères pour l'Afrique*, Editions découvertes du Burkina, Ouagadougou, 2006.

KOULIBALY, M. (Sous la direction de), *La pauvreté en Afrique de l'Ouest*, Karthala / CODESRIA, Paris / Dakar, 2001.

KOUROUMA, A., *En attendant le vote des bêtes sauvages*, Seuil, Paris, 1998.

KRAFT, M.-A., *La Révolution humaniste, Autopsie d'un système dominé par l'argent*, Salvator, Paris, 2011.

LABEL, R., *L'Afrique Occidentale dans la littérature française : depuis 1870*, Larose, Paris, 1925.

LACOSTE, Y., *Les pays sous-développés*, Collection « Que sais-je ? », PUF, Paris, 1984.

LADRIERE, J., *Les enjeux de la rationalité. Le défi de la science et de la technologie aux cultures*, Aubier-Montaigne, Paris, 1977.

LATOUCHE, S., *Faut-il refuser le développement ?*, PUF, Paris, 1986.

LAURENTIN, R., *Développement et Salut*, Seuil, Paris, 1969.

LEBRET, L.-J., *Dynamique concrète du développement*, Editions Ouvrières, Paris, 1967.

LEYS, R. *L'image de Dieu chez Saint Grégoire de Nysse*, Edition Universelle / Desclée De Brouwer, Bruxelles / Paris, 1951.

L OTA, J. K., *Identité africaine et occidentalité*, L'Harmattan, Paris, 2006.

LOTI, P., *Le Roman d'un Spahi*, Calmann-Lévy, Paris, 1925.

LUCRECE, *De la nature*, Traduction nouvelle, introduction et notes de Henri Clouard, Librairie Garnier Frères, Paris, 1954.

LUGAN, B., *Afrique, l'histoire à l'endroit*, Perrin, Paris, 1989.

LUTHER, M., *« Commentaire du livre de la Genèse, chapitres 1 à 11 »* in Œuvres, tome XVII, Labor et Fides, Genève, 1975.

MADIEGA, Y. G. et NAO, O. (Sous la direction de), *Burkina Faso, Cent ans d'histoire, 1895-1995*, Karthala, Paris, 2003.

MAITRE ECKHART, *Commentaire sur le Prologue de Jean*, Cerf, Paris, 1989.

MAITRE ECKHART, *De l'Homme Noble*, Aubier / Montaigne, Paris, 1942.

MALTHUS, T. R., Essai sur le principe de population, Traduit de l'anglais par Pierre et Guillaume Prévost, Flammarion, Paris, 1992.

MALTHUS, T. R., *Principes d'économie politique considérés sous le rapport de leur application pratique*, présentés par J. F. Faure-Soulet, Calmann-Lévy, Paris, 1969.

MAMDOU, L., *Les Africains sauveront-ils l'Afrique ?* , Karthala, Paris, 1996.

MARITAIN, J. et RAISSA, *Œuvres complètes*, vol. VI., Editions universitaires / Ed. Saint-Paul, Fribourg / Paris, 1984.

MARITAIN, J., *L'Humanisme intégral, Problèmes temporels et spiriutels d'une nouvelle chrétienté*, Aubier, Paris, 1936.

MARITAIN, J., *La personne et le bien commun*, Desclée, Paris, 1947.

MATHIEU, F. R., *Les fondements de la crise économique en Afrique : entre pression communautaire et marché international*, L'Harmattan, Paris, 1990.

MAUGENEST, D. et HOLO, T. (Sous la direction de), *Quelle contribution de l'Afrique de l'Ouest à la tradition universelle des droits de l'homme ?*, Institut de la Dignité et des Droits Humains, Colloque d'Abidjan (13,14 et 15 mars 2006), (Centre de Recherche et d'Action pour la Paix) CERAP, Abidjan, 2006.

MICHAILOF, S. (sous la direction de), *La France et l'Afrique, Vade-mecum pour un nouveau voyage*, Karthala, Paris, 1993.

MINTZ, S. (sous la direction de), *Esclave = facteur de production, L'économie politique de l'esclavage*, traduction de J. Rouah, Dunod, Paris, 1981.

MISRAHI, R., *Qu'est-ce que l'éthique ?*, Armand Colin, Paris, 1997.

MOLTMANN, J., *Dieu dans la Création, Traité écologique de la création*, (Traduit de l'allemand par Morand Kleiber) Cerf, Paris, 1988.

MONDJANAGNI, A.-C. (Etudes réunies et présentées par), *La participation populaire au développement en Afrique noire*, Karthala, Paris, 1984.

MONDOLFO, P., *Travail social et développement*, Dunod, Paris, 2001.

MONTAIGNE, M. de, *Les Essais*, (1580).

MOUANDJO, P. et LEWIS, B., *Facteurs de développement en Afrique, L'économie politique de l'Afrique au XXIe siècle*, Tome II, L'Harmattan, Paris, 2002.

MOULE, C. F. D., *Colossiens et Philémon*, Commentaire de Peake sur la Bible, révisé par M. Black & H.H. Rowley, Nelson, Londres, 1962.

MOUNIER E., *Révolution personnaliste et communautaire (1932-1935)*, Editions du Seuil, Paris, 1961.

MURY, G., et GAULEJAC, V. de, *Les jeunes de la rue*, Privat, Toulouse, 1977.

MVENG, E. et LIPAWING, B. L., *Théologie, libération et cultures africaines, Dialogue sur l'anthropologie négro-africaine*, Clé / Présence Africaine, Yaoundé / Paris, 1996.

MVENG, E., *L'Afrique dans l'Eglise : Paroles d'un croyant*, L'Harmattan, Paris, 1985.

NDI-OKALLA, J. et NTALOU, Mgr A., (Sous la direction de), *D'un synode africain à l'autre : Réception synodale et perspective d'avenir : Eglise et société en Afrique*, Karthala, Paris, 2007.

NDONGMO, M., *Éducation scolaire et lien social en Afrique noire, Perspectives éthiques et théologiques de la mise en place d'une nouvelle philosophie de l'éducation*, ICERH, Mbalmayo, 2004.

NEBEL, M., *La catégorie morale de péché structurel*, Essai de systématique, Cerf, Paris, 2006.

NGAL, G., « Lire… » *le Discours sur le Colonialisme d'Aimé Césaire*, Paris, Présence africaine, 1994.

NGOUPANDE, J. P., *Les racines historiques et culturelles de la crise africaine*, Editions UCAO, Abidjan, 2006.

NICOLAS, J.-H., *Synthèse dogmatique, De la trinité à la Trinité*, Editions Universitaires / Beauchesne, Fribourg Suisse / Paris, 1991.

NJOH-MOUELLE, E., *De la médiocrité à l'excellence*, Clé, Yaoundé, 1970.

NKOMBE, O., *Pour une axiomatique du développement. Essai de logique existentielle dans une vision africano-chrétienne du développement* (Collection Geste et Concept, 1), Ed. Noraf, 1986.

NKRUMAH, K., *Africa Must Unite*, Panaf Books, London, 1963.

NKRUMAH, K., Le *Consciencisme, Philosophie et idéologie pour la décolonisation et le développement, avec une référence particulière à la Révolution africaine*, (Consciencism). Traduit de l'anglais par L. Jospin, Payot, Paris, 1964.

NKRUMAH, K., *Le Consciencisme*, traduction revue d'après l'édition anglaise de 1969, par Starr et Mathieu Howlett, Présence Africaine, Paris, 1976.

OUEDRAOGO, D., *Améliorer la connaissance des relations entre l'homme et le développement économique et social*, Pop Sahel, Ouagadougou, 1988.

OUEDRAOGO, M., *Culture et développement en Afrique : le temps du repositionnement*, L'Harmattan, Paris / Montréal, 2000.

OUGUERGOUZ, F., *La Charte Africaine des Droits de l'Homme et des Peuples : une approche juridique entre tradition et modernité*, PUF, Paris, 1993.

PACERE, T. F., *Pensées africaines, Proverbes, dictons et sagesse des Anciens,* L'Harmattan, Paris, 2004.

PALLARD, H. et TZITZIS, S., *Minorités, culture et droits fondamentaux*, L'Harmattan, Paris, 2001.

PALUMBI, S. R., *The Evolution Explosion. How Humans Cause Rapid Evolutionary Change*. W.W. Norton, New York, 2001.

PASCAL, B., *Pensées*, Edition Brunschicg, Paris, 1897.

PAYOT, J., *L'Éducation de la volonté*, PUF, Paris, 1947.

PECCOUD, D. (sous la direction de*), Le travail décent : Points de vue philosophiques et spirituels*, (Traduit de l'anglais par Sophie Dufour, Bureau international du Travail, Genève, 2004.

PELAZ, A., *De la réforme du caractère à la lumière de l'Évangile*, Delachaux & Niestlé S. A., Neuchâtel (Suisse), 1932.

PELIKAN, J., La *Tradition chrétienne. Histoire et développement de la doctrine*, Vol. IV : La réforme de l'Eglise et du dogme, 1300-1700, PUF, Paris, 1994.

PENOUKOU, E.-J., *Églises d'Afrique, Propositions pour l'avenir*, Karthala, Paris, 1984.

PERROUX, F., *Industrie et création collective*, Tome II, PUF, Paris, 1970.

PERROUX, F., *L'économie du XXe siècle*, PUG, Grenoble, 1991.

PERROUX, F., *Le pain et la parole*, Cerf, Paris, 1969.

PESCH, O. H., VAN CANGH, J.-M. (Sous la direction de), *L'homme image de Dieu, Données bibliques, historiques et théologiques*, Actes du colloque de l'Académie Internationale des Sciences Religieuses (Cité St-Justin et Faculté de Théologie de l'Université de Fribourg : du 1er au 5 septembre 2005), Cerf, Paris, 2006.

PINCKAERS, S. (Th.), op., *Les sources de la morale chrétienne, Sa méthode, son contenu, son histoire*, Editions Universitaires / Cerf, Fribourg Suisse / Paris, 1985.

PINTO DE OLIVEIRA, C.-J., *Éthique chrétienne et dignité de l'homme*, Cerf, Paris, 1992.

PLATON, *Charmide ou De la sagesse*, Traduit par Emmanuel Chauvet, Traduction Révisée par Cyril Morana, Fayard/Mille et une nuits, Paris, 2002.

PLATON, *République*, Flammarion, Paris, 2002.

POGNON, G. S. A., *Navigation dans l'espace de l'économie, Économie, combat contre la rareté et la pauvreté, Économie, combat pour le service de la vie*, Les Editions Catholiques du Bénin, Cotonou, 2003.

POLIN, R., *Éthique et Politique*, Sirey, Paris, 1968.

QUENUM, A., *Les Églises chrétiennes et la traite atlantique du XVe au XIXe siècle*, Karthala, Paris, 1993.

RAHNEMA, M., *Quand la misère chasse la pauvreté*, Fayard / Actes Sud, Barcelone, 2003.

RAMAZANI BISHWENDE, A, *Ecclésiologie africaine de Famille de Dieu*, L'Harmattan, Paris, 2007.

RAMAZANI BISHWENDE, A., *« Église-famille-de-Dieu ». Esquisse d'ecclésiologie africaine*, L'Harmattan, Paris, 2001.

RAMSEY, P., *Basic Christian Ethics, Scribner's and Sons*, New York, 1950.

RAPP, J.-P. et ZIEGLER, J., *Thomas Sankara : Un nouveau pouvoir africain*, Pierre-Marcel Favre/ABC, Lausanne, 1986.

REICHHOLF, J. H., *L'émergence de l'homme, L'apparition de l'homme et ses rapports avec la nature*, Traduction de l'allemand par Jeanne Etoré, Flammarion (pour la traduction française), Paris, 1991.

RENAULT, F. et DAGET, S., *Les Traites négrières en Afriques*, Karthala, Paris, 1985.

REYNOLDS, L. G., *Image and reality in economic development*, Yale University Press, New Haven, 1977.

RICH, A., *Éthique économique*, (Le champ éthique n° 24), Labor et Fides, Genève, 1994.

RICŒUR, P., *Du texte à l'action, Essai d'herméneutique II*, Seuil, Paris, 1986.

RICOEUR, P., *Le conflit des interprétations*, Seuil, Paris, 1969.

RIOU, A., *Le Monde et l'Eglise selon Maxime le Confesseur*, Beauchesne, Paris, 1973.

RIST, G., *Le Développement : Histoire d'une croyance occidentale*, Presses de la Fondation Nationale des Sciences Politiques, Paris, 1996.

ROUSSEAU, J. J., *Émile ou de l'éducation*, Garnier-Flammarion, Paris, 1966.

SACHS, I., *Stratégies de l'écodéveloppement*, Économie et humanisme, Paris, 1980.

SAINT AUGUSTIN, *Confessions*: PL 32, 661.

SAINT AUGUSTIN, *Contre Fauste, le manichéen* : PL 42, 418.

SAINT AUGUSTIN, *De Civitate Dei contra paganos.*

SAINT AUGUSTIN, *De diversis quaestionibus 83.*

SAINT AUGUSTIN, *De Genesi ad litteram.*

SAINT AUGUSTIN, *De Genesi ad litteram imperfectus liber.*

SAINT AUGUSTIN, *De Genesi contra Manichaeos.*

SAINT AUGUSTIN, *De libero arbitrio.*

SAINT AUGUSTIN, *De Trinitate.*

SAINT AUGUSTIN, *Rétractations.*

SAINT FRANCOIS DE SALES, *Traité de l'amour de Dieu*, Seuil, Paris, 1997.

SAINT THOMAS AQUIN, *Somme Théologique.*

SANCHEZ-ARNAU, J - C. et DEJEUX, D., *La culture, clé du développement*, L'Harmattan, Paris, 1994.

SANON, A. T., Mgr et MADJRI, J. D. R., *Autopromotion et solidarité, Une Lecture Africaine de la question sociale selon Jean-Paul II*, Centre d'Etudes Economiques et Sociales d'Afrique Occidentale (CESAO), Imprimerie de la Savane, Bobo-Dioulasso, 1990.

SANSOT, P., *Les Gens de peu*, Presses universitaires de France, Paris, 1991.

SARAH, R., Mgr, *Culture, démocratie et développement*, Imprimerie Mission Catholique, Conakry, 1998.

SARR, B. S., *Théologie du développement et inculturation, Questions de fondements*, L'Harmattan, Paris, 2011.

SARTRE J. – P., *L'Être et le Néant*, Gallimard, Paris, 1966.

SARTRE, J.-P., *L'Être et le Néant, Essai d'ontologie phénoménologique*, Gallimard, Paris, 1943.

SAWADOGO, R. A., *L'état africain face à la décentralisation*, Karthala, Paris, 2001.

SAY, J.-B., *Catéchisme d'économie politique*, Flammarion, Paris, 1995.

SAY, J.-B., *Traité d'économie politique*, Calmann-Lévy, Paris, 1972.

SCHEFFCZYK, L., *Der Mensch als Bild Gottes*, Wissenschaftliche Buchgesellschaft, Darmstadt, 1969.

SCHEFFCZYK, L., *Stand und Aufgaben der Imago-Dei-Theologie*, Mùnch. Theol. Zeit. 20, 1969.

SCHOEMANN, J.B., *Gregors von Nyssa theologische Anthropologie als Bildtheologie*, Scholastik 18, 1943.

SCHUERKENS, U., *La colonisation dans la littérature africaine, Essai de reconstruction d'une réalité sociale*, L'Harmattan, Paris, 1994.

SECHAN, L., *Le mythe de Prométhée*, PUF, Paris, 1985.

SECK, C. Y., *Afrique : le spectre de l'échec*, L'Harmattan, Paris, 2000.

SEN, A., *Un nouveau modèle économique, Développement, justice, liberté*, Traduction française de Developemen as freedom par Michel Bessière, Odile Jacob, Paris, 2000.

SENGHOR, L. S., « *Psychologie du Négro-africain; ou conscience et connaissance* » in SMET, A.J. (Ed.) Philosophie Africaine, Kinshasa, Textes I, 29-35.

SENGHOR, L. S., *Liberté I, Négritude et humanisme*, Seuil, Paris, 1964.

SENGHOR, L. S., *Liberté III. Négritude et civilisation de l'universel*, Seuil, Paris, 1977.

SENGHOR, L.S., *« De la négritude »* in SMET, A.J. (Ed.) Philosophie Africaine, Kinshasa, Texte I, 17-28.

SINE, B., *Le Marxisme devant les Sociétés Africaines Contemporaines*, Présence Africaine, Paris, 1983.

SMITH, A. *Recherches sur la nature et les causes de la richesse des nations*, Tome I, Traduit de l'anglais par Germain Garnier, Flammarion, Paris, 1991.

SOEDE, N. Y., *Sens et enjeux de l'éthique, Inculturation de l'éthique chrétienne*, Collection : Églises d'Afrique, L'Harmattan, Paris, 2007.

SOME, D. V., *THOMAS SANKARA, L'espoir assassiné*, L'Harmattan, Paris, 2000.

SONOLET, L., *Le parfum de la dame noire*, La Renaissance du Livre, Paris, 1910.

STEINER, G., *Heidegger*, Fontana / Collins, Glasgow, 1978.

SUMAIDI, E. K., *Christologie africaine (1956-2000)*, L'Harmattan, Paris, 2008.

SYLLA, L., *Anthropologie de la paix, De la contribution de l'Afrique à la culture de la paix*, Les Editions du CERAP, Abidjan, 2007.

TABOADA, I., et GAULEJAC, V. de, *La Lutte des places, Insertion et désinsertion, Collection Sociologie clinique*, Desclée de Brouwer, Paris, 1994.

TAGUIEFF, P.-A., *Le sens du progrès, Une approche historique et philosophique*, Flammarion, Paris, 2004.

TEMPELS, R.P., *La philosophie bantoue*, Présence Africaine, Paris, 5e édition, 1965.

TERSEN, E. (Textes choisis et annotés par), *Esclavage et colonisation par Victor Schœlcher, Les classiques de la colonisation*, PUF, Paris, 1948.

TERTULLIEN, *Contre les Valentiniens (Adversus Valentinianos)*, Tome I et II, Cerf, Paris, 1980.

TERTULLIEN, *Contre Marcion (Adversus Marcionem)*, Livre II, Cerf, Paris, 1991.

TERTULLIEN, *De anima*, Brill, Rome / Leyde / Boston, 2010.

THILS, G., *Pour mieux comprendre saint Paul*, D.D.B. Desclée de Brouwer, Paris, 1942.

THOMAS, L.V. et LUNEAU, R., *La terre africaine et ses religions. Traditions et changements* (Coll. Sciences humaines et sociales), L'Harmattan, Paris, 2008.

TIENDREBEOGO, Y., *Contes du Larhallé, Rédigés et présentés par R. Pageard*, Presses Africaines, Ouagadougou, 1964.

TILLICH, P., *Dynamique de la Foi*, trad. par F. Chapey, Casterman, Paris, 1968.

TOWA, M. « *Négritude senghorienne ou le fatalisme de la servitude nègre* » in SMET, A.J. (Ed.) Philosophie Africaine, Kinshasa, 1975.

TRAORE, A., *Le viol de l'imaginaire*, Actes Sud et Fayard, Paris, 2002.

URS VON BALTHASAR, H., *Présence et pensée, essai sur la philosophie religieuse de Grégoire de Nysse*, Beauchesne, Paris, 1988.

UWODI, M. M., *La philosophie et l'africanité : critique d'un intellectualisme fermé*, L'Harmattan, Paris, 2003.

VANOLI, A. et JANUARD, J. P. (Sous la direction de), *Les Sciences de l'économie*, L'Action / Hachette Littérature, Paris, 1973.

VARONE, F., *Ce Dieu absent qui fait problème*, Cerf, Paris, 1986.

VINCENT, F., *Saint François de Sales, directeur d'âmes, l'éducateur de la volonté*, Beauchesne, Paris, 1923.

WADE, A., *Un destin pour l'Afrique*, Karthala, Paris, 1989.

WEBER, L., *Le rythme du progrès, Étude sociologique*, Félix Alcan, Paris, 1913.

WENIN, A., *D'Adam à Abraham ou les errances de l'humain, Lecture de Genèse 1,1-2,4*, Cerf, Paris, 2007.

WENIN, A., *L'homme biblique, Lectures dans le premier Testament*, 2e édition revue et augmentée, Cerf, Paris, 2009.

WESTERMAN, C., *Théologie de l'Ancien Testament* (Traduit de l'allemand par Lore Jeanneret), Labor et Fides, Genève, 2002.

WHALES, J. S., *Christian Doctrine*, University Press, Cambridge, 1941.

WOJTYLA, K., *Personne et acte*, Traduction française : GWENDOLINE JARCZYK, Collège des Bernardins /Éditions Parole et Silence, Paris, 2011.

WRIGHT (von), G. H., *Le Mythe du progrès*, Traduction française de QUESNE, P., L'Arche, Paris, 2000.

YANOOGO, B.-D., *Eglise famille de Dieu au Burkina Faso, Contribution théologique et perspectives pastorales*, Imprimob, Abidjan, 2005.

ZAGRE, P., *Les politiques économiques du Burkina Faso, Une tradition d'ajustement structurel*, Karthala, Paris, 1994.

ZUM BRUNN, E. (Textes et études réunis par), *Voici Maître Eckhart*, Editions J. Millon, Grenoble, 1998.

IV. Articles de revues, Thèses, Rapports et Etudes diverses

AA. VV., *Grenier à mots MOORE, Gom-biis baoore*, Document de travail de l'Institut interdisciplinaire d'éthique et des droits de l'homme

(IIEDH) N° 15.2, Ed. Caroline Bieger-Merkli, Johanne Bouchard, Fribourg, 2008.

AA. VV., *Trame historique de « l'épopée des Moose »*, Université de Ouagadougou (FLASHS), Département d'Histoire et Archéologie, Ouagadougou, 1994.

Actualité du Yatenga 38 (2003), p. 7.

ADELEKE T., « Black Americans and Africa : A critique of the Pan-African and identity paradigms » in *The International Journal of African Historical Studies*, Vol. 31, 3 (1998) 505-536.

AKENDA, J.-C. K., « Le sous-développement comme crise d'identité culturelle » in *RUCAO* 25 (2005) 95.

AKINDJO, O., *Poétique de la relation scolaire dans le roman francophone,* Dissertation Presented in Partial Fulfillment of the Requirements for The Degree Doctor of Philosophy in the Graduate School of The Ohio State University, The Ohio State University, 2007.

Annales philosophiques de l'UCAO, UCAO, Abidjan, 1 (2004).

ARRUPE, P., « Lettre sur l'inculturation » in CALVEZ, J. Y. (Textes présentés par), *Écrits pour évangéliser*, collection Christus n° 59, DDB-Bellarmin, Paris, 1985.

Association Œcuménique de Théologiens du Tiers-Monde (EATWOT) « L'irruption du Tiers-monde : un défi à la théologie » (traduit de l'anglais par le Centre Lebret) in *Foi et Développement*, (numéro spécial) 91 / 92 (1981.

BAMBARA, A., « « Être Burkinabè, ça se mérite » : Un slogan illégal et dangereux » in *L'Observateur Paalga*, vendredi 23 janvier 2009.

BAMOUNI, B. P., « La notion de nation et le Burkina-Faso » in *Carrefour africain*, 843 (1984) 6.

BANQUE MONDIALE, *Rapport sur le développement du monde : combattre la pauvreté, Banque Mondiale*, Washington DC., 2000.

BANQUE MONDIALE, « L'Afrique peut-elle revendiquer sa place dans le 21e siècle ? » in *Banque internationale pour le développement/Banque mondiale*, Washington, 2000.

BANQUE MONDIALE, *L'Afrique subsaharienne : de la crise à une croissance durable*, Banque Mondiale, Washington, 1989.

BANQUE MONDIALE, *Rapport sur le Développement Abrégé 2012 : Égalité des genres et développement*, The International Bank for Reconstruction and Development / The World Bank, Washington DC, 2011.

BANTIGNY, L., *Le CRI des travailleurs*, n°33, septembre-octobre 2008.

BARRAT, J. ; EL ZEIN, D. ; LAMBRET, N., *Géopolitique du Burkina Faso*, S.E.M., Gap, 2008 (inédit).

BAYART, J.-F., « La problématique de la démocratie en Afrique noire. La Baule et puis après » in *Politique africaine* 43 (1991) 5-20.

BAZIE, A. Y., *Théologie de la libération, Pertinence et prospectives théologiques*, Dissertatio ad Doctoratum, N. Domenici-Pécheux, Roma, 1997.

BEAUCHAMP, P., « Création et fondation de la Loi en Gn 1, 1-2, 4 a. Le don de la nourriture végétale en Gn 1, 29s » in *Pages exégétiques* (Lectio Divina 202), Cerf, Paris, 2005, p. 105-144.

BENICOURT, E. « Contre Amartya Sen » in *L'Économie Politique*, 23 (2004) 72-84.

BERTIN, A., « La liberté comme enjeu du développement, Une lecture critique de Development as freedom d'Amartya Sen » in *Économies et Sociétés*, Cahiers de l'ISMEA XXXIX (3) (2005) 565-587.

BILIMA, P., *Le mooré s'écrit ou Manuel de transcription de la langue Mooré*, Promo-langue, Ouagadougou, 1997.

BILLON, J., « Essai de théorisation des modèles explicatifs de l'éducation appliquée à la santé » in *Spirale - Revue de Recherches en Éducation*, 25 (2000) 17-30.

BRUNDTLAND, G. H. (sous la direction de), *Notre avenir à tous (Our Common Future)*, Rapport de la Commission Mondiale sur l'Environnement et le Développement (CMED), Les Editions du Fleuve, Montréal, 1987.

BURKINA FASO, *Cadre Stratégique de Lutte contre la Pauvreté (CSLP)*, Édité par le Ministère de l'économie et du développement, Ouagadougou, 2004.

BURKINA FASO, *Constitution du Burkina Faso*, article 34 ; cf. Loi N° 002/97/ADP du 27 janvier 1997.

BURKINA FASO, MINISTERE DE L'ECONOMIE ET DU DEVELOPPEMENT, *Atlas du Burkina Faso*, www.pictura.com.tn, Tunisie, 2006.

BYE, M., « Le rôle du capital dans le développement économique » in *Économie Appliquée*, 3 (1958) 429 – 447.

CAMELOT, T., « théologie de l'image de Dieu » in *Revue (de) Sciences philosophique et théologique* 40 (1956) 443-471.

CLUB DE ROME, *Quelles limites ?* Réponses de D. H. Meadows, le Club de Rome et Georg Picht, Seuil, Paris, 1974.

COMMISSION DU SUD, *Défis au Sud*, rapport de la commission Sud, ECONOMICA, Paris, 1990.

Commission théologique internationale, « « A la recherche d'une éthique universelle : nouveau regard sur la loi naturelle » in *Documentation Catholique*, 2430 (2009) 811-844.

COMPAORE, B. ; YONLI, P. E., *Décret présidentiel* n° 2001-278/PRES/PM/ portant création, attributions et composition d'un Comité national d'éthique, du 8 juin 2001.

CONGO-KABORE, N., « Circulaire N° 84 -15 CNR.PRES.SGG-CM, Objet : problèmes subséquents au changement d'appellation et de symbole de la nation » in *Journal officiel du Burkina Faso*, 33 (1984) 803.

CONSEIL PONTIFICAL « COR UNUM », *La faim dans le monde, un défi pour tous : le développement solidaire*, Cité du Vatican, Rome, 1996.

CORSINI, E. « Plérôme humain et plérôme cosmique chez Grégoire de Nysse » in *Écriture et culture philosophique dans la pensée de Grégoire de Nysse*, Actes du Colloque de Chevetogne organisé par le Centre de recherches sur l'hellenisme tardif de la Sorbonne, M. Harl, Leiden, 1971, p. 111-126.

COSMAO, V., « En relisant «Populorum progressio» dix ans après » in *Dossier Nouvel Ordre Mondial*, Chalet, Lyon, 1978, p. 154 -168.

COSTE, R., « L'Encyclique Populorum progressio, vingt ans après » in *Nouvelle Revue théologique*, 119e Année, Tome CIX, 1987, p. 1961-1981.

DAMIBA, F.-X., *Essayer la folie pour voir, risque et prudence des Moose, (Tome 1 et 2)*, Thèse présentée en vue de l'obtention du doctorat, Université Paris V, Sorbonne, 1992.

DE ALENCASTRO, L.F., *Le commerce des vivants. Traite d'esclaves et « pax lusitana » dans l'Atlantique Sud*, Thèse de doctorat d'histoire, Paris X, 1986.

Décret du 1er mars 1919, portant création de la colonie de Haute-Volta in BALIMA, S.-A., *Légendes et histoire des peuples du Burkina Faso*, J. A. Conseil, Paris, 1996, p. CC-CCI.

DELAUNAY, J., « Halte à la croissance ? Enquête sur le Club de Rome » in AA. VV., *Rapport sur les limites de la croissance*, Fayard, Paris, 1972.

DEVISSE, J., « Afrique Noire - Histoire précoloniale » in *Encyclopædia Universalis sur CD-ROM*, Paris : © 2003 Encyclopædia Universalis France S.A.

DIJON, X., s.j., « Le livre de la nature dans l'encyclique Caritas in veritate » in *Nouvelle Revue Théologique*, 131 / n° 4 (2009) 749-770.

DIOP, C. A., « Histoire primitive de l'humanité : évolution du monde noir » in Bulletin de l'IFAN, Tome XXIV, série B, n° 3-4, 1962, p. 449-541.

DUBOIS, F., 1899, (inédit).

DUQUOC, C., « Introduction à la problématique théologique de l'anthropologie » in BÜHLER, P. (Sous la direction de), *Humain à l'image de Dieu : la théologie et les sciences humaines face au problème de l'anthropologie*; travaux de troisième cycle en théologie systématique des Facultés de théologie des Universités romandes, 1985-1986, Collection Lieux théologiques, n° 15, Labor et Fides, Genève, 1989.

EKANZA, S.-P., Conférence au CERAP, 2006. (inédit).

ELENGA, Y. C., s. j., « Engelbert Mveng (1930 – 1995) : L'invention d'un discours théologique » in *Hekima Review*, 19 (1998) 91-104.

FABRIZIO, C., « Pour une prospective du développement culturel » in *Cultures*, 36 (1985) 53-65.

FANTINO, J., *L'homme image de Dieu, Chez saint Irénée de Lyon*, Thèse de doctorat en théologie, Cerf, Paris, 1986.

FAO et OMS, *Conférence Internationale sur la Nutrition, Déclaration mondiale sur la nutrition*, Rapport final de la Conférence, Cité du Vatican, Rome, 1992.

FARVAQUE, N. et ROBEYNS, I., « L'approche alternative d'Amartya Sen : Réponse à Emmanuelle Bénicourt » in *L'Économie Politique*, 27 (2005) 38-51.

GASPER, D., « Sen's Capabilities Approach and Nussbaum's Capabilities Ethic » in *Journal of International development*, Vol. 9, n° 2 (1997), 281-302.

GILLET, R., « L'homme divinisateur cosmique dans la pensée de Grégoire de Nysse » in *Studia Patristica VI*, Berlin, 1962.

GOODALL, N. (présenté par), *Rapport D'Upsal 1968*, Rapport officiel de la quatrième Assemblée du Conseil Œcuménique des Églises, Conseil Œcuménique des Églises, Upsal, 1969.

GREGOIRE, L.-J., PNUD/Burkina Faso, *Working paper n°1*, Série « Stratégies de développement », Août 1998.

HERR, E., s.j., « L'encyclique *Caritas in veritate*. Une lecture » in *Nouvelle Revue Théologique*, 131 / n° 4 (2009) 728-748.

HUMBERT, P., *Etudes sur le récit du paradis et de la chute dans la Genèse*, Mémoires de l'université de Neuchâtel, Neuchâtel, 1940.

JACOB, J.-P., « A propos du Burkina Faso : État totalitaire et totalitarisme sans État » in *Genève-Afrique* vol. 24, n° 1 (1986) 155-160.

JACOB, J.-P., « Tribune des Lecteurs » in *Genève-Afrique* vol. 25, n° 1 (1987) 112-113.

Journal of African History, X (3) (1969), p. 393-404.

KANAZOE, M., « A chacun ses problèmes » in *Le Pays*, 2972 (2003) 3.

KIENTGA, S., *Contribution du SIG à l'analyse des liens déchets-santé en milieu urbain dans les pays en développement, Cas de deux secteurs de la ville de Ouagadougou, Burkina Faso*, Thèse pour l'obtention du grade de Docteur ès sciences, École Polytechnique Fédérale de Lausanne, Suisse, 2008.

KYELEM, F. Z., « « La société burkinabè se dégrade. Aujourd'hui, nous avons une intégrité de façade » dixit Etienne B. Ouédraogo, président du MPDHD » in *La Plume du Nord*, 3 (2001) 6.

La Lettre d'Intention de Politique de Développement Humain Durable au Burkina Faso : « La démarche nationale en faveur du développement humain durable : concept et principaux instruments » in GREGOIRE, L.-J., PNUD / Burkina Faso, *Working paper* n° 1, Série « Stratégies de développement », Août 1998.

LAW, R. C. C., « The Garamantes and trans-saharan enterprise in classical times » in *Journal of African History*, VIII, n° 2 (1967).

LEGOUTE, J. R., « Définir le développement : historique et dimensions d'un concept plurivoque » in *Économie Politique Internationale*, Cahier de recherche Volume 1, 1 (2001) 18.

LOT, F., « Quelques réflexions pour l'éducation en Afrique aujourd'hui » in *Annales philosophiques de l'UCAO*, UCAO, Abidjan, 1 (2004) 147-168.

MANGIN P. E., (des Pères Blancs Missionnaire d'Afrique à Koupèla), « Essai sur les us et coutumes du peuple mossi au Soudan Occidental » in *L' « ANTHROPOS », Revue Internationale d'Ethnologie et de Linguistique*, tome IX (1914) p. 98-124 ; tome X-XI (1915), p. 187-217.

MANGIN, E., « Les Mossi. Essai sur les us et coutumes du peuple mossi au Soudan occidental » (inédit).

MARTIN, G., « Retour au Burkina Faso : la deuxième mort de Thomas Sankara » in *Peuples noirs, Peuples africains*, n° 63-66 (1988) 318-338.

MARTIN, G., « A propos du Burkina Faso » in *Genève-Afrique* vol. 24, n° 2 (1986) 174-177.

MBEMBE, A., « Pauvreté, dilemmes d'une théologique » in *Spiritus*, 111 (1988) 171-178).

MBEMBE, A., « Afrique : des théologies sortent de captivité » in *Échanges*, 210 (1987) 21.

MELLALI, S. ; GREGOIRE, L. J., *L'Afrique de l'Ouest et les objectifs du millénaire pour le développement*, Forum sur les Objectifs du Millénaire pour le Développement en Afrique de l'Ouest, PNUD, Dakar, 2003.

MESSI METOGO, E., *L'indifférence religieuse dans certaines sociétés négro-africaines d'hier et d'aujourd'hui. Etude ethno-sociologique et théologique*, Thèse de doctorat, Sorbonne, Paris, 1990.

METZ, J.B., « Théologie politique et liberté critico-sociale » in *Concilium*, 36 (juin 1968).

MINISTERE DE L'ECONOMIE ET DES FINANCES, COMITE NATIONAL DU RECENSEMENT, BUREAU CENTRAL DU RECENSEMENT, *Recensement général de la population et de l'habitation de 2006(RGPH)*, Résultats définitifs, INSD, Ouagadougou, 2008.

MINISTERE DE L'ECONOMIE ET DES FINANCES, SECRETARIAT GENERAL, DIRECTION GENERALE DE L'AMENAGEMENT DU TERRITOIRE, DU DEVELOPPEMENT LOCAL ET REGIONAL, *Profil des régions du Burkina Faso, INSD*, Ouagadougou, 2005.

MINISTERE DE L'ECONOMIE ET DES FINANCES, SECRETARIAT GENERAL, INSTITUT NATIONAL DE LA STATISTIQUE ET DE LA DEMOGRAPHIE, *Recensement général de la population et de l'habitation (RGPH) de 2006, Analyse des résultats, État et structure de la population*, INSD, Ouagadougou, 2009.

MORISETTE, R., « L'antithèse entre le "psychique", et le "pneumatique" en I Corinthiens, XV, 44 à 46 » in *Revue des sciences religieuses*, Strasbourg, 46 (1972).

MURPHY-O'CONNOR, J., « Tradition and Rédaction in Col 1, 15-20 » in *RB* 102/2, 1995, p. 231-241.

MVENG, E., « African theology : A methodological approach » in *Voices from the Third word*, Vol. XVIII, 1 (1995) 106 -116.

MVENG, E., « Essai d'anthropologie négro-africaine: la personne humaine » in *BTA* 2 (1979) 229-239.

MVENG, E., « Ils y étaient avant Christophe Colomb… » in *Golias*, 31 (1992) 165-178.

NATIONS UNIES, CONSEIL ÉCONOMIQUE ET SOCIAL, COMMISSION ÉCONOMIQUE POUR L'AFRIQUE et COMMISSION DE L'UNION AFRICAINE, *Le coût de la faim en Afrique : incidences socioéconomiques de la dénutrition infantile, Rapport de réunion du Comité d'experts*, E/ECA/COE/31/22 et AU/CAMEF/EXP/22(VII), Addis-Abeba, 2012.

NGOMA BINDA, *Idéologies Politiques d'Afrique noire. Une introduction analytico-critique*, Hanovre, 1989 (inédit).

NGUEZI YA KUIZA, H., *L'enjeu spécifique de la théologie africaine parmi les théologies du Tiers-Monde, Foi chrétienne, cultures et religions africaines traditionnelles*, Thèse de doctorat, Université de Paris IV, Presses Universitaires du Septentrion, Villeneuve d'Ascq, 2001.

NUSSBAUM, M., « Capabilities as Fundamental Entitlements, Sen and Social Justice » in *Feminist Economics*, volume 9, n° (2-3) (2003) 33-59.

NUSSBAUM, M., « Human Functioning and Social Justice, In Defense of Aristotelian Essentialism » in *Political Theory*, vol. 20, n° 2 (1992) 221-223.

NYERERE, J.K. in *Pirogue* n° 7, p. 32.

ORGANISATION DES NATIONS UNIES POUR L'ALIMENTATION ET L'AGRICULTURE, *Rapport sur La situation mondiale de l'alimentation et de l'agriculture*, © FAO 2009, Rome, 2009.

OTAYEK, R., « Avant-Propos » in *Politique africaine « Le Burkina Faso »* 20 (1985) 4.

OTAYEK, R., « Rectification » in *Politique africaine « Retour au Burkina »* 33 (1989) 2-3.

OUA : *Quelle Afrique en l'an 2000 ?* Rapport final du colloque de Monrovia sur les perspectives du développement de l'Afrique à l'horizon 2000, Monrovia, 12-16 février 1979.

OUEDRAOGO, H., « La cote d'alerte de l'impunité est dépassée » in *L'Observateur Paalga* 5970 (2003) 2-3.

OUEDRAOGO, R., « Kom yoaaba rũnda kẽnde » in OUEDRAOGO, R., *Naaba Sanom*, Herausgeber Caritas der Diözese Innsbruck, 6020 Innsbruck, Autriche.

PASQUET, C., *L'Homme, Image de Dieu, Seigneur de l'univers, L'interprétation de Gn 1,26 dans la tradition syriaque orientale*, Thèse présentée pour l'obtention du doctorat conjoint en Histoire des religions et en Anthropologie religieuse (Paris IV) et en théologie (I.C.P.), Paris, 2006.

PITROIPA, R. sj, « Les Burkinabè et le défi de l'autodétermination » in *Débats* 5 (2003) 9-10.

PNUD, *Rapport mondial sur le développement humain-1990*, ECONOMICA, Paris, 1990.

PNUD, *Rapport mondial sur le développement humain-1991*, ECONOMICA, Paris, 1991.

PNUD, *Rapport mondial sur le développement humain-1997*, PNUD, New York, 1997.

PNUD, *Rapport sur le développement humain 1994,* Economica, Paris, 1994.

PNUD, *Rapport sur le développement humain 2001*, Economica, Paris, 2001.

PNUD, *Rapport sur le développement humain 2003*, Economica, Paris, 2003.

PNUD, *Rapport sur le développement humain 2005*, Economica, Paris, 2005.

PNUD, *Rapport sur le développement humain 2007 / 2008*, La lutte contre le changement climatique : un impératif de solidarité humaine dans un monde divisé, La Découverte, Paris, 2007.

PNUD, *Rapport sur le développement humain 2010*, La vraie richesse des nations : Les chemins du développement humain, Communications Development Incorporated, New York, 2010.

PNUD, *Rapport sur le développement humain 2011*, Durabilité et équité : Un meilleur avenir pour tous, Traduction et maquette : Strategic Agenda LLP, Edition Communications Development, Washington DC, 2011.

PNUD, *Rapport sur le développement humain durable – Burkina Faso 1997*, AICD, Ouagadougou, 1997.

PNUD, *Vaincre la pauvreté humaine*, PNUD, New York, 2000.

PNUE et REDDA, *Rapport sur l'état de l'environnement en Afrique de l'Ouest*, XLN, Abidjan, 2004.

PRESIDENCE DU FASO, COMITE NATIONAL D'ETHIQUE, *Rapport annuel 2002*, Ouagadougou, 2003.

PRESIDENCE DU FASO, COMITE NATIONAL D'ETHIQUE, *Rapport annuel 2003*, Ouagadougou, 2004.

REUTER, L., « Thomas Sankara, 20 ans déjà, Le plus intègre des hommes intègres ? » in *International forum* 272 (2007) 24-26.

RICH, A., « Éthique économique » in AA. VV., *Le champ éthique N° 24*, Labor et Fides, Genève, 1994, p. 80.

RICŒUR, P., « La sexualité. La merveille, l'errance, l'origine » in *Esprit*, 11 (1960) 1674-1675.

RICOEUR, P., art. « Volonté » in AA. VV., *DVD Encylopaedia universalis 2012*, © 2012, Encyclopædia Universalis France S.A.

ROSS, D. A., *The autonomous Kingdom of Dahomey, 1818 – 1894*, 1967, Thèse non publiée.

RUCAO, Environnement et développement humain, 25 (2005).

RUCAO, Afrique, continent en construction, n° 30 (2007).

RUCAO, Construire l'Afrique, Relation au monde et à Dieu, RUCAO, Abidjan, 19 (2003).

RUCAO, Évangile et politique, RUCAO, Abidjan, n° 26 (2006).

RUCAO, Intégration régionale, Union africaine et Développement de l'Afrique, RUCO, Abidjan, 21 (2004).

RUCAO, Personne humaine et crise de la société en Afrique, Sortir de la crise, RUCAO, Abidjan, 18 (2003).

RUCAO, Sorcellerie et enjeux du développement en Afrique, 29 (2007).

SANKARA, T. (Capitaine), « Ordonnance n° 84-43 CNR.PRES du 2 août 1984 portant changement d'appellation et symboles de la Nation » in *Journal officiel du Burkina Faso*, 33 (1984) 804.

SCHOOYANS, M., « Dérives totalitaires et " structures de péché" » in *Nouvelle Revue Théologique*, Tome CX, Casterman, Paris, 1988.

SELARU, S., « Imago Dei fondement de l'anthropologie théologique » in *Journal for Interdisciplinary Research on Religion and Science*, 5 (2009) 103-127.

SHUFFIELD, R., *Thomas Sankara, l'homme intègre*, Arte France Cinéma, Zorn Production International et France 3 Production Lille, 2006, 52 minutes.

STREETEN, P. « Le développement humain : le débat autour de l'indicateur, Mesurer et évaluer le développement » in *Revue internationale des sciences sociales*, 143 (1995) 35-49.

TIETCHEU, J. et MWAMBA, B., « Enseignement : le parent pauvre » in *Jeune Afrique Économie* 295 (1999) 62- 65.

U.I.C.N., *Derniers refuges, Atlas commenté des réserves naturelles dans le monde*, Elsevier, Amsterdam, 1956.

VIMONT, J.-C., « La honte sociale et l'historien » in *Histoire@Politique. Politique, culture, société*, n° 7, janvier-avril 2009.

ZAGRE, A., *Le système des valeurs traditionnelles moose face au changement et au développement*, tome 1 : Les valeurs des Moose, Thèse de doctorat d'état en sociologie, Nice, 1982.

ZAGRE, P., « Le pari de l'intégrité et de la rigueur » in *Vivant Univers*, Le Burkina Faso, 426 (1996) 22-28.

ZARCA, C., « De la distinction entre la « croissance » et le « développement » dans la littérature scientifique consacrée aux pays sous-développés » in *Cahiers de l'I.S.E.A.*, série F, 12 (1959).

V. Sites internet, articles [en ligne]

ABBAYE SAINT BENOÎT DE PORT-VALAIS, Route de l'église 38-CH-1897, Le Bouveret (VS) : *http://www.abbaye-saint-benoit.ch/saints/augustin/.*

BEND, P., « Repenser le concept de développement, des impasses d'un processus de standardisation des sociétés à la nécessaire émergence d'un sens historique » [en ligne],Disponible sur : *http://www.codesria.org/Links/conferences/general_assembly11/papers/bend.pdf*, p. 4-5 (pages consultées le 28 mars 2010).

BERR, E. et HARRIBEY, J. – M., « Le concept de développement en débat » [en ligne], Disponible sur : *http://harribey.u-bordeaux4.fr/travaux/soutenabilite/developpement-debat.pdf*, p. 3 (page consultée le 20 mars 2008).

BERTIN, A., « Capabilités - Liberté - Pauvreté – Développement » [en ligne], Disponible sur : *http://alexandrebertin31.googlepages.com/r%C3%A9f%C3%A9rencesbibliographiquesbibliography* (page consultée le 5 avril 2009).

CEDEAO-CSAO/OCDE©, L'atlas Web de l'intégration régionale en Afrique de l'Ouest, [en ligne], *Disponible sur : http.//www.atlas-ouestafrique.org./spip.php?article233*, (page consultée le 07 mai 2012).

CEDEAO-CSAO/OCDE©, L'atlas Web de l'intégration régionale en Afrique de l'Ouest, [en ligne], Disponible sur : *http://www.atlas-ouestafrique.org./spip.php?rubrique5*, (page consultée le 07 mai 2012).

CHENU, B., « Nouvelle donne pour le christianisme », Conférence Culture et Christianisme, Altkirch, 8 février 2002 ; [en ligne] : *http://www.recherche-plurielle.net/cccsundgau/ccc-revisite/nouvelle-donne-christianisme-chenu.htm* (page consultée le 10 / 07 / 2012).

CHENU, B., Conférence sur « Culture et Christianisme, Nouvelle donne pour le Christianisme », Altkirch, 8 février 2002, *www.pacariane.com/CCCSundgau/Conferences/020208cf.htm.*

DEONNA, A. J., « Évolution, émotion et morale, Les exemples de la honte et la culpabilité », Swiss Center for the Affective Sciences, Université de Lausanne, p. 11 ; [En ligne] « La perspective évolutionnaire concernant la honte » : *www.affective-sciences.org/.../Évolution,...* (page consultée le 02/03/ 2012).

DIENG, A., A., « Nationalisme et panafricanisme » [en ligne], Disponible sur : *http://www.codesria.org/Links/conferences/anniversary-dakar/dieng.pdf* (page consultée le 1er mars 2008).

ETILE, R.-L. P., « La haine contre les Nègres » [en ligne], Disponible sur : *http://www.africamaat.com/article.php3?id_article=435* (page consultée le 28 / 02 / 2008).

GAULEJAC, V. de, « Honte et pauvreté » in Santé mentale au Québec, vol. XIV, n° 2, 1989, p. 129. (p. 128-137). Cf. *http://id.erudit.org/iderudit/031522ar.*

GUEREND, J.-P., « Pax Christi » in COMITE CATHOLIQUE CONTRE LA FAIM ET POUR LE DEVELOPPEMENT, Faim Développement Magazine – FDM, 220 (2007) [en ligne] : *http://ccfd-terresolidaire.org/ewb_pages/d/doc_991.php* (page consultée le 15 /12/ 2011).

Haut Commissariat des Nations Unies aux droits de l'homme, Déclaration sur le droit au développement, Adoptée par l'Assemblée générale dans sa résolution 41/128 du 4 décembre 1986, article 2, 1 (texte en ligne, disponible sur : *http://www.unhchr.ch/french/html/menu3/b/74_fr.htm*, (page consultée le 7 avril 2008).

HEINRIGS, P. et PERRET, C. ; BOSSARD, L. (Sous la direction de), « La Zone écologique fragile des pays du Sahel » in CEDEAO-CSAO/OCDE, Atlas de l'intégration Régionale en Afrique de l'Ouest, Série environnement, CEDEAO-CSAO/OCDE©2006-avril 2006 [en ligne], disponible sur : *http://www.oecd.org/dataoecd/22/8/38410487.pdf*, (page consultée le 07 mai 2012).

HERVIEU-WANE, F., « Cheikh Anta Diop, restaurateur de la conscience noire » in Le monde diplomatique, janvier 1998 [en ligne],

Disponible sur : *http://www.monde-diplomatique.fr/1998/01/HERVIEU_WANE/9787* (page consultée le 28 / 02 / 2008).

http://www.lefaso.net/spip.php?article30319&rubrique2 (page publiée le 23 janvier 2009 et consultée le 12 avril 2011).

KA MANA, « Le discours protestant et le problème du salut en Afrique », Facultés catholiques de Kinshasa, Semaine Théologique de Kinshasa, *www.cenco.cd/facultescath/kamanatexte.htm*.

LABY, F., « Les déchets toxiques déversés à Abidjan seront traités en France » in *Actu-Environnement.com* - 30/10/2006, © 2008 COGITERRA - C.N.I.L N°845317.

MUNGALA, A. S., « L'éducation traditionnelle en Afrique et ses valeurs fondamentales » in Tropiques, Revue négro-africaine de littérature et de philosophie, n° 29, février 1982, [en ligne] : *http://ethiopiques.refer.sn/spip.php?article838* (page consultée le 19/04/2012).

ONU, Rapport de la conférence des nations unies sur l'environnement et le développement, A/CONF.151/26 (Vol. I), Annexe I [en ligne], Disponible sur : *http://www.un.org/documents/ga/conf151/french/aconf15126-1annex1f.htm* (page consultée le 10 avril 2010).

OUEDRAOGO, D. (Chapitre réalisé par) et BOSSARD, L. (Sous la supervision de), « Les dynamiques démographiques » in CEDEAO-CSAO/OCDE, *Atlas de l'intégration Régionale en Afrique de l'Ouest*, Série population, CEDEAO-CSAO/OCDE©2007-novembre 2007 [en ligne], disponible sur : *http://www.oecd.org/dataoecd/7/42/39803778.pdf*, (page consultée le 07 mai 2012).

PERENNES, J. J., « Violence et réconciliation ; un défi majeur pour cette fin de XXe siècle », *www.sedos.org/french/perennes.htm* ; BELINGA EBOUTOU, M., « Conférence Mondiale contre le Racisme, la Discrimination Raciale, la Xénophobie et l'Intolérance qui y est associée », Durban-Afrique du Sud, 2001, *www.un.org/WCAR/statements/ecosocF.htm*.

POUCOUTA, P., « Échos du Deuxième Synode Africain sur la Réconciliation, la justice et la paix » in *Centre d'Etudes Africaines et de Recherches interculturelles*, mai 2008, Ceafri, © www.ceafri.org. [En ligne], (page consultée le 20 mai 2012).

ROUFAÏ, M., C., Pauvreté, Démocratie et Développement humain durable : enjeux et perspectives dans le cadre du Nouveau Partenariat pour le Développement de l'Afrique (NEPAD), École Doctorale de Paris, Université la Sorbonne-Paris IV, [en ligne], disponible sur : *www.beninensis.net/Pauvrete_Democratie_et_Developpement_Durable.pdf* (page consultée le 04 mars 2012).

SAINT AUGUSTIN, *De diversis quaestionibus* 83, Edition Guérin (dirigée par Poujoulat et Raulx, Bar-le-Duc, 1864-1873) : [en ligne] : *http://www.abbaye-saint-benoit.ch/saints/augustin.*

SOCRATE, « Une question et une demande » [en ligne], Disponible sur : *http://www.dialogus2.org/SOC/unequestionetunedemande.html*, (page consultée le 4 avril 2008).

VOLTAIRE, in Traité de Métaphysique. Cité in Le Choc du mois n°25, p. 31) : Cf. ETILE, R.-L. P., « La haine contre les Nègres » [en ligne], Disponible sur : *http://www.africamaat.com/article.php3?id_article=435* (page consultée le 28 / 02 / 2008).

WALES, J., « Bilan économique de la colonisation en Afrique » in Wikipédia *http://fr.wikipedia.org/wiki/Bilan_%C3%A9conomique_de_la_colonisation_en_Afrique* (page consultée le 20 / 09 / 2010).

Table des matières

L'HARMATTAN ITALIA
Via Degli Artisti 15; 10124 Torino
harmattan.italia@gmail.com

L'HARMATTAN HONGRIE
Könyvesbolt ; Kossuth L. u. 14-16
1053 Budapest

L'HARMATTAN KINSHASA
185, avenue Nyangwe
Commune de Lingwala
Kinshasa, R.D. Congo
(00243) 998697603 ou (00243) 999229662

L'HARMATTAN CONGO
67, av. E. P. Lumumba
Bât. – Congo Pharmacie (Bib. Nat.)
BP2874 Brazzaville
harmattan.congo@yahoo.fr

L'HARMATTAN GUINÉE
Almamya Rue KA 028, en face
du restaurant Le Cèdre
OKB agency BP 3470 Conakry
(00224) 657 20 85 08 / 664 28 91 96
harmattanguinee@yahoo.fr

L'HARMATTAN MALI
Rue 73, Porte 536, Niamakoro,
Cité Unicef, Bamako
Tél. 00 (223) 20205724 / +(223) 76378082
poudiougopaul@yahoo.fr
pp.harmattan@gmail.com

L'HARMATTAN CAMEROUN
BP 11486
Face à la SNI, immeuble Don Bosco
Yaoundé
(00237) 99 76 61 66
harmattancam@yahoo.fr

L'HARMATTAN CÔTE D'IVOIRE
Résidence Karl / cité des arts
Abidjan-Cocody 03 BP 1588 Abidjan 03
(00225) 05 77 87 31
etien_nda@yahoo.fr

L'HARMATTAN BURKINA
Penou Achille Some
Ouagadougou
(+226) 70 26 88 27

L'HARMATTAN SÉNÉGAL
10 VDN en face Mermoz, après le pont de Fann
BP 45034 Dakar Fann
33 825 98 58 / 33 860 9858
senharmattan@gmail.com / senlibraire@gmail.com
www.harmattansenegal.com

L'HARMATTAN BÉNIN
ISOR-BENIN
01 BP 359 COTONOU-RP
Quartier Gbèdjromèdé,
Rue Agbélenco, Lot 1247 I
Tél : 00 229 21 32 53 79
christian_dablaka123@yahoo.fr

Achevé d'imprimer par Corlet Numérique - 14110 Condé-sur-Noireau
N° d'Imprimeur : 133802 - Dépôt légal : novembre 2016 - *Imprimé en France*

www.ingramcontent.com/pod-product-compliance
Lightning Source LLC
LaVergne TN
LVHW011223061026
849535LV00001BA/151
9782343104034